La grande encyclopédie des lieux d'Alsace

www.nueebleue.com

ISBN 978-2-7165-0756-1

Michel Paul Urban

La grande encyclopédie des lieux d'Alsace

Toponymie
Etymologie
Histoire

avec 1 200 cartes postales anciennes réunies par Vincent Kauffmann

La Nuée Bleue

La politique en faveur du livre de la Région Alsace

Outil de communication, d'expression culturelle et formidable vecteur de connaissances, le livre représente un bien culturel particulièrement essentiel pour la société contemporaine. L'Alsace, qui accueillit Gutenberg au XVe siècle et possède encore aujourd'hui les trésors de la bibliothèque du grand humaniste Beatus Rhenanus, dispose d'un riche potentiel en la matière, tant du point de vue des savoir-faire qu'en ce qui concerne la volonté, partagée par l'ensemble des acteurs du domaine, de défendre l'écrit et la lecture.

C'est dans ce contexte que la Région Alsace a mis en œuvre, depuis plusieurs années, une politique en faveur du livre qui repose sur trois piliers :

– le soutien à la création, à travers le Fonds Régional d'Aide à l'Edition d'Alsatiques (FRAL), créé en 1985, qui a pour objet d'encourager la publication d'études, d'enquêtes régionales et, d'une manière plus générale, la production littéraire de la région, notamment celle spécifique à la culture alsacienne. C'est dans ce cadre que s'inscrit notre volonté d'accompagner la réédition de cet ouvrage fondamental pour la connaissance de la richesse exceptionnelle de nos lieux d'Alsace ;

– le soutien à la diffusion et à la structuration de la filière, en apportant une contribution aux manifestations et initiatives de promotion et de diffusion culturelles liées au livre et aux acteurs de l'économie du livre, notamment les salons et foires du livre ; ainsi que des aides aux acteurs du livre tels que les illustrateurs ;

– le soutien à la conservation du patrimoine écrit qui passe, principalement, par la numérisation des ouvrages et documents patrimoniaux, notamment la numérisation des collections de la Bibliothèque Nationale Universitaire de Strasbourg.

C'est dans le cadre de ce troisième pilier qu'ont également débuté, en 2008, les réflexions autour de la mise en place d'un portail des savoirs en Alsace. En effet, les richesses patrimoniales de notre région en matière de livre sont importantes et inestimables. Ainsi, au-delà de la nécessaire sauvegarde de ce patrimoine, la numérisation permet surtout de mettre ces ouvrages à la disposition du plus grand nombre et contribue, de manière plus générale, à la démocratisation de l'accès à la culture ainsi qu'au développement de la société de l'information et de l'économie de la connaissance.

Gérard Traband, vice-président du Conseil régional chargé de la Culture

La mission « *Sammle* » de l'Office régional pour la Langue et la Culture d'Alsace (OLCA)

L'OLCA ne peut que se féliciter de la réédition de cet ouvrage de Michel Paul Urban portant sur les lieux d'Alsace. La deuxième vie de ce dictionnaire étymologique et historique des noms de lieux d'Alsace atteste de l'intérêt que suscitent les travaux de l'auteur auprès d'un large public qui pénètre ainsi au cœur de l'identité alsacienne. Les noms de lieux sont en effet comme des palimpsestes : les dénominations actuelles sont la résultante d'évolutions successives, de déconstructions et de reconstructions qui reflètent les vicissitudes de notre histoire si complexe et d'autant plus passionnante.

Par sa contribution, l'OLCA permet de proposer un ouvrage illustré de photographies anciennes qui témoignent d'un art de vivre si particulier. Recueillir et diffuser ces témoignages si fragiles, mais qui illustrent le temps long de l'Alsace, s'inscrit dans la mission que l'OLCA s'assigne à travers l'opération « *Sammle* », en recensant depuis 2009 toute la diversité de nos savoir-faire et traditions, et des mots qui les expriment.

Que cette édition enrichie incite les nouveaux lecteurs à pousser plus loin leur plaisir d'investigation, qu'elle incite surtout les communes à poursuivre leurs efforts pour préserver tous les noms de lieux dans leur toponymie d'origine et pour les valoriser en reconnaissance à notre passé.

Justin Vogel, président de l'OLCA

Ce livre a été publié avec le soutien de la Région Alsace
et avec la contribution de l'Office pour la Langue et la Culture d'Alsace.

AVANT-PROPOS

UNE RÉSURRECTION DU SENS

Au cœur de l'Europe, l'Alsace fut le carrefour historique des civilisations celtique, germanique et latine. A la fois frontière naturelle et lieu de passage, elle a vu se succéder sur ses terres nombre de peuples, venus en colons, en envahisseurs, en commerçants ou en amis. De par sa situation géographique, entre Vosges et Rhin, elle fut le théâtre d'affrontements et de rencontres multiples, qui ont forgé son caractère unique. Au fil des siècles, ce haut lieu de métissage s'est ainsi constitué une mémoire linguistique en forme de mosaïque. Les noms que portent ses localités, ses cours d'eau, ses forêts et ses reliefs sont autant de témoins de ce foisonnant brassage des langues et des cultures.

Car l'Alsace n'a pas toujours été « l'Alsace ». *Alesatio* (610), *Alsazas* (754), *ducatum Helisatiae* (IXᵉ siècle), *Hellisazaas* (959), *Elyzazen* (1048), *Auxois* (1469)... : l'origine même de son nom est problématique. S'y entremêlent des hypothèses diverses, qui convoquent la « falaise », l'« alisier » ou l'« aulne ». Selon les cas, on verra dans l'Alsace le pays des « sources phréatiques » (d'après une racine paléo-européenne indiquant le « mouvement de l'eau »), ou celui « des rochers et des falaises » (du celtique *alisa*, « rocher »), ou bien le « séjour autre, ailleurs » (appellation donnée par les Alamans, installés sur la rive droite du Rhin), ou encore une terre « noble » (de l'adjectif allemand *edel*, auquel s'ajouterait *saß*, forme conjuguée de *sitzen*)...

A l'image de cette pluralité d'interprétations possibles, ce sont tous les noms de lieux en Alsace qui proposent au curieux un écheveau d'énigmes. Car c'est dans ses noms de lieux – ou toponymes, pour employer un terme plus savant – que s'enracine une part non négligeable, mais trop ignorée, de l'imaginaire alsacien. Pour s'y frayer un chemin, il aura fallu faire appel à un solide bagage linguistique (alsacien, français, allemand, mais aussi latin, celtique, germanique, etc.), prendre en compte les réalités géographiques et historiques, et se pencher par ailleurs sur les croyances, mythes et légendes qui racontent souvent la fondation d'une bourgade ou le baptême d'un site naturel.

Ce triple défi, Michel Paul Urban, professeur de lettres classiques, spécialiste de linguistique et de toponymie, le relève avec brio. Avec un sens remarquable de la pédagogie, une érudition sans faille, une exigence rétive aux simplifications douteuses et un véritable talent de conteur – toutes qualités qui font de la lecture de ces pages un moment de plaisir autant que de savoir –, il répertorie, analyse et commente dans cette Grande Encyclopédie plus de mille deux cents noms de lieux alsaciens (communes, villages, villes, quartiers, lieux-dits, rivières, forêts, montagnes, collines, etc.).

Quelle aventure aussi, que la conception d'un tel ouvrage ! Depuis 1980, date de ses premières investigations, il aura fallu à l'auteur environ un quart de siècle pour achever ses recherches sur le terrain et dans les archives, pour croiser les sources et vérifier les hypothèses, pour suivre son fil rouge dans le dédale des jargons et des explications, et pour réunir finalement ses résultats sous une forme accessible à tous. Remarquable travail de ténacité, de patience et de passion, que seul un amoureux de l'Alsace comme Michel Paul Urban pouvait mener à bien. Publié en 2003, sous le titre *Lieux-Dits*, son texte a suscité de nombreux éloges et a rencontré l'accueil du public. Il a été couronné par l'Académie d'Alsace qui lui a décerné, en 2005, son grand prix annuel, le Prix de la Décapole. Rapidement épuisé, il reparaît en 2010 avec l'apport de cartes postales anciennes sélectionnées par le collectionneur et expert Vincent Kauffmann. Le mystère des noms et la magie de l'image composent une Grande Encyclopédie unique en son genre, appelée à faire référence durable.

Loin de tous les partis pris idéologiques, qui cherchent parfois à détourner l'héritage complexe du passé au profit de l'affirmation d'une identité fantasmée, ce dictionnaire est d'une honnêteté sourcilleuse. L'auteur ne se pose pas en gardien d'un temple où sommeillerait on ne sait quelle vérité sacrée; il met au contraire en perspective les hypothèses diverses, voire contradictoires, qui tentent de rendre compte de la toponymie en Alsace. Ce qui a pour effet de mieux souligner l'incertitude sur laquelle débouche toute réflexion critique autour de l'identité alsacienne.

Par-delà les explications de tel ou tel toponyme, c'est donc une véritable quête du sens que propose cette Grande Encyclopédie. Les noms de lieux, dont la signification se perd parfois dans la nuit des temps, forment un matériau que l'on croit souvent – à tort – éteint, vide de sens, mort. Or un patrimoine, qu'il soit linguistique, culturel ou architectural, n'est une richesse que dans la mesure où nous savons le garder en vie: c'est la conviction qui sous-tend cet immense travail de « résurrection du sens », selon le terme qu'emploie l'auteur dans sa conclusion.

L'Editeur

À PROPOS DES ILLUSTRATIONS

L'OBSTINÉE MÉMOIRE DES CARTES POSTALES

En écho au travail mené par Michel Paul Urban, nous avons choisi, pour cette réédition de son étude étymologique et historique des noms de lieux d'Alsace, d'y associer des images pour chacun des lieux répertoriés. Seule la carte postale permettait d'illustrer des toponymes si nombreux de manière quasi exhaustive. Le collectionneur strasbourgeois Vincent Kauffmann a accepté de relever le défi et de rejoindre notre projet. Il a réuni et sélectionné près de 1 200 cartes postales anciennes dans sa collection, la plupart datées d'entre 1890 et 1950 – qui témoignent elles aussi d'une part de l'histoire de ces lieux d'Alsace.

Etrange destin que celui de la carte postale : créée pour marquer l'instant présent, objet de consommation courante dont on faisait grand usage et bien peu de cas, elle s'impose aujourd'hui comme l'un des auxiliaires les plus précieux de la mémoire. Tout à coup, c'est tout un passé qui resurgit, un temps que l'on croyait perdu dans les limbes de la mémoire et qui se cristallise soudain au détour d'une carte postale. Celle d'un village au chemin de terre, à une époque où les véhicules à moteur n'avaient pas encore imposé leur loi ; celle d'une fratrie, réunie devant le café familial ; celle du métier aujourd'hui disparu – lavandière ou montreur d'ours – et dont les gestes suspendus constituent comme un défi au temps... Il est sans doute un peu difficile de réaliser aujourd'hui ce que représentait la carte postale il y a tout juste un siècle. A l'heure où le contenu d'une encyclopédie peut être expédié par mail à l'autre bout de la planète en une poignée de secondes, la carte postale a des allures d'anachronisme, de survivance insolite d'une époque lointaine et dont les contours désormais sont flous. Et pourtant : il fut un temps où elle occupait la place aujourd'hui dévolue au SMS. Des nouvelles de la rougeole du petit dernier ? Le résultat de l'aîné à son examen de fin d'études ? L'annonce d'un deuil soudain ? Tout était prétexte à l'utilisation de la carte postale. Expédiée à tout propos et par centaines de milliers d'exemplaires, elle n'était pas seulement un moyen économique, pratique et rapide de communiquer avec ses proches : elle était aussi le seul. Le plus souvent diffusée par de puissantes maisons d'édition spécialisées (Strasbourg en comptait plusieurs), les cartes étaient vendues dans les drogueries ou les épiceries et remplissaient pleinement un rôle fondamental : relier les hommes entre eux.

Splendeurs et misères de la carte postale

Un brin d'histoire : on situe l'invention de la carte postale à Vienne en 1869 et son introduction en France trois ans plus tard. Son apogée s'est étirée du tout début du XXe siècle à la fin

Un vendeur de cartes postales place de la Cathédrale à Strasbourg, vers 1910.

de la Première Guerre mondiale. A l'origine lithographies et œuvres d'illustrateurs souvent réputés – en Alsace on doit ainsi de nombreuses séries à Hansi, Spindler, Léo Schnug, Zislin... –, les cartes sont vite devenues le support privilégié de la photographie alors en plein essor et, partant, constituent aujourd'hui de très précieux témoignages sur l'évolution sociale, culturelle et géographique de leur époque. Car rien de ce qui constitue la société n'échappe à leurs représentations. Ainsi, à côté des inévitables processions religieuses et autres fêtes des conscrits, les cartes postales se font l'interprète fidèle des hommes et de leur temps, explorant jusqu'aux plus infimes détails de leur vie quotidienne. Elles révèlent des métiers aujourd'hui disparus – qui se souvient des laitiers tirés par une voiture à chien ? – et mettent en lumière l'histoire intime de ceux qui vécurent alors. Il existe de précieuses séries de cartes qui illustrent l'artisanat des potiers de Soufflenheim, le travail épuisant des schlitteurs dans les forêts vosgiennes, la période des vendanges dans le vignoble alsacien... Des photographes indépendants faisaient également du porte-à-porte afin de proposer leurs services aux particuliers et réalisaient ainsi de petits tirages privés destinés au cercle familial. La vie quotidienne au sein des familles alsaciennes s'y révèle dans une profusion de détails aujourd'hui précieux pour reconstituer le puzzle de nos origines. La carte postale a traversé le temps et subsiste encore de nos jours. Elle a évidemment perdu sa suprématie, coiffée au poteau par les innombrables moyens de communication dont dispose l'homo erectus (ultra) moderne. Bises de Venise, le bonjour d'Arcachon, une pensée de Perros-Guirec... Voilà aujourd'hui à quoi elle est réduite : un mot bâclé sur un coin de nappe le dernier jour des vacances, parce qu'il faut bien penser à grand-maman ou à tonton François. Il n'y a, sans doute, pas de quoi désespérer. Il faut bien que la technologie progresse et on ne peut pas continuer de laver son linge au lavoir au nom du bon vieux temps. Mais elles avaient décidément beaucoup de poésie, ces cartes postales anciennes... Leur agonie fut très lente et débuta après la Première Guerre mondiale. Bien sûr, il y eut durant cette funeste période un nombre incalculable de cartes expédiées du front par des soldats désireux de rassurer leurs familles, mais la pénurie de papier et les difficultés techniques firent que leur qualité baissa vite et de façon sensible. La multiplication des moyens de communication – au rang desquels l'apparition du téléphone – et le développement des appareils photographiques familiaux contribueront largement par la suite au déclin d'un mode de communication né à la charnière d'un siècle synonyme de révolutions techniques.

Les maux de l'histoire

Une carte postale n'est pas qu'une image. Le texte qui l'accompagne au verso – griffonné à la hâte pour confirmer l'horaire d'un train ou longuement mûri lorsqu'il s'agit de déclarer sa flamme – constitue aussi une trace tangible des bouleversements qui agitent les hommes. A cet égard, l'observation des cartes envoyées d'Alsace dans la première moitié du XXe siècle que réunit ce livre s'avère particulièrement révélatrice des convulsions subies par notre région. Le parcours chaotique de l'Alsace – après l'éprouvante alternance entre l'empire de Guillaume II, la France, le IIIe Reich allemand et la France à nouveau – s'exprime aussi dans l'usage des cartes postales. Des « Guebwiller » biffés à la hâte et transformés en « Gebweiler » pour satisfaire à la politique de germanisation aux textes anodins écrits par les expéditeurs à leurs proches et passant au gré du cachet de la poste de l'allemand au français, c'est toute l'identité particulière d'une terre traumatisée qui est ici mise en relief.

Fabrique et magasin de vente de la maison Julius Manias, le plus grand photographe et éditeur de cartes postales basé à Strasbourg, début des années 1900.

Des archéologues de la mémoire

Les auteurs de ces milliers de cartes s'imaginaient-ils qu'ils seraient, des décennies plus tard, les artisans d'une archéologie sociale impossible sans eux ? Sans doute pas. Et pourtant : il est certain que le travail de ces photographes du quotidien constitue un patrimoine essentiel, seul porteur de témoignages visuels d'une époque qui vit naître nos aïeux. Il en va de même pour la mémoire des lieux, celle précisément qui nous occupe dans le présent ouvrage. Les cartes postales permettent de retrouver l'image de lieux disparus ou défigurés par le temps. Comment connaîtrait-on sans elles les places sur lesquelles jouaient nos grands-parents alors enfants – places aujourd'hui transformées en ronds-points ? Comment ferait-on survivre le souvenir des villages entièrement rasés par les guerres et les bombardements ? Comment pourrait-on identifier ces dizaines de lieux-dits – modestes mémoriaux oubliés, ruisseaux asséchés ou clairières rasées – qui font pleinement partie de notre patrimoine ? Notre époque est celle de la vitesse, de l'instantanéité, de la technologie de pointe. Les appareils photographiques numériques prennent des centaines de clichés dont les vagues se chassent les unes les autres. Tout se stocke, mais tout s'oublie. Dans ce contexte, les cartes postales anciennes, fragiles supports d'une mémoire lointaine, ont des allures de petit miracle. Elles ne sont pas que le témoignage muet d'un temps révolu : elles nous disent aussi ce que nous fûmes et ce que nous sommes devenus.

Vincent Kauffmann

ALPHABET PHONÉTIQUE
APPLIQUÉ AU PRÉSENT OUVRAGE

Français

[i]	riz	[y]	rue	[u]	roue		
[e]	fée	[ø]	feu	[o]	faux		
[ɛ]	père	[œ]	peur	[ɔ]	port		
		[a]	tas				
[ẽ]	hein	[õe]	un	[õ]	on		
		[ã]	an			[ə]	le
[p]	pou	[t]	toux	[k]	cou		
[b]	bout	[d]	doux	[g]	goût		
[f]	fou	[s]	sous	[ʃ]	chou		
[v]	vous	[z]	zut	[ʒ]	joue		
[m]	mou	[n]	noue	[ŋ]	dri**ng**		
[w]	ouate	[j]	yaourt				
		[l]	loup	[r]	roue		

Alsacien

[i]	hit	[y]	Müs				
[I]	Hìtt, Schiesse	[Y]	Mues, Ruehj	[U]	Schuss, Bruck		
[e]	het	[ø]	röhj	[o]	Brock		
[ɛ]	hätt	[œ]	sœje	[å]	sàje		
[a]	sawe	[ə]	de	[°]	d'r		
[p^{h}]	Pàss	[t^{h}]	Tàss	[k^{h}]	Kàss	[h]	Hàss
[B]	bàss (uff), Kràppe	[D]	dàss, bàde	[G]	Gàss, Mucke	[ʽ]	àss
/[p]	Kràpp	/ [t]	Bàd	/ [k]	Muck		
[Bf]	Àpfel	[Ds]	Bàtz	[Dʃ]	Bàtsch		
[f]	Àff	[s]	àss	[ʃ]	Àsch	[x]	hoch
[v]	nawe	[r]	Nàrre	[l]	lulle		
/[w]	(ich) naau	/ [R]	Hoor	[j]	Jajer		
[m]	Màmme	[n]	nin	[ŋ]	Dìng, denke		

Particularités à signaler: [I Y U] sont des voyelles intermédiaires entre, respectivement, [i y u] et [e ø o]; [p^{h} t^{h} k^{h}] sont des sourdes dites «aspirées», c'est-à-dire suivies d'une expiration [h]; [B D G] sont des «douces sourdes», qui se prononcent sans voisement avec une faible intensité articulatoire; [ʽ] est une attaque glottale précédant toute voyelle initiale de mot (alterne avec [h]); [°] est une voyelle réduite qui rend syllabiques les consonnes [l, m, r]; [r] est sonore, [R] est sourd, que la réalisation soit apicale (r «roulé», surtout dans le Haut-Rhin) ou pharyngale; [x] est une constrictive pharyngale sourde ([R] et [x] sont confondus dans plusieurs parlers, dont le strasbourgeois: *hoch* = *Hoor*.)

Autres signes

[đ]	anglais *the* [đə], grec moderne *dhio* [điɔ]
[þ]	anglais *thing* [þIŋ], grec moderne *Athinai* [aþinɛ]
[ǥ]	grec moderne *ghô* [ǥɔ]

GRAPHIE TRADITIONNELLE NORMALISÉE DES PARLERS ALSACIENS UTILISÉE DANS CET OUVRAGE

i		ü	p	t	k	h
ì, ie		ue / u	b, p	d, t	g, k	
e, é		ö / o	pf	z, tz	tsch	ch
e, ä		œ / à	f, v	s	sch	ch
	a	e	w	r l	j	
			m	n	ng	
ai au ài äi äü ei oi öi äu						

hit / hìt / hét / hät (*heute/Hütte/hat/hätte*) ; Müs / Mues (*Maus/Mus*) ; ruehj / röhj (*ruh/roh*) ; Bruck / Brock (*Brücke/fr. broc*) ; Trepfel (*Tröpfchen*) ; d'r (*der*) ; Trepfele (= *kleins Tröpfchen*).
Hàss / àss (*Haß / als*) ; Pàss / bàss (uff) (*Paß / passe auf*) ; Tàss / dàss (*Tasse / daß*) ; Kàss / Gàss (*Kasse / Gasse*) ; Kràpp / Kràppe (*Rabe / Raben*) ; Bàd / bàde (*Bad / baden*) ; Muck / Mucke (*Mucke / Mucken*) ; Nàrr / Nàrre (*Narr / Narren*) ; Hoor / hoch (Haar / hoch) ; waisch / waich (weißt / weich).

ABRÉVIATIONS USUELLES

all.	*allemand*	lat.	*latin*
als.	*alsacien*	LD	*lieu-dit*
BR	*Bas-Rhin*	littéral.	*littéralement*
C	*château*	M	*montagne*
celt.	*celtique*	Mo	*Moselle*
cf.	*« confer », se référer à*	mod.	*moderne*
ch.	*chapitre*	R	*rivière*
cp.	*comparer avec*	TdB	*Territoire de Belfort*
fr.	*français*	Vo	*Vosges*
germ.	*germanique*		
HR	*Haut-Rhin*		

INTRODUCTION

Le présent ouvrage porte sur l'origine, l'histoire et la signification des noms de lieux des deux départements du Haut-Rhin et du Bas-Rhin[1].

Pourquoi une terre aussi prestigieuse a-t-elle dû attendre l'aube du troisième millénaire pour voir paraître un dictionnaire étymologique de ses toponymes[2] ? Depuis l'Antiquité, l'identité de l'Alsace s'est forgée au gré des influences et des coups de boutoir venus tantôt de l'est tantôt de l'ouest. Les noms des lieux ont au fil des siècles accumulé une quantité d'information bien plus importante que ceux de régions qui n'ont pas été le théâtre de si bouleversantes confrontations militaires et culturelles. De sorte que tenter aujourd'hui de recouvrer cette information s'avère extrêmement périlleux, presque irréalisable.

Un défi qu'il fallait relever ! Mon amour pour l'Alsace et la passion de la linguistique m'ont ensemble donné le désir et la force d'y parvenir...

Qu'est ce qu'un toponyme ?

La notion de toponyme est complexe. Il faut considérer :

Le niveau des sons

Comme tout autre mot, un toponyme se manifeste sous la forme d'une séquence sonore (et graphique), appelée **signifiant**, qui elle-même obéit aux lois de la langue à laquelle elle appartient.

Le niveau du sens

Un toponyme se présente en principe sous un double aspect, **dénominatif** et **significatif** : d'une part il sert à désigner un certain lieu, de l'autre il est porteur d'une signification intrinsèque, connue et partagée par une certaine communauté linguistique. Pour prendre un exemple, La Petite-Pierre désigne « un village du département du Bas-Rhin, situé dans les Vosges du nord », mais *la petite pierre* signifie aussi, en français, « le bloc [de taille réduite] fait de la matière minérale qui est le composant essentiel de l'écorce terrestre ». La relation entre les deux, à savoir le référent « un village » et le signifié « bloc de matière minérale », constitue ce qu'on appelle la **motivation** : pour quel *motif* des locuteurs ont-ils donné ce nom-ci à ce lieu-là ? Le lecteur averti rétorquera que personne ne l'a appelé ainsi, puisqu'il s'agit d'une traduction ; mais n'avançons pas trop vite.

Pour être au clair avec la réflexion sur le signe menée par le père de la linguistique moderne, Ferdinand de Saussure, il peut être utile de préciser que la relation fondatrice signifiant / signifié se situe, en ce qui concerne les toponymes, *entre la séquence sonore et la dénomination*, non entre la séquence sonore et la signification, le référent faisant foi : lorsque j'énonce « Je me dirige vers La Petite-Pierre », je veux parler du village ainsi nommé et non d'une « petite pierre » ; mais si j'avais voulu dire « je me dirige vers la petite pierre », alors ce n'est plus un toponyme.

1. Les notes des introductions sont placées en page 95.

La fonction **dénominative** est assez simple à comprendre, puisque l'acte de **nommer** peut se définir comme « signaler un certain référent en lui associant en tant que symbole un élément communicable ». Encore faut-il clarifier la notion de symbole et être capable d'identifier un référent spatial (qu'est-ce qu'un lieu ?). Certains toponymes sont purement dénominatifs : Colmar, par exemple, désigne un lieu mais ne signifie rien en soi sous cette forme, dans aucune langue présente ou passée. Ce genre de toponymes est dépourvu de signification, mais la dénomination s'avère suffisante pour permettre d'identifier tel lieu ici et maintenant. Un nom de lieu considéré dans sa seule fonction dénominative appartient à la catégorie des signes conventionnels.

La valeur **significative** du toponyme indique que ce mot existe, ou a existé, comme signifié de la langue dans laquelle a été baptisé le toponyme (et qui est ou non la langue dans laquelle s'exprime aujourd'hui la communauté qui habite le lieu). Le rapport entre le signifié de la langue et le toponyme s'inscrit dans une dimension tant chronologique, puisque le second est tiré du premier, que symbolique, puisque le même signifiant sert à la fois pour un signifié originel et pour un deuxième signifié suscité par la dénomination, à travers un mécanisme tropique tel que métaphore ou métonymie. Pour reprendre l'exemple de La Petite-Pierre, même si la présence d'une petite pierre me motive, je n'emploie le signifié préexistant dans la langue utilisée qu'à travers une métonymie, puisque le référent spatial que je symbolise excède largement la petite pierre qui s'y trouve peut-être. Dans certains autres cas, la motivation peut s'avérer purement psychologique : il n'y a pas, n'y a pas eu et n'y aura jamais de petite pierre, mais ce lieu me rappelle un autre qui s'appelait déjà La Petite-Pierre : c'est une métaphore.

On peut donc affirmer qu'il n'est guère possible d'envisager de nom de lieu d'emblée conventionnel. Tous les toponymes ont dû être créés à partir de termes qui avaient une signification intelligible dans la langue de ceux qui ont baptisé le lieu, à travers un processus de motivation, puis de symbolisation. Par conséquent, il faut admettre que les noms de lieux seulement dénominatifs ont perdu leur valeur de signification au cours de leur évolution historique, phénomène appelé à juste raison **démotivation**.

Le référent spatial

La motivation est l'ensemble des motifs psychologiques et sociologiques pour lesquels un référent spatial, ou *lieu*, a subi l'attraction de tel signifié préexistant dans la langue plutôt que de tel autre. Elle est la marque de l'intention de ceux qui ont nommé le lieu, leur choix en tant qu'acteurs.

Mais quelle est la définition d'un lieu ? Au début, lors d'une première expérience de perception, la réalité se présente comme une masse indifférenciée au sein de laquelle se détache peu à peu l'apparence de formes, d'objets, par les discontinuités qualitatives qu'ils opèrent. La distinction entre continu et discontinu paraît à la base de la perception humaine du monde. Plusieurs lieux peuvent ainsi s'emboîter (par exemple, le *kiosque à journaux* situé sur la *place Kléber* à *Strasbourg*, ville d'*Alsace*, etc.) ou être étendus dans l'espace (par exemple, les réseaux fluviaux)[3].

Tout lieu est susceptible de faire naître dans l'esprit des hommes une multiplicité de motivations potentielles. Prenons l'exemple d'une famille de touristes qui aurait garé sa voiture au pied de la cathédrale de Strasbourg, avant d'aller faire le tour de la ville. Il est probable que le petit dernier, âgé de six ans, fatigué au bout de deux heures de marche, ne demandera pas : « Quand est-ce qu'on retourne à la cathédrale ? », mais plutôt : « Quand est-ce qu'on retourne à la voiture ? »

La motivation apparaît lorsque au seuil de l'acte de nommer, une relation entre le lieu perçu et l'un des éléments typiques possibles s'impose comme nécessaire dans la conscience linguistique personnelle ou sociale, comme un besoin psychologique.

Il y a donc bien à l'origine un lien entre le lieu et son nom, puisque ce dernier signifie concrètement le concept qu'il a été décidé d'attacher au lieu, en vertu de l'**envisagement** considéré comme nécessaire.

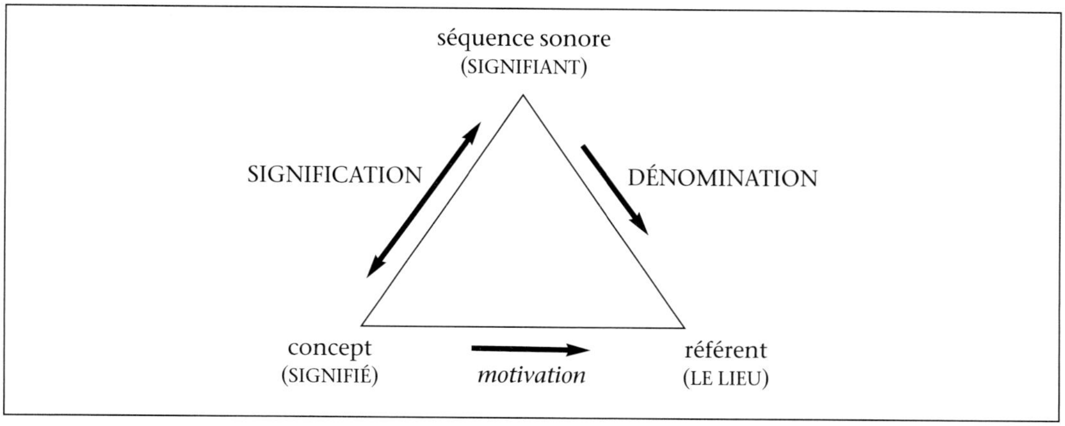

L'analyse montre que les types de concepts retenus par les diverses communautés linguistiques sont, somme toute, relativement restreints :

– caractéristiques physiques du lieu (formes, accidents du relief ; nature du sol, des eaux ; couverture végétale ; animaux, etc.),

– situation du lieu par rapport à des points de repère,

– constructions,

– rôle stratégique, économique, religieux du lieu,

– fondateurs ou propriétaires historiques ou mythiques,

– hommages (lieux portant le nom d'autres lieux plus célèbres ou plus anciens, ou de personnages qui n'en ont jamais été propriétaires : saints, divinités tutélaires, etc.).

Cela ne signifie en rien que les termes utilisés pour exprimer ces concepts ne puissent être infiniment variés, c'est-à-dire métaphoriques. Ainsi, le mot le plus utilisé pour désigner un sommet dans les Vosges est *Kopf*, qui veut dire proprement « tête ».

La dénomination de certains châteaux forts féodaux constitue une catégorie à part, parce que récente à l'échelle de la toponymie, mais surtout l'effet d'une caste unie par le code commun de la chevalerie. On y découvre des noms :

– de valeurs : Freudeneck « château de la joie », Freundstein « rocher de l'ami », Friedbourg « château de la paix », Landser « honneur du pays », Landskron « couronne du pays », Landsberg et Hohlandsbourg « protection du pays », Nideck « château jaloux », Oedenbourg « château solitaire ».

– d'êtres légendaires : Greifenstein « rocher du griffon », Hunebourg « château des géants ».

– d'animaux farouches, notamment des oiseaux de proie : Arnsberg « montagne de l'aigle » (vieux haut all. *arin*), Bernstein « rocher de l'ours », Falkenstein « rocher du faucon », Guirbaden « aire du vautour » et Girsberg « montagne du vautour », Haneck « pointe du coq », Hirtzenstein « rocher du cerf », Loewenstein « rocher du lion », Spesbourg « château du pic » (all. *Specht*).

Méthode

Dans son état présent, la toponymie, discipline avant tout linguistique, s'appuie sur l'étude des données historiques : la méthode consiste à reconstituer la forme phonétique d'un étymon à travers l'examen des attestations anciennes, de sorte que se révèle une forme lexicale appartenant à une langue connue et possible ; le sens du mot ainsi reconnu est considéré comme étymologique. Les possibilités d'application optimale de cette méthode sont extrêmement faibles : d'abord parce qu'elle suppose des documents, lesquels n'existent pas toujours ; ensuite qu'ils soient fiables, ce qui n'est pas le cas souvent ; enfin que l'ensemble des formes disponibles livre l'étymon (c'est-à-dire la forme originelle, le « nom de baptême » du lieu), à condition de pouvoir prouver qu'il s'agit bien de lui. Une aide importante peut, dans certains cas, être fournie par la situation géographique, ainsi que par l'histoire ou les légendes du lieu[4].

D'autre part, des évolutions phonétiques non toujours prévisibles, générées par les interférences entre systèmes des langues en contact, rendent souvent impossible la restitution scientifique de l'histoire linguistique du sens et de la forme d'un toponyme. Peut-être est-ce là une des spécificités majeures du terrain alsacien : restituer un étymon remontant au-delà, disons, du Xe siècle, par la seule application des lois de phonétique historique de la langue d'appartenance la plus ancienne du toponyme considéré, fournit un résultat le plus souvent improbable. Cela remet en cause une partie importante des résultats obtenus jusqu'à présent en toponymie. La disparition du sens primitif d'un toponyme était admise par l'émergence même de la démarche toponymique qui se donnait pour objectif de le retrouver, mais il faut bien admettre qu'ici c'est la forme elle-même qui, dans bien des cas, n'est plus reconstituable. Pourtant, le toponyme est là, sa fonction dénominative joue son rôle : que peut dire ce mot de son origine ? Uniquement sa structure[5].

Lorsque font défaut les éléments externes susceptibles de fonder une étymologie, ou du moins d'accréditer telle ou telle conjecture, l'approche historique est inopérante. Impossible d'accéder aux concepts, ni à la motivation qui a présidé à la dénomination, ni par conséquent à la signification. En Provence, par exemple, 75 % des noms de lieux s'avèrent inexplicables par la méthode historique parce que, cette région n'ayant pas parlé de langue indo-européenne avant le latin apporté par la colonisation romaine, les toponymes renvoient à une langue antérieure, préhistorique, inconnue, et inconnaissable puisqu'il n'existe aucun document, ni sur les toponymes eux-mêmes, ni sur la langue utilisée.

Intuition du linguiste P. Fouché, le seul aspect tangible reste la forme phonétique dans ce qu'elle a de stable, c'est-à-dire en faisant abstraction des évolutions qu'elle subit dans le temps[6]. Ainsi l'explication des toponymes provençaux, chez les disciples de Fouché, se présente-t-elle comme une description formelle de racines structurales, assortie d'une mise en sens, superficielle voire artificielle, fondée sur la configuration géographique du site. Or, un nom de lieu ne renvoie pas systématiquement au référent spatial, mais à l'« envisagement » psychologique du lieu.

D'autre part, dans le domaine de l'étymologie structurale, P. Guiraud[7] a proposé la possibilité d'une analogie entre la substance phonique et des virtualités de sens. Il admet que des significations puissent se fonder sur des onomatopées, non pas selon la définition habituelle d'« imitation approximative des sons de la nature », mais du fait qu'un son est virtuellement porteur du sens de son lieu d'articulation et / ou de l'impression auditive ou visuelle qu'il suscite.

Il donne l'exemple de la série labiale /P, B, F.../, qui marquerait, entre autres, le sens de « gonflement / dégonflement », à cause de l'impression visuelle de gonflement, au niveau des lèvres et des joues, dégagée par l'articulation de [p], [b], et celle, visuelle et auditive, de dégonflement produite par l'articulation de [f].

Bien des toponymes alsaciens peuvent recevoir un éclairage nouveau et intéressant par l'application des onomatopées, telles que les entend Guiraud, aux structures phonétiques d'origine préhistorique mises en lumière par Fouché. Il y a certes à procéder à une généralisation des premières et à un aménagement des secondes. La théorie proposée en filigrane dans cet ouvrage est fondée sur le postulat qu'il est possible, dans certains cas, de « lire » les toponymes en les rapportant à leur propre séquence sonore, porteuse de signification (VOIR CHAPITRE IV).

Théorie en effet, ce qui signifie rupture avec le raisonnement inductif que représente l'approche historique. Dans cette quête toponymique, la démarche hypothético-déductive a été privilégiée dès que nécessaire, afin de pallier les insuffisances de la méthode historique qui aboutit trop vite à une impasse des connaissances. Ce n'est pas une vérité qui est ici recherchée, puisqu'en toponymie comme en d'autres matières humaines elle reste conjecturale (mis à part les 10 % de toponymes dont les circonstances historiques exactes de la dénomination sont connues), mais à ouvrir des perspectives qui permettent de rendre raison des observations.

Présentation du livre

Le dictionnaire occupe la majeure partie de l'ouvrage en volume. Il est précédé de quatre chapitres complémentaires : tout d'abord une présentation du visage toponymique de l'Alsace d'aujourd'hui, puis les relations qu'il est possible d'établir entre toponymie et mythologie en Alsace. Suivent deux chapitres plus spécialisés : l'un sur la répartition et l'origine des suffixes, le dernier consacré à l'approche structuraliste des racines toponymiques alsaciennes.

On a parfois le sentiment que les points de vue novateurs ont pour seul objectif d'abattre les certitudes enracinées dans la tradition millénaire. Ce n'est pas l'impression que voudrait laisser ce livre. En rationalisant, la science ouvre des perspectives surprenantes, capables aussi d'alimenter l'imaginaire et le poétique. A condition de savoir prendre les mythes pour ce qu'ils sont.

Pardon pour les nombreux passages techniques, mais il n'est pas facile de vulgariser sans risque de perdre une partie de la substance. Après tout, qui a le désir de découvrir du neuf peut aussi se donner les moyens de comprendre. Par ailleurs, il est inévitable que dans un ouvrage qui traite et fournit une aussi grande quantité d'informations, quelques erreurs de données aient subsisté. Merci à tous ceux qui m'ont permis d'améliorer, de corriger et de compléter mon travail, afin de faire de cette deuxième édition un ouvrage réellement instructif et utile. Mes remerciements vont en particulier à Gérard Munch de Hégenheim, Denis Lieby de Mulhouse, Charles R. Krieger de Neewiller-les-Lauterbourg, Marc Hug de Strasbourg. Sans oublier le maître cartophile, Vincent Kauffmann, qui par ses vues permet de rejoindre l'être de chaque lieu ; l'archéologie des cartes postales, qui rend proche et poignant le passé récent, explore des couches différentes et complémentaires de celle de la toponymie, mais elles font vibrer la même corde. Bonne lecture aux yeux dessillés de préjugés, avides de capter un message original et intellectuellement irréprochable.

Michel Paul Urban

CHAPITRE I

VISAGES DE LA TOPONYMIE ALSACIENNE

UN UNIVERS FLUCTUANT

Pour qui s'est penché sur la toponymie alsacienne, le plus frappant est l'extrême fluctuation des données. D'entrée de jeu, chaque nom de lieu possède deux dénominations : une officielle et une populaire.

Les dénominations officielles

Ecrites, elles appartiennent pour 95 % à la langue allemande, mais présentent le plus souvent des écarts graphiques par rapport à la norme[8] ; elles engendrent aussi plusieurs façons de les prononcer, qui vont de la prononciation allemande standard à une prononciation totalement francisante, en passant par un degré intermédiaire qui se définit comme « habituel pour un Alsacien lorsqu'il s'exprime en français ». Lui-même peut varier entre Haute et Basse-Alsace, et même d'un locuteur à l'autre[9]. Parmi les 5 % de dénominations officielles appartenant à la langue française, hormis les créations nouvelles, certaines sont des traductions de formes allemandes[10] ; d'autres encore des « doublets[11] », c'est-à-dire des formes romanes parallèles conservées au cours de l'histoire, notamment à proximité de la frontière linguistique germano-romane ; d'autres enfin présentent des adaptations singulières liées à l'histoire locale et aux délibérations des conseils municipaux[12].

Les dénominations populaires

Orales, elles correspondent la plupart du temps aux dénominations officielles, dans le rapport de la phonétique du dialecte alsacien à celle de l'allemand, mais pas toujours : différences de formes[13], différences de langue[14]. En zone bilingue, les dénominations populaires alsaciennes s'emploient lorsque le sujet s'exprime en dialecte : elles sont susceptibles de varier d'un parler à l'autre pour un même toponyme[15]. Certaines formes populaires tombées dans l'oubli ont été remplacées par de nouvelles formes orales créées au moyen d'une prononciation alsacianisante de la dénomination officielle[16]. En zone romanophone cette fois, les dénominations populaires sont en parler vosgien ou franc-comtois[17] ; dans les régions proches de la frontière linguistique, des formes populaires romanes de certains toponymes de la zone dialectophone sont connues, attestant de la persistance d'une situation de bilinguisme jusqu'à une époque récente[18]. Il en va de même de formes populaires alsaciennes de certains toponymes de la zone romanophone[19].

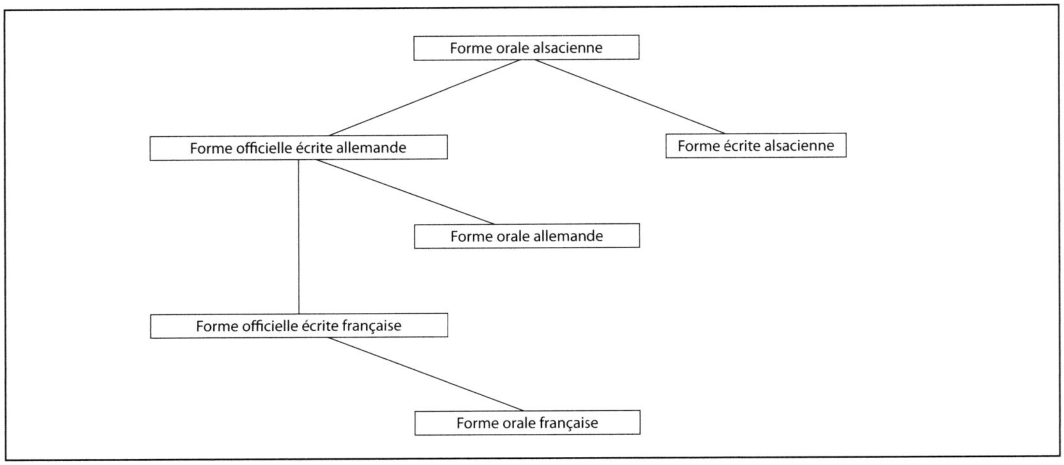

L'histoire des toponymes manifeste tout autant d'instabilité : évolutions phonétiques au cours des siècles, ce qui est normal, avec la particularité alsacienne des changements de langue et notamment du remplacement du gallo-roman par le germanique à partir du Ve siècle, qui implique des transformations spécifiques liées à l'interférence entre deux systèmes phonologiques différents[20]. Corollairement, on trouve des traductions, notamment du gaulois en germanique. Sur le plan sémantique, les fluctuations sont tout aussi nombreuses : on note surtout les démotivations, les remotivations, ces dernières de nature paronymique, et les rebaptisations. Cet aspect sera développé ci-dessous dans le présent chapitre.

Se croirait-on plus assuré dans la consultation des formes anciennes consignées dans les milliers de textes d'archives ? Erreur : là aussi, les formes sont rarement fiables, sans armature et sans suite cohérentes[21] : lorsqu'elles sont en latin, il s'agit souvent d'habillages à la latine de formes non latines, et lorsqu'elles sont en allemand, elles manifestent fréquemment des tentatives d'éponymie, c'est-à-dire de remotivations de formes sans signification perceptible, au moyen d'un rapprochement avec des noms de personnes germaniques[22]. Les cas où les formes anciennes révèlent l'étymon se comptent sur les doigts d'une main. Il arrive qu'un étymon formellement restitué puisse donner lieu à deux interprétations différentes en fonction de la langue d'appartenance envisagée[23].

HISTOIRE ET GÉOGRAPHIE LINGUISTIQUES DE L'ALSACE

A l'aube de son histoire, l'Alsace faisait partie du monde celtique puis, conquise par César, elle joua le rôle de marche frontière aux confins de l'empire romain, face à la Germanie. Si l'on en croit quelques auteurs, la langue gauloise n'a pas dû s'éteindre définitivement avant le VIIIe siècle. Quant au latin, apporté en Alsace par les légionnaires, les marchands et les colons, il cesse selon toute vraisemblance d'être majoritaire à l'oral peu après l'invasion des Alamans (fin du Ve siècle). Il est possible qu'il ait subsisté au moins jusqu'au Xe siècle autour de centres antiques importants (Strasbourg, Horbourg), le long des lisières (Bischwiller) et du piémont vosgien, ou encore dans le Sundgau, comme l'atteste la présence de nombreux doublets.

A partir du VIe siècle, le dialecte alémanique est parlé peu à peu dans toute l'Alsace, le dialecte francique s'infiltrant de l'Outre-Forêt jusqu'au nord de Strasbourg. Au XVIe siècle s'impose la koinè allemande, langue des chancelleries de l'est de l'aire haut-allemande (tirée du francique oriental avec des traits de bavarois), adoptée par Luther dans sa traduction de la Bible et comme telle langue de la Réforme. L'une des conséquences en est la réduction du dialecte alsacien, qui fut langue littéraire au Moyen Age, au rang de parler populaire et oral. C'est ainsi que s'est produit, pour les toponymes alsaciens, le divorce entre formes populaires orales en alsacien et formes officielles écrites en allemand, toutes deux ayant néanmoins une origine commune.

La situation se complique à partir du rattachement de l'Alsace à la France (XVIIe siècle), et la francisation plus ou moins poussée des formes officielles accentue encore la divergence.

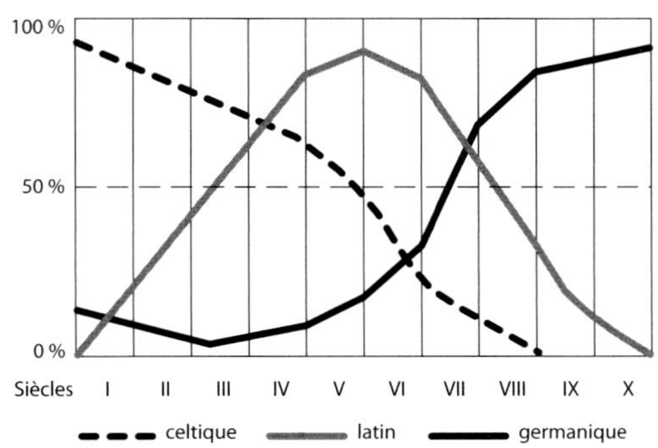

Le multilinguisme en Alsace
Pourcentage de la population alsacienne parlant celtique, latin ou germanique dans les premiers siècles de nore ère, inspiré de P. Lévy, *Histoire linguistique d'Alsace et de Lorraine*, Strasbourg, 1929.

Bien sûr, ces changements de langue ont entraîné des périodes plus ou moins longues de bilinguisme : gaulois-latin d'abord, de la conquête romaine au VIIIe siècle environ ; roman-germanique depuis le Ve jusqu'au Xe siècle au minimum, et peut-être bien plus tard sur les franges du domaine ; alsacien-français depuis le XVIIe siècle. Quant aux idiomes pré-celtiques, étant pratiquement inconnus, la datation de périodes de bilinguisme relève de la gageure. Il faut bien comprendre que les situations respectivement humaine et linguistique n'ont pas été les mêmes partout : une partie de la plaine a dû être occupée dès le Ve siècle par des colons alamans, alors que l'Outre-Forêt, le piémont des Vosges et le Sundgau n'ont pas subi d'occupation humaine, seulement une domination politique. La partie sud-ouest du Sundgau a pu connaître un bilinguisme roman-germanique jusqu'au XVIe siècle, cent ans seulement avant que le français ne commence à être introduit, cette fois par « le haut », par l'administration. Certaines vallées vosgiennes, repeuplées par des familles lorraines au cours du Moyen Age, ont connu une nouvelle romanisation.

La frontière linguistique germano-romane n'a d'ailleurs pas cessé de fluctuer au cours des siècles, sur le plateau lorrain et dans les vallées vosgiennes, et son tracé actuel ne semble fixé que depuis le XVIe siècle. Il détermine, par rapport à l'aire dialectophone et bilingue, sept zones romanophones où se parlent, outre le français langue officielle, les dialectes lorrain (vallées vosgiennes) et franc-comtois (Sundgau) :

– la haute vallée de la Bruche (en amont de Muhlbach-sur-Bruche, à l'exception de Natzwiller),

– une partie de la vallée du Giessen ou val de Villé (vallée nord : Steige ; vallée sud : en amont de Bassemberg, ainsi que Breitenau et, depuis le XVIIe siècle seulement, Neubois),

– le val de Lièpvre (en amont du hameau de Hurst, mais à l'exception de l'îlot dialectophone de Sainte-Marie-aux-Mines),

– la haute vallée de la Weiss (en amont de Kaysersberg),

– trois « enclaves » dans le Sundgau (la première comprenant les villages d'Éteimbes, Bretten, Bellemagny et Saint-Côme, l'autre ceux de Chavannes-sur-l'Étang, Montreux-vieux, Montreux-jeune, Valdieu-Lutran, Romagny et Magny, la dernière ceux de Courtavon et Levoncourt).

Il est logique de concevoir que chaque langue successive parlée sur le sol de l'Alsace ait apporté son lot de toponymes, et que plus d'un aient subsisté, transformés certes, mais pas éliminés comme l'affirmaient naguère encore les tenants du pan-germanisme. « Seule une population autochtone assez abondante peut avoir assumé la transmission aux nouveaux venus de tous les noms gaulois et latins traditionnels des terroirs, des chemins, des rivières, des montagnes qui parsèment l'Alsace. L'extermination radicale des indigènes est à reléguer une fois pour toutes parmi les mythes[24]. »

Comme ailleurs et sans doute plus qu'ailleurs, plusieurs strates ou couches historiques et linguistiques se sont succédé et superposées, se remplaçant de manière partielle, mais jamais totalement. Ainsi l'on peut s'attendre à trouver des noms de lieux appartenant aux couches linguistiques suivantes, proposées avec des dates indicatives :

– paléo-européen (préhistorique) (avant -2000)
– indo-européen (IE commun) (-2000 à -1000, soit environ mille ans)
– celtique (-1000 à 0, soit environ mille ans)
– latin (0 à 500, soit environ cinq cents ans)
– germanique (alsacien, allemand) (500 à 1700, soit environ mille deux cents ans)
– français (depuis 1700, soit environ trois cents ans)[25].

VIE ET MORT D'UN NOM DE LIEU

D'un côté, les toponymes sont des mots particulièrement stables : certains nomment le même lieu depuis des millénaires. Mais, précisément parce qu'ils s'inscrivent dans la longue durée, ils sont soumis plus que d'autres vocables à l'action du temps. Celle-ci se manifeste par des évolutions aussi bien du signifiant que du signifié ou du référent.

Evolutions liées au signifiant

La démotivation

L'évolution phonétique qui affecte le signifiant finit par occulter le signifié : concept et motivation originelle disparaissent avec lui et, du toponyme démotivé, ne subsiste que la fonction dénominative. Par exemple, Neugartheim, composé actuellement de l'allemand *neu* « nouveau », *Gart(en)* « jardin » et *-Heim* « domicile, chez-soi », aboutit, en dialecte alsacien, à la forme démotivée *Neierte*.

Remarque : lorsqu'il y a changement de langue (c'est particulièrement vrai en Alsace), la perte du signifié et de la motivation s'avère la conséquence moins de la simple évolution phonétique que de l'incompréhension du terme indigène. A moins que ce dernier ne fasse l'objet d'un emprunt, auquel cas il lui arrive, en plus, de changer de sens.

Exemple ancien : latin *taberna* « taverne » > germanique (allemand) *Zabern* (= fr. Saverne, alsacien *Zàwwere*), démotivé ; par opposition aux noms de lieux romans Taverne(s) (par ex. dans le Var), dont la signification demeure, et à la motivation claire.

Exemple actuel : germanique (allemand) *Straßburg* (alsacien *Strosburi*) « place forte de la (des) route(s) », de *Straße* « route » et *Burg* « place forte, forteresse », d'où français Strasbourg [strazbur]. Pour un francophone unilingue, le premier élément, [straz], est non signifiant, et le second, [bur], renvoie au français *bourg* « gros village », lequel a été emprunté, mais avec un sens différent, au germanique *burg* (par l'intermédiaire du latin *burgus*). Ce hasard de l'histoire ne sera guère perçu par un bilingue, pour qui < Strasbourg > n'apparaîtra toujours que comme une francisation orthographique de l'allemand *Straßburg*.

La remotivation

En évoluant, il arrive que le signifiant prenne par hasard la forme d'un autre mot, avec lequel il est naturellement confondu, y compris et en particulier quant au sens. Par exemple, le village mentionné de 778 au début du XIVe siècle comme *Rodashaim*, *Rodesheim* devient par contraction **Rodsheim* puis Rosheim (als. *Rose*). Le nom est immédiatement rapproché de l'allemand *Rose* « rose » (du latin *rosa*), à tel point qu'écrivains et poètes parlent de Rosheim comme de « la cité des roses », et que les armes de la ville portent une rose stylisée.

Parfois, le signifiant démotivé peut subir l'attraction paronymique d'un autre mot de forme voisine, possédant une signification dans la langue considérée. Ainsi, au XVIIe siècle, *Wulfersheim*, démotivé, devient Pulversheim sous l'influence de l'allemand *Pulver* « poudre ».

Il convient d'ajouter immédiatement que la différence entre les motivés originels et les remotivés réside dans le fait que chez ces derniers on peut trouver des signifiés appartenant à pratiquement n'importe quel champ sémantique, et non seulement à ceux spécifiquement exploités en toponymie.

Si l'on veut bien faire un instant abstraction des données de l'histoire et ne prendre en compte que le plan synchronique, on pourra soupeser des signifiés tels que Batzendorf « le village des mottes », Roggenhouse « la maison du seigle », Sternenberg « la montagne des étoiles », ou encore La Wantzenau « la prairie des punaises » : s'agit-il là de motivés authentiques ou de remotivés artificiels ? Qui pourrait jurer que Beinheim « la demeure de la jambe », Bartenheim « la demeure de la barbe », ou Kertzfeld « le champ de la bougie », ne puissent pas avoir été les dénominations originelles de ces lieux ? Difficile à croire... et pourtant les habitants de Duttlenheim « la demeure des tétons » (als. *Dìttle*) n'ont pas hésité à faire figurer sur leur blason un buste féminin dénudé...

De toute façon, il serait vain de mépriser ces significations, sous prétexte qu'elles seraient « fausses » par rapport aux données historiques, car elles sont réelles aujourd'hui et entrent de plein droit dans l'histoire des noms de lieux concernés.

Les attestations anciennes témoignent d'ailleurs de tentatives similaires de la part des scribes du Moyen Age pour remotiver certains toponymes dont le sens était déjà perdu (ce qui tendrait à prouver leur origine fort lointaine). Quelques rares de ces tentatives ont été adoptées et sont parvenues jusqu'à nous : ainsi Adamswiller, cité comme *Adimartia villa* 777, rapproché du nom d'homme *Adam*. D'autres ont fait long feu : Wolxheim, « la demeure du nuage » (all. *Wolke* « nuage ») reflète, attraction paronymique en sus, la forme de 736, *Ulcisheim*, alors que *Folcoaldesheim* 739 et *Wolgangesheim* 1003 apparaissent comme des tentatives sans lendemain d'imposer comme étymons des anthroponymes germaniques, *Folkwald* ou *Wolfgang*.

Changements de nature esthétique

Certaines évolutions sont délibérées et tirent leur motivation du sentiment négatif de telle ou telle communauté à l'égard d'un nom de lieu aux sonorités jugées désagréables ou à la signification malséante. Par exemple, lorsqu'en 1953 la municipalité de Schweinheim (« demeure du porc »), a obtenu pour raison d'inesthétisme sémantique la débaptisation en Schwenheim, conforme d'ailleurs à la prononciation locale du nom de ce village, *Schwäne* (qui prouve que l'étymon n'est pas l'allemand *Schwein*, auquel, en alsacien, correspond *Schwin* et non **Schwän*), j'ai entendu une amie de ma grand-mère commenter ce changement en ces termes : « Que c'est laid, *Schwenheim* ! Quitte à ôter une lettre, ils auraient mieux fait de l'appeler *Scheinheim*, c'est bien plus élégant ! » (all. *scheinen* « briller »).

Changements de graphie dans le cadre de la francisation

Le droit de modifier le nom d'une commune est en principe réservé au conseil municipal de cette commune. Après enquête du tribunal administratif et sur rapport du préfet, le gouvernement officialise le changement par décret. Il faut prendre en compte :

– *les transformations purement orthographiques de la forme officielle allemande.* Colmar « fait français » à cause de son < c > ; écrit Kolmar avec un < k >, il « fait allemand ». Cet effet de reconnaissance spontanée appartient aux phénomènes appelés ethno-démarcatifs. C'est une preuve de l'impact qu'exerce l'écrit (en allemand, *Schriftsbildung*). Par ailleurs, les trémas, signes de l'Umlaut ou métaphonie, sont supprimés en ce qui concerne < ü > [y], qui est alors simplement noté < u > : Mulhouse [myluz] (all. *Mühlhausen*), Duppigheim [dypikajm] (all. *Düppigheim*), Muttersholtz [mytərsɔlts] (all. *Müttersholz* ["myt^{h}ərs'hɔlts]), etc. Cela entraîne parfois des dilemmes chez le lecteur francophone, qui ne sait pas dans quel cas < u > doit se prononcer [u], à l'allemande, ou [y] à la française par suite d'un Umlaut non signalé ; par exemple, Mutzig doit se prononcer : [mytsik], et Mutzenhouse : [mutsənuz] suivant leur prononciation en dialecte.

– *les cas de maintien de l'orthographe allemande antérieure à la réforme orthographique de 1920.* Ainsi du maintien de la graphie < th >, supprimée dans l'orthographe allemande. Exemples : Thal (all. *Tal*), Thann (all. *Tann[e]*), Rothau (all. *rot, Au*), Brumath, etc. C'est le cas, également, de la graphie < J > en position initiale, dans Jebsheim, Jetterswiller, Jettingen, etc., qui est conforme à l'habitude allemande d'utiliser < J > comme majuscule de < i > (exemple : Jhringen ["ʻi:riŋən], toponyme badois près de Breisach). Ces graphies représentent donc **Iebsheim*, **Ietterswiller*, **Iettingen*, dont l'initiale devrait se prononcer avec un [i:] long. De fait, le < J > initial entraîne des prononciations erronées, en [j] chez les germanophones, comme dans *Jesus* [je:zus], voire en [ʒ] chez les francophones comme en français *Jésus* [ʒezy].

– *les types de prononciation engendrant des adaptations graphiques dans la forme officielle française.* En effet, la base étant la forme orale, certaines modifications de la forme officielle tentent d'adapter celle-ci, au moyen de graphies françaises, afin de permettre, à travers la lecture, le maintien de la prononciation originelle, c'est-à-dire allemande. Premier exemple : < gu > à la place de < g > devant < e > et < i > : Guebwiller (all. *Gebweiler*), Gueberschwihr (all. *Gebersweier*), Guémar (all. *Gemar*), Haguenau (all. *Hagenau*), Éguisheim (all. *Egisheim*), etc. Autre exemple : le digramme < ou > français remplace < u > allemand pour noter la prononciation [u] dans un nombre important de toponymes : par exemple Bouxwiller (all. *Buchsweiler*), Gougenheim (all. *Gugenheim*), Rouffach (all. *Ruffach*), Rountzenheim (all. *Runzenheim*), Soufflenheim (all. *Suffelnheim*), les nombreux Soultz (all. *Sulz*), et surtout *-bourg*, (Strasbourg, Wissembourg, Folgensbourg ; Bourgheim, Bourgfelden, etc.), qui transcrit l'allemand *Burg*. Cette adaptation entraîne un changement d'appréciation du sens, l'allemand *Burg* signifiant « château fort » et le français *bourg* « gros village ». Dernier exemple : le digramme propre au français < ai > est employé dans les noms de Niedernai et Obernai pour transcrire le son vocalique [ɛ:] des formes alsaciennes *Niedernäh* et *Owernäh*. La prononciation est donc bien [ɛ] à la française, et non [aj] à l'allemande. Il faut signaler que dans la toponymie alsacienne la diphtongue [aj] est notée < ei >, <ey >, <ay > (Heim, Weyer, Kaysersberg, etc.) mais jamais < ai > – ce qui laissait cette graphie libre pour une utilisation spéciale.

– *les graphies francisantes engendrant une prononciation non authentique*. Le mot allemand *Haus* (als. *Hüss*), employé surtout comme deuxième élément de composé sous la forme *-hausen* ['hawzən] (als. *-hüse* [hy:sə]), est remplacé dans un nombre croissant de noms de communes par une variante française : *-house*, qui n'a rien d'alsacien (ni par ailleurs d'anglais), et se prononce [uz]. Exemples : Mulhouse [myluz] (all. *Mühlhausen* ["my:l'hawzən], als. ['mel"hy:sə]) et, comme terme isolé, Houssen [usən] (all. *Hausen*, als. *Hüse* ["hy:sə]). L'origine de cette modification est difficile à cerner : il semble qu'elle se propage du sud vers le nord, puisque les *-house* ont le monopole dans le Haut-Rhin (huit sur huit), alors que dans le Bas-Rhin quinze *-house* côtoient neuf *-hausen* ; on enregistre dans ce département deux transformations datant seulement de l'après-guerre, celles de *Gottenhausen* en Gottenhouse en 1948 et celle de *Kurtzenhausen* en Kurtzenhouse en 1955. Une explication avancée ici sous toutes réserves s'appuie sur la constatation que le dialecte alsacien alémanique ignore le son [u], et a tendance à le remplacer par un [y], qui occupe cette place dans son système phonologique. Que l'on songe aux nombreux emprunts faits au français : *Büschi* < bougie, *Büttik* < boutique, *Lüwis* < Louise, *Blüs* < blouse (all. *Bluse*), *Nàdür* < nature (all. *Natur*), etc. De la sorte, le < ou > de *-house* serait une manière alsacienne de transcrire en français la monophtongue alsacienne [y] ! La prononciation artificielle de la forme officielle qui en résulte a pour conséquence annexe de permettre de distinguer des toponymes homonymes tels que Mulhouse (HR) et Mulhausen (BR), Munchhouse (HR) et Munchhausen (BR).

Autre exemple : le suffixe allemand *-ingen* [iŋən] est rendu par *-ingue* [ɛ̃:g] dans plusieurs noms de communes du sud de l'Alsace : Hirsingue, Huningue, Knoeringue, Reiningue, Zaessingue, etc. La prosodie germanique (place de l'accent) a été conservée au détriment de la désinence *-en*. Le cas de Wissembourg est également intéressant : cette ville est située au nord de l'Alsace, où se parle un dialecte francique. Son nom local, *Waissebuich* ["vajsə'BUiç], possède une diphtongue [aj] comme l'allemand *Weißenburg* ["vajsən'burk]. Or la forme officielle a été modifiée selon la prononciation alémanique, majoritaire en Alsace : *Wisseburi* ["visə'BUri], avec voyelle simple [i]. Dans ces conditions ce n'est plus la communauté locale qui normalise, ce sont les hérauts du courant anti-allemand.

Transformations morphologiques du signifiant dans le cadre de la francisation

Ces transformations plus profondes, appelées morphologiques par opposition aux transformations de simple graphie, ont pour conséquence d'entraîner le changement de langue d'appartenance ; le mot allemand devient un mot français. On remarquera tout de même le petit nombre de toponymes concernés. Il y a lieu de distinguer :

– *les francisations populaires, remontant aux* XVIIe *et* XVIIIe *siècles :* Sélestat pour all. *Schlettstadt*, ou Bouquenom pour all. *Buckenheim*, qui s'inspire de la forme dialectale *Buckenum*, etc.

– *les francisations institutionnelles d'après 1918*. C'est le cas de Saverne (pour all. *Zabern*), qui s'inspire de l'alsacien *Zàwere* pour le < v >, et surtout du français *taverne*, correspondant à l'étymon latin *taberna*. Dans le cas de Marmoutier pour l'allemand *Maursmünster* et l'alsacien *Mürmìnschter* ["my:r'mInʃD°R], la francisation utilise le terme *moutier*, issu du latin *monasterium*, archaïque en français courant à l'exception des toponymes, et inconnu de la culture alsacienne. Peut-être influence du nom de l'abbaye de Marmoutier près de Tours, fondée au IVe siècle par saint Martin, l'abbatiale de Marmoutier étant elle aussi consacrée à ce saint.

– *les doublets romans, dans les zones de contact avec l'aire romanophone.* De part et d'autre de la frontière linguistique germano-romane, dans les zones où plus longtemps qu'ailleurs a eu cours le bilinguisme, on connaît, pour la plupart des toponymes, des formes correspondantes dans l'autre langue, c'est-à-dire des formes allemandes pour les toponymes de la zone romanophone, et des formes romanes pour les toponymes de la zone germanophone. La francisation consiste ici en l'adoption du nom roman de la commune en tant que forme officielle. Exemples : Châtenois, all. *Kestenholz*, als. *Keschteholtz* ; Cernay, all. *Sennheim*, als. *Sanne* ; Masevaux, all. *Maßmünster*, als. *Màsmìnschter* ; Dannemarie, all. *Dammerkirch*, als. *Dàmmerkìrech* ; Ferrette, all. *Pfirt*, als. *Pfirt* ; Bréchaumont, all. *Brückensweiler*, als. *Brucketzwiller*. D'autre part, il faut mentionner l'adaptation du terme *willer/wihr* (all. *Weiler/Weier*) en *villé* sous l'influence de son équivalent roman *viller(s)*, qui se prononce [vile]. Il s'agit de : Villé (all. *Weiler*, als. *Willer*), Thanvillé (all. *Thannweiler*, als. *Dàwiller*), Bernardvillé (all. *Bernhardsweiler-im-Loch*), Ribeauvillé (all. *Rappoltsweiler*, als. *Ràppschwihr*). Ce qui « fait français » dans la forme *villé* c'est le rapprochement avec le nom *ville*, ainsi que l'accent aigu, typiquement français. Le val de Villé fut un fief des ducs de Lorraine : ceci explique peut-être cela. A noter que cette francisation permet aujourd'hui de distinguer Bernardvillé, all. *Bernhardsweiler-im-Loch*, de son homonyme Bernardswiller, également *Bernhardsweiler* en allemand.

Les traductions

Phénomène lié à la situation de bilinguisme, la traduction permet la conservation du signifié, au prix d'un remplacement complet du signifiant. Exemple contemporain : l'allemand *Lützelstein* (moyen haut all. *lützel* « petit », *Stein* « pierre ») a été traduit La Petite-Pierre, forme officielle française du nom de ce bourg du Bas-Rhin. Exemple médiéval : le gallo-roman **Altodunum* (latin *altus* « haut », gaulois *duno* « forteresse », forme reconstruite d'après les citations médiévales *Altitona*) a été traduit en allemand *Hohenburg*, même sens, (d'où fr. Hohenbourg), nom de l'ancien château des ducs d'Alsace sur l'actuel Mont Sainte-Odile.

Evolutions liées au signifié

Changement de sens

Un mot peut changer de sens dans la langue à laquelle il appartient. Dans ce cas, s'il est aussi utilisé comme toponyme, la motivation originelle qui liait le lieu et le nom s'efface. Exemple : Munster (all. *Münster*, als. *Mìnschter*) est tiré du latin *monasterium* « monastère » (mot emprunté par le germanique), à cause de l'abbaye fondée au VIe siècle en ce lieu par des moines irlandais. Lorsque au XIVe siècle le terme finit par désigner en allemand une « cathédrale », le toponyme Munster ne se trouvait plus approprié à son référent, puisqu'il n'y a pas de cathédrale à Munster.

Disparition d'un mot

Les archaïsmes sont nombreux en toponymie et donnent souvent lieu à des réinterprétations. Par exemple, Klingenthal veut dire littéralement « la vallée des lames » (all. *Klinge*), alors qu'il pourrait s'agir plus vraisemblablement du représentant d'un *Klinge* homonyme, aujourd'hui disparu, qui signifiait « torrent, gorge ».

Débaptisations

Il arrive que des noms de lieux soient jugés négativement pour des raisons politiques ou, plus généralement, idéologiques. Nombreux sont les remplacements de noms profanes ou païens par des termes appartenant à la culture chrétienne : *Magenheimswiller* devient *Saint-Jean-des-Choux* (actuellement Saint-Jean-Saverne) ; *Woffenheim* devient Sainte-Croix-en-Plaine ; *Grün* devient *Gottesthal* (en français Valdieu), etc.

A la Révolution française, au contraire, tout ce qui rappelait la religion et la royauté fut honni : le *Mont des Frères* (all. *Brüderberg*), près d'Obernai, a vu écarter son concept chrétien pour devenir le Mont-National, qu'il est resté jusqu'à aujourd'hui. Le toponyme Ostwald a pour sa part subi les deux transformations, puisque le nom médiéval d'*Illwickersheim* a progressivement cédé la place à celui de *Saint-Oswald*, nom d'une fontaine et d'un pèlerinage, lequel a été laïcisé en Ostwald à la Révolution. La signification littérale actuelle : « forêt de l'est » n'a donc rien d'originel. (Saint Oswald reste le patron de l'église paroissiale.)

Certaines autres débaptisations sont liées à des changements de population et / ou de langue dominantes, mais elles restent, en Alsace, l'exception. Citons *Schnierlach* (nom allemand) devenu Lapoutroie (toponyme de langue romane), ou *Novientum* (d'origine gauloise) qui porte aujourd'hui le nom germanique d'Ebersmunster.

Changements liés au lieu

Transformation du site

Il arrive que le site soit transformé ou étendu de sorte que son nom se trouve démotivé. Ainsi le monastère de Munster fut complètement détruit à la Révolution ; ou, autre exemple, la configuration actuelle de la ville de Mulhouse dépasse largement son sens littéral de « maison du moulin ».

Parfois, une transformation du site impose un nouveau nom. Mais s'y ajoute souvent une intention politique : c'est à partir de la construction de murs et de tours en pierre, sous Valentinien III, que le nom celtique d'*Argentorate* cède devant *Stratoburgus* « forteresse de la route », hybride latin-germanique, aujourd'hui Strasbourg.

Fluctuations du référent

Il arrive fréquemment qu'un nom de lieu serve à en désigner un autre. Trois cas sont recensés : l'*hydronyme devenant toponyme*, d'abord : la Doller donne son nom à Dolleren, la Moder à Modern, etc. ; l'*hommage*, ensuite : Petit-Landau, *Landouwa* 1303, s'est vu affecté du préfixe *Petit-* en référence à *Landau*, ville du Palatinat (Allemagne), qui rejoignit la Décapole alsacienne à la place de Mulhouse, et fut forteresse française jusqu'en 1815 ; le *déplacement*, enfin : la ville de Thann doit son origine et son développement à un pèlerinage à saint Thiébaut (1161) ; le hameau voisin, qui portait déjà le nom de Thann, fut alors appelé communément Vieux-Thann. La motivation qui présida au choix du terme *Thann* doit donc être recherchée non, comme on le fait, à l'occasion de la fondation de Thann, bien connue, mais à celle de Vieux-Thann, dont on ne sait rien.

UN EXEMPLE DE TOPONYME COMPLEXE : ROUFFACH

Avant de pénétrer[26] plus avant dans l'analyse, il semble intéressant de développer complètement la réflexion à propos d'un toponyme. Comme il ne sera pas possible de le faire pour tous, faute de place, et que, de la réflexion sur chacun, seuls les résultats seront par la suite consignés, cet exercice permettra de mesurer la difficulté d'extraire d'une petite série de formes l'information la plus véridique possible, au regard logique de la linguistique, de l'histoire et de la géographie.

Rouffach, commune du Haut-Rhin, prononcé [rufak], rarement [rufax], orthographe francisée pour l'allemand *Ruffach* ["ru'fax], en alsacien *Ruffàch* ["rU'fåx]), est attesté sous les formes *Rubiaco* 662, *Rubac* 912, *Rubiaca* 1098, *Roviaca* 1180, *Rubiacum* XIIe siècle, *Rufiacum* 1215, *Rufach* 1403. La tradition toponymique y voit un dérivé en *-acum* de l'adjectif latin tardif **rubius* (classique *rubeus*) « roux, rouge ».

Nous sommes dans le cas où le toponymiste penserait avoir retrouvé l'étymon (c'est-à-dire la forme, la langue et la signification primitives) dans les formes anciennes : *Rubiaco*, *Rubiaca*, *Rubiacum* = étymon gallo-roman *Rubiacum* = **rubius* + *-acum* = « le lieu rouge ».

Discussion

L'esprit est-il totalement satisfait de « savoir » que Rouffach signifie « le lieu rouge » ? N'a-t-il pas au moins la tentation de se demander pourquoi ? Or, suivant le point de vue de la toponymie historique, rien de plus ne peut être apporté par les différentes formes anciennes ou modernes. La réponse réside dans le champ conceptuel du gallo-roman de l'époque, au sein duquel le terme **rubius* devait véhiculer diverses significations. Mais bien futé qui serait capable de retrouver celle qui convient car, en l'absence de tout document, ce champ est définitivement inconnaissable. Pour appréhender la complexité du domaine sémantique, il n'est que de faire la comparaison avec les différentes acceptions du mot *rouge* en français actuel : un verre de rouge, s'arrêter au rouge, se mettre du rouge, un rouge [Indien d'Amérique, communiste]... Alors, l'imagination de vagabonder pour tenter, en vain, de se fixer sur une motivation convaincante : on a pu lire que Rouffach avait été un **Rubeaquum* « eau rouge » (*rubeus,a* + latin *aqua* « eau »), d'après la couleur rouge de l'Ohmbach charriant du sable gréseux après les orages...

La fausse solution de l'éponymie

De son côté, TGF[26] considère qu'il ne s'agit pas de l'adjectif **rubius*, mais d'un nom d'homme *Rubius*. Le recours à l'éponymie s'appuie sur l'autorité d'illustres exemples : dans la Bible, « Caïn bâtit une ville qu'il baptisa Hénoch, du nom de son fils » ; Alexandre, César et autres potentats donnèrent leur nom à des villes qu'ils avaient fondées... Certes, mais en dehors de ces cas « hors norme », il faut constater que l'éponymie n'apporte pas, le plus souvent, d'explication satisfaisante ; censée clore le débat, elle provoque au contraire l'émergence légitime de nouvelles interrogations : qui était *Rubius* ? Quel rôle a-t-il joué par rapport au lieu auquel il aurait donné son nom ? Possède-t-on une preuve historique de son existence ? Le nom même de *Rubius* a-t-il réellement été porté à une époque donnée ? Signifiait-il « le roux », ou autre chose ? Sur ces sujets, mutisme complet.

L'analyse phonétique

Les problèmes posés par l'interprétation du sens s'avèrent béants. Ceux relatifs à l'analyse des formes phonétiques ne sont pas moindres. La filiation *Rubiacum* > Rouffach est acceptée en général par les toponymistes. Or, il est impossible que Rouffach soit issu de *Rubiacum*, car le groupe gallo-roman [bj] ne peut pas phonétiquement aboutir à [f] en germanique. TGF est le seul à le soulever (« NP rom. *Rubius*, traité comme **Rubus* + *-acum* »). Cela signifie que, contrairement à tout ce qui a été dit jusqu'à présent, *Rubiacum* n'est pas et ne peut pas être l'étymon de Rouffach ; seul conviendrait *Rubacum*. En l'occurrence, le latin *rubus* « ronce, mûre, framboisier » ferait un étymon irréprochable (*Rubacum* = *rubus* + *-acum* = « le lieu où l'on trouve des ronciers »). Alors pourquoi TGF persiste-t-il à le rattacher à *Rubius* ? Par parti pris d'éponymie ? Ou parce que le problème des formes de 662, 1098, XIIe siècle, qui renvoient clairement à *Rubiacum*, et non à *Rubacum*, n'est pas réglé ? A l'inverse, si l'étymon était quand même *Rubiacum* issu de *Rubius*, pourquoi dire qu'il est traité comme **Rubus* + *-acum* ? A cause du résultat final sans < i > : *Rufach* 1403 ? Mais on trouve aussi *Rufiacum* en 1215. TGF dit vraiment deux choses à la fois.

Parmi les formes anciennes dont nous disposons, quatre au moins sont des latinismes : *Rubiaco* 662, *Rubiaca* 1098, *Rubiacum* XIIe siècle, *Rufiacum* 1215. La dernière reprend < f > de la forme orale qui, à cette époque, était sans conteste déjà [rUfax]. *Rubac* 912 et *Rufach* 1403 présentent un aspect apparemment plus proche des formes populaires ; leurs différences graphiques (b > f, c > ch) correspondent à l'évolution phonétique attendue qui, partant du gallo-roman *Rubacum*, a normalement subi les transformations [rubacu] > IVe siècle [rovago] > adaptation en germanique VIe siècle [rofax] puis [rUfax] par fermeture [o > U] devant [f] labial. Dans *Roviaca* 1180, le < v > note déjà le son [f], mais il garde la forme graphique du [v] gallo-roman.

Retour sur le sens

Si l'étymon est effectivement *Rubacum*, il n'y a plus de rapport avec l'adjectif *rubius* ni avec le nom de personne *Rubius*. Pourquoi alors trouve-t-on des formes en *-iacum* ? D'autre part, le rapport avec *rubus* « roncier » n'est pas plus propre à emporter l'adhésion que les explications par *rubius* « rouge » ou *Rubius* « le roux ».

Dans l'impasse, la solution est d'élargir le champ de vision. Trouve-t-on ailleurs des homonymes de Rouffach ? Dérivés de *Rubiacum* : Robiac (Gard), Rougé (Loire-Atlantique), Royat (Puy-de-Dôme). Dérivés de *Rubacum* : néant ! En revanche, nombreux représentants de *Rŭfiacum* : Roffiac (Cantal), Rouffiac (Tarn), Roffey (Yonne), Rouffy (Marne), et de *Rūfiacum* : Ruffiac (Lot-et-Garonne, Morbihan), Ruffec (Charente), Ruffey (Doubs, Jura), etc.

Un étymon *Rŭfiacum*, bien représenté en toponymie, apporterait un gage d'authenticité. Il lèverait la difficulté de la cœxistence de [f] et [j], lequel ferait partie d'un suffixe *-iacum*. Mais comment expliquer, cette fois, les formes anciennes comportant < b > ? Le radical *ruf-*, compris comme le latin *rufus* « roux » (adjectif) ou *Rufus* (nom de personne, « le roux »), a pu être occulté par les scribes dans les formes écrites jusqu'au XIIe siècle par l'emploi de **rubius*, de même sens, mais plus courant dans la langue : **rubius* a donné *rouge* en français, alors que *rufus*, dès l'époque classique, était peu usité et dialectal. Ce type de changement onomasiologique n'est pas rare dans les textes, en particulier latins : le scribe propose une « traduction », destinée à rendre la notion plus claire, mais perd de ce fait la forme authentique.

A ce stade, l'étymon est trouvé : Rufiacum (*ruf[us]* + *-iacum*). Toutefois il ne faudrait pas croire que, parce que des scribes ont modernisé *rufus* en *rubius*, l'adjectif *rufus* ou l'anthroponyme *Rufus* seraient véritablement à l'origine du toponyme ! En effet, l'adjectif *rufus* n'a jamais pénétré en gallo-roman et le nom propre *Rufus* reste l'objet des mêmes interrogations que *Rubius*. Enfin, pour être tout à fait complet, il faut souligner que le latin *rufus* et *Rufus* comportent un [ū] long, alors que Rouffach nécessite un [ŭ] bref. Les scribes auraient donc fait une confusion, croyant trouver *rūfus* là où il n'y avait qu'un radical *rŭf-*. Et, dans ce cas, aucune des solutions évoquées n'est la bonne !

Approche structuraliste

Un changement de méthode s'avère indispensable. Et c'est là que la forme a encore quelque chose à dire, en tant que structure.

A propos des 75 % de noms de lieux de Provence inexplicables par la méthode historique, Ch. Rostaing[27] fait figurer deux racines /R-B / et /R-P /, auxquelles il attribue, par comparaison des sites et en se référant à divers lexèmes latins, grecs, français et provençaux, le sens de « rocher » (*rup-, rip-, rub-*), et en particulier de « roche à pic, roche de nature schisteuse, ravin ».

Dans cette nouvelle optique, il serait intéressant de rapprocher, en dépit de leurs différences apparentes de formes et de sens, les nombreux noms de rochers à structure /sonante + labiale / tels que Ramstein, colline au-dessus de Baerenthal (en Moselle, non loin de Niederbronn) ; Ramstein, château couronné d'un rocher (commune de Scherwiller) ; Ramsberg, colline dominant la vallée de la Zorn entre Schaffouse-sur-Zorn et Ingenheim ; Rammelfelsen et Rammelstein, deux ensembles rocheux du site du Taennchel, au-dessus de Thannenkirch ; Rammelsberg, colline dans la commune de Singrist en contre-haut du village de Romanswiller ; Rommelstein, ensemble rocheux non loin du Donon ; Rumpelstein (appelé aussi *Rampolstein* dans les mentions d'archives), colline surplombant Rouffach ; Rappolstein, francisé en Ribeaupierre, socle rocheux sur lequel s'élève le château du même nom, le plus haut des trois châteaux de Ribeauvillé ; Rappenfels, nom de plusieurs sites rocheux, l'un près de La Petite-Pierre, l'autre au-dessus de Saverne, le troisième non loin du Hohnack, sur la crête entre Munster et Labaroche ; Rabenbuhl, en français Rocher du Corbeau, au-dessus du village du Bonhomme.

Leurs significations, en l'occurrence en allemand, sont franchement hétéroclites : all. *Ramme* « bélier », *rammeln* « s'accoupler (en parlant des animaux) », *rumpeln* « faire du tapage, cahoter », *Rappe* « cheval noir », *Rabe* « corbeau », als. *Ràms* « genêt », ce qui donne autant de : « rochers du bélier, du corbeau, du cheval noir, de l'accouplement, du tapage ou du genêt ». Or, à la variété de signifiés que l'on prête à ces noms de lieux, parce qu'en fait ils s'offrent dans une langue historique telle que l'allemand, s'oppose une unité remarquable des signifiants : les radicaux sont de type *ram(el)-, rom(el)-, rump(el)-, rap-, rab-*, qui se laissent ramener à quatre bases /R-P /, /R-B /, /R-M / et /R-MP /.

Le latin *rupes* « rocher » ne peut constituer l'étymon, mais pourrait bien appartenir à la même famille. Notons qu'il est traditionnellement rattaché au verbe *rumpere* (*rup-i, rup-tum*) « rompre ». Il s'agirait d'un rocher instable, qui peut se rompre et déclencher une avalanche. On peut rapprocher aussi latin *rapere* « emporter avec violence », notamment en cas d'avalanche ou de fortes précipitations (d'où dérive le français *ravin, raviner*), le latin *ruina* « chute, ruine » (sans doute d'un radical **ruw-*, cp. italien *rovina*), *rima* « fente, crevasse » et bien d'autres termes dont la signification globale tourne autour de l'idée de « coups ou frottements répétés qui décrochent des morceaux d'un ensemble ». Ce sens pourrait être celui de toute la famille, l'idée de « rompre (en portant des coups), ébranler » se trouvant aussi dans le germanique *Ramme, rammeln* et *rumpeln*.

La structure /sonante + labiale / s'analyse sémantiquement en « mouvement » [sonante R L N] + « objet renflé » [labiale P B M W F] (VOIR CHAPITRE IV). En articulant les deux sens suivant la syntaxe thème-propos, on obtient le sens global « objet renflé formant un ensemble sur ou dans lequel se manifeste un mouvement ».

De la sorte, il devient licite de considérer que des formes ressemblantes devraient véhiculer le même concept, fût-ce de manière implicite, pour autant qu'aucune autre explication, de type historique, ne l'interdise[28]. Un essai dans ce sens a été tenté par A. Eskénazi[29], qui écrit : « Notre ambition a été d'assurer l'unité et l'intégrité du signe linguistique, d'opérer les corrélations sémantiques postulées par la forme du signifiant, [...] de substituer à l'étymologie externe, anecdotique, arbitraire, souvent tirée par les cheveux, une étymologie interne, cohérente, de nature strictement linguistique. » Appliquée à la toponymie, l'analyse de la relation entre forme et concept permet de dire quelque chose de la motivation qui a présidé à la dénomination d'un lieu.

En revanche, plus le point de vue structural est développé, plus il devient difficile de reconstituer un étymon historique ; à propos d'une racine telle que /R-P/, même si elle unifie et simplifie la compréhension de certains noms de lieux, il est extrêmement difficile de déterminer quelles en ont été la langue d'origine et l'histoire linguistique avant les premières citations d'archives.

Il ne serait pas étonnant que Rouffach, dont le radical /R-F/ se présente comme allomorphe de la série /R-P/ /R-B/ /R-M/ /R-W/, ait été ainsi nommé en tant que point de chute de quelques glissements de terrain, ravinements, éboulements, ainsi d'ailleurs que tous les autres lieux à radical *ruf-* [30]. D'autant plus que Rouffach est lui-même situé au pied du Rumpelstein. Une étude géologique serait capable de démentir ou de confirmer le bien-fondé de cette hypothèse.

CHAPITRE II

TOPONYMIE ET MYTHOLOGIE

Certains noms de lieux d'Alsace sont en rapport avec des cultes pré-chrétiens, par lesquels ils s'expliquent et qu'en retour ils permettent de mieux connaître. Double intérêt, donc, à approfondir cet aspect des choses.

LE CULTE DE LA TERRE-MÈRE (RADICAUX MAI-, MATR-)

Un des signes du passage de l'animalité à l'humanité a été de considérer la mort, phénomène naturel, comme un événement injuste et cruel. La plus ancienne religion fut un culte des morts, et l'émergence d'une croyance à une existence après la mort. Le culte à la Terre-Mère (*Gaia*, *Gê*, *Daia*, *Dê*, *Dê-mêtêr* chez les anciens Grecs, *Maia* chez les Romains) reconnaît et célèbre le cycle croissance-mort-renaissance de la nature. Voici pour le suggérer la légende de saint Materne, telle que la rapporte, au XVIe siècle, le chroniqueur Königshoven.

> « En l'an 60 après la naissance du Christ, saint Pierre, premier pape à Rome, envoya, parmi d'autres missionnaires, saint Materne et deux compagnons pour annoncer la Bonne Nouvelle en Alsace. Saint Materne prêcha la Foi en Haute-Alsace et convertit en église le temple païen de Novientum (Ebersmunster). Mais arrivé à Strasbourg, il fut chassé sans ménagement par les bourgeois *(sic)*. Sur le chemin du retour, saint Materne mourut près de Benfeld, et ses compagnons l'inhumèrent à Ehl. Puis ils retournèrent chez saint Pierre qui leur dit : "Votre frère Materne n'est qu'endormi. Voici un bâton que vous mettrez entre ses mains ; vous lui ordonnerez ensuite de se lever et de continuer à prêcher". Les compagnons repartirent pour Ehl, creusèrent la terre et trouvèrent le corps de saint Materne, bien conservé et sentant bon (*sic*). Ils mirent entre ses mains le bâton de saint Pierre, et lui ordonnèrent de se lever. Saint Materne ressuscita effectivement. Devant ce miracle, les païens se firent baptiser, et toute l'Alsace fut évangélisée. On attribue à saint Materne l'édification, en l'honneur de saint Pierre, de l'église Saint-Pierre-le-vieux, la plus ancienne de Strasbourg, ainsi que du Dompeter près d'Avolsheim. »

Saint Materne, en allemand Mat[h]ern, du latin Maternus (*maternus* « maternel », de *māter*) est le symbole christianisé de la très vieille divinité de la Terre-Mère, et saint Pierre celui du dieu Père indo-européen et judéo-chrétien qui lui a été adjoint par la suite. Dans sa tombe, saint Materne incarne la Terre gelée en hiver, que le printemps réveille, dans cette poignante et délicieuse odeur d'humus, promesse de fleurs et de fruits. De la matrice féconde de la Terre sort toute créature vivante, et dans la mort tout revient se confondre en elle. La Terre est une mère, c'est aussi une tombe. Mais la Terre est passive, et c'est le Père, le pape (papa), avec cet objet symbolique du bâton, qui la (res) suscite, et lui fait faire des enfants. Ici, des fils dans la Foi. (A noter au passage que le nom de saint Materne, évangélisateur de l'Alsace, est un anagramme de celui de saint Martin, reconnu évangélisateur des Gaules : Matern(e) / Martin = m-t-rn / m-rt-n).

Mothern (als. *Modere*), seul parmi les villages d'Alsace, rappellerait par sa forme le nom de saint Materne, mais aucun vestige sur place n'indique que le site ait été un ancien lieu de culte à la Terre-Mère. En revanche, et puisque la Terre est une tombe, symbole qu'illustre clairement la légende de saint Materne, peut-être y aurait-il à faire un rapprochement linguistique entre *matr-* « mère » et *mātr-/mutr* « pourriture » (all. *Moder* « pourriture » < germ. *muðra-*).

Le nom de la Moder, rivière du Bas-Rhin, appelée *Matra* en 996, pourrait se référer à une divinité des eaux, dont le rapport avec la Terre-Mère reste toutefois à démontrer (cf. gaulois *matra* « mère, fée »). (VOIR AU DICTIONNAIRE.)

Enfin, Meyenheim pourrait ressortir au nom *Maia*. Peu de choses au demeurant parce que le culte de la Terre-Mère, empreint sans doute d'un plat fatalisme, a été éclipsé par d'autres générations de divinités, plus propres à susciter l'espérance dans la condition humaine.

LE CULTE DE LA DÉESSE DU CIEL ET DU DIEU PÈRE (RADICAUX PETR-, AT-)

Le dieu Père dont il vient d'être question apparaît souvent christianisé sous les traits de saint Pierre. En roman comme en germanique, *Pierre* et *Peter*, issus du latin *pĕtrus*, fonctionnent en paronymie savante soit avec *pierre* tiré du latin *pĕtra* (VOIR LES DIVERS TOPONYMES SAINT-PIERRE), soit avec *père*, du latin *păter* (VOIR AUSSI PETERNIT). Mais les divinités anciennes qui se cachent derrière lui présentent plus souvent un radical *at-*, qui se retrouve en latin, grec, ancien germanique, ainsi que dans les anciennes langues du Proche Orient pour désigner le « père » (*atta*) et, avant l'arrivée des Indoeuropéens, la Grande Déesse néolithique, Déesse du ciel, qui se retrouve transposée dans sainte Anne de Bretagne, sainte Odile d'Alsace, et le plus souvent absorbée dans la Vierge Marie, Maria, laquelle a par ailleurs hérité aussi des attributs de Maia, la Déesse Terre-Mère.

Autour de Sainte-Odile

Le Mont Sainte-Odile (all. *Ottilienberg*, als. *Odiljebari*) doit son nom à la grande sainte devenue patronne de l'Alsace. Le lieu où elle fonda son couvent, vers 680, était occupé depuis l'époque préhistorique, comme en témoignent les vestiges toujours existants du Mur Païen ; puis, couronné d'un castellum romain, il était devenu, connu sous le nom d'*Altitona* ou *Hohenburg*, la résidence du duc d'Alsace Attich, père de la sainte. La vie d'Odile, personnage historique, a été parée de légendes. Après sa canonisation en 1049, le Mont Sainte-Odile est devenu le cœur spirituel de l'Alsace, d'où son culte s'est répandu rapidement à travers toute l'Europe.

Le nom propre *Odile* s'appuie sur une racine germanique *od-* ou *aud-*, qui a fourni aussi l'anthroponyme, répandu en Allemagne, *Otto* ou *Otton*, mais dont le sens est mal attesté. On ne manquera pas de remarquer la similitude entre le nom d'Odile et ceux des autres membres de sa famille : Attich son père, Adalbert, un de ses frères et successeur d'Attich comme duc d'Alsace, Attale, sa nièce, qui fonda le couvent Saint-Etienne à Strasbourg. La base est *at(t)-, ad-*, dont la variante longue *ād-* aboutit normalement à *aud-, od-*.

Le terme indo-européen *atta* est bien connu en germanique, latin ou grec, dans le sens de « père, grand-père, respectable vieillard ». En Alsace naguère encore, à Liebsdorf par exemple, *Ätte, Groossätti* désignaient le « grand-père » ; en yiddisch, *Ette* est le « père », souvent aussi le « grand-père ».

D'où vient cette racine ? Elle se retrouve, peut-être, dans le nom donné à Dieu dans la Bible, *Adonaï*, dans celui du premier homme, père de l'humanité, *Adam* (mot hébreu qui signifie aujourd'hui « homme »), dans le nom du Disque Solaire, *Aton*, déifié par le pharaon Aménophis IV, dans la figure d'*Adonis*, dieu phénicien de la végétation, célèbre pour ses amours avec Aphrodite, ou de son équivalent phrygien *Attis*, qui s'émascula pour résister à l'amour de Cybèle, déesse de la fertilité ; du côté des femmes, on citera *Athena*, déesse grecque de la sagesse, et *Atalante*, vierge chasseresse qui avait juré de n'épouser que celui qui la vaincrait à la course : seul y parvint Hippolyte, en laissant tomber trois pommes d'or cueillies dans le jardin des Hespérides. Si l'on en croit l'archéologue américaine Merlin Stone[31], tous ces personnages mythologiques ou sacrés et les faits qui leur sont associés sont des survivances de la Grande Déesse d'origine néolithique et du culte que lui rendaient les peuples du Proche Orient, du pourtour méditerranéen et d'Europe, avant l'arrivée des Indo-européens et de leur civilisation patriarcale.

De fait, la légende de sainte Odile a le caractère d'un archétype. Elle comporte cinq grands mythèmes de portée universelle :

– le couple stérile qui finit par avoir un enfant, objet d'horreur pour son père (Odile, née fille et aveugle, est rejetée par Attich), l'exposition de l'enfant et son sauvetage improbable ;

– le parcours initiatique de l'adolescente (Odile retrouve la vue au baptême, elle est élevée par des religieuses au couvent de Baume-les-Dames [Doubs], nom de lieu qui s'analyse « Grotte des Fées ») ;

– l'épreuve de la lutte à mort entre le vieux et le jeune (Attich tue son fils Hugues qui avait renoué des relations avec sa sœur Odile) ;

– la transgression de l'interdit de l'inceste (du moins symbolique : Attich, accompagné d'un prétendant fantoche, course sa fille pour la marier de force) ;

– la fondation : réussite matérielle provisoire (Odile reçoit de son père la résidence d'Altitona pour y fonder un couvent), suivie de la mort à soi-même comme condition de la révélation de la Vérité (Attich meurt et souffre beaucoup à cause de ses péchés ; Odile se met à prier jour et nuit jusqu'à ce qu'elle obtienne sa rédemption).

On remarquera avec intérêt qu'en dehors de quelques inversions concernant notamment le sexe des personnages et la chronologie des événements, la légende de sainte Odile raconte la même histoire que le fameux mythe d'Œdipe, la racine du nom, *œd-*, étant d'autre part en rapport avec *od-* :

– le couple stérile qui finit par avoir un enfant, objet d'horreur pour son père (Œdipe, fils annoncé comme parricide et incestueux par l'oracle de Delphes), l'exposition de l'enfant et son sauvetage improbable ;

– le parcours initiatique de l'adolescent (Œdipe entend une révélation sur ses origines de la bouche d'un ivrogne, confirmée par l'oracle de Delphes, puis il subit une épreuve dite « de passage » de la part de la Sphinge) ;

– l'épreuve de la lutte à mort entre le vieux et le jeune (Œdipe tue son père Laïos, sans qu'ils se soient reconnus) ;

– la transgression de l'interdit de l'inceste (Œdipe épouse sa mère Jocaste, sans qu'aucun des deux ne le sache) ;

– la fondation : réussite matérielle provisoire (Œdipe reçoit la couronne de Thèbes, fonde une famille) suivie de la mort à soi-même comme condition de la révélation de la Vérité (à la suite d'une enquête qu'il a lui-même diligentée, Œdipe apprend la vérité et se crève les yeux ; la jeune Antigone prend en charge son père aveugle).

Quoi qu'il en soit de ces rapprochements, il est possible en tout cas que le Mont Sainte-Odile ait déjà été un lieu sacré à l'ère pré-chrétienne, et que le souvenir en soit encore vivace aux alentours de l'an 800, puisque le clergé de cette époque a jugé nécessaire d'introduire de nouveaux saints et de leur édifier un lieu de culte au pied du mont, sur ses pentes, ou même au sommet. Ce phénomène, d'ailleurs général en France, fut particulièrement manifeste en ce qui concerne l'« importation » de saint Michel, vainqueur, selon la chronique, du Dragon (ou du Géant) sur le Monte Gargano des Pouilles, en Italie, en l'an 492, et qui fut établi en 709 au Mont Tombe, en Normandie, où des pèlerins venaient encore en ce temps-là vénérer le dieu du soleil Belen et son fils Gargan. La grande île est devenue, depuis, le célèbre Mont Saint-Michel, mais le nom de l'îlot voisin, *Tombelaine*, perpétue la signification « tombe de Belen » (VOIR BOENLESGRAB). Ce nouvel arrivant chrétien a en effet remplacé en de nombreux lieux leurs tenants antiques, les dieux du soleil Belenos, Apollon, Gargan... Saint Michel a pris place auprès de sainte Odile, sur le promontoire le plus avancé du mont, dans la très ancienne chapelle des Anges (bâtiment du XIe siècle). Plus bas, sur le versant de la montagne, la chapelle Saint-Nicolas rappelle cet évêque d'Asie Mineure dont le culte fut introduit en Occident au XIe siècle pour les mêmes raisons, et qui a endossé, avec sa hotte, bien des croyances éparses. Enfin, dès 765, l'évêque Chrodegang de Metz avait été à Rome chercher des reliques efficaces, et en avait ramené celles des saints Nabor, Nazaire et Gorgon. Le premier est à l'origine de l'actuel village de Saint-Nabor (VOIR CE NOM) ; le troisième se retrouve au pied du Mont Sainte-Odile, au lieu dit Saint-Gorgon qui fut une abbaye de Prémontrés. La forme Gorgon est à rapprocher de Gargan, nom d'un dieu du soleil couchant, dans lequel il faut voir accessoirement l'origine du célèbre géant de la mythologie française, Gargantua.

Par ailleurs, le château de l'Engelsbourg, au-dessus de Thann, fut lui aussi nommé ainsi en l'honneur de l'archange saint Michel (all. *Engel* « ange »).

Hormis Sainte-Odile, la racine *at-* semble se retrouver à Ettendorf (als. *Attedorf*), *Atinhaim* en 766, qui détient le record d'Alsace du nombre de légendes et traditions orales mettant en scène saint Pierre et le Christ lui-même.

De même à Hohatzenheim (als. *Àtzne*), l'église, dédiée à saint Pierre, est devenue depuis très longtemps un pèlerinage à la Vierge de pitié. Certes, ce n'est pas une preuve que ce lieu fut autrefois consacré à la Grande Déesse, mais sépultures néolithiques, vestiges de La Tène, « trou des Païens » et passage de voie romaine sont autant d'indices de la persistance et de l'importance du site. Sur le plan phonétique, (Hoh)Atzenheim s'explique par **Atensheim*, devenu par métathèse *Atzenheim*. L'affriquée *tz* ne provient donc pas d'une mutation consonantique [t > ts]. Kleinatzenheim est un village disparu près de Reitwiller (VOIR CE NOM).

Du village disparu de Hattisheim, près de Geispolsheim, ne subsiste aujourd'hui qu'une chapelle dédiée elle aussi à la Vierge de pitié.

Le Mont Saint-Michel, au-dessus de Saint-Jean-Saverne, signale une chapelle dédiée à saint Michel, qui fut lieu de pèlerinage, ainsi que, dans le prolongement, un promontoire gréseux creusé d'un large et profond bassin circulaire où beaucoup n'hésitent pas à voir un sanctuaire druidique. L'aspect du site, hauteur ouverte sur le ciel, teinte rougeoyante du sol et de la pierre, font penser à un lieu de culte solaire, comme il s'en trouve plusieurs en Alsace. Ce lieu est d'autre part considéré comme un point de réunion des sorcières, appelé « l'Ecole des Sorcières » (alsacien *Haxeschuel*), d'où elles prennent leur vol pour se rendre sur le Bastberg (VOIR CE NOM). Il pourrait s'agir aussi d'une déformation de *Haxestuehl* « siège des sorcières » (all. *Hexenstuhl*) ; si l'on en croit la tradition « seuls l'empereur [*Kaiser*], le roi [*Koenig*], la sorcière [*Hexe*] et le crapaud [*Krotte*] ont droit à avoir leur *Stuhl* ». Le 1er mai, paraît-il, le soleil, vu du Mont Saint-Michel, se lève exactement entre les deux croupes du Bastberg. Or ce jour est celui de la fête de sainte Walburge, dont le nom est associé au plus important de tous les sabbats de l'année, depuis que des sorcières se furent donné rendez-vous sur son tombeau à Eichstadt dès le IXe siècle (Nuit de la Walpurgis, perpétuant la fête celtique de Beltaine) (VOIR AUSSI WALBOURG). On sait que la croyance aux fées, comme à leurs caricatures diabolisées, les sorcières, remonte à l'époque où, dans certaines religions antiques et préhistoriques, des femmes pouvaient être prêtresses.

LE CULTE DU DRAGON (RADICAL TR-)

Le dragon est un animal fantastique, gigantesque, représenté généralement avec des griffes de lion, des ailes de chauve-souris et une queue de serpent. Il participe des quatre éléments : air (il vole), eau (il hante l'eau de certains lacs), terre (il se tient dans des cavernes où, souvent, il est gardien de fabuleux trésors), feu (qu'il crache par sa gueule). Diabolisé par le christianisme, il est le seul à figurer dans les mythologies du monde entier : dragons chinois et japonais, vouivres des légendes européennes, serpent à plumes Quetzalcoatl de la civilisation aztèque, invoqué pour faire pleuvoir. A moins que diverses cultures ne se soient forgé indépendamment la même représentation, ce qui n'est guère croyable, le dragon fait partie de la mémoire commune de toute l'humanité : il rappelle un souvenir particulièrement marquant pour avoir pu ainsi se propager de génération en génération à travers toutes les civilisations, et cet événement, c'est le Déluge.

Le rapport à une eau abondante est sans doute manifeste dans le nom de Drachenbronn, « fontaine du dragon », étant donné la présence de sept fontaines (Moulin des Sept-Fontaines). On comparera avec les gargouilles des cathédrales gothiques, qui réactualisent le vieux mythe du dragon cracheur d'eau. Toutefois, Drachenbronn est la seule commune d'Alsace dont le nom fasse expressément référence à la bête fabuleuse.

En Alsace est répandu le mythe selon lequel, à une époque qui se perd dans la nuit des temps, toute la plaine du Rhin était recouverte d'eau et formait un immense lac. Seuls dépassaient les plus hauts sommets. Du côté des Vosges, de forts anneaux de fer fixés aux rochers du Maennelstein, du Taennchel (VOIR CES NOMS), ou encore de la chaîne rocheuse qui s'étend au-dessus de Gueberschwihr et de Pfaffenheim, de part et d'autre du pèlerinage du Schauenberg, auraient servi à attacher les amarres des navires. De nombreux témoins peuvent affirmer qu'en effet ces anneaux existent, mais il serait aventureux d'en tirer quelque conclusion que ce soit. Pas plus que la figure du dragon mythologique ne peut trouver son origine dans la reconstruction scientifique de l'aspect d'un dinosaure, la croyance en un lac recouvrant la plaine du Rhin ne peut correspondre à la réalité géologique de la mer qui s'était infiltrée à l'ère tertiaire dans le fossé d'effondrement rhénan jusqu'à il y a 4 millions d'années environ. Certes, les coïncidences ne laissent pas d'intriguer les esprits aux aguets. Le plus ancien souvenir collectif de l'humanité (Homo sapiens sapiens) en matière de submersion ne peut venir que de la fonte des glaciers quaternaires, autour de 10 000 à 12 000 avant JC, qui a provoqué ce que l'on appelle le Déluge. De nombreuses légendes semblent y faire allusion.

On raconte par exemple que la vallée de Saint-Ulrich, près de Barr, a été formée suite à un grand déluge qui avait éboulé les montagnes.

Le village de Saint-Ulrich, dans la vallée de la Largue, est dominé par le Buhlberg, qui se présente sous la forme d'une éminence arrondie, en réalité un tumulus. Une légende le concernant parle de « l'époque où la mer recouvrait encore la plaine » (voir ci-dessous : Culte du Soleil, racine *bul*).

Près de Lapoutroie, l'Etang du Devin (als. *Haxeweyher* « étang des sorcières ») est aujourd'hui une dépression presque à sec.

> « C'était autrefois un lac profond, habité par un énorme dragon. L'horrible bête faisait un tel carnage dans le pays, dévorant troupeaux et habitants, qu'un bon géant qui habitait le voisinage, ému par tant de tragédies, décida d'aller assommer le dragon lorsqu'il se montrerait à la sortie de son antre. Mais le maladroit, au lieu d'asséner son coup de massue sur la tête du monstre, fendit la paroi rocheuse de l'étang et y fit une telle brèche que les eaux tumultueuses s'écoulèrent en trombe et inondèrent toute la vallée. »

La connivence entre dragon et inondation, ou déluge, est également présente dans la légende du dragon du Brand, près de Turckheim :

> « A l'époque où la vallée du Rhin était encore immergée sous un grand lac, un immense dragon descendit un jour de la montagne et s'allongea sur le coteau appelé aujourd'hui Brand, au pied duquel devait s'élever plus tard la ville de Turckheim. Mais le soleil dardait la peau écailleuse du monstre. Les rayons blessaient son corps comme mille épées brûlantes. Le dragon sanguinolent alla agoniser dans une grotte avoisinante, qui porte encore aujourd'hui le nom de Drachenloch. Son sang, qui avait imprégné le sol, a rendu cet endroit fertile et propice à la vigne. »

Le terme de Brand, c'est-à-dire « rôti, brûlé », donné à ce coteau exceptionnel pour la qualité de ses vins, rappelle aussi la brûlure du soleil sur la peau du dragon. Il est intéressant de constater que l'armature consonantique de la racine du mot *dragon*, all. *Drache*, lat. *draco*, grec *drakôn*, etc., c'est-à-dire *dr-k*, se retrouve dans celle de Turckheim : *t-rk*. (VOIR CHAPITRE IV.)

Le Lac Vert (all. *Darensee*) est réputé sans fond, et habité lui aussi par un dragon (*Daren-* est formé sur la base *tr*). De même, la tradition parle d'un ancien lac à la place du village de Dorlisheim (radical *dor-*), dont le porche de l'église est surmonté d'un dragon sculpté.

Lié principalement à l'eau, le dragon l'est aussi à l'air et au feu, comme le prouve la légende du dragon d'Imbsheim :

> « Le curé d'Imbsheim s'en revenait un soir chez lui, quand il fut surpris par un violent orage, qui dura jusqu'à minuit. La pluie ayant enfin cessé, le curé s'engagea sur le chemin du Bastberg, quand une vision terrible le glaça d'effroi : un dragon rampait vers lui, la gueule ouverte, émettant des grognements furieux. Courageusement, le curé s'avança vers le monstre, le sommant de disparaître au nom de Dieu. L'animal déploya alors ses ailes gigantesques et s'envola au milieu de grondements lugubres. »

Ce fait est également attesté par la légende de Vieux-Ferrette :

> « Un dragon avait son antre aux alentours de Vieux-Ferrette. Il portait dans sa gueule une pierre de feu, avec laquelle il éclairait les passants. Mais il devenait méchant lorsqu'on lui adressait la parole. Un jour un valet, curieux de le voir, l'appela par une chaude nuit d'été. Un éclair aveuglant illumina alors le ciel et jeta à terre le malheureux qui s'évanouit et mourut le lendemain. »

Le dragon n'est rien d'autre qu'une allégorie de l'orage. Les formes fantastiques de son corps ont été inspirées par l'aspect de tous les amas de vapeur : nuages qui se font et se défont dans le ciel, brouillards pesants, brumes au ras du sol ou des eaux. Le feu qu'il crache par sa gueule représente les éclairs et les feux follets.

Quant à la pluie, elle était assimilée au sang suintant goutte à goutte des plaies de la bête percée par tous les rayons du soleil qui lui livre combat et finit par le mettre en lambeaux : Soleil plus tard personnifié en Apollon chez les Grecs et les Romains, tranchant la tête du serpent Python à Delphes ; en saint Michel ou saint Georges chez les Chrétiens, héros victorieux du Dragon identifié au Mal et au Malheur, et dont l'acte sacré se perpétue à travers leur obscur et brave successeur, le curé d'Imbsheim !

> « Le sommet du Mont-Peternit, près de Guebwiller, porte le nom de Geiskopf "tête de la chèvre" (als. *Gais* "chèvre"). Bien des bûcherons assurent y avoir croisé deux énormes boucs. Dans ce cas, ils se hâtaient de se mettre à l'abri, sachant que ce signe annonçait un orage. »

Dans cette légende, le bouc a repris la fonction du dragon, et le thème a été christianisé : saint Pierre (all. *Peter*) n'est-il pas lui aussi, dans la mythologie chrétienne, responsable du temps qu'il fait ? La finale *-nit* (*Sant Peter niget* 1314) est à interpréter comme all. *(ge) neigt* « pentu », « incliné ». (Voir ci-dessus le Dieu-Père, pour saint Pierre, et ci-dessous le culte de la Fécondité, pour le bouc.)

> « Sur le Dornsilkopf, entre Lautenbach et Soultzmatt, il y avait un dragon qui gardait un trésor enfoui dans les profondeurs de la terre. Tous les sept ans, la lourde caisse de fer renfermant les richesses remonte à la surface. Personne jusqu'à présent n'a pu s'en emparer, mais les gens du pays vous montrent l'endroit où se produit le prodige : on l'appelle le Trou carré. »

Les richesses en question sont souvent de l'or, mais dans d'autres légendes il s'agit de grain, lequel constituait la véritable richesse dans les sociétés agricoles plus anciennes : le chiffre sept (chiffre de la plénitude) de la période de sept ans au bout de laquelle apparaît la caisse du trésor rappelle l'ancien calendrier agricole fondé sur sept fois sept semaines de sept jours.

Une autre légende rapporte que le Diable va vers le Dornsil et emporte les passants dans les airs. Un homme fut ainsi déposé sur le Bollenberg (lieu de réunion des sorcières de Haute-Alsace, comparable au Bastberg pour la Basse-Alsace). (Voir ces noms.)

Le dragon et le grain sont liés par l'idée de fécondation, car c'est l'eau (le dragon) qui fait germer le grain. Le radical *dor-n-* du nom du Dornsilkopf est formé sur la base *tr* comme celui du dragon. On trouve une forme ancienne germanique *Turnes Säule* « colonne de tour », dont la motivation n'a rien d'évident. Le rapprochement avec all. *Dorn* « épine » n'apporte pas non plus d'éclairage satisfaisant. Faut-il voir une survivance du nom de Taranis, le dieu gaulois de l'orage, et de son alter ego germanique Donar, qui survit dans le mot *Donnerstag* et le juron *Donnerwetter* (cp. français *tonnerre*) ? Le Dornsil serait-il dénommé du fait qu'il serait un lieu où se forment fréquemment les orages ?

Le rapport avec la vigne aussi est présent dans la précieuse légende de l'hydre de Wolxheim :

> « A Wolxheim apparut un jour dans le vignoble une hydre à trois têtes portant une énorme queue de serpent. Lorsque le monstre crachait son poison sur les ceps de vigne, les grains de raisin tombaient avant d'être mûrs. Il y avait au village une veuve et sa fille qui possédaient quelques arpents de vigne. Un matin où la jeune fille tâchait vainement de réparer les dégâts causés à la vigne, le dragon fondit sur elle et l'étreignit dans les anneaux de sa queue. La malheureuse implora Dieu et saint Denis, le patron des vignerons. Bientôt, elle se sentit immergée dans un liquide visqueux et brûlant : elle baignait dans le sang de l'horrible bête ! Elle vit alors se dresser au-dessus d'elle saint Denis, brandissant les trois têtes qu'il venait de trancher. Le village était

> sauvé ! En remerciement, les habitants érigèrent une chapelle à saint Denis, sur les ruines d'un ancien temple de Bacchus. Celle-ci se voit encore de nos jours. »

Dans ce récit, le dragon est dans un premier temps néfaste à la vigne : orage, grêle, plutôt que maladie de la plante. Puis apparaît, comme pour le dragon de Turckheim, le rôle fécondant de son sang : l'enlacement et l'immersion de la jeune fille décrivent allégoriquement une scène de fécondation rituelle, telles qu'il s'en pratiquait dans le culte de Bacchus, nommément cité. Le nom *Denis* dérive d'ailleurs de *Dionysos*, dieu grec de la vigne et du vin, équivalent du Bacchus romain (mais d'origine pré-latine, voir ci-dessous). La christianisation consiste non seulement, à l'instar de saint Michel et de saint Georges, à faire de Denis un saint sauroctone (tueur de dragons), comme c'est le cas dans cette légende, mais à procéder à une inversion, puisque le premier évêque de Paris, réputé martyrisé sous Valérien en 258, est représenté traditionnellement portant sa propre tête dans ses mains, comme si le dragon lui-même accédait à la sainteté.

LE CULTE DE LA FÉCONDITÉ (RADICAL P-K)

Saint Denis est fêté le 9 octobre, et dans l'ancien calendrier l'Eglise catholique faisait mémoire d'un saint Bacchus le 8 octobre ! Il est assez clair que la mythologie du dragon a fini par participer d'un syncrétisme où dominait le culte de la fécondité, d'origine vraisemblablement méditerranéenne et importé en Alsace avec la vigne. En effet, les participants buvaient du vin pour atteindre l'« enthousiasme » (communication avec la divinité), puis en retour se livraient entre eux à des actes sexuels rituels afin de produire la vie en abondance. L'animal symbolique de cette religion de la fécondité était le bouc, réputé pour son appétit sexuel. Bacchus et son équivalent grec Dionysos sont à la base de l'invention des satyres, êtres mi-hommes mi-boucs. Il existe de nombreux souvenirs, en Alsace et ailleurs, de « danses et chants du bouc », qui rappellent les anciens rites de fécondité (*Bacchanales*).

Bacchus et *bouc* (< celt. *bucco* [qui a éliminé lat. *caper*], all. *Bock*), de même que lat. *baca* « baie (de raisin) », mot d'origine méditerranéenne, reposent tous trois sur un radical dont l'armature consonantique *b-k* peut expliquer un certain nombre de lieux d'Alsace, qui révèlent l'existence de cette religion de la fécondité.

Le Bastberg (als. *Bàschbari*), colline au-dessus de Bouxwiller, rappelle le prénom *Sébastien* (latin *sebastianus*, du grec *sebastos* « vénéré »), dont le dialecte a fait *Bàsch*, *Bàschtjàn*, *Bàschung*.

> « A la Saint-Sébastien (Bàschesdà, 20 janvier), même le plus mauvais vigneron doit avoir taillé ses vignes », rappelle le dicton.

Le Bastberg aurait été autrefois couvert de vignes, et pour cette raison appelé d'abord *Bacchusberg*, *Bacchsberg*. Endroit réputé maudit, où toutes les sorcières de Basse-Alsace se réunissent pour tenir leurs sabbats, le Bastberg a dû être lieu de culte des adeptes de Bacchus et des rites de fécondité.

Bouxwiller (BR) (all. *Buchsweiler*, als. *Busswiller*), au pied du Bastberg, semble comporter le nom du bouc (celtique *bucco*) : un étymon **Buccovillare* serait plausible non seulement sur le plan phonétique mais aussi sur celui de la motivation, étant donné le rôle du Bastberg voisin. C'est encore non loin de Bouxwiller, sur le Gaisbrìckel « pont de la chèvre », que le tailleur de Ringendorf, le village voisin, qui rentrait chez lui la nuit, dut porter un bouc sur son dos (rapprochement à faire entre all. *Bock* « bouc » et *Buckel* « dos, bosse », les tailleurs d'autrefois étant souvent petits ou atteints de gibbosité, qui par conséquent ne pouvaient pas aisément cultiver la terre, et n'étaient pas considérés à l'égal des autres hommes. VOIR BASE PK). Par ailleurs, des formes anciennes de Bouxwiller, telle que *Puuxuvilare* 724, font plutôt penser à une origine latine : *buxus* « buis », puis plus généralement « bois ».

Bouxwiller (HR) (all. *Buchsweiler*, als. *Buxwiller*) dérive soit du latin *buxus* « buis, bois », soit, pour une plus grande motivation, du celtique *bucco* « bouc ». En fait, la légende bien connue des « nains de la Gorge-aux-Loups » (dont le nom en alsacien, *Ardwibalaschlucht* « gorge des petites femmes de la terre », est bien plus parlant), traditionnellement mise en rapport avec Ferrette parce que les habitants de cette localité y jouent un rôle, concerne tout autant Bouxwiller, puisque la Gorge-aux-Loups est située en contre-haut de ce village.

> « La légende rapporte que des nains, hommes et femmes, éternellement jeunes, habitaient là dans des grottes et rendaient de multiples services aux paysans de la région. Or ils portaient de longs vêtements qui cachaient leurs pieds. Un jour, des jeunes filles de Ferrette, poussées par la curiosité, répandirent du sable fin à l'entrée de la grotte. C'est ainsi qu'elles découvrirent que les nains avaient des pieds de chèvre ! Leurs rires provoquèrent la fuite des nains, qui ne se montrèrent plus jamais. »

Ces créatures étranges aux pieds de chèvre ne perpétueraient-elles pas, sur ces premiers contreforts alsaciens du Jura, le souvenir de rites bachiques ?

En 1794 est créée la ville de Sarre-Union, par la fusion de Bouquenom et de Neusaarwerden. Bouquenom était le nom donné par les huguenots chassés du royaume de France aux XVIe et XVIIe siècle, au village de *Bockenheim* « domicile du bouc », en s'appuyant sur la forme dialectale *Buckenum*. Il existe à Bouquenom la *Bocksbrunnen* « fontaine du bouc », seul indice extra-linguistique de la présence de cet animal symbolique en ce lieu.

Bischheim (all. *Bischheim-am-Saum*, « Bischheim à la lisière », als. *Bìsche*) se disait *Piscofesheim* en 530, qu'il faut interpréter comme le « domicile de l'évêque » (all. *Bischoff*, du grec *episkopos*).

> L'histoire, peut-être mêlée de légende, rapporte que « l'évêque saint Rémi, après qu'il eut baptisé Clovis à Reims, reçut en récompense de ce dernier deux villages situés dans le Wasgau (= Vosges, étendu à l'Alsace ?), nommés *Cosle* et *Glen* dans la langue de Rémi (le gallo-roman) et, tous deux, *Piscofesheim* dans la langue de Clovis (le germanique). »

Il s'agissait de Bischheim et de Bischoffsheim, sans qu'il soit possible de discerner lequel était *Cosle* et lequel *Glen*. Notons toutefois que dans ces termes peuvent se reconnaître deux mots de la langue gauloise, respectivement *cosla* « coudrier » et *glanna* « rive ».

> Le testament de saint Rémi, transcrit par un chroniqueur du Xe siècle, précise en outre que « ces deux villages fourniront chaque année aux clercs de Reims la poix qui sera nécessaire pour enduire les tonneaux à mettre le vin. »

La référence au coudrier, bois de prédilection pour la confection des baguettes de sourcier ainsi que des thyrses des prêtresses de Bacchus, et la mention de la poix (lat. *pix*, *pic-is*, all. *Pech*), qui provenait de la distillation du bois de pin (lat. *pinus* < **pic-nos*), indice éventuel de la présence de résineux sur les territoires de ces deux villages, mais surtout, probablement, d'un usage du vin résiné propre aux rites bachiques, ramènent toutes deux au culte de la fécondité.

La place principale de Bischheim se nomme en dialecte *Ràmmelplàtz*, c'est-à-dire « place de l'accouplement (d'animaux), du bouquinage ». Les armoiries de la ville présentent un bouc, qui rappellerait la famille Boecklin de Boecklinsau (all. *Böcklein* = « petit bouc »), à laquelle Bischheim fut légué au XVe siècle par l'évêque de Strasbourg. Enfin, pour se moquer du parler des natifs de Bischheim, qui fait du son [aj] un [ɛ:], quelle référence leurs voisins strasbourgeois ne sont-ils pas allé trouver ? *Gäsefläsch, sìwwe Däj ingebäzt un doch nìt wäch,* se moquent-ils en prononçant les [ɛ] d'une voix chevrotante : « De la viande de chèvre, marinée pendant sept jours, et toujours pas tendre ». (On comparera le strasbourgeois : *Gaiseflaisch, sìwwe Däj ingebaizt un doch nìt waich.*)

Tous ces indices et symboles laissent à penser que Bischheim fut un ancien lieu de culte bachique, que les autorités conjuguées du Roi et de l'Eglise ont décidé d'attribuer à l'évêque, dans le sens où celui-ci est pasteur du troupeau [le haut de sa crosse représente une corne de bélier ; il conduit les brebis, thème récurrent dans les Evangiles], afin d'opposer la sainteté de l'Agneau (de Dieu) au Bouc libidineux, rejeté comme satanique (la représentation populaire du Diable est en effet celle d'un satyre, mi-homme mi-bouc, ayant pris les couleurs noire et feu du brasier de l'expiation, ce qui fait aussi référence au Bouc émissaire de l'ancienne religion juive).

Sur le plan phonétique, notons l'apparition du radical *Bisch-*, qui tient avec le radical *Basch-* de *Bàschbari* (Bastberg), de même qu'en français *bique* « chèvre » fait pendant à *bouc*. Cette triple alternance *bik* (chèvre) ou *pik* (pin, poix) / *bak* (Bacchus, baie) / *bok* et *buk* (bouc) manifeste l'affectation de la base PK à la désignation sémantique des cultes antiques de la fécondité (VOIR BASE *PK*).

Le second village mentionné dans le testament de saint Rémi, Bischoffsheim, clairement ici le « domicile de l'évêque » (all. *Bischoff*, du grec *episkopos*), se distingue de Bischheim par sa forme officielle, mais non par la dialectale : als. *Bìsche*, dit *Bìsche àm Bari* « Bischheim à la montagne », par opposition à *Bìsche àm Säüm* « Bischheim à la lisière ». Bischoffsheim est en effet dominé par la colline du Bischenberg (als. *Bìschbari*, à comparer avec *Bàschbari*) propice, comme le Bastberg, à la tenue de cultes bachiques.

Il existe d'autres toponymes comportant le radical *Bisch-*, sur lesquels l'histoire ou la légende sont muets, mais qui sont susceptibles de renvoyer eux aussi au culte antique de la fécondité, par christianisation interposée : Bischholtz est cité comme *Biscovesholz* « bois de l'évêque », Bischwihr comme *Bischoveswilre* XIIe siècle, Bischwiller était une possession de l'évêque de Strasbourg (forme savante : *Episcopi villa*). En revanche, Bischtroff-sur-Sarre résulte d'une actualisation récente (1952), fondée sur la prononciation locale, de l'ancienne forme *Pistorf* (VOIR BISCHTROFF AU DICTIONNAIRE).

La chèvre (all. *Ziege*, als. *Gaiss*) étant associée, comme le bouc, à la réminiscence du culte de Bacchus, on peut se demander si des toponymes tels que Geishouse, Geiswiller et autres y font référence ou s'il faut leur chercher une autre origine (VOIR CES NOMS).

Colmar (all. *Kolmar*, als. *Kolmer*), chef-lieu du département du Haut-Rhin, est cité en 823 sous la forme *Columbarium*, mot latin retenu comme étymon par la majorité des toponymistes, et renvoyant à des signifiés divers : 1) « colombier, pigeonnier », 2) « niche pratiquée dans un pigeonnier pour abriter une paire de pigeons », d'où par métaphore : 3) « niche destinée à recevoir les urnes funéraires », 4) « cavité d'un mur destinée à recevoir une pièce de charpente », etc.

Tout d'abord, il faut remarquer qu'une citation latine en 823, en pleine période carolingienne, ne peut pas correspondre à la forme populaire du toponyme, ce n'est qu'un latinisme. Les autres mentions anciennes, *Columbrense* VIIIe siècle, *Columba* 833, *Colhambur* 883, *Cholonpurum* 884, *Coloburg* 884, *Cholembra* 884, *Kolnber* 1314, présentent avec *Columbarium* des divergences notables, dont il faudrait rendre compte pour pouvoir accepter pleinement l'étymon pressenti. Ces diverses formes ne sont cependant pas irréductibles les unes aux autres et, phonétiquement, Colmar pourrait descendre de Columbarium. D'autre part, Columbarium est un type toponymique bien représenté en France, avec les Colombier(s), au nombre d'une vingtaine, et autres Colombey, Colmier, Coulmiers, Coulommiers, Colomars, etc.

Pour le sens, il est évident que la signification « pigeonnier, colombier » paraît la plus simple, la plus susceptible d'avoir produit des toponymes aussi courants. Néanmoins celle de « monument funéraire de la Rome classique, dont les cavités abritaient les urnes contenant les cendres des défunts » a, en ce qui concerne Colmar, la préférence de quelques-uns. De fait, il est impossible de trancher, la motivation originelle étant définitivement celée.

Pour approfondir l'analyse, on peut remarquer quand même que les scribes du IXe siècle semblent avoir cherché à interpréter la finale du mot en la rapprochant du suffixe *-bur*, ancêtre du mot allemand actuel *Bauer* et signifiant, dès l'ancien allemand, « cage d'oiseau », ce qui ramène à l'idée du « pigeonnier » ; ainsi : *Colhambur*, *Cholonpurum*, voire *Coloburg* (rapprochement entre *-bur* et *-burg*/ *-bourg*) et *Kolnber* (*-ber* = *-bur*?). Mais, il en sera question plus loin, *-bur* paraît avoir souvent désigné aussi des lieux de prière, peut-être en rapport avec des cultes pré-chrétiens : il est donc permis de se demander si la signification du nom de Colmar ne comporterait pas un aspect religieux. Une légende concernant la présence, dans les armoiries de la ville, de la massue d'Hercule, selon la grande tradition, serait susceptible de donner corps à quelque hypothèse.

> « Par la volonté de la jalouse Junon, le demi-dieu Hercule s'était engagé pour douze ans et douze travaux au service d'Eurysthée. Etant heureusement sorti de plusieurs aventures en Orient, il avait dû s'en aller vers l'Occident pour chercher dans l'île de Gadès, près de la côte d'Espagne, les bœufs de Géryon, le géant aux trois têtes. Hercule fut encore victorieux. Eurysthée consentit à lui laisser la propriété du troupeau qu'il réclamait, à condition qu'il parcoure, chaque jour sans exception, un itinéraire déterminé de vingt milles. Hercule accepta et, au prix de nombreuses péripéties, fit passer à son troupeau les Pyrénées et les montagnes de la Gaule du sud.
>
> Il franchit les plus hauts sommets des Vosges par la route qu'avait déjà suivie Bacchus au temps où il avait enseigné aux Triboques l'art de planter la vigne. Hercule redescendit dans la belle vallée du Rhin jusqu'à Argentovaria, aujourd'hui Horbourg, où il arriva un soir, et voulut se reposer des fatigues de la route, car il n'avait pas achevé les vingt milles imposés.
>
> Il reprit ses forces en avalant quelques coupes du meilleur vin, mais le héros si fort trouva dans ce vin plus fort que lui, et il s'endormit. S'étant enfin réveillé, il se releva pour tâcher de rattraper le temps perdu, mais il ne réussit pas à atteindre Bâle, but de sa journée. De plus, dans sa hâte, il avait oublié d'emporter le fidèle instrument de ses exploits, sa terrible massue.
>
> Longtemps, cette massue fut conservée comme témoignage de la présence d'Hercule en Alsace. Et quand, plus tard, la ville de Colmar s'éleva à l'endroit où le demi-dieu s'était reposé, on mit la massue d'Hercule dans ses armoiries, et elle s'y trouve encore aujourd'hui. » (Version d'Auguste Stöber).

La légende est donc expressément liée au site de Colmar. En y regardant de près, il semble bien que l'objet représenté sur les armoiries ne soit pas une massue, tout au plus une masse d'armes ; en réalité, il ressemblerait davantage à une baguette magique, attribut des fées et sorcières de la mythologie. Or, de même que ces êtres sont la survivance, dégradée dans l'esprit populaire, des antiques bacchantes, de même la baguette magique est une déformation de la thyrse, attribut du dieu Bacchus-Dionysos et de ses prêtresses, constituée d'un bâton souple de noisetier ou de coudrier, emmanché d'une pomme de pin ou surmonté d'une touffe de feuilles de vigne. Les rites bachiques consistaient, on l'a dit, à atteindre l'inspiration divine par l'absorption d'excitants, tel le vin additionné vraisemblablement de résine de pin, et à pratiquer des actes rituels de fécondation. La légende d'une part et, si l'on suit le raisonnement, les armes de Colmar, renvoient donc à Bacchus et au culte qui lui était rendu. Hercule y participe, quoique l'épisode soit évoqué d'une manière fort discrète: il boit, il dort, il en oublie sa massue. Sans entrer dans une interprétation psychanalytique primaire, il est assez facile de se rendre compte que la massue, comme la thyrse, sont des symboles phalliques.

Dans toutes les cultures, le phallus a été assimilé à un bâton, un serpent ou un oiseau. On observe d'ailleurs de ci de là, dans les textes, des métamorphoses progressives qui vont du bâton au serpent (dans la Bible, Exode, ch. 4, le bâton de Moïse se transforme en serpent), puis du serpent à l'oiseau (le serpent à plumes Quetzalcoatl, dans l'ancien Mexique; Mélusine, dans la mythologie française, etc.). Elles sont chaque fois accompagnées d'une élévation et d'une purification de l'esprit, tant dans le domaine des choses de l'amour que de celui des connaissances; alors que le bâton, la thyrse, la massue, manifestent un état initial, brut, sauvage, le serpent est réputé posséder le savoir et apporter connaissance et puissance: bornons-nous à citer le serpent du caducée, le dieu Python du sanctuaire de Delphes, le serpent surmontant le diadème des Pharaons; le serpent de la Genèse, qui induisit Adam et Eve en tentation, a été ensuite diabolisé par le judéo-christianisme, mais n'a-t-il pas permis aux hommes d'accéder à la « connaissance du Bien et du Mal » ? L'interprétation, erronée, du « péché originel » comme consommation charnelle montre à l'envi combien, dans les mentalités, le serpent est associé symboliquement à la sexualité. Ajoutons le thème, fort répandu dans la mythologie de France et d'ailleurs, de la *vouivre* (ou *guivre, wivre*, mot tiré du latin *vipera*), animal fantastique, femelle du dragon, dont l'escarboucle ou diamant porté sur le front, qu'elle dépose avant d'aller se baigner (VOIR KRONTHAL), représente le troisième œil, celui de la connaissance occulte, le plus souvent symbolisée par le thème de la langue inconnue (comparer l'œil de sagesse de la théosophie hindoue, qui orne le front de certaines Indiennes). Quant à l'oiseau (moineau ou *Spatz*, colombe, rossignol...), il constitue l'état le plus achevé, dans l'ordre symbolique, de la connaissance ordonnée à une nature purifiée de ses racines bestiales: c'est, dans la Bible encore, l'Esprit Saint sous la forme d'une colombe; aujourd'hui, la colombe symbole de la paix; suivant la tradition chrétienne, seuls les saints ont la faculté de comprendre le langage des oiseaux. Enfin, dans la chanson populaire bien connue, c'est encore d'amour que parlent les « trois mots en latin » (langue sacrée, accessible aux seuls initiés) susurrés par le rossignol à l'oreille de la jeune fille; ils lui révèlent que « les hommes ne valent rien, et les garçons encore bien moins. »

Les armes de Colmar, contenant la massue d'Hercule.

Il est donc croyable que le Colombarium qui est devenu Colmar ait bien été un « colombier », mais peut-être avec le sens imagé que les Latins donnaient à *columbi*, c'est-à-dire « tourtereaux », jeunes et tendres amoureux. La légende d'Hercule ainsi que les armes de Colmar invitent à considérer que le nom du lieu a été motivé par les cultes bachiques qui s'y étaient déroulés ou s'y déroulaient encore, quoique adoucis et policés.

Quant aux figures de Bacchus et d'Hercule, elles personnifient sans doute deux peuples (et vraisemblablement deux religions) qui se sont succédé sur la terre d'Alsace avant l'arrivée des Celtes.

LE CULTE DU SOLEIL

A proximité de Folgensbourg, sur la commune de Michelbach, se trouve le lieu dit Boleronis ou, plus couramment aujourd'hui en français Saint-Apollinaire. Une légende rapporte qu'un cerf poursuivi par la chasse d'un évêque retrouva vigueur en buvant l'eau d'une source miraculeuse qui avait jailli à cet endroit. Boleronis dérive du latin Apollinaris, personnage derrière lequel se cache le dieu latin *Apollon*, qui fut vénéré aussi comme dieu de la médecine: *Apollinaris* > **Bolenaris* > *Boleronis*, avec métathèse [n-r > r-n] et influence vraisemblable du nom du dieu gaulois *Belenos*).

Mais Apollon fut surtout le dieu du soleil.

Le disque solaire: racines /BEL, BAL, BOL/

Il n'y a pas de doute que certains sommets vosgiens servirent de lieu de culte au soleil à l'époque préhistorique: en altitude, le croyant se sentait plus proche du ciel et des rayons bienfaiteurs.

Le Bollenberg, colline entre Rouffach et Orschwihr, tire son nom d'une église aujourd'hui disparue consacrée à sainte Apollonie (*sanct Bollen* 1540). On prétend qu'elle succéda à un temple gallo-romain dédié à Apollon.

Avant l'introduction d'Apollon par les Romains, les Gaulois vénéraient déjà Belenos, dieu du soleil, dont la structure phonétique explique sans doute l'aphérèse de [a] dans *Apollinaris* > *Boleronis* et **Apollonberg* > *Bollenberg*. De nombreux sommets du massif vosgien portent des noms commençant par Bel-: Belacker, Bellenberg; Balveurche, qui est une romanisation de l'allemand Belfirst; les villages de Belmont et Bellefosse, au pied du Champ du Feu. Evidemment, rien n'indique explicitement qu'il se soit agi de lieux de culte solaire, pas plus que le nom des *Ballons* (all. *Belchen*), que l'on trouve dans les hautes Vosges et le sud de la Forêt-Noire. (VOIR BALLON.)

Mais rien ne l'infirme non plus. Bien au contraire, en contrebas du Petit Ballon, le col du Bœnlesgrab, mentionné *Belen grab* 1441, *Bellengrab* 1576, *Bohleinsgrab* 1666, *Böhnleinsgrab* 1772, dont le nom signifie « tombe de Bœnle » ou « de Belen » d'après les formes les plus anciennes, témoigne de l'existence d'un mythe solaire: une tradition orale rapporte qu'un charbonnier nommé *Bœnle*, pris de malaise, serait tombé dans le brasier de sa meule. Cet événement, réel ou fictif, peut être interprété comme une allégorie: le charbonnier Bœnle est une réminiscence du dieu Soleil *Belen*, du gaulois *Belenos* (sur le plan phonétique, métathèse [l-n > n-l]). Comparer avec l'île de Tombelaine (= *Tombe Belen*) près du Mont Saint-Michel. Le mythe de la mort du soleil est un thème récurrent chez tous les peuples adorateurs de l'astre du jour. La transposition présente ici un phénomène bien connu de syncrétisme: un « véhicule » d'origine pré-chrétienne est accepté, à condition qu'il serve la « leçon » chrétienne. De ce fait, le personnage du charbonnier, comme celui du forgeron (voir ci-dessous Ostheim), parce qu'il travaille (joue?) avec le feu, a été considéré dans la société chrétienne agricole traditionnelle comme ayant des accointances avec le diable, la couleur noire du charbon ajoutant encore à cette sinistre réputation...

A Balbronn (als. *Bàlwere*), mentionné sous les formes anciennes *Baldeburn*, *Baldersbronn*, circule la légende suivante:

> « A la veillée, un groupe de jeunes gens et de jeunes filles avaient donné pour gage à l'un des participants de se faire embrasser par un Homme de Feu. Il faut savoir que

> dans la croyance populaire, les Hommes de Feu sont les âmes de ceux qui, lors de leur vie terrestre, ont triché ou causé des torts aux plus faibles, et sont de ce fait condamné à être des revenants. Sans hésitation, le joueur se dirigea vers la porte et cria à travers la cloison : "Homme de Feu, embrasse-moi !" C'est alors que l'on entendit à l'extérieur des pas lourds et un coup formidable asséné contre la porte. La première frayeur apaisée, les assistants sortirent pour voir ce qui s'était passé, et aperçurent sur la porte deux traces de feu en forme de mains. »

Balder est le nom du dieu germanique du soleil, mais la forme *Baldersbronn* n'est pas authentique, elle est une reconstruction du chroniqueur Königshoven (XVIe siècle). D'ailleurs, la religion et la mythologie des Germains n'ont pas eu le temps de s'implanter en Alsace (VOIR BALDERSHEIM). De même, le suffixe *-bronn* « fontaine » n'est peut-être pas originel, comme en témoigne le traitement atypique dans la forme populaire alsacienne ; il serait possible d'interpréter *Baldeburn* comme **Baldeburen*, avec suffixe *-bur* désignant un « lieu de prière », en rapport avec le soleil (VOIR CI-DESSOUS).

Notons enfin Grandfontaine (VOIR CE NOM), qui pourrait avoir été un lieu de culte à Apollon Grannus.

Racines BUL /BUR /MUR /MUL

L'élément *buhl*, employé dans quelques toponymes en tant que radical ou comme suffixe, représente certes l'allemand du sud *Bühl*, *Bühel* « colline (de forme ronde) », issu de la racine indo-européenne *bheuk* « courbure » (cp. *Buckel* « bosse, dos »), mais il semble qu'il ait été chargé d'une connotation religieuse d'origine pré-chrétienne, liée au culte solaire. En dialecte, la prononciation *Bihl*, *Behl* a pu entrer en collision homonymique avec les mots descendant de *Belenos*.

Le nom du Buhlberg, tumulus surplombant Saint-Ulrich, présente une anomalie sémantique, puisqu'il signifie littéralement « montagne de la colline ». Si l'on réfère *buhl-* à *Belenos*, il s'agirait d'une « montagne du soleil », sens conforté par deux légendes :

> « A l'époque où la mer recouvrait encore la plaine, un homme et son fils habitaient sur le Buhlberg, vivant de chasse et de pêche. Un jour, le fils aperçut sur l'immensité des flots une ondine. Il chercha à s'en approcher en se servant d'un tronc d'arbre évidé. Comme l'ondine refusait de monter dans son esquif, il voulut l'attraper au moyen de sa fourche à poisson mais, sans le vouloir, la lui planta dans l'œil. Aussitôt, l'eau se teinta de rouge et l'ondine disparut sous les flots. Une effroyable tempête se déchaîna alors, et le lendemain, lorsque le père sortit de son abri, il vit que la mer avait disparu et qu'à sa place coulait la Largue. Au pied du Buhlberg gisaient les corps sans vie de son garçon, de l'ondine et du père de celle-ci, le roi des eaux. »

Outre les interprétations psychanalytiques qu'il serait possible de tirer de cette légende, signalons que les femmes-poissons, comme les femmes-serpents, sont des transpositions du dragon primordial (VOIR CI-DESSUS). Le combat entre le jeune homme et l'ondine, qui se solde par l'assèchement de la mer, pourrait être analysé comme une victoire du soleil, dardant ses rayons, sur l'élément liquide. Ajoutons que saint Ulrich, protecteur de la pêche et des poissons, pourrait être une christianisation de Nerios, divinité gauloise des eaux, ou de Nichus, légendaire roi des ondins, génie des eaux (VOIR CI-DESSOUS : CULTE DES EAUX).

> « Tous les cent ans, raconte la deuxième légende du Buhlberg, par une chaude nuit d'été, on voit tourbillonner autour du Buhl un carrosse flamboyant tiré par quatre chevaux noirs et conduit par une femme. »

On retrouve ici le thème du Soleil mort la nuit, souterrain, mais toujours vivant, ce pourquoi il apparaît à intervalles lointains (voir la légende égyptienne d'Osiris). Le fait que le cocher soit une femme s'explique peut-être par le genre féminin du mot soleil dans les parlers allemands : *d'Sunn, die Sonne*.

Buhl (als. *Bihl*), cité comme *Buhele* 1135, *Behele* 1191, *Buohile* 1216, *Bühele* 1222, *Biehl* 1525, *Bihl* 1789. La tradition rapporte que Buhl fut fondé au VIIe siècle par des moines de l'abbaye de Murbach (VOIR CI-DESSOUS).

> « Dans les temps anciens, comme le rapporte une légende, des hommes découvrirent sur le Demberg, croupe hérissée de rochers qui domine Buhl, une cloche magnifique qu'ils descendirent avec ferveur et précaution, et installèrent à la place d'honneur dans le clocher de l'église du village. Ils la baptisèrent "cloche de saint Jean". Si un orage menaçait, c'est elle que l'on faisait sonner, pour exhorter les habitants à la prière. Un jour, une violente tempête, dévalant du Grand Ballon, fondait sur le village. La cloche se mettait à sonner, lorsqu'une voix céleste se fit entendre, disant : "Recule, le chien de saint Jean aboie !" A l'instant même, les nuages arrêtèrent leur progression et se dispersèrent dans le ciel. »

Nouvel exemple du combat entre le soleil et l'orage : la saint Jean, jour du solstice d'été, représente le soleil à son apogée. Le Demberg (*Tenneberge* 1250) symbolise une possible inondation (VOIR RACINE *TR-TL-TN*). La cloche découverte au milieu des rochers – peut-être une « pierre sonnante », telle qu'il s'en trouve sur certains sites mégalithiques – est associée au chien pour garder les hommes d'événements néfastes par le bruit qu'ils produisent : « aboyer » en allemand se traduit *bellen*, et en anglais *bell* veut dire « cloche ». Deux mots qui pourraient bien signifier à l'origine « appeler Bel (le soleil) ». Notons que le « paradis » des Alsaciens, comparable à l'Eldorado et autres Pays de Cocagne, porte le nom de Belsbummere « tonnerre de Bel ». Enfin le chien, dans les mythologies, est l'accompagnateur des âmes défuntes au Séjour souterrain des Morts (Anubis égyptien).

A Strasbourg, à l'emplacement actuel de la rue Saint-Michel, il y avait autrefois une butte, aujourd'hui arasée, nommée Michelsbühl. On se souvient que saint Michel est un des successeurs chrétiens d'Apollon = Belenos. (VOIR GRANDFONTAINE.)

De même, *Skitingsbouhel* (*-bouhel* = *-buhl*), l'ancien nom de Schiltigheim (VOIR CE NOM), exprime peut-être un ancien lieu de culte solaire, en rapport avec le nom de Rothenkirchen, actuel quartier de l'Eglise-Rouge.

Rothenbuhl, en Moselle, « la colline rouge », rebaptisé depuis quelques années Rodenbuhl « la colline défrichée », est situé face au célèbre rocher de Dabo (VOIR CE NOM), un ancien *Lugudunon* celtique consacré à la lumière divinisée.

Parallèlement à *bühl*, se trouve aussi le terme *bü(h)r*, qui apparaît comme suffixe dans Osenbuhr, lieu dit au-dessus d'Osenbach (VOIR CE NOM). Mais il est présent surtout dans des noms de villages aujourd'hui disparus : Betbur, ancienne localité située près de Kleingoeft, appelée *Betebur* en 1144, *Bettbüre* en 1363. L'église de Betbur, dédiée à saint Alban (lat. *albus* « blanc, clair »), était le siège d'un vaste chapitre rural ; il existait un pèlerinage à saint Jean-Baptiste pour demander la guérison des maux de tête (la saint Jean-Baptiste est en fait la saint Jean, date du solstice d'été). L'église d'un autre Betbur, disparu également, fut l'église-mère de Zutzendorf. Betbur signifie « maison de prière » (allemand *beten* « prier » et alsacien *Bür* correspondant à l'all. *Bauer*).

Primitivement, le mot *Bür* ne représente sans doute aucun des deux homonymes allemands *Bauer*, ni dans le sens de « paysan », ni dans celui de « hutte, cage à oiseaux, chambre » etc., puisque ce dernier terme est limité dialectalement à l'allemand du nord. On pourrait estimer qu'il ait été aussi employé à l'origine en allemand du sud, puis qu'il en ait disparu au profit d'autres vocables. Il apparaît également dans la toponymie française sous les formes Bure(s) (Meuse, Côte d'Or, Calvados, Yvelines, etc.), Beure (Doubs), Bœurs (Yonne), Buire (Aisne, Pas-de-Calais, Somme), etc., toutes rattachées classiquement à un *būra* germanique, tiré du verbe *bauen* (vieux haut all. *būan*). Toutefois il existe aussi le mot provençal *bòri* « cahute (de pierres sèches) », qui ne peut être d'origine germanique. Quoi qu'il en soit, tout du moins en Alsace, le terme paraît lié à d'anciens cultes solaires, concept que perpétuerait l'adjonction de l'élément germanique *bet(e)-* « prier ». Enfin, sur le plan phonétique, il forme avec *bühl* un couple *bul/bur*, qu'il est sans doute possible de considérer comme une simple variation allophonique, malgré la différence de quantité vocalique : [ŭ] originellement bref pour *bül* (all. *Bühl*, als. *Bihl*), [ū] long pour *bür* (als. *Bü(h)r*).

Un autre *Beteburn*, plus souvent appelé *Bothebur*, a pris au XIVe siècle le nom de *Rothenkirchen*. Aujourd'hui c'est l'Eglise-Rouge, quartier entre Strasbourg et Schiltigheim (ancien *Skitingsbouhel*, avec suffixe *-buhl*), localité qui dépendait de l'église paroissiale de Rothenkirchen jusqu'au XVIe siècle. Il semble que *-bur* a été reformulé en *-kirche(n)*, ce qui soulignerait encore la connotation religieuse évoquée ci-dessous. Quant à *Roth-*, de même que dans Rothenbuhl, il est lui aussi en rapport avec le concept de « soleil ».

Les formes anciennes de Reitwiller (als. *Räitwiller*), soit *Rutebur*, *Roitebo*, *Roudtebe* 1178, *Rötebur* 1351, l'apparentent à *Bothebur/Rothenkirchen*. Le radical, malgré des variantes phonétiques, est *rot(h)*, et le suffixe *-willer* s'est substitué à *-bur* tardivement.

Une troisième variante de *bul* et *bur* semble être *mur*, qui se retrouve dans les noms de deux abbayes célèbres : Marmoutier (als. *Mürmìnschter*) et Murbach (als. *Müerbàch*).

L'abbaye de Marmoutier aurait été fondée vers 550 par saint Léobard (VOIR LOCHWILLER), disciple de saint Colomban, et dotée par les Mérovingiens d'un vaste territoire appelé la Marche d'Aquilée, en latin *Aquileia* (en hommage à la ville de l'Istrie ou latinisation du germanique *ahla* « temple » ?) ou *Marca Aquilensis*. Restaurée en 724 après un incendie par saint Maur, elle adopta la règle bénédictine et prit le nom de *Maurimonasterium*. La date de la francisation n'est pas connue : elle emploie le terme de vieux français *moutier* « monastère » (< latin *monasterium*), et a peut-être été influencée par le nom de l'abbaye de Marmoutier près de Tours, fondée au IVe siècle par saint Martin, l'abbatiale de Marmoutier étant elle aussi consacrée à ce saint. On trouve *Maurmoutier* au XVIIe siècle.

A travers le personnage de saint Maur, Marmoutier rappelle les nombreux toponymes français Saint-Maur (Cher, Gers, Indre, Jura, Manche, Oise, Val de Marne, etc.). Le culte de saint Maur, fils d'un sénateur romain du Ve siècle, disciple de saint Benoît, fut introduit en France au VIIIe siècle pour exorciser le danger représenté par les invasions des Maures (cf. le fameux « Poitiers 732 »), peuples d'Afrique du nord bien connus depuis que certains d'entre eux avaient été autrefois engagés par les Romains comme auxiliaires dans la légion ; leur peau bistrée avait permis la création de l'adjectif *maurus* « brun foncé, noir ». Le nom de *Maures* s'étendit aussi aux autochtones qui n'avaient pas embrassé la foi chrétienne, et continuaient à honorer les dieux païens, notamment le soleil. C'est ainsi que d'anciens lieux de culte au soleil furent rebaptisés de la racine *Maur-*, quoique aucun Maure n'y ait jamais mis les pieds. Il se pourrait que ce fût le cas de Marmoutier.

Saint *Morand*, évangélisateur du Sundgau au XIIe siècle seulement, et qui a son pèlerinage à Altkirch, signifie (sans doute) par son nom que cette région fut réfractaire au christianisme jusqu'à une époque récente. En Alsace, un des sobriquets les plus répandus pour désigner les habitants d'« ailleurs » est *Mohre*, les « Maures », c'est-à-dire les « païens », « ceux qui ne croient pas comme nous autres », mais aussi les « truies » : le nom de cet animal en alsacien, *Mor*, dérive aussi du latin *maurus* « brun sale », parce que la truie, certes, est sale, mais aussi que le sémantisme récurrent de celui « qui est différent » – par son apparence, sa culture, sa foi – est toujours d'être « sale » (à l'inverse de ce qui m'est « propre »).

Murbach (als. *Müerbàch*), abbaye bénédictine fondée en 724 par saint Pirmin, est cité *in loco qui vocatur Vivarius Peregrinorum, qui antea appellatus est Muorbach* en 727, *Maurobaccus* 728, *Môrbach* en 760. Ainsi qu'une légende le rapporte :

> « Un cerf blanc, poursuivi par un chasseur, fit un saut prodigieux dans le précipice où coule le torrent du Murbach, puis réapparut indemne, une croix lumineuse scintillant entre ses bois ».

Ce thème rappelle celui de la légende de saint Hubert, et présente une christianisation manifeste. Le cerf, à l'instar du lion à la rousse crinière, fut un animal symbole du soleil, à cause de sa ramure évoquant les rayons de l'astre du jour, sens bien manifesté dans notre légende par la croix lumineuse. La couleur blanche de sa robe est également signe de lumière. Il représente ici le soleil qui meurt, boit à la source de vie et se relève plus fort qu'avant. Les Celtes vénéraient *Cernunnos*, le dieu qui se revêtait à l'automne d'une peau de cerf et passait l'hiver sous terre, puis, les beaux jours revenus, quittait sa parure bestiale et devenait un homme, *Esus*, dieu des armées. (Voir plus loin le cheval, animal solaire, et la légende de sainte Richarde et des ours d'Andlau.)

Le pendant de *mur* correspondant au couple *bul/bur* serait logiquement *mul*, qui amène aux toponymes employant *Mühle* « moulin » (du lat. *molīna*), (all. *Mühle* = als. *Mìhl*, comme *Bühl* = *Bìhl*). Des constats s'imposent et des questions se posent : tout d'abord, *Mühle* désigne le « moulin à eau » (en effet, le « moulin à bras » était dénommé par le terme d'origine germanique *quirn*, *kirn*, et le « moulin à vent » a été inventé trop tardivement pour jouer un rôle en toponymie) ; tous les toponymes alsaciens comportant *Mühle* sont situés sur des cours d'eau suffisamment puissants pour faire tourner un moulin. Ceci dit, la technique du moulin à eau n'a été introduite dans nos régions qu'au IXe ou Xe siècle. Or, la première mention connue de Mulhouse, entre autres exemples, remonte à 717 (*Mulenhusen*) : le sens était-il autre ? De nombreux ruisseaux portent le nom de Muhlbach : tirent-ils tous leur nom du fait d'un moulin qui aurait été situé sur leur rive ?

> « Entre Obermodern et Kirrwiller, rapporte une légende, existe une passerelle qui franchit le Muhlbach. C'est là que se tient, tard dans la soirée, la vache noire qui porte à son cou une clochette d'argent. Les bergers la voient souvent et l'évitent, quoiqu'ils reconnaissent qu'elle est incapable de leur faire du mal. Lorsque le son de sa cloche a fait s'égarer des piétons, la vache noire se dirige vers eux et veut leur lécher les mains. S'ils se laissent faire, elle reste à leurs côtés et les ramène sur le bon chemin. S'ils s'avisent de la battre ou de lui jeter des pierres, elle entre en furie, les prend sur ses cornes et les bascule sans ménagement dans le Muhlbach. »

L'explication la plus simple consiste à considérer la vache noire comme une allégorie de la nuit, la clochette d'argent pouvant signifier la lune ou une étoile brillante, ou encore le « soleil souterrain », puisque les Anciens croyaient qu'après avoir été « tué » par la nuit à l'ouest, le soleil poursuivait son parcours sous terre, dans le séjour des morts (voir le dieu égyptien Osiris), pendant que sur terre régnaient les ténèbres, et reparaissait (ressuscitait ?) le matin. La cloche symbolise l'appel au soleil (VOIR BUHL). Les piétons égarés représentent soit des voyageurs ayant suivi la « route du soleil » (VOIR *ROT*-) et s'étant laissés surprendre par la nuit, soit des âmes défuntes en attente de leur destin : ceux-là retrouveront leur chemin après s'être fait lécher les mains par la vache (voir l'ourse de sainte Richarde), celles-ci ressusciteront après s'être baignées dans l'eau lustrale du Muhlbach, tout comme le cerf dans celle du Murbach (VOIR PLUS HAUT). Mais pourquoi une vache ? Parce qu'elle porte, à l'instar de l'œuf, du sapin et autres le signe de la vie qui ne s'arrête jamais : le lait, aliment primordial, en alsacien *Mìlich*, blanc comme la farine (*Mehl*) du moulin (*Mìhl*). Chez les Egyptiens toujours, la vache Hathor était l'image animale de la déesse Isis, sœur et femme d'Osiris, identifiée plus tard à la Lune (VOIR ISSENHEIM). C'est à travers la forme ronde de la meule du moulin que s'est perpétuée la réminiscence de ces croyances anciennes au dieu Soleil et à sa parèdre la Lune.

Les toponymes concernés sont :

– *Muhlbach-sur-Bruche* (als. *Mìhlbàch*), dernier village de la vallée où se parle l'alsacien, est situé en face du romanophone Lutzelhouse, dont la célèbre légende astrale du Jardin des Fées (VOIR CI-DESSOUS LUTZELHOUSE, NIEDERHASLACH) illustre le rapport entre *Lützel*- « lumière » et *mul*- « soleil (caché) » :

> « Au Jardin des Fées, un groupe de jeunes filles vêtues de blanc danse une ronde dans la nuit, jusqu'à ce qu'une voiture attelée de chevaux ardents surgisse dans le ciel. Aussitôt, les fées disparaissent. L'une d'elles descend dans la vallée et va prier dans l'église de Haslach. Sa prière dite, elle rebrousse chemin. A sa vue, la voiture, qui dans l'intervalle avait décrit dans les airs un cercle autour du lieu, s'efface à son tour, et les jeunes filles apparaissent à nouveau sur la montagne ».

Les fées représentent les astres de la nuit, la voiture aux chevaux de feu le soleil. La fée qui va prier à Haslach est la lune, dont le retour coïncide avec le coucher du soleil.

– *Muhlbach-sur-Munster* (als. *Mìlbe*) est cité en 896 sous la forme *Melin*, puis *Mulebac* 1057, *Milbach* 1407, etc. La première de ces attestations ne laisse pas de surprendre : pas de suffixe, et un < e > au radical qui ne peut normalement pas transcrire le ü de *Mühle*, puisque au IXe siècle, la délabialisation [y > I] n'avait pas encore eu lieu. Bref, il n'est pas sûr que cette forme représente une germanisation de lat. *molina*, mais plutôt un évolué de **Melenos*, variante de *Belenos*, le dieu celtique du soleil (cp. *Belenos* > **Belinos* > fr. *Belin*, et voir, en Bretagne, saint *Melaine*, probable déformation et christianisation de [saint] *Belen*).

– *Mulhausen* (all. *Mühlhausen*, als. *Mìlhüse*) « maison du moulin », est situé sur le Rothbach, à 5 km du village de Rothbach (VOIR CI-DESSOUS, RACINE *ROT*).

– *Mulhouse* (all. *Mühlhausen*, als. *Milhüse*), *Mulenhusen* 717, *Müllenhusen* 823. La forme de 717 est antérieure à l'introduction du moulin à eau, et le moulin à bras n'était pas désigné par le type *Mühle*. Aucun indice actuel ne signale l'existence d'un ancien culte au soleil.

La rotation : racine /ROT/

Certains toponymes comportant un radical de type *rot*- semblent avoir un lien avec le culte solaire, non sans doute à cause du germanique *rot* « rouge », couleur du soleil couchant, mais en relation avec la course du soleil dans le ciel, sa rotation (cp. latin *rota* « roue »). Cet aspect sémantique de « route » est caractéristique, par exemple, en ce qui concerne l'antique chemin qui menait de la plaine d'Alsace au Donon, en passant par Ottrott, la Rothlach, puis le long du cours de la Rothaine (Rotten) pour arriver à Rothau. Le long de la route préhistorique du piémont des Vosges se trouvent du nord au sud : Rott, Rothbach, Rosheim, Ottrott, Rodern, Rorschwihr, tous formés sur un radical *rot*-. Certes, il s'agit là de défrichements (all. *roden* « défricher »), non statiques comme le sont des clairières, mais dynamiques, en lien avec une route à frayer (cp. anglais *road*). (Pour plus de détails sur les racines désignant des chemins, VOIR CHAPITRE IV).

Rothenbuhl, en Moselle, « la colline rouge », rebaptisé depuis quelques années Rodenbuhl « la colline défrichée », est situé face au célèbre rocher de Dabo (VOIR CE NOM), un ancien Lugudunon celtique consacré à la lumière divinisée.

Rothenkirchen, traduit en français sous le nom d'Eglise-Rouge (VOIR *BETEBUR* SOUS RACINE *BUR*), présente à l'évidence un aspect religieux. Schiltigheim (ancien *Skitingsbouhel*, avec suffixe *-buhl*) dépendait de l'église paroissiale de *Rothenkirchen* jusqu'au XVIe siècle. Il semble que *-bur* ait été reformulé en *-kirch(en)*. Quant à *Roth-*, de même que *-bur*, il est en rapport avec le concept de « soleil ».

Les formes anciennes de Reitwiller (als. *Räitwiller*), soit *Rutebur, Roitebo, Roudtebe* 1178, *Rötebur* 1351, l'apparentent à *Bothebur/Rothenkirchen*. Le radical, malgré des variantes phonétiques, est *rot(h)*, et le suffixe *-willer* s'est substitué à *-bur* tardivement. Rien cependant, en dehors des formes du toponyme, ne manifeste l'existence d'un culte solaire ancien[32].

Les armes de Rosheim.

Rosheim (als. *Rose*) a été appelé par les poètes la « cité des roses », depuis qu'au XIVe siècle les armes de la ville arborent une rose stylisée à cinq pétales. En réalité le nom remonte à *Rodashaim* 778, *Rodesheim*, puis *Roszheim* par contraction au XIVe siècle. Signalons qu'en grec, la « rose » se dit *rhodon*, et que sur l'île de Rhodes (*Rhodos*) le fameux « colosse » représentait Apollon, dieu du soleil. La « rose » (ou rosace), qui a persisté comme ornement architectural, avait la signification symbolique du disque solaire (cercle et rayons), avant l'apparition de la croix chrétienne, qui l'a reprise à son compte. Certain rapprochement a également été opéré avec l'un des noms égyptiens du dieu soleil, *Râ*.

> Il existe à Rosheim une très belle légende, qui met en scène « un vieux soldat nommé Mathias, lequel venait d'être mis à la retraite par le Conseil de la Ville, avec pour toute récompense cinq livres de pain et cinq pièces de cuivre. Ainsi lesté, Mathias prit la route au petit matin. Il rencontra d'abord un aveugle qui cherchait son chemin du bout de son bâton et roulait ses yeux blancs au soleil en gémissant. Pris de pitié, Mathias lui donna une livre de son pain et une pièce de cuivre. Midi sonna et Mathias s'assit sur une borne pour se reposer et manger un peu. C'est alors que trois enfants s'approchèrent de lui, en larmes. Ils criaient : "Notre mère est morte ! Personne ne prend soin de nous et nous allons mourir de froid et de faim !" Emu jusqu'aux entrailles, Mathias leur donna trois livres de son pain et trois pièces de cuivre. Puis il poursuivit son chemin. Plus tard, passant près d'une maisonnette, il entendit des cris, et lorsqu'il fut entré, il vit, assise contre la cheminée où nul feu ne brillait, une jeune femme échevelée. Elle disait : "Pourquoi m'as-tu quittée, cher et tendre époux ? Toi si bon, si rude travailleur, pourquoi me laisser misérable ?" Mathias se sentait tout ému. La personne était belle, et il lui laissa la dernière livre de son pain et sa dernière pièce de

cuivre. A la fin du jour, il arriva dans un village, fatigué et affamé, sans rien en poche. Mais cela ne l'inquiétait pas, car il était persuadé que l'on agirait avec lui comme il avait lui-même agi envers l'aveugle, les trois enfants et la jeune veuve. Mais les villageois le traitèrent de mendiant et le firent jeter hors des murs. Il se retrouva sur la route : la nuit était tombée. C'est alors qu'un cavalier s'approcha. Mathias lui demanda de bien vouloir le prendre en croupe. "Monte, Mathias", dit l'autre. Ils galopèrent longtemps, très longtemps, puis le cheval s'arrêta au croisement d'une route où se trouvait un calvaire. C'est alors que Mathias reconnut dans cet étrange cavalier... la Mort en personne. Le lendemain, des pèlerins découvrirent Mathias étendu dans un fossé. Une rose avait poussé dans sa main, elle était toute pareille à celle que l'on voit sur les armes de Rosheim. »

Cette légende, bien composée comme un mythe grec, raconte le périple du Soleil qui, du matin au soir, apporte lumière (les pièces de cuivre, rondes et jaunes comme le disque solaire), nourriture (le pain, voir symbolisme du blé, par exemple dans le nom des Trois-Epis) et chaleur aux humains dans la détresse (voir les paroles des enfants, et l'absence de feu dans la cheminée de la veuve). L'homme dans la nuit est aveugle, avant que ne paraisse l'aube (symbolisée par la blancheur des yeux) ; les enfants sont au nombre de trois, pour montrer qu'à midi le soleil brille plus fort ; et la jeune femme, de qui est-elle veuve ? N'est-ce pas du soleil lui-même, déjà sur le déclin : « nul feu ne brillait dans la cheminée » ? Mathias la trouve belle, elle aurait pu être sa femme. Dans un récit, chaque détail a son importance, il ne faut en négliger aucun. Vient la nuit, incarnée par le cavalier, puis la mort du Soleil. Mais la rotation solaire se poursuit même la nuit, puisque le cheval galope longtemps avant de s'arrêter près d'un calvaire – la croix solaire identifiée à la croix chrétienne, signe de mort, mais de résurrection aussi, puisque au matin, la rose éclose dans la paume du soldat signale l'apparition d'un soleil nouveau. Le lien exprimé entre, au début du texte, l'appartenance de Mathias à la ville de Rosheim et, à la fin, la ressemblance de la rose poussée dans sa main avec celle du blason, est un indice suffisant pour mettre en avant l'existence ancienne d'un culte pré-chrétien au soleil à Rosheim. Mathias est fêté le 24 février. Le dicton du jour : *Màthis brecht s'Iss* (« Mathias brise la glace ») semble retenir l'idée d'un redoux qui, grâce au soleil, met fin aux rigueurs de l'hiver.

Une autre légende solaire se rapporte au toponyme Rœdelen, qui pourrait se traduire par « le petit défrichement » (de l'all. *roden* « défricher »). C'est le nom d'une haute chaume au-dessus du Lac du Ballon, effectivement dénudée.

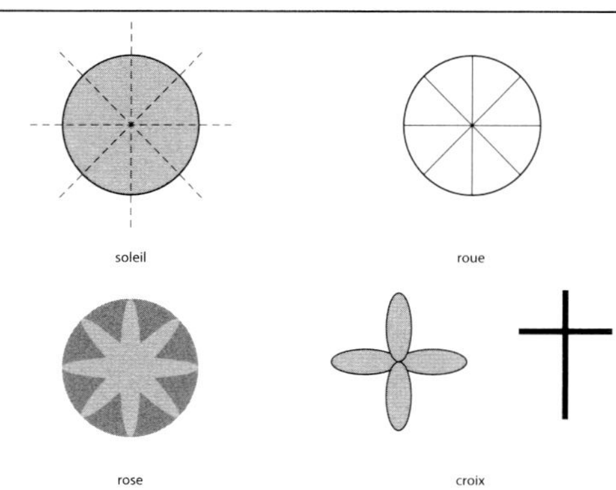

Evolution du symbolisme solaire

> « On raconte que le jour de la Saint-Michel, un lutin s'approche de la ferme du Rœdelen. Il traîne lamentablement la jambe et cherche à se mettre à l'abri. Pendant la belle saison, il habite dans la forêt voisine du Judenhut. Il n'en sort que la nuit pour faire la chasse aux porcs noirs. »

La Saint-Michel (29 septembre) a toujours été considérée, dans le calendrier agraire, comme la date de l'équinoxe d'automne et, pour les vachers des hautes pâtures, celui du retour obligatoire dans la vallée. Le lutin qui traîne la jambe pourrait donc être le soleil, dont la course se fait plus basse à cette époque de l'année. Rœdelen prendrait alors la signification de « petit soleil ». Pour poursuivre l'explication, on peut signaler que *Judenhut* ne doit pas s'entendre « chapeau de Juif », mais « la colline où l'on surveille les troupeaux ». Le mot n'est pas ici l'allemand *Hut* « chapeau », mais *Hut* « garde, endroit où l'on surveille les troupeaux » (*Hutung*). Dans la forme ancienne *Gutenhut*, *Gut-* est l'équivalent du roman « goutte », c'est-à-dire « colline, source » (VOIR LE BONHOMME). La Judenhut est précisément caractérisée par une source, érigée depuis en fontaine. C'est pourquoi le lutin-soleil y chasse les porcs noirs, animaux diaboliques qui représentent tous les maléfices de la nuit.

La forme de Rossfeld (als. *Rossfald*) invite à considérer un « champ du cheval » (all. *Roß*, als. *Ross*), mais des mentions anciennes telle *Rosevelt* 1358 aiguillent cette fois vers un « champ de roses » ; pourquoi ne pas y voir plutôt, comme dans Rosheim < *Rodashaim*, un type **Rodesfeld* qui ramènerait, par traduction du suffixe, à l'un des toponymes gaulois les plus connus : *Rotomagos*, à l'origine de Rouen (Seine-Maritime), Ruan (Indre-et-Loire, Loir-et-Cher, Loiret), Rom (Deux-Sèvres). La roue (celtique *roto* « roue, course ») était un signe astral chez les Gaulois, de même d'ailleurs que le cheval. Le « cheval solaire » apparaît dans plusieurs légendes (VOIR NIEDERHASLACH, ROSHEIM, OSTHEIM).

Rosteig (als. *Roschtai*) est vraisemblablement une contraction de l'allemand **Ross-steig* « montée du cheval ». Il s'agit vraisemblablement du cheval solaire (qui « monte » de l'horizon, au matin). Les Gaulois vénéraient Epona, déesse des chevaux et protectrice du bétail. Voir aussi les sommets appelés Rosskopf « tête du cheval » (là où point le soleil), Rossberg, Hengst (littéralement « étalon », présence sur le lieu d'un ancien dolmen saccagé ou stèle votive au dieu Soleil ?)

La lumière : racine de type LÜTZEL

A première vue, l'élément *lutzel* qui apparaît dans plusieurs noms de lieux se rapporte au moyen haut allemand *lützel* « petit » (mot disparu en allemand moderne, vieux haut all. *luzzil*, cp. angl. *little*). Toutefois certains toponymes ne peuvent s'expliquer de cette façon, par exemple Lucelle, en allemand *Lützel*. D'autres, par leur site (*Lützelstein* traduit en français La Petite-Pierre) ou par des légendes ayant trait au lieu (Lutzelbourg, Lutzelhouse), font penser à d'anciens lieux de culte solaire. Ils pourraient provenir d'un étymon **Lucella*, dérivé du latin *lux*, *luc-is* « lumière ».

Les armoireries de Lutzelhouse, illustrant la légende du Jardin des Fées.

Les noms de lieux en *Lutzel* pourraient bien être les continuateurs de toponymes celtiques comportant le terme *Lug-* ou *Lugu-* (gaulois *lugu* « lumière, lucide »). Le plus fréquent est *Lugudunon* « montagne de la lumière », à l'origine de Lyon (Rhône), Laon (Aisne), Luxembourg, Liechtenstein, Leyde (Pays-Bas), etc., et dont relèvent Lichtenberg, Dabo et Lutzelbourg (VOIR CES NOMS DANS LE DICTIONNAIRE).

L'aurore et le soleil souterrain

Le nom du Champ du Feu a toujours intrigué. Il s'agit d'une lande d'altitude, dont la crête culmine à 1 100 m, loin de tout lieu habité. Versant alsacien, le nom est *Hochfeld* « haut champ », qui ne comporte pas cette notion énigmatique de « feu », présente seulement dans l'appellation en cours chez les populations romanophones de la haute vallée de la Bruche. Certains toponymistes qui s'étaient figuré que tout nom de lieu d'Alsace doit nécessairement s'expliquer par le germanique, avaient rapproché la prononciation patoisante *Champ du Fé* de l'all. *Vieh*, als. *Vìeh* « bétail ». Mais on ne voit pas pourquoi du côté roman serait mis à contribution un terme germanique que les germanophones, pour leur part, n'utilisent pas.

Le Champ du Feu était dès l'Antiquité traversé par une route importante, qui menait de la plaine d'Alsace au Donon, en passant par Heiligenstein, le Maennelstein et la Rothlach, dite en allemand *Hochstrasse* (*Strata* 1059, *Hochstrasse* 1393), nom qui rappelle *Hochfeld*. Pour cette raison, d'autres toponymistes estiment que Champ du *Fé* proviendrait d'une déformation de champ du *faîte* (all. *First*).

Enfin, une troisième explication, plus réaliste et moins linguistique, consiste à voir dans le Champ du Feu le domaine des charbonniers, qui y faisaient du feu, bien entendu ! L'une des extrémités du plateau porte d'ailleurs le nom de Col de la Charbonnière. Mais l'on sait que les charbonniers, de même que les forgerons, étaient considérés par le peuple comme des personnages maléfiques, sentiment reposant sur une identification avec le vieux dieu Soleil (VOIR BOENLESGRAB ET OSTHEIM). Et le Champ du Feu avait bien mauvaise réputation ! Des légendes nées au cours des siècles de pérégrination le long de la Hochstrasse sont en mesure d'apporter quelques éclaircissements sur cette peu banale dénomination.

> « Un berger faisait paître ses troupeaux depuis plusieurs jours dans une clairière située non loin du Champ du Feu. Un soir, il remarqua que ses bêtes manquaient de nourriture, et résolut de monter sur le plateau, où l'herbe est drue, malgré toutes les recommandations des propriétaires. Au bout d'une heure environ, ses moutons se mirent à bêler et à bondir d'une façon si anormale qu'il en fut tout effrayé. Ils poussaient des cris sauvages et même se mirent à parler et à se menacer. Le berger appela ses deux chiens, mais ceux-ci, l'œil en feu, couraient en rond, poursuivant des personnages invisibles. Soudain, retentit le son d'un cor qui déchira l'air de la nuit. Les moutons se ruèrent alors les uns sur les autres et s'entre-dévorèrent. Ce fut un massacre épouvantable et le sang coula sur les pentes du plateau jusqu'à la route du Hohwald. Quand le jour vint, il ne restait plus que des ossements, et les chiens couraient toujours en rond. A la fin ils tombèrent épuisés et moururent sur place. »

Cette légende appelle trois niveaux d'interprétation :

– *le niveau moral* – le plus superficiel : celui du berger imprudent et désobéissant, terriblement puni par la perte atroce de tout son troupeau.

– *le niveau fantastique :* les moutons, animaux herbivores, d'ordinaire doux et craintifs, deviennent haineux et finissent par se dévorer mutuellement. Ils sont doués de parole. Ces renversements de l'ordre naturel portent la marque du diable. De même les chiens, qui n'obéissent plus à leur maître, mais à des forces occultes dont on devine la nature infernale à la lueur ardente de leurs prunelles. Enfin, le signal du massacre est donné par une sonnerie de cor dont l'auteur invisible ne peut être que le Prince des ténèbres.

– *le niveau mythologique:* il s'agit du thème du soleil et de la nuit, du sacrifice et de la naissance. Le texte le dit, la scène se passe la nuit; il se peut que le joueur de cor invisible personnifie la Nuit elle-même. Le mouton assume rituellement, comme dans les sociétés primitives, le rôle d'animal sacrifié. Le sang qui coule en abondance excessive, voire surnaturelle, sur les pentes de la montagne, est rouge comme le soleil à l'aurore. Quant au chien, il est chargé de conduire l'âme au séjour des Morts (chien dit «psychopompe», Anubis égyptien, présent dans de nombreux mythes et croyances). De plus, ici, les chiens tournent en rond (rappel de la rotation solaire) et, tout comme celles du forgeron d'Ostheim (voir ci-dessous), leurs prunelles sont en feu. Il s'agit donc des chiens qui accompagnent le Soleil mort au soir dans sa ronde nocturne, sous terre, jusqu'à l'aurore où il peut reparaître, grâce au sacrifice consenti à la Nuit. A cette condition le Soleil peut renaître. Une naissance dans le sang.

Une autre légende décrit la purification du Champ du Feu:

> «Les Rois Mages qui ont visité le Christ quand il vint au monde sont enterrés dans la cathédrale de Cologne. Chaque année, le jour de l'Epiphanie, ils sortent de leur tombeau, remontent le cours du Rhin, traversent la ville de Strasbourg, gagnent le Cronthal, montent sur le Maennelstein et atteignent enfin le Champ du Feu. Durant toute la nuit, ils purifient ce lieu sinistre de tous les maléfices des esprits invisibles. Celui qui a porté l'or le répand comme un semeur fait du blé. Celui qui a porté l'encens le brûle dans le creux de sa main, et toute l'année l'encens reste accroché au flanc des montagnes. Celui qui a porté la myrrhe la mêle aux herbes et la piétine. Les esprits chassés s'en vont, et à ce moment-là leur foule est si dense dans le Hohwald qu'il est impossible d'avancer ou de reculer.»

Le premier sème l'or comme le blé: deux symboles traditionnels du Soleil. Le deuxième brûle l'encens: relation avec le feu, signe de purification religieuse (en l'occurrence, des feux des charbonniers?), adjuvant du recueillement mystique. Le troisième piétine la myrrhe, produit utilisé dans les embaumements des cadavres. Car nous sommes à l'Epiphanie, et la fête chrétienne – dont le nom grec *epiphaneia* signifie «apparition» (en particulier d'une divinité, d'un mort) ou *epiphania* «nativité, venue au monde», c'est-à-dire «apparition au jour», «manifestation de Jésus Christ, lumière du monde» – perpétue la très ancienne célébration du Soleil lequel, après avoir décliné jusqu'au solstice d'hiver (Noël), reprend vigueur au début de janvier. L'Epiphanie serait comme l'aurore de l'année entière. Les deux célébrations du soleil de l'aurore et du soleil de l'Epiphanie, en ce que ces deux aspects sont porteurs du même message d'espérance, ont dû former le motif unique pour lequel ce lieu, apprécié aujourd'hui surtout pour la promenade et la pratique des sports d'hiver, a pris, en des temps immémoriaux, le nom de Champ du Feu.

> On dit qu'au milieu de l'Ochsenfeld, près de Cernay, se dresse un roc appelé le Bibelstein, sous lequel, selon la tradition, «repose vivant l'Empereur Frédéric Ier Barberousse. Quand toute la campagne est silencieuse et que l'on applique son oreille contre la pierre, on entend sa barbe pousser.»

D'autres légendes font état d'armées entières gisant dans d'immenses galeries souterraines sous l'Ochsenfeld (VOIR CHAPITRE III). La tradition du Bibelstein possède en outre une signification religieuse: la barbe rousse de Frédéric entre dans la vaste catégorie des symboles solaires, fréquemment utilisés dans les textes symboliques du Moyen Age, comme le lion avec sa crinière, la roue, la rose, l'or, le blé, etc. Ce personnage historique, fort aimé en Alsace, a de la sorte été mythifié, et s'est substitué, dans la conscience populaire, à la divinité solaire d'origine immémoriale dont le Bibelstein a dû constituer l'un des tombeaux mythiques.

La racine AS-

Ostheim (als. *Ooschte*) signifie littéralement la « demeure de l'est ». « Mais par rapport à quoi ? » serait tenté d'ajouter celui qui ne trouve pas dans les environs les autres points cardinaux, comme dans la série Osthouse, Westhouse, Nordhouse, Sundhouse par exemple. Peut-être y aurait-il avantage à chercher du côté de *Oster* « Pâques », comme semble le suggérer la fameuse légende du forgeron d'Ostheim :

> « Il y avait à Ostheim un forgeron qui était le pire mécréant que la terre ait jamais porté. Pendant la messe, on entendait ses jurons, ses cris, ses blasphèmes, son rire impie, et sa forge jetait des lueurs infernales. Il s'obstinait à ferrer le dimanche, à manger du cochon et du bœuf le vendredi, et buvait comme un trou : tel était Springer, le forgeron d'Ostheim. Un certain dimanche, il lui arriva de manquer de fer, et voulut aller en chercher à Ribeauvillé. Or, le courrier de la poste, qui s'appelait Engel, vint à passer, et Springer lui demanda de le prendre en croupe car, disait-il, il avait envie de travailler ce jour-là pour faire plaisir au diable ! Engel accepta et les voilà partis tous deux. Alors que le cheval trottait gentiment, Springer lui piqua la croupe avec ses ongles, et la bête se mit à chasser du feu par les naseaux, tandis que tout son corps s'enveloppait de vapeurs de soufre. Le pauvre Engel, décontenancé, se plaignit amèrement à son passager de cette diabolique perversion de leur moyen de transport. Celui-ci, pour toute réponse, piqua de nouveau le cheval qui s'élança à travers les airs comme un grand oiseau de feu, passa au-dessus de Ribeauvillé à la vitesse de l'éclair, et se dirigea droit vers une caverne lumineuse au fond de la vallée de Mariakirch. Des diables entretenaient là un feu qui ressemblait fort au feu de l'Enfer. Pris de panique, Engel se souvint qu'en récitant un Pater et un Ave, on pouvait empêcher le Malin de prendre possession de son âme. C'est ainsi qu'il se retrouva sans transition assis sur son derrière, près de la chapelle de Mariakirch, son cheval broutant tranquillement à ses côtés. A son retour fort tardif, personne à Ostheim ne voulut croire à son récit. Par acquis de conscience, on alla jeter un coup d'œil à la forge maudite et là, on trouva le corps calciné de Springer. Alors, les fossoyeurs vinrent pour le mettre en bière et creusèrent pour lui un trou dans un champ abandonné. Or, comme on le transportait à travers les rues du village, un rire strident retentit dans la forge et l'on aperçut Springer, les yeux flambants ! Par la lucarne, il invectivait les gens d'Ostheim. Les porteurs effrayés laissèrent tomber la bière qui s'ouvrit avec fracas : elle était vide ! On se précipita dans la maison. Springer n'y était pas. On ne sut jamais ce qu'il était devenu. »

Voilà une légende saisissante, qui met en scène un personnage qui n'est autre que... le Soleil ! D'abord son nom, *Springer* « le sauteur », ou le « cavalier » au jeu d'échecs. Cavalier en effet qui transforme le pauvre cheval de poste en astre incandescent. Certes la légende a été christianisée, et le forgeron, inquiétant personnage entouré de flambes dansantes et d'odeurs nauséabondes, traditionnellement diabolisé. A remarquer que la chevauchée fantastique se dirige vers le nord-ouest, puis oblique pratiquement plein ouest, survolant le mystérieux massif du Taennchel, vers Mariakirch (Sainte-Marie-aux-Mines), où les diables au fond de leur trou pourraient bien être des... mineurs. Plus intéressante pour l'origine du nom d'Ostheim est la fin du texte. Springer, après son périple, est trouvé calciné à son point de départ : le soleil mort à l'ouest dans les rougeoiements de braise est retrouvé tout noir au matin, comme les cendres d'un feu. Mais pas n'importe quel feu : non, il n'est pas mort, il est ressuscité, le voilà les yeux flambants, tout là haut à la lucarne (ronde) !...

Cette légende païenne présente Ostheim comme le village où le soleil surgit, resurgit, ressuscite, tous les matins, et peut-être plus particulièrement au matin de Pâques – un dimanche où passe un ange (*Engel*).

Niederhaslach (als. *Ìngerhoosle*) et Oberhaslach (als. *Ìwerhoosle*) doivent tous deux leur nom à la rivière de la Hasel (*Haselbach, rivolus Hasla* 817), sur laquelle ils sont situés. *Hasel* signifie en allemand « noisetier » et « coudrier ». On pourrait en rester à la « rivière des noisetiers », nom pittoresque, ou au contraire chercher plus avant une motivation. Le noisetier comme le coudrier sont réputés fournir de solides baguettes, celles-ci instruments de sourciers, celles-là de sorcières. Ou de fées. Précisément, Niederhaslach est associé à la légende du Jardin des Fées de Lutzelhouse (voir ci-dessus Muhlbach-sur-Bruche).

L'église dont il est question dans la légende est celle de Niederhaslach, dédiée à saint Florent, qui y fonda un monastère au VIe ou au VIIe siècle. Il figure parmi les saints alsaciens les plus populaires et sa légende vaut la peine d'être rappelée ici :

> « Saint Florent était originaire d'Ecosse. Arrivé en Alsace, il se sépara de ses compagnons et s'installa comme ermite dans la vallée du Haselbach. Les animaux sauvages mangèrent les récoltes qu'il avait semées, mais il leur adressa un si joli discours qu'elles abandonnèrent toute férocité. Quand il s'était échauffé dans son travail, il suspendait son vêtement à un rayon de soleil. En ce temps-là régnait le roi des Francs Dagobert II, qui avait une fille aveugle et muette. Le roi entendit parler de Florent et l'envoya chercher, dans l'espoir qu'il pût guérir sa fille. Saint Florent se mit en route sur son petit âne et avant qu'il fût arrivé, la fille du roi ouvrit les yeux et dit : "Voyez donc, voici saint Florent qui vient sur son petit âne". En récompense, le roi donna à saint Florent toutes les terres dont il pourrait faire le tour sur son âne, jusqu'à ce qu'il soit sorti de son bain. Et Florent savait que le roi avait coutume de rester très longtemps dans son bain ! A la mort de saint Arbogast, premier évêque de Strasbourg, le peuple et les clercs élirent saint Florent pour lui succéder. »

C'est surtout le début de ce texte qu'il est intéressant d'étudier : on voit Florent, dont le nom très peu écossais provient du latin *florens* « en fleur, fleurissant », domestiquer les bêtes sauvages et même le soleil. Puis il guérit une fille aveugle et muette, ce qui peut s'interpréter symboliquement comme : « le printemps libérant la terre de l'emprise de l'hiver ». Quant à l'âne, il a une importance capitale : saint Florent monté sur son âne rappelle Jésus de même à la Fête des Rameaux. C'est l'âne aussi que voit l'aveugle guérie, c'est l'âne qui permet le bornage des terres offertes à saint Florent symbole du printemps ! En effet, *âne*, en latin *asinus*, en allemand *Esel*, est formé sur le radical *as-*, le même que dans *Hasel* (l'<h > a été ajouté à un terme pré-germanique préexistant), le même aussi que dans l'allemand *Hase* « lièvre », animal que la figure mythologique du *Ooschterhàs* « lièvre de Pâques », associe clairement à la période du printemps.

L'allemand *Ost* « est, lieu où se lève le soleil », *Oster* « Pâques, lever du printemps », les mots latins *aurora* « aurore », *auris* « oreille » remontant à une racine AUS-, renvoient tous à la notion de « poindre, pointer ». Comme l'âne et le lièvre sont tous deux caractérisés par leurs grandes oreilles, ils ont été nommés d'après ce trait au moyen de la racine AS, et utilisés symboliquement pour marquer l'émergence du printemps, quand « le soleil pointe l'oreille ». Quant à *Hasel* « noisetier », la symbolique est celle de la fécondité, elle aussi liée au printemps, à cause de la thyrse (baguette de noisetier emmanchée d'une pomme de pin) employée dans les rites bachiques (voir Bastberg, Colmar). En résumé, on peut suggérer que la vallée de la Hasel et les deux toponymes de Nieder- et Oberhaslach, formés sur la base AS, furent des lieux de culte dédiés au renouveau de la nature. Enfin, il faut rappeler que la date de Pâques est calculée à la fois en fonction du soleil et de la lune, sens évoqué dans la légende du Jardin des Fées.

LE CULTE DE LA LUNE ET DES ÉTOILES

Le nom de la Lune (< latin *luna*) se trouve peut-être dans Linsdorf, cité *Lüllistorff* en 1299, *Lünstorff* en 1567. Formes en soi trop tardives, et certes comment fonder l'étymologie d'un toponyme germanique du XIIIe siècle ou davantage, sur un étymon latin ? (Cf. cependant Lunéville [Meurthe-et-Moselle].) Pourtant, à cinq cents mètres, le hameau de Saint-Blaise était appelé autrefois *Lülliskirch, Lunarischilche* en 1139. On ne peut s'empêcher de penser à une possible paronymie, volontaire, entre le nom *Blaise* (lat. *Blasius*, als. *Bläsi*), l'all. *Bläß* « pâle, pâleur, blême » et le nom de la déesse gauloise de la lune, *Belisama* – qui a fourni, en France, des toponymes tels que Balesmes (Indre-et-Loire), Bellême (Orne), Blesmes (Aisne), Blisme (Nièvre). En allemand, *blasen* signifie « souffler, faire des bulles », la Lune étant perçue justement comme « celle qui se gonfle ». (VOIR AUSSI SAINT-BLAISE-LA-ROCHE, VALFF.)

Le Hardbibber, appelé aussi Hardtstein ou Langenstein, est un menhir situé entre Altorf et Molsheim.

> « Un homme, sortant d'une auberge de Molsheim où il avait fait bombance, rentrait chez lui à Altorf un soir de pleine lune. Parvenu à hauteur du Hardbibber, son ventre se mit à gonfler si énormément qu'il finit par éclater. »

Dans cette légende, il y a un rapport entre le gonflement de la Lune et celui du ventre. Certains prétendent que le Hardbibber est le tombeau d'un géant : on remarquera la similitude entre les éléments *-bibber* et *bibel-* de Bibelstein ; en effet cette base désigne une présence cachée, formant un gonflement.

Le nom d'Andlau (als. *Àndläü*) désigne à la fois la petite ville et le cours d'eau qui la traverse. L'impératrice sainte Richarde y fonda une abbaye vers 880. La légende s'est une fois de plus emparée de l'événement :

> « Injustement accusée par son mari, l'empereur Charles le Gros, de l'avoir trompé, Richarde, fille d'un noble alsacien, après avoir subi l'épreuve du feu, décida de rentrer dans ses terres. En chemin, elle rencontra un ermite qui lui conseilla d'aller vers les bêtes sauvages pour leur prêcher la bonne parole et, lorsqu'elle verrait une ourse noire gratter la terre, de s'arrêter là et d'y bâtir une maison pour Dieu. Or, cela arriva : une ourse noire grattait la terre pour y enterrer son petit qu'elle croyait mort, raidi par le froid. Mais Richarde réchauffa l'ourson. Elle bâtit à cet endroit l'abbaye d'Andlau, où l'on entretint longtemps des ours vivants. Un ours de pierre sculpté se voit aujourd'hui encore dans l'église. »

A travers cette légende, il est loisible de deviner que le site d'Andlau fut un lieu de vénération de l'ours, animal craint et respecté de nos lointains ancêtres, d'abord parce qu'il est l'un des seuls à marcher comme l'homme sur ses pattes arrière, ensuite parce qu'il lui arrivait, comme le tigre sous d'autres latitudes, de s'emparer et de dévorer les enfants humains. Ce n'est pas un hasard si l'on propose aux enfants, aujourd'hui encore, de dormir avec un ours en peluche, mais peut-être une sorte d'exorcisme. De même, dans nos contes classiques, le plantigrade a fourni le personnage de l'*ogre* friand de chair fraîche, mais qui s'endort sans raison (sauf si l'on admet qu'il s'agit bien d'un ours) – c'est flagrant dans l'histoire du Petit Poucet. De fait, l'ours hiberne, et pour ce faire se retire dans une caverne, ce qui faisait croire à nos ancêtres qu'il se changeait en pierre sous l'effet du froid (en gaulois, le même mot *arto* désigne à la fois l'ours et la pierre). C'est ce qu'on trouve dans la légende d'Andlau, sauf qu'ici, sous l'effet d'une inversion chrétienne, c'est l'enfant ours pétrifié qui est sauvé de la mort par la sainte, dont le nom Richarde renvoie à la racine *rik-* qui, en alternance avec *rok*, désigne la dureté de la pierre (VOIR BASE *RK*).

Mais il faut aller plus loin: derrière l'ours changé en pierre, raidi par le froid saisonnier de l'hiver, se profile l'étoile polaire, et les deux constellations de la Grande *Ourse* et de la Petite *Ourse*, qui indiquent le nord, le cercle arctique (du grec *arktos* « ours »), domaine du froid éternel. Comme pour le culte solaire qui superpose le matin du jour et le matin de l'année (Epiphanie, Pâques), se manifeste ici une association de l'hiver de l'année et de l'hiver du grand nord, et il est possible, de ce fait, qu'Andlau ait été à l'origine un lieu de culte aux étoiles du nord (VOIR ANDLAU).

Un dernier mot sur le nom primitif de l'abbaye, disparu depuis: *Eleon*. Selon nous, il faut y voir non la dénomination primitive d'Andlau, mais un terme d'Eglise, moral, en l'occurrence le grec *eleos*, acc. *eleon* qui signifie « pitié », car c'est ici que la fière Richarde fut prise de pitié pour un ourson transi. Il a pu y avoir croisement avec le grec *Elaiôn* « oliveraie », allusion au Jardin ou Mont des Oliviers de l'Evangile, qui a par ailleurs inspiré plusieurs Oelenberg en Alsace, en particulier le monastère qui porte actuellement ce nom dans la commune de Reiningue.

LE CULTE DES EAUX

L'Alsace plus que toute autre région fut une terre d'eau : Ried du Rhin, de l'Ill, de la Bruche, de l'Andlau, de la Thur, sources phréatiques, rivières vosgiennes.

La racine *law-* est bien connue en indo-européen pour son rapport avec l'eau, puisqu'on lui doit le latin *lavare* « laver, se baigner » par exemple. Mais le sens général et antérieur est celui de « glisser »: lat. *labi* « glisser », pré-indo-européen *law-inca* « avalanche ». Au départ, *lavare* a sans doute voulu dire « glisser, tomber dans l'eau ». A ce sujet, il faut rappeler que deux légendes parlent de vaches tombées dans la *Lauch*, dont le nom vient de **law-aca* (VOIR ISSENHEIM).

> De même, une tradition orale parle de la présence, « sous un des ponts de la Lauch à Guebwiller, du roi des ondins, le génie de l'eau, Nichus. Les passants lui jettent des pièces de peur qu'il ne leur demande en sacrifice le corps d'un nouveau-né. »

Les sacrifices humains, notamment d'enfants, offerts aux divinités des fleuves se retrouvent partout dans le monde (Egypte, Chine). C'est le bon saint *Nicolas*, patron des enfants et des bateliers, dont le nom comporte le même radical *nik-* que celui de *Nichus*, qui, par inversion chrétienne, a pris la défense des enfants. La Lauch serait donc la rivière des noyades (fr. *noyer* < latin *nec-are*). On n'hésitera pas à rapprocher aussi le nom de Noé, en hébreu *Noach*, et nous voici une fois de plus remontés au déluge !

Masevaux (als. *Màsmìnschter*, all. *Masmünster*) est traditionnellement rattaché à la personne du comte *Maso* (ou *Mason*).

> « Le riche comte Maso n'avait, selon la légende, qu'un fils âgé de huit ans. Il arriva que sainte Odile, morte depuis peu, vit ce gentil et brave enfant passer dans l'obscurité du bois voisin, accompagné de son père et de la sœur de celui-ci, sainte Attale. Songeant à tous les périls auxquels l'enfant risquait d'être exposé dans la vie, elle demanda au bon Dieu de l'appeler à lui dès maintenant, à la fleur de l'âge et dans toute la pureté de son cœur. Quelques jours après, l'enfant tomba dans la Doller et se noya. Le malheureux

> comte Maso fut si affligé qu'il décida de renoncer à ses richesses et aux fastes de ce monde. Il fit bâtir une église au-dessus de la tombe de son enfant, ainsi qu'un monastère de femmes qui prit le nom de Masomünster. Sur la pierre tombale, encore conservée aujourd'hui, se lit cette inscription : "Ci-gît le fils du roi Maso qui construisit ce monastère." »

Bien qu'elle mette en scène des saintes et des personnes pieuses, cette légende n'est pas d'inspiration chrétienne, car en aucun cas le christianisme ne prône la mort du pur pour lui épargner les souffrances de la vie. La présence en ces lieux de la célèbre Odile se rattache à la légende de cette sainte, selon quoi elle aurait été menée à Baume-les-Dames en passant par la route des Vosges qui, du col du Hundsruck en passant par l'actuel pèlerinage de Houppach, aboutit à Masevaux.

En revanche, cette légende contient le thème païen du sacrifice d'un enfant aux divinités des rivières : le fils de Maso tombe dans la rivière et se noie parce qu'un dieu l'a demandé. Le nom de Maso représente la racine *mas* « endroit humide, fangeux » (VOIR MOOSCH). Rapport d'un accident à la volonté divine : c'est tellement humain !

> Une légende semblable existe à propos du Lac Blanc, dont « les eaux, autrefois, étaient grisâtres, rien ne poussait sur ses bords. Un jour, un aigle enleva entre ses serres le fils du châtelain de Pflixbourg, qui était un seigneur brigand. L'oiseau laissa tomber l'enfant au milieu du lac, dont les eaux devinrent soudain d'une couleur étincelante. En proie au plus atroce chagrin, le seigneur décida de changer sa vie. Le lac prit le nom de Lac Blanc. »

Il a dû y avoir un jeu symbolique sur les couleurs : le blanc de l'innocence du fils touche l'âme noire du seigneur, l'aigle étant l'instrument du Divin Juge.

LE CULTE DES PIERRES

L'édification de mégalithes est un phénomène mondial. En Europe, les menhirs, dolmens, cromlechs, restent surtout visibles dans les actuels pays de langue celtique (Grande-Bretagne, Bretagne française), mais leur origine n'est pas celtique, puisqu'ils remontent à l'ère néolithique. Plus rares vers l'intérieur du continent (ont-ils été détruits ?), ils peuvent sans conteste être rapportés à des manifestations religieuses (tombeaux réels ou votifs, ou bien signes démarcatifs, où la sphère du politique se couvre du manteau de la religion.)

En Alsace, les mégalithes sont rares, et il n'est pas facile de les différencier d'avec les rochers naturels. Le Bibelstein et le Hardbibber (voir ci-dessus) appartiennent à la catégorie des tombeaux votifs.

La Pierre des Douze-Apôtres, entre Wingen-sur-Moder et Gœtzenbruck, est vraisemblablement un ancien menhir comportant des sculptures chrétiennes, mais il a servi de borne-frontière, à l'époque celtique, entre la cité des Médiomatriques et celle des Triboques, puis à l'époque gallo-romaine entre la Belgica et la Germania superior, plus tard entre les Francs et les Alamans, enfin entre la Lorraine et l'Alsace. La ligne de partage des eaux a été matérialisée également par le Dreipeterstein (commune de Rosteig), littéralement la « pierre des trois Pierre » (une légende rapporte un combat livré en ce lieu par trois seigneurs nommés Pierre), en réalité une tautologie : gallo-roman *petra* « pierre », suivi de germanique *Stein* « pierre ».

Parmi les noms de communes, citons Lupstein, qui pourrait provenir de l'étymon latin *levata petra* « pierre levée », expression qui désigne un menhir ; ou Heiligenstein (als. *Heljestän*), en all. « pierre sacrée », peut traduire l'étymon celtique *Nemetobenno* « pierre du sanctuaire ». C'est de là que partait la Hochstrasse pour rejoindre le Donon en passant par le Champ du Feu.

CHAPITRE III

LES SUFFIXES : ORIGINES ET SIGNIFICATIONS

ÉLÉMENTS CONSTITUTIFS DES TOPONYMES ALSACIENS

L'immense majorité des toponymes alsaciens, situés dans la zone où le bilinguisme alsacien-français est actuellement pratiqué, et ayant l'allemand pour langue d'appartenance, présentent des caractéristiques spécifiques dans leur structure et leurs significations.

Radical simple

Les toponymes alsaciens comprennent des noms formés d'un simple radical, le plus souvent monosyllabique. Exemples : Barr, Berg, Boersch, Buhl, Gries, Hoerdt, Kembs, Kruth, Moosch, Rott, Sand, Strueth, Thann, etc. Il faut compter aussi quelques dissyllabes : Munster, Villé, Weyer, etc.

Radical + désinence(s)

Certains présentent, à la suite du radical, une ou plusieurs désinences, dont le rôle est de marquer des catégories grammaticales ou sémantiques telles que pluriel, locatif, diminutif. Exemples fondés sur l'allemand *Haus* (als. *Hüss* ['hys]) « maison » :

Houssen, all. *Hausen* = *haus-en*, locatif : « à l'endroit de la maison » ;
Richardshaeuser = *häus-er*, pluriel : « les maisons (de Richard) » ;
Haeusern = *häus-er-(e)n*, locatif pluriel : « à l'endroit des maisons » ;
Neuhaeusel = *häus-el*, diminutif : « la (nouvelle) petite maison ».

Radical + suffixes

D'autres toponymes sont suivis de suffixes de dérivation : *-ig*, *-ach*, *-ing* et *-entz*. Ce dernier, propre à la toponymie, n'est pas d'origine germanique (ex. Bregenz, en Autriche, sur le lac de Constance, vient du gallo-roman *Brigantia*.) En Alsace, le seul représentant est Sierentz.

-ig en toponymie est aujourd'hui reconnu par tous les spécialistes comme différent du suffixe *-ig* de l'allemand standard : il est le représentant, du moins dans notre zone d'étude, du suffixe gallo-roman *-iacum*. Ex. Mutzig = Mutz|ig < gallo-roman **Mottiacum*.

D'autre part, l'évolution actuelle vers une reprise en compte des possibilités d'un héritage antique en toponymie alsacienne, par opposition aux courants d'opinion pan-germanistes de l'entre-deux-guerres, pousse à interpréter le suffixe *-ach* comme un continuateur du suffixe gallo-roman *-acum*, alors que jusque là il était considéré comme celui du terme vieil allemand *aha*

« eau, fleuve, rivière ». Exemple : Brisach (analyser Bris|ach) < gallo-roman *Bris(i)acum* (attesté dans l'Itinéraire d'Antonin, IIIe siècle, *Monte Brisiaco*).

Quant à *-ing*, très courant en anglais et dans les langues scandinaves, mais guère en allemand qui lui préfère *-ung*, il est, en toponymie, réputé d'origine germanique et signifier « l'appartenance » ; par exemple, la Lorraine, ancienne *Lotharingie*, « pays de Lothaire » (latin médiéval *Lotharingia*, calque du germanique [loþariŋgon] > all. *Lothringen*. Pour un approfondissement de la question, voir plus loin). A noter que *-ing* est pratiquement toujours suivi de la désinence locative *-en*. Exemples : Drul|ing-en, Hind-l|ing-en, etc.

Noms composés

Ils forment le plus gros contingent des noms de lieux alsaciens. De typologie agglutinante, selon la conception classique, ils peuvent comporter deux ou trois éléments hiérarchisés de la manière suivante :

- tout d'abord, un premier élément ayant valeur de déterminé dans la séquence syntaxique, très souvent obscur au niveau sémantique, qui sera appelé « radical » en empruntant la nomenclature des dérivés ;

- il est suivi d'un deuxième terme, déterminant le précédent, en général sémantiquement lisible et dont le fonctionnement, voire la nature, tendent à s'approcher de celle d'un suffixe ; c'est pourquoi sera utilisé le terme « suffixe de composition » ou simplement « suffixe », moins encombrants que « deuxième terme de composé ». Bien des suffixes peuvent aussi fonctionner comme radicaux.

- entre les deux éléments, s'intercalent fréquemment des désinences, notamment *-en* ou *-s*, ainsi que des suffixes de dérivation. De plus, un élément spécifique, dont le fonctionnement se rapproche de celui d'un préfixe, et qui sera appelé pour cette raison « préfixe », peut introduire l'ensemble.

- enfin, un radical (sans suffixe) peut être précédé d'un préfixe.

A noter que le préfixe peut avoir une fonction déterminative ou bien au contraire une simple valeur descriptive. Exemples :

Radical	Suffixe
MOLL	KIRCH
KIRCH	BERG
BERG	HEIM
Radical – désinence(s)	Suffixe
EBER-S	HEIM
TRUCHT-ER-S	HEIM
ROTT-EL-S	HEIM
PFAFF-EN	HOFF-EN
Radical – suffixe de dérivation	Suffixe
SCHILT-IG	HEIM
WER-ENTZ	HOUSE
Radical – suffixe de dérivation	Suffixe – désinence
WALD-IG	HOFF-EN
Préfixe (déterminatif) / {radical	Suffixe}
MITTEL / BERG	HEIM
OBER / STEIN	BACH

Préfixe (déterminatif) / {radical – désinence	Suffixe}
SOUFFEL / WEYER-S	HEIM
HOH / FRANK-EN	HEIM
Préfixe déterminatif	Radical
ILL	KIRCH
DURR-EN	ENTZ-EN
Préfixe descriptif	Radical
ALT	KIRCH
SCHOEN	AU

Rapport entre la structure composée des toponymes alsaciens et leur étymologie

Le pourcentage de toponymes composés est de l'ordre de 88 % dans le Bas-Rhin, de 76 % dans le Haut-Rhin, soit une moyenne de 82 %. Ces chiffres ne prennent leur sens qu'en comparaison de ceux des régions voisines : dans l'aire germanophone, les taux sont sensiblement les mêmes, tant dans le Pays de Bade que dans le Palatinat. La Suisse alémanique est en rapport avec le pourcentage du Haut-Rhin.

En zone romanophone, le phénomène de composition décroît lentement vers l'ouest et le sud. Le tableau suivant donne un aperçu de la situation :

	BAS-RHIN	HAUT-RHIN	VOSGES	LOIRET	DORDOGNE
Composés en pourcentage	88	76	43	21	15
	82				

L'opinion commune veut que le pourcentage élevé de toponymes composés reflète la prédilection des langues germaniques pour la composition, à la différence des langues romanes, et singulièrement du français. En Alsace, le taux élevé de composés tendrait donc à prouver que la majorité des toponymes aurait été créée par les Germains à leur arrivée aux Ve – VIe siècles, hypothèse qui s'était naguère muée en conviction dans le cadre d'une conception totalitaire de l'espace germanophone. De même, la baisse progressive du dit pourcentage dans les régions de langue d'oïl serait proportionnelle à leur éloignement du foyer germanique.

Pour vraisemblable qu'elle soit, cette explication ne rend pas compte des noms de lieux composés de Bretagne ou du Pays Basque, dont les taux avoisinent celui de l'Alsace, et qui ne doivent rien aux Germains. Cela signifie que d'autres langues que le germanique ont utilisé le procédé de la composition, notamment les langues indo-européennes (celtique, grec, slave, sanskrit...). Le latin et ses descendants font figure d'exception.

Or, des composés celtiques, par exemple, ont existé dans la toponymie française, et ont été déstructurés et démotivés par suite de l'érosion phonétique. Par exemple, *Lugudunon* aboutit à Lyon, *Uxellodunon* à Issoudun, *Rigomagos* à Riom, *Vindobriga* à Vendeuvre, *Rotomagos* à Rouen, etc.

L'Alsace aussi a fait partie du monde celte, de même d'ailleurs que les autres régions du sud et de l'ouest de la Germania actuelle, de Nimègue (<*Noviomagos*) et Leyde (<*Lugudunon*) aux Pays-Bas, jusqu'à Vienne (<*Vindobona*) en Autriche, en passant par Mayence, Bonn, Trèves, etc.

Il n'est donc pas interdit de formuler l'hypothèse que certains toponymes alsaciens d'apparence germanique ne soient en fait des traductions de noms de lieux celtiques, dont l'existence est assurée par ailleurs. Citons Lichtenberg « montagne de la lumière », qui pourrait provenir de

Lugudunon (idem); Hohenbourg, ancien nom du Mont Sainte-Odile, « haute forteresse » de *Uxellodunon* (idem); Reichsfeld, « camp du roi », de *Rigomagos* (idem); Brunstatt, « lieu de la source », de *Bornoialos* « clairière, village de la source », Wissembourg, « forteresse blanche », de *Vindobriga* (idem), etc.

Les Germains ont à l'évidence créé un certain nombre de toponymes composés, mais sans doute pas tous. En revanche, ils ont certainement contribué à l'accroissement du nombre de ce type de noms de lieux, en proportion de leur influence linguistique, en accolant des suffixes à des noms qui en étaient primitivement dépourvus. On pourrait citer, par exemple, *Dammerkirch* (avec *-kirch*) en face de son doublet roman Dannemarie, sans suffixe; de même *Kestenholtz* en face de Châtenois, avec élément de composition *-holtz* « bois », alors que l'étymon *Castinetum* comportait, lui, un suffixe de dérivation de sens analogue, *-ētum* « lieu planté d'arbres ». Il faut évoquer aussi des tautologies telles que Prattmatten (deux fois « pré », latin *pratum* et allemand *Matt*) ou Pfundsbrucke (deux fois « pont », latin *pontem* et allemand *Brücke*), citées par M. Himly (*op. cit*).

Une synthèse provisoire consisterait à poser que sur un substrat gallo-roman, où le phénomène de composition existait du fait de l'influence de la langue celtique, quoique de façon modérée, l'arrivée des Germains et de leurs idiomes dans le nord de la Gaule en a favorisé le maintien et le développement, davantage bien sûr dans les régions gagnées au germanique à la suite du bilinguisme, moins dans celles où le français l'a emporté.

Rapport entre les motivations actuelles des toponymes alsaciens et leur étymologie

Les toponymes, qui au départ sont tous motivés, finissent par perdre cette motivation au cours de l'histoire du mot et de son référent, le lieu. Ainsi, la proportion de toponymes ayant une valeur conceptuelle, c'est-à-dire un signifié perceptible dans la situation linguistique actuelle de l'Alsace, s'élève à 52 % dans le Bas-Rhin et 48 % dans le Haut-Rhin, soit une moyenne de 50 %. Par comparaison avec les mêmes départements que précédemment, on obtient :

	BAS-RHIN	HAUT-RHIN	VOSGES	LOIRET	DORDOGNE
Motivés en pourcentage	52	48	15	13	17
	50				

La différence est nette entre l'Alsace germanophone et les trois départements romanophones, alors que la diminution du taux de composés était progressive.

L'explication qui, dans la conception traditionnelle, se présenterait la première à l'esprit serait que le pourcentage élevé de toponymes motivés renforce l'hypothèse déjà formulée d'une origine germanique et récente de la toponymie alsacienne : les toponymes n'auraient pas eu le temps de se démotiver dans plus de la moitié des cas, en quinze siècles.

Le faible taux de motivés dans les Vosges (15 %), par rapport à celui des composés (43 %), serait dû au type d'adaptation des toponymes d'origine germanique : une faible partie, traduite, aurait conservé une valeur conceptuelle : par exemple, Rougegoutte < *Rothbach*, Fremifontaine < peut-être **Wallenbrunnen*, etc. ; le reste aurait été simplement adapté, sans égard pour la conservation du sens : *Rothbach* > Roppe, **Rammenfeld* (*Ramme* « mouton », *Feld* « champ ») > Ramonchamp (*Ramon* sans signification).

En réalité, bien des arguments sont opposables à ce point de vue. Tout d'abord, au-delà du seul pourcentage de toponymes motivés, il faut savoir à quel type de signifié on a à faire : c'est ici qu'intervient le phénomène de **remotivation** de toponymes qui avaient déjà perdu leur motivation au cours de l'histoire, et auxquels les locuteurs germanophones ont donné un nouveau sens en les rapprochant de mots usuels à travers un phénomène de **paronymie**[33].

Il est possible d'évaluer le nombre des toponymes alsaciens remotivés à environ 25 %. Ainsi, dans notre exemple, Ramonchamp ne s'expliquera pas comme une adaptation de **Rammenfeld* avec perte du sens de *Ramme* « mouton », mais comme un toponyme fondé sur une racine *ram-*, inanalysable à première vue (pourquoi germ. *Ramme* « mouton » davantage que, par exemple, *ramus* latin ?), que les Germains auront remotivé par un rapprochement paronymique avec *Ramme*. (VOIR LE CAS DE ROUFFACH !)

Si cette façon de voir est la bonne, il y aurait d'autant plus de raisons pour que se soient conservés en Alsace des composés d'origine celtique, mais traduits en langue germanique. Ainsi Wissembourg, Lichtenberg, Reichsfeld, etc. ; mais c'est le celtique *Vindobriga*, *Lugudunon*, *Rigomagos* etc., de même sens, qui en constitue le modèle. Ou, autre exemple, personne ne pense sérieusement que les Germains, convertis dès le VIe siècle au christianisme, aient adoré les pierres : par conséquent Heiligenstein, « pierre sacrée », doit être celtique pour des raisons cultuelles. Etc.

RÉPARTITION GÉOGRAPHIQUE ACTUELLE DES SUFFIXES

Les invasions germaniques ont amplement bouleversé le visage toponymique de l'Alsace : elles y ont fixé définitivement des séries abondantes et caractéristiques de suffixes dont l'origine et la signification sont parfois controversées.

De nombreux chercheurs ont été intrigués par la distribution particulière des suffixes *-heim* et *-ingen*. En effet, la masse considérable des *-heim*, qui occupe toute la plaine d'Alsace, vient s'insérer comme un coin entre trois autres masses tout aussi importantes de *-ingen*, ceux de la Lorraine à l'ouest, du Bade-Wurtemberg à l'est, et de la Suisse au sud. Les exceptions d'un type sont très rares dans l'aire de l'autre.

Disons-le d'entrée, il s'agit d'un faux problème. En effet, cette répartition n'est pas originelle : d'une part elle ne tient pas compte des nombreux noms de villages disparus en *-ingen* situés dans l'aire de *-heim* (mais, c'est à noter, l'inverse n'est pas vrai), d'autre part il existe des toponymes comportant le double suffixe *-ing* + *-heim* (*-hem*, *-ham*), en Flandre française (Erquinghem, Verlinghem...), en Angleterre (Birmingham, Nottingham...), mais aussi en Alsace : Bullingheim, village disparu près de Hoffen.

Un autre problème controversé est celui de la datation des noms en *-willer* / *-wihr*, qui sont également très nombreux. Les tenants de l'origine germanique des noms de lieux ont été gênés sur ce point, parce que l'origine de ce suffixe est le bas latin *villare* « petit village, hameau », dérivé du latin classique *villa* « ferme ». On a soutenu que le germanique avait emprunté le mot dès l'Antiquité mais c'est une erreur, car *Weiler* n'existe en allemand commun que comme terme technique et savant, isolé à partir du suffixe toponymique lui-même, et ce depuis le XIIe siècle au plus tôt. Il n'a jamais été d'un usage courant dans les dialectes, notamment en alsacien.

En réalité, il semble bien que la majorité des toponymes affectés d'un suffixe de type *-villa* date des IIIe et IVe siècles (époque gallo-romaine), ainsi que l'attestent les nombreux noms de lieux de l'aire romanophone en *-ville*, *-vill(i)er(s)*, etc. D'autres ont été créés à l'époque franque par analogie ou comme latinisme délibéré, sans que ce suffixe ne fonctionne dans la langue comme un mot populaire. Prenons l'exemple de Neuwiller-les-Saverne, abbaye bénédictine fondée au VIIIe siècle par l'évêque de Metz. Le clergé a joué un rôle dans la transmission des termes techniques gallo-romans aux Germains, et ces derniers en ont assuré le succès.

Le toponymiste doit être en mesure de rendre compte de la répartition géographique actuelle de tous les suffixes et des causes historiques de cette dernière. Au-delà de *-heim*, *-ingen* et *-willer* / *-wihr*, il faut étendre la description, pour des raisons qui apparaîtront au fil de l'exposé, aux suffixes *-ach*, *-bach*, *-dorf*, *-hoffen* et *-hausen* / *-house*, et recenser la présence de ces huit suffixes dans les principales sous-régions qui constituent l'Alsace : l'Alsace Bossue, l'Outre-Forêt, le Pays de Hanau, le Kochersberg et l'Ackerland, le Ried du nord, la plaine d'Alsace (de Strasbourg à Mulhouse), les collines sous-vosgiennes, les vallées vosgiennes, le Sundgau.

L'Alsace Bossue

Partie du plateau lorrain rattachée au département du Bas-Rhin à la Révolution française, « Alsace Bossue » (als. *Krummes Elsàss*) est le nom communément donné aux cantons de Sarre-Union et Drulingen.

On y relève de nombreux noms en *-ingen* et *-willer*, quelques *-bach* du côté des Vosges, quelques *-dorf* du côté de la Sarre, et trois *-heim* qui font figure d'exception : *Buckenheim* / *Bouquenom*, ancien nom de Sarre-Union (alsacien *Buckenum*), Herbitzheim et Siltzheim, ces deux derniers n'étant pas originels. Zittersheim, dans le canton de la Petite-Pierre, en pleine forêt des Vosges du nord, est un ancien *-ach* (*Zutzelsahe* 1335).

A noter que *-ingen* ne dépasse pas les Vosges, et que, dans l'état actuel des choses, il est absent de toute l'Alsace historique, à l'exception de Durningen, Brechlingen et du Sundgau.

L'Outre-Forêt *(Unterland)*

Cette région s'étend entre le cours de la Lauter (frontière avec le Palatinat) et la lisière nord de la Forêt de Haguenau. On y dénombre : un *-ach*, Keffenach (canton de Soultz-sous-Forêt), de nombreux *-bach*, aussi bien du côté des Vosges que dans la zone centrale des collines, des *-willer* surtout dans la partie sud, quatre *-hoffen* (Oberhoffen, Memmelshoffen, Hoffen et Rittershoffen), un seul *-dorf* en lisière de la Forêt (Betschdorf), et un *-hausen* (Kutzenhausen).

Il ne s'y trouve aucun *-ingen*, et le suffixe *-heim* du seul Ingolsheim n'est pas originel : c'est à nouveau un ancien *-ach* (*Ingoldesahe* VIIe siècle).

Le Pays de Hanau *(Hanauerland)*

Le nord du Pays de Hanau, grosso modo entre Sauer et Moder, présente la même physionomie que l'Outre-Forêt : un *-ach* isolé (Uberach), de nombreux *-bach*, *-willer* et *-hoffen* (sept pour ces derniers). Un seul *-hausen* : Mulhausen. En revanche, cinq *-dorf*, les quatre premiers agglutinés à l'extrémité nord-ouest du domaine (Goersdorf, Mitschdorf, Preuschdorf, Oberdorf), le dernier du côté de la Moder (Zutzendorf). Les trois *-heim* de cette région, Forstheim, Biblisheim et Mietesheim, ne sont pas originels.

Aucun *-ingen*.

Le sud du Pays de Hanau, entre Moder et Zorn, présente quant à lui une situation singulière, charnière, révélatrice des processus en oeuvre dans l'établissement des suffixes en toponymie alsacienne. Il marque le passage progressif d'une aire comportant des suffixes variés, comme on vient de le voir, à une aire uniforme de *-heim*, d'où les autres suffixes, à de rares exceptions près, sont actuellement exclus.

Comment se manifeste cette transition ? Le piémont vosgien à l'ouest, comme la lisière de la Forêt de Haguenau à l'est, paraissent, dans la partie nord du domaine, prolonger la situation en vigueur dans les régions précédentes puisqu'ils comportent *-bach* et *-willer*; puis, au sud de Bouxwiller commencent à apparaître les *-heim* en rangs serrés, occupant vers l'est la vallée de la Zorn et ses abords immédiats.

Ce qui paraît étonnant, c'est, dans la partie centrale, un groupe compact d'une quinzaine de villages en *-dorf* (dans un quadrilatère de 13 km sur 5) entouré de part et d'autre de deux groupes de *-hausen* / *-house*, à l'ouest et à l'est[34]. C'est un cas unique en Alsace, car ailleurs les suffixes *-dorf* et *-hausen* sont davantage disséminés.

Le Kochersberg

A l'exception de sa partie ouest, rattachée à la « marche de Marmoutier », c'est déjà le monopole des *-heim*.

Cinq *-hausen* / *-house* dans l'ouest et le nord du domaine : Furchhausen, Mutzenhouse, Schaffhouse-sur-zorn, Mittelhausen, Westhouse.

En revanche, aucun *-bach*, aucun *-dorf* et, situation inverse de celle constatée plus au nord pour *-heim*, le suffixe *-willer* de Reitwiller n'est pas originel (*Rötebur* 1351).

Inattendu, un *-ingen* : Durningen.

Le Ried du nord

Du côté oriental de la Forêt de Haguenau, entre Seltz et Strasbourg, d'une part le suffixe *-heim* est représenté plus au nord que dans le Kochersberg, dès Beinheim, de l'autre se trouvent au sud du domaine deux *-willer* : Bischwiller et Rohrwiller, qui ne sont pas nécessairement antiques.

De part et d'autre, deux *-dorf* : Kesseldorf au nord et Offendorf au sud.

Du côté de Bischwiller, deux *-hoffen*, Schirrhoffen et Oberhoffen-sur-Moder, auxquels il faut ajouter Bettenhoffen, annexe de Gambsheim.

Enfin, Kurtzenhouse, un *-hausen* / *-house* à proximité de Bischwiller.

La plaine d'Alsace, de Strasbourg à Mulhouse

Elle est occupée presque exclusivement par des *-heim*. Soulignons que le seul suffixe *-heim* est présent dans 238 communes dans toute l'Alsace, soit 25 % des communes pour 2,1 % des suffixes !

On y trouve quelques *-hausen* / *-house* précédés de préfixes de direction (Nordhouse, Westhouse, Osthouse, Sundhouse) entre Erstein et Sélestat, ainsi que, près de cette dernière localité, Rathsamhausen. Plus au sud, Houssen et, à la limite du domaine, Roggenhouse, Munchhouse et Mulhouse.

Un seul *-dorf* : Altorf.

Toujours près de Sélestat, un *-wihr* (contraction de *-willer*), Ehnwihr. Une poche de *-wihr*, comprenant tout de même sept toponymes, à l'est de Colmar.

Un *-hoffen*, Sundhoffen, dans la même région. D'autres rares *-hoffen*, disséminés : Adelshoffen, quartier de Schiltigheim, Osthoffen (couplé avec Westhoffen, voir ci-dessous).

Trois *-ach* : Neuf-Brisach, qui n'est pas authentique puisqu'il tire son nom de Breisach-am-Rhein (Allemagne), sur la rive droite du Rhin, Illzach, aux portes de Mulhouse, et Dornach, actuel quartier de cette même ville.

Aucun *-ingen*, aucun *-bach*.

Somme toute peu de choses sur cette énorme étendue, au regard des *-heim* omniprésents. Rappelons toutefois que cette description n'inclut pas d'autres suffixes, tels que *-feld*, *-holtz*, *-stein*, ou la simple désinence *-en*, qui seront étudiés plus tard.

Les collines sous-vosgiennes

La frange qui descend le long des Vosges, du cours de la Zorn (Saverne) à celui de la Thur (Thann), où s'épanouissent les vignobles, c'est-à-dire une région riche, à l'abri des crues du Rhin et de l'Ill, ne présente pas la même situation toponymique que la plaine voisine. On y trouve certes beaucoup de suffixes *-heim*, aussi bien du côté de la plaine que vers la montagne, par exemple entre Wasselonne et Molsheim. Cependant, ils ne dépassent pas le seuil des vallées vosgiennes.

Mais le suffixe *-willer* / *-wihr* est le mieux représenté dans tout le domaine, et apparaît parfois assez loin à l'est, par exemple dans le quart occidental du Kochersberg (Lochwiller, Jetterswiller...).

Quelques *-hoffen*, de ci de là, tels Westhoffen (voir ci-dessus Osthoffen), Eichhoffen, Voegtlinshoffen. Un seul *-hausen* / *-house* : Gottenhouse.

Aucun *-dorf*.

Un seul *-ach* : Rouffach, et un seul *-bach* : Dambach-la-Ville.

Enfin, un *-ingen* isolé : Brechlingen, annexe de Wasselonne.

Les vallées des Vosges

En ne tenant compte que des sections germanophones de ces vallées, la toponymie, du point de vue des suffixes, présente d'une manière assez générale la répartition suivante :

-willer / *-wihr* dans la partie basse (Bruche, Giessen, Fecht, Lauch, Thur),

-bach en grand nombre dans toutes les vallées, plus volontiers vers l'amont,

-ach en fond de vallée : c'est le cas par exemple de Niederhaslach et Oberhaslach dans la vallée de la Hasel, adjacente à celle de la Bruche ; de Tannach dans la vallée de la Weiss ; de Haslach dans celle de la Petite Fecht, de Mittlach et Sondernach dans celle de la Grande Fecht ; de Mitzach dans celle de la Thur.

Les autres suffixes sont peu ou ne sont pas représentés : ni *-heim*, ni *-dorf*.

-ing(en) dans la vallée de la Thur, avec Fellering et Wesserling.

Dans la même vallée, un suffixe *-hausen* / *-house*, avec Geishouse.

Enfin, pour le suffixe *-hoffen*, le hameau de Neunhoffen, en amont de Dambach, dans la vallée du Schwartzbach (canton de Niederbronn), vraisemblablement d'origine récente (*neu-* « nouveau »).

Le Sundgau

C'est la région d'Alsace où les suffixes sont les plus variés : tous sont représentés.

Les *-heim* se ramifient en suivant les cours d'eau (Doller à l'ouest avec Guewenheim et Sentheim, Ill au sud avec Didenheim, Zillisheim, Tagolsheim, Walheim), ainsi que le long de la lisière de la Forêt de la Hardt où, quoique peu nombreux, ils atteignent le Jura (Hégenheim).

C'est la seule parmi toutes les régions passées en revue où *-heim* cohabite avec les autres suffixes tels que *-bach*, *-willer* ou *-ingen*, qui restent de loin les plus nombreux :

-bach et *-willer* ne sont plus limités aux vallées ou au piémont vosgiens, et se trouvent bien représentés dans tout le domaine.

-ingen, souvent francisé sous la forme *-ingue*, apparaît dès les abords de Mulhouse (Reiningue), et s'étend de la vallée de la Largue au Rhin, avec une densité moyenne, inférieure en tout cas à celle observée dans le sud du Pays de Bade voisin.

On trouve *-dorf*, en bon nombre, autour d'Altkirch, de Dannemarie, dans la haute vallée de l'Ill et le Jura alsacien.

Un seul *-hausen* / *-house*: Werentzhouse. (Pfetterhouse semble être une germanisation d'un étymon bas latin *Petrosa* « pierreuse », qui a donné en roman *Pérouse*, doublet du toponyme germanique).

-hoffen, très rare comme d'habitude, est présent dans Brinighoffen (quartier de Saint-Bernard) et Waldighoffen.

Enfin, le suffixe *-ach* est bien représenté, par rapport à son occurrence habituelle en Alsace, dans le sud du domaine (c'est d'ailleurs aussi le cas dans la région de Bâle, tant en Allemagne qu'en Suisse). On trouve Altenach, Moernach, Koestlach, Durmenach, Bettlach, ainsi que des lieux-dits: Luppach, Dennach...

Conclusions

Elles sont de trois ordres:

L'aire de -heim

Elle prend appui sur le Rhin, puisqu'elle couvre toute la distance de Seltz à Bâle, mais s'amenuise en direction de l'ouest, prenant dans certaines vallées une forme linéaire (Sarre en Alsace Bossue, Doller, Ill en amont de Mulhouse).

L'aire sans *-heim* est loin d'être homogène: on y décèle une gradation concentrique à partir de l'aire de -heim qui irait de *-willer* / *-wihr*, suffixes les plus au contact de *-heim*, puis *-bach* plus excentrés, et *-ach* encore davantage.

-dorf jouerait un rôle surtout dans les zones de transition entre les deux aires, comme dans le sud du Pays de Hanau et le Haut-Sundgau.

-hausen / *-house* et *-hoffen*, présents un peu partout, et souvent précédés de préfixes de position ou de direction (Mittelhausen, Westhouse [deux fois], Nordhouse, Osthouse, Sundhouse; Westhoffen, Osthoffen, Sundhoffen) doivent également avoir joué un rôle politique, au sens de l'organisation du territoire. Mais cela ne rend pas compte de tout.

Répartition des suffixes

De ce point de vue, la situation de l'Alsace par rapport aux régions voisines de l'aire linguistique germanique, est exceptionnelle: sans entrer dans des détails de description qui sortiraient du cadre, il est loisible de constater que la toponymie de l'Allemagne occidentale ne présente pas, comme l'Alsace, de zones aussi nettement tranchées. Là où *-heim* apparaît en grand nombre, d'autres suffixes sont aussi présents.

D'autre part, l'aire comportant le suffixe *-heim* ne commence en Pays de Bade qu'à la latitude de Strasbourg: la frontière entre les deux zones longe le cours du Rhin sur plus d'une centaine de kilomètres ! L'Alsace serait donc, de ce point de vue, davantage en rapport avec les régions d'Outre-Rhin touchant sa partie nord-est. Or, la direction générale de la diagonale ainsi formée correspond à celle des isoglosses qui s'observent sur une carte dialectologique de l'Alsace, et que P. Lévy (*op. cit.*) articule avec la direction des invasions alémaniques, supposées venir également du nord-est. Mais peut-on superposer trois notions aussi différentes que celle de peuplement, de géographie dialectale et de répartition des suffixes toponymiques ? Il y aura lieu d'y revenir.

Aire romanophone

Certains suffixes qui viennent d'être étudiés se prolongent dans l'aire romanophone, soit comme doublets, soit comme traduction :

-ach, reconnu comme descendant du suffixe gallo-roman *-(i)acum*, a pour doublets romans *-ey*, *-ay*, *-y* ;

-ingen a pour doublet *-ans* et *-ange* ;

-willer / *-wihr* sont les équivalents de *-ville*, *-viller(s)*, *-villier(s)*, *villar(s, d)*, etc.

-bach est traduit par *-rupt* et *-goutte* dans le département des Vosges, mais la fréquence de ces suffixes est nettement inférieure à celui des *-bach* alsaciens ;

-hausen / *-house* correspond pour le sens au roman -ménil (< bas-latin *mansionile*, de *mansio* « maison »), mais y a-t-il un rapport historique entre ces deux suffixes ?

Conformément à la configuration de son aire, le suffixe *-heim* n'apparaît pas, lui, en zone romanophone.

Quant à *-dorf* et *-hoffen*, un examen plus approfondi est nécessaire, en particulier en ce qui concerne les transferts de suffixes.

FLUCTUATIONS GÉOGRAPHIQUE ET HISTORIQUE DES SUFFIXES

La description d'une situation n'est pas complète sans données historiques. Les documents d'archives sont de nature à faire évoluer les divers points de vue évoqués jusqu'ici.

Tout d'abord, à propos de *-ingen* : contrairement aux apparences actuelles, des toponymes possédant ce suffixe ont existé dans toute l'Alsace. Douze ont disparu entre le XVIIe et le XVIIIe siècle en Basse Alsace (Alsace Bossue non comprise). En voici la liste :

Berringen, près de Goxwiller (collines sous-vosgiennes),
Blieningen, près de Mommenheim (sur la Zorn),
Burningen, près de Sélestat,
Gugelingen, près d'Offendorf (Ried du nord),
Humbrechtingen, près de Marmoutier,
Linzingen, près de Balbronn (nord de Molsheim),
Mettelingen, près de Lohr (canton de la Petite-Pierre),
Uberhechlingen, près d'Oberhaslach (vallée de la Bruche),
Überlingen, près de Riedseltz (Outre-Forêt),
Uttingen, près de Fessenheim (Kochersberg),
Üttingen, près de Hohengoeft (Kochersberg),
Wiesling, près d'Ernolsheim-Saverne (ouest du Pays de Hanau).

Douze, c'est peu par rapport au nombre des *-heim*, des *-willer* et des *-bach*, mais pas tellement moins que *-hoffen*, par exemple. Ainsi, Durningen et Brechlingen ne paraissent plus si exceptionnels, et l'une des interrogations précédentes trouve sa réponse : oui, *-ingen* a existé aussi dans le nord de l'Alsace. De même dans le Haut-Rhin, plusieurs villages disparus en *-ingen* sont cités, y compris hors du Sundgau, tels :

Bieterlingen, près d'Oberhergheim (plaine de Colmar à Mulhouse),
Birlingen, près de Cernay (collines sous-vosgiennes),
Bleterlingen, vieux quartier de Colmar,
Kinzingen, entre Dornach et Didenheim (sud de Mulhouse),
Lutringen, près d'Aspach (sud de Thann), etc.

Pour l'historien qu'est A. Humm[35], les causes de disparition d'un village sont multiples, et aucune n'est seule décisive. Les disparitions de toponymes à suffixe *-ingen* en Alsace ne seraient donc ni plus ni moins nombreuses et tout aussi fortuites que celles de villages possédant d'autres suffixes encore vivaces aujourd'hui.

Il faut néanmoins observer que pour deux villages disparus, Bullingheim et Hemmingesbura, le suffixe *-ing* est suivi d'un autre suffixe. Bullingheim, en particulier, rappelle la construction *-ingham, -inghem* d'Angleterre et de Flandre, qui n'existe pas en Alsace dans l'état actuel. Quant à Hemmingesbura, il est aussi connu sous le nom de Hengebur, forme qui montre comment le suffixe *-ing*, placé entre la syllabe radicale portant l'accent tonique primaire et le suffixe *-bur* l'accent secondaire, finit par être syncopé et s'assimiler au radical : *Hemmingesbura* > **Hemm'nge(s)bur(e)* > *Hengebur*.

Le même phénomène s'est produit pour des toponymes encore existants : Blienschwiller est cité comme *Plianungonwilare* en 823, Dingsheim est *Denzingen* encore en 1059, Kintzheim *Quningishaim* en 774, Preuschdorf est noté *Bruningovillare* en 719 et *Bruningestorf* en 772, Prinzheim *Bruningishaim* en 719, Schiltigheim *Skitingsbouhel* en 845, Turckheim *Turincheim* en 896, etc.

Pour les linguistes, d'après les documents disponibles, la disparition des toponymes en *-ing(en)* s'expliquerait donc aussi par le fait que souvent un deuxième suffixe s'est rajouté, provoquant la syncope du suffixe primitif.

Toutefois il faut repérer que si des suffixes *-willer, -heim, -dorf*, et autres, s'ajoutent à *-ingen*, l'inverse ne se produit jamais. Cela signifie logiquement que le suffixe *-ingen* est plus ancien que ceux qui s'ajoutent à lui, ce qui sera d'une grande conséquence pour le classement chronologique des suffixes.

Changements de suffixes et chronologie relative

On constate, d'après les formes archivées, que certains toponymes ont changé de suffixe au cours de l'histoire. Vingt et un d'entre eux, tous situés dans le nord de l'Alsace, ce qui n'est pas sans importance, présentent assez de similitudes pour qu'il soit nécessaire et intéressant de chercher une explication d'ensemble, et non de les considérer comme des cas isolés. Suivant l'ordre des régions précédemment utilisé, il s'agit de :

Alsace Bossue

-willer > -dorf

Berunivillare 718	>	Baerendorf
Parssonnevilla 712	>	Bischtroff-sur-Sarre
Rimovilare 741	>	Rimsdorf

Outre-Forêt

-willer > -heim > -dorf

Batenandavilla 733,		
Batanantesheim 806	>	Betschdorf

-willer > -dorf

Bruningovillare 719 > Preuschdorf
Gerlaigovilla 713 > Goersdorf
Mediovilla 757 > Mitschdorf
-heim > -dorf
Kielenheim[...] 808 > Kuhlendorf

Pays de Hanau (nord de la Moder)
-heim > -dorf
Zuzenhaim 784 > Zutzendorf
-willer > -heim
Moduinovilare 742 > Mietesheim

Pays de Hanau (sud de la Moder)
-heim > -dorf
Atinhaim 766 > Ettendorf
Echanhaime 742 > Alteckendorf
Grosinhaim 736 > Grassendorf
Ringinhaim 855 > Ringendorf
Tauginhaime 742 > Dauendorf
-willer > -heim
Munifredouilla 711 a > Minversheim
Radulfovilla 774 > Rottelsheim
Suinderaldovilla 737 > Schwindratzheim

Kochersberg
-willer > -heim
Danonewilare 776 > Donnenheim

Ried du nord
-willer > -heim
Hariolfeswilla 743 > Herrlisheim

Plaine d'Alsace
-willer > -heim
Mazoniwillare 744 > Matzenheim (était déjà cité *Mattinheim* 734)

Ces changements ont dû se produire entre 770 et 860 : le plus ancien semble être *Bruningovillare* 719 > *Bruningestorf* 772, actuel Preuschdorf ; le plus tardif *Ringinhaim* 855 > *Rinkindorof* 884, l'actuel Ringendorf. En tout cas, les suffixes primitifs sont encore tous mentionnés au milieu du VIIIe siècle. Certains ont pu subsister dans les textes même après leur remplacement, car l'écrit est conservateur.

On peut imaginer que si vingt et un témoignages de ces changements sont parvenus jusqu'à nous, le phénomène a dû avoir une extension bien plus grande, procédant d'une volonté qui ne pouvait être que politique. Les dates qui s'imposent correspondent à la renaissance carolingienne (Charlemagne et ses successeurs immédiats), en tout cas avant le traité de Meersen (870) qui consacre définitivement le partage de l'Empire.

ÉTUDE DES PRINCIPAUX SUFFIXES

Le suffixe *-willer/-wihr*

L'explication la plus logique est de considérer le suffixe *-willer/-wihr* comme d'origine gallo-romane (sauf les créations ecclésiastiques du haut Moyen Age), puisqu'il l'est effectivement par son étymologie (latin *villa* d'où fr. *-ville*), et que les noms de lieux utilisant ce terme s'étendent de la Manche aux Alpes (avec un maximum en Beauce), sans tenir compte de la frontière linguistique germano-romane. Le fait que *-willer* cède devant *-heim* aussi bien que devant *-dorf* prouve qu'il est plus ancien qu'eux. Des fermes (latin classique *villa*), isolées au centre d'un domaine agricole, auraient été fortifiées devant la menace des invasions germaniques dans le nord de la Gaule (IVe – Ve siècles)

Le suffixe *-heim*

Heim est un mot germanique qui n'a pas de correspondant de l'autre côté de la frontière linguistique. Sa signification actuelle (« chez-soi, domicile, foyer, habitation »), tout comme l'ancienne (« patrie d'une tribu »), témoigne d'une occupation humaine : il s'agit de lieux gagnés par les Germains, notoirement les Alamans, sur les Gallo-romains, et colonisés au cours des Ve et VIe siècles. Ainsi s'expliquent à la fois la densité de la zone de *-heim*, et le fait qu'elle ne couvre pas toute l'Alsace. La zone sans *-heim* au contraire, avec ses suffixes plus variés, représente la situation ancienne, antérieure à l'arrivée des Germains : si elle a fini par être germanisée à son tour à la suite de la période de bilinguisme, seules des raisons politiques et linguistiques sont à invoquer, non une colonisation.

Les Alamans, d'abord cantonnés le long du *limes* (frontière de l'empire romain), avaient entrepris dès le courant du IVe siècle, puis au Ve siècle, d'occuper globalement les régions du Rhin supérieur. Toutefois ils ne sont jamais parvenus jusqu'au sud du Pays de Bade, ni dans le Sundgau en dehors des chemins le long des cours d'eau. Contrairement à d'autres peuples germaniques, ils n'ont jamais réussi à constituer leur propre Etat, peut-être du fait d'une résistance trop importante des structures gallo-romaines. Inféodés aux Francs après leur défaite à Tolbiac en 496, c'est sous le contrôle de ces derniers que, du VIe au VIIIe siècle, ils confortèrent d'une manière pacifique la colonisation de la plaine d'Alsace et d'une partie du plateau suisse, en respectant les places-fortes gallo-romaines.

Le suffixe *-dorf*

Charlemagne, roi des Francs, désirant recréer à son profit l'Empire romain d'Occident, devait à la fois préserver les conquêtes territoriales des Germains en général et des Francs en particulier, tout en ménageant les vaincus Gallo-romains, dominés politiquement mais transmetteurs de la civilisation et de la culture latine et chrétienne, qu'il voulait promouvoir.

C'est pourquoi, sur le terrain, Charlemagne et ses successeurs instituèrent un nouveau type de lieu fortifié, la *curtis*, qu'il implantèrent, par création ou transformation, dans les zones de contact entre colons germaniques et autochtones gallo-romains, donnant ainsi naissance au suffixe *-court*. Le terme bas-latin *curtis* dérive du latin classique *cohors, cohortem* « cour de ferme, ferme » et dans le domaine militaire « cohorte, troupe d'un camp ». Reprenant le plan de la *villa* du Bas Empire, une cour entourée de murs, il s'agissait vraisemblablement d'une ferme fortifiée abritant quelques hommes de troupe.

Son équivalent en zone germanophone est *-dorf* (localement passé à *-troff* en Lorraine), ainsi que l'attestent de nombreux doublets, tant en Lorraine (Thicourt / *Diederstroff*, Arraincourt / *Armestroff*, Assenoncourt / *Essestroff*) que dans le Sundgau (Levoncourt / *Lüffendorf*, Liebsdorf / *Lebeucourt*, Raedersdorf / *Rascourt*, Ballersdorf / *Baudricourt*, etc.) La signification actuelle de l'allemand *Dorf* est simplement « village », mais son étymon francique *thorp* avait, comme *curtis*, un double sens, celui de « ferme, domaine rural » et de « troupe » (ce mot français lui-même provient de *throp*, métathèse de *thorp*, comme le suffixe *-troff* de *-dorf*).

Il existe même un toponyme qui a conservé le suffixe *-court*, celui-ci n'ayant subi qu'une adaptation à la phonétique germanique : il s'agit de Mittelkurtz, qui veut bien dire la « *court* du milieu » et n'a logiquement rien à faire avec l'adjectif allemand *kurz* « court ». Mittelkurtz est situé entre le Kochersberg colonisé par les Germains (zone de *-heim*), et la marche de Marmoutier demeurée plus longtemps gallo-romane (zone sans *-heim*, avec suffixes variés).

Ainsi *-court* et *-dorf* représentent la même réalité, dans un empire bilingue où les problèmes linguistiques ont joué un rôle non négligeable sur le plan politique : les fameux Serments de Strasbourg en sont la meilleure illustration. Les noms à suffixe *-court* / *-dorf* sont extrêmement répandus dans toutes les régions où des conflits d'intérêt pouvaient exister entre Germains et Gallo-romains : ils atteignent leur densité maximale en Lorraine.

En Alsace, les passages *-willer* > *-heim* sont donc les manifestations les plus tardives de la colonisation germanique, alors que *-willer* > *-dorf* et *-heim* > *-dorf* témoignent de l'intervention politique et institutionnelle du pouvoir carolingien en vue d'une médiation entre les deux communautés culturelles.

Ce sont les Carolingiens qui ont mis fin au duché d'Alsace, d'essence franque mais autonome, en le séparant en deux comtés, Nordgau et Sundgau, et deux diocèses, celui de Strasbourg et celui de Bâle.

Le suffixe *-hoffen*

Un autre suffixe, *-hoffen*, dérive du germanique : allemand *Hof*, alsacien *Hoft*, dont la signification est « cour », « cour de ferme », et par extension « ferme ». Pour le sens, il correspond à *-court* encore mieux que *-dorf*. Pour autant, c'est bien *-dorf*, et non *-hoffen*, qui fonctionne comme doublet de *-court* en zone germanophone.

La répartition des suffixes montre que les *-hoffen* occupent la frange externe des *-dorf*, du côté de la « zone sans *-heim* », ainsi que les alentours de quelques centres urbains comme Strasbourg (Adelshoffen, Koenigshoffen), en tout cas, semble-t-il, plus loin des foyers de germanité que les *-dorf* (par exemple vers Bischwiller : Oberhoffen et Schirrhoffen, et près de la zone des *-wihr* de Colmar : Sundhoffen). Enfin, contrairement aux *-dorf*, les *-hoffen* ont pu occuper une position stratégique, comme le prouve au moins la paire, précédée de préfixes de direction, Westhoffen / Osthoffen (BR), situés de part et d'autre du Mont Scharrach (*Scharrachberg*), où se dressa un oppidum gallo-romain.

Ces particularités incitent à considérer *-hoffen* comme une traduction de *-court*, dans des régions romanophones en cours de germanisation linguistique, à une époque où le rôle spécifique des *-court* / *-dorf* avait cessé et où ces deux mots n'étaient plus perçus comme doublets, donc pas avant le Xe siècle au plus tôt. Que l'on ait encore parlé roman dans certaines parties de l'Alsace au Xe siècle ne devrait pas étonner : dans les Vosges, la frontière linguistique ne s'est pas stabilisée avant le XVIe siècle.

Les mêmes mécanismes: doublets, traduction, adaptation, qui avaient été mis en évidence pour la francisation moderne des toponymes alsaciens de langue d'appartenance germanique, se retrouvent dans la germanisation, au cours du haut Moyen Age cette fois, des toponymes alsaciens de langue d'appartenance gallo-romane.

Le suffixe *-hausen/-house*

Ce suffixe, de langue germanique (*Haus* « maison », als. *Hüss*), apparaît dans les textes dès le début du VIIIe siècle: *Mulenhusen* 717 pour Mulhouse. Par comparaison, le plus ancien *-heim* est cité en 530, le plus ancien *-dorf* en 722.

Il semble que la spécificité architecturale de la *hus* du haut Moyen Age était de ne comporter qu'une seule pièce.

Notons que ce suffixe existe aussi en Allemagne, y compris dans des régions qui n'ont jamais été occupées par les Romains. Il serait donc non seulement de langue, mais aussi d'origine germanique. Il existe néanmoins un équivalent roman, *-ménil*, qui dérive du bas-latin *mansionile*, sur *mansio* « maison ». Mais le rapprochement entre *-hausen* et *-ménil* n'est pas clair.

Les *-hausen* / *-house* ressemblent aux *-dorf* par leur présence entre Moder et Zorn, qui marque la transition entre l'aire de colonisation germanique au sud (zone de *-heim*) et l'aire de survivance gallo-romaine (zone de suffixes variés, sans *-heim*). En fait, ils séparent les deux zones, aussi bien à l'ouest (séparation d'avec la région gallo-romane de Bouxwiller) qu'à l'est (séparation d'avec la Forêt « sainte » de Haguenau). Par la suite, une partie des colonies (*-heim*) de la zone centrale a été transformée en *-dorf* par les Carolingiens.

Le rôle stratégique des *-hausen* / *-house* est confirmé par des répartitions remarquables: ainsi, Mittelhausen (préfixe *Mittel-* « au milieu ») est situé à égale distance de Kurtzenhouse, près de Bischwiller, et de Westhouse près de Marmoutier. A vol d'oiseau cela correspond à 11 km soit 5 lieues gauloises, équivalant à un quart d'étape journalière à l'époque gallo-romaine. D'autre part, Nordhouse, Westhouse, Osthouse et Sundhouse (les quatre points cardinaux sont représentés) encadrent la plaine d'Erstein au centre de laquelle s'élevait le sanctuaire gallo-romain d'Ehl.

Conclusion

La chronologie qui découle de l'étude des suffixes est donc la suivante:

- celtique et pré-celtique (antérieur au IVe siècle): *-ach* et *-ingen*;
- gallo-roman (IVe et Ve siècles): *-willer* / *-wihr*;
- colonisation germanique (fin V^e – fin VIIIe siècles): *-heim* et *-hausen* / *-house*;
- période carolingienne (fin VIIIe – fin IXe siècles): *-dorf* et son doublet roman *-court*, traduit (X^e – XIe siècles) en *-hoffen*.

LES SUFFIXES CELTIQUES ET PRÉCELTIQUES

-ingen

Contrairement aux tenants de l'origine germanique du suffixe *-ingen*, il faut rattacher celui-ci au suffixe *-ink-*, d'origine pré-gauloise, présent dans plusieurs noms de lieux des Alpes, du Massif Central et du Jura. Un exemple entre cent: *Vapincum*, nom antique de Gap (Hautes-Alpes).

-ach, -ig, -eck, -bach, -woog, -au

Le suffixe *-ak-* (*-acum*) et sa variante *-i-ak-* (*-iacum*) ont été utilisés par les Gaulois, puis par les Romains. Leur résultat en toponymie alsacienne est le plus souvent *-ach*, parfois *-ig*. Exemples: Rouffach, Brisach, Mutzig, Epfig...

De même, la finale *-eck* que l'on trouve dans des toponymes aussi variés que Schirmeck, la rivière Kirneck, la source Lichteneck (près Niederbronn), ou des hauteurs telles que Nideck ou Wineck, n'a de relation ni nécessaire ni logique avec l'allemand *Eck, Ecke* « coin » ; l'explication la plus simple consisterait à considérer ce suffixe *-eck* comme un troisième résultat du suffixe *-(i)ak-*, à côté de *-ach* et *-ig*. Certains toutefois peuvent venir du latin *acus* « aiguille, pointe », adapté et traduit par le germanique *Eck* (voir détail de ces noms dans le Dictionnaire).

Une des caractéristiques de ces suffixes est d'être fréquemment associés à des noms de cours d'eau: la Mossig, la Birsig, la Kinzig (Bade), ainsi que la Liépvrette (all. *Leberach*) et la Lauch, qui provient d'une contraction de **Lau-ach*, la Kirneck, etc. Rapidement, le suffixe celto-latin *-(i)acum* a été confondu, par un phénomène bien connu de paronymie, avec le représentant du terme vieux haut allemand *aha* « eau, rivière ». Or, celui-ci ayant disparu de la langue commune, il a pu y avoir nouveau rapprochement avec le terme courant qui était *Bach* « ruisseau, rivière ». C'est pourquoi il est tout à fait probable qu'un nombre important d'actuels toponymes possédant le suffixe *-bach* proviennent en fait d'anciens *-ach*, eux-mêmes remontant au gallo-roman *-(i)acum*. On possède au moins l'exemple de la Blind, ruisseau au sud de Sélestat, qui est mentionnée dans les inscriptions anciennes aussi bien *Blindach* que *Blindbach* ou *Blind*.

Comme les noms en *-bach* sont nombreux dans les vallées vosgiennes, le bon sens les a interprétés comme des noms de ruisseaux, sur lesquels se sont ensuite créés des villages qui en ont adopté la dénomination. Deux remarques pourtant: c'est surtout dans l'Outre-Forêt, au fond des vallées vosgiennes et dans le Sundgau que se présentent les *-ach*: que seraient-ils, sinon des survivances d'un état plus ancien, intouchés parce que loin du foyer germanique? Et dans la plaine: pourquoi des toponymes en *-bach*, nombreux dans l'Outre-Forêt, le nord du Pays de Hanau et le Sundgau, sont-ils totalement absents du sud du Pays de Hanau et du Kochersberg, alors que ces régions se ressemblent en tout point? Si le suffixe *-bach* était originellement germanique et ne désignait que des ruisseaux, une telle divergence serait inexplicable.

Prenons par exemple le nom de Uberach (als. *Ìweràch*) : on peut y déceler un représentant du type celto-latin bien connu *ebur(i)acum*, qui est à l'origine d'Evry, Ivry, Ivoray, ainsi que York (Angleterre). Avec remplacement du suffixe *-ach* par *-bach*, on obtient Eberbach, nom de deux communes du Bas-Rhin.

Suivant cette hypothèse, il faudrait admettre aussi que les toponymes romans en *-rupt* et *-goutte,* qui sont doublets de *-bach*, par delà la période de bilinguisme avec la langue germanique, remontent également à *-(i)ak-*. On aurait donc, issus de ce suffixe gallo-roman, des toponymes proprement romans en *-ay*, *-ey*, *-oy* (Fouday, Orbey, Colroy, etc.), et des toponymes passés par le bilinguisme, en *-rupt* et *-goutte* (Ex. Blancherupt / *Blienschbach*, etc.) Il faut enfin noter une adaptation particulière du terme *Bach* dans les Vosges et spécialement le pays de Wisches, où il devient *basse* (ex. la Grande Basse = *Grossbach*, la Basse Claudon = *Küttelbach*, la Basse des Corbeaux, la Bassotte). En vosgien, l'adjectif basse a tendance à se prononcer *bâhhe*, qui s'est confondu avec l'alsacien *Bàch*. Les sens de « bas » et « ruisseau » se sont eux aussi confondus, et aujourd'hui une basse est une « vallée » : Basse-sur-le-Rupt (Vosges), vallées dites Basse du Canal, Basse du ruisseau de la Truite, près de Salm, etc.

Dans quelques autres cas, c'est le suffixe *-au* qui remplace *-ach*. Le terme allemand *Aue*, base du suffixe *-au*, est en parenté de sens avec *-aha* / *-ach* : il remonte au vieux haut allemand *auwjo* « terrain près de l'eau, prairie détrempée, île ». Par exemple, le village d'Andlau s'est appelé *Andelach* jusqu'en 1126. De même, les formes germaniques anciennes de Lièpvre ont été du type *Lebraha* jusqu'en 1522, où l'on trouve pour la première fois *Leberow*. La forme moderne allemande est *Leberau*. Mais la rivière de la Liépvrette, quant à elle, continue à porter le nom de *Leberach*.

Le suffixe *-au*, d'autre part, a été attribué aussi, indépendamment d'un ancien *-ach*, à tous les toponymes dont les sites s'accordent au sens, tels que Rhinau « prairie au bord du Rhin », Rosenau « roselière » = « prairie de roseaux », La Wantzenau, etc.

LES SUFFIXES COMMUNS AU CELTIQUE ET AU GERMANIQUE

Sous cette appellation seront classés les suffixes de langue germanique qui pourraient bien représenter des traductions d'anciens suffixes celtiques. En effet la langue celtique usait volontiers de la composition, comme le germanique, contrairement par exemple au latin et aux langues romanes qui en descendent.

Bien sûr, il faudra qu'un indice dans le toponyme autre que le suffixe lui- même permette de formuler l'hypothèse celtique ; dans le cas contraire, il ne fait pas de doute que le suffixe germanique aura été attribué par les Germains, comme *-heim*, *-hausen*, *-dorf* etc.

-bourg et *-berg*

La graphie <-bourg > est une francisation de l'all. *Burg*, terme appartenant au vieux fonds germanique (déjà *baurgs* en gotique), qui désigne une « place forte », puis un « château fort ». *Berg* « montagne » est de la même famille, car c'est sur les hauteurs que les hommes bâtirent d'abord des remparts contre les invasions : voir le verbe all. *bergen* « (se) mettre en sûreté ». Plusieurs toponymes en *-bourg* présentent des formes anciennes en *-berg* : Eschbourg (*Eschberg*), Flexbourg (*Vleckesberg* 1284), Folgensbourg (*Volkoldesberg* 1190), Hinsbourg (*Hinsberg*), Schoenbourg (*Schoenberg*), Schoenenbourg (*Schoenenberg*), Weinbourg (*Weinberg*) ; un seul cas inverse : Volksberg, appelé *Volschburg*, *Wolsburg*.

Le latin possédait un terme *burgus*, équivalent à *castellum*, emprunt probable au germanique, à moins que ce ne fût au grec *pyrgos* « tour ».

Comme suffixe, *-bourg* désigne aujourd'hui surtout des agglomérations, mais il ne faut pas confondre les *-bourg* alsaciens qui portent tous, soit actuellement (c'est le cas de la plupart des châteaux forts des Vosges) soit à l'origine, la signification de « lieu fortifié », avec les *-bourg* gallo-romans, qui relèvent du français *bourg* « village où se tient le marché, gros village ». Il y a eu en français une évolution sémantique étrangère au germanique.

Deux toponymes en *-bourg* au moins sont susceptibles de remonter à l'époque et à la langue celtiques : il s'agit de Hohenbourg (all. *Hohenburg*) et de Wissembourg.

A propos de Hohenbourg, Auguste Stöber rapporte que le peuple appelait cette résidence favorite du duc d'Alsace Attich, qui allait devenir le Mont Sainte-Odile (all. *Ottilienberg*), *Hohe Tonne* ou *Altitona*. D'après *l'Historia Lombardica*, l'empereur Maximien (IVe siècle) y avait fait construire une « demeure » pour se défendre contre ses ennemis. L'allemand *hohe* correspond à *alti-*, qui est le latin *altus* « haut » : il y a donc eu traduction. Quant à *Tonne*, *-tona*, malgré la déformation phonétique due à la prononciation germanique, il s'agit du celtique *dunon* « hauteur », puis « forteresse ». Ces formes permettent de déduire un hybride celto-latin **Altodunum*, nom probablement en usage à l'époque gallo-romaine. Si l'on admet une traduction de plus, il est possible de remonter à un prototype purement celtique, *Uxellodunon* (celtique *uxello-* « haut », comme *alti-* et *hohe[n]*), qui n'est pas une reconstitution linguistique gratuite, puisque cette forme a existé ailleurs en Gaule et subsiste actuellement dans au moins deux toponymes français : Issoudun (Indre) et Issolu (Lot).

La même raison pousse à considérer Wissembourg (all. *Weißenburg*), littéralement « forteresse blanche », comme une traduction du celtique *Vindobriga* (celt. *vindo-* « blanc », *-briga* « place-forte »), prototype connu en toponymie gallo-romane et à l'origine des nombreux Vandoeuvre ou Vendeuvre de Moselle, de l'Aube, du Calvados, de l'Indre et de la Vienne.

Le suffixe *-berg*, quant à lui, désigne bien entendu des sommets des Vosges ou du Jura alsacien : Schneeberg, Glaserberg... où il est fortement concurrencé par *-kopf*, *-first*, etc. En plaine, il désigne des collines : Bastberg, Kochersberg, Scharrachberg, Gloeckelsberg, Bischenberg...

Plusieurs toponymes comportant *-berg* sont vraisemblablement d'origine celtique (voir détails de ces noms dans le dictionnaire). Attachons-nous dans l'immédiat à trois d'entre eux : Scharrachbergheim, Mittelbergheim et Bergheim (anciennement *Oberbergheim*). Trois indices poussent à cette hypothèse :

– le suffixe *-heim*, témoin de la colonisation germanique, s'ajoute à l'élément *Berg*, qui n'est réellement suffixe que dans Scharrachberg|heim ; cela se comprendrait difficilement si *-berg* était originellement germanique.

– Scharrachbergheim tire son nom du Scharrachberg ou Mont Scharrach, dont le suffixe *-ach* manifeste une origine pré-germanique. Or, l'Histoire rapporte qu'il existait sur le Scharrach une place forte ou au moins un poste d'observation celtique, puis romain. Le terme celtique *briga* « place forte » convient ici parfaitement, relayé par le germanique *Berg*, tant au sens de « sécurité » que de celui de « montagne ».

– les trois villages sont situés sur une ligne parfaitement droite, le long de la route préhistorique du piémont des Vosges, séparés d'une distance de 22 kilomètres, soit exactement 10 lieues gauloises. Vingt lieues constituaient la distance d'une étape journalière à l'époque gauloise, soit de Scharrachbergheim à Bergheim ; Mittelbergheim, comme l'indique son préfixe, était un relais à mi-étape.

En conclusion (provisoire), *-bourg* et *-berg* sont des termes germaniques, qui ont tendance à se chevaucher parfois, et recouvrent aussi des mots celtiques tels que *dunon* et *briga*, auxquels s'applique la même remarque.

-stadt, -stett, -statt

En allemand contemporain, *Stadt* signifie « ville ». Mais ce sens n'apparaît pour la première fois qu'au XIIe siècle. Le mot était, à cette époque, un quasi-synonyme de *Burg*. En réalité, *Stadt* se fonde sur *Statt* « emplacement, endroit », à travers un processus de particularisation sémantique. *Statt* lui-même relève d'une racine S-T, la même que dans *stehen*, *sitzen* etc., et devait signifier à l'origine « lieu où l'on s'arrête ». Primitivement, < Statt > et < Stadt > étaient de simples variantes graphiques, mais elles se sont fixées avec la spécialisation des significations. Le pluriel de *Stadt* est *Städte* ; *Statt* n'a actuellement plus de pluriel, celui-ci ayant été lexicalisé pour former *Stätte* (pluriel *Stätten*), synonyme de *Statt*.

De cette situation complexe résultent en toponymie alsacienne trois suffixes indépendants, qui sont en réalité autant de formes homonymiques : *-stadt*, *-statt* et *-stett* (pour *Stätt[e]*), et dont le sens est celui de *Statt*.

Peu nombreux, les toponymes comportant ces suffixes sont cités tels quels dès le début du VIIIe siècle : *Selatstatt* 728 pour Sélestat (*Schlettstadt*) ; *Brunstat* 708 pour Brunstatt, *Gwillestet* 723 pour Kilstett, *Bardestat* 760 pour Berstett, *Magestet* 788 pour Magstatt, *Finstat(inse)* 790 pour Pfastatt, *Chratestat* 793 pour Crastatt, etc.

Les radicaux auxquels ils sont associés sont pour la plupart inexplicables par le germanique, et l'on comprend mal le rôle de ce suffixe qui signifie simplement « endroit », alors que tous les lieux nommés sont des *endroits* ?

Il y a une explication possible, c'est de voir dans ce suffixe *-statt* et ses variantes, une traduction du celtique *-ialos* (latinisé en *-ialus*), qui signifiait d'abord « lieu défriché, clairière », puis simplement « lieu » et enfin « village », parce que, c'est bien connu, les premiers habitats groupés ont éclos dans les endroits gagnés sur la forêt omniprésente. L'évolution sémantique de *Statt* prend en route celle de *ialos*. Cette hypothèse aurait l'avantage d'expliquer non seulement l'atypie sémantique ainsi que l'ancienneté du suffixe *-statt*, mais aussi de tracer un nouveau trait d'union entre toponymie alsacienne et toponymie française, en ramenant certains noms de lieux d'Alsace à des séries bien connues :

- Hochstett et Hochstatt, « endroit important », seraient une traduction de *Uxoialos* « clairière importante » ;
- Magstatt viendrait de **Magoialos* « clairière du champ, du camp ou du marché », ce qui aurait l'avantage d'expliquer le radical *mag-*, fort obscur autrement ;
- Reichstett représenterait **Rigoialos* « clairière ou lieu du roi », et Brunstatt **Bornoialos* « clairière ou lieu de la source ».

Tous ces termes celtiques sont bien connus, et entrent dans la composition de nombreux toponymes.

-feld, -matt

En germanique primitif, le mot *Feld* désignait un terrain découvert, vaste et plat, un « champ », mais sans idée de culture, notion réservée au terme *Acker*. Puis, comme son équivalent latin *campus*, *Feld* a pris également le sens de « champ d'exercice, de bataille ». Le latin *campus* alternait aussi, à l'époque gallo-romaine, avec son autre homologue, le celtique *magos* « champ, camp, marché » : pour donner un exemple, on trouve dans les textes indifféremment *Drusicampus* et *Drusomagos* pour désigner les « fortins de Drusus », que ce général romain du Ier siècle avait fait construire le long du Rhin pour parer à toute tentative d'invasion de la part des Germains.

Hormis les noms des champs proprement dits, les toponymes en *-feld* sont peu nombreux en Alsace. Mais la forme de plusieurs d'entre eux laisse supposer une origine celtique, c'est-à-dire une traduction de *-magos* en *-feld*, le sens militaire étant vraisemblablement prédominant.

Ainsi Reichsfeld est susceptible de représenter *Rigomagos* « champ, ou mieux camp du roi », qui a donné en toponymie française Riom (Puy de Dôme, Cantal), Ruoms (Ardèche), Rians (Cher).

Dans la triade Kertzfeld, Benfeld, Rossfeld, au sud de l'antique sanctuaire à la Terre-Mère d'Ehl, on ne se laissera pas abuser par les remotivations paronymiques :

- Kertzfeld n'est sans doute pas un « champ de la bougie » (all. *Kerze*), mais pourrait provenir de **Gartomagos*, formé de *garta* « tête, avancée » ;

- Benfeld serait **Bennomagos* « champ ou camp de la pierre » (gaulois *benno* « pierre ») ;

- la forme de Rossfeld invite à considérer un « champ du cheval » (all. *Roß*, als. *Ross*), mais des mentions anciennes telle *Rosevelt* 1358 aiguillent cette fois vers un « champ de roses » ; pourquoi ne pas y voir plutôt, comme dans Rosheim < *Rodashaim* (voir ce nom), un type **Rodesfeld* qui ramènerait, par traduction du suffixe, à l'un des toponymes gaulois les plus connus : *Rotomagos*, à l'origine de Rouen (Seine-Maritime), Ruan (Indre-et-Loire, Loir-et-Cher, Loiret), Rom (Deux-Sèvres).

L'Ochsenfeld, littéralement « champ des bœufs » (all. *Ochs* « bœuf »), tirerait son nom d'un marché aux bestiaux qui se tenait ou se serait tenu sur cette vaste lande au sud de Cernay. Pourtant, plusieurs indices laissent présumer une autre origine :

- c'est sur l'Ochsenfeld que la majorité des historiens placent la bataille victorieuse de César contre Arioviste (59 av. J.-C.) ;

- là également que, selon une tradition peut-être plus légendaire qu'historique, Louis le Débonnaire, fils de Charlemagne, fut fait prisonnier en juin 833 par ses propres généraux, qui avaient trahi sa cause pour épouser celle de ses trois fils :

> « Sous l'Ochsenfeld, que l'on appelle aussi le champ du Mensonge, gisent, dans d'immenses galeries souterraines, les armées des fils maudits de Louis le Pieux. C'est là qu'ils ont trahi leur père. Leurs armées restent, dans la mort, sous l'effet des malédictions qui pèsent sur elles... »

- enfin plusieurs légendes parlent d'armées entières gisant, endormies, dans d'immenses galeries souterraines sous l'Ochsenfeld : tantôt celles des trois fils maudits dont il vient d'être question, tantôt celles de Charlemagne lui-même, ou de César :

> « Il y a bien longtemps, l'armée de l'empereur Charles s'était établie sur la vaste plaine de l'Ochsenfeld. Cette armée avait, jusque là, remporté toutes les batailles, et elle et son chef étaient devenus si fiers qu'un jour elle braqua ses canons vers le ciel et tira. Aussitôt, en punition d'un tel orgueil, toute l'armée fut engloutie sous terre. »

Il paraît que l'empereur Frédéric Barberousse, également, repose vivant sous le Bibelstein, un roc situé au milieu de l'Ochsenfeld. Cette dernière légende possède en outre une signification mythologique (voir Bibelstein).

Pour s'en tenir à notre propos, il y a peu de risque à envisager que le suffixe *-feld* possède ici le sens de « champ de bataille ». Quant au préfixe *Ochs-*, plutôt que des « bœufs », on pourrait y voir le résultat, par transmission d'une langue à l'autre, sans traduction comme dans Hohenbourg, de l'adjectif celtique *uxello* « haut, important », ou peut-être simplement *uxo*, qui existait aussi, ce qui ferait remonter Ochsenfeld à un étymon celtique *ux(ell)omagos* « champ de bataille important ». (Cp. Ochsenfurt, en Allemagne, dont le nom s'expliquerait bien mieux par le celtique **ux(ell)oritu* « gué important, ou supérieur » que par l'all. « gué des bœufs ».)

Dans Brumath, le suffixe *-magos* aboutit à la terminaison *-mat(h)*, laquelle résulte de l'ajout, à l'époque gallo-romaine, d'un suffixe supplémentaire *-atum* : *-magos* devient *-magatum*, forme qui se retrouve dans les mentions anciennes du toponyme : *Brocomagos* IIe et IVe siècles, puis *Brocmagad* 770, qui évolue ensuite en *Pruomat*, *Brumat*... (als. *Bruemt*)

Il est possible que ce *-mat* ait pu, dans d'autres toponymes, subir l'attraction paronymique de l'allemand *Matte*, alsacien *Màtt* « pré, pâturage », dont le sens n'est pas loin de celui de *-magos*. Pour donner un exemple, le toponyme Stattmatten s'analyserait en *statt-*, traduction du celtique *ialo-*, et *-matt(en)* < celtique *-magos* + gallo-roman *-atum* ; soit **Ialomagatum* « champ ou camp de la clairière », composé inverse de *Magoialos* « clairière du camp », qui serait à l'origine de Magstatt (VOIR CE NOM).

-bronn, -brunn(en)

Le vieux haut all. *brunno* aboutit à l'all. *Brunnen*, als. *Brunn*. Le sens est « source » ou « fontaine ». Les noms de lieux pourvus de ce suffixe (francisé sous la forme *-bronn*) désignent pratiquement tous des sites caractérisés par une source ou une fontaine, anciennes ou encore actuelles, à l'exception peut-être de Balbronn (VOIR CE NOM) qui pourrait contenir le suffixe *-bur*.

Bien des sources dont il est question étaient déjà connues à l'époque romaine et celtique : citons l'exemple de Niederbronn. C'est pourquoi on peut légitimement penser qu'une partie des toponymes affectés du suffixe *-bronn, -brunn(en)* puisse remonter au celtique *borna* « source », mot apparenté d'ailleurs au germanique *brunno*. En effet ce mot, qui a laissé des traces dans la toponymie française (les nombreux noms de rivière la Borne, le Grand-Bornant [Savoie], etc.), existe encore en savoyard en tant que nom commun, où une *borne* désigne le « bassin d'une fontaine ». Il n'a rien à voir avec le français *borne*, issu d'un plus ancien *bosne*. En Alsace, il existe un ruisseau appelé Bornen (il se jette dans l'Ill en amont de Kogenheim). Burnhaupt (VOIR CE NOM) présente un élément *burn-* intermédiaire entre germanique *brunno* et gaulois *borna*.

Une métathèse en allemand *brunno* > *burn(e)*, parti du vieux saxon au IXe siècle, expliquant par exemple Padeborn (Allemagne) et l'anglais *bourne* « source », et qui aurait atteint l'Alsace au milieu du XIVe siècle, ne saurait expliquer les formes anciennes de Heimsbrunn : *Heimsburnen* 1250, *Emsburn* 1272, pas plus que les toponymes lorrains tels que Bettborn, Boucheporn... Enfin, Drachenbronn, la « fontaine du dragon », évoque un animal mythologique universel, mais la mythologie des anciens Germains, on le sait, n'a pas laissé de trace en Alsace.

-kirch

Le suffixe *-kirch* correspond à l'all. *Kirche* « église », als. *Kìrich* (*Kiëch* dans l'Outre-Forêt et en Alsace Bossue, *Chelcha* [xelxa] dans le Haut-Sundgau). Ce terme chrétien, sous sa forme ancienne **kirika*, était en usage chez les Goths qui professaient l'hérésie arienne, et s'est de là propagé chez tous les Germains, qui l'ont finalement apporté en Alsace. Alors que les chrétiens de langue latine utilisaient le latin *ecclesia* (> fr. *église*, it. *chiesa*, etc.) Les deux mots sont d'origine grecque : *ekklêsia* « assemblée » et *kyriakê (oikia)* « (maison) du Seigneur ».

Toutefois, plusieurs indices laissent à penser qu'un certain nombre de *-kirch* sont antérieurs à la période germanique et représentent des traductions ou adaptations de formes antérieures.

De tous les termes employés en fonction de suffixe, *-kirch* est celui qui apparaît aussi le plus souvent en position de radical : Illkirch, Altkirch, Kirchheim, de nombreux Kirchberg dont tous ne sont pas des noms de localités.

Prenons le cas de Kirchheim (als. *Kìriche*), situé à flanc de colline. Puisque *-heim*, suffixe typique de la colonisation alémanique, suit *Kirch-*, ce dernier est théoriquement pré-germanique, comme dans Kirrwiller, *Kirchowilare* 742 (voir ce nom), où le suffixe gallo-roman n'autorise pas, selon la thèse développée plus haut dans ce chapitre, l'existence d'un radical germanique. D'autant que Kirchheim n'a jamais possédé d'église remarquable. Il est resté célèbre pour avoir été résidence des rois mérovingiens, notamment de Dagobert. Ce choix était dicté sans doute par la nécessité de surveiller le défilé rocheux du Kronthal, qu'empruntait l'antique route préhistorique du piémont vosgien, suivant le cours de la Mossig.

Une constante paraît intéressante : *Kirch* est souvent associé à des termes désignant des hauteurs : l'église de Kirchberg, littéralement « montagne de l'église », dans la vallée de Masevaux, est juchée sur un monticule ; il semble qu'elle y succède à un temple dédié à Apollon. Oberkirch « église d'en haut » est le nom d'un village disparu en contre-haut de Dambach-la-Ville, à l'emplacement de l'actuelle chapelle Saint-Sébastien. Altkirch est sans doute une « vieille église » (all. *alt* « vieux »), mais, vu sa situation perchée, peut-être une « haute église » (lat. *altus* « haut ») (voir ce nom ; cp. aussi Altdorf). Thannenkirch est au pied du massif du Taennchel.

Plusieurs oronymes soulignent eux aussi cette relation avec une hauteur, et pour certains de ces lieux il est exclu qu'une église y ait jamais été édifiée : Kirchberg, nom d'un col au-dessus de Wimmenau ; Kirchberg, promontoire surmonté d'une chapelle au-dessus de Berg ; Kirchberg, colline couverte de vignes en contre-haut de Barr ; Kirchberg, amas rocheux dans la vallée d'Oderen ; Kirchbuhl, éminence de 800 m d'altitude entre le Hohwald et le Champ du Feu.

Pour cette raison, il serait préférable de voir dans certains de nos *Kirch* alsaciens la survivance d'un terme pré-celtique, passé en gaulois, *gergo* « hauteur », qui a pu interférer avec le **kirika* germanique. *Gergo* remonte à la base KR, dont le sens primitif d'« abri » a entraîné celui de « hauteur » (une hauteur constitue un bon abri) et persiste dans *Kirche* (l'église comme abri contre les puissances du mal, terrestres autant que spirituelles).

-magny

-magny est un élément franc-comtois qui apparaît dans trois noms de lieux sundgauviens de l'aire romanophone : Bellemagny, Magny et Romagny.

Traditionnellement, le mot *magny* est considéré comme un descendant du latin *mansionile* « petite maison », correspondant au français *ménil* (pron. [meni]). Cela semble bien convenir pour Romagny, appelé *Masnili* 1265, *Wilarn* 1316, puis *Romengney* 1390, *Ruemengni* 1458, *Weilen*, et aujourd'hui *Willern* (doublet allemand). Ces formes semblent indiquer une équivalence entre le roman *ménil / magny* et l'allemand *Willer*. Certes, *Willer* est lui aussi roman à l'origine (lat. *villare*), mais il est ici question d'une traduction de *ménil / magny* (*Masnili* 1265) en *Willer* (*Wilarn* 1316), à une époque où le mot *Willer* était devenu dans la toponymie de langue allemande un signifiant de « hameau ». Le problème ici serait plutôt l'apparition de l'élément initial *Ro-*. Il peut s'agir, à titre de simple hypothèse, d'une affirmation d'identité romanophone : Ro-magny, c'est « le Magny où l'on parle la langue romane » (et non germanique comme dans les villages immédiatement alentour). Un étymon **Romaniacum*, plausible en théorie (et proposé par Dauzat, TGF, etc.), est interdit par les formes anciennes. (VOIR CE NOM AU DICTIONNAIRE).

Une confirmation de cette hypothèse est donnée peut-être par un autre Romagny, situé à une quinzaine de kilomètres dans le Territoire de Belfort : appelé *Eschon* au XIVe siècle, *Welschen-Esch* (doublet allemand) et *Romagny* depuis le XVIIe siècle seulement. L'étymologie ancienne, *Esch*, apparente ce toponyme aux nombreux Eschbach, Eschbourg, Eschwiller d'Alsace (voir ces noms). Mais cet *Esch*-là est différent, on y parle une langue romane, « welsche », comme le souligne le doublet allemand *Welschen-Esch* (on trouve aussi une variante cocasse : *Welschennescht* « le nid de Français » !). D'où l'émergence, tardive mais claire, de la forme Romagny « le roman », peut-être inspirée par son homologue alsacien.

En ce qui concerne Bellemagny, la forme actuelle n'apparaît pour la première fois qu'en 1747 ! L'élément *Belle-* ne peut pas être un adjectif féminin de *beau*, puisque magny est un mot masculin. Les citations anciennes *Baronewillare* 796, *Barozwiler* 1331, *Bernsweiler* 1576, *Bernetzweiler*

1579, ainsi que le doublet allemand *Baronsweiler*, établissent à nouveau l'équivalence de *-magny* et *-willer*; *Belle-* est vraisemblablement une adaptation romane du radical primitif *Baron-*, devenu *Bern-*, mais qui n'a rien de germanique.

Magny pourrait relever d'une explication différente: les formes anciennes n'ont apparemment rien à voir avec un étymon *mansionile* (*Magne* 1105, *Mendelach* 1351), et le doublet allemand n'est pas, comme attendu, *Willer*, mais *Menglat*, correspondant à la forme ancienne *Mendelach*, qui suggère un étymon *Manda* ou *Mantalacum* (VOIR MAGNY DANS LE DICTIONNAIRE). Ajoutons que *Menglat* est suivi du suffixe *-at*, qui se retrouve dans le doublet allemand de trois villages alentour: Chavannes-sur-l'Etang / *Schaffnat-am-Weiher*, Chavannes-les-Grands / *Großschaffnat* et Chavanatte / *Kleinschaffnat*. Il est clair que le germanique *-at* reprend roman *-atte* de Chavanatte, qui est un diminutif (fr. *-ette*, cp. *Farratte*, forme dialectale romane de Ferrette).

Le Territoire de Belfort présente plusieurs toponymes en *-magny* qui ne semblent pas remonter à *mansionile*: Giromagny (*Gyrameigin* 1347, doublet allemand *Schiraumenin*), Grosmagny (*Grumeigin* 1347, *Grumegeny* 1427), Petitmagny (*Gnalmaigni* 1427, *Bittmenni* 1579), Sermamagny (*Semermeigin* 1347), ainsi que Foussemagne (*Fuszmengin* 1533). On pourrait voir dans ces formes un représentant d'un mot celtique *maginos* « pierre », qui aboutirait à la forme **main* [m˜ejn] (exprimée par la graphie < meigin >, <menin >, <mengin >), au féminin *magne* (de **magina*). Au cours du XIVe siècle, ces formes se seraient confondues avec *-magny* < *mansionile*. Ainsi Giromagny ne serait pas le « hameau de Giraud », mais la « pierre qui tourne » (du vieux fr. *girer* « tourner »), allusion à une pierre cultuelle, menhir ou pierre naturelle, comme il s'en trouve tant dans toutes nos contrées (cp. *La Pierre-qui-Vire*, en Bourgogne, siège d'une abbaye célèbre). Grosmagny et Petitmagny ne seraient pas le « gros hameau » et le « petit hameau », mais respectivement la « pierre creuse » (du gaulois *croso*, cp. les toponymes *Pierre-percée*, *Hohlerstein*) et la « pierre protubérante » (dans *Bittmenni*, le premier élément *Bitt-* représente le français dialectal *bite* « grosse pierre » [VOIR BASE PT AU CHAPITRE IV], glosé peut-être par *Gnal-*, qui serait le germanique *Knoll(e)* « protubérance, bosse » – à moins qu'il ne représente simplement une transcription, avec métathèse *l-n* > *n-l*, de l'all. *klein*, als. *glai(n)* « petit »). Sermamagny, sur la foi de la forme populaire *Semermagny* pourrait provenir d'un étymon **Samaromagino*, l'élément *Samaro-* étant bien connu comme hydronyme celtique (*Samarobriva*, ancien nom d'Amiens, sur la Somme ; *Samara*, étymon du nom de la Sambre) ; *Samara* pourrait bien avoir été le nom antique de la *Savoureuse*, sur laquelle est situé Sermamagny. Enfin Foussemagne ne serait pas la *fossa magna*, la « grande fosse », mais la « pierre creusée » (*fossa magina*, avec *fossus, a* participe passé du verbe latin *fodere* « fouir, creuser, percer »).

Ce ne sont là que simples hypothèses, sans aucune garantie de véracité, mais intéressantes à considérer.

CHAPITRE IV

LES BASES DE LA TOPONYMIE ALSACIENNE

Les noms de lieux d'Alsace, rappelons-le, rassemblent des termes qui vont de la préhistoire à l'époque contemporaine, susceptibles d'appartenir à six couches linguistiques différentes : « paléo-européen », indo-européen commun, celtique (ou gaulois), latin (puis roman), germanique (puis allemand, alsacien), français. Les noms d'origine chrétienne ont une place à part, car l'utilisation du latin d'église a poursuivi artificiellement l'emploi de cette langue au cours de la période germanique.

La cohérence scientifique veut que tous les toponymes soient traités selon une même méthode, qui est historique et inductive jusqu'au bout de l'exploitation des données externes (formes anciennes et modernes), puis hypothétique et déductive pour une grande part de toponymes qui ne peuvent recevoir d'explication intellectuellement satisfaisante par la méthode historique.

La notion de satisfaction intellectuelle n'est pas forcément liée au respect rigoureux des données tel que l'impose la méthode historique inductive : dans le cadre d'une démarche hypothético-déductive, elle dépend de l'adéquation entre des éléments objectifs vérifiables (forme linguistique, site géographique, texte historique ou légendaire...), l'explication intuitive proposée, et les préjugés qui habitent chacun de nous, auteur comme lecteur. En l'absence d'éléments objectifs en nombre suffisant, elle peut nécessiter l'adhésion à un système généralisant, caractérisé par une cohérence interne de nature structurale, qui extrapole à partir du vérifiable pour créer du vraisemblable. C'est le cas du système des « bases paléo-européennes ».

Il est donc possible de hiérarchiser les principaux types d'étymologies auxquels on aboutit :

Etymologies évidentes

Le toponyme est vérifiable sous tous ses aspects (envisagement, étymon, langue d'appartenance, signification) ; les circonstances historiques de la première dénomination du lieu sont connues de source sûre.

Etymologies probables

Le toponyme est vérifiable, mais pas en totalité ; un aspect au moins est douteux : envisagement inconnaissable (transformation du site, relation psychologique oubliée), impossibilité de restituer l'étymon, langue d'appartenance indécidable, absence de signification (toponyme démotivé) ou sens « décalé », circonstances historiques de la dénomination inconnues.

Etymologies conjecturales

Le toponyme est peu ou pas vérifiable; mais des indices dans les formes anciennes ou actuelles, des rapprochements possibles avec d'autres formes, permettent de conjecturer une étymologie cohérente, sinon satisfaisante (par exemple, toponymes d'origine celtique, anthroponymes germaniques, relations géographiques...).

Etymologies hypothétiques

Le toponyme est invérifiable en dehors de sa structure linguistique, sans doute parce que trop ancien (comme les toponymes de Provence, déjà cités); dans ce cas, le sens est reconstruit à partir d'un système théorique de racines formelles dont la signification a été tirée d'une combinaison de la situation géographique comparée des sites ainsi que des phonèmes qui composent ces racines (toponymes d'origine dite « paléo-européenne »).

Etymologies obscures

Le toponyme est totalement invérifiable, quant aux données internes aussi bien qu'externes, y compris dans sa structure linguistique. Dans ces cas (rares), une hypothèse a tout de même été échafaudée.

LE SYSTÈME DES BASES « PALÉO-EUROPÉENNES »

L'analyse structurale des racines des toponymes alsaciens qualifiés ci-dessus d'*hypothétiques* permet d'isoler cinq phonèmes consonantiques: /P/, /T/, /K/, /R/, /S/, susceptibles chacun de plusieurs réalisations allophoniques. Ils se combinent entre eux et avec l'un des trois phonèmes vocaliques /A/, /I/, /U/.

- Le phonème /P/ rend compte des réalisations [p] [b] [m] [w], ainsi que [f] latin et germanique, [v] roman et [pf] germanique;

- Le phonème /T/ rend compte des réalisations [t] [d], ainsi que [ts] germanique (écrit < tz >, <z >) ;

- Le phonème /K/ rend compte des réalisations [k] [g] [g̠], ainsi que < ch > germanique (« ich-Laut » [ç] ou « ach-Laut » [x]);

- Le phonème /R/ rend compte des réalisations [r] [l] [n];

- Le phonème /S/ rend compte des réalisations [s] [z].

Selon son type d'articulation (combinaison du mode articulatoire et du lieu d'articulation), chaque phonème est porteur d'un sens lié au sort de la colonne d'air expiré au cours de la phonation:

- Le phonème /P/ signale le « gonflement » (des lèvres, des joues), d'où sa signification: « objet enflé », « volume »;

- Le phonème /T/ signale l'« alternance entre ouverture et fermeture du maxillaire » ainsi que « le contact ou non entre la langue et la face interne des dents supérieures et le palier alvéolaire », d'où sa signification: « alternance, indétermination, palier »;

- Le phonème /K/ signale l'« occlusion de la colonne d'air dans la zone du voile du palais jusqu'au pharynx », d'où sa signification: « occlusion, étranglement »;

- Le phonème /R/ signifie « mouvement » (légère mise en vibration ou latéralisation de la colonne d'air par la langue, etc.) ;

- Le phonème /S/ signifie « mouvement à travers une occlusion ou cloison », tout comme l'air expiré à travers les interstices dentaux[36].

Les voyelles étant plus instables, il est difficile d'être aussi précis ; cependant, elles semblent suivre le même sens que celui de leur série consonantique : [u] « arrondi » (d'où « couvert, profond, lointain »), [a] « ouvert » (d'où « large, plat »), [i] « étroit, resserré ».

		Mode d'articulation		
		Syllabique	*Non-syllabique*	
Lieu d'articulation			*Continu*	*Non-continu*
Labial		/U/		/P/
Non-labial	*antérieur*	/I/	/S/	/T/
	non-antérieur	/A/	/R/	/K/

Ces significations peuvent sembler assez abstraites, mais n'en correspondent pas moins – le plus souvent – à un type de configuration géographique, sans oublier les prolongements culturels étudiés au chapitre II.

La comparaison des sites géographiques en rapport avec la récurrence des racines aboutit à la liste suivante :

Racine AR, AL, AN[37]

Composée d'une voyelle suivie du phonème /R/, qui a la signification générale de « mouvement ». Celui-ci se réalise sous trois formes (ou *allomorphes*) : [r], [l] et [n], qui entraînent dans les toponymes alsaciens de nombreux radicaux : *ar-*, *(h)er-*, *al-*, *el-*, *il-*, *en-*, *on-*, etc. En toponymie, l'idée est celle du « mouvement des cours d'eau » (d'où les noms de l'Aar, de l'Ill, de l'Ehn, etc.) et du « déplacement le long des cours d'eau » : en effet, avant la création de réseaux routiers (voir racine RAT, ROT), les cours d'eau ont constitué les premiers tracés que les hommes pouvaient et ont voulu suivre. Pratiquement tous les toponymes formés sur la racine /R, L, N/ sont situés sur des cours d'eau. Par exemple, le long de l'Ill, se trouvent d'amont en aval : **Olt**ingue, **Ill**furth, **Ill**zach, **Ens**isheim, Ober**entz**en, Nieder**entz**en, Ober**her**gheim, Nieder**her**gheim, **An**dolsheim, **Hor**bourg, **Hol**tzwihr, **Ill**haeusern, **Ehn**wihr, **Ehl**, **Er**stein, **Ohn**heim, **Ill**kirch et enfin **Arg**entorate (nom antique de Strasbourg).

Dérivés de la racine AR

AR-P : les radicaux prennent les formes *arp-*, *arb-*, *(h)erb-*, *(h)orb-*, *(h)urb-*, *alp-*, *alb-*, *(h)ilb-*, *arm-*, *(h)erm-*, *irm-*, etc. Ils se trouvent soit juste en amont de confluents, soit au plus haut des vallées, près de cols. On analyse : /AR/ « mouvement [de l'eau] » + /P/ « gonflement », soit « mouvement [de l'eau] en ce qu'il forme une arborescence », concrètement un « point de repère du réseau hydrographique : source d'un col ou confluent ». Par exemple : Urbeis, Urbès, Herbitzheim / Oermingen, etc.

AR-T : les radicaux prennent les formes *(h)art-, ort-, alt-, hilt-, olt-, ant-, and-, ent-, hind-, (h)und-*, etc. Ils se trouvent soit sur terrain sec, en hauteur par rapport à l'eau ; soit au contraire là où il y a une remontée d'eau. On analyse : /AR/ « mouvement [de l'eau] » + /T/ « niveau », soit « verticalité du chemin ("monter", "descendre"), notamment concernant l'eau (source jaillissante ou au contraire terrain aride) ». Par exemple : la Hardt, Artzenheim, Hoerdt ; Altenach, Hindlingen, etc.

AR-K : les radicaux prennent les formes *ark-, arg-, erk-, (h)erg-, elg-, ang-, eng-, ing, ung-*, etc. Ils se trouvent là où une rivière se divise, ou au contraire dans des endroits resserrés. On analyse : /AR/ « mouvement [de l'eau] » + /K/ « occlusion », qui indique le « mouvement [de l'eau] ou chemin qui trouve un obstacle » d'où les idées d'« écartement » ou « resserrement ». Par exemple : Ergersheim, *Argentorate*, etc.

AR-S : les radicaux de formes *als-, els-, en(t)s-, (h)ins-*, etc. se situent soit dans le ried, où affleure la nappe phréatique, soit au bord de rivières. On analyse : /AR/ « mouvement [de l'eau] » + /S/ « dépasser », qui indique un « passage difficile, à travers des obstacles », d'où l'idée de « dépassements, d'infiltrations d'eau ». Par exemple : Alsace, Entzheim, etc.

Racine AP

Composée d'une voyelle suivie du phonème /P/, qui a la signification générale de « gonflement, objet gonflé ». Celui-ci se réalise sous plusieurs formes (ou *allomorphes*) : [p], [b], [m], [w] qui entraînent dans les toponymes alsaciens des radicaux variés : *ap-, hab-, (h)ip-, eb-, af-, of-, epf-, av-, am-, ampf-, um-* (> *im[b]-*), etc. En toponymie, l'idée est celle d'une rupture dans un continuum : « creux » ou au contraire « éminence », « pli de terrain », « saillie sur une surface » ; mais toujours peu accentuée et de forme arrondie. Par exemple : Appenwihr, Epfig, Imbsheim, etc.

Racine AT

Composée d'une voyelle suivie du phonème /T/, qui a la signification générale de « palier ». Dans les toponymes alsaciens cette racine se réalise sous les formes *at-, ad-, et- hat-, ot-, od-*, etc. qui désignent un « palier », c'est-à-dire un espace plat entre deux déclivités. Exemples : Adamswiller, Oderen, Hattstatt, etc. De plus, la base AT désigne aussi une « divinité du ciel » (VOIR CHAPITRE II). Exemples : (Hoh)Atzenheim, Hattisheim.

Racine AK

Composée d'une voyelle suivie du phonème /K/, qui a la signification générale d'« étrécissement », d'où les notions principales d'« occlusion » et de « pointe ». En toponymie, la racine désigne des lieux « hostiles, impénétrables », et aussi « sacrés » (pour le paganisme, d'où souvent leur christianisation). Les formes prises par cette racine sont : *eck-, eg-, heck-, heg-, hag-*, certains renvoyant, par paronymie, à un signifiant de la langue allemande : *Eck(e)* « coin, angle », *Hecke* et *Hag* « haie », *Hege* « défends », *Hang* « versant » ou sa variante *Heng-* < all. *Hänge, Ach* « eau ».

Racine AS

Composée d'une voyelle suivie du phonème /S/, qui a la signification générale de « dépassement de niveau, issue ». Dans les toponymes alsaciens cette racine se réalise sous les formes *as-, has-, is-, es-k-, hes-, os-, us-*, qui désignent en particulier des « sources » (exemples : Asswiller, Osenbach,

Aspach, etc.), des « saillies légères du relief » (exemples : Hessenheim) ou d'autres sortes d'« issues » en lien avec diverses croyances pré-chrétiennes (voir Issenheim, Hasel, Ostheim, etc.).

Racine PAR, PAL, PAN

Composée du phonème /P/, qui a la signification de « gonflement », suivi du phonème /R/, celle de « mouvement », ce qui, articulé, aboutit à « mouvement de gonflement ». Les allomorphes sont très nombreux. Dans les toponymes alsaciens cette racine se réalise sous les formes *bar, bir, bal, ban, bin, mal, mol, man, wur/ur, wal, wil, win, wun/un, bar-t, wir-t, bal-b, bal-k, ban-t, wal-t, wal-k, wan-t, wul-w, br-un, br-am, br-ak, br-uk, wr-an, bl-ab, bl-in,* etc., qui ont tous le sens de « renflement, vallonnement » et sont situés en zone vallonnée, de collines ou de montagnes plus ou moins arrondies. Par exemple : Barr, Boersch, Bendorf, Mollkirch, Munwiller, Walbach, Weinbourg, Urschenheim, etc.

Dérivés de la racine PAR

PAR-P : idée de « bulle » donnée par le troisième phonème, /-P/ « gonflement ». En toponymie, s'applique à des « eaux boueuses », des « bourbiers » (exemples : Bourbach, Wilwisheim, etc.).

PAR-K : « gonflement formant obstacle », idée donnée par le troisième phonème, /-K/ « occlusion ». En toponymie, s'applique à divers amas obstruant un passage (exemples : Brechlingen, Wingen, Wolxheim, etc.).

PAR-T : cette racine, avec /-T/ « palier » comme troisième phonème, prend à la fois le sens de « surplomb » (palier haut, par exemple Waltenheim) et de « bouillonnement, bourbier » (palier bas, par exemple Baltzenheim). A noter qu'un radical *bald(-r)-* est passé en gallo-roman avec le sens de « boue » (> fr. *baudre*. Cf. Balbronn, Baldersheim, Balschwiller, etc.).

Racine TAR, TAL, TAN

Composée du phonème /T/, qui a la signification de « palier », suivi du phonème /R/, celle de « mouvement », ce qui, articulé, aboutit à « mouvement de palier ». En toponymie, cette racine désigne des « hauts talus de pierre » (Tanet, Taennchel...) ou « de terre (terrasses) » (Thann, Turckheim, Dahlenheim, Durlinsdorf, Traubach...) ainsi que des « inondations » (Thur ; voir au chapitre II le culte du dragon) et des « trous » (Drulingen). Les allomorphes sont nombreux : *tur-, tan-, dar-, dur-, dal-, din-, don-, tr-an, tr-ub, tr-im, tr-ut-, dr-ul,* etc.

Racine KAR, KAL, KAN

Composée du phonème /K/, qui a la signification d'« occlusion », suivi du phonème /R/, celle de « mouvement », ce qui, articulé, aboutit à « mouvement d'occlusion », soit plus simplement l'idée de « fermer, fermé ». En toponymie, cette racine désigne principalement des « abris » (exemple : Gloeckelsberg, Gildwiller), en particulier de pierre (exemple : Graufthal), et par extension des « pierres » (exemple : Geroldseck, Grendel,...). Les allomorphes dans les toponymes alsaciens sont : *kar-, kir-, kal-, kil-, kul-, kin-, kun-, gar-, ger-, gir-, gal-, gil-, gun-, kr-at, kl-aw, kl-ik, gr-aw,* etc.

Racine SAR, SAL, SAN

Composée du phonème /S/ « dépassement » suivi du phonème /R/ « mouvement », notamment en parlant de l'eau. Comme /R/ se réalise [r], [l] ou [n], les radicaux prennent les formes *sar-*, *ser-*, *sir-*, *sor-*, *sur-*, *sal-*, *sel-*, *sil-*, *sol-*, *sul-*, *sun-*. Le sens général est « mouvement de dépassement », qui en toponymie désigne à la fois des *dépassements dans l'espace* : « relief formant saillie » (exemples : Saales, Solbach, Zellenberg), « source » (exemple : Siewiller), « passage étroit » (exemples : Sarre, Zorn) ; et des *dépassements dans le temps* : eau « passée », c'est-à-dire qui a un goût saumâtre (exemple : Salmbach), d'où les idées d'eaux stagnantes, sales, et d'eaux salées (sources minérales, dont le meilleur exemple sont les noms en Soultz – le germanique *Sulze* ou *Sülze* remonte au paléo-européen) ; ou encore « dépasser le temps » dans le sens de « conserver » – d'où *sel*, car il conserve –, « sauver », « préserver », etc. d'où notion d'« isoler » (exemples : Sélestat, Sermersheim).

Racine PAP

Composée de deux fois le phonème /P/ « gonflement ». L'idée dégagée est celle de « matière souterraine », le plus souvent de l'eau (par exemple BIblisheim), mais aussi des... défunts (VOIR CHAPITRE II ET BIBELSTEIN). D'où un surgonflement susceptible de provoquer une perte de matière, qui se manifeste soit sous la forme de « boue, liquide affleurant » (voir Boofzheim), soit comme « perte d'un cours d'eau » (exemples : Uffheim, Uffholtz). Se distingue en particulier le pré-celtique WAB(-AR) « eau souterraine, liquide affleurant » (d'où gaulois *vobero* qui a probablement fourni Wiwersheim). Les formes prises par la racine sont du type *bab-*, *bib-*, *bof-*, *pfaf-*, *mem-*, *mom-*, *wiw-*, *uf-*, etc.

Racine PAT

Composée des phonèmes /P/ « gonflement » et /T/ « palier » qui, combinés, donnent le sens de « relief présentant une limite plate ». Les formes prises par la racine sont : *bat-*, *bet-*, *bit-*, *bid-*, *but-*, *mat-*, *mit-*, *mot-*, *mod-*, *mut-*, *wat-*, *wet-*, *wit-*, *wid-*, *ut-* et sa variante métaphonique *it-*. En toponymie, cette racine désigne principalement des « buttes » ou « levées plates » (exemples : Butten, Buethwiller, Bitschhoffen, Mietesheim, Matzenheim, Wittisheim, etc. ; cf. latin *podium*), et « puits » (latin *puteus*, VOIR BISEL). Un élargissement PUT-R, MUT-R, désigne l'« eau fétide », la « pourriture » (VOIR LAPOUTROIE).

Racine PAK

Composée des phonèmes /P/ « gonflement » et /K/ « occlusion » qui, combinés, donnent le sens de « divergence (division, impact, vacuité, bosse, forme biscornue) ». Les formes prises par la racine sont : *buk-*, *basch-*, *bisch-*, *bech-*, *fech-*, *mag-*. En toponymie, cette racine désigne principalement, outre les lieux dédiés au culte de Bacchus (VOIR CHAPITRE II), des « collines aux formes bossuées », ainsi que des « objets évidés (bassin d'un cours d'eau) » : Fecht.

Racine PAS

Composée des phonèmes /P/ « gonflement » et /S/ « dépassement » qui, combinés, donnent le sens de « dégonflement, dépôt de matière ». Les formes prises par la racine sont : *bas-*, *bis-*, *bos-*, *fes-*, *fis-*, *mas-*, *mos-*, *mus*, *was-*, *wis-*. Les toponymes se trouvent soit sur des « reliefs abaissés ou affaissés » (ex. Bassemberg, Fislis, etc.), soit dans des « lieux envasés » (ex. Mooslargue, Mussig).

Racine TAP

Composée des phonèmes /T/ « palier » et /P/ « gonflement » qui, combinés, donnent le sens de « palier à l'endroit duquel se crée un objet enflé ». En toponymie, cette racine désigne principalement un « terrain imperméable, retenant l'eau », d'où « marécage, zone recouverte d'eau ». Les formes prises par la racine sont: *dab-*, *dib-*, *dup-*, *tum-*, etc. Exemples: Diebolsheim, Duppigheim, Thumenau.

Racine TAT

Composée de deux fois le phonème /T/ « palier ». L'idée dégagée est celle d'« oscillation, alternance ». En toponymie, cette racine désigne surtout des lieux montueux, où le relief est « alternativement plus élevé et plus bas ». Les formes prises par la racine sont du type *did-*, *det-*, *dit-*, *dut-*. Exemples: Didenheim, Dettwiller, etc.

Racine TAK

Composée des phonèmes /T/ « palier » et /K/ « occlusion » qui, combinés, donnent le sens de « palier affecté par une occlusion ». En toponymie alsacienne, cette racine désigne exclusivement la « section d'un plateau ». Les formes prises par la racine sont: *dau(ch)-*, *tag-*.

Racine KAP

Composée des phonèmes /K/ « occlusion » et /P/ « gonflement » qui, combinés, donnent le sens de « capture d'un objet enflé ». En toponymie, cette racine désigne soit un « amoncellement », une « accumulation », un « remblai », soit au contraire un « creux » où se recueillent eaux, alluvions, etc. Les formes prises par la racine sont: *geb-*, *gef-*, *gew-*, *gom-*, *kap-*, *kef-*, *kif-*, etc.

Racine KAK

Composée de deux fois le phonème /K/ « occlusion ». L'idée dégagée est celle d'« étroitesse », particulièrement dans le sens vertical, en hauteur. En toponymie, cette racine désigne des « hauteurs étroites, de faible extension ». Les formes prises par la racine sont du type: *kak-*, *kuk-*, *gug-*, *koch-*, *gok-*, etc. Exemples: Kogenheim, Gougenheim, Kochersberg, etc.

Racine KAS

Composée des phonèmes /K/ « occlusion » et /S/ « dépassement » qui, combinés, donnent le sens de « dépassement d'une occlusion », « issue dans un environnement fermé ou dur ». En toponymie, cette racine désigne soit la « progression d'un cours d'eau ou d'une source à travers un terrain dur », soit un « lieu difficile d'accès » ou « retranché ». La racine prend les formes *kas-t*, *katz-*, *kes-*, *kais-*, *gais-*, etc. Exemples: Kaysersberg, Kesseldorf, Geishouse, etc.

Racine RAP

Composée des phonèmes /R/ « mouvement » et /P/ « gonflement » qui, combinés, donnent le sens de « objet renflé formant un ensemble sur ou dans lequel se manifeste un mouvement ». En toponymie, cette racine désigne des « terrains instables, glissants, glissements de terrain, ravinements, éboulements, avalanches ». La racine prend les diverses formes *lap-*, *lup-*, *lib-*, *lam-*, *lem-*, *lim-, lum-, law-, luw-, nam-, rap-, rip-, rup-, ram-, rum-, ruw-*, etc. Les exemples sont extrêmement parlants (voir Lièpvre, les noms de rochers en *Ram-*).

Racine RAT

Composée des phonèmes /R/ « mouvement » et /T/ « palier » qui, combinés, donnent le sens de « création d'un palier, d'une surface plate ». En toponymie, cette racine désigne des « terrains érodés, défrichés » (ex. Raedersdorf). De là, l'idée de « frayer un chemin en supprimant la végétation », d'où « route, réseau » (ex. Rott). C'est aussi une des représentations du soleil : disque plat, mouvement, rayons... (VOIR CHAPITRE II). La racine prend en particulier les formes *ra(e)d-, rat-, ret-, rod-, rot-*.

Racine RAK

Composée des phonèmes /R/ « mouvement » et /K/ « occlusion » qui, combinés, donnent le sens de « privé de mouvement ». En toponymie, cette racine désigne des « terrains durs, rocheux ou rocailleux, secs » (ex. Ligsdorf, Roggenberg). La racine prend les diverses formes *lig-, log-, neug-, rich-, rog-*, etc.

Racine SAP

Composée du phonème /S/ « dépassement » suivi du phonème /P/ désignant un « gonflement », un « objet renflé ». Le sens est celui de « volume constitué par des éléments de dépassement », qui sont des particules diffuses (sable) ou qui diffusent (sève) ; c'est-à-dire aussi bien des « terrains trempés, suintants » (ex. Seppois) ou « argileux, sableux » (ex. Soufflenheim), que la « sapidité d'une eau » (ex. Sauer, Souffel). Les radicaux prennent les formes *sep-, som-, sum-, sow-, suw-, suf-*, etc.

Racine SAT

Composée du phonème /S/ « dépassement » suivi du phonème /T/ « palier ». Le sens est ici celui de « palier d'un dépassement », concrètement en toponymie les notions d'« arrêt » et, en parlant de l'eau, « ne pas dépasser une certaine quantité » (idée de « plein »). Les exemples sont peu nombreux : VOIR SATHBACH.

Racine SAK

Composée du phonème /S/ « dépassement » suivi du phonème /K/ « occlusion ». Le sens général « difficulté ou arrêt d'une progression à travers une occlusion » se concrétise en toponymie dans les notions de « suintement » et de « sécheresse ». Les radicaux, peu nombreux dans la toponymie alsacienne, prennent les formes *sak-, sik-, sig-*.

PRINCIPALES ÉVOLUTIONS PHONÉTIQUES

Il a semblé intéressant de présenter succinctement les principales évolutions phonétiques subies par les toponymes alsaciens autour de la période critique qu'a constituée leur germanisation. Divisées en trois sections (période gallo-romane, interférences en régime de bilinguisme, période germanique), ces quelques explications n'ont la prétention d'être ni exhaustives ni explicites jusque dans les moindres détails, mais simplement de montrer comment un corps entier de mots d'une langue a été par les bouleversements de l'histoire versé dans une autre, et qu'en dehors des quelques pistes données pour suivre les explications du dictionnaire, elles permettent d'appréhender encore mieux cette grande entité qu'est la toponymie alsacienne de plus en plus isolée de ses voisins, les toponymes romans de Franche-Comté, de Suisse romande, des Vosges, de Moselle romanophone, et germaniques de Moselle dialectophone, du Palatinat, du Pays de Bade et de Suisse alémanique, qui ont, eux aussi, chacun leurs particularités.

Période gallo-romane

Au cours de la période gallo-romane, du Ier au Ve siècle, les noms de lieux alsaciens d'origine paléo-européenne, indo-européenne, celtique et latine, ont suivi l'évolution phonétique commune à l'ensemble des parlers gallo-romans. Deux parmi les nombreuses transformations qui eurent lieu à cette époque ont durablement marqué la structure des toponymes :

- la palatalisation des groupes à yod [tj] [dj] [kj] [gj] a eu lieu (*Saletium* > Seltz, *Medio[villa]* > Mitsch[dorf], lat. *Mauricius* > *Mertz-*, dans Mertzwiller, Mertzen ; etc.), ainsi que celle de [k] [g] devant [i] et [e] (*cella* > Zell, *Maceriolae* > Metzeral) ; quoique, sous l'influence des parlers germaniques, certaines aient dû régresser ou ne pas se produire du tout (*Cebennetum* > Guévenatten).

- l'évolution de [ē] en [ī] qui diverge de celle des autres parlers gallo-romans. On comparera **Sappētum* > *Sepite* 1236 (d'où *Sept*), et son doublet roman Seppois. Cette évolution touche aussi bien les toponymes (latin *Rhēnus* > gallo-roman *Rhīnus*, d'où fr. *Rhin* [rẽ], als. *Rhin* [rin] ou *Rhi* [ri:], all. *Rhein* [rajn]) que certains mots empruntés au latin par les parlers germaniques (all. *Seide*, als. *Sid* « soie », proviennent du latin *sēta*, par l'intermédiaire d'une forme gallo-romane **sīda*). Pour mémoire, le français présente [ē > ei > oi] : *sēta* > *soie*).

Interférences en régime de bilinguisme

A partir de la fin du Ve siècle, les toponymes gallo-romans d'Alsace ont été prononcés avec un « accent » par les nouveaux venus de langues germaniques (Alamans, Francs, éventuellement Burgondes). Avec l'extinction progressive du celtique puis du latin, ces prononciations se sont normalisées. Ce que l'on appelle communément *l'accent* (étranger), consiste en l'adaptation par le locuteur des sons d'une langue nouvellement parlée, dite *langue II*, au système de phonèmes de sa langue d'origine, dite *langue I* : pour prendre un exemple actuel, le couple de mots *veuf / veuve*, que le français articule [vœf / vœv] (et où l'opposition de sens masculin / féminin est marquée par l'opposition sourde / sonore [f / v] de la constrictive finale), est prononcé [vøf / vø:f] par un locuteur affecté d'un accent alsacien. Or, cette prononciation inédite témoigne d'un système phonologique totalement différent, où l'opposition de sonorité des consonnes finales est neutralisée au profit de la sourde, et où c'est la quantité longue ou brève de la voyelle, devenant pertinente, qui supporte la différence de sens.

Les principales modifications portent sur :

- la place de l'accent tonique, qui remonte de l'avant-dernière à la première syllabe du mot, entraînant par la suite la chute de nombreuses syllabes : *Cam'bētium* > germ. *Chembiz* 877 > Kembs. De plus, lorsqu'un toponyme gallo-roman est affecté d'un suffixe de composition à l'époque germanique, son propre suffixe disparaît en général : **Ruliacum* + *es-heim* > *Ruoleichesheim* 837 > Ruelisheim > als. *Rüelse*. Il y a des exceptions : **Dubiacum* + *-heim* > Duppigheim > als. *Dìpje*.

- la neutralisation, notamment à l'initiale de mot, des occlusives sourdes et sonores qui deviennent des « douces sourdes » : *pratum* > Bretten, *terminacum* > Durmenach, **cambopenno* (+ *-s-heim*) > Gambsheim. Toutefois, on observe assez souvent des évolutions vers l'aspirée [kʰ], en provenance aussi bien de [k] (*Cambetium* > Kembs, *Cappella* > Kappelen, etc.) que de [g] (**Guttelliacum* (+ *-es-heim*) > Kuttolsheim). Concernant [p] et [t], le passage aux aspirées correspondantes ne touche que des cas isolés (voir ci-dessous).

- l'assourdissement des constrictives, en particulier [v > f] : **Bāv-* (+ *-es-heim*) > Boofzheim, gaulois *vab(ero)* > **faf(er)* > Pfaff(enheim), etc.

- la prothèse d'une « attaque » syllabique ['] (dit « coup de glotte ») ou [h] devant une voyelle initiale de mot : voir les couples Uttenheim et Huttenheim, Engwiller et Hengwiller, et surtout l'évolution du latin *unda* « eau, onde » qui aboutit à *Hund(en)* (VOIR DALHUNDEN).

Période germanique

Les noms de lieux ainsi transformés suivent à partir du VIIe siècle les évolutions propres aux dialectes haut-allemand en général et à l'alsacien en particulier, à savoir :

- les sourdes aspirées deviennent des affriquées, conformément à la « deuxième mutation consonantique » (*zweite Lautverschiebung*) : *petrosa* > ["p^{h}e'Drosə] > Pfetterhouse ; *tabernae* > ["t^{h}avernə] > ["Dsåvərən], écrit *Zabern* (= Saverne). Ces cas sont peu nombreux, puisque les occlusives dans leur ensemble étaient devenues des douces sourdes. Une évolution particulière est à signaler, bien qu'elle existe aussi en allemand hors du champ de la toponymie : certaines constrictives [f] et [s] se transforment en affriquées (ex. *ferītus* devient Ferrette en roman et *Pfirt* en allemand ; *Sorna* > Zorn). Enfin, certains groupes < tz > de milieu de mot proviennent d'une métathèse de [s] : par exemple, Matzenheim provient de **Matt-ens-heim*.

- la métaphonie (assimilation à distance d'une voyelle, en allemand *Umlaut*) devant [i] ou [j] subséquent qui, en alsacien, se fait en deux temps : palatalisation de [u, o, a] respectivement en [y, ø, ɛ], puis délabialisation de [y, ø] en [i, e]. Trois exemples parmi cent : *Zumersheim* 1236 > *Zümersheim* XIVe siècle > Zimmersheim à partir du XVIe siècle (les dates de l'écrit, tout en respectant la chronologie relative, accusent un retard d'au moins cinq cents ans sur la réalité de l'oral !) ; *Colonia* > **Kölne* > **Kelne* > Kehl ; *Appiacum* > Epfig.

NOTES

1. Jusqu'à la Révolution, la province d'Alsace ne comportait pas l'Alsace Bossue. En revanche, l'actuel département du Territoire de Belfort a fait partie intégrante de la Haute-Alsace jusqu'en 1870. La présente étude porte sur les départements tels qu'ils sont constitués aujourd'hui. Cette position se justifie par l'appartenance culturelle et linguistique de l'Alsace Bossue à l'aire germanique et germanophone, celle du territoire de Belfort à l'aire franc-comtoise romanophone.
2. *Toponyme*: «nom de lieu» – *Toponymie*: 1) «science qui étudie l'étymologie des noms de lieux»; 2) «ensemble des noms de lieux d'une région» – *Toponymique*, adj.: «relatif à la toponymie».
3. Jusqu'au XVIIIe siècle, les Strasbourgeois estimaient que la rivière qui traverse la ville était la Bruche, non l'Ill. Témoins les noms du *quai de la Bruche*, près des Ponts Couverts, et de la *rue de la Bruche*, qui donne sur la rue de Zurich.
4. On ne mettra pas sur le même plan Osthouse et Ostheim: le premier s'explique par sa position dans la structure Nordhouse-Osthouse-Westhouse-Sundhouse, alors qu'il n'en est rien pour le second, dont le sens de Ost – «est» – s'éclaire en revanche à travers la légende dite du «forgeron d'Ostheim».
5. Exemples d'analyse des structures:
   Kirrberg = KIR(R)[berg] = KiR
   Kirchheim = KIR-CH[heim] = KiR-K
   Kriegsheim = KR-IEG[-s-heim] = KR-iK
   Croettwiller = CR-OET(T)[willer] = KR-eT
   Dornach = DOR-N[ach] = uR-N + AK-
   Moernach = MOER-N[ach] = MuR-N + AK-
   Durlinsdorf = DUR-L-IN(G)[s-dorf] = TuR-L + INK-
   Drulingen = DR-UL-ING[en] = TR-uL + INK-
   Wingen = WING[en] = WiN-K
   Wingersheim = WING-ER[s-heim] = WiN-K + AR-
   Vendenheim = VEND[en-heim] = WaN-T
   Wantzenau = WANTZ[en-au] = WaN-T
   Schwindratzheim = SCHWIND-R[atz-heim] = S-WiN-T + AR-
   Neugartheim = NEUG-AR-T[heim] = NuK + AR + °T
   Gimbrett = GIMB-RE-T(T) = KuMB + °R + ET
6. P. Fouché, *Quelques considérations sur la «base» toponymique à propos du pré-indo-européen *KAL «pierre»*. Communication faite au premier congrès de toponymie, Paris, 1938.
7. P. Guiraud, *Structures étymologiques du lexique français*, Larousse, Paris, 1967, p. 64 sq. et *Dictionnaire des étymologies obscures*, Payot, Paris, 1982, p. 17.
8. Ex.: Cléebourg/Kleeburg, Muttersholtz/Müttersholz, etc.
9. Ex.: Wangenbourg, all. ["vaŋən'burk], français [vãʒãbur], [vãʒənbur], courant [vaŋənbur], [vaŋgənbur], [vãgənbur], fautif [vagənbur] (= **Wagenbourg*); als. ["våŋə'BUri(k)].
10. Ex.: La Petite-Pierre < *Lützelstein*, Sainte-Croix-en-Plaine < *Heilig-kreuz*...
11. Ex.: Châtenois/Kestenholz, Ferrette/Pfirt, etc.
12. Ex.: Saverne / Zabern (als. *Zàwere*), Marmoutier / Maursmünster (als. *Mürmìnschter*), Sélestat / Schlettstadt, Ribeauvillé / Rappoltsweiler (als. *Ràppschwihr*), etc.
13. Ex.: Schwindratzheim = als. *Schwìngelse*, Quatzenheim = als. *Zwàzne*, Geispolsheim = als. *Gaispitze*, etc.
14. Ex.: Maisonsgoutte/Mäisegott (all. *Meisengott*), Ferrette/Pfirt (all. *Pfirt*)...
15. Ex.: Wissembourg = als. *Waissebuich* à Wissembourg, *Wisseburi* à Strasbourg, *Wissaburg* à Mulhouse; Haguenau = *Hawenau* à Haguenau, *Hœjenœi* à Niederschaeffolsheim (5 km), *Hàganài* à Mulhouse, etc.
16. Ex.: *Neyerte* = Neugartheim > **Neigàrte*; *Naswil* = Natzwiller > **Nàtzwiller*; *Mürmìnschter* = Marmoutier > *Màrmüdjé*, etc.
17. Ex.: Lapoutroie = *Lè Peûte Raille*; Courtavon = *Cotchavon*, etc.
18. Ex.: Sigolsheim/Savamont, Durlinsdorf/Triocourt, etc.
19 Ex.: Levoncourt = all. *Lüffendorf*, Fouchy = all. *Grube*; Lapoutroie = als. *Budderey*, Lièpvre = als. *Lawerot*, etc.
20. *Interférence phonologique* est le terme technique pour désigner «l'accent» étranger: les Germains ont prononcé les noms de lieux gallo-romans avec les habitudes de leur propre langue, ce qui a entraîné des modifications de ces noms. Ainsi le déplacement de l'accent tonique vers la première syllabe du mot (ex.: lat. *Co-lum-**ba**-rium* > als. ***Kol**-mer* (= Colmar), à comparer avec le français *co-lom-**bier***).
21. Quel étymon reconstruire à partir d'attestations aussi contradictoires que celles données pour Wolxheim, qui présentent une triple variation: *Ulcisheim* 736, *Folcoaldesheim* 739, *Wolgangesheim* 1003? Si chacune des trois formes peut à la rigueur expliquer le nom actuel, elles sont chronologiquement incompatibles.
22. Il ne faut pas céder à la facilité en attribuant aux noms de lieux qui présentent des difficultés d'interprétation une origine éponymique: Schiltigheim venant de *Schilto*, Baldenheim de *Baldo*, Ittenheim de *Itto*, Guebwiller de *Gebo*, etc. Où est la preuve que ces personnages, ou même ces noms, aient réellement existé? Cette tendance remonte aux scribes du Moyen Age qui, dans leur ignorance de la véritable origine d'un nom de lieu, cherchaient à le rattacher à celui d'un personnage soi-disant conquérant du site ou fondateur du clan (*Sippe*). Certains toponymistes ont adopté cette façon de voir, peut-être parce qu'elle est évoquée dans la Bible («Caïn bâtit une ville et l'appela Hénoch, du nom de son fils») ou pratiquée par des personnages célèbres de l'Antiquité: Alexandre, César. Il n'y a toutefois pas de raison impérative de généraliser... La majorité des noms de personnes germaniques anciens est puisée chez *Brechenmacher Deutsches Namenbuch*, qui s'appuie, en partie du moins, sur les... mentions toponymiques. Redisons encore combien elles sont fluctuantes et peu fiables: voir le toponyme Wolxheim, déjà cité à la note 21, que deux scribes proposent à trois siècles d'intervalle d'expliquer par deux noms d'homme différents (Folcoald et Wolfgang). Dans cet ouvrage, il est fait recours à des noms de personne lorsque les éléments externes manifestent à l'évidence une origine éponymique (Bernardvillé, Reinhardsmunster...) ou qu'aucune autre solution ne s'est révélée meilleure.
23. La langue d'appartenance de l'étymon et, partant, le sens de ce dernier, est impossible à déterminer par exemple pour Neugartheim: ce toponyme, explicite en allemand où il signifie «demeure du nouveau jardin», est donné par d'éminents toponymistes comme un *Nucaretum* roman: «lieu planté de noyers», sur la foi des attestations *Nougerte* 1166, *Nugerte* 1223, *Nugurthe* 1386. Il n'existe aucune nécessité de choisir une solution plutôt que l'autre. Cela dépend vraiment de la façon dont on «voit» les choses, au propre comme au figuré: *Nu|gerte* est allemand, *Nug|erte* est roman. Quelle structure préférer? Quelle motivation invoquer? Qui dira jamais s'il y eut là des noyers ou un jardin?
24. F.-J. Himly, *Introduction à la toponymie alsacienne*, in *Revue d'Alsace*, tome 94, 1955.
25. Le terme de *paléo-européen* (ou «vieil européen») désigne l'ensemble des anciens parlers d'Europe avant les invasions de peuples indo-européens, et dont les racines de certains toponymes offrent les vestiges. Pour sa part, l'*indo-européen* est une famille de langues comprenant le celtique (dont le gaulois, aujourd'hui éteint), l'italique (qui comprend le latin et les diverses langues romanes, dont le français), le germanique (dont le dialecte occidental a donné naissance à l'anglais, l'allemand, etc.), le slave, le grec, l'arménien, l'indo-iranien. L'indo-européen primitif était parlé avant la séparation des groupes, vers – 3000, dans une région située traditionnellement dans les steppes qui s'étendent du nord du Caucase au sud-ouest de l'Oural; ou, selon une hypothèse plus récente, en Anatolie (Turquie actuelle).
26. E. Nègre, *Toponymie générale de la France*, vol. 1, Droz, Genève, 1990, p. 436. Cet ouvrage sera désormais désigné par le sigle TGF.

27. Ch. Rostaing, *Essai sur la toponymie de la Provence*, Paris, 1950.
28. Par exemple, *Rappe* « cheval noir » est issu par métaphore de *Rabe* « corbeau [= noir] », qui remonte lui-même à une racine germanique **hrab-*, issue de l'indo-européen **krab-*; ces deux mots sont donc exclus du groupe de la racine /R-P/.
29. A. Eskénazi, *Le champ morpho-sémantique du verbe moquer*, in L.I.N.X. n° 19, Paris/Nanterre, 1988.
30. En dehors de *rufus*, déjà cité, le latin n'a pas d'autre mot comportant cette racine. Pour lever toute suspicion, il faut signaler que *rufus* « rouge, roux » et *rubeus/rubius/ruber* « rouge » proviennent d'une racine indo-européenne *reudh*, qui est donc différente de la structure /sonante + labiale/. En ce qui concerne une racine /R-F/, le français a développé *roufle* « gifle » (dialectal), qui est un « coup qui laisse des marques sur la joue » (cp. *rifler* « rayer » et *érafler*), et *ruffian*, de l'italien *ruffiano* « souteneur ». Le français *rouf* « superstructure établie sur le pont d'un navire » est emprunté à l'anglais *roof* « toit », de l'ancien anglais *hrof* qui suppose une racine indo-européenne *kr-p*, également différente de la structure /sonante + labiale/.
31. Merlin Stone, *Quand Dieu était femme*, Montréal, 1979.
32. A proximité de Reitwiller existait le village de Kleinatzenheim (= *Klein Atzenheim*), disparu au XIVe siècle, dont le finage est aujourd'hui incorporé à celui de Reitwiller. Comparer avec ce qui est dit de Hohatzenheim (= *Hoh Atzenheim*).
33. Paronymie: rapprochement entre lexies de sens différents mais de formes relativement voisines. Exemple: *collision* et *collusion*, *juger* et *jauger*, etc.
34. D'ouest en est: Bosselshausen, Issenhausen, Lixhausen, Wilshausen – Schillerdorf, Zutzendorf, Zoebersdorf, Schalkendorf, Ringendorf, Bossendorf, Alteckendorf, Ettendorf, Ringeldorf, Grassendorf, Huttendorf, Dauendorf, Keffendorf, Batzendorf – Schweighouse, Wintershouse, Harthouse, Kaltenhouse.
35. André Humm, *Villages et hameaux disparus en Basse-Alsace*, Strasbourg, éd. Istra 1971.
36. Quoique faisant l'objet d'une *théorie*, au sens scientifique du terme, ce système dit *des bases paléo-européennes* n'est pas une invention pure et simple. L'intuition générale prenant appui sur des observations particulières, il est possible de le replacer dans l'histoire et d'opérer une comparaison fructueuse avec les racines des langues indo-européennes. Quelques exemples: les racines indo-européennes classiques DAK « pointe », DEIGH « chatouiller », DEIK « montrer », DEK « enseigner », DEUK « conduire », DHEIG « ficher », DIK « lancer », TAG « toucher » et TOK « toucher » se ramènent à une base unique TK « pointer, toucher », issu du sens global d' « occlusion d'une indétermination ». DHEM « vapeur », DHEUBH « fumée, vapeur; aveugle, sourd », DHEUW « fumée, vapeur », TAP « boucher », TEM « obscurité », S-TUP « étoupe, boucher » se ramènent à TP « bouché, encombré », issu du sens général d'« éléments indéterminés formant un gonflement ». LEG « lier », LEG « loi », REG « rigide », RIG « raide » sont des variantes d'une seule base RK « occlusion de mouvement ». Etc.
37. Les racines sont présentées arbitrairement avec la voyelle A, qui représente l'ensemble des voyelles possibles dans la strate paléo-européenne, soit [a] [i] [o] [u], l'[e] étant, à l'expérience, peu fréquent. Une particularité qui distingue le paléo-européen de l'indo-européen classique.

Dictionnaire
étymologique,
historique
et illustré
des lieux d'Alsace

PRÉSENTATION

Chaque article du dictionnaire comprend :

– la forme officielle écrite du nom de lieu ;

– le type de lieu : (R) rivière, (M) montagne, (C) château, (LD) lieu-dit. Pour les communes, le département d'appartenance : (BR) Bas-Rhin, (HR) Haut-Rhin, (Mo) Moselle, (TdB) Territoire de Belfort, (Vo) Vosges ;

– la prononciation idéale en français standard, notée selon la transcription A.P.I. (Alphabet Phonétique International) ;

– la version écrite de la forme orale en dialecte local (alsacien ou dialecte roman), selon une graphie traditionnelle normalisée, ainsi qu'en A.P.I. ;

– une ou plusieurs formes anciennes du toponyme, avec la date de mention ;

– le sens du toponyme, précédé de la flèche ▸, et l'explication de ce sens. Tout d'abord, l'explication scientifiquement la plus conforme aux données, tout en sachant que ces dernières peuvent être incomplètes ou erronées ;

– une explication complémentaire, précédée du signe ▸▸, qui précise certains éléments, ou bien une explication différente, tout aussi conforme aux données, mais jugée moins satisfaisante ;

– des renvois éventuels à d'autres articles du dictionnaire ou aux chapitres qui l'encadrent, ou encore à des toponymes d'autres régions de France dont la formation présente des points communs.

Exemple : **ALGOLSHEIM** (HR) [algɔlsajm], als. *Àlgelse* ["‘ålG°lsæ] ; *Altolvesheim* XIIe siècle, *Altolzheim* jusqu'en 1614. ▸ « la demeure d'Halidulf ». Du suffixe *-heim* précédé du nom propre germanique *Halidulf* « héroïque comme un loup » (*halida* [all. moderne *Held*] « héros », *wulf* « loup »). Dissimilation récente [aldelse > algelse]. ▸▸ Autre explication : d'une racine paléo-européenne AL-T « mouvement de l'eau en direction verticale » indiquant ici l'absence d'eau en surface (zone de Hardt, VOIR CE NOM).

REMERCIEMENTS

La quasi totalité des images illustrant ce dictionnaire provient de la collection personnelle de Vincent Kauffmann. Que soient ici remerciés ses amis cartophiles qui lui ont permis de compléter le tableau de l'Alsace : Jean-Claude Baczynski (*Michelbach-le-Bas*), Jean-Marie Fritsch (*Bietlenheim, Goeftberg, Kienheim, Kleinfrankenheim, Knoersheim, Krautwiller, Rangen, Rohr*), Patrick Hamm (*Elsau*), Robert Heim (*Biltzheim*), Guy Leclair (*Keffendorf*), Hubert Siegfried (*Neuhaeusel*), Bernard Sutter (*Schwoben*), Marthe Troesch (*Salenthal*) et Dominique Watre (*Behlenheim, Rombach-le-Franc*).

Vers 1900

AAR (R) [ar], als. *Àr* ["‘å:R]. ▸ « l'eau qui coule ». De la racine paléo-européenne AR « mouvement de l'eau ».

1898

ACHENHEIM (BR) [arənajm] ou [axənajm], als. *Àchene* ["‘åxənə]. ▸ « la demeure près de l'eau ». Du vieil all. *aha* « eau » suivi du suffixe *-heim*. ▸▸ Autre explication : d'une racine paléo-européenne AK, qui sert à nommer des lieux « hostiles, impénétrables » et aussi « sacrés ». Pourrait avoir fonctionné avec Eckbolsheim et Holtzheim (VOIR CES NOMS).

1898

ADAMSWILLER (BR) [adamsvilɛr], als. *Àdàmswiller* ["‘åDåm'svil°R] ; *Adimartia villa* 777, *Adelsmanswiler* 1281. ▸ « le domaine d'Adamar ou d'Adalman ». Du suffixe *-villa* précédé du nom de personne germanique *Adamar* « père célèbre » (*atta* « père », *mar* « célèbre ») ou *Adalman* « homme noble » (*adal* « noble », *man* « homme »). Attraction du nom d'homme biblique *Adam*. ▸▸ Autre explication : d'une racine paléo-européenne AT dont le sens est « palier », qui correspond au site.

Vers 1910

AJOIE (région), en allemand *Elsgau* ; *Alseaugiae* 610, *Elisgaugium* 630, *Alsegaugensi, pagus*

Alsegaudiensis. ▸ « le pays des falaises ». Pays bordier de l'Alsace méridionale, qui s'étend de la région du confluent entre Doubs et Dessoubre jusqu'aux sources de la Largue et de l'Ill (comprenant la région actuellement dite du « Jura alsacien ». Une bonne partie de l'Ajoie se trouve située en Suisse, canton du Jura). D'un étymon **Alisacavum*, formé sur le gaulois *alisa* « falaise », suivi de deux suffixes, *-acum* qui sert à nommer un « endroit » précis, et *-avum* plutôt une « région » (*Pictavum* > Poitou, *Andecavum* > Anjou...). Devenu **Alsagavu* au VIe siècle, puis adapté en germanique, avec attraction du suffixe *-gauwja* « pays » (VOIR CHAPITRE III), sous la forme **Alsegauwja*, d'où procèdent les doublets *Ajoie* roman et *Elsgau* germanique. ▸▸ Autre explication : « le pays des aulnes », de l'allemand *Else* « aulne » et *Gau* « pays ». Discutable, vu l'éloignement du foyer germanique. L'évolution romane ne tient d'ailleurs aucun compte d'une quelconque signification « aulne » : **A(ls)gauwja* > *Ajoie*. (VOIR ALSACE.)

Vers 1900

ALBÉ (BR) [albe], als. *Ärlebàch* ["'ɛrlə'Båx]. Francisation du nom allemand *Erlenbach.* ▸ « le ruisseau des aulnes ». De l'allemand *Erle* « aulne » suivi du suffixe *-bach* « ruisseau ». ▸▸ Autre explication : d'un étymon gallo-roman **Arliacum*, construit sur une racine paléo-européenne AR-L « mouvement de l'eau » suivie du suffixe locatif *-iacum*, et évolution de celui-ci de *-ach* en *-bach.* /ARLES (BDR), ARLAY (JURA), ARLY (NOM D'UNE RIVIÈRE DES ALPES).

Vers 1900

ALFELD (HR) [alfɛld], nom d'un lac au-dessus de Sewen ; *Alfel* 1731 ▸ « l'auge ». Du latin *alveola* « cavité » (accent tonique sur l'antépénultième [al'veola]) adapté en germanique sous la forme *alfel*, désignant géographiquement une auge glaciaire (fr. *auge* < lat. *alvea*), c'est-à-dire une vallée à fond plat entre deux versants raides. Le réservoir a été construit entre 1883 et 1887. Attraction paronymique du suffixe *-feld* « champ » sur la finale.

ALGOLSHEIM (HR) [algɔlsajm], als. *Àlgelse* ["'ålG°lsə] ; *Altolvesheim* XIIe siècle, *Altolzheim* jusqu'en 1614. ▸ « la demeure d'Halidulf ». Du suffixe *-heim* précédé du nom propre germanique *Halidulf* « héroïque comme un loup » (*halida* [all. moderne *Held*] « héros », *wulf* « loup »). Dissimilation récente [*aldelse* > *algelse*]. ▸▸ Autre explication : racine paléo-européenne AL-T « mouvement de l'eau en direction verticale » indiquant ici la présence d'eau en surface (VOIR ALTENACH).

Vers 1920

ALLAINE (R) (TdB), s'appelle aussi ALLE. Du paléo-européen AL « mouvement de l'eau » (VOIR ILL).

1903

1912

ALLENWILLER (BR) [alənvilɛr], als. *Àllewiller* ['ʻâlə"vil°r]. ▸ « le domaine près de la rivière ». Du paléo-européen AL « mouvement de l'eau », suivi du suffixe *-villare*. /ALLAINVILLE (EURE-ET-LOIRE), ALLONVILLE (SOMME).

ALSACE (région) [alzas], als. *Elsàss* ["ʻel'sås], all. *Elsaß (das)* ["ʻɛl'zas] ; *Alsatiam, Alesaciones, Alesatio, Alsatius* 610, *Alsaciones, Alesacius* 630, *in pago Alsacinse* 720, *Alsacensi* 728, *Alsazas* 754, *in Alsatia* 856, *ducatum Helisatiae* IXe siècle, *in Elisatio* 861, 870, 888, *Hellisazaas* 959, *Elyzazen* 1048, *Alsais* 1309, *Auxois* 1469. Du XVe au XVIIIe siècles se trouve aussi fréquemment la forme *Edelsaß* ou *Edelsass*, qui manifeste une remotivation (factice) du radical non signifiant El- par l'adjectif allemand *edel* « noble ». Le nom français moderne est une adaptation de l'allemand : *Elsaß* > Alsace. ▸ « le lieu des sources phréatiques ». D'un étymon *Alisatium*, seule structure capable d'expliquer la totalité des mentions anciennes, formé d'un suffixe *-at-i-(um)* précédé d'un radical *alis-*. Le suffixe *at-ium* pourrait être une latinisation d'un primitif *-ate*, bien connu en toponymie française, d'origine pré-celtique. L'étymon primitif aurait été **Alisate*. Le radical *alis-*, qu'E. Nègre dans TGF 1990 donne pour hydronymique (plusieurs mentions de « source importante ») et pré-celtique, paraît composé des deux racines AL + IS, toutes deux connues en toponymie :

– tous les auteurs considèrent la racine AL, variante de AR, comme hydronymique et désignant des cours d'eau [« mouvement, eau en mouvement »] (Allaine, Alagnon, Elaver = Allier, Elle, Ill, Isle, etc.)

– la racine IS est, selon les auteurs, hydronymique (Isère, Oise, Yser, Isar...) ou/et oronymique (col de l'Iseran, Izaux, Istres... d'autres étant masqués par des éponymes invérifiables). Elle signifie « source », « surgissement ».

AL-IS (déterminé suivi de déterminant) signifierait logiquement « eau, rivière [issue] de [la] source », soit l'équivalent exact de *Brunnenwasser*, qui doit en être la traduction (voir ci-dessous).

La justification réside dans la référence à certains phénomènes hydrologiques, qui pourraient bien correspondre aux *Donnerlöcher*, sources ou résurgences parfois spectaculaires qui apparaissent en plusieurs endroits du Ried (VOIR CE NOM). Elles constituaient pour les habitants, de la Préhistoire au Moyen Age, des apports d'eau d'une pureté et d'une qualité exceptionnelles, d'une température constante été comme hiver de l'ordre de 10 à 12°, dans des zones marécageuses formées d'eaux de crues, de marais tourbeux, de bras morts stagnants. *Donnerloch* signifie « trou ouvert par la foudre » selon l'imagination populaire ; en réalité il s'agit d'affleurements de la nappe phréatique, parfois sous pression parce qu'obligés de crever la croûte d'argile, qui s'écoulent en ruisseaux appelés *Brunnenwasser*. Ainsi l'Alsace pourrait être, avec un degré de probabilité non négligeable, le pays « des sources phréatiques ». Celles-ci s'avèrent nombreuses entre Colmar et Strasbourg et sans doute davantage il y a des siècles : Riedbrunnen à la limite des bans de Colmar et d'Illhaeusern, Waechterquellen à Witternheim, Belle Source à Herbsheim, Sauerbrunnen, Rossfeldheck à Hilsenheim, etc. Il paraît même que la cathédrale de Strasbourg, tout comme l'église Saint-Etienne de la même ville, furent édifiées à l'emplacement de sources qui, vu leur situation, ne pouvaient qu'être des sources phréatiques. Le nom d'Alsace aurait donc désigné d'abord le centre de la plaine adossé au Rhin, avant de s'étendre

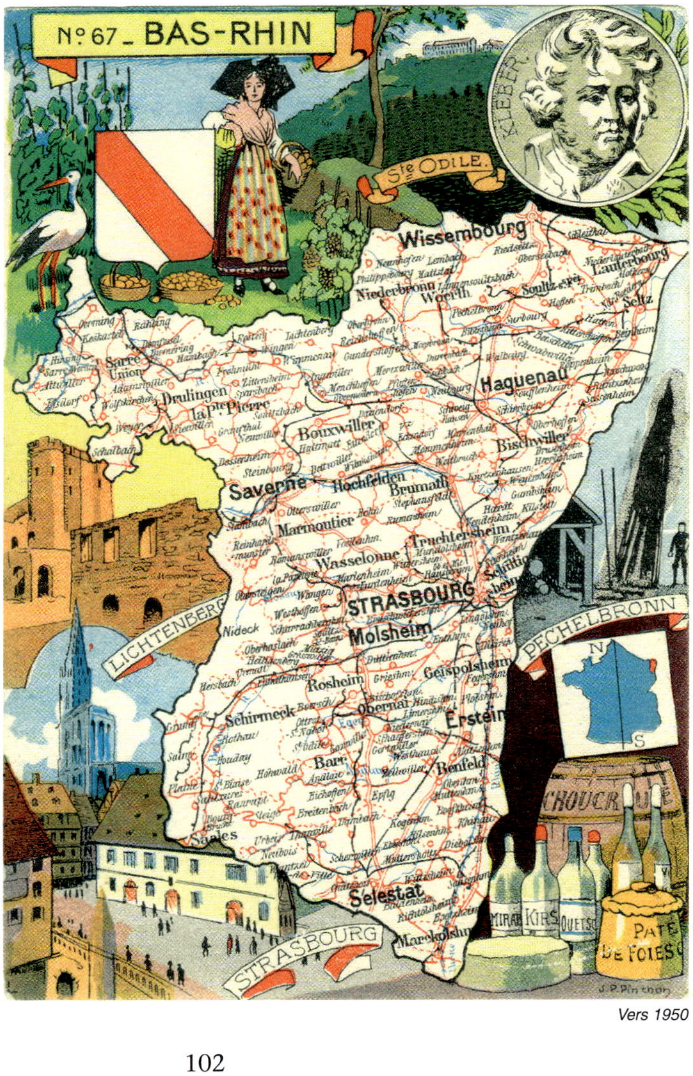

Vers 1950

jusqu'à ses limites actuelles. (Comparer avec le Pays de Bade voisin, en all. *Baden* « bains », traduction du latin *Balnea* ou *Aquæ*. Les bains romains étaient établis sur des sources d'eaux chaudes, minérales ou de source.) Il y a bien sûr de nombreuses autres sources en Alsace, mais elles n'ont pas le caractère particulier des *Donnerlöcher* que décrit la racine AL-IS.

⏩ Explications complémentaires : le nom de l'Alsace est toujours resté une énigme. Deux thèses germaniques, deux thèses celtiques et une thèse « autochtone » sont nées des affrontements séculaires entre les deux entités politiques de l'est et de l'ouest, chacune revendiquant pour son compte l'appartenance « ethnique » des Alsaciens, et avant tout le sol sur lequel ils vivent.

La thèse germanique la plus ancienne, qui se trouve dès le IXe siècle sous la plume du poète Ermoldus Nigellus (Ermold le Noir), exhumée par C. Zeuss (Munich 1837), répétée quatre fois par F. Mentz entre 1915 et 1937, n'a cessé d'être reprise mécaniquement, sans doute par absence de concurrence. Elle fait remonter Alsace à un étymon **Alisaz*, composé de *ali* « autre, ailleurs » et *saz* « établissement » (mot de la même racine que *sitzen* [prétérit *saß*] « être assis », d'où « être fixé, résider ») ; c'est-à-dire « établissement autre, ailleurs » voire « à l'étranger ». Il se serait agi du nom donné par les Alamans restés sur la rive droite du Rhin, au territoire de ceux des leurs passés sur la rive gauche. L'inanité de cette étymologie a été démontrée. Elle ne possède aucun fondement scientifique et a tout d'une remotivation d'époque germanique. Elle a contre elle quatre arguments mentionnés par F. J. Himly dans *Revue d'Alsace* tome 94, 1955 :

1) ce serait la seule formation parmi les noms de régions germaniques qui ne s'appuierait pas sur un nom de rivière, montagne, forêt, peuple ou ville importante

2) *alisaz* signifie « autre établissement », en aucun cas « établissement à l'étranger » ou « établissement sur l'autre rive »

3) ce sens aurait été incompréhensible pour ses habitants, qui n'étaient pas de savants professeurs, mais des illettrés attachés au concret

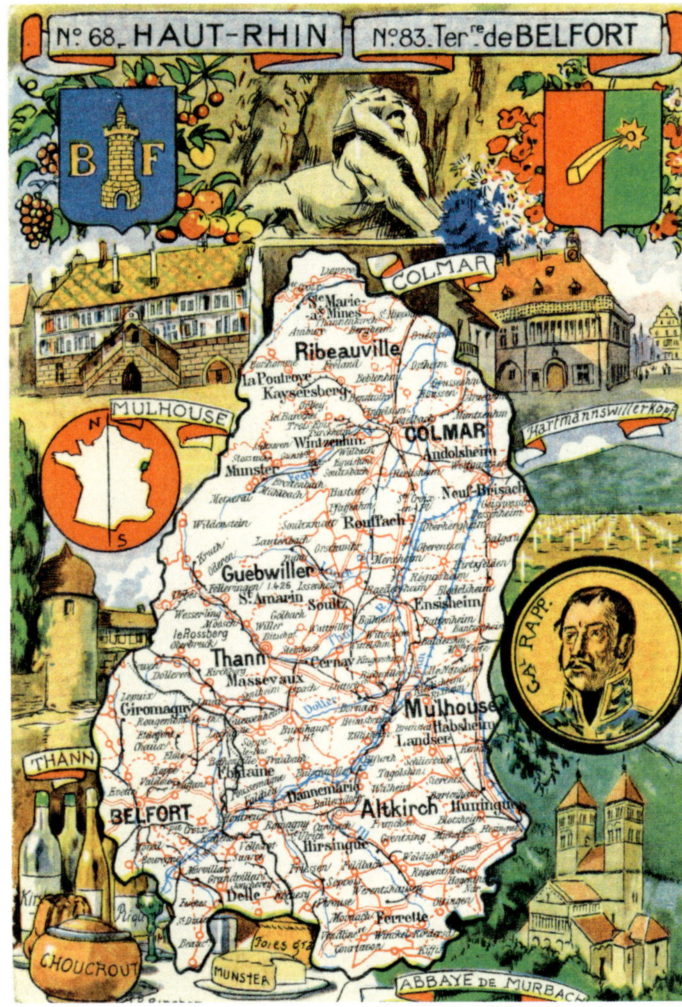

Vers 1950

4) cette étymologie ne tient pas compte des formes antérieures à 754.

Une autre thèse germanique, dite « des tricomposés », complète la précédente et voit dans Alsace la contraction, par ellipse de l'élément central, d'une forme **Alilandsaz*, c'est-à-dire « établissement dans un autre pays », ou encore **Alamannensaz*, « établissement des Alamans » (*Ali[land]saz*, *Ala[mannen]saz*, comme *Ebersheimmunster* est devenu Ebersmunster ou *Rosheimwiller*, Rosen-willer). Thèse qui cherche à redonner du sens, mais que ne corroborent pas les formes anciennes.

Selon la thèse appelée « autochtone », l'Alsace serait le « pays de l'Ill » (**Ill-saß*), pour le motif que *El-* de *Elsaß* rappelle le nom *Ill* et que l'Ill est citée sous la forme *Alsa* entre le Xe et le XIVe siècles : *Alsa* Xe siècle, *Alle* 1259, *Alsa* 1262-89, 1349. Les mentions anciennes montrent pourtant clairement la différence entre le nom de l'Alsace et celui de sa principale rivière : pour Alsace, les formes sont constamment en <A-> du VIIe au IXe siècle, puis en <E-> à partir du IXe siècle, qui manifestent la métaphonie (*Umlaut*), normale en présence de [i] subséquent. Alors que pendant cette même période Ill a toujours un radical en [i] : *Illam* 770, *Illa* 777, *Ille* 814, *Illa* 845, *Illam* XIIe siècle. La forme *Alsa* s'avère donc rien plus qu'une réfection, savante et tardive, inspirée par le nom même de l'Alsace. Par conséquent, malgré son aspect consensuel et un « envisagement » satisfaisant du lieu à nommer, cette thèse ne peut être retenue.

Deux autres thèses, cette fois celtisantes, ont le mérite d'avoir attiré l'attention sur la concordance entre les formes romanes médiévales du nom de l'Alsace, *Aulxey, Auxois, Aussay, Aussais,* et les plus anciennes formes d'archives, qui toutes stipulent l'étymon **Alisatium*.

Le terme celtique *alisa* « rocher », est identique, d'après la phonétique indo-européenne, au vieil allemand *falisa* (> allemand *Fels*, *Felsen*, français *falaise* ; pour dire vite, Elsberg = Felsberg). L'Alsace serait le « pays des rochers, des falaises ». Conforme aux règles, cette explication ne l'est guère à la réalité physique de l'Alsace, à la différence par exemple de l'Ajoie/Elsgau (VOIR CE NOM), ou de nombre d'autres toponymes notamment bourguignons qui, d'Auxey à Auxois, en passant par Alésia (auj. Alise-Sainte-Reine, Côte-d'Or), manifestent effectivement la présence de falaises. De fait, le terme d'Alsace n'a jamais désigné les Vosges, mais toujours la région comprise entre Vosges et Rhin.

La deuxième thèse celtique remplace *alisa* « rocher » par un homonyme *alisa* (ou *alisia*) « alise, alisier ». L'Alsace deviendrait « le pays des alisiers »... En allemand, « alise » se dit

1906

Elsbeer et « alisier » *Elsbeerbaum* et serait emprunté au gaulois. Il n'a pas semble-t-il laissé de traces en toponymie. La racine indo-européenne ALIS- a fourni également le vieux latin *alisnos* (> latin classique *alnus* > fr. *aulne*) et le germanique *alisa* « aulne » ; de cette forme proviennent all. *Else* « aulne », *Eller* id. (de *elira* < *alisa*) et *Erle* id. (de *erila* < *elira* < *alisa*), trois termes pour désigner un même végétal. L'aulne, arbre aquatique au bois imputrescible qui absorbe l'eau des marécages, était souvent employé dans les constructions sur pilotis. La toponymie française en a gardé de nombreuses traces (Aulnay etc.). L'Alsace pourrait valablement être un « pays des aulnes » (*alisetum*), mais cette signification ne permettrait pas d'englober les monts Elsberg alsaciens.

⏩ Explications complémentaires : à partir d'*Alisatium*, l'évolution phonétique se décrit comme suit : pour la période romane, syncope de l'[i] atone et palatalisation du groupe [tiu] en [tsju, tsjo] : en gros, **Alisatium* > **Alsazio* (<z> prononcé [ts]) ; ensuite le mot est adapté en germanique sous la forme **Alsazi* (chute de la voyelle finale conforme aux traitements observés ailleurs), puis métaphonie [a > e] entraînée par [i] subséquent et, à terme, chute de cet [i] : **Alsazi* > **Elsez*. Puis <z> se comporte comme un produit de la seconde mutation consonantique du haut allemand et devient [s] : **Elsez* > **Elseß*. Cette dernière forme, prononcée ["'elsəs] avec [ə] atone, a rapidement été remotivée par attraction du verbe *sitzen, saß*, comme on l'a vu, d'où ["'el'sås]. Toutefois, dans certaines contrées du Pays de Bade, l'Alsace est encore appelée *Elsiß* ["'elsis], avec une finale non accentuée.

Mais le problème au départ est de savoir s'il faut lire *Ali|satium* (interprétation « germanique ») ou *Alis|atium* (lecture « pré-germanique »). La diffusion du radical *alis-* en toponymie française plaiderait pour une origine pré-germanique, bien qu'il se trouve aussi en pays allemand : TGF (*op. cit.*) le donne pour hydronymique et préceltique, en citant les exemples des rivières Alise, Alses, Auze, Alzon, Auzance, Alzonne, auxquelles on peut et doit ajouter l'Alsenz, affluent de la Nahe, et l'Elsenz, affluent du Neckar, qui proviennent d'un étymon *Alisantia* (suffixe *-antia* de nom de rivière), ce qui prouve que cette racine était aussi répandue en Germanie. Alisontia était le nom latin d'un affluent de la Moselle. De nombreux lieux français actuels (Aussois, Auxois, Aussonce, Auxon, Aussonne, Auxonne, Auzelles, Auzon, Alzen, Alzon, Alzonne) ainsi que des noms de lieux antiques tels que Alsium, Alesia, Alsincum, etc., s'y rapportent. Enfin, plusieurs éminences, grandes ou plus petites, portent en Alsace le nom d'Elsberg : citons celui non loin du Mont Sainte-Odile (673 m), et celui près de Carspach (340 m). Cette nuée de toponymes reposant sur un radical *alis-* rend véritablement crédible le sens de « source ».

1912, Sarre-Union au cœur de l'Alsace Bossue.

ALSACE BOSSUE, als. *Krummes Elsàss*. Se dit aussi, par euphémisme, Alsace Torse. La véritable traduction de *krumm* est « tordu ». ▸ Ce nom bizarre dénomme la région nord-ouest du département du Bas-Rhin (cantons actuels de Sarre-Union et Drulingen). On trouve la mention *Alsatia curva* « Alsace courbe » déjà dans un texte de 1680. Cette appellation n'est donc pas due au fait que la région forme comme une bosse sur la carte, par comparaison avec l'ancienne limite du département, mais plus vraisemblablement à cause de son relief souvent bossué et tourmenté. (voir aussi Rhin Tortu, traduction de l'allemand *Krummer Rhein, alsacien Krimmeri.*) ⏩ Explications complémentaires : avant la Révolution, la seigneurie de Diemeringen, celle d'Asswiller et la principauté de Nassau-Saarwerden formaient des enclaves étrangères à l'intérieur du royaume. Devenus français, ces territoires, majoritairement protestants, furent rattachés à l'Alsace en 1793, bien qu'ils fassent géographiquement partie du plateau lorrain.

1913

ALTECKENDORF (BR) [altɛkəndɔrf], als. *(Àlt)ackedorf* ["'aGə'DoRf] ; *Echanhaime* 742. Fusion en 1777 de *Altdorf* « vieux village » (all. *alt* « vieux », *Dorf* « village ») et de *Eckendorf*, du suffixe *-dorf* précédé peut-être de *Eck(e)*, terme germanique signifiant à l'origine « pointe », et désignant en toponymie des « haies d'épineux », d'où la notion de « zone infranchissable » ou d'une racine paléo-européenne AK, de même signification. (VOIR HAGUENAU ET HAEGEN.) +

Vers 1910

ALTENACH (HR) [altənax], als. *Àltenàch* ["'ålDə'nåx], doublet roman *Atteney*. ▸ « le lieu où l'eau monte ». Du gallo-roman **Altanacum*, formé de la racine paléo-européenne AL-T « mouvement de l'eau en direction verticale », suivie du suffixe locatif *-acum*. On dénombrait en 1965 trente puits artésiens dans le village ; les eaux d'infiltration rencontrent à Altenach un barrage argileux qui les oblige à jaillir du sol. A noter que le suffixe *-ach*, d'origine germanique, désigne lui aussi « l'eau » (vieil allemand *aha*).

1934

ALTENBACH (HR) [altənbax], als. *Àltebàch* ["'ålDə'Båx]. ▸ « le haut ruisseau ». Traduction du latin *altus rivus* « haut ruisseau », plus satisfaisant que l'allemand *Alten-bach* « vieux ruisseau », vu également la situation du village à 700 m d'altitude. ▸▸ Certains Altenbach désignant des ruisseaux peuvent aussi renvoyer au latin *altus* avec le sens de « profond » (cp. en français *haute mer*) : donc « ruisseau profond ».

ALTENBERG (M) [altənbɛrk], mieux que -[bɛrg], als. *Àltebarig* ["'ålDə'Barik], nom de plusieurs lieux de la montagne vosgienne. ▸ « la haute montagne ». Psychologiquement plus recevable que le sens littéral en allemand « vieille montagne » (all. *alt* « vieux »). Du latin *altus*, ou du celtique *uxo, uxello* « haut », traduit par la suite en latin (VOIR HOHENBOURG) et du germanique *Berg* « montagne », lui-même traduction du latin *mons* et/ou du celtique *briga* ou *dunos* « montagne ».

1901

1910

ALTENHEIM (BR) [altənajm], als. *Àltene* ["ʻålDənə]. ▸ « l'habitation en hauteur ». Du latin *altus* « haut » (vu la situation dominante du lieu) mieux que germanique *alt* « vieux », suivi du suffixe *-heim*.

Vers 1930, les fils électriques ont été gommés de la photo.

ALTENSTADT (BR) [altənʃtat], als. *Àltestàdt* ["ʻålDəʼʃDåt]. ▸ « la vieille clairière ». Soit de l'allemand *alt* « vieux » et *Statt* « endroit » (l'orthographe *Stadt* et le sens de « ville » ne se sont précisés qu'au XIVe siècle), soit plus probablement traduction du type celtique *Senoialos* « vieille clairière » (*seno* « vieux » et *ialos* « clairière » traduit par germ *-Statt*, VOIR CHAPITRE III). /SENEUJOLS (HAUTE-LOIRE).

Vers 1900

ALTENWEIHER (lac) [altənvajər], au-dessus de Mittlach (HR) ▸ « le haut étang ». Du latin *altus* « haut » et de l'allemand *Weiher* « étang », mot issu lui-même du latin *vivarium* « [pièce d'eau] où l'on garde du poisson vivant ».

Vers 1915

ALTKIRCH (HR) [altkirʃ], als. *Àltkìrech* ["'ålt'kʰIr°x] ; *Altikirich* 1102. ▸ « la vieille église » (suffixe *-kirch*). Du germanique *alt* « vieux » et *kirika* « église » (VOIR CHAPITRE III). Adapté sous la forme française *Hauteclique* par les Bourguignons, qui dominèrent la ville au XVe siècle. ▸▸ Autre explication : sens de « haut abri », vu la situation du lieu sur un éperon ; du latin *altus* « haut » et du celtique *gergo* « abri en hauteur » adapté en germ. *kir(i)k-*.

ALTORF (BR) [altɔrf], als. *Àldorf* ["'ål'DoRf] ; *Altum Coenobium* 1050. ▸ « le monastère important ». Abbaye bénédictine fondée en 974. Le latin *altum* « haut » a ici vraisemblablement le sens d'« important » ; l'allemand *-dorf*

Vers 1910

« village » s'est substitué, en tant que suffixe, à l'appellation en latin d'église, mal connue, de *Coenobium* (du grec *koinobion* « vie en commun »). ⏩ Explication complémentaire : aurait pu fonctionner primitivement en tant que poste avancé sud de l'oppidum celtique du Mont Scharrach avec Nordheim, Westhoffen et Osthoffen (VOIR CES NOMS).

1905

ALTWILLER (BR) [altvilɛr], als. *Àltwiller* ["'âlD'vil°R]. ▸ « le vieux hameau » (acception germanique) ou « l'important domaine [agricole] » (acception gallo-romane). De l'allemand *alt* « vieux » et suffixe *-willer* (VOIR CHAPITRE III), ou du latin *altum* « haut, important » et suffixe *-villare*.

Vers 1915, ramassage des objets en cuivre qui seront fondus pour l'industrie de guerre.

AMMERSCHWIHR (HR) [amərʃvir], als. *Àmmerschwihr* ["'âm°R'ʃvi:R], doublet roman *Mariville*; *Amelrichswilere* 877. ▸ « le domaine d'Amalrik ». Du suffixe *-villare* précédé du nom de personne germanique *Amalrik* (français *Amaury*), sans doute métathèse pour **Almarik* (*al-* « tout », *mar* « célèbre », *rik* « roi »). ⏩ Autre explication : d'un radical *am-ar-*, formé sur la racine paléo-européenne AM, variante de AP, marquant un « obstacle du terrain », en l'occurrence une « bosse », une faible « éminence » (VOIR APPENWIHR).

Vers 1915

AMMERTZWILLER (HR) [amɛrtsvilɛr], als. *Àmmertzwiller* ["‘åm°R’Dsvil°R] ; *Amaratvilla* 1105. ▸ « le domaine d’Amalrat ». Du suffixe *-villare* précédé du nom de personne germanique *Amalrat*, sans doute métathèse pour **Almarat* (*al-* « tout », *mar* « célèbre », *rat* « conseil »). ▸▸ Autre explication : d’un radical *am-ar-*, formé sur la racine paléo-européenne AM, variante de AP, marquant un « obstacle du terrain », en l’occurrence une « bosse », une faible « éminence » (VOIR APPENWIHR).

1910, on voit la ligne de tramway Munster-La Schlucht.

AMPFERSBACH (HR) [ampfərsbax], als. *Àmpferschbàch* ["‘åmBf°R’ʃBåx]. ▸ « le ruisseau de l’oseille ». Nom du hameau et du ruisseau. De l’allemand *Ampfer* « oseille » suivi du suffixe *-bach* « ruisseau ». ▸▸ Autre explication : d’un étymon gallo-roman *Ambariacum*, composé d’un radical *Ambar-*, lui-même formé soit du gaulois *ambe* « rivière » soit de l’indo-européen AMBH « de tous les côtés » (cp. grec *amphi* « autour ») et du suffixe *-ar-*, suivi du suffixe de lieu *-iacum*, devenu en germanique *-ach* puis *-bach* (VOIR CHAPITRE III). Dans un cas, la signification serait tout simplement « la rivière », dans l'autre il serait fait allusion au cirque de la Martinswand qui ferme le vallon de l'Ampfersbach. /AMBÉRIEU (AIN).

1900, carte dessinée par Hermann Wenng.

ANDLAU (R) [ãdlo] ; *Andela* 1257. D'un étymon *Andalacum*, avec suffixe *-acum* évoluant en germanique en *-aha*, confondu avec *aha* « eau » (VOIR CHAPITRE III) et remplacé par *-au*, représentant l'allemand *Au* ou *Aue* « prairie humide » (vieux haut allemand *auwja*). Il s'explique par la racine paléo-européenne AN-T « mouvement de l'eau en direction verticale ». La concrétisation de ce sens théorique pourrait être ici celle de « source », peut-être par l'intermédiaire d'un mot celtique subsistant dans le breton *andon* de même sens.

ANDLAU (BR) [ãdlo], als. *Àndläü* ["'ån'Dlœj] ; *Eleon* 880, *Andelaha* 886, *Andeloha* 999. ▸ « le lieu sur l'Andlau ». Le site a pris le nom de la rivière (VOIR LE PRÉCÉDENT). Primitivement connu comme *Eleon* (VOIR CHAPITRE II). ⏩ Explication complémentaire : l'abbaye fondée en 880 par sainte Richarde a dû faire suite à un lieu de culte pré-chrétien aux étoiles du nord, lié à celui des ours (VOIR CHAPITRE II). Derrière la légende de l'ours changé en pierre par le froid saisonnier de l'hiver, se profilent l'Etoile polaire et les deux constellations de la Grande et de la Petite Ourse, qui indiquent le nord, le cercle arctique (grec *arktos* « ours »), domaine

1918

du froid éternel. Chez les Gaulois, l'ours était vénéré sous la forme d'une déesse nommée *Artio*. Pendant des millénaires, l'Etoile polaire a servi de point fixe d'orientation, par rapport au soleil et à la lune mouvants, afin de diriger la marche des hommes en l'absence de cours d'eaux (zones sèches) ou au contraire sur les mers. Jusqu'à l'invention d'appareils modernes de mesure, les marins se guidaient d'après les seules étoiles. La relation complexe « ours/nord/chemin au-dessus de l'eau » est donc constitutive et indissociable pour une compréhension globale du nom d'Andlau, dont la racine AN-D/AN-T est une variante de AR-T et de AL-T indiquant le « mouvement de l'eau en direction verticale ». /ANDELOT (HM), ANDELYS (EURE), ANDELNANS (TDB).

1917

ANDOLSHEIM (HR) [andɔlsajm], als. *Àndelse* ["ʻånD°lsə] ; *Ansulfisheim* 768, *Ansolsheim* jusqu'en 1720. ▸ « la demeure d'Ansulf ». Du nom de personne germanique *Ansulf* « dieu loup » (*ans-* « divinité », *wulf* « loup »). Dissimilation récente [*anselse* > *andelse*]. ▸▸ Autre explication : racine paléo-européenne AN-S « mouvement [de l'eau] à travers un interstice » (le village est situé en bordure d'un ancien ried de l'Ill, aujourd'hui endigué).

APPENWIHR (HR) [apənvir], als. *Àppewihr* [“åBə"vi:R] ; *Abbunuuileri* 884. ▸ « le domaine sur un obstacle du terrain ». De la racine paléo-européenne AP, marquant une éminence ou un creux (VOIR EPFIG), suivie du suffixe *-villa*. ▸▸ Autre explication : du nom propre germanique Abbo, sens inconnu. /APPEVILLE (EURE).

1902

Vers 1910, carte dessinée par Léo Schnug.

ARGENTORATE (BR) ; nom antique celtique de Strasbourg, jusqu'au Ve siècle en latin *Argentorum*. ▸ « le rempart là où la rivière forme un arc ». Du celtique *-rate* « rempart de terre », qui subsiste en irlandais (*raith* « enclos fortifié »), précédé du composé paléo-européen *Arg-ent(-o-)* c'est-à-dire *ARK-ANT-, analysable en AR-K « mouvement de l'eau en s'écartant » et -ANT- suffixe fréquent désignant des rivières. Il n'y a – sans doute – pas de rapport avec le sens d'« argent » (latin *argentum*), qu'il s'agisse du métal ou du chatoiement des eaux. ⏩ Explication complémentaire : sous la forme latine savante *Argentina*, traduite en français *Argentine*, la forme antique du nom de Strasbourg s'est perpétuée au long du Moyen Age, jusqu'au XVIe siècle.. /ARGENTRÉ (ILLE-ET-VILAINE), ARGENTEUIL, ETC.

1915

ARTOLSHEIM (BR) [artɔlsajm], als. *Àrtelse* ["'åRD°lsə] ; *Artolvesheim* 817. ▸ « l'habitation de la source ». De la racine paléo-européenne AR-T « mouvement de l'eau en direction verticale », indiquant ici une source minérale. Certains auteurs ont fait le rapprochement avec Artio, la déesse-ourse des Celtes, qui se retrouve aussi à Andlau, dont le sens est « source » (VOIR CE NOM). ⏩ Autre explication : du nom de personne germanique **Artulf* ou *Hartulf* « dur comme un loup » (*hart-* « dur », *wulf* « loup »).

ARTZENHEIM (HR) [artsənajm], als. *Àrtze* ["'å:RDsə] ; *Arcenheim* 987. ▸ « la demeure en zone de Hardt ». D'un étymon *ART-I-ON-, formé sur la racine paléo-européenne AR-T « mouvement de l'eau en direction verticale », indiquant ici l'absence d'eau en surface (VOIR HARDT). Dans l'Antiquité, il y avait à cet endroit un gué sur le Rhin. /ARÇON (CÔTE D'OR, DOUBS).

1919

1903

ASCHBACH (BR) [aʃbax], als. *Àschbàch* ["'åʃ'Båx]. ▸ « le ruisseau de l'ombre ou du frêne ». Le village tire peut-être son nom du ruisseau sur lequel il est situé. De l'allemand *-bach* « ruisseau », précédé du nom de l'« ombre » (*Asch* ou *Äsche*, poisson du genre salmonidé) ou du « frêne » (arbre sacré de la mythologie germanique, vieux haut allemand *Asch*, all. moderne *Esche*. VOIR ESCHBACH.). ⏩ Autre explication : il s'agit d'un village typique de défrichement, non loin de la bordure de la Forêt de Haguenau. Pourquoi ne pas invoquer un mot allemand homonyme *Esch* « finage, ban » (vieux haut allemand *ezzisc* « champ semé, finage »). VOIR AUSSI LE SUIVANT ET STUNDWILLER.

1918

Vers 1960

ASPACH (HR) [aspak] ou [aspax], als. *Àschbi* ["'åʃBi] ; *Aspach* 1307. ▸ « la source ». Le village tire son nom d'une source minérale déjà connue des Romains. D'un étymon *Asacum* (voir les nombreux *Azay* de France), formé de la racine paléo-européenne AS- « dépassement » > « source », suivie du suffixe locatif *-acum*, et évolution de celui-ci de *-ach* en *-bach (-pach)*. (Voir Asswiller, Eschau) ▸▸ Autre explication : une lecture *Asp/ach* et non *As/pach*, comme nous venons de le faire, peut renvoyer au nom du « tremble », en vieux haut all. *aspa* (all. mod. *Espe*). Cet arbre figure sur les armoiries de la commune. Mais la motivation est moindre, la couverture arborée manifestant un caractère plus éphémère qu'une source. Sur le plan phonétique, *Aspach* « l'eau du tremble » présenterait un suffixe *–aha* purement germanique, alors que l'ensemble des suffixes *–ach* et une partie des *–bach* remonte sans conteste au gallo-roman *–(i)acum*.

ASPACH-LE-BAS (HR) [aspaxləba], als. *Niederàschbàch* ["nI:D°R'åʃ'Båx]. Le village tire son nom du ruisseau sur lequel il est situé. Voir Aschbach.

1911

ASPACH-LE-HAUT (HR) [aspaxləo], als. *Ìweràschbàch* ["'Iv°R'åʃ'Båx]. Comme Aspach-le-Bas.

ASPACH (PONT D')

Voir Pont d'Aspach.

ASSWILLER (BR) [asvilɛr], als. *Àsswiller* ["'ås'vil°R] ; *Ascovillare* 718. ▸ « le domaine des sources ». On y trouve aujourd'hui encore quatre fontaines. D'un étymon **Asacovillare*, formé de la racine paléo-européenne AS- « dépassement » > « source », suivie du suffixe locatif *-acum*, auquel s'ajoute le suffixe *-villare* à l'époque gallo-romaine.

1907

1905

ATTENSCHWILLER (HR) [atənʃvilɛr], als. *Àtteschwiller* [''åDə"ʃvil°R] ; *Hadmanswiller* 1187. ▸ « le domaine de Hadman ». Du nom de personne germanique *Hadman* « combattant » (*had* « combat », *man* « homme »). ▸▸ Autre explication : de la racine paléo-européenne AT désignant un « palier ». Voir site du village.

1907

AUBURE (HR) [obyr], als. *Àltwihr* ["'ålt'vi:R] ; *Alburiis* XIIIe siècle, *Altpur* 1328, *Altweyer* 1581. ‣ « la source du col ». De la racine paléo-européenne AL-P désignant en général le « mouvement de l'eau en ce qu'il forme une arborescence » > « point de repère du réseau hydrographique (source d'un col, confluent) ». Aubure est situé au col de Fréland, à la source du Muesbach. Une germanisation a eu lieu en deux étapes : la première syllabe fut identifiée à all. *alt* « vieux » et la seconde à *bur* « maison isolée » (allemand actuel *Bauer* « cage »), remplacé plus tard par le suffixe plus courant -*wihr*. La forme romane, devenue officielle, est restée fidèle à l'étymon.

1903

AUENHEIM (BR) [awənajm], als. *Auenem* ["‘awənəm] ; *Oweheim* 1359. ▸ « l'habitation sur la prairie humide ». De l'allemand *Au* ou *Aue* « prairie humide », suivi du suffixe *-heim*.

Vers 1950

AVENHEIM (BR) [avənajm], als. *Oofne* ["‘o:fnə]. ▸ « la demeure près de la rivière ». Peut-être du gaulois *abona* « rivière » (l'*Avenheimersbach*), suivi du suffixe germanique *-heim*. (VOIR SCHNERSHEIM.)

1904

AVOLSHEIM (BR) [avɔlsajm], als. *Àvelse* ["‘å:f°lsə] ; *Avelsheim* 1051. ▸ « l'habitat près des noisetiers ». Un nom d'homme germanique *Afold n'étant pas attesté, peut-être du latin *(nux) abellana* « noisette », suivi du suffixe germanique *-heim*. ▸▸ Explication complémentaire : Les forêts de noisetiers étaient très répandues et étendues, à l'époque préhistorique, puis elles diminuèrent par suite de plantation d'autres espèces. D'après la tradition populaire, le noisetier servait à fabriquer la baguette fourchue des sourciers et des magiciens ; la thyrse des bacchantes était en bois de coudrier, variété ancienne de noisetier. Quant à la noisette, certaines superstitions y voient un symbole métaphorique du fœtus. Un lieu de culte pré-chrétien est attesté près d'Avolsheim par la présence de la vieille église du Dompeter (VOIR CE NOM).

BABERSENBACH (R) Affluent de la Largue à Seppois-le-Haut ; *Paparfun* XIe siècle, *Waporphuende* 1299, *Baberschen* 1574. D'autre part, le ruisseau voisin appelé Dorfbach est cité dans les textes comme *Babamebach*. ▸ « le ruisseau souterrain ». Du gaulois *vabero* « ruisseau », « ruisseau souterrain » et « forêt humide », formé sur la racine paléo-européenne PAP/BAB « eau souterraine ». Le suffixe des formes anciennes est le latin *fonte(m)* « source ».

1930

BAERENDORF (BR) [bɛrəndɔrf], als. *Bäredorf* ["Bɛ:rə'DoRf] ; *Berunivillare* 718. ▸ « le village dans le vallon ». De la racine paléo-européenne

PAR/BAR « renflement, vallonnement » suivie du suffixe *-on-*. Le suffixe gallo-roman *-villare* a été remplacé par le germanique *-dorf* (VOIR CHAPITRE III). ⏩ Autre explication : une origine par l'allemand *Bär* « ours » est possible quoique moins motivée. /BARONCOURT (MEUSE).

Vers 1920

BAGENELLES (LES) (HR), lieu-dit du Bonhomme [le baʒnɛl] ; *Behenelle* 1441. Provient peut-être de la francisation de l'allemand *Belchen* « ballon », avec métathèse [l-h-n] > [h-n-l]. (VOIR BALLON.)

BALBRONN (BR) [balbrɔn], als. *Bàlwere* ["Bålvərə] ; *Baldeburn, Baldersbronn* XVIᵉ siècle. ▸ « la fontaine bouillonnante ». De la racine paléo-européenne BAL-T signifiant « gonflement, bouillonnement », pouvant désigner une eau qui sourd à gros bouillons ou un bourbier, et suivie du suffixe germanique *-bronn* « fontaine, source » (all. *Brunnen*). Le rapprochement – artificiel – effectué par le chroniqueur Königshoven avec le dieu germanique du soleil, *Balder*, tient peut-être à ce que les sources étaient consacrées, notamment lorsqu'elles étaient curatives, à des divinités telles que Borvo chez les Celtes ou Apollon chez les Romains, qui était à la fois dieu de la médecine et du soleil. VOIR AUSSI AU CHAPITRE II LA LÉGENDE DE « L'HOMME DE FEU ». ⏩ Autre explication : d'un nom d'homme germanique *Baldo* « audacieux » > « la fontaine de Baldo ».

1915

BALDENHEIM (BR) [baldənajm], als. *Bàldene* ["BålDənə] ; *Baldanheim* 817. ▸ « la demeure de Baldo ». Du nom d'homme germanique *Baldo* « audacieux », suivi du suffixe germanique *-heim*. ⏩ Autre explication : de la racine paléo-européenne BAL-T signifiant « gonflement, bouillonnement », pouvant désigner une eau qui sourd à gros bouillons ou un bourbier.

1961, les cigognes ont été ajoutées sur le toit.

BALDERSHEIM (HR) [baldərsajm], als. *Bàldersche* ["BålD°Rʃə] ; *Balteresheim* 817. ▸ « la demeure de (la source) bouillonnante ». De la racine paléo-européenne BAL-T signifiant « gonflement, bouillonnement », pouvant désigner une eau qui sourd à gros bouillons ou un bourbier, suivie du suffixe germanique *-heim*.

Nombreuses sources captées sur le ban de Baldersheim. A noter que *Balder* était le nom du dieu germanique du soleil, sans doute parce que les sources étaient consacrées, notamment lorsqu'elles étaient curatives, à des divinités à des divinités telles que Borvo chez les Celtes ou Apollon chez les Romains, qui était à la fois dieu de la médecine et du soleil (VOIR BALBRONN). ⏩ Autre explication : du nom d'homme germanique *Baldhari* > *Baldher* « armée audacieuse » (*bald* « audacieux », *hari* « armée »).

1902

1901

BALGAU (HR) [balgo], als. *Bàlgài* ["Bål'Gåj] ; *Palgouua* 896. ▸ « la prairie sur le talus ». Analyser Balg|au et non Bal|gau, le terme all. *Gau* « district, région » étant inapproprié pour désigner un village. Du germanique *Au* « prairie humide », précédé de la racine paléo-européenne BAL-K « gonflement formant obstacle », qui pouvait désigner la dénivellation entre la terrasse de la Hardt et l'ancien lit majeur du Rhin qui, à cet endroit, forme un talus. Attraction paronymique de l'alsacien *Bàlg* « peau d'animal » ou de *bàlge* « gronder ».

Vers 1915

BALLERSDORF (HR) [balərsdɔrf], als. *Bàllerschdorf* ["Bål°R'ʃDoRf], doublet roman *Baudricourt*; *Balderichesdorf* 823. ▸ « le village de Baldrik ». Du nom de personne germanique *Baldrik* (français *Baudry*), d'après *bald* « audacieux » et *rik* « puissant, roi »), suivi du suffixe *-dorf*. ⏩ Autre explication : de la racine pré-latine *baldr-* > *baudr-* « endroit boueux, bourbier ». /BAUDRES (MANCHE, INDRE).

Vers 1915

BALLON (M) [balõ], nom générique désignant certains sommets du sud des Vosges et de la Forêt Noire ainsi que du Jura Suisse, en allemand *Belchen*, alsacien *Balche* ["Balxə] ; *Beleus* 817 (forme latinisée), vieux haut allemand *belihha*, la forme française *ballon* n'apparaît qu'au XVIe siècle. ▸ « le gonflement ». De la racine paléo-européenne BAL « gonflement, renflement », peut-être d'un étymon pré-germanique **bal(l)īcus* ou *bal(l)īca* (sur l'indétermination du genre, cp. Alsace et Vosges), qui rendrait compte à la fois de *Beleus* et du vieil allemand *belihha* (avec métaphonie régulière [a > e] devant ī). Le français *ballon* pourrait être une adaptation, dans le dialecte lorrain des Vosges, du moyen alsacien *Balchen* [Balxən] : la finale *-en* devient *-on* [õ] (cp. *Badonvillers* (MM) / *Badenweiler* (Pays de Bade) et, près de Bâle, le bourg appelé *Laufen* en allemand et *Laufon* en français), et la dorsale [x] s'efface. L'influence du mot *ballon* « grosse balle » est incontestable. ▸▸ Explication complémentaire : bien qu'il n'y ait pas, à l'origine, de rapport direct entre le nom des ballons et celui du dieu gaulois du soleil *Belenos* (hormis leur racine paléo-européenne commune BAL/BEL), il est aujourd'hui reconnu que plusieurs sommets des Vosges étaient des lieux de culte solaire. Par la suite, par un phénomène de réinterprétation, certains toponymistes ont pensé expliquer le nom des ballons et d'autres sommets en *bal-*, *bel-*, *bol-*, *bul-*, par le nom de *Belenos* (ou de son équivalent romain *Apollon*, analysé comme *a-POL(L)-on*).

1912, un marchand de volailles ambulant.

BALSCHWILLER (HR) [balʃvilɛr], als. *Bàlschwiller* ["Bål'ʃvil°R] ; *Baltowiler* 728. ▸ « le domaine de Baldo ». Du nom d'homme germanique *Baldo* « audacieux », suivi du suffixe gallo-roman *-villare*. ▸▸ Autre explication : de la racine paléo-européenne BAL-T signifiant « gonflement, bouillonnement », pouvant désigner une eau qui sourd à gros bouillons ou un bourbier (VOIR UBERKUMEN). /BAUDONVILLIERS (MEUSE).

1912

BALTZENHEIM (HR) [baltsənajm], als. *Bàltze* ["BålDsə] ; *Baldolfesheim* 847, *Baldultsheim* 1114. ‣ « la demeure de Baldulf ». Du suffixe *-heim* précédé du nom de personne germanique *Baldulf* « loup hardi » (*bald* « hardi », *wulf* « loup »). Sans doute prononcé *Baldeltzheim* au XIIe siècle, le toponyme s'est contracté en *Baltzheim/Baltze(n)*, puis la forme officielle *Baltzenheim* a subi l'attraction de l'allemand *Balz* « pariade des oiseaux ». ‣‣ Autre explication : de la racine paléo-européenne BAL-T signifiant « gonflement, bouillonnement », pouvant désigner un bourbier (village situé sur une ancienne île du Rhin).

Vers 1920

BALVEURCHE (M) [balvœrʃ], nom d'un sommet de 1 181 m sur la route de la Schlucht à Gérardmer. Adaptation romane de l'allemand *Belfirst*, de *First* « crête », précédé de la racine paléo-européenne BAL « gonflement », pour désigner une montagne (VOIR BALLON).

BAN-DE-LA-ROCHE (LE) (BR) [bãdəlarɔʃ]. ‣ Dénomination nouvelle, datant de 1974, pour les quatre communes fusionnées de Fouday, Waldersbach, Belmont et Bellefosse (VOIR CES NOMS). Il reprend l'ancien nom du canton en usage sous la Révolution et l'Empire, à l'époque du pasteur Jean-Frédéric Oberlin, figure marquante de la région. Ban est à entendre dans le sens de l'all. *Bann* « territoire, district » et non comme en français *ban* (1. « proclamation », 2. « service commun », 3. « exil »). Le qualificatif -la-Roche provient d'un château appelé *Stein*, à quatre kilomètres de Fouday.

1910

1918

BANTZENHEIM (HR) [bantsənajm], als. *Bàntzene* ["BånDsənə] ; *Pancinhaim* 795. ‣ « l'habitation sur le bord, le remblai ». Du suffixe *-heim*, précédé de la racine paléo-européenne BAN-T « gonflement formant palier », en l'occurrence un talus formé dans l'axe nord-sud par accumulation de sable, d'argile ou de gravier déposés par le Rhin. Etymon potentiel : **Bant-i-on-*.

1912

BAREMBACH (BR) [barãba], dans la partie romanophone de la vallée de la Bruche. ▸ « le ruisseau du vallon ». Du germanique *Bach* « ruisseau », précédé de la racine paléo-européenne BAR « renflement, vallonnement ». C'est aussi le nom du ruisseau le *Barembach*.

Vers 1910

BARR (BR) [băr] – avec a bref, pas comme dans le français *barre* –, als. *Bàrr* ["BåR] ; *Barr* 708. ▸ « le renflement ». Le gaulois connaît le mot *barro* « sommet, hauteur », présent dans HAUT-BARR, rocher et château près de Saverne, dont le féminin *barra* a donné le français *barre* « crête rocheuse redressée à la verticale » (signification conservée dans les Alpes), puis les sens généraux de « barrage » et de « traverse ». Toute la famille remonte à la racine paléo-européenne BAR « renflement, vallonnement ».

1909

BARTENHEIM (HR) [bartənajm], als. *Bàrtene* ["Bå:RDənə] ; *Bartenhaim* 829. ▸ « la demeure sur le bord ». Suffixe germanique *-heim* précédé de la racine paléo-européenne BAR-T « renflement formant palier », c'est-à-dire un « bord », en l'occurrence le rebord que forme la plateau sundgauvien par rapport à la plaine du Rhin. Les mots français *bord*, *border* et *embarder* « passer d'un bord sur l'autre », *débarder* « décharger sur le bord », *barde* « renflement formant bord », sont de la même famille. La *barbe* (all. *Bart*, terme illusoirement présent dans la forme du toponyme) est une « barde ». (VOIR LAMPERTHEIM.)

BASSEMBERG (BR) [basãbɛr], dans la zone romanophone du val de Villé, als. *Bàssebari* ["Båsə'Bari]. ▸ « là où la montagne s'abaisse ». Suffixe germanique *-berg* « montagne », précédé de la racine paléo-européenne PAS/BAS « abaissement, passage », à laquelle ressortit le latin populaire *bassus*, d'où fr. *bas*, *baisser*. ▸▸ Autre explication : du nom d'homme germanique *Basso*, sens inconnu.

Vers 1900

Le Bastberg aurait été autrefois couvert de vignes, et pour cette raison appelé aussi *Bacchusberg*, *Bacchsberg* (de Bacchus, dieu du vin et de la fécondité dans le monde romain). Endroit réputé maudit, où toutes les sorcières de Basse-Alsace se réunissent pour tenir leurs sabbats, le Bastberg a dû être lieu de culte des adeptes de Bacchus et de ses rites de fécondité (bacchanales), ce qui en explique la christianisation (VOIR CHAPITRE II). ⏩ Explication complémentaire : la racine paléo-européenne BAK exprime d'autre part l'idée de disharmonie (séparation, division, vacuité, bosse, forme biscornue) : or le Bastberg a deux sommets, comme les cornes du bouc, animal emblématique de Bacchus. (VOIR BOUXWILLER.)

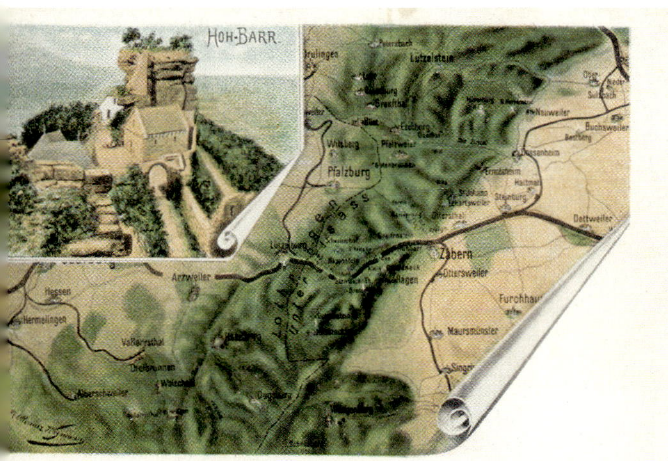

Vers 1900, carte dessinée par Ottomar Weymann. Le Bastberg est l'une des collines située autour de Saverne.

BASTBERG (M) [bastbɛrk] mieux que -[bɛrg], als. *Bàschbari* ["BåʃʼBari]. Colline au-dessus de Bouxwiller (BR). ▸ « le mont Saint-Sébastien ». Précédé du suffixe germanique *-berg* « montagne, sommet », le radical *Bast-* rappelle le prénom *Sébastien*, all. *Sebastian*, dont le dialecte alsacien a fait *Bàsch*, *Bàschtjàn*, *Bàschung*. Du nom de saint *Sebastianus* (du grec *sebastos* « honoré »), martyr supplicié à coups de flèches vers l'an 300. « A la Saint-Sébastien (*Bàschesdà*, le 20 janvier), même le plus mauvais vigneron doit avoir taillé ses vignes », rappelle le dicton.

1917

BATTENHEIM (HR) [batənajm], als. *Bàttene* ["BåDənə] ; *Patenhaime* 739. ▸ « l'habitation sur un endroit plat ». Du suffixe germanique *-heim*, précédé de la racine paléo-européenne PAT/BAT qui signifie entre autres « objet présentant une section plate ». ⏩ Autre explication : du nom de personne germanique *Bado* « combat ».

Vers 1925

1912

BATZENDORF (BR) [batsəndɔrf], als. *Bàtzedorf* ["BåDsə'DoRf]. ▸ « le village sur une butte ». Du suffixe germanique *-dorf*, précédé de la racine paléo-européenne PAT/BAT qui signifie entre autres « objet présentant une limite plate (butte, plateau, puits...) ». Un primitif **Battensdorf* est devenu **Battesdorf*, d'où **Battsedorf* par attraction de l'all. *Batzen* « motte de terre » als. *Bàtze* « trognon », « magot ». ▸▸ Autre explication : du nom de personne germanique *Pazzo*, sans signification connue.

BEBLENHEIM (HR) [bɛblənajm], als. *Bawle* ["Ba:vlə], all. *Bebelnheim* ; *Babiloniswilare*, *Babilenheim* 1128. ▸ « l'habitation des eaux souterraines ». Nommé ainsi à cause des pertes et résurgences de cours d'eau qui caractérisent son sol calcaire. De la racine paléo-européenne PAP/BAB désignant notamment les cours d'eau souterrains (comparer als. *babbig* « (sol) détrempé », gaulois *bava* « boue », latin *bibere* « boire »), suivie d'abord du suffixe gallo-roman *-villare*, puis du suffixe germanique *-heim*. (VOIR BENNWIHR.) ▸▸ Autre explication : du nom de personne germanique **Babilo*, sans signification connue.

Vers 1930

BÉCHINE

VOIR FECHT.

1907

BEHLENHEIM (BR) [belənajm], als. *Bahle* ["Ba:lə]. ‣ « la demeure dans le vallon ». De la racine paléo-européenne PAL/BAL « renflement, vallonnement » suivie du suffixe *-heim*. Pourrait provenir du gaulois *Belēnos*, nom du dieu du soleil, mais aucun indice externe ne le confirme.

1919

BEINHEIM (BR) [bajnajm], als. *Bänem* ["Bɛ:n°m] ; *Bainenheim* 770. ‣ « l'habitation du méandre ». Suffixe germanique *-heim*, précédé de la racine paléo-européenne BAN « gonflement » d'où « boule », « courbe » (cf. gaulois *banno* « corne »), et sans doute plus précisément de l'étymon **Ban(n)-ion-* (palatalisation entraînant la métathèse de [i] : [*bani-* > *bain-*]), à cause du méandre particulièrement prononcé et presque refermé sur lui-même de la Sauer à cet endroit. Attraction paronymique de l'all. *Bein* « jambe ». ‣‣ Autre explication : du nom de personne germanique **Baino*, sans signification connue.

Vers 1925

BELLEFOSSE (BR) [bɛlfos], village de la partie romanophone de la vallée de la Bruche, voisin de Belmont. ‣ « le vallon du ballon ». Le nom a été adapté artificiellement en allemand sous la forme *Bellfuß* « le pied de Bel(l) ». En réalité *belle-* remonte à la racine paléo-européenne PAL/BAL « renflement, vallonnement » ou à son dérivé **ballicus* « ballon ». La finale *-fosse* « fosse, vallée » est l'équivalent (doublet ou traduction) du suffixe *-thal* de l'aire germanophone (**Bellthal*, **Belchenthal* ?).

1916. "Où est la croix c'est ma chambre" écrit un blessé. L'ancien couvent de Bellemagny servait d'hôpital pendant la guerre.

BELLEMAGNY (HR) [bɛlmanji], village romanophone d'une des trois « enclaves » sundgauviennes, doublet alsacien *Baretzwiller* ["Ba:rə'Dsvil°R], doublet allemand *Baronsweiler*, qui est une forme refaite artificiellement ; *Baronewillare* 796, *Barozwiler* 1331, *Berntzwilr* 1395, *Bellemagny* 1747 (à cause de l'appartenance du village au canton romanophone de Fontaine). C'est donc le doublet roman qui est devenu forme officielle. ▸ « le domaine du vallonnement ». L'élément *belle-* est une adaptation romane du radical médiéval *Bern-*, qui ressortit lui-même à la racine paléo-européenne PAR/BAR « renflement, vallonnement » ; apparemment pas de rapport avec le germanique *baro* « guerrier » (> fr. *baron*) ni avec l'allemand *Bär* « ours ». Le suffixe *-magny* (issu du latin tardif *mansionile*) fonctionne comme équivalent local du suffixe *-villare* (VOIR CHAPITRE III).

BELMONT (BR) [bɛlmõ], village de la partie romanophone de la vallée de la Bruche, voisin de Bellefosse. ▸ « le mont du vallonnement ». Le nom a été traité en allemand soit par traduction littérale sous la forme *Schönberg* (ici *bel-* est entré dans l'attraction de l'adj. *beau, bel*), soit adapté sous la forme *Bellmann* (l'« homme Bel », avec adaptation *mont* > *mann*, comme dans Grossmann [VOIR CE NOM]). Le radical *bel-* remonte à la racine paléo-européenne PAL/BAL « renflement, vallonnement ». Peut-être allusion à *Belenos*, dieu gaulois du soleil (VOIR BALLON, SAINT-BLAISE). La finale -mont « montagne » est l'équivalent (doublet ou traduction) du suffixe *-berg* de l'aire germanophone.

1902

BENDORF (HR) [bɛndɔrf], als. *Banderf* ["Ban'D°Rf] ; *Buendorf* 1146, *Pennendorf* 1148. ▸ « le village du ruisseau souterrain ». Sans doute d'un ancien **Bubendorf*, étymon *Bobo-*, formé sur la racine paléo-européenne BUB désignant notamment les cours d'eau souterrains, suivie du suffixe *–dorf* (VOIR CHAPITRE III). Le village est situé en fond de cuvette, sur la source du Grumbach (= *Grund-bach* « ruisseau du sol, du fond ou tréfonds ») ou Petite-Largue. ▸▸ Autre explication : du nom d'homme germanique **Bobo* ou **Benno*, sans signification connue.

Vers 1910

BENFELD (BR) [bɛnfɛld], als. *Banfaldt* ["Ban'falt] ; *Beneveldin* 763. ▸ « le camp de la pierre ». Du gaulois *Bennomagos* « camp (ou champ) de (la) pierre ». *Benno* « pierre » est resté *Ben-* en germanique, alors que *-magos* a été traduit par *-feld*. Le terme « pierre » semble répondre à Erstein (VOIR CE NOM), qui comporte *-stein* « pierre », traduit du gaulois *benno*. Il s'agissait de signaler la voie pavée appelée aujourd'hui *Heidenstraessel* (« petite route des païens ») ou la voie celtique Ettenheim-Andlau (VOIR SAINT-PIERRE), ou encore une borne sur ces voies, ou enfin une pierre cultuelle (VOIR HEILIGENSTEIN, DACHSTEIN). Benfeld, comme place forte gauloise ou gallo-romaine, fonctionnait avec Kertzfeld et Rossfeld (VOIR CES NOMS). ▸▸ Autre explication : du nom d'homme germanique **Beno*, sans signification connue.

1915

BENNWIHR (HR) [bɛnvir], als. *Bannwihr* ["Ban'vi:R] ; *Bebonovillare* 777. ▸ « l'habitation des eaux souterraines ». Nommé ainsi à cause des pertes et résurgences de cours d'eau qui caractérisent son sol calcaire. De la racine paléo-européenne BAB ou BIB désignant notamment les cours d'eau souterrains (comparer als. *babbig* « (sol) détrempé », gaulois *bava* « boue », latin *bibere* « boire »), suivie du suffixe *-villare* (VOIR BEBLENHEIM). ▸▸ Autre explication : du nom de personne germanique **Bebo*, sans signification connue.

1909

BERENTZWILLER (HR) [berɛntsvilɛr], als. *Baretzwiller* ["Ba:rə'Dsvil°R] ; *Beroltzwilr* 1270, *Berentz-* à partir de 1420. ▸ « le domaine de Berold ». Du nom d'homme germanique *Berold* ou *Berwald* (de *ber-* « ours » et *waldan* « commander ») suivi du suffixe *-villare*. ▸▸ Autre explication : de la racine paléo-européenne PAR/BAR « renflement, vallonnement », qui décrit le site du village.

1911

BERG (BR) [bɛrk] mieux que [bɛrg], als. *Berich* ["Bɛriç] ; *Bergue* 1361. ▸ « la montagne ». De l'allemand *Berg* « montagne ». Le village se trouvait d'abord sur la côte du Kirchberg (pour ce nom, cp. son homonyme Kirchberg, dans la vallée de Masevaux), puis fut reconstruit au XVIe siècle dans la vallée du Muhlgraben. Au cours du XIIIe siècle, une partie des habitants avait déjà migré un peu plus au nord, au pied du talus, pour former le village de Thal. C'est ainsi que Berg « la montagne » est aujourd'hui situé au fond d'une vallée, plus bas que son voisin Thal « la vallée ». ▸▸ Légende : le paradoxe a donné lieu à une tradition orale dans la lignée du *Hans im Schnockeloch*, cet éternel insatisfait. « Autrefois, comme il est naturel, Berg se trouvait sur la montagne et Thal dans la vallée. Mais les habitants se plaignaient sans cesse. Ceux de Berg enviaient ceux de Thal, qui n'avaient pas à supporter la rudesse des pentes et l'aigreur de la bise ; ceux de Thal auraient bien pris la place de ceux de Berg, pour ne plus avoir à souffrir des grosses chaleurs étouffantes en été, sans compter les moustiques. Le destin malicieux rendit tout le monde heureux (?) : un beau matin, Berg se réveilla dans la vallée et Thal sur la montagne » (VOIR THAL).

1906

BERGBIETEN (BR) [bɛrkbi:tən], als. *Baribiete* ["Bari'BI:Də] ; *Buotenheim* IXe siècle, *Bergbütenheim* 1321, *Bergbieten* XVe siècle. ▸ « la butte du côté de la montagne ». L'élément *Berg-* fonctionne comme préfixe afin de distinguer Bergbieten du village, distant d'une quinzaine de kilomètres, Hangenbieten (VOIR CE NOM). Les deux villages tirent leur nom de leur situation à proximité d'une butte. De la racine paléo-européenne BUT- ou BOT- « objet présentant un bord plat (butte, plateau, puits...) », suivie anciennement du suffixe *-heim*. ⏩ Autre explication : du nom d'homme germanique *Buto*, sans signification connue.

BERGHEIM (HR) [bɛrkajm] plus correct que [bɛrgajm], als. *Barige* ["BariGə] ; *Perechheim* 728, *Oberbergheim*. ▸ « l'habitation de la place forte ». Du celtique *briga* « place-forte », suivi du suffixe germanique *-heim*. Bergheim est le plus méridional d'une triade composée de Scharrachbergheim, Mittelbergheim et Bergheim, trois villages situés en ligne droite, le long de l'antique route du piémont des Vosges, et séparés chacun d'une distance de 22 km, soit exactement 10 lieues gauloises. Vingt lieues constituaient la distance d'une étape journalière. Cette situation particulière semble exclure une explication par germ. *Berg* « montagne ».

Vers 1925

1924

BERGHOLTZ (HR) [bɛrkɔlts] mieux que [bɛrgɔlts], als. *Bargholtz* ["BaR'kʰolDs] ; *Bercholz* 817. ▸ « le bois de la montagne ». De l'allemand *Holz* « bois, forêt », précédé de *Berg* « montagne ». ▸▸ Autre explication : de l'étymon gallo-roman **Brigetum*, formé du celtique *briga* « place-forte », suivi du suffixe collectif gallo-roman *-ētum*, lequel, utilisé par ailleurs pour les zones plantées d'arbres, a été traduit en germanique par *-holtz* (VOIR CHÂTENOIS).

1916

BERGHOLTZ-ZELL (HR) [bɛrkɔlts tsɛl]. Comme Bergholtz. Zell vient du latin *cella* « cellule [de moine] » (all. *Zelle*). (VOIR AUSSI RIMBACH-ZELL SOUS RIMBACH.)

Vers 1910

BERNARDSWILLER (BR) [bɛrnartsvilɛr], all. *Bernhartsweiler*, als. *Batschwiller* ['BaDʃ"vil°R] ; *Berhardswiller* 1276, *Berhartzwilr* 1330, *Bernswiller* 1413. ▸ « le domaine de Bérard ou de Bernard ». Du nom d'homme germanique *Berhard* « fort comme un ours » (germanique *ber*, all. *Bär* « ours » et *hard* « fort »), suivi du suffixe gallo-roman *-villare*. *Bernhard* est le doublet de *Berhard*, avec *bern-*, cas régime de *ber*).

Vers 1905

BERNARDVILLÉ (BR) [bɛrnarvile], all. *Bernhardsweiler-im-Loch*, als. *Batschwiller ìm Loch* ['BaDʃ"vil°R] ▸ « le domaine de saint Bernard ». Doit son nom à une abbaye cistercienne (c'est-à-dire bénédictine ayant adopté la réforme de saint Bernard de Cîteaux), fondée en 1125. L'origine du suffixe *-villare* est ici le latin ecclésiastique médiéval. L'apposition *im Loch* « dans le trou » sert, dans les parlers germaniques, à le distinguer de Bernardswiller, alors que la forme officielle joue sur la francisation.

1905

BERNOLSHEIM (BR) [bɛrnɔlsajm], als. *Banze* ["BanDsə] ; *Berneshaim* 921. ▸ « l'habitation du vallonnement ». De la racine paléo-européenne PAR/BAR « renflement, vallonnement », suivie du suffixe *-heim*. ▸▸ Autre explication : du nom de personne germanique *Bernold* ou *Bernwald* (de *bern-* « ours » et *waldan* « gouverner »).

1908

BERNWILLER (HR) [bɛrnvilɛr], als. *Barnwiller* ["Barn'vil°R] ; *Barunwilare* 784. ▸ « l'habitation du vallonnement ». De la racine paléo-européenne PAR/BAR « renflement, vallonnement », suivie du suffixe *-villare*. Le village est situé sur les premiers moutonnements qui séparent la plaine des collines sundgauviennes. Attraction de l'all. *Bär* « ours » ▸▸ Autre explication : du nom de personne germanique *Baro* « guerrier ».

1907

BERRWILLER (HR) [bɛrvilɛr], als. *Barrwiller* ["Bar'vil°R]; *Berwilre* 1230. ▸ « l'habitation du vallonnement ». De la racine paléo-européenne PAR/BAR « renflement, vallonnement », suivie du suffixe *-villare.* ▸▸ Autre explication : du nom de personne germanique *Baro* « guerrier ».

BERSTETT (BR) [bɛrʃtɛt], als. *Barstett* ["Ba:R'ʃDɛt]; *Bardestat* 884. ▸ « la clairière sur le bord ». Du gaulois **Bardoialos*, formé sur la racine paléo-européenne BAR-T « renflement de terrain formant un "bord" », suivi du suffixe celtique *-ialos* « clairière », traduit en germanique par *-stett* (VOIR BARTENHEIM). ▸▸ Autre explication : du nom de personne germanique *Bardo* (*bard* « géant ») suivi du suffixe *-stett* « endroit ».

Vers 1910

1939

BERSTHEIM (BR) [bɛrstajm], als. *Barschem* ["Ba:Rʃəm] ; *Beroldashaim* 798. ▸ « la demeure de Berold ». Du nom d'homme germanique *Berold* ou *Berwald* (de *ber-* « ours » et *waldan* « commander »), suivi du suffixe *-heim*. ▸▸ Autre explication : de la racine paléo-européenne PAR/BAR « renflement, vallonnement », qui décrit le site du village. Homonymie fortuite avec l'allemand *bersten* « éclater ».

1907

BERTSCHWILLER (HR) [bɛrtʃvilɛr], als. *Bartschwiller* ["Ba:R'Dʃvil°R]. ▸ « l'habitation du vallonnement ». De la racine paléo-européenne PAR/BAR « renflement, vallonnement », suivie du suffixe *-villare*. Voisin de Berrwiller.

Vers 1910

BETSCHDORF (BR) [bɛtʃdɔrf], als. *Batschdorf* ["BaDʃ'DoRf] ; *Batenandavilla* 733, *Batanantesheim* 806, *Bettensdorf* 1227. ▸ « le village de Badanand ». Du nom d'homme germanique *Badanand* « qui ose le combat » (*bad-* « combat », gotique *nanthjan* « oser »). Noter le double changement de suffixe (VOIR CHAPITRE III). ▸▸ Autre explication : « le village sur une butte, un plateau ». De la racine paléo-européenne PAT/BAT qui signifie entre autres « objet présentant une limite plate (butte, plateau, puits...) ». Situation du village sur un rebord par rapport à la Forêt de Haguenau.

1934

BETTENDORF (HR) [bɛtəndɔrf], als. *Batterf* ["BaD°Rf] ; *Bedendorf* 991. ▸ « le village sur une butte ». Du suffixe germanique *-dorf*, précédé de la racine paléo-européenne PAT/BAT qui signifie entre autres « objet présentant une limite plate (butte, plateau, puits...) ». Attraction paronymique de l'als. *Bett* « lit ». ⏩ Autre explication : du nom de personne germanique *Betto*, sans signification précise. A noter que Bettenhoffen (BR), annexe de Gambsheim, est l'homonyme de Bettendorf, le suffixe *–hoffen* étant une traduction du suffixe *–court*, doublet roman de *–dorf* (VOIR CHAPITRE III). /BETTENCOURT (NORD, OISE...), BETHONCOURT (TDB).

Vers 1930

BETTLACH (HR) [bɛtlax], als. *Battlech* ["BaDləx] ; *Bethlaica* 1225, *Betlachen* 1284. ▸ « la propriété sur la butte ». En alsacien, *Bettlach* veut dire le « lit » (*Bett*), et plus précisément le « drap de lit » (all. *Bettlaken*). La majorité des toponymistes admettent un étymon gallo-roman reconstitué **Betulliacum* qui désignerait un « endroit planté de bouleaux », du gaulois *betulla* « bouleau ». Vu le site du village, **Betulliacum* serait plutôt formé sur la racine paléo-européenne PAT/BAT qui signifie entre autres « objet présentant une limite plate (butte, plateau, puits...) ». ⏩ Autres explications : des noms d'hommes germaniques *Betto* ou *Badilo*, ou gaulois *Bettilios*, tous sans signification précise.

1910

BETTWILLER (BR) [bɛtvilɛr], als. *Bettwiller* ["Be'Dvil°R]. ▸ « le domaine sur une butte ». Du suffixe gallo-roman *-villare*, précédé de la racine paléo-européenne PAT/BAT qui signifie entre autres « objet présentant une limite plate (butte, plateau, puits...) ». Attraction paronymique de l'all. *Bett* « lit » ⏩ Autre explication : du nom de personne germanique *Betto*, sans signification précise. /BETTEVILLE (SEINE-MARITIME).

BIBELSTEIN (LD) [bibəlʃtajn], als. *Bìwlestai* ["BIvlə'ʃDaj]. Rocher qui se dressait naguère au milieu de l'Ochsenfeld, près de Cernay, sous lequel, selon la tradition, « repose vivant l'Empereur Frédéric Ier Barberousse. Quand toute la campagne est silencieuse et que l'on applique son oreille contre la pierre, on entend sa barbe pousser. » D'autres légendes font état d'armées entières gisant dans d'immenses galeries souterraines sous l'Ochsenfeld (VOIR CE NOM). Le toponyme n'a donc pas de rapport avec l'all. *Bibel* « Bible ». Le sens d'« élément souterrain » de la racine paléo-européenne PIP/BIB s'applique ici tant au soleil dont Barberousse serait la figure mythifiée (TOMBE DU SOLEIL, VOIR CHAPITRE II ET BOENLESGRAB), qu'à l'eau qui court sous le sol de l'Ochsenfeld (VOIR UFFHOLTZ).

BIBLENHEIM (BR) [biblənajm], als. *Bìwle* ["BIvlə] ; *Bubilenheim* IXe siècle. ▸ « l'habitation de l'eau souterraine ». Autrefois village important, aujourd'hui annexe de Soultz-les-Bains, qui fut une station thermale. La racine paléo-européenne PUP/BUB désigne précisément les « cours d'eau souterrains ». Suffixe germanique *-heim.*

1904

BIBLISHEIM (BR) [biblisajm], als. *Bìwelse* ["BIv°lsə] ; *Bibelies* 1310. ▸ « l'habitation de l'eau souterraine ». Le village s'est formé au cours du bas Moyen Age autour d'un monastère de Bénédictines fondé en 1074, aujourd'hui en ruines. Il prit le nom de Bibelies par référence au village plus ancien de Altbibelies, situé à deux kilomètres à l'ouest, sur la rive droite du Bieberbach, bras de la Sauer. Le suffixe germanique *-heim* fut ajouté tardivement. ▸▸ Explication complémentaire : Altbibelies, appelé aussi Bibersdorf (*BiburSdorf* 773, *Biberesheimo marca* 781, *Altbibelies* 1445, par opposition à *Bibelies = Biblisheim*), disparut au début du XVe siècle. Le radical BIB- provient finalement du nom du Bieberbach, dont l'étymon **Biberacum* est bien connu en toponymie, puisqu'il a donné par exemple le Mont Beuvray en Saône-et-Loire, ou Biberach dans la vallée de la Kinzig (Forêt-Noire). Le rapprochement traditionnellement opéré avec le nom du « castor » (allemand *Biber*, celtique *bebros*) est un phénomène de paronymie. L'origine de ces noms est la racine paléo-européenne PIP/BIB « eau souterraine » : les sources de la station hydrominérale de Morsbronn-les-Bains sont à 1 km de l'ancien Bibersdorf.

Vers 1900

BIEDERTHAL (HR) [bidərta:l], als. *Bierdel* ["BiəRD°l] ; *Biederdan* 1141, *Biederthanna* 1144, *Biedirtan* 1168. <n> est présent jusqu'au XVe siècle, date à laquelle *-tan* est remplacé par *-thal*, suffixe plus courant. ▸ « la hauteur de pierre formant une butte ». Toponyme composé de deux radicaux paléo-européens : *Bieder-*, qui remonte à la racine PIT/BIT « objet présentant une limite plate (butte, plateau, puits...) », et -DAN/TAN, racine signifiant en général « changement de niveau » et en particulier « hauteur de pierre » (VOIR THANN, LE TANET). Le nom décrit vraisemblablement la falaise du village suisse de Burg-im-Leimental, situé à un kilomètre.

1914, cuisine de campagne de l'armée allemande.

BIESHEIM (HR) [bisajm], als. *Biese* ["Biəsə] ; *Buezensheim* 708. ▸ « l'habitation de l'abaissement ». De la racine paléo-européenne BOS/BUS « abaissement, affaissement », suivie du suffixe germanique *-heim*. ▸▸ Autre explication : du nom d'homme germanique *Boso* (*bos* « méchant »).

BIETLENHEIM (BR) [bitlənajm], als. *Bietle* ["BI:əDlə]. ▸ « l'habitation sur la levée ». D'une racine paléo-européenne BIT-, BUT- ou BO:T- signifiant « objet présentant une limite plate (butte, plateau, puits...) », suivie du suffixe *-heim*. Village situé sur le pli de terrain qui borde le ried de la Zorn.

Vers 1920

BILTZHEIM (HR) [biltsajm], als. *Bìltze* ["BIlDsə] ; *Bilolzheim* 1278. ▸ « la demeure de Bilold ». Du nom d'homme germanique *Bilold* ou *Bilwald* « qui commande par la douceur » (*bili* « douceur », *waldan* « commander »), suivi du suffixe *-heim*. La forme contemporaine a subi l'attraction paronymique de l'alsacien *Bìltz* « champignon » (all. Pilz).

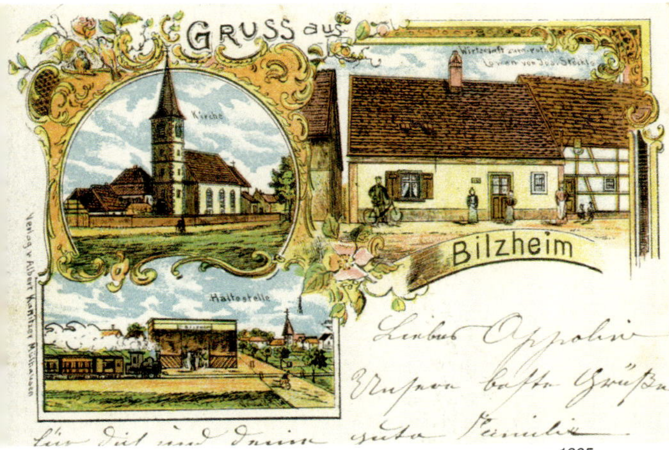

1905

1914

BILWISHEIM (BR) [bilvisajm], als. *Bìlse* ["BIlsə] ; *Bilolvisheim* 1263. ▸ « la demeure de Bilulf ». Du nom de personne germanique *Bilulf* (*bili* « douceur », *wulf* « loup »), suivi du suffixe *-heim*. La forme officielle rappelle le terme allemand *Bilwis* « kobold, farfadet, sorcier » (*bil-* « apparence, image », *-wis* « esprit »). La forme dialectale tombe dans l'homonymie de l'als. *Bìlse* (*krütt*), la « jusquiame », plante narcotique et vénéneuse.

1914

BINDERNHEIM (BR) [bindərnajm], als. *Bìndre* ["BInDrə] ; *Birenheim* 681, *Binrenheim* 817, *Birnheim* 824. ▸ « l'habitation du renflement ». De la racine paléo-européenne PIR/BIR ou PIN/BIN « renflement, vallonnement », suivie du suffixe *-heim*. Situé sur la levée de terre entre rieds du Rhin et de l'Ill.

Vers 1905

BIRKENWALD (BR) [birkənvalt] mieux que -[vald], als. *Bìrikwàld* ["BIriG'vålt]. ▸ « le château dans la forêt ». Semble une déformation, inexplicable, d'un primitif *Burg im Wald* (all. *Burg* « château », *Wald* « forêt »). Attraction du germanique *Birke* « bouleau ».

Vers 1920, carte dessinée par Louis Philippe Kamm.

BIRLENBACH (BR) [birlənbax], als. *Bìrlebàch* ["BIrlə'Båx] ; *Birelbach.* ▸ « la propriété du vallonnement ». D'un étymon **Birl(i)acum,* formé sur la racine paléo-européenne PIR/BIR « renflement, vallonnement », suivie du suffixe gallo-roman *-acum,* entré dans l'attraction du germanique *-bach* « ruisseau ». En alsacien, *Bìrel* est une « petite poire ». /PERLY (SUISSE, CANTON DE GENÈVE).

Vers 1910

BIRSIG (R) [birsik] mieux que -[sig] ; *Aqua Bersih* 1004. Rivière du Sundgau, prenant sa source au lieu dit *Birseckbrunn,* à Wolschwiller ;

Birseck est une autre forme de *Birsig*. De la racine paléo-européenne BER-S « gonflement pourvu d'un passage étroit » (cp. « perce (d'un tonneau) », et grec *bursa* « outre, bourse »), suivie du suffixe *-iacum*, comme dans Kinzig, Kirneck, Mossig. (VOIR AUSSI BOERSCH ET LAC DES PERCHES). ⏩ La Birse est une rivière homonyme du Jura suisse (affluent du Rhin à Bâle).

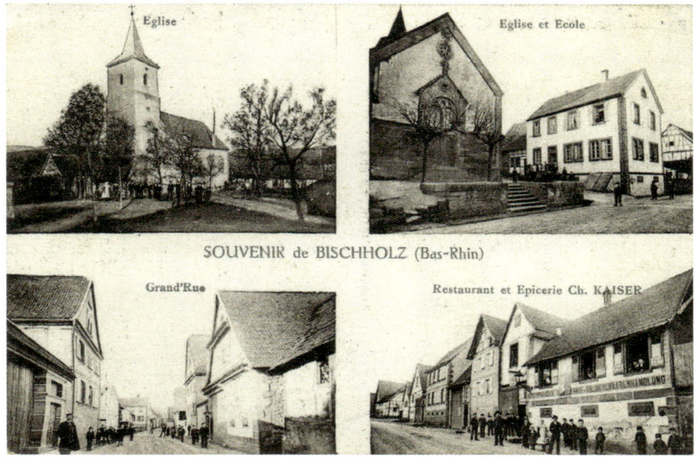

1928

Vers 1920, étape du Tour de France Strasbourg-Metz.

BISCHHEIM (BR) [biʃajm], als. *Bìsche* ["BIʃə] ; *Piscofesheim* 530. ▸ « la demeure de l'évêque ». De l'allemand *Bischoff* « évêque », terme ecclésiastique tiré du grec *episkopos*, suivi du suffixe *-heim*. ⏩ Autre explication : d'une racine paléo-européenne BIK, indiquant un antique lieu de culte bachique (VOIR CHAPITRE II).

BISCHHOLTZ (BR) [biʃɔlts], als. *Bìscholtz* ["BI'ʃolDs] ; *Biscovesholz* 1128. ▸ « le bois de l'évêque ». De l'allemand *Bischoff* « évêque », terme ecclésiastique tiré du grec *episkopos*, suivi du suffixe *-holz* « bois ». ⏩ Autre explication : le sens d'origine religieuse du nom de ses voisins Lichtenberg, Rothbach, Mulhausen, etc. (VOIR CES NOMS) laisse supposer la possibilité d'une explication par une racine paléo-européenne BIK, indiquant un antique lieu de culte bachique (VOIR CHAPITRE II).

1918

BISCHOFFSHEIM (BR) [biʃɔfsajm], als. *Bìsche (-àm-Bari* « à la montagne ») ["BIʃə] ; *Piscofesheim* 530. ▸ « la demeure de l'évêque ». De l'allemand *Bischoff* « évêque », terme ecclésiastique tiré du grec *episkopos*, suivi du suffixe *-heim*. Il se distingue de Bischheim par sa forme officielle, mais non par la dialectale. Bischoffsheim est dominé par la colline du Bischenberg, en alsacien *Bìschbari*, à comparer avec *Bàschbari* = le Bastberg, et propice comme ce dernier à la tenue de cultes bachiques. (VOIR AUTRES EXPLICATIONS SOUS BISCHHEIM ET CHAPITRE III.)

1939

BISCHTROFF-SUR-SARRE (BR) [biʃtrɔf], als. *Bìschdroff* ["BIʃ'Drof] ; *Bistroff* 1542, *Pisdorf* forme officielle jusqu'en 1952. La forme actuelle répercute la prononciation dialectale en mettant à profit l'« image écrite » (*Schriftsbild*) *bisch-*, qui existe dans d'autres noms de lieu. ▸ « le village de l'abaissement, du passage ». De la racine paléo-européenne PIS/BIS « abaissement, passage », suivie du suffixe *-dorf*. ⏩ Autre explication : du nom d'homme germanique **Piso*, sans signification connue.

1900

BISCHWIHR (HR) [biʃvir], als. *Bìschwihr* ["BIʃ'vi:R] ; *Bischoveswilre* XIIe siècle. ▸ « le domaine de l'évêque ». De l'allemand *Bischoff* « évêque », terme ecclésiastique tiré du grec *episkopos*, suivi du suffixe *-villa*. ⏩ Autre explication : l'origine gallo-romane du nom de ses voisins Wickerschwihr, Horbourg et Colmar (VOIR CES NOMS) laisse supposer la possibilité d'une explication par une racine paléo-européenne BIK, indiquant un antique lieu de culte bachique (VOIR CHAPITRE II).

Vers 1910, une entreprise de déménagement.

BISCHWILLER (BR) [biʃvilɛr], als. *Bìschwiller* ["BIʃ'vil°R] ; *Bischoviswiler* 1236, latin eccl. *Episcopi villa*. ▸ « le domaine de l'évêque ». De l'allemand *Bischoff* « évêque », terme ecclésiastique tiré du grec *episkopos*, suivi du suffixe *-villa*. Sans doute métairie fondée par l'évêque de Strasbourg Conrad de Hunebourg au XIIIe siècle. Homonyme de Bischwihr (VOIR CE NOM).

Vers 1905

BISEL (HR) [bizɛl], als. *Bìsel* ["BI:s°l] ; *Bisol* 1280. Il existe un doublet roman, *Pécheul* [peʃø]. ‣ « le(s) petit(s) puits ». Du latin **puteolus*, diminutif de *puteus* « trou, puits ». L'explication consiste en la présence dans le secteur de puits soufflants, c'est-à-dire de trous ou d'anciens puits qui projettent à l'extérieur un fort courant d'air, à l'approche de vent ou de pluie. En effet, le sol est à cet endroit particulièrement poreux et s'emplit d'air en période de hautes pressions atmosphériques ; cet air est ensuite expulsé lorsque le baromètre baisse. Il faut postuler une forme gallo-romane *[po(i)dzjol] (cp. in fine *Poisoux* et *Peseux* en Franche-Comté, à comparer avec *Pecheul*), qui évolue vers un germanique médiéval **Büzzel*, puis *Bisel* à partir du XIIe siècle. /POZZUOLI (= POUZZOLES, ITALIE).

Vers 1910

BISSERT (BR) [bisɛrt], als. *Bìsert* ["BI:s°Rt] ; *Bussert*, *Bysser* 1542. ‣ « le lieu boisé ». Du latin *buxiarium* ou **buxiarētum* (pour rendre compte du <t>), dérivés de *buxus* « buis », puis « bois » en général. En effet, le buis (sans être un conifère) est toujours vert, ce qui en fit un symbole de la vie de la nature. Son nom ressortit d'ailleurs à la racine paléo-européenne BUK, affectée à la désignation sémantique des cultes antiques de la fécondité. /BUSSIÈRES (CO), BUXIÈRES (AUBE).

1912

BITCHE (Mo) [bitʃ], als. *Bìtsch* ["BIDʃ] ; *Bytis castrum* 1172, *Bites* 1196, *Bitch* 1203. ▸ « la butte ». Le site est sur une excroissance rocheuse, une butte aplatie. De la racine paléo-européenne BUT (ou BIT) « objet présentant une limite plate (butte, plateau, puits…) ».

BITSCHHOFFEN (BR) [bitʃo(:)fən], als. *Bìtschhoffe* ["BI'Dʃofə] ; *Bitzhofen* 1350, *Buzhoven* 1364. ▸ « la cour de la butte ». De la racine paléo-européenne BUT (ou BIT) qui signifie « objet présentant un bord plat (butte, plateau, puits…) », suivie du suffixe *-hoffen* (allemand *Hof* « cour, ferme, propriété »), sans doute traduction d'un ancien *-court* carolingien (VOIR CHAPITRE III). (VOIR MIETESHEIM ET UTTENHOFFEN). ▸▸ Autre explication : du nom d'homme germanique **Bito* ou **Buzo*, sans signification connue.

1906

Vers 1925

BITSCHWILLER-LES-THANN (HR) [bitʃvilɛr], als. *Bitschwiller* ["Bi'Dʃvil°R] ; *Butzswilre* 1250, *Butschwiler* 1394. ▸ « le domaine de la butte ». De la racine paléo-européenne PUT/BUT « objet présentant une limite plate (butte, plateau, puits...) », suivie du suffixe *-villare*. ▸▸ Autre explication : du nom d'homme germanique **Buto* sans signification connue.

1913

BLAESHEIM (BR) [blɛ(:)sajm], als. *Blase* ["Bla:sə] ; *Blandenesheim* 1050. ▸ « l'habitation près de la colline ». D'un étymon peut-être **Blandiniacum*, formé sur la racine paléo-européenne BL-AnT « renflement, vallonnement », plutôt que sur un nom d'homme gallo-roman *Blandin(i)us* (cp. [sainte] Blandine), du latin populaire *blandire* « flatter ». Village situé au pied de la colline du Gloeckelsberg (VOIR CE NOM). En allemand, *blasen* signifie « souffler » et *Blase* « bulle », tous sur la racine BL-. /BLANDIGNAC (CANTAL).

Vers 1925

BLANCHERUPT (BR) [blɑ̃ʃ(ə)ry], village de la vallée de la Bruche romanophone ; doublet allemand *Blienschbach* ; *Plainchamprupt*, forme refaite artificiellement sur *plain* « plat » et *champ*. ▸ « le ruisseau du vallonnement ». De la racine paléo-européenne PL-IN, BL-IN « renflement, vallonnement ». Pas de rapport avec l'adjectif français *blanche* : le radical roman *Blanche-* est une adaptation du germanique *Bliensch-*, où <sch> représente l's génitif, le radical germanique étant *Blien-*, issu d'un plus ancien *[Ble:n]-. Enfin, -rupt (< lat. *rivus*) est un des équivalents romans de *-bach* (équivalence *Blancherupt* / *Blienschbach*), ce qui ne veut pas dire que *-bach* soit originel : il peut remplacer *-ach*, lui-même issu du suffixe gallo-roman *-(i)acum* (VOIR CHAPITRE III). L'étymon de Blancherupt / *Blienschbach* pourrait être alors **Blin(i)acum* (cp. Bligny [Aube, Marne]). ▸▸ Autre explication : l'acception mythologique du nom de ses voisins Belmont, Bellefosse, ainsi que Saint-Blaise-la-Roche (VOIR CES NOMS) permet la supposition d'un étymon **Beleniacum*, formé sur *Belenos*, nom du dieu gaulois du soleil.

1924

BLIENSCHWILLER (BR) [bli(:)nʃvilɛr], als. *Bleschwiller* ['Blɛ"ʃvil°R] ; *Plianungonwilare* 823. ▸ « le domaine du gonflement (pour désigner les contreforts vosgiens) ». De la racine paléo-européenne PL-IN, BL-IN « renflement, vallonnement », suivie du suffixe paléo-européen *-ink*, auquel s'est ajouté *-villare* à l'époque gallo-romaine. ▸▸ Autres explications : 1) d'après la tradition, le village tire son nom d'un château édifié vers 750 par *Bléon*, seigneur de la famille de sainte Odile (d'où *Bleonwiller*) ; 2) comme pour Blancherupt/*Blienschbach*, possibilité de supposer un étymon **Belenincum* (avec *-villare*), formé sur *Belenos*, nom du dieu gaulois du soleil.

1918

BLODELSHEIM (HR) [blodəlsajm], als. *Blolse* ["Blolsə] ; *Bladoltzheim* 1147, *Blodeltzheim* à partir de 1303. ▸ « l'habitation du renflement, du bouillonnement ». Village situé au bord du Rhin. De la racine paléo-européenne BL-A:T « renflement, bouillonnement », suivie du suffixe *-heim* (cp. als. *Bloder* « pustule, ampoule »). ▸▸ Autre explication : du nom d'homme germanique *Bladold* ou *Bladwald*, non attesté.

1905

BLOTZHEIM (HR) [blotsajm], als. *Blotze* ["Blo:Dsə] ; *Flabotesheim* 728, *Blatisheim* 1004. ▸ « l'habitation du renflement ». Situé au pied du rebord du plateau sundgauvien. De la racine paléo-européenne WL-A:B ou BL-A:B « gonflement, renflement » (*Blatisheim* provient de **Bla(bo)tesheim*). Rien à voir avec l'als. *blotze* « tomber (dans), baratter », qui a pu cependant jouer comme paronymie.

1909

BOENLESGRAB (M) [bø:nləsgra:p] (mieux que -[gra:b]) ; als. *Benlesgràb* ["Be:nləs'Grå:p] ; *Belengrab* 1441, *Bellengrab* 1576, *Bohleinsgrab* 1666, *Böhnleinsgrab* 1772. ▸ « le col du ballon ». La forme ancienne *Belengrab* est l'équivalent de l'allemand *Belchengraben*, de *Belchen* (VOIR BALLON), en l'occurrence le Petit Ballon (all. *Kahlenwasen*), et de l'allemand *Graben* « fossé, tranchée, dépression », d'où aussi, en montagne, l'idée de « col ». ▸▸ Autre explication : une tradition orale rapporte qu'un charbonnier nommé Bönle, pris de malaise, serait tombé dans le brasier de sa meule. Cet événement, réel ou fictif, se laisse interpréter comme une allégorie : le charbonnier Bönle serait une réminiscence du dieu gaulois du Soleil *Belenos* (*Belen*). Phonétiquement, Belen/Bönle relève d'une métathèse [l-n > n-l]. Le nom signifierait alors « tombe de Bönle (c'est-à-dire de Belen) », en considérant cette fois all. *Grab* « tombe » et non *Graben* « fossé ». On comparera avec l'île de Tombelaine (= Tombe Belen) près du Mont Saint-Michel. Le mythe de la mort du soleil est un thème récurrent chez tous les peuples adorateurs de l'astre du jour.

1898, carte dessinée par Charles Spindler.

1913

BOERSCH (BR) [bœrʃ], als. *Beersch* ["Bɛ:Rʃ] ; *Bersa* 1109, *Berse* 1341. ‣ « la perce ». De la racine paléo-européenne BER-S qui a le sens de « gonflement pourvu d'un passage étroit », d'où l'idée de « percer, faire un trou ». Evolution vers **Bersch* et attraction paronymique de l'alsacien *Berschi*, allemand *Barsch* « perche », poisson représenté sur les armes de la ville. Il pourrait s'agir de l'écoulement d'une retenue d'eau (VOIR BIRSIG) ⏩ Autre explication : le village, situé à seulement 4 km du Mont Sainte-Odile, devrait son nom, d'après la Légende Dorée, à la mère de la sainte, Bereswinda (du germ. *ber(es)* « ours » et *windan* « tournoyer ») dont *Bersa* serait l'abréviation. L'ours a été associé à l'étoile polaire (VOIR ANDLAU), de même que le radical *bers* au culte antique des étoiles (VOIR LAC DES PERCHES) ; Ainsi Boersch serait la réminiscence d'un culte astral de la nuit, au pied du Bischenberg où était célébré le culte bachique de la fécondité, et en rapport aussi avec le Mont Sainte-Odile (VOIR CES NOMS).

BOESENBIESEN (BR) [bø(:)zənbi(:)zən], als. *Biese* ["Biəsə] ; *Büssesheim* XIVe siècle. ‣ « l'abaissement ». Même origine que Biesheim (HR) (VOIR CE MOT). Il s'agit du « mauvais Biesen ou Biesheim ». De la racine paléo-européenne BOS/BUS « abaissement, affaissement », précédée du terme germanique *böse* « mauvais », qui fait référence aux qualités du sol (VOIR TOPONYMES EN DURR-).

Vers 1910

BOLLENBERG (M) [bɔlənbɛrk] mieux que -[bɛrg], als. *Bollebarg* ["Bolə'BaRk] ; *sanct Bollen* 1540. Colline entre Rouffach et Orschwihr, réputée lieu de réunion des sorcières de Haute-Alsace, comparable au Bastberg pour la Basse-Alsace, tire traditionnellement son nom d'une chapelle consacrée à sainte Apollonie martyre à Alexandrie en 249. On prétend qu'elle succéda à un temple gallo-romain dédié à Apollon. Avant l'introduction d'Apollon par les Romains, les Gaulois vénéraient déjà Belenos, dieu du soleil, dont la structure phonétique explique en partie l'aphérèse de [a] dans **Apollonberg* > *Bollenberg* (cp. *Apollinaris* > *Boleronis*, au chapitre II). (VOIR BALLON.)

1909

BOLLWILLER (HR) [bɔlvilɛr], als. *Bollwiller* ["Bol'vil°R] ; *Baltovilare* 737, *Bollunwilre* 1135. ▸ « le domaine du bouillonnement ». De la racine paléo-européenne PAL-T/BAL-T « gonflement, bouillonnement », pouvant désigner une eau qui sourd à gros bouillons ou un bourbier, suivie du suffixe gallo-roman *-villare*. ▸▸ Autre explication : du nom d'homme germanique *Baldo* « audacieux ».

1911

BOLSENHEIM (BR) [bɔlsənajm], als. *Bolsene* ["Bolsənə] ; *Bolsenheim* 1005. ▸ « l'habitation sur un renflement ». S'explique probablement par **Bollensheim* > als. **Bollesheim* > **Bolsheim* > *Bolsenheim*. De la racine paléo-européenne PAL/BAL « renflement, vallonnement », suivie du suffixe *-heim*. ▸▸ Autre explication : du nom d'homme germanique *Bolzo* « cheville (de bois) », cp. als. *Boltz* « bouton ».

1910

BONHOMME (LE) (HR) Nom d'un village dominé par un château médiéval aujourd'hui en ruine, et d'un col, distant de 6 km. En allemand : *Diedolshausen*, en roman *Lo Bonihomme* ; *ad sancti Deodati fontem* 1114, *domus*

Judelin 1317, *le Bonhomme* 1387, *domus Gudelini* 1394, *Jüdelins husz* 1441, *Diedoltzhausen* 1570, *Diedelhus* 1659, *le Bonhomme* 1775. Le château: *Gutenburg, Gotenburg* 1161, *Judenburg.* ▸ « le mont de la goutte ». D'un étymon gallo-roman **Guttae Mont(em)*, formé des mots latins *gutta* « goutte », et *mons, mont(em)* « mont ». Un toponyme roman primitif **Gouttemont* a été adapté dans la langue germanique sous la forme **Gutmann* (VOIR BELMONT, GROSSMANN), puis traduite littéralement au XIVe siècle par les nouveaux venus romanophones en Bonhomme (*gut* « bon », *mann* « homme »). ▸▸ Vérification: le latin *gutta* (> français *goutte*) a pris en toponymie le sens d'« écoulement d'eau » et désigne aussi bien une source qu'une hauteur. La forme s'en retrouve dans le nom du château de *Gutenburg.* Par ailleurs, le latinisme de 1114 *ad sancti Deodati fontem* indique clairement la présence d'une source, le dernier mot pouvant représenter la traduction classique de *goutte* (latin *fons, font(em)* « source », cp. ci-dessous Bonne-Fontaine). ▸▸ Explication de la forme allemande: toujours d'après la forme de 1114, cette source, cet endroit où l'eau s'écoule, semble avoir été consacrée à saint Déodat, évêque de Nevers puis ermite dans les Vosges au VIIe siècle, apôtre de la région et fondateur de Saint-Dié (all. *Sankt-Didel*). La tradition populaire, véritable réservoir d'élucidation, affirme qu'il fut un bienfaiteur, un *bouni homme*, comme on dit en dialecte lorrain, pour tous les pauvres *des deux côtés du col.* Il est vrai que le village et le col du Bonhomme sont situés sur la route de Colmar à Saint-Dié, et que le nom allemand du Bonhomme, *Diedolshausen*, possède un radical conforme au doublet germanique (*Didel*) du nom de saint Déodat. [A noter que le radical *Di(e)d-, Deod-*, a pu se croiser avec la racine paléo-européenne TIT, TUT exprimant, entre autres, une idée d'« alternance », c'est-à-dire en toponymie un « lieu alternativement plus élevé et plus bas ».] C'est la création au XIVe siècle d'un hôpital destiné aux voyageurs qui a entraîné l'apparition du suffixe *-hausen*, traduit par *domus* « maison » dans les traductions latines savantes de l'époque. C'est de là que provient une autre tradition encore, qui rapporte que le lieu était fréquenté par un ermite appelé Bruder Jüdelin ou Güdelin. Mais il est clair que dans le nom de ce personnage supplémentaire se retrouve le radical primitif *Gud-* = goutte, et dans *Jüd-* une forme écrite syncrétique, intermédiaire entre *Gud-* « goutte » et *Died-* « Déodat ». ▸▸ Autre explication: en Suisse romande, un *bonhomme* est une pyramide de pierres (*cairn*), érigée pour indiquer un passage en montagne. Il existe dans les Alpes un col du Bonhomme faisant communiquer les massifs du Mont Blanc avec ceux de la Savoie. Il s'y présente un cairn dans lequel la tradition voit la tombe d'une divinité qui passe (soleil, géant…) comme il s'en trouve tant dans la mythologie française (*Gargantua*). Au col du Bonhomme vosgien, il y a aussi un personnage hors du commun qui passe, saint Déodat. Il n'est pas impossible qu'il ait pu servir à la christianisation d'une divinité païenne antérieure. Enfin, le village du Bonhomme est lui aussi dominé par un amas rocheux, celui où se dressait le château fort du Gutenbourg.

1931

BONNE-FONTAINE (Mo), traduction en français de l'allemand *Gutenbrunnen.* Sanctuaire consacré à la Vierge, situé peut-être sur l'emplacement d'un village disparu. Il est possible que la forme originelle allemande soit fondée sur le vocable roman *goutte* « source », d'où une tautologie roman *goutte* + germanique *Brunnen.*

Vers 1925

BOOFZHEIM (BR) [bo(:)ftsajm], als. *Boofze* ["Bo:fDsə], *Boffisheim* 1211. ▸ « l'habitation où il y a de la boue ». Du suffixe *-heim*, précédé du mot gaulois *bava* « boue », avec adaptation de [w] gallo-roman en [f] germanique au VIe siècle et fermeture de [a:] long en [o:] au XIIIe siècle, conformément à la phonétique historique de l'alsacien. Etymon peut-être **Bāvētium* (*bāva* + suffixe *-ētium*). ▸▸ Autre explication : du nom d'homme germanique **Boffo*.

Vers 1930

BOOTZHEIM (BR) [bo:tsajm], als. *Bootze* ["Bo:Dsə], *Bôzinshaim* 1103, *Buozinsheim*. ▸ « l'habitation dans un abaissement ». Il s'agit d'un homonyme de Biesheim (VOIR CE NOM) mais les processus de diphtongaison et de métaphonie [o: > uo > yœ > ie] ont été stoppés par une évolution [s > ts]. De la racine paléo-européenne BOS/BUS « abaissement, affaissement », suivie du suffixe germanique *-heim*. ▸▸ Autre explication : du nom d'homme germanique *Boso* (*bos* « méchant »).

1910

BOSSELSHAUSEN (BR) [bɔsəlsawzən], als. *Busshüse* ["BUs'hy:sə] ; *Buozolteshusa* 840. ▸ « la maison dans un abaissement ». De la racine paléo-européenne BOS/BUS « abaissement, affaissement », suivie du suffixe germanique *-hausen*. ▸▸ Autre explication : du nom d'homme germanique *Bosold* ou *Boswald* (*bos* « méchant », *waldan* « commander »). Pas de rapport avec le verbe alsacien *bossele* ou *bossen* « battre le blé », puis « faire de petits travaux domestiques ».

Vers 1910

BOSSENDORF (BR) [bɔsəndɔrf], als. *Bossedorf* ["Bosə'DoRf] ; *Bossendorf* 1074. ▸ « le village dans un abaissement ». De la racine paléo-européenne BOS/BUS « abaissement, affaissement », suivie du suffixe *-dorf*. ▸▸ Autre explication : du nom d'homme germanique *Boso* (*bos* « méchant »). Pas de rapport avec le verbe alsacien *bossele* ou *bossen* « battre le blé », puis « faire de petits travaux domestiques ».

1940

BOUQUENOM (BR) [bukənõ], als. *Buckenum* ["BUGə'nUm], all. *Bockenheim* ; *Buckenheim* 1178, *Bockenem* 1378, *Bouquenom* 1629. ▸ « l'habitation du bouc ». Aujourd'hui quartier de Sarre-Union (VOIR CE NOM). Adaptation, s'appuyant sur la forme dialectale *Buckenum*, du nom du village de *Bockenheim* par les huguenots (francophones) chassés du royaume de France aux XVIe et XVIIe siècles, et forme officielle de 1629 à 1794. Il existe à Bouquenom la *Bocksbrunnen* « fontaine du bouc », seul indice extra-linguistique de la présence en ce lieu de cet animal symbolique des cultes bachiques de la fécondité (all. *Bock* « bouc »).

1905

BOURBACH-LE-BAS (HR) [burbax], als. *Niederterburbàch* ["nI:D°R'BUR'Båx]. Du nom du Bourbach, ruisseau sur lequel il est situé : étymon **Borvacum*, du gaulois *borva* « source boueuse, bourbier ». *Borvo* est le nom d'un dieu celtique des sources.

Vers 1915

BOURBACH-LE-HAUT (HR) [burbax], als. *Ewerburbàch* ["'ɛv°R'BUR'Båx]. Comme Bourbach-le-Bas.

BOURG-BRUCHE (BR) [burbryʃ], village romanophone. Toponyme formé de l'association de Bourg, appelé aussi Neubourg, et de Bruche, village tirant son nom de la rivière sur laquelle il est situé (VOIR CE NOM).

1915

1910

BOURGFELDEN (HR) [bur(k)fɛldən], als. *Burgfalde* ["BURk'falDə]. ▸ « le champ de la place forte ». Quartier de Saint-Louis, plus ancien que lui. Pourrait remonter à l'époque gauloise, et représenter une traduction de

Brigomagos ou *Ratomagos* (de *briga* « place forte, colline », ou *rate* « rempart de terre, enclos fortifié », et *magos* « champ » ou mieux « camp »).

1903

BOURGHEIM (BR) [burkajm] mieux que -[gajm], als. *Burige* ["BUriGə]. ▸ « l'habitation de la place forte ». Du latin *burgus* « poste de défense, fort », suivi du suffixe germanique *-heim*. Bourgheim est situé à un carrefour de voies romaines et sur l'emplacement d'une agglomération fortifiée romaine. ▸▸ Autre explication : du germanique *Burg* « château, forteresse ».

1914

BOURTZWILLER (HR) [burtsvilɛr], actuel faubourg de Mulhouse. Doit son nom à l'industriel Sébastien Burtz, qui fonda là une tuilerie, puis une briquetterie, en 1779. Le suffixe *-willer* a été employé dans son sens toponymique, à l'imitation des autres lieux en *-willer*, d'origine ancienne. (VOIR KIENTZVILLE.)

1909

BOUXWILLER (BR) [buksvilɛr], als. *Buxwiller* ["BUKs'vil°R] all. *Buchsweiler*; *Puuxuvilare* 724, *Buxwilari, Buxovillare* 737. ▸ « le domaine boisé ». Du latin *buxum* « buis » (d'où allemand *Buchs[baum]*), puis « bois » en général. ▸▸ Explication complémentaire : le buis (sans être un conifère) est toujours vert, ce qui en fit un symbole de la vie de la nature. Son nom ressortit à la racine paléo-européenne BUK, affectée à la désignation sémantique des cultes antiques de la fécondité. De fait, la présence probable de cultes bachiques sur le Bastberg voisin (VOIR CE NOM) autorise également un rapprochement avec le nom du bouc, animal emblématique de Bacchus (d'où les satyres ou faunes), réputé pour sa nature ardente et sa lubricité : **Buckswiller*, du gaulois *bucco* « bouc » ou **Bocksweiler*, de l'allemand *Bock*, (VOIR BOUQUENOM). Plusieurs légendes confirment cette possibilité, dont celle du tailleur de Ringendorf, village voisin, qui dut porter un bouc sur son dos (VOIR CHAPITRE II). Elle se comprend en rapprochant les termes alsaciens *Bock*

« bouc » et *Buckel* « dos, bosse », les tailleurs d'autrefois étant souvent petits ou atteints de gibbosité, qui par conséquent ne pouvaient pas exercer le métier d'agriculteur et n'étaient pas considérés comme les autres hommes. Tous ces mots remontent à la racine paléo-européenne BAK/BIK/BUK exprimant l'idée de disharmonie (séparation, division, vacuité, bosse, forme biscornue), sens auquel font penser les croupes bossuées, les collines aux formes biscornues qui caractérisent cette partie du Pays de Hanau.

1914

BOUXWILLER (HR) [buksvilɛr] als. *Buxwiller* [bUks'vil°R] ; *Busweilr* 1144, *Buchswilre* 1271. ‣ « le domaine boisé ». Du latin *buxum* « buis » (d'où all. *Buchs[baum]*), puis « bois » en général. ⏩ Explication complémentaire : même explication que le précédent par la racine paléo-européenne BUK, affectée à la désignation sémantique des cultes antiques de la fécondité. La légende dite des « nains de la Gorge-aux-Loups » (en alsacien *Ardwibeleschlucht* « gorge des petites femmes de la terre »), traditionnellement mise en rapport avec Ferrette parce que les habitants de cette localité y jouent un rôle, concerne tout autant Bouxwiller, puisque la Gorge-aux-Loups est située en contrehaut de ce village. La légende rapporte que des nains, hommes et femmes, éternellement jeunes, y habitaient et rendaient de multiples services aux paysans de la région. Mais ils portaient de longs vêtements qui cachaient leurs pieds. Un jour, des jeunes filles de Ferrette, poussées par la curiosité, répandirent du sable fin à l'entrée de la grotte. C'est ainsi qu'elles découvrirent que les nains avaient des pieds de chèvre (d'autres disent aussi des pieds d'oie) ! Leurs rires provoquèrent la fuite des nains, qui ne se montrèrent plus jamais. Ces créatures aux étranges pieds de chèvre ne perpétueraient-elles pas, sur ces premiers contreforts alsaciens du Jura, le souvenir de rites bachiques ?

1913

BRÉCHAUMONT (HR) [breʃomõ], en allemand *Brückensweiler*, als. *Brucketzwiller* ["BrUGə'Dsvil°R] ; *Burkezwilr* 1460, *Bruckwil* 1576, *Bruckhartzweiler* 1581, *Brechomont* 1625. ‣ « le mont formant un éperon ». Du roman *-mont* comme suffixe, précédé du gaulois *broccos* « éperon, pointe » ou du latin *bro(c)c(h)us* « proéminent », peut-être sous une forme dérivée **broccatus* (*Broccatus mons* ; VOIR LA BROQUE). Il s'agit d'un toponyme dont l'origine romane est masquée par les formes des textes officiels en allemand. Paronymies avec all. *Brücke* « pont » et le nom d'homme germanique *Burckhardt* (de *Burg* « forteresse » et *hard* « dur »). Le suffixe *-willer* est ici le pendant germanique inhabituel du roman *-mont* (on attendrait *-*berg*).

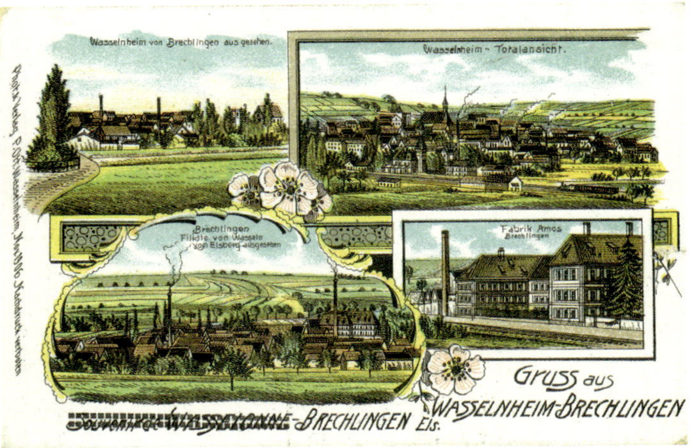

1918

BRECHLINGEN (BR) [brɛʃliŋən], als. *Brachlìnge* ["Brax'lIŋə]. ▸ « là où il y a une brèche ». Entre le confluent de la Sommerau et du Sathbach, la vallée avant Wasselonne se rétrécit entre deux collines, formant comme une brisure, une brèche, mot français tiré du vieux haut allemand *brecha* « fracture » (all. *brechen* « briser »).

1915

BREITENAU (BR) [brɛtno], village romanophone. ▸ « la prairie large ». De l'allemand *breit* « large » et *Au* « prairie humide ».

BREITENBACH (BR) [brajtənbax], als. *Bräitebàch* ["BrɛjDə'Båx]. ▸ « le ruisseau large ». De l'allemand *breit* « large » et *Bach* « ruisseau ».

1914-1916

BREITENBACH (HR) [brajtənbax], als. *Braitebe* ["BrajDəBə]. VOIR LE PRÉCÉDENT.

Vers 1910

BREMMELBACH (BR) [brɛməlbax], als. *Bremmelbàch* ["Brɛm°l'Båx]. ▸ « le lieu vallonné ». D'un étymon gallo-roman **Bramiliacum*, formé sur la racine paléo-européenne BR-AM, désignant un « renflement, un vallonnement », suivie du suffixe *-iacum*, qui évolue en *-ach*, puis *-bach* (VOIR CHAPITRE III). ▸▸ Autres explications : 1) « le ruisseau qui mugit » : de *Bach* « ruisseau » et vieux haut-all. *brammôn* « mugir », all. *brummen*, als. *brummle* « gronder », etc. 2) de l'allemand *Bräme* « lisière », 3) de l'allemand *Breme* « taon », 4) du bas-latin *brama* « brème », 5) d'un nom d'homme germanique **Bramilo*, non attesté.

Vers 1900

BRETTEN (HR) [brɛtən], als. *Bratte* ["BraDə] ; *Bratt* 1331, *Brêtten* 1503. ▸ « le pré ». Proposition : du latin *pratum* « pré », avec influence paronymique de l'allemand *Brett* « planche ». ⏩ Autres explications : 1) Peut-être un type d'habitation « planche » = « cabane », cf. Chavannes à proximité. 2) l'étymologie populaire fait remonter l'origine du toponyme au français *brette* « épée longue et étroite », qui figure sur les armoiries de la commune. Souvenir des anciennes forges qui existèrent en ce lieu ? 3) Comparer avec Bretagne (T. de B.), en all. *Bretingen, Bretaine* 1365 : d'un nom d'homme *Brittus* ou d'un établissement de *Brittani* (Bretons) ?

BREUSCHWICKERSHEIM (BR) [brøʃvikərsajm] ou [brœjʃ], als. *Brischwickersche* ["BriʃviG°Rʃə] ; *Wigfridasheim* 788, *Wichario villa* IXe siècle. ▸ « le village (fortifié) du côté de la Bruche ». Du bas latin **viccare*, variante de **vicare* d'après *villare*, dérivé de *vicus* « village », suivi du suffixe germanique *-heim*, et précédé du nom allemand de rivière *Breusch* « la Bruche » (VOIR CE NOM). Situé à l'ouest de Strasbourg, il fonctionnait avec Illwickersheim (ancien nom d'Ostwald), sur l'Ill au sud, et Souffelweyersheim, sur la Souffel au nord (VOIR CES NOMS) ; trois *vici* fortifiés destinés à protéger des invasions le camp gallo-romain d'Argentorate. ⏩ Autre explication : du nom d'homme germanique *Wigfrid*, très répandu à l'époque franque (> français *Guiffray*), d'après *wig* « combat » et *frid* « paix ».

Vers 1910

1907

BRINCKHEIM (HR) [briŋkajm], als. *Brìncke* ["BrIŋGə] ; *Brunchein* 1285. ▸ « l'habitat du vallonnement ». Du suffixe germanique *-heim*, précédé de l'étymon **Brūnincum*, composé de la racine paléo-européenne BR-ūN « renflement, vallonnement », suivi du suffixe paléo-européen *-ink-*. ⏩ Autre explication : d'un nom d'homme germanique *Brunicho*.

1915

BRINIGHOFFEN (HR) [briniko(:)fən] mieux que -[gofən], als. *Brinighoffe* ["Bri:ni'k^{h}ofə]; *Bruonichowe* 1216. ▸ « la propriété du vallonnement ». Du suffixe germanique *-hoffen* « cour, ferme, propriété », précédé de l'étymon **Brūniacum*, composé de la racine paléo-européenne BR-ūN « renflement, vallonnement », suivi du suffixe paléo-européen *-iacum*. Commune fusionnée en 1972 avec Enschingen pour former Saint-Bernard (VOIR CES NOMS). ▸▸ Autre explication : d'un nom d'homme germanique *Brunicho*.

Vers 1925

BRITZGYBERG (M, HR) [britsgibɛrk], mieux que -[bɛrg], als. *Britzgibarg* ["BriDsGi'Bark], au-dessus d'Illfurth. ▸ « le mont Saint-Brice ». De l'alsacien *Britzgi*, diminutif du nom *Brice*, du latin *Brictius*. Saint Brice fut le successeur de saint Martin comme évêque de Tours, mais peut-être faut-il voir dans la motivation christianisatrice du lieu le rappel d'une racine *brig-*, rappelant le gaulois *briga* « montagne » et « forteresse ». En effet, le Britzgyberg a constitué un oppidum dès le néolithique et surtout à l'époque celtique.

1911

BROQUE (LA) (BR) [labrɔk], localité romanophone, en allemand *Vorbrück*; *devant la brocque* 1623. ▸ « le pont ». De l'alsacien *d'Bruck* « le pont » (sans Umlaut, ce qui explique le [o] de la forme romane par opposition à l'allemand *die Brücke*). ⏩ Autres explications : 1) ancienne extension de Vipucelle (< *Vicpodi cella* « le monastère de Wigbod » [abbé de Senones]), La Broque fut créée « bourg mi-parti » lors d'un partage en 1598, c'est-à-dire que la souveraineté y variait d'une maison à l'autre. Dans ce cas, Broque pourrait représenter all. *Brocken*, als. *Brocke* « fragment, parcelle, miette ». Les habitants se dénommeraient d'ailleurs eux-mêmes les *broques*, c'est-à-dire « les brisés » (cf. l'expression française *de bric et de broc* = « de morceaux disparates » ; influence aussi de l'all. *brechen, gebrochen* « casser, briser ») ; 2) du celto-latin *brocca* « broche, éperon rocheux », variante du gaulois *broco* « pointe » d'où aussi « haie d'épines », « limite » et « brousse, broussaille » (cp. le Col des Broques, au-dessus de Saales). En alsacien, *Brochlànd* est une « friche », une « jachère ».

Vers 1925

BRUCHE (R) [bryʃ], le nom officiel est le doublet roman ; allemand *Breusch*, alsacien *Brisch* ; *Brusca* 817. ▸ « les eaux brassées ». Rien à voir avec l'allemand *Bruch* « marécage », als. *Bruech*. D'un étymon **Bruwiska*, contracté en *Brūska*, composé de la racine paléo-européenne BR-UW « gonflement en rond (idée de bulle...) » et du suffixe paléo-européen *-isk-*. A rapprocher, peut-être, de l'allemand *brauen*, anglais *brew* « brasser ».

1918

BRUEBACH (HR) [brybak] ou –[bax], als. *Brüebi* ["Bryəbi] ; *Bruchbach* 823, *Brudpach* 1144, *Brubach* 1264. ▸ « la propriété sur une éminence ». De la racine paléo-européenne BR-UK « gonflement formant obstacle, proéminent » [voir celtique *broco* « pointe »], suivie du suffixe *-(i)acum* passé à *-bach* (VOIR CHAPITRE III). ⏩ L'explication par l'allemand *Bruch*, alsacien *Bruech* « marécage », ne correspond pas au site.

1913

BRUMATH (BR) [brymat], als. *Bruemt* ["BrY:mt] ; *Breukomagos* sur la carte de Ptolémée (IIe siècle), *Brocomagos* IIe et IVe siècles, *Brocomagus* dans l'Itinéraire d'Antonin (IIIe siècle), puis *Brocmagad* 770, *Bruochmagad* 889, *Pruomat* 973,

Bruomade 979, *Brumat* 1165. ▸ « le marché au blaireau » (explication traditionnelle). Du gaulois *broco* « blaireau » et *magos* « champ ». Le blaireau était recherché pour ses poils durs qui servaient à faire des brosses. ⏩ Autre explication : « le champ (ou camp) de la limite ». Le gaulois *magos* signifiait essentiellement « champ » et « camp » (sens militaire), le sens de « marché » étant plus tardif. Quant à *broco*, il voulait dire « pointe » en général, d'où les sens particuliers de « haie d'épines », qui servaient à former des « limites », ainsi que de « brousse », « broussaille », « brosse », « blaireau » (nommé d'après son poil) et « broche ». Il semble que l'étymologie topographique de la « limite » (VOIR WEITBRUCH), sans doute avec le sens militaire de « camp» donnant sur l'ennemi (VOIR STEPHANSFELD) soit la plus satisfaisante. L'étymon précis de la forme actuelle devrait être **Brocomagatum*, qui suppose l'ajout d'un suffixe *-ātum*, variante de *-ētum* gallo-roman. Il a permis, à partir du Xe siècle, l'assimilation paronymique de la finale *-mag-atum* (gaulois *magos* « champ » + *-ātum*) au germanique *mata* « pré » (allemand *Matte*, alsacien *Màtt*).

BRUNSTATT (HR) [brunʃtat] mieux que [brynstat], als. *Brunscht* ["BrUnʃt] ; *Brunstat* 708. ▸ « la clairière de la source ». De l'étymon **Bornoialo*, composé du préceltique *borna* « source », qui s'est croisé avec le germanique *Brunnen* (même sens), et du gaulois *ialos* « clairière », traduit par germanique *Statt* « place, endroit ». L'actuelle chapelle Burnerkritz rappelle un lieu de culte païen et surtout une source, dite source du Burnen (< gaulois *borna*), dont le nom explique celui de la localité. ⏩ Autre explication : « l'endroit de Bruno », du nom d'homme germanique *Bruno* « brun ».

1928

BUETHWILLER (HR) [byɛtvilɛr], als. *Büethwiller* ["ByəD'vil°R] ; *Bütwyler* 1343, *Buotwiler* 1420. ▸ « le domaine sur une éminence plate ». Du suffixe *-villare*, précédé de la racine paléo-européenne BUT, BŌT, qui signifie entre autres « objet présentant une limite plate (butte, plateau, puits…) ». ⏩ Autre explication : d'un nom de personne germanique *Budo*.

1918

1912

1917

BUHL (BR) [by:l], als. *Bihl* ["Bi:l]. ▸ « la colline arrondie ». VOIR LE SUIVANT.

BUHL (HR) [by:l], als. *Behl* ["Be:l] ; *Buhele* 1135, *Behele* 1191, *Buohile* 1216, *Bühele* 1222, *Biehl* 1525, *Bihl* 1789. ▸ « la colline arrondie ». En allemand du sud, *Bühl, Bühel* « colline » < vieux haut allemand *buhil*, issu de la racine indo-européenne *bheuk* « courbure » (cp. *Buckel* « bosse, dos »). Concernant les toponymes alsaciens il s'agit toujours de collines à la forme arrondie comme une bulle (contagion de la racine paléo-européenne BAL). En dialecte, la prononciation *Bihl, Behl* a pu entrer en collision homonymique avec *Bil* « bosse » (all. *Beule*) ou avec des descendants du nom de Belenos : il semble en effet que ce mot ait été chargé d'une connotation religieuse d'origine pré-chrétienne, liée au culte solaire (VOIR CHAPITRE II).

1922

BURBACH (BR) [burbax], als. *Burbàch* ["BUR'Båx]. ‣ « la propriété près du bourbier ». Situé sur le ruisseau du Burbach. Etymon **Borvacum*, du gaulois *borva* « source boueuse, bourbier ».

BURNHAUPT-LE-BAS (HR) [burnawpt] ou, francisé, [byrnopt], als. *Burnhàit* ["Bur'nåjt], doublet roman *Es Benotte*; *Brunhobetun* 823. ‣ « la tête (= début) de la source ». Sans doute de l'étymon **Bornopenno* (préceltique *borna* « source » et gaulois *penno* « tête », traduit en germanique *houbit*, allemand *Haupt*). Peut-être s'agit-il d'une simple tautologie, puisque *Haupt* peut aussi avoir le sens figuré de « source ». En roman, le deuxième terme *-haupt* a été confondu avec le suffixe diminutif *-otte*.

1940

1915

BURNHAUPT-LE-HAUT (HR) Même explication que le précédent.

1908

BUSCHWILLER (HR) [byʃvilɛr], als. *Büschwiller* ["By'ʃvil°R] ; *Bustwilre* 1096, *Bustewilre* 1144, *Buschwiler* 1334. ▸ « le domaine boisé ». Suffixe *-villare*, suivi du latin tardif **buxĭtum* (d'où bost en toponymie, et fr. *boîte* < **buxĭta*), dont la variante **buxĭcum* > *bosk* est à l'origine des mots français *bois, bûche,* etc. et du vieux haut allemand *busk* > all. moderne *Busch* « arbuste, buisson ».

1912

BUST (BR) [byst], als. *Bìscht* ["BIʃt] ; *Bischeit* XIVe siècle, *Buschit* XVe siècle. ▸ « le lieu boisé ». Du latin tardif *Buxētum* « lieu planté de buis », ou plutôt et plus simplement « lieu planté de bois », tiré de *buxum* « buis », puis « bois » en général, avec le suffixe collectif gallo-roman *-ētum*. *Buxētum* évolue en **Bo(i)sido*, passé en germanique au VIe siècle d'où **Busit* > *Büs(e)t* > *Bìscht*.

1918

BUSWILLER (BR) [bysvilɛr], als. *Bueswiller* ["BY:'svil°R] ; *Buussouuillare* 784, *Buxwilari*. ▸ « le domaine boisé ». Du latin *buxum* « buis » (d'où all. *Buchs[baum]*), puis « bois » en général, suivi du suffixe *-villare*. Paronymie de l'als. *Bües* « pénitence ». VOIR BOUXWILLER.

1914

BUTTEN (BR) [bytən], als. *Bitte* ["BiDə]; *Budena* 1140, *Bitten* 1542. ▸ « la butte ». Village à flanc de colline, auquel l'image de la butte, du podium, convient parfaitement. De la racine paléo-europénne BUT ou BOT « objet présentant une limite plate (butte, plateau, puits...) ». Ne pas confondre avec l'als. *Butt* [BUt] « églantine, gratte-cul ».

1911

CANAL (LE) (BR) Annexe de Wolxheim. ▸ « le canal ». ▸▸ Explication complémentaire : en 1683, Vauban fit construire la Citadelle de Strasbourg, dans l'actuel quartier de l'Esplanade, avec des blocs de grès extraits près de Wolxheim, au lieu appelé *Schutt* « déblai », situé au confluent de la Bruche et de la Mossig. La tranchée ainsi percée fut en même temps le point de départ du canal de la Bruche, aujourd'hui déclassé, qui permit d'améliorer les échanges commerciaux avec Strasbourg. Dès lors, Schutt fut rebaptisé Le Canal.

1913

CARSPACH (HR) [karspak] ou [karspax], als. *Kàrschpàch* ["kʰå:R'ʃBåx]; *Karoldespach* 837, *Charoltespach* 877, *Karolspach* 1266. ▸ « le ruisseau de Karold ». Du terme germanique *Bach* « ruisseau », précédé du nom d'homme germanique *Karold*, non attesté (d'un plus ancien *Karwald*, de *kar-* [cf. *karl* « mâle » ?] et *waldan* « gouverner »). ▸▸ Autre explication : de la racine paléo-européenne KAR « abri (de pierre) », suivie du suffixe *-acum*, lui-même germanisé en *-ach* puis attraction de *-bach* « ruisseau ». Dans ce cas, le nom aurait peut-être désigné primitivement un site sur ou au pied de l'Elsberg, où prend source le ruisseau du Krebsbach (als. *Krabsbachla*), qui traverse le village. (VOIR AUSSI ALTKIRCH.)

1914

CERNAY (HR) [sɛrnɛ], all. *Sennheim*, als. *Sanne* ["sanə] ; *Sennenheim* 1144, *Ser(e)ney* 1251, *Senpennen* 1345 [all. *-penne* « auberge, gîte, abri pour la nuit »], *Cerney* 1695, *Cernay* 1720. ▸ « la demeure du vacher ». De l'allemand alpin *Senn* (ou *Senne, Senner, Sennter*) « vacher, chef d'exploitation d'une vacherie, avec production de beurre et de fromage ». Ce mot a été apporté de Suisse (Senniwald au-dessus d'Oberlarg), il existe aussi au Tyrol et en Engadine. L'origine est sans doute le latin *sinus*, au sens de « mamelle ». ▸▸ Explication complémentaire : peut-être y a-t-il à chercher un rapport non avec un alpage, mais avec les grandes foires aux bestiaux qui se tenaient depuis le haut Moyen Age sur la plaine voisine de l'Ochsenfeld (VOIR CE NOM). En westphalien, *Senne* signifie plutôt « lande, prairie », acception possible aussi, toujours par rapport à l'Ochsenfeld. ▸▸ Autre explication : d'un étymon pré-germanique **Sarnacum*, identique à celui de plusieurs autres Cernay en France, qui rendrait compte de la forme de 1251. C'est à cause des foires, approvisionnées par les éleveurs de bétail de Lorraine et de Bourgogne, que le doublet roman de *Sennheim* est resté vivace avant de devenir forme officielle à partir du XVIIe siècle. Dans ce cas, *Sennheim* (< *Sern[heim]) serait une germanisation de **Serney*. De la racine paléo-européenne SAR « saillie d'une montagne, jaillissement d'une source... ».

Vers 1950

CHALAMPÉ (HR) [ʃalãpe], als. *Schàlàmbi* [ˈʃå"låmBi] ; *Chalambé* 1710, *Choulampé* 1772, *Schalampé* XVIIIe siècle. ▸ « l'endroit où poussent les roseaux ». Du français régional *chalamet*, variante rhodanienne du français chalumet, dans le sens ancien de « tuyau du roseau », du latin *calamus* « roseau ». Référence à la végétation du ried rhénan. Adapté en dialecte alsacien sous la forme *Schàlàmbi*, avec évolution de la nasale [m] en [mB] (comme dans *Bummernickel* > *Bumbernickel* ou, avec [n], *Donnerwetter* > *Dunderwetter*). La forme officielle écrite est une francisation de l'alsacien : *Schàlàmbi* > Chalampé (avec <p> pour [B], phénomène attendu : pour une oreille française, une douce sourde de l'alsacien sonne comme une sourde normale). ▸▸ Explication complémentaire : anciennement appelé *Eichwald* « forêt de chênes » ou « forêt marécageuse » (*Eich-* peut représenter le latin *aqua* « eau »), ce territoire situé en Allemagne est devenu alsacien et français à la fin du XVIIe siècle suite à un caprice du cours du Rhin. La tradition veut qu'à la suite d'une bataille qui se déroula peu après en ce lieu (?), des soldats démobilisés et des colporteurs s'y seraient installés, parmi lesquels des Savoyards à qui serait due l'appellation Chalampé, s'inspirant du nom d'un hameau près de Chamonix. Mais ce dernier demeure introuvable, malgré toutes les recherches des toponymistes.

Vers 1910

CHAMP DU FEU (M) Nom roman ; du côté alsacien *Hochfeld*. Ce vaste plateau d'altitude (1 100 m) était traversé dès l'Antiquité par une route importante, qui menait de la plaine d'Alsace au Donon, en passant par Heiligenstein, le Maennelstein et la Rothlach, dite en allemand *Hochstrasse* (*Strata* 1059, *Hochstrasse* 1393), nom qui rappelle *Hochfeld*. Pour cette raison, la prononciation *Champ du Fé* en dialecte lorrain a fait penser certains toponymistes à une déformation de champ du *faîte* (all. *First*). D'autres y voient un primitif champ du *Vieh* (all. *Vieh* « bétail », prononcé en alsacien [fI:]). Pour d'autres enfin, ce serait le champ du fé, c'est-à-dire du « diable » (en ancien français *fé* « diable, sorcier, pauvre hère », masculin de *fée*). La dénomination Champ du Feu pourrait désigner le domaine des charbonniers, qui bien entendu y faisaient du feu ! L'une des extrémités du plateau porte le nom de Col de la Charbonnière. Mais l'on sait que les charbonniers, de même que les forgerons, étaient considérés par le peuple comme des personnages diaboliques (êtres noirs, travaillant avec le feu), parce qu'ils étaient identifiés au dieu païen du Soleil, diabolisé par le christianisme (VOIR BOENLESGRAB ET OSTHEIM). Les nombreuses légendes nées au cours des siècles de pérégrination le long de la Hochstrasse montrent que le Champ du Feu avait bien mauvaise réputation ! Mais toutes présentent des indices d'un ancien culte solaire. Dans ce cas, pour les habitants de Belmont et Bellefosse, le feu, c'était aussi celui du soleil du matin embrasant les cimes. (POUR PLUS DE DÉTAILS, VOIR CHAPITRE II.)

CHARBES (BR) [ʃarb], localité romanophone, en allemand *Mittelscher*. ▸ « le confluent près du col ». De la racine paléo-européenne AR-P désignant en général le « mouvement de l'eau en ce qu'il forme une arborescence » > « point de repère du réseau hydrographique (source d'un col, confluent) ». Le radical primitif **arb-* ou **erb-*, adapté en germanique sous la forme **harb-*, **herb-* (cp. Orbey et Horben, Urbeis et Hurbache), a été repris en roman avec la prononciation [xarb]. [x] est en dialecte lorrain une constrictive dorsovélaire sourde, proche de l'ach-laut allemand, orthographiée <h>, <ch> ou <x> dans les toponymes vosgiens. Le doublet allemand *Mittelscher* a remotivé le toponyme, puisque *mittel* « milieu » et *scheren* « couper » précisent la position de Charbes au milieu des deux vallées du Giessen, entre le col de Steige au nord et celui d'Urbeis au sud.

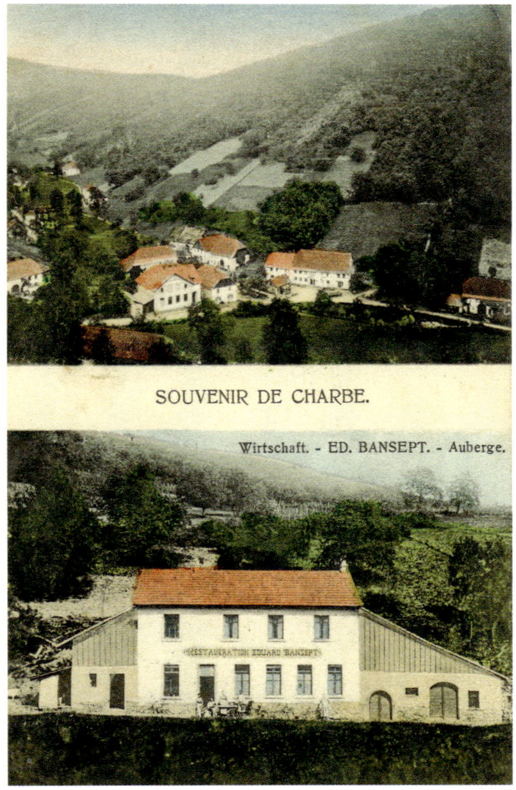

1912

Vers 1930

CHARBONNIÈRE (LA) (M) [la ʃarbɔnjɛr]. Col au sud du plateau du Champ du Feu. ▸ « là où l'on fait du charbon de bois ». ▸▸ Sa forme allemande *Schirrgut* est le doublet du nom roman de la Chergoutte, ruisseau qui prend sa source à cet endroit, traverse Le Ban-de-la-Roche et se jette dans la Bruche à Fouday. Du bas latin **carium* « pierre, amas de pierres » (sur la racine paléo-européenne KAR « abri [de pierre] »), et *gutta* « source, colline ».

1927

CHÂTENOIS (BR) [ʃatənwa], als. *Keschteholtz* ["k^{h}eʃDə'holDs], all. *Kestenholz*; *villa Castineto* 912, *Castinetum* 1138, *Kestenholtz* 1180, *de Castaneto* 1188, *Châtenois* 1775. ▸ « le bois de châtaigniers ». De l'allemand *Kesten* « châtaigne » (emprunté au latin *castanea* > vieux haut allemand *kastina, kestina*) suivi du deuxième terme de composé *-holz* « bois ». Le doublet roman issu de l'étymon *Castanētum* (formé sur le latin *castanea* « châtaignier, châtaigne » suivi du suffixe collectif *-ētum* désignant entre autres un lieu planté d'arbres identiques) est resté vivant chez les romanophones vosgiens : il a donné régulièrement *Cha(s)tenoy*, orthographié en définitive *Châtenois*. La châtaigne était un aliment de base, et le châtaignier réputé en ébénisterie pour sa dureté et son excellent bois de chauffage.

1911

CHATTE PENDUE (LA) (M) [la ʃat pɑ̃dy], all. *Katzenstein*. Groupe de rochers escarpés au-dessus des Quelles (près de Rothau). ▸ « la butte escarpée ». L'allemand *Katzenstein* « rocher du chat » traduit l'appellation romane d'une façon neutre. En dialecte lorrain on dit *La Hâte Podè*, qu'on a voulu interpréter comme « la (pierre) haut pendue ». Comme le prouve le doublet Zillhardt/St-Pierre-sur-l'Hâte (VOIR CE NOM), le mot *hâte* est ici l'équivalent de *hardt* (VOIR HARDT), qui remonte au gaulois *ardu* « hauteur », dont le sens s'est d'ailleurs croisé avec le latin *arduus* « ardu, difficile, escarpé ». L'initiale <h>, prononcée [x], a été réorthographiée <ch> (VOIR CHARBES), d'où la ressemblance, fortuite, avec le français *chatte*. Quant à *podè*, ce mot semble à première vue ressortir à la racine paléo-européenne BUT/BOT/POD… « objet présentant un bord plat (butte, plateau, puits…) », cf. latin *podium* « plate-forme, éminence ».

Vers 1935

CHAUSSÉE (LA) (HR) [la ʃose]. Toponyme francophone, en all. *Neuweg*, als. *Neiwag* ['nej"va:k], littéralement « le nouveau [village] sur la chaussée ». De la même diaspora des Huningois qui entraîna la fondation de Saint-Louis (VOIR CE NOM), naquirent aussi, le long du Rhin mieux canalisé qu'autrefois, Neuweg et Neudorf, dont les noms passèrent au français respectivement en tant que La Chaussée et Village-Neuf, ce qui en fait des toponymes d'origine germanique quoique indirectement liés à la politique française.

CHAVANNES-SUR-L'ÉTANG (HR) [ʃavan]. Village romanophone dont le doublet allemand est *Schaffnat-am-Weiher*; *Schaffnat* 1576, *Chavannes sur l'Estang* 1655. ‣ « les cabanes ». Du bas latin *capanna*, lequel, à travers un emprunt au provençal, est aussi à l'origine du français *cabane*. Dans le doublet germanique, la finale *-at* reprend le suffixe diminutif roman *-atte* existant dans Chavanatte (Territoire de Belfort), à quelques kilomètres de Chavannes. ⏩ Explication complémentaire : la capanna devait être un simple toit (racine KAP « tête », « chapeau ») sans murs. Dans les pays de langue germanique, sous l'influence d'autres mots, il a pu prendre aussi le sens d'« étable » ou « bergerie » (angl. *shippen*). (VOIR MITTELSCHAEFFOLSHEIM, SCHAFFHOUSE, SCHOPPERTEN).

Vers 1905

Vers 1920

CLAQUETTE (LA) (BR) [la klakɛt]. Localité romanophone, au-dessus de Rothau. ‣ « la claquette ». C'est une « lame de bois très mince jouant le rôle d'un ressort dans un métier à tisser ». Le toponyme doit son existence à l'essor de l'industrie textile au XIXe siècle.

1939

CLÉEBOURG (BR) [kle(:)bur], als. *Kleeboïg* ["Gle:'Bɔik] ; *Kleeberg* 1203. ▸ « la forteresse de l'abri ». De l'allemand *burg* et/ou du latin *burgus* « place forte », ou du celtique *briga* même sens, précédé de la racine paléo-européenne KL-AW « fermer, abri » (cp. latin *clavis* « clé »), avec attraction paronymique du vieux haut allemand *klaiwa* « trèfle » (allemand moderne *Klee*). La présence d'une enceinte préhistorique sur le Schlossberg semble justifier le sens d'« abri ». A noter qu'en allemand, *Schloß* signifie à la fois « château » et « serrure ». Certaines serrures ont une forme de trèfle. En alsacien, *S'Klewele* c'est la « targette ».

1897

CLIMBACH (BR) [klimbax], als. *Klimbàch* ["Glim'Båx]. ▸ « le ruisseau resserré ». Probablement déformation, sous l'influence paronymique de l'all. *klimmen* « grimper, gravir », d'un plus ancien **Klemmbach*, de l'all. *Klemme* « passage resserré, défilé » et *Bach* « ruisseau ». Peut-être allusion à la source *Kappellenbronn*.

1913

CLIMONT (M), [klimõ], en allemand *Winberg* ou *Weinberg* (VOIR WEINBOURG). ▸ « la montagne en pente ». Du latin *clīvus* « forte inclinaison, forte pente », suivi du terme *mons* « mont ».

Vers 1925

COLMAR (HR) [kɔlmar], als. *Kolmer* ["kʰolm°R]; *Columbrensi* VIIIe siècle, *Columbarium* 823, *Columba* 833, *Colhambur* 883, *Cholonpurum* 884, *Coloburg* 884, *Cholembra* 884, *Columbra*, *Columbir* 1178, *Kolnber* 1314, *Kolmer* 1316, *Colombier* 1632. ▸ « le colombier ». Par référence aux nombreux autres lieux de France procédant de cette étymologie, on reconnaîtra dans le nom de Colmar le latin *columbarium* « pigeonnier, colombier ». ▸▸ Sens en réalité complexe, explicité au chapitre II (VOIR CE CHAPITRE).

COLROY-LA-ROCHE (BR) [kɔlrwa la rɔʃ], village romanophone. La forme allemande *Kolrein* est artificielle; *Gallerey* XVIIIe siècle. ▸ « l'abri (de pierres) ». D'un étymon **Calaracum*, composé de la racine paléo-européenne KAL/GAL, « fermer, abri, pierre » et du suffixe *-acum*. Peut-être allusion à la vallée encaissée (dans ce cas, à rapprocher du français *galerie*, *col* [= cou]).

Vers 1910

1906

CORBEAU (ROCHER DU)
VOIR RABENBUHL.

1929

COSSWILLER (BR) [kɔsvilɛr], als. *Kosswiller* ["kʰos'vil°R]; *Cotzwilre* 1287. ▸ « le domaine (situé) là où l'eau séjourne » (?). En effet, Cosswiller a été identifié avec *Constantiana villa*, forme citée dès le IXe siècle et en 1128, se référant au verbe latin *constare* (composé de *cum-* et de *stare*, dont le radical est ST), qui signifie « se tenir ferme, être constant » et, notamment en ce qui concerne l'eau : « séjourner (dans un fond, un fossé) » (VOIR GUSTIBERG). Cosswiller est situé sur le Sathbach, hydronyme dont le radical *Sat(h)-* rappelle le latin *satis* « assez », l'all. *satt* « rassasié », qui illustrent un des concepts fondamentaux de la base ST : « ne pas aller au-delà (d'une certaine quantité) ». ⏩ Autre explication : du nom d'homme germanique *Kozzo*, dont l'existence est improbable et la signification inconnue.

1911

COURTAVON (HR) [kurtavõ], village romanophone, *Cotchavon* en dialecte franc-comtois, all. *Ottendorf*; *Cortamunt* 1179, *Corchaton* 1286, *Ottendorf* 1345, *Courtoihonz* 1400, *Courtahon*. ▸ « la ferme (ou le village) d'Odon ». Du nom d'homme germanique *Otton* ou *Adon* (vieux haut allemand *Odo* « richesse ») ou *Adamunt* dans la forme de 1179, et du doublet roman-germanique *-court/-dorf* « ferme, domaine, village ». Dans chacune des langues, l'ordre des termes est inversé : en allemand *Otten* + *-court/-dorf*, en roman *-court/-dorf* + *Adon*. En roman, la chute de la consonne intervocalique entraîne un hiatus (> *Courtaon*) résorbé par épenthèse d'un [v]. ⏩ Autre explication : « la cour sur un palier ». De la racine paléo-européenne āT « palier », justifiée par le site. Mieux qu'un anthroponyme, *Adamunt* signifierait alors « le mont en palier ».

CRASTATT (BR) [kraʃtat], als. *Kràscht* ["Gråʃt]; *Craftestate* 739, *Chratestat* 793, *Grafstete* 1240. ▸ « la clairière caillouteuse ». D'un étymon celtique **Gravetoialos* « clairière caillouteuse », de **grava* ou **krava* « pierre, caillou » (mot pré-celtique) +

suffixe *-ēt(um)*, adaptés et remotivés en germanique sous le terme *Kraft* « force », suivis du gaulois *-ialos* « clairière », traduit habituellement en *-statt/-stett* (VOIR CHAPITRE III).

Vers 1910

1904

CROETTWILLER (BR) [krœtvilɛr], als. *Kräppere* ["GrɛBərə]. ▸ « le défrichement ». Probablement du moyen haut all. *geriuten* « défriché », avec attraction de l'all. *Kröte* « crapaud ». (VOIR SON VOISIN NIEDERROEDERN.) Village récent, dont le suffixe *-willer* est d'origine germanique et non gallo-romane. La forme dialectale pourrait relever d'une assimilation de **Krätwern*, avec évolution acceptable [tw > B], où le suffixe *–wern* serait germ. *wari* « protection » (VOIR NIEFFERN), remplacé ensuite par le plus habituel *–willer*.

1901

CRONENBOURG (BR) [krɔnãbur], faubourg de Strasbourg ; als. *Kroneburi* ["Gro:nə'BUri]. Ainsi nommé en souvenir du château de Kronenburg, qui s'éleva sur les hauteurs du Kronthal entre le XIIIe et le XIVe siècle (VOIR KRONTHAL). ▸▸ Explication complémentaire : au début du XIIIe siècle, le Reichsschultheiss Woelfelin de Haguenau, à l'époque ville libre impériale, fit construire sur la hauteur occidentale du Kronthal un château fort du nom de Kronenburg, qui fut détruit en 1369 par l'évêque de Strasbourg. Ce nom manifestait l'attachement du Reichsschultheiss à la couronne impériale (all. *Krone* « couronne »). Lorsqu'en 1869 les édiles strasbourgeois eurent à donner un nom au nouveau faubourg nord-ouest de la ville, eux aussi choisirent symboliquement celui de *Kronenburg*. ▸▸ Distinguer le toponyme, qui a remplacé par <c> son <k> initial d'aspect germanique, de la marque de bière célèbre, qui l'a conservé.

1904

DABO (Mo), allemand *Dagsburg*, als. *Dàgschburi* ["DåG'ʃBUri]; *Dasborc* 1091, *Tagisbure* 1126. ▸ « le château du jour ». De l'alémanique *Dag*, équivalent de l'allemand *Tag* « jour », suivi du suffixe *-burg* « château fort ». En roman, *Dagsburg* est devenu successivement *Dasborc*, *Dabor* puis, conformément à la phonétique lorraine, *Dabo*, choisi comme forme officielle. ▸▸ Explication complémentaire : il s'agit sans doute d'une traduction particulière du type celtique bien connu *Lugudunon* « montagne de la lumière » (*lugu* « lumière » et *dunon* « montagne », puis « place forte »), qui est à l'origine de Lyon, Laon, Leyde, etc. (VOIR LICHTENBERG). La lumière fut divinisée sous le nom de *Lug*, le plus grand des dieux gaulois, que César appelle Mercure. Comme Lichtenberg et Lyon, Dabo dut être un lieu de culte solaire, à quoi le site du célèbre rocher se prêtait admirablement. La tradition a associé à Dabo la figure de saint Léon IX, le pape alsacien, qui y serait né en 1002, et dont le nom *Leôn* veut dire en grec « lion », animal symbole du soleil dans la culture médiévale.

DACHSTEIN (BR) [daxʃtajn], als. *Dàchstän* ["Dåx'ʃDɛ:n]; *Dabechenstein* 1017. ▸ « la pierre (située) dans les marais ». L'étymologie apparente en allemand : *Dachstein* « sorte de tuile » (littéralement « pierre de toit », all. *Dach* « toit » et *Stein* « pierre »), ne correspond pas à la forme de 1017, qui suggère un étymon gallo-roman **Dab(i)acum*, fondé sur une racine paléo-europénne de type DAB/TAP idée de « bouché » > « terrain retenant l'eau ». Dachstein est en effet situé dans le ried de la Bruche, sur d'anciens marais. Le suffixe germanique *-stein* désigne peut-être une ancienne pierre cultuelle (dolmen ou tumulus ? Cf., non loin, le menhir du *Hardbibber*, entre Molsheim et Altorf) ou une voie pavée romaine.

1908

Vers 1925

DAHLENHEIM (BR) [da(:)lənajm], als. *Dàhle* ["Då:lə] ; *Dalaheim* 884. ‣ « l'habitation sur le talus ». De la racine paléo-européenne TAL/TAR/TAN signifiant en général « changement de niveau » et en particulier « haut talus » de pierre ou de terre. En gaulois, *talo* signifie « talus ».

1935

DALHUNDEN (BR) [dalundən], als. *Dàlhunde* ['Dål"hUnDə]. ‣ « le péage des eaux ». Le nom de cette ancienne île du Rhin contient l'élément *-hunden*, qui ne veut pas dire « chien » (all. *Hund*), mais « eau » et dérive du latin *unda*. L'[h] provient d'un phénomène d'interférence dans l'adaptation de la langue latine par les Germains. On trouve ce même terme dans le nom du village disparu de Hundsfelden, sur la rive droite du Rhin, à 4 km en amont de Kehl. Au Moyen Age et jusqu'au XVe siècle, un bac appelé *Fahr zu den Hunden* reliait Strasbourg à Kehl à partir du couvent *Saint-Jean-in-Undis* (au croisement des actuels rue de Lausanne et quai Koenig). On comparera avec un autre couvent, qui a laissé son nom à une place de la Krutenau, *Saint-Nicolas-aux-Ondes*, pour finir de se convaincre que le terme *unda* était employé sur les bords du Rhin au Moyen Age, et que son doublet germanique était *Hunden*. Dans ce contexte latin et rhénan, le premier élément de Dalhunden pourrait être interprété comme une forme populaire germanique *Dal-* < **Dal(e)n*, issue du latin tardif *toloneum*, classique *teloneum* « péage », qui a donné l'allemand standard *Zoll*

« douane ». La forme *Dal-* est soit une influence, venue du nord par le Rhin, du bas allemand *tol(n)*, soit plus vraisemblablement un mot maintenu localement après la période de bilinguisme et n'ayant de ce fait pas subi la mutation consonantique t > z. (Même phénomène que pour Durmenach. VOIR CE NOM.)

1922

DAMBACH (BR) [dambax], als. *Dàmbàch* ["Dåm'Båx] ; *Tambach* XIIIe siècle. ▸ « le ruisseau du daim ou de la digue ». Sans doute de l'allemand *Dam* (*Damhirsch*, *Dambock*) « daim », du vieux haut allemand *tām(o)*, ou de l'allemand *Damm* « digue » (haut allemand *Tamm*), autre mot à côté du plus fréquent *Deich*. (VOIR LE SUIVANT.)

DAMBACH-LA-VILLE (BR) [dambax] ou [dãbak lavil], als. *Dàmbàch* ["Dåm'Båx] ; *Tannenbach* 1125. ▸ « là où il y a un talus, une terrasse ». De l'étymon gallo-roman *Tannacum*, fondé sur la racine paléo-européenne TAN signifiant en général « changement de niveau » et en particulier « haut talus » de pierre ou de terre (VOIR LE TANET, THANN). Le suffixe *-acum* est devenu en germanique *-ach*, puis *-bach*. L'explication par un « ruisseau des sapins » (allemand *Tanne* « sapin », *Bach* « ruisseau ») ne s'impose pas plus qu'un rapport avec le celtique *tanna* « chêne ». Noter la contraction [*-annenbach* > *-ambach*]. L'apposition -la-Ville date de 1920, pour individualiser la cité et rappeler qu'elle fut élevée au rang de ville par l'évêque Berthold de Bucheck en 1333. Mais la proposition initiale avait été semble-t-il *Dambach-la-Vigne.

Vers 1915

1914

DANGOLSHEIM (BR) [daŋ(g)ɔlsajm] ou [dãgɔlsajm], als. *Dàngelse* ["Dåŋ°lsə] ; *Dankratzheim* 758. ‣ « la demeure de Tancrède ». Du nom d'homme germanique *Thankrat* (> fr. *Tancrède*), composé de *thank* « pensée » (all. *Denk*) et *rat* « conseil », suivi du suffixe *-heim*. Changement d'infixe dans la forme moderne : **Dàngertze* > *Dàngelse*. ⏩ Autre explication : d'une base paléo-européenne TAN-K « haut talus ».

Vers 1925

DANNE-ET-QUATRE-VENTS (Mo) [dan e katrəvã], als. *Dänn-Gàtterwàng* ["Dɛn "GåD°r'våŋ] ; *Dhen* 1570. Le premier élément ressortit à la racine paléo-européenne TAN signifiant en général « changement de niveau » et en particulier « haut talus (de pierre ou de terre) ». Quatre-Vents est une façon de désigner un carrefour, variante inspirée du latin *quadrivium* « quatre voies, quatre routes » ; le mot français *carrefour* remonte de même au bas latin *quadrifurcum* « fourche (= séparation) à quatre directions ». Les Quatre-Vents marquaient à l'époque romaine la frontière entre les provinces de Germania à l'est et de Belgica à l'ouest.

1912

DANNEMARIE (HR) [danmari], all. *Dammerkirch*, als. *Dàmmerkìrech* ["Dåm°R'k^{h}Irəx] ; *Domna Maria* 823, *Danamarachiricha* 1016, *Domarckilke* 1187, *Dannamaria* 1287, *Dammerkilch* 1361, *Dannemarie* 1365. ‣ « Sainte-Marie ». L'étymon est *Domina Maria* « sainte Marie ». Dans ce toponyme bilingue, proche de la frontière linguistique, l'allemand a rajouté le suffixe *-kirch* « église », qui souligne la motivation chrétienne. En revanche le radical a été contracté, sous l'effet de l'accent d'intensité frappant la première syllabe, jusqu'à faire perdre le concept de « Marie », central dans le toponyme, véhiculé finalement par une simple syllabe atone.

1933

DAUBENSAND (BR) [dawbənsant], als. *Düwesànd* ["Dy:və'sånt]. ▸ « le sable gris ». Le nom de ce lieu doit être plus ancien que le village, créé au XVIIIe siècle par les seigneurs de Rathsamhausen et qui porta d'abord le nom de Neudorf. Le site sur une île sableuse du Rhin, avant la canalisation du fleuve, explique le deuxième composant *-sand*. Tubesand désignait une sorte de sable gris, de l'ancien allemand *tūba* « gris sombre », dont dérive le nom du « pigeon », en all. *Taube(n)*, alsacien *Düb*, plur. *Düwe*, à cause de la couleur de ses plumes.

1912

DAUENDORF (BR) [dawəndɔrf], als. *Dauedorf* ["Dawə'DoRf] ; *Tauginhaime* 742, *Dauchenthorf* 776, *Tochendorf* 1077. ▸ « le village à la section du plateau ». Du suffixe *-dorf* précédé de la racine paléo-européenne TAK « palier affecté par une pointe, une limite » dont le sens général est « toucher », qui désigne en toponymie alsacienne la « section d'un plateau ». Dauendorf est situé sur le rebord du plateau en contrehaut de la vallée de la Moder (VOIR TAGOLSHEIM, TAGSDORF). A noter le remplacement du suffixe *-heim* par le suffixe *-dorf*, fréquent dans le Pays de Hanau. ▸▸ Explications complémentaires : les mots allemands *taugen* « valoir », *tauchen* « plonger », *(ver)dauen* « digérer » ne correspondent pas pour le sens.

1903

DEHLINGEN (BR) [de(:)liŋən], als. *Dählìnge* ["Dɛ:'lIŋə] ; *Diluquifiaga* 737, *Dailig*, *Dahlingen* 1212. ▸ « là où il y a une dénivellation ». Le village est situé à flanc de coteau. De la racine paléo-européenne TAL signifiant en général « changement de niveau » et en particulier « haut talus (de pierre ou de terre) ». L'étymon pourrait être **Taliacum*, dont la forme de 737 serait une complexification, due à l'interprétation d'un scribe (?).

DESSENHEIM (HR) [dɛsənajm], als. *Dassene* ["Dasənə] ; *Tessinhaim* 768. ▸ « l'habitation [près d'une tanière] de blaireau ». D'un étymon vraisemblablement **Taxoniacum*, du latin *taxo(ne[m])* « blaireau » et d'un suffixe gallo-roman *-(i)acum*. La finale a été germanisée par l'ajout du suffixe *-heim*. Le blaireau, animal utile, était très recherché pour ses poils durs qui servaient à faire des brosses (VOIR BRUMATH). Le mot tanière (< *taxonaria* « terrier du blaireau ») a pris le sens d'habitation sombre et misérable, de retraite d'un solitaire. ⏩ Autre explication : du nom d'homme germanique *Tasso*. /TAISSY (MARNE), TASSIN (RHÔNE), TASSIGNY.

Vers 1950

Vers 1925

DETTWILLER (BR) [dɛtvilɛr], als. *Dettwiller* ["DɛD'vil°R] ; *Deudunwilare* 784, *Dettunvillari* 820, *Didunwilare*. ▸ « le domaine du peuple ». Du suffixe gallo-roman *-villare*, précédé du germanique *theudo* « peuple, nation » (cp. gaulois *teuto, touto* « peuple », osque *touto* « peuple, ville », ombrien *tota* « cité »). ⏩ Autre explication : « le domaine sur un terrain en escaliers ». De la racine paléo-européenne TIT exprimant, entre autres, une idée d'« alternance », c'est-à-dire en toponymie un lieu « alternativement plus élevé et plus bas ». /TOTAINVILLE (VOSGES).

Vers 1930

DIDENHEIM (HR) [didənajm], als. *Didene* ["Di:Dənə] ; *Tudinhaim* 796. ▸ « la demeure du peuple ». Du suffixe *-heim*, précédé du germanique *theudo* « peuple, nation » (cp. gaulois *teuto, touto* « peuple », osque *touto* « peuple, ville », ombrien *tota* « cité »). ⏩ Autre explication : « l'habitat sur un terrain en escaliers ». De la racine paléo-européenne TUT exprimant, entre autres, une idée d'« alternance », c'est-à-dire en toponymie un lieu « alternativement plus élevé et plus bas ».

1935

DIEBOLSHEIM (BR) [di(:)bɔlsajm], als. *Dìwelse* ["DIv°lsə] ; *Dubilesheim* 803. ▸ « l'habitat du marécage ». Du suffixe *-heim* précédé de la racine paléo-européenne TUP/TUB/DUB « terrain retenant l'eau, marécage » (village situé dans le Grand Ried). Une explication par le nom d'homme germanique Diebold (fr. *Thibaud, Thiébaut*) « peuple audacieux » (de *theudo* « peuple » et *bald* « audacieux »), ne paraît pas correspondre avec la forme de 803.

Vers 1910

DIEDENDORF (BR) [di(:)dəndɔrf], als. *Diedenoff* ["DI:Dənof] ; *Didineschaime* 699. ▸ « le village du peuple ». Du germanique *theudo* « peuple, nation » (en moyen haut allemand *diet*), suivi du suffixe *-dorf*, qui a remplacé le suffixe *-heim* à l'époque carolingienne. La forme dialectale fait, quant à elle, penser à un suffixe *-hoffen* ▸▸ Autre explication : « le village sur un terrain en escaliers ». De la racine paléo-européenne TIT exprimant, entre autres, une idée d'« alternance », c'est-à-dire en toponymie un lieu « alternativement plus élevé et plus bas ». /Toutencourt (Somme).

DIEDOLSHAUSEN

Voir Le Bonhomme.

1958

DIEFFENBACH-AU-VAL (BR) [di(:)fənbax], als. *Diefebàch* ["Diəfə'Båx]. ▸ « le ruisseau profond ». De l'allemand *Bach* « ruisseau » précédé de l'adjectif *tief* « profond » (als. *dief*). Le ruisseau du même nom y prend sa source. ▸▸ Autre explication : le village est situé sur un palier en contre-haut de la vallée du Giessen. On pourrait penser à un radical moyen haut allemand **tüpf-* « surplomb », avec attraction paronymique de l'all. *tief* « profond ».

Vers 1925

DIEFFENBACH-LES-WOERTH (BR) [di(:)fənbax], als. *Diefebàch* ["DI:fə'Båx]; *Dieffengruaba* 884. ▸ « le fossé profond ». De l'adjectif allemand *tief* « profond » (alsacien *dief*), suivi de *-bach* « ruisseau », suffixe courant qui remplace le plus ancien terme *-gruaba*, correspondant à l'allemand moderne *Grube* « fosse, excavation » ou *Graben* « fossé ».

1900

DIEFFENTHAL (BR) [di(:)fənta(:)l], als. *Diefetàl* ["DI:fə'Då:l]; *Tieffenthal* 1000. ▸ « le val profond ». A première vue, cette signification semble impossible pour un lieu qui n'est pas situé dans une vallée, mais à flanc de coteau sur le piémont des Vosges. Pourtant le village est entaillé d'un fossé étroit et profond où coule un minuscule ruisseau. Une origine gauloise du suffixe *-thal*, à savoir *talos* « front, talus » (VOIR CHAPITRE III) n'est pas impossible dans ce cas, en quelque sorte corroborée par la tradition locale qui se réclame d'une protohistoire celtique (Rocher des Celtes). Quant au radical, il pourrait représenter le gaulois *divona* « source sacrée » qui, sur le plan phonétique, peut parfaitement aboutir à *Diefen-*. /DIEUPENTALE (TARN-ET-GARONNE).

1902

DIEFMATTEN (HR) [di(:)fmatən], als. *Diefmàtte* ["Diəf'måDə]; *Tiefmatten* 1394. ▸ littéralement « le pré profond ». De l'allemand *tief* « profond » et *Matte* « pré ». Mais le sens n'est pas totalement satisfaisant. ▸▸ Autres explications : 1) On pourrait penser à une altération de **Dimpfmatten* « le pré où l'eau stagne » (moyen haut allemand *tümpfel* « eau stagnante, flaque, mare » ; VOIR DIMBSTHAL) ; 2) étymon celtique **Divonomagos* « le champ (ou camp) de la source sacrée » (VOIR DIEFFENTHAL ET BRUMATH POUR LA FINALE). La présence des lieux de culte pré-chrétiens de Gildwiller et Sternenberg (VOIR CES NOMS) plaiderait en ce sens.

1912

DIEMERINGEN (BR) [di(:)məriŋən], als. *Diemerìnge* ["DI:mərIŋə] ; *Dymringen* 1275. ‣ « là où il y a des potiers ». Du suffixe germanique d'origine paléo-européenne *-ing(en)*, précédé du terme local *Diemer* « nom donné aux potiers venus s'établir en ce lieu riche en argile ». *Diemer* correspond vraisemblablement, en allemand standard, à un nom d'agent **Tümer* « fabricant », formé sur le verbe *tun* « faire, exécuter, accomplir (un travail) ». Un rapport avec une racine paléo-européenne TUM/TUB/DUB, « terrain retenant l'eau » d'où « terre argileuse », n'est cependant pas à exclure. ⏩ La référence à un nom d'homme germanique *Dietmar* (sur *theudo* > *diet* « peuple » et *mar* « célèbre ») ne s'impose pas.

1901

DIETWILLER (HR) [ditvilɛr] ou [djɛtvilɛr], als. *Dietwiller* ["DiəD'vil°R] ; *Dietwilare* 1128. ‣ « le domaine du peuple ». Du germanique *theudo* « peuple, nation » (en moyen haut allemand *diet*), suivi du suffixe gallo-roman *-villare*. ⏩ Autre explication : « le domaine sur un terrain en escaliers ». De la racine paléo-européenne TIT exprimant, entre autres, une idée d'« alternance », c'est-à-dire en toponymie un lieu « alternativement plus élevé et plus bas ».

DIMBSTHAL (BR) [dimpsta:l], als. *Dìmschtel* ["DImʃD°l] ; *Dumphilesdal* IXe siècle, *Dumphelsthal* 1120. ‣ « le val où l'eau stagne ». Du suffixe germ. *-thal* « vallée, val », précédé du terme moyen haut allemand *tümpfel* « eau stagnante, flaque, mare », vieux haut allemand *dumphilo*. (Cp. la racine paléo-européenne TUM/TUB/DUMB « terrain retenant l'eau »).

1917

1911

DINGSHEIM (BR) [diŋsajm], als. *Dìngse* ["DIŋsə]; *Denzingen* 1059. ▸ «là où il y a un talus». La forme *Dingsheim* doit provenir de **Deningsheim*, avec métathèse de [s] écrit <z> dans la forme de 1059 et suffixe *-heim* ajouté tardivement; il n'y a pas de rapport avec l'allemand *Ding* «chose» (sens moderne) ou «tribunal, affaire juridique» (sens ancien). Du suffixe *-ink* précédé de la racine paléo-européenne TAN/DAN signifiant en général «changement de niveau» et en particulier «haut talus (de terre ou de pierre)» (la colline d'Oberhausbergen) (cp. Taninges [Haute-Savoie] < *Tanink-*). ▸▸ Autre explication: du suffixe *-ingen* précédé du nom d'homme gallo-roman **Donisus* (> français *Denis*; du latin *Dionysus* < grec *Dionusos*). Y avait-il des vignes au flanc de la colline?

Vers 1920

DINSHEIM (BR) [dinsajm], als. *Diense* ["DI:nsə]; *Dunginisheim* Xe siècle. ▸ «l'habitation au pied du talus». Doit provenir d'une forme **Duning(i)sheim*, avec un suffixe *-heim* ajouté tardivement. De la racine paléo-européenne TUN/DUN signifiant en général «changement de niveau» et en particulier «haut talus (de terre ou de pierre)» (la colline du Felsbourg), suivie du suffixe *-ink*. Noter le passage de [u] à [I] par métaphonie.

Vers 1925

DOLLER (R) [dɔlɛr], als. *Doller* ["Dol°R] ; *Olruna* XIIe siècle, *Tolre* XIVe siècle, *Tholier* (fr.), *Tolder*, *Dolder*. Du paléo-européen AL/OL « mouvement de l'eau » (étymon possible *AL-AR, cp. Arar, ancien nom de la Saône ; VOIR AAR, ELLER). La mention *Olruna* s'explique soit par **Oller unda* « la rivière Oller » (lat. *unda* « eau, onde »), soit **Oller runa* (germanique *rin/run-* « couler, courir », all. *Runse* « écoulement, cours d'eau », als. *Runs* ou *Runz* « ruisselet »). La forme *Doller* provient de la coalescence de l'article défini d'« la » et du nom originel *Oller* (VOIR ZORN).

Vers 1900

DOLLEREN (HR) [dɔlərən], als. *Dollere* ["Dolərə] ; *Tholier* 1567, *Tolder* 1576, *Dolleren* 1691. Village fondé au XVe siècle, situé sur la Doller, dont il emprunte le nom.

1908

DOMFESSEL (BR) [do(:)mfɛsəl], als. *Domfassel* ["Do:m'fas°l] ; *Dunnvaszel* 1300, *Donnebassel* 1325, *Donnfassel* 1542. ▸ « saint Basile ». Tiré du latin d'église *Dominus Basilius*, sur *dominus* « saint », et *Basilius*, ou localement *Bassolus*, nom d'homme, honoré dans toute la Lorraine (cp. Dombasle, Meurthe-et-Moselle ; Saint-Jean-de-Bassel, Moselle). La forme germanique suppose un passage ancien, roman, de [b] à [v], puis la prononciation [f] de ce dernier par les germanophones : *Dominus Basilius* > **Domno Vasilio* > *Donn Fassel(i)*, et *Fessel* par métaphonie [a > e] devant [i]. ▸▸ Basel (Suisse), dont le doublet roman est Bâle, portait dès l'époque romaine le nom attesté de *Basilēa*. Pas de rapport avec le nom *Basile*, ni avec le mot grec d'origine *Basileus*, *Basilea* « empereur ». La racine *bas-* s'explique à la fois par l'idée de « passage étroit » (du Rhin entre Forêt-Noire et Jura) et par celle d'« abaissement » de ces deux massifs.

DOMPETER (BR) [do(:)mpe(:)tər], als. *Dompeter* ["Do:m'p^{h}e:D°R] ; *ad domnum Petrum, ecclesia S. Petri, Dumphitere* Xe siècle, *Tumpfieter* 1519, *Dumbfieter* 1563, *Dumpfüetter* 1582, *Thumbpfiedern* 1666. ▸ « saint Pierre ». Village disparu près d'Avolsheim, dont subsiste seule l'église qui lui a donné son nom, *Dominus Petrus*: « Saint-Pierre ». La légende rapporte qu'elle fut fondée par saint Materne en l'honneur de saint Pierre qui l'avait envoyé évangéliser l'Alsace. On y a trouvé la sépulture d'une dame romaine nommée Terentia Augustula (Stöber).

Vers 1950

1907

DONNENHEIM (BR) [dɔnənajm], als. *Dunnle* ["DUnlə]; *Danonewilare* 776. ▸ « l'habitation sur le talus ». De la racine paléo-européenne TāN signifiant en général « changement de niveau » et en particulier « talus (de terre ou de pierre) », suivie du suffixe germanique *-heim*, lui-même remplaçant un plus ancien suffixe gallo-roman *-villare*.

1917, uhlans à cheval.

DONON (LE) (M) [dɔnõ], sommet vosgien, célèbre pour avoir été, chez les Celtes et les Gallo-romains, lieu de culte du Mercure gaulois (*Lug*). ▸ « la montagne ». D'un étymon **Dunone*, composé avec un suffixe *-on-*, peut-être à valeur augmentative, sur le gaulois *dunon* « montagne », plus tard « place-forte ».

1911

DORLISHEIM (BR) [dɔrlisajm], als. *Dorelse* ["Do:r°lsə] ; *Dorolshain* 735, *Torolfesheim* 1133, *Torlenheim* 1178, *Dorholtzheim* 1236. ▸ « la demeure de Thorulf ». Du nom d'homme germanique *Thorulf* (de *Thor*, nom d'un dieu de la mythologie scandinave, maître de la foudre et du tonnerre, équivalent du Donar westique et du Zeus grec, et *wulf* « loup »), suivi du suffixe *-heim*. ▸▸ Autre explication : de la racine paléo-européenne TāR signifiant en général « changement de niveau ». La tradition parle d'un ancien lac à l'endroit de la localité (cp. *Darensee*, nom allemand du Lac Vert). Voir aussi la présence en ces lieux du dragon mythologique (VOIR CHAPITRE II).

1907

DORNACH (HR) [dɔrnak] ou [dɔrnax], als. *Durni* ["DUrni] ; *Turnache* 1216, *Durnich* 1250. ▸ « là où il y a une élévation de terrain ». Ancien village aujourd'hui quartier de Mulhouse. De l'étymon *Turnacum*, qui a aussi donné Tournai/Doornik (Belgique), formé du mot pré-latin *turn(o)* « hauteur, éminence », qui relève de la racine paléo-européenne TUR « changement de niveau, talus », suivi du suffixe gallo-roman *-acum*.

DORNSYLE (M) [dɔrnsil], en alsacien *Dornsilkopf*, nom d'un sommet vosgien entre Lautenbach et le Boenlesgrab. Mentionné en 1666 comme *Turnes Säule*, en allemand « colonne de tour ». Peut-être s'élevait-il jadis en ce lieu un temple de Taranis, dieu celtique de l'orage (VOIR CHAPITRE II). Ou plus probablement du mot pré-latin *turn(o)* « hauteur, éminence », comme le précédent. Pas de rapport avec *Dorn* « épine ».

1924

DOSSENHEIM-KOCHERSBERG (BR) [dɔsənajm], als. *Doosme* ["Do:smə] ; *Dozenheim* 1154. ▸ « l'habitation près du conduit d'eau ». Du suffixe *-heim* précédé du latin *dux, duce(m)* « conduit d'eau », passé à *dois-, duis-* au VIe siècle. (VOIR AUSSI DUSENBACH ET MAISONSGOUTTE.) ▸▸ Une canalisation en tuyaux amenant l'eau de la source de Kuttolsheim (VOIR CE NOM) vers le camp d'Argentorate (Strasbourg), en passant par Quatzenheim, puis entre Stutzheim et Hurtigheim, Hausbergen, Cronenbourg, avait été aménagée par les Romains. (VOIR STUTZHEIM.)

1906

DOSSENHEIM-SUR-ZINSEL (BR) [dɔsənajm], als. *Dosne* ["Do:snə] ; *Deosesheim* 728, *Dozzenheim* 1158. ▸ « la demeure de Tozo ». Du nom d'homme germanique *Tozo*, de signification inconnue, suivi du suffixe *-heim*. ▸▸ Autre explication : du latin *dux* « conduit d'eau », passé à *dois-, duis-* (VOIR LE PRÉCÉDENT).

Vers 1925

DRACHENBRONN (BR) [draxənbrɔn], als. *Dràchebrunn* ["Dråxə'BrUn]. ▸ « la fontaine du dragon ». De l'allemand *Drache* « dragon » suivi du suffixe germanique *-bronn* (all. *Brunnen* « source, fontaine »). Le rapport à une eau abondante est sans doute manifeste dans ce toponyme, étant donné la présence de sept fontaines (Moulin des Sept-Fontaines). On comparera avec les gargouilles des cathédrales gothiques, qui réactualisent le vieux mythe du dragon cracheur d'eau. Toutefois, Drachenbronn est la seule commune d'Alsace dont le nom fasse expressément référence à la bête fabuleuse. (VOIR CHAPITRE II.)

1908

DRULINGEN (BR) [dry(:)liŋən], als. *Drülìnge* ["Dry:lIŋə] ; *Druldingen* 1325 (avec <d> épenthétique fréquent en Alsace Bossue, VOIR VOELLERDINGEN). ▸ « là où il y a un changement de niveau ». De la racine paléo-européenne DR-UL/TR-UL « changement de niveau, trou », suivi d'un suffixe *-ink-*, transformé plus tard en *-ingen*. Allusion peut-être aux anciens abris artificiels d'origine néolithique, en forme de cratères de bombe, aujourd'hui remplis d'eau (d'où en alsacien l'appellation de *Seeb*), qui entourent le bourg. Attraction paronymique de l'als. *drule, druele* « baver en mangeant ».

1911

DRUMONT (M) [drymõ], nom de deux sommets surplombant la vallée de la Thur, le Grand et le Petit Drumont ; als. *Drìmmung* ["DrImUŋ], all. *Trummenkopf*, dialecte lorrain *Troumont*. La forme française appelle la signification de « mont dru » (couvert de végétation), mais il s'agit vraisemblablement d'une adaptation de l'allemand *Trummenkopf* dans le sens de « sommet qui se désagrège » (all. *Trumm* « brin, fragment », *Trümmer* « débris »), cette signification rappelant peut-être les inondations venues de la montagne. De la racine paléo-européenne TR-UM/DR-UM « changement de niveau », notamment du relief (sommet) et de l'eau (crue, inondation). ⏩ Autre explication : la forme *Troumont* pourrait être peut être la traduction littérale d'un primitif *Lochberg*, terme qui désigne en allemand un « effondrement de terrain ». Au final, les deux acceptions se rejoignent.

1900

DRUSENHEIM (BR) [druzənajm], als. *Druesem* ["DrY:səm] ; *Drusenheim* 758. ▸ « la demeure de Drusus ». Du nom du général romain *Claudius Drusus Nero* lequel, après la défaite de Varus en Germanie en 9 ap. J.-C., édifia des fortins, appelés *castella Drusi*, le long de la nouvelle route rhénane Bâle-Strasbourg-Mayence-Cologne, qui passait précisément par Drusenheim. Le nom ancien de la localité aurait été *Drusomagos, Drusicampus*. ▸▸ Autre explication : l'allemand *Drusen* désigne des « dépôts sédimentaires » (d'où français *druse*), des « alluvions », sens hérité de la racine paléo-européenne DR-US/TR-US « changement de niveau » (cp. alsacien *Druese* « lie de vin »). Un sous-affluent de la Zorn (Furchhausen, Waldolwisheim) porte le nom de Drusenbach.

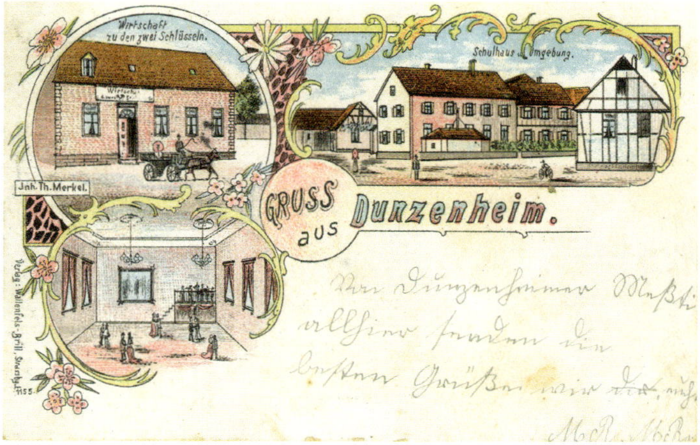

1900

DUNTZENHEIM (BR) [duntsənajm], als. *Duntzne* ["DUnsnə] ; *Dunzenheim* IXe siècle. ▸ « l'habitat sur le talus ». Toponyme construit probablement sur un mot de la famille du gaulois *dunon* « montagne, place forte » : pourrait provenir de **Dunen-s-heim* > **Dunsn-heim* par métathèse [n-n-s] > [n-s-n], d'où *Dunzenheim*. La racine est le paléo-européen TUN/DUN « changement de niveau, talus ». ▸▸ Autre explication : du nom d'homme germanique **Tunzi*, non attesté, suivi du suffixe *-heim*.

1911

DUPPIGHEIM (BR) [dypikajm], als. *Dìppje* ["DIBjə] ; *Duppichheim* 951. ▸ « la demeure du marais ». Village situé dans le ried de la Bruche. De la racine paléo-européenne TUP/TUB/DUB « terrain retenant l'eau, marécage » (étymon gallo-roman probable **Dubiacum*), suivie du suffixe *-heim*. (VOIR DACHSTEIN.)

1939

DURLINSDORF (HR) [dyrlinsdɔrf] ou -[lɛ̃sdɔrf], als. *Dìlleschderf* ["DIlə'ʃD°Rf], doublet roman *Triocourt* ; *Dürlensdorf* 1144. ▸ « le village du talus, du changement de niveau ». De la racine paléo-européenne DUR-L/TUR-L « changement de niveau, talus », suivi d'un premier suffixe *-ink-*, pré-germanique, puis d'un deuxième, d'époque carolingienne, *-dorf/-court*.

Vers 1910

DURMENACH (HR) [dyrmənak] ou [-nax], als. *Dìrmà* ["DIr'må] ; *Terminach* 1188. ▸ « là où il y a une borne ou un tertre ». D'un étymon gallo-roman *Terminacum*, formé sur le latin *termen, -inis* « borne », qui a donné le français tertre « faible élévation de terre », ou de son dérivé *terminus* « borne, terme, fin », et suivi du suffixe *-acum*.

1944

DURNINGEN (BR) [dyrniŋən], als. *Dìrnìnge* ["DIrnIŋə] ; *Deorangus* 724, *Teuringas* 742. ▸ « là où il y a un changement de niveau, un talus ». De l'étymon gallo-roman **Durincum*, formé sur la racine paléo-européenne DUR/TUR « changement de niveau, talus », et suivi du suffixe pré-germanique *-ink-*. ▸▸ Autre explication : du nom d'homme germanique **Tiuro*, non attesté.

1910

DURRENBACH (BR) [dyrənbax], als. *Dìrrebàch* ["DIrə'Båx]. ▸ « le ruisseau sec ». De l'allemand *dürr* « sec » et *Bach* « ruisseau ». L'ancien lit du Bieberbach, dont le cours avait été détourné par les moines de Bibelies (VOIR BIBLISHEIM), se trouvait de ce fait souvent à sec.

1903

DURRENENTZEN (HR) [dyrənɛntsən], als. *Dìrrenantze* ["DIrə'nanDsə] ; *Einsinsheim* 1300, *Dürren Enszhin* 1456. ▸ littéralement, « Entzen-le-sec ». S'oppose à Oberentzen et Niederentzen (VOIR CES NOMS). De la racine paléo-européenne AN-S indiquant une « infiltration d'eau », précédée de l'allemand *dürr* « sec ».

1900

DURSTEL (BR) [dyrstɛl] ou [durʃtɛl], als. *Duëschel* ["DUəʃ°l] ; *Turestolodus* ou *Turestodolus* 718, *Duristualda* 830, *Duristuledon.* ▸ « la place forte sur le talus ». De l'étymon gallo-roman **Durotalatum*, formé, avec un suffixe *-atum* (VOIR BRUMATH), sur *Durotalos*, du gaulois *duros* « dur », puis « place forte » et *talos* « talus ». L'adaptation en germanique a entraîné un génitif fort du premier élément, d'où l'apparition de l'[s] intérieur : Vᵉ siècle **Dur(o)talado* > **Durestal(a)d-*. Pas de rapport semble-t-il avec l'allemand *Stall* « étable ».

1912

DUSENBACH (HR) [dyzənbax], als. *Düsebàch* ["Dy:sə'Båx]. Nom d'abord d'un ruisseau, puis d'un lieu de pélerinage à la Vierge depuis le XIIIᵉ siècle. ▸ « le conduit (d'eau) ». Du suffixe *-bach* « ruisseau », précédé d'un radical *Düs-* apparenté à l'alsacien *(sich) düsse, düssle, dissle*, verbes dont la signification générale « se faire petit, se glisser furtivement » a été influencée à date récente par *düs* « silencieux, discret, docile », dérivé du français *doux* ; mais l'origine est vraisemblablement une racine romane *dus-*, *duis-*, *dois-* issue du latin *ducere* « conduire », *dux* « ce qui conduit » et notamment « conduit d'eau » : cf. vieux français *doix* « conduit d'eau » français *douche* et allemand *Düse* « tuyère, gicleur ». (VOIR DOSSENHEIM). La Vierge de Dusenbach est la patronne des musiciens d'Alsace (Stoffel).

Vers 1930

DUTTLENHEIM (BR) [dytlənajm], als. *Dìttle* ["DIDlə] ; *Tuttelsheim* 995, *Dutelenheim* 1103. ▸ « la demeure du peuple ». Du suffixe *-heim*, précédé du germanique *theudo* « peuple, nation » (cp. gaulois *teuto, touto* « peuple », osque *touto* « peuple, ville », ombrien *tota* « cité »). Interférence paronymique ancienne avec le latin *Tutela* « divinité protectrice » (base TUT « qui redresse » = qui stoppe l'alternance, le va-et-vient) et moderne avec l'alsacien *Dìttle* « tétons » (= « va et vient »). ▸▸ Autre explication : « l'habitat sur un relief irrégulier ». De la racine paléo-européenne TUT exprimant, entre autres, une idée d'« alternance », c'est-à-dire en toponymie un lieu « qui monte et descend » (VOIR ZITTERSHEIM) /TULLE (CORRÈZE), TUDELLE (GERS).

Vers 1910, photo de classe devant l'école.

EBERBACH-SELTZ (BR) [ebərbax], als. *Äwerbàch* ["'ɛv°R'Båx]. ▸ « le ruisseau du sanglier ». De l'allemand *Eber* « sanglier », suivi du suffixe *-bach* « ruisseau ». C'est aussi le nom du ruisseau qui y prend sa source. ▸▸ Autres explications : 1) si l'on admet l'hypothèse que le suffixe *-bach* est une évolution du suffixe *-ach*, lui-même correspondant au suffixe gallo-roman *-(i)acum*, il est loisible de comparer Eberbach au type *Eburiacum*, bien connu en toponymie, qui a fourni Evry, Ivry, Ivory, Yèvres, etc. et York en Angleterre. D'après les toponymistes, *Eburiacum* serait construit sur le terme celtique eburos « if » : en effet l'if, comme les conifères en général, était un végétal sacré du fait de son feuillage persistant, et parce que son bois se prête le mieux à la fabrication des arcs ; 2) Eberbach est situé à proximité de la source d'un ruisseau du même nom. Il serait tentant d'opérer un rapprochement avec le latin *ebrius* « ivre », dont le sens premier aurait pu être « plein », selon un sémantisme récurrent, ainsi qu'avec le breton *aber* « estuaire d'un cours d'eau envahi par la mer » ou encore le basque *ibar* « vallon, vallée », aucun de ces trois mots n'étant à l'origine de notre Eberbach alsacien, mais construits sur la même racine paléo-européenne AB, IB, désignant des « creux (remplis d'eau) ».

EBERBACH-WOERTH (BR) [ebərbax], als. *Awerbàch* ["'a:v°R'Båx]. ▸ « le ruisseau du sanglier ». De l'allemand *Eber* « sanglier », suivi du suffixe *-bach* « ruisseau ». ▸▸ Autres explications : VOIR EBERBACH-SELTZ.

1905

1911

EBERSHEIM (BR) [ebərsajm], als. *Awersche* ["'a:v°Rʃə] ; *villa Ebrotheim* 726, *Eboresheim* 861. ▸ « l'habitat du sanglier ». De l'allemand

Eber « sanglier », suivi du suffixe *-heim*. La légende rapporte que le nom du village est dû à un accident de chasse au sanglier dont avait été victime le fils du roi Dagobert. Guéri par saint Arbogast, premier évêque de Strasbourg, le jeune homme aurait fondé à 2 km de là un couvent auquel il aurait donné un nom rappelant l'accident. (VOIR EBERSMUNSTER.) ⏩ Autre explication : Ebersheim pourrait provenir d'un étymon celtique **Eburorate*, du suffixe *-rate* « rempart de terre » précédé du terme *eburos* « if », ou mieux de la racine paléo-européenne AB, IB, qui désigne des « creux (remplis d'eau) », ce que justifie le site du village au contact du ried de l'Ill (cp. breton *aber* « estuaire », basque *ibar* « vallée »).

1902

EBERSMUNSTER (BR) [ebərsmœ̃nstɛr], als. *Awerschmìnschter* [ʺ‘a:v°RʺʃmInʃD°R] ; *Novientum quid appellatum monasterium Eborreheim* 817, *Aprimonasterium* 1483. Contraction de *Ebersheimmunster*. ▸ « le monastère d'Ebersheim ». La légende rapporte que le fils du roi Dagobert avait été victime d'un accident de chasse au sanglier. Guéri par saint Arbogast, premier évêque de Strasbourg, il aurait fondé un couvent à 2 km du lieu de l'accident (VOIR EBERSHEIM). En réalité, il s'agit d'une abbaye de Bénédictins fondée au VIIe siècle par le duc d'Alsace Adalric, sur le site d'un sanctuaire pré-chrétien appelé dans l'Antiquité *Novientum* (du gaulois *novios* « nouveau » et suffixe *-ent-* affecté aux noms de rivières ou aux lieux situés sur des rivières), mention qui persiste tout au long du Moyen Age. La forme de 1483 est un latinisme qui traduit littéralement Ebersmunster « le monastère du sanglier » (lat. *aper* « sanglier » et *monasterium*).

1916

ÉCHERY (HR) [eʃri], all. *Eckerich* ; de *Archiriaco* 1051, *Achericum* XIIIe siècle. ▸ « Acheric ». Du nom de personne germanique *Askarik*, devenu en français médiéval *Achary*, *Achery* (de *aska* « nourriture » et *rik* « roi, puissant »). Le village s'est formé autour d'un couvent (VOIR ST-PIERRE-SUR-L'HÂTE), réputé fondé par l'ermite Acheric au début du IXe siècle, de qui il tirerait son nom. ⏩ Autre explication : d'un étymon gallo-roman **Accariacum*, composé du suffixe -iacum précédé de la racine paléo-européenne AK désignant un « lieu sauvage, hostile, impénétrable » et aussi « sacré » (pour le paganisme, d'où sa christianisation). (VOIR HAEGEN.)

ECKARTSWILLER (BR) [ekartsvilɛr], als. *Eckertswiller* [ʺ‘eG°R’Dsvil°R]. ▸ « le domaine d'Eckhart ». Du nom d'homme germanique *Eckihard* « à la pointe dure » (du vieux haut allemand *ecka* « pointe [s.e. de l'épée ?] » et *hard* « dur »), suivi du suffixe *-villare*. ⏩ Autre explication : d'un radical *Accar-*, formé avec la racine paléo-européenne AK désignant un « lieu sauvage, hostile, impénétrable » et aussi « sacré » (pour le paganisme, d'où sa christianisation :

VOIR SAINT-JEAN-SAVERNE, VILLAGE CONTIGU À ECKARTSWILLER). (VOIR AUSSI HAEGEN.) En alsacien, *Egerd* désigne une « friche », une « jachère ».

1928

ECKBOLSHEIM (BR) [ɛkbɔlsajm], als. *Eckelse* ["'eG°lsə] ; *Eggiboldesheim* 884, *Egöltzen* 1517. ▸ « la demeure d'Eckbald ». Du nom d'homme germanique *Eckibald*, d'où *Eckbold*, « à la pointe hardie » (du vieux haut allemand *ecka* « pointe [s.e. de l'épée] » et *bald* « hardi »), suivi du suffixe *-heim*. ⏩ Autre explication : d'une racine paléo-européenne AK, qui sert à nommer des lieux « hostiles, impénétrables » et aussi « sacrés ». Pourrait avoir fonctionné avec Achenheim et Holtzheim (VOIR CES NOMS). (POUR PLUS DE DÉTAILS, VOIR HAEGEN.)

1916

1921, conscrits.

ECKWERSHEIM (BR) [ekvərsajm], als. *Eckbersche* ["'eGB°rʃə] ; *Ecchefrydesheim* XIIe siècle. ▸ « la demeure d'Eckfrid ». Du nom d'homme germanique *Eckifrid*, du vieux haut allemand *ecka* « pointe » et *fridu* « paix », suivi du suffixe *-heim*. ⏩ Autre explication : d'une racine paléo-européenne AK, qui sert à nommer des lieux « hostiles, impénétrables » et aussi « sacrés », notamment en lisière d'une forêt importante, ce qui était le cas d'Eckwersheim. (POUR PLUS DE DÉTAILS, VOIR HAEGEN.) En ce qui concerne l'infixe *-wer*, VOIR MINVERSHEIM ET HORBOURG.

1906

EGLINGEN (HR) [egliŋən], als. *Eglìnge* ["'ɛ:'GlIŋə] ; *Englingheim* Xe siècle, *Egelinga* 1136. ‣ « le lieu impénétrable ». De la racine paléo-européenne AK désignant un « lieu sauvage, hostile, impénétrable » (souvent lisière de forêt, pied d'un escarpement), suivie du suffixe *-ink-*. (VOIR AUSSI HAEGEN.)

1905

ÉGUISHEIM (HR) [egisajm], all. *Egisheim*, als. *Egse*, *Exe* ["'ɛGsə] ; *Aginesheim* 770. ‣ « l'habitat du lieu impénétrable ». De la racine paléo-européenne AK désignant un « lieu sauvage, hostile, impénétrable » (souvent lisière de forêt, pied d'un escarpement), suivie du suffixe germanique *-heim*. ⏩ Autre explication : du nom d'homme germanique *Agino*, *Egino*, au sens non attesté. Ne pas confondre avec als. *Hex*, *Hax* « sorcière ».

Vers 1925

EHL (BR) [e:l], als. *Ehl* ["'e:l] ; *Hellelum*, *Ellelum* (époque romaine), *Helvetum* IIIe siècle, *Alege* 1050, *Eley* 1232, 1542, *Ely* 1464. ‣ « le mouvement de l'eau ». De la racine paléo-européenne AL « mouvement de l'eau », entrant dans la composition d'un étymon gallo-roman vraisemblablement **Aliacum*. Toponyme parallèle à celui d'Ill, rivière sur laquelle est situé le village. ⏩ Explication complémentaire : Ehl est un lieu mystique où, selon la légende, mourut, ressuscita et aurait finalement été enterré saint Materne, évangélisateur de l'Alsace (VOIR CHAPITRE II). Selon Königshoven, chroniqueur du XVe siècle, le nom d'Ehl, sous sa forme de l'époque *Ely*, désignerait un « grand cri » poussé par les fidèles à la mort de saint Materne ; cette interprétation (erronée) est à mettre en relation avec le cri poussé par le Christ en croix : « Eli, Eli, lema sabaqthani ? » (Mon Dieu, mon Dieu, pourquoi m'as-tu abandonné ?) Par ailleurs, la mention du IIIe siècle *Helvetum* a laissé supposer un établissement d'Helvètes ; la forme est trop isolée pour accréditer cette explication.

Vers 1925

EHN (R) [e:n], als. *Ähn* ["'ɛ:n], affluent de l'Ill. ‣ « l'eau qui coule ». Pourrait provenir de la racine paléo-européenne UN/ON « mouvement de l'eau », sous la forme d'un étymon **Unnia* (VOIR INNENHEIM) ou **Onnia* (cp. gaulois onno « rivière », latin *unda* « eau courante, flot »), dont l'évolution phonétique **onnia* > **önn(e)* > *E(h)n* est conforme (voir *Colonia* > *Köln* > *Kehl*). Toutefois, les toponymistes rattachent traditionnellement Ehn à un diminutif **ahina* du vieux haut all. *aha* « eau, rivière ».

1908

EHNWIHR (BR) [e:nvir], als. *Ähnwihr* ["'ɛ:n'vi:R]. ‣ « le domaine du cours d'eau ». Situé sur l'Ill, ce toponyme est un synonyme d'Ehl. Du suffixe gallo-roman *-villare* précédé de la racine paléo-européenne AN ou UN/ON « mouvement de l'eau ». Possibilité d'attraction du germanique *ahina* (VOIR EHN).

Vers 1935

EICHEL (R) [ajʃəl], als. *Ächel* ["'ɛ:ʃ°l] ; *Aquila* 713. ‣ « la petite eau ». Affluent de la Sarre. Le nom de cette rivière signifie littéralement « gland » (all. *Eichel*, sur *Eiche* « chêne »). La mention de 713 ne désigne pas un « aigle » (lat. *aquila*), mais pourrait sans difficulté représenter une forme populaire du lat. *aquula, aquola* « filet d'eau », diminutif de *aqua* « eau ». *Aquila* > **Aguila* > **Aigila* (cp. l'évolution en français *aquila* > *aigle*), puis passage en germanique au VIe siècle : **Aig(i)la* > **Eih(i)l(a)* > *Eichel.*

Vers 1930

EICHHOFFEN (BR) [ajʃo(:)fən], als. *Ächhoffe* ["ʻɛ:'ʃofə] ; *Hichalt, Eychalt, Euchalden.* ▸ « le versant de la petite hauteur ». Apparemment, Eichhoffen semble dériver de l'allemand *Eiche* « chêne » (als. *Aich, Eichbaum*). Le nom de cet arbre sacré des Gaulois, pour lesquels il représentait la virilité et la santé, est souvent employé en toponymie. Pourtant, les formes anciennes reflètent un radical de type **(h)iuch-, (h)ü:ch-,* qui renvoie au latin *jugum* dans le sens de « sommet (de faible hauteur) » : cp. francique **iok*, **iuk* « perchoir », all. *Joch* « col », fr. *jucher*. Le suffixe primitif germ. *-halde* « versant d'une montagne ou d'une colline, glacis » a été remplacé par *-hoffen*.

Vers 1990, dessin de A. Jaegy.

ELBACH (HR) [ɛlbak], doublet roman *Erbe,* als. *Albàch* ["ʻal'Båx] ; *Elnbach* 1271, *Ellenbach* 1272. ▸ « la limite de l'eau ». Analyser *Elb/ach* et non *El/bach*. Village situé à la limite des bassins hydrographiques du Rhin (Mer du Nord) et du Rhône (Méditerranée), ce que désigne la racine AL-B, AL-P, suivie du suffixe gallo-roman *-acum*. /L'ELBE.

ELLER (R) [ɛlər], nom d'un affluent de l'Isch. Du paléo-européen AL/OL « mouvement de l'eau » (étymon **Al-ar*, cp. Arar, ancien nom de la Saône ; VOIR AAR, DOLLER). ▸▸ S'est confondu avec all. *Eller* « aulne ».

1899

ELSAU (BR) [ɛlzo], quartier de la périphérie strasbourgeoise, baigné par l'Ill, d'où sans doute le nom (VOIR ILL).

ELSENHEIM (BR) [ɛlsənajm], als. *Else* ["ʻɛlsə] ; *Elgenesheim* 1120, *Elsesheim* 1211. ▸ « l'habitat là où l'eau est tenue à l'écart ». De la racine paléo-européenne AL-K indiquant un « mouvement contraint (écart ou resserrement) », surtout et primitivement en parlant de l'eau, suivie du suffixe *-heim*. Le village est situé sur la levée limoneuse entre Ried du Rhin à l'est et Ried de l'Ill à l'ouest. ▸▸ Paronymie de l'allemand *Else* « aulne », « alise » et « alose », au choix.

Vers 1930

1931

Vers 1905

EMLINGEN (HR) [ɛmliŋən], als. *Emlìnge* ["ʻɛm'lIŋə]; *Emilingen* 1394. ▸ « là où il y a un creux (ou une bosse) ». De la racine paléo-européenne AM « creux, bosse », suivie du double suffixe *-il-* et *-ink-*.

ENGENTHAL (BR) [ɛŋənta:l], als. *Angetàl* ["ʻaŋə'Då:l]. ▸ « la vallée étroite ». De l'allemand *eng* « étroit » et suffixe *-thal* « vallée ».

1910

ENGWILLER (BR) [ɛŋvilɛr], als. *Angwiller* ["ʻaŋ'vil°R]; *Enwilre* 1250, *Engwilr* 1355. ▸ « le domaine étroit ». En l'absence de forme antérieure à l'an mille, on peut se référer à des toponymes similaires du domaine français, comme Angoville, nom de plusieurs localités en Normandie, qui se rapportent à un étymon latin **Angustivilla*, composé de *angustus* « étroit, resserré, peu spacieux » et du suffixe *-villa*. ▸▸ Ou, avec un sens identique, du latin *angulus* « angle », c'est-à-dire « bout, coin, lieu à l'écart ou resserré ». En Alsace, il y a eu confusion avec l'allemand *eng*, même sens (du vieux haut allemand *angi*). (VOIR INGWILLER).

1914

ENSCHINGEN (HR) [ɛnʃiŋən], als. *Anschìnge* ["'an'ʃIŋə] ; *Enschossingen* 1146, *Anschotzingen* XIIe siècle, *Ensingen* 1420. ▸ « là où l'eau s'infiltre ». Commune fusionnée en 1972 avec Brinighoffen pour former Saint-Bernard (VOIR CES NOMS), située au bord de la Largue. De la racine paléo-européenne AN-S « mouvement [de l'eau] à travers un interstice », suivi du suffixe *-ink-*. Les crues de la Largue sont bien connues.

Vers 1910

ENSISHEIM (HR) [ɛnsisajm], als. *Anze* ["'anDsə] ; *Einsigesheim* 823, *Ensichesheim* 1052. ▸ « l'habitation là où l'eau s'infiltre ». Peut provenir d'un étymon **Ansiacum*, composé du radical *Ans-* (de la racine paléo-européenne AN-S « mouvement [de l'eau] à travers un interstice », suivi du suffixe *-iac(um)*, auquel s'est rajouté *-heim* à l'époque germanique. La localité est située sur l'Ill entre Hardt et Ried de la Thur. /ANSAY, ANCY, ANSAC, RÉPANDU DANS PLUSIEURS RÉGIONS DE FRANCE.

1918

ENTZHEIM (BR) [ɛntsajm], als. *Antze* ["'anDsə] ; *Anisheim* 965. ▸ « l'habitation là où l'eau s'infiltre ». Du suffixe *-heim* précédé de la racine paléo- européenne AN-S « mouvement [de l'eau] » (étymon probable **Ans(i)acum*). Site du village en bordure du Ried de la Bruche.

1905

EPFIG (BR) [ɛpfik] mieux que [ɛpfig], als. *Apfig* ["'aBfik] ; *Apsiacum* 762, *Hepheka, Appiaca, Epfeche* 1133. ▸ « là où il y a une éminence » (le village est situé sur une colline avancée du piémont vosgien). Etymon *Ap(p)iacum*, qui a commencé à subir le traitement phonétique gallo-roman [pj > pʃ], que cherche à rendre la graphie *Apsiacum* de 762 (comparer les homonymes *Appiacum* > **Apcha(i)* > Apchat [Puy de Dôme], Achey [Hte Saône], Achy [Oise]) ; mais la phonétique germanique l'emporte : mutation consonantique [pp > ph > pf], et métaphonie (Umlaut) [a > e] devant [i] subséquent. De la racine paléo-européenne AP, marquant un « obstacle du terrain, bosse ou creux » (VOIR APPENWIHR), suivie du suffixe *–iac(um)*. ⏩ Autre explication : du prénom romain *Appius*. On comparera avec la via *Appia*, route au sud de Rome, due à Appius Claudius Caecus.

métaphonie [a > e]. Le village est situé sur la source du Ramsbaechel ; il existe une chapelle dédiée à sainte Apollonie (VOIR BOLLENBERG, STEINBRUNN ET SOURCE BOLÉRONIS, AU CHAPITRE II). /ARCANGUES (PYRÉNÉES-ATLANTIQUES).

ERGERS ou ERGELSENBACH (R) [ɛrgərs], [ɛrgəlsənbax] ; *Argenza* 834. ▸ « la rivière qui forme un arc ». Effluent de l'Ehn, qui débute entre Meistratzheim et Krautergersheim, et la rejoint à nouveau en aval de Geispolsheim, peu avant son confluent avec l'Ill. De l'étymon *Argentia* (VOIR *ARGENTORATE*), analysable comme AR-K « mouvement d'écartement de l'eau », suivi du suffixe *–ent/ant-(i-a)*, souvent utilisé dans les noms de rivières.

1903

ERCKARTSWILLER (BR) [ɛrkartsvilɛr], als. *Erickertswiller* ["'εRiG°R'Dsvil°R] ; *Erkengeriswilre* 1177. ▸ « le domaine du réservoir ». Comme semble le prouver l'existence du terme alsacien *Erkle* ou *Erikle* « cuveau, sorte de baquet », le radical *Erk-* pourrait provenir du latin *arca* avec le sens technique de « réservoir d'eau ». L'évolution [rk > rik] est habituelle en alsacien. L'étymon serait le gallo-roman **Arcancariovillare*, formé de *arca* + suffixes *-ank-* (**Arcancum*), et *–arium* adjectival lorsque suivi à l'époque du Bas-Empire par le suffixe *-villa* (**Villa Arcancaria*), auquel est due la

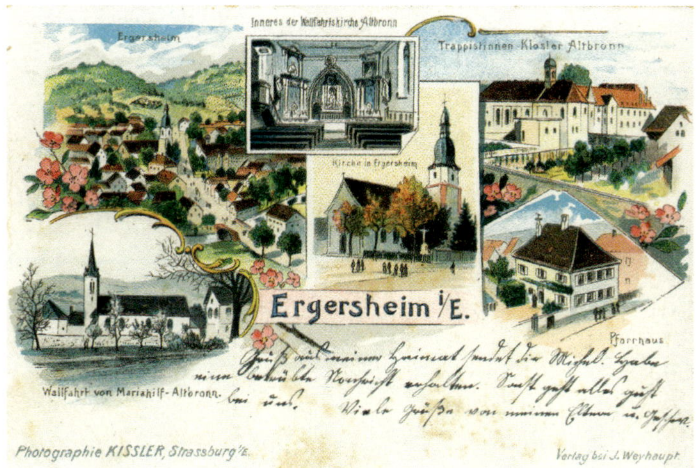

Vers 1900

ERGERSHEIM (BR) [ɛrgərsajm], als. *Arjersche* ["'arj°Rʃə] ; *Argeresheim* 913, *Hergensheim* 1140, *Ergisheim* 1219. ▸ « l'habitat là où la rivière forme un arc ». Situé au confluent de la Bruche et du Dachsteinbach, lequel n'est qu'un bras séparé de la Bruche à Molsheim. De la racine paléo-européenne AR-K « mouvement d'écartement de l'eau », suivie du suffixe germanique *-heim*. Pas de rapport avec all. *siche ärgern* « se fâcher ».

Vers 1900

ERMENSBACH (HR) [ɛrmənsbax], annexe d'Oberbruck, als. *Armerspàch* ["ʻarm°R'ʃBåx]. ‣ « le confluent près du col ». De la racine paléo-européenne AR-M/ER-M désignant en général le « mouvement de l'eau en ce qu'il forme une arborescence », d'où « point de repère du réseau hydrographique : source d'un col, confluent ». Ajout du suffixe germanique *–bach* « ruisseau », ou transformation d'un plus ancien *-ach*. La localité se trouve en amont du confluent du Seebach (VOIR HORBEN).

1917

ERNOLSHEIM-SUR-BRUCHE (BR) [ɛrnɔlsajm], als. *Arelse* ["ʻa:r°lsə] ; *Arnoldesheim* 1286. ‣ « la demeure d'Arnold ». Du suffixe *-heim* précédé du nom d'homme germanique *Arnold* (français *Arnaud*), formé sur *arin* « aigle » et *waldan* « gouverner ». ‣‣ Autre explication : de la racine paléo-européenne AR « mouvement de l'eau » (la Bruche).

Vers 1910

ERNOLSHEIM-LES-SAVERNE (BR) [ɛrnɔlsajm], als. *Arelse* ["ʻa:r°lsə] ; *Herolzheim* 1128, *Eroldesheim* 1178, *Ernolsheim* à partir du XVIe siècle. ‣ « la demeure d'Erold ». Du suffixe *-heim* précédé du nom d'homme germanique *Erold*, formé sur *Er-* « honneur » (all. *Ehre*) et *waldan* « gouverner ». ‣‣ Autre explication : de la racine paléo-européenne AR « mouvement de l'eau » (la Zinsel).

1899

ERSTEIN (BR) [erʃtajn], als. *Erstain* ["'e:R'ʃDajn]; *Herinstein* IXe siècle, *Erenstein* 861. ▸ « la pierre au bord de la rivière ». D'un étymon celtique **Ariobenno*, composé de la racine paléo-européenne AR « mouvement de l'eau » (l'agglomération est située sur l'Ill) et du terme gaulois *benno* « pierre », traduit en *-stein* par les Germains. Le suffixe *-benno* semble répondre à Benfeld (VOIR CE NOM), qui comporte le radical *Ben-*, représentant *benno*. Il s'agissait de signaler la voie pavée appelée aujourd'hui *Heidenstraessel* (« petite route des païens », VOIR STRASBOURG, ROSSFELD), ou une borne sur cette voie, ou encore une pierre cultuelle (VOIR HEILIGENSTEIN, DACHSTEIN). Une forme homonymique *Arialbinnum* (< **Aroialobenno*), citée dans l'Itinéraire d'Antonin (IIIe siècle), désignait un lieu situé entre Rauracis (Augst) et Uruncis (que certains identifient avec Illzach). ⏩ Autre explication : Erstein serait un mot purement allemand : *Ehrenstein* « pierre des honneurs » ou « des faveurs » (vieux haut allemand *ēra* « faveur, don, honneur »).

ESCHAU (BR) [ɛʃo], als. *Aschäü* ["'a'ʃœj]; *Hasegaugia* 778, *Hascovia* VIIIe siècle. ▸ « la prairie de la source ». D'un étymon **Asiacum*, très répandu en toponymie française (Azy, Azay…), tiré de la racine paléo-européenne AS- « dépassement » d'où « source », suivie du suffixe locatif *-iac(um)*. Le suffixe germanique *-au* « prairie humide » (< vieux haut allemand *auwia*) a été rajouté (**Asig-auwia*), l'<h> initial étant adventice. ⏩ Autre explication : en négligeant la forme de 778, on pourrait voir dans Eschau une « prairie de frênes », de l'allemand *Esche* « frêne » (vieux haut allemand *ask*) : le frêne, arbre sacré des Germains pour lesquels il représentait l'immortalité et la fécondité, a laissé par ailleurs de très nombreux vestiges dans la toponymie gallo-romaine (Fresnes, Fresnay, Fressines, etc.) (VOIR AUSSI ASCHBACH, ASPACH ET ASSWILLER.)

1916

Vers 1910

ESCHBACH (BR) [ɛʃbax], als. *Éschbàch* ["'eʃ'Båx]. ▸ « le ruisseau du frêne ». De l'allemand *Esche* « frêne » (vieux haut allemand *ask*), suivi du terme *-bach* « ruisseau ». ▸▸ Autre explication : il s'agit d'un village typique de défrichement, en bordure de la Forêt de Haguenau. Pourquoi ne pas invoquer un mot allemand homonyme *Esch* « finage, ban » (vieux haut allemand *ezzisc* « champ semé, finage »). Voir aussi le suivant.

ESCHBACH-AU-VAL (HR) [ɛʃbax], als. *Eschbe* ["'ɛʃBə] ; *Oschinsbach* XIIIe siècle, *Eschenbach* XIIIe siècle, *Eschispach* 1339. ▸ « le ruisseau du frêne, bordé de frênes ». De l'allemand *Esche* « frêne » (vieux haut allemand *ask*), suivi du terme *-bach* « ruisseau ». ▸▸ Autres explications :

1916

1) du celtique *esca* ou *uisca* « eau » (irlandais *uisge* whisky), susceptible d'expliquer la forme *Oschinsbach*. Dans ce cas, l'étymon serait **Uisciacum*, avec évolution de suffixe *-ach* > *-bach*. 2) de l'allemand *-bach* précédé du nom de l'« ombre » : *Asch* ou *Äsche*, poisson du genre salmonidé.

1900

ESCHBOURG (BR) [ɛʃbur], als. *Eschburi* ["'eʃ'BUri]. ▸ « le château (ou la montagne) du frêne ». Du suffixe *-bourg* (all. *Burg*) « château-fort, forteresse », précédé de l'allemand *Esche* « frêne » (vieux haut allemand *ask*) : le frêne, arbre sacré des Germains pour lesquels il représentait l'immortalité et la fécondité, a laissé par ailleurs de très nombreux vestiges dans la toponymie gallo-romaine (Fresnes, Fresnay, Fressines, etc.). Toutefois il faut signaler qu'il n'y a pas de château, on peut supposer que *-bourg* a remplacé un ancien *-berg* « montagne ». Ancienne annexe de Graufthal (VOIR CE NOM), située sur un promontoire de grès. Une verrerie semble à l'origine du village. ▸▸ Explication complémentaire : Le radical *Esch-* peut aussi représenter la racine paléo-européenne AS-K désignant un « dépassement » (VOIR LE SUIVANT).

ESCHENTZWILLER (HR) [ɛʃəntsvilɛr], als. *Aschetzwiller* [''aʃə"Dsvil°R] ; *Ascholteswilre* 1144, *Escholtzwilre* 1216 ; la graphie *-entz-* n'apparaît qu'à partir de 1543. ▸ « le domaine d'Askold ou Askwald ». Du nom d'homme germanique *Askold*, tiré de *ask* « frêne » et *waldan* « gouverner ». Paronymies avec l'allemand *Asche* « cendre» (le nom du village a été traduit *Cendreville* à la Révolution française) et *Esche* « frêne ». ▸▸ Autre explication : de la racine paléo-européenne AS-K désignant un « dépassement ». Le village est perché sur une croupe (VOIR ESCHBOURG). /ESCOVILLE (CALVADOS).

Vers 1950

1904

ESCHWILLER (BR) [ɛʃvilɛr], als. *Eschwiller* ["'eʃ'vil°R] ; *Exwilre* 1346. ▸ « le domaine près de l'eau ». Du gaulois *esca* « eau », suivi du suffixe *-villa*. Le village est situé non loin du cours de l'Isch (VOIR CE NOM). ⏩ L'explication par l'allemand *Esche* « frêne » est moins évidente au regard du suffixe *-willer*, d'origine gallo-romaine.

1903

ÉTEIMBES (HR) [etẽ:b], en all. *Welschensteinbach*; *Steinbach* 1331, *Estaimbes* 1779. ▸ « le ruisseau pierreux ». Village situé en zone romanophone; toutefois le toponyme est une francisation de Steinbach, terme germanique composé de *Stein* « pierre » et *Bach* « ruisseau ». En allemand, *Steinbach* signifie « torrent ». ⏩ L'évolution phonétique rend compte, entre autres, de la persistance de l'accentuation germanique (puisque la finale s'amuit) et de l'apparition d'un [e-] prosthétique propre au gallo-roman. La prise en charge de ce mot par la phonétique romane doit dater d'avant le XIIe siècle, puisque c'est à cette époque que [s] implosif devant [p, t, k] a disparu.

ETTENDORF (BR) [ɛtəndɔrf], als. *Attedorf* ["'aDə'DoRf]; *Atinhaim* 766, *Ettendorf* 1193. ▸ « le village du père (ou des pères, des aïeux) ». Du radical AT-, qui se retrouve en grec, latin (*atta* « grand-père »), germanique (vieux haut allemand *atto* « père », souabe *Ätte* « père », suisse *Ätti* idem, yiddisch *Ette* « père, grand-père ») et notamment en alsacien (à Liebsdorf: *Ätte*, *Grossätti* « grand-père »), ainsi que dans les anciennes langues du Proche Orient, pour désigner le « père » et, avant l'arrivée des Indo-Européens, la Grande Déesse néolithique, Déesse du ciel (ancien indien *atta* « mère »). ⏩ Explication complémentaire: Ettendorf détient le record du nombre de légendes et traditions orales mettant en scène saint Pierre (lat. *Petrus* identifié à Ju|piter = indo-européen *diew-pater* « dieu père ») et le Christ lui-même. Il s'agit vraisemblablement d'un ancien lieu de culte préchrétien au dieu père céleste (Jupiter romain) ou infernal (Dis pater gaulois). Noter le changement de suffixe germanique *-heim* > *-dorf*, fréquent dans le Pays de Hanau (VOIR CHAPITRE III).

1908

EYWILLER (BR) [ajvilɛr], als. *Äiwiller* ["'ɛj'vil°R], doublet roman *Iville*; **Egewiller*. ▸ « le domaine impénétrable ». De la racine paléo-européenne AK désignant un « lieu sauvage, hostile, impénétrable » (lisière de forêt, pied d'un escarpement...), suivie du suffixe gallo-roman *-villa*. ⏩ Autre explication: d'un nom d'homme germanique *Aigo*, non attesté. Aucun rapport avec *Ei* « œuf ».

1911

1905

1917

FALKENSTEIN (CH) [falkənʃtajn]. ▸ « le rocher du faucon ». Le faucon (allemand *Falke*, dérivé du latin *falco* – parce que le faucon a des serres acérées comme des serpes) a été en honneur au Moyen Age comme oiseau dressé pour la chasse, et plusieurs sites lui doivent leur nom, notamment lorsqu'il s'agit d'un château fort (VOIR INTRODUCTION).

FALKWILLER (HR) [falkvilɛr], als. *Fàlkwiller* ["fålG'vil°R]; *Falckhweiler* 1625. ▸ « le domaine défriché ». Du latin *falcare* « faucher, élaguer » (de *falx*, *falcis* « faux, serpe ») et du suffixe *-villa*. Ce village semble récent, ne possède pas d'église. Il pouvait s'agir d'un terrain défriché par les moines de Gildwiller (très ancien pèlerinage et église-mère), ce qui expliquerait l'appellation de **falcatum villare* (VOIR GILDWILLER, ET NEUWILLER-LES-SAVERNE POUR LE SUFFIXE). ⏩ Autres explications : 1) d'un château fort aujourd'hui disparu (Wasserbourg), dans le village voisin disparu lui aussi de Linden, qui aurait pu porter le nom du « faucon » (VOIR FALKENSTEIN). 2) Par ailleurs, un suffixe *-willer* ne cadre pas avec la désignation possible d'une fauconnerie (Falknerei). 3) Certains enfin ont vu dans ce toponyme une origine éponymique : *Falko*, nom d'homme germanique.

Vers 1910

FECHT (R) [fɛʃt], als. *Facht* ["fa:xt] ; *Pachina* 747 et 769, *Fachina* 772 et 823, *Phachina* 865, *Vaconna* XIIᵉ siècle. ▸ « le creux rempli d'eau, le bassin ». Du latin populaire **baccina*, collectif de **baccinum* (d'où français *bassin* et *bassine*), lui-même dérivé de **baccus* (d'où français *bac*), correspondant par ailleurs au germanique **baki* « ruisseau » (d'où allemand *Bach*). La racine d'origine paléo-européenne PAK/BAK exprime la disharmonie (séparation, division, vacuité, bosse, forme biscornue) : c'est l'idée d'un vide, d'un trou, par la suite rempli d'eau, qui prévaut ici. On comparera le nom de la Fecht/Fachina avec celui de la Béchine, affluent de la Weiss (*Feohne* 1149, *Beschbach* 1441, *Vhehun* 1551, *Behine* 1770). On constate dans les deux cas l'alternance p/b/f à l'initiale. Le t final de Fecht est tardif. ⏩ Autre explication : la forme *Fachina* a été rapprochée du nom des *Matres Fachineihae*, cité dans plusieurs inscriptions romaines, et qui désignerait des divinités germaniques de rivières.

Vers 1905

FEGERSHEIM (BR) [fe(:)gərsajm], als. *Fajersche* ["fa:j°Rʃə] ; *Vegersheim* 1180, *Vegirsheim* 1211. ▸ « l'habitat de la hêtraie ». D'un étymon gallo-roman **Fagarium* « lieu planté de hêtres », dérivé du latin *fagus* « hêtre », suivi du suffixe *-heim* ajouté à l'époque germanique. L'évolution *fagarium* > *fäjer-* puis *fajer-* est conforme. Paronymie de l'allemand *Feger* « balayeur ». ⏩ Le hêtre était un arbre apprécié pour son bois et l'huile tirée de ses faines, qui se substituait à celle de l'olive dans les pays plus froids. La tradition populaire rapporte que les fées dansent volontiers autour de son tronc. Il n'existe pas, en Alsace, de nom de village formé avec le nom allemand du hêtre, *Buche*. Le *Buchenkopf* est le nom allemand de la *Tête des Faux*, sommet au-dessus du Bonhomme : *Faux* semble un aboutissement de *fagos* (plur. de *fagus*).

FELDBACH (HR) [fɛldbax], als. *Fallbe* ["falBə] ; *Welpach* 1144, *Veltpach* 1258. ▸ « le ruisseau du vallon ». De la racine paléo-européenne WAL « renflement, vallonnement », suivie plus tard de l'allemand *-bach* « ruisseau ». Le village, né en

1144 autour d'une abbaye clunisienne, a pris le nom du ruisseau (VOIR WALBACH). Paronymie de l'allemand *Feld*, d'où aujourd'hui ce « ruisseau du champ ».

Vers 1930

FELDKIRCH (HR) [fɛldkirʃ], als. *Faltkìrech* ["falD'kʰIrəx] ; *Felakirche* 780, *Felakyrchio* 784, *Felakircha* 786, *Veltkilch* 1276. ‣ « l'église (ou l'abri) de la faille ». Du latin *fallia* « interstice, fissure, fracture de roche (notamment dans les mines) ». Ce terme dérive du verbe *fallere* (> français *faillir*) signifiant « faire défaut », d'où « laisser un vide ». Une tradition prétend qu'un souterrain relie Feldkirch au château de Bollwiller, la commune voisine ; toute la zone de l'Ochsenfeld (VOIR CE NOM) est réputée depuis des siècles recouvrir d'immenses galeries souterraines – alors que les mines de potasse ne furent exploitées qu'à partir de 1904. Attraction paronymique de l'allemand *Feld* « champ » ou « camp ». Quant au suffixe *-kirch*, il signifie « église », mais représente assez souvent un paléo-européen KIR-K « abri (de pierre) ».

1919

1918

FELLERING (HR) [fɛlrẽ] ou [fɛləriŋ], als. *Falleri* ["faləri] ; *Veldelingen* 1357, *Velldringen* 1550. ‣ « là où il y a un renflement ». De la racine paléo-européenne WAL-T « renflement » et notamment « élévation en surplomb », suivie d'un infixe *-ar-/-al-* et du suffixe locatif *-ink*. VOIR FULLEREN, VOELLERDINGEN, WALTENHEIM.

Vers 1910

FERRETTE (HR) [fɛrɛt], als. *Pfîrt* ["BfIRt], all. *Pfirt*, roman dialectal *Farratte*, toponyme du domaine germanophone ayant adopté comme forme officielle le doublet roman ; de *Ferretis* 1125, *Phirrith* 1128, *Phirida* 1133, *Alten Phirta* 1269 (= Vieux-Ferrette), de *Phirreto* 1271, *Phfirt* XIVe siècle. ▸ « le lieu entaillé ». Proposition : d'un étymon gallo-roman *Feritus (mons)* « la montagne entaillée », formé sur le participe *ferītus* du latin *ferio, ferīre* « frapper, entailler, faire une brèche ». Le château de Ferrette domine une cluse (« gorge entaillant perpendiculairement le pli anticlinal ») entourée de falaises. Le gallo-roman [ferītu] devenu [ferīdo] au VI[e] siècle, a été adapté en germanique sous la forme ["ferida], d'où ["firit] VIII[e] siècle avec métaphonie [e > i] devant [i] subséquent, puis ["pfirit] X[e] siècle et enfin [pfirt]. La transformation de [f] en affriquée [pf] s'observe dans d'autres mots allemands empruntés au latin (par exemple *offerre* > *opfern* ; VOIR AUSSI LUPSTEIN, PFAFFENHEIM). Le doublet roman s'appuie sur la forme du VI[e] siècle [ferido], d'où [ferit] VIII[e] siècle, avec maintien de la prononciation du [t] final, sous l'influence du doublet germanique et par confusion de cette finale [-it] avec le suffixe diminutif féminin *-ette* (comparer *petite* > franc-comtois *ptette*). Il a pu y avoir aussi attraction paronymique du latin *ferrum* « fer ». Les formes d'archives à disposition sont toutefois trop peu anciennes pour permettre de se faire une idée sûre de l'origine du toponyme. ⏩ Autre explication : l'interprétation traditionnelle (TGF) fait remonter *Pfirt* au latin *Piretum* « lieu planté de poiriers », sur la foi en la mutation consonantique [p > pf] (*zweite Lautverschiebung*). On comparera avec profit le traitement de [p] initial dans *petrosa* > *Pfetterhouse*, dont le doublet roman est *Pérouse* ; si Ferrette venait effectivement de *piretum*, le doublet roman aurait maintenu le [p] initial, avec pour résultat final **Perette* et non *Ferrette*. (VOIR VIEUX-FERRETTE).

1935

FESSENHEIM (HR) [fɛsənajm], als. *Fassene* ["fasənə] ; *Fetzenheim* 768. ▸ « l'habitat sur un affaissement de terrain ». Du suffixe *-heim* précédé de la racine paléo-européenne WAS « abaissement, affaissement ». Un radical **was-in-* est devenu **fes-in-* par métaphonie [a > e] devant [i], et par assourdissement de l'initiale : [w > v > f]. /FEYZIN (RHÔNE).

FESSENHEIM-LE-BAS (BR) [fɛsənajm], als. *Fassne* ["fasnə] ; *Fezinheim* 778, *Fedinheim* 828. Comme le précédent.

1906

1913

FISCHBOEDLE (LAC DU) [fiʃbødle]. ▸ « le vivier ». De l'alsacien *Fìschbödle*, correspondant à l'allemand *Fischbehälter*. Composé de *Fisch* « poisson » et d'un diminutif de l'all. *Bod(d)en* « étang ».

1907

FISLIS (HR) [fislis], als. *Feeslìs* ["fe:slIs] ; *Visilis* 1243, *Fislach*. ▸ « là où l'altitude s'abaisse ». De la racine paléo-européenne WIS « abaissement, affaissement » (étymon probable **Visiliacum*). C'est à Fislis que vient mourir en pente douce le premier pli jurassien, qui rejoint Levoncourt en passant par Ferrette. La finale *-is*, qui se retrouve en Suisse (Glaris, Thusis, Disentis...) est une variante de *-ig*, *-ach*, roman *-y*, *-ay*, *-ey*, qui proviennent du gallo-roman *-iacum*.

Vers 1950

FLAXLANDEN (HR) [flakslandən], als. *Flàxlànde* ["flåGs'lånDə] ; *Flachlantisse* 792, *Vlaslande* 1185. ▸ « le terrain en pente ». D'un étymon gallo-roman **flexa landa* « terrain en pente », formé de *landa*, originellement « espace non cultivé », commun au celtique et au germanique (all. *Land*), et adopté en gallo-roman (français *lande*), précédé du latin *flexus*, participe passé de *flectere* « fléchir », qui prend le sens de « en pente ». ⏩ Autres explications : 1) de l'allemand *flaches Land* « terrain découvert » (*flach* « découvert » et *Land* « terrain ») ; 2) de l'allemand *Flachs* « lin » et *Land* « terre » (« terre à lin »).

Vers 1910

FLECKENSTEIN (CH) [flɛkənʃtajn], château dans les Vosges du Nord. ▸ « le rocher taché ». De l'all. *Stein* « pierre, rocher » et *Fleck(en)* « tache ». Allusion aux mouchetures de la roche nommée poudingue, conglomérat de cailloux enserrés dans un ciment gréseux.

FLEXBOURG (BR) [flɛksbur], als. *Flackschburi* ["flaGʃ'BUri] ; *Vleckesberk* 1284. ▸ « la place forte du déboisement », primitivement plutôt « la montagne déboisée ». Du suffixe germanique *-berg* « montagne », remplacé comme souvent par *-burg* (francisé en *-bourg*), précédé de l'allemand *Fleck* (< vieux haut all. *flëccho*) dont un des sens, plausible ici, est « coupe d'arbres forestiers » (cp. all. *flach* « découvert », en parlant d'une campagne). Il devait s'agir d'un défrichement monastique (couvent et pèlerinage) (VOIR FALKWILLER : *FAL-K* /*FL-EK*).

1910

1902

FOLGENSBOURG (HR) [fɔlgənsbur], als. *Folgeschburg* ["folGəʃ'BURk] ; *Volkoldesberg* 1190, *Volckersperg* 1451. ▸ « la place forte de Folkold ». Du nom d'homme germanique *Folkold* ou *Folkwald* (> français *Foucault*, *Foucaud*) « qui gouverne (*waldan*) le peuple (*folk*, all. *Volk*) », suivi du suffixe alternatif *-berg* ou *-burg* (francisé en *-bourg*). Paronymie de l'allemand *folgen* « suivre ». ⏩ Autre explication : d'une racine paléo-européenne WAL-K « gonflement proéminent » décrivant le site, qui est une sorte de balcon. (VOIR VOLGELSHEIM, VOLKSBERG).

Vers 1930

FORLET (LAC DU) (HR), lac des Hautes-Vosges, non loin du Lac Noir. Appelé aussi *Lac des Truites*, par confusion du nom *Forlet* avec l'allemand *Forelle* « truite ». Une référence à un radical *fohr-* en lien avec *Föhre* « pin » est difficile. Forlet est un mot roman, contraction de *fornelet*, « petit fourneau », le terme de *fourneau* désignant dans les massifs vosgien et alpin le fond de la vallée, là où la montagne se dresse comme le fond voûté d'un four (équivalent allemand *Ofen*, *Bachofen*). Voir, non loin, l'ensemble rocheux du Haut-Fourneau (appelé en all. *Wurzelstein* « rocher-racine »). ‣ A noter que *Lac des Truites* a parfois été interprété *Lac des Druides*, plus du fait de l'accent régional que par conviction celtiste !

Vers 1910

FORSTFELD (BR) [fɔrstfɛlt], als. *Forschfald* ["foRʃ'falt] ; *Furdesfeld* 745. ‣ « le camp de la forêt royale ». *Forstfeld* fut un ancien camp romain, ce qui justifie son suffixe (*-feld* traduction de *campus*, voire du gaulois *magos*). Quant au radical *Forst-*, par l'intermédiaire du germanique *forest* « forêt relevant de la cour de justice du roi », il est tiré du latin tardif *forestis* (*silva*), adopté dans les textes juridiques germaniques du haut Moyen Age (Loi des Longobards, Capitulaires de Charlemagne) pour désigner la forêt royale, dans laquelle il était interdit de déboiser et de chasser. Voilà qui jette un éclairage historique sur la Forêt de Haguenau, sa conservation actuelle (due à un sol sableux peu propice à la culture), ainsi que sa réputation de lieu-refuge (VOIR HAGUENAU). De l'adjectif substantivé *forestis* proviennent le français *forêt* et l'allemand *Forst*. *Forestis* lui-même est dérivé du latin *foris* « en dehors de », la *silva forestis* était la forêt située en dehors des limites communales. La forme de 745 comporte une métathèse de la consonne dentale : *Furdesfeld* pour *Forestfeld*. L'étude de Forstfeld, situé au nord-est de la forêt de Haguenau, est indissociable de celle de Forstheim, situé au nord-ouest.

1901

FORSTHEIM (BR) [fɔrstajm], als. *Forschem* ["forʃəm]. ‣ « l'habitat de la forêt royale ». Même explication que pour Forstfeld. Pour ce village de défrichement, le suffixe *-heim* n'a été rajouté qu'au XIVe siècle, par imitation des autres très nombreux toponymes en *-heim*; il n'est pas l'indice d'une colonisation par les Alamans au Ve siècle.

Vers 1910, au premier plan : bateau de l'administration des voies d'eau.

FORT-LOUIS (BR) [fɔrlwi]. ▸ « le fort de Louis [XIV] ». En 1688, Louis XIV ordonna à Vauban de construire un fort sur une île du Rhin commandant l'accès au margraviat de Bade. Les pierres utilisées provenaient des ruines du palais impérial de Haguenau. Sous la Révolution et l'Empire, la commune prit le nom de Fort-Vauban. Ses murailles furent rasées en 1818, conformément à une clause du Traité de Vienne.

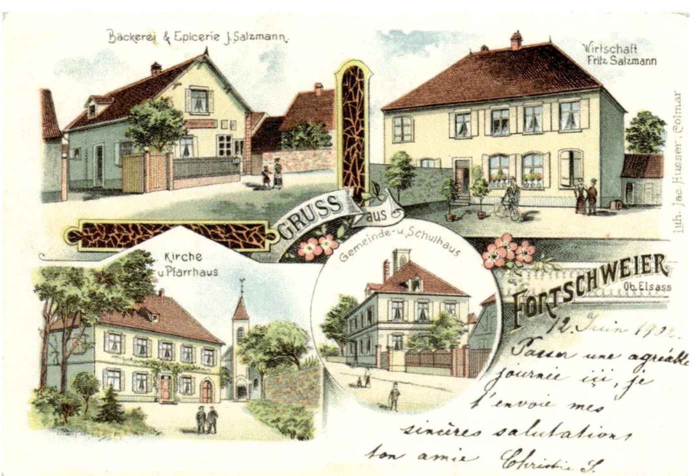

1902

FORTSCHWIHR (HR) [fɔrtʃvir], als. *Fortschwihr* ["for'Dʃvi:R] ; *Fulradivillare* 854, *Volratzwiller* 1363, *Voltzwier* 1501, *Vordtschweyer* 1588. ▸ « le domaine de Folkrat ». Du suffixe gallo-roman *-villa*, précédé de l'anthroponyme germanique *Folkrat* « conseil (rat) du peuple (folk) » (> français Foucré, Foulcray), latinisé en *Fulradus*. Saint Fulrad est le fondateur de Lièpvre et de Saint-Hippolyte (VOIR CES NOMS).

1912

FOUCHY (BR) [fuʃi], toponyme de langue romane dans la partie romanophone du val de Villé. Le village ayant longtemps appartenu à la seigneurie de Frankenbourg, il est aussi connu sous son nom germanique *Grube*, qui signifie « fosse » ; *Grôba* 1105, Fouchy-Groube au XVIIIe siècle. ▸ « le fossé ». De l'étymon gallo-roman **Fossiacum*, sur le latin *fossa* « fosse », dont Grube est la traduction germanique datant du Moyen Age, et suivi du suffixe *-iacum*. Le concept précis que recouvre le terme *fossa* est indiqué par le verbe de base *fodere* « creuser » et, en toponymie, le terme s'applique souvent à un « canal creusé de main d'homme et rempli d'eau » (par exemple Fos-sur-Mer, anciennement *Fossa Mariana*, canal creusé sur l'ordre du consul romain Marius pour doubler le Rhône encombré par des alluvions.) (VOIR LALAYE.)

FOUDAY (BR) [fudɛ], toponyme de langue romane dans la partie de la vallée de la Bruche romanisée à partir de la fin du XVIe siècle ; le nom primitif allemand était *Urbach* (VOIR CE NOM). ▸ « l'endroit où il y a des parcs pour les troupeaux ». Peut être tiré de l'ancien français *falde, faude* « parc à brebis, bercail », dérivé *faudaille* « troupeau ».

Vers 1930

Vers 1925

FOURNEAU (HAUT)
VOIR FORLET.

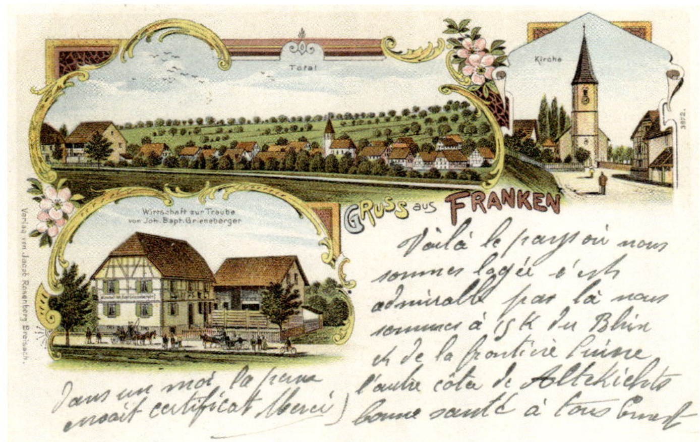

Carte de 1898 utilisée en 1918.

FRANKEN (HR) [fraŋkən] ou [frãkɛn], als. *Frànke* ["fråŋGə] ; *Franchon* 1144, *Francon* 1194. ▸ « les Francs ». Référence au peuple des Francs (allemand *Franken*, latin *Francones*). ▸▸ Explication complémentaire : l'adjectif *frank* en allemand, comme *franc* en français, signifie « honnête, net, sans détour » ; mais le sens primitif est « libre », parce que « situé de l'autre côté de la limite » (cf. franchir, franchise [douane], affranchir, etc.). Les Francs étaient donc appelés les « libres », parce qu'ils étaient situés en dehors des limites (de l'Empire romain), en marge, sur les franges. Ne serait-ce pas là qu'il faudrait chercher le sens de ce toponyme, lieu « écarté », « sur les bords » (d'une pente, d'un territoire, etc.), voire « non soumis à la règle commune », plutôt que « occupation de Francs » ? (VOIR FRIESEN).

Vers 1910

FRANKENTHAL (HR) [fraŋkənta:l]. ▸ « la vallée des Francs ». Référence au peuple des Francs (allemand *Franken*, latin *Francones*). La légende rapporte que le roi Dagobert, fuyant l'ennemi, aurait un jour trouvé refuge tout au fond de la vallée dans une grotte appelée en alsacien *Haxekaller* (« cave des sorcières »). Le sens de ce toponyme se rapporterait plutôt à l'allemand *frank* « libre », c'est-à-dire un « lieu écarté », « sur les bords (d'une pente) », plutôt qu'à une « occupation de Francs ».

FRÉLAND (HR) [frelã], en dialecte roman *Frâlât* [fra:lå:], toponyme de langue romane dans la partie de la vallée de la Weiss romanisée à partir de la fin du XIVe siècle ; le nom primitif allemand était *Urbach* (VOIR CE NOM) ; *Frallant* 1441, *Freland, Forsland* 1697. ▸ « la petite faille ». Du latin **fragellum*, diminutif de *fragium* « fracture, brisure, faille, crevasse », qui a donné l'ancien français *frael, freel*, lui-même traité sur le mode diminutif : **frêl-et/frêl-ot*, d'où *Frâlât*. L'étroitesse du vallon de Fréland est à l'origine de cette dénomination. ▸▸ Explications complémentaires : malgré l'orthographe germanisante de la finale (la contrée dépendait de la seigneurie de Hohnack, aux mains successivement des comtes de Ferrette et des seigneurs de Ribeaupierre, tous de langue allemande), Fréland est un nom appartenant à la langue romane et pour cette raison ne peut pas s'expliquer, comme il a été avancé, par l'allemand *Frei Land* « terre libre », sous prétexte que les charbonniers de la région ne payaient pas d'impôts ; pas davantage par **Forstland* « terre forestière ». *Fors|land* pourrait à la rigueur représenter un hybride roman-germanique : « hors la terre » (comme on a *forban* pour *fors ban* « hors le ban », c'est-à-dire « exclu du ban »), mais les autres formes anciennes ne permettent pas de valider cette hypothèse.

1930

FRIEDOLSHEIM (BR) [fridɔlsajm], als. *Friedelse* ["frI:D°lsə] ; *Fridolfesheim* 771, *Friedesheim* 1140. ▸ « la demeure de Fridulf ». Du nom d'homme germanique *Fridulf* (*fridu* « paix », *wulf* « loup »), suivi du suffixe *-heim*.

1920

FRIESEN (HR) [fri:zən], als. *Friese* ["friəsə], doublet roman *Freschone*; *Friesen* 1267. ▸ « les Frisons ». Référence au peuple des Frisons (allemand *Friesen*, latin *Frisii*). ▸▸ Explication complémentaire : le peuple des Frisons habitait (et habite toujours) les rivages de la Mer du Nord, à la frontière entre l'Allemagne et les Pays-Bas. On peut tenir le même raisonnement que pour les Francs (VOIR FRANKEN) : les Frisons ne sont-ils pas situés sur un rivage, c'est-à-dire une bordure, une limite, une frise ? A l'origine, le mot *frise* désignait sans doute la bande d'écume qui sépare la mer de la terre, et d'où dérivent toutes les acceptions actuelles de ce mot polysémique (y compris *friser*). Ainsi, Friesen n'est pas forcément un ancien établissement de Frisons, mais un lieu situé sur une frise, sur un bord.

Vers 1925

1910

FRIESENHEIM (BR) [frizənajm], als. *Friesene* ["frI:sənə] ; *Frisenheim* 803. ▸ « la demeure des Frisons ». Référence au peuple des Frisons (allemand *Friesen*, latin *Frisii*). ⏩ Explication complémentaire : VOIR FRIESEN. Friesenheim est situé au bord du Rhin.

1901

FROENINGEN (HR) [frøniŋən], als. *Frennige* ["frɛniGə] ; *Frenningen* 1290. ▸ « là où il y a un renflement (du terrain) ». De la racine paléo-européenne WR-AN « renflement, vallonnement », suivie du suffixe *-ink-*. Site du village à flanc de côte. Adaptation en germanique sous la forme **Franing*, **Frening-* avec métaphonie [a > e] devant [i]. ⏩ Autre explication : « là où l'on exécute la corvée seigneuriale » (cf. all. *Fron* « corvée », *frönen* « servir à la corvée, être esclave »).

FROESCHWILLER (BR) [frœʃvilɛr], als. *Freschwiller* ["frɛ'ʃvil°R] ; *Froschheim* 820, *Fröschwilre* 1402. ▸ « le domaine où le terrain forme saillie ». De la racine paléo-européenne WR-AS(K) « gonflement formant obstacle, proéminence ». Paronymie de l'allemand *Frosch*, pl. *Frösche* (alsacien *Frosch*, pl. *Fresch*) « grenouille », animal qui saute et qui se gonfle. Le suffixe *-villa* entraîne la métaphonie [a > e], cet [e] écrit <œ> (VOIR KŒSTLACH, ZŒBERSDORF).

Vers 1900

FROHMUHL (BR) [fro:my:l], als. *Frohmìhl* ["fro:'mIl] ; *Frohnmühle* XVIIIe siècle. ▸ « le moulin seigneurial ». De l'allemand *Mühle* « moulin », précédé de *Fron-* « corvée », ou « seigneurial » (mot employé uniquement comme premier élément de composé), tiré du vieux haut allemand *frô* « seigneur » (en parlant de Dieu puis du seigneur féodal). Les comtes de Lutzelstein avaient fait défricher ce site à partir du XIIIe siècle, et la présence d'un ancien moulin est attestée au lieu-dit Kloster. La forme locale a perdu l'[n], d'où sa signification apparente de « moulin joyeux » (paronymie de l'all. *froh* « joyeux »).

1937

1902

FULLEREN (HR) [fylərən], all. *Fülleren*, als. *Fìllere* ["fIlərə] ; *Vilringen* 1316, *Villeri* 1576, *Villran* 1589, *Villren* 1629. ▸ « là où il y a un renflement (du terrain) ». De la racine paléo-européenne WIL « renflement, vallonnement », suivie d'un infixe *-ar-* et du suffixe *-ink-*. On note le traitement [w > v > f] de la consonne initiale, ainsi que la labialisation [i] > [y] après [f], phénomène phonétique qui n'affecte que la forme officielle (VOIR FURDENHEIM). ▸▸ L'explication du toponyme comme une déformation de *Willer(en)*, du latin *villare*, sur la foi des attestations anciennes (notamment *Villeri* 1576) est un leurre. Celles-ci sont trop tardives : <v> y représente déjà [f]. D'autre part, *Vilringen* 1316 ne correspond pas à cette interprétation. (VOIR FELLERING).

1901

FURCHHAUSEN (BR) [furʃawzən], als. *Furichhüse* ["fUri'ʃy:sə] ; *Furckhusen* 1487. ▸ « la maison de la bifurcation ». Du latin *furca* « fourche, bifurcation, carrefour », resté dans la langue germanique. Trois voies romaines se croisaient sur le ban de l'actuelle commune. Le français *carrefour* remonte au bas-latin *quadrifurcum* « bifurcation dans quatre directions ». ▸▸ Autre explication : de l'allemand *Furche* (vieux haut allemand *furuh*) « sillon (d'un champ) ».

1929, un accident automobile.

FURDENHEIM (BR) [fyrdənajm], all. *Fürdenheim*, als. *Fìrne* ["fIrnə]; *Virdenheim* 803. ‣ « l'habitat du vallonnement ». De la racine paléo-européenne WIR-T « renflement, vallonnement », suivie du suffixe germanique *-heim*. On note le traitement [w > v > f] de la consonne initiale, ainsi que la labialisation [i] > [y] après [f], phénomène phonétique qui n'affecte que la forme officielle (VOIR FULLEREN).

GALFINGUE (HR) [galfẽ:g], als. *Gàlfìnge* ["Gål'fIŋə]; *Galfingen* 1144. ‣ « l'endroit où il y a un abri ». De la racine paléo-européenne KAL-W « fermer, abri », suivie du suffixe *-ink-*.

Vers 1920

Vers 1930

GALTZ (LE) (M) [lə galts], sommet en contre-haut de Niedermorschwihr. ▸ « le lieu de la castration ». De l'alsacien *gàlze* « châtrer », à rapprocher de *Gelt* « gibier qui ne peut mettre bas », *Galtvieh* « bétail qui ne donne plus de petits » parce qu'il est « trop vieux », de l'allemand **ge-alt*, qui constitue l'étymon. (VOIR GUSTIBERG). ▸▸ Une explication parallèle consiste à voir en Galtz une traduction du gallo-roman *castrum* « camp fortifié », confondu avec un dérivé de *castrare* « châtrer, castrer ». /LA CHÂTRE (INDRE).

1916

GAMBSHEIM (BR) [gambsajm], als. *Gàmbse* ["Gåmsə] ; *Gamhabapine* 743, *marcha Gamhbapine* 748, *Gamanesheim* 884. ▸ « l'habitat du méandre ». Malgré une graphie compliquée, il est possible de déceler un étymon gaulois **Cambopenno* « tête de courbe », de *cambo* « courbe (concave) » (ici « méandre », VOIR KEMBS) et *penno* « tête, bout ».

1903

GASCHNEY (M) [gaʃnɛ], als. *Gàschnei* ['Gå"ʃnej]. ▸ « le lieu inaccessible ». D'après l'équivalent vieil als. *Bàschnei* « carotte » < latin *pastinacum*, on verra dans Gaschney l'aboutissement d'un étymon **Castinacum*. L'évolution [k > G], comme [p > B] relève d'une interférence entre systèmes phonologiques propre au bilinguisme roman-germanique. Vu l'altitude, un bois de châtaigniers (latin *castanea* > vieux haut all. *kastina*) semble improbable (VOIR CHÂTENOIS). D'une racine paléo-européenne KAS-T « être coupé, retranché », soulignant que ce lieu est particulièrement difficile d'accès (VOIR KASTELBERG).

Vers 1930

GAZON DE FAING (M) [gazõ də fẽ], amas rocheux sur le chemin des crêtes, qui porte aussi le nom de *Sulzerer Eck* et de *Taubenklangfelsen* (1 302 m). *Gazon* est l'adaptation en roman lorrain de l'all. *Wasen* « haut pâturage », par l'intermédiaire d'une forme **gwasen*; quant à *Faing*, il semble remonter au germanique *fani* « boue, tourbière », qui a donné en français le mot *fange*. Le nom allemand de *Taubenklangfelsen* signifie « rocher, falaise qui rend un son sourd » (*taub* « sourd », *Klang* « son »). ▸ De nombreux types de pierres étaient honorés dans les cultes néolithiques : la « pierre qui sonne », la « pierre qui branle » [*Lottelfels*, rocher branlant du Schneeberg, avec superstition], la « pierre qui vire » [peut-être *Drehkopf*, *Giromagny*], la « pierre affiloir » [*Wetzstein*, d'où sans doute le nom du *Wettstein*, au-dessus de Soultzeren], etc. ▸▸ Gazon de Faing s'oppose à Gazon de Faîte (fr. *faîte* « sommet » < all. *First* « crête », als. « pâturage d'altitude »).

GAZON-L'HÔTE
VOIR SAINT-PIERRE-SUR-L'HÂTE.

GEBOLSHEIM (BR) [gebɔlsajm], als. *Gawelse* ["Gav°lsə]. ▸ « l'habitat de Gebold ». Du nom d'homme germanique *Gebold* (fr. *Gibaud*) ou *Gibwald* « celui qui gouverne en donnant » (vieux haut all. *giban* « donner » et *waldan* « gouverner »). ▸▸ Autre explication : d'un radical *geb-*, *gab-*, tiré de la racine paléo-européenne KAP « accumulation », dans le sens d'« élévation de terrain ».

1914

GEISHOUSE (HR) [gajsuz], als. *Gaishus* ["Gajs'hu:s]. ▸ « la chèvrerie ». Du suffixe *-house*, francisation de l'all. *Haus* « maison », précédé de l'all. *Geiß* « chèvre ». ▸▸ Autre explication : le nom de la chèvre le plus répandu en allemand est *Ziege* ; *Gais* est en revanche la dénomination alsacienne. Elle est à rapprocher de l'angl. *goat*, donc d'une racine indo-européenne GHAID. Toutefois, on trouve aussi en alsacien un verbe *gaisse* « grimper, sauter », qui existait déjà en vieux haut allemand et n'a pas au départ de rapport avec *Gais* « chèvre », même s'il y a eu contagion entre les deux mots. *Gaisse* provient d'une racine paléo-européenne KAS « issue, passage dans un environnement fermé ou dur ». Geishouse tout comme les *Geisberg*, *Geisweg*, *Geisfels*, *Geiskopf* ne seraient pas nécessairement tous des « maison, montagne, chemin, rocher, sommet de la chèvre », mais « difficiles d'accès » (cf. le *Geisberg* au-dessus de

Wissembourg ; et plutôt qu'une « fontaine de la chèvre », *Geisbrunnen* pourrait être une fontaine qui « jaillit après s'être creusée un passage » (cp. islandais *geyser*).

Vers 1910

GEISPITZEN (HR) [gajʃpitsən], als. *Gaischpìtze* ["Gaj'ʃBIDsə] ; *de Cespite* 1188, *Geispolzheim* 1284, *Geispozheim* 1289, *Geysplitzhein* 1479, *Geyspitzenn* 1521. ▸ « la demeure de Gisbald ». Suffixe *-heim* précédé du nom d'homme germanique *Gisbald* « hardi à la lance » (de *gis* « lance, flèche » et *baldo* « hardi »). L'évolution phonétique de l'alsacien **Gaischpeltze* ["GajʃB°lDsə] aboutit à une paronymie avec l'allemand *Gei[ß]spitze*, littéralement « pointe de la chèvre ». ▸▸ Autre explication : d'un étymon gallo-roman **Caspetium* « le lieu retranché », de la racine paléo-européenne KAS-P « être retranché », apparentée à KAS-T, qui est à l'origine du latin *castrum* « camp retranché ». (L'origine est KAS « issue, passage dans un environnement fermé ou dur ».) L'étymon **Caspetium* évolue normalement en **Kespiz* (cp. *Cambetium* > *Kembiz* = Kembs), forme en accord avec l'inscription (latinisante) de 1188, *[de] Cespite*. Dans ce cas, *Geispolzheim* 1284 et suivants ne seraient, comme souvent ailleurs, qu'une germanisation au moyen d'un anthroponyme fictif d'une forme d'origine gallo-romane dont le sens n'était plus compris. A noter encore que le scribe de 1188 a peut-être voulu remotiver une forme **Kespiz* en la rapportant au latin *caespite*, de *caespes* « motte de gazon » ; mais la place de l'accent tonique interdit cette supputation.

1916

GEISPOLSHEIM (BR) [gajspɔlsajm], als. *Gäischpìtze* ["Gɛj'ʃBIDsə] ; *Geisbodesheim* 871. ▸ « l'habitat du camp retranché ». Même explication que Geispitzen. La forme de 871 semble un compromis entre **Kespiz(-heim)* et **Gisbold-s(-heim)*. L'anthroponyme supposé a prévalu dans la forme officielle, alors que la forme en dialecte est identique à Geispitzen.

1900

GEISWASSER (HR) [gajsvasər], als. *Gaiswàsser* ["Gajs'våsºR] ; *Giesswasser* 1756, *Gaswassen*. ▸ « le pâturage où l'eau coule ». Village fondé au XVIIe siècle dans un méandre du Rhin. Probablement altération d'un primitif **Gießwasen*, de l'allemand *Wasen* « pâturage, gazon », précédé de *gießen* « arroser, couler », qui explique l'attraction de *Wasen* par *Wasser* « eau ». Concernant l'attraction de *Gieß-* par *Geiß-*, VOIR GEISHOUSE.

Vers 1900

GEISWILLER (BR) [gajsvilɛr], als. *Gäiswiller* ["Gɛjs'vil°R] ; *Gaisuuilare* 774. ▸ « le domaine de la source ». Du suffixe gallo-roman *-villa*, précédé de la racine paléo-européenne KAS « issue, passage dans un environnement fermé ou dur », ici peut-être avec un sens hydronymique (cp. islandais *geyser*) en parlant du Gutlenbaechel, ruisseau qui prend sa source dans le village (*Gut-* = *goutte*, VOIR BONNE-FONTAINE, KUTTOLSHEIM, etc.). Attraction paronymique de l'als. *Gais* « chèvre ». (VOIR KATZENTHAL).

GEROLDSECK (CH) [gerɔltsɛk]. ▸ « le château de Gerold ». Du nom d'homme germanique *Gerold* (> fr. *Géraud*, *Giraud*, *Gérald*), issu d'un plus ancien *Gariwald* « qui gouverne avec sa lance » (*gari* « lance », *waldan* « gouverner »), suivi du suffixe *-eck*, qui a servi à désigner les socles élevés sur lesquels furent bâtis les châteaux forts (superposition du latin *acus* « aiguille, pointe » et de l'allemand *Ecke* « coin, angle »). ▸▸ Autre explication : on peut voir dans le radical *ger(old)-* la base paléo-européenne KAR « [abri de] pierre », qui est la situation primitive de tous les châteaux forts.

Vers 1910

GERSTHEIM (BR) [gɛrstajm], als. *Geerschte* ["Ge:RʃDə] ; *Gersheim* 1050, *Gerhbodesheim* 1066, *Geresheim*, *Gerstheim* à partir du XIVe siècle. ▸ « l'habitation de l'abri ». Du suffixe *-heim* précédé de la racine paléo-européenne KAR/GAR « fermer » (**Kariacum* > **Ger[ig]*), d'où « abri » (le village est situé sur une levée qui le protégeait des inondations du Rhin). Attraction paronymique de l'all. *Gerste* « orge ». ▸▸

Tentative d'éponymie au moyen du nom d'homme germanique *Gerbald* (> fr. *Gerbaud*) « hardi à la lance » (de *ger* < *gari* « lance » et *bald* « hardi »). Voir le Gerigsee, étang au sud de Strasbourg, dans un méandre de l'Ill.

1919

Vers 1910

GERTWILLER (BR) [gɛrtvilɛr], als. *Gärtwiller* ["GɛRD'vil°R] ; *Gertenwilre* 718. ▸ « le domaine de l'abri ». Du suffixe *-villare* précédé d'une racine paléo-européenne KAR-T « fermer, abri ». Le village est enclavé dans un creux cerné de talus. La métaphonie [a > e] devant l'[i] du suffixe est habituelle. Attraction paronymique de l'allemand *Gärten*, pluriel de *Garten* « jardin » et peut-être *Gerte* « verge, baguette ».

1935

GEUDERTHEIM (BR) [gœjdərtajm], als. *Gäderte* ["Gɛ:D°RDə] ; *Gouderetheim* 1120. ▸ « la demeure de Gaudhard ». Du suffixe *-heim* précédé du nom d'homme germanique *Gaudhard* (> fr. *Jouard*), variante ancienne de *Gothard* (> *Godard*) « fort comme (un) dieu » (de *gaud*, *got* « dieu » et hard « dur, fort »). ▸▸ Autre explication : d'un étymon gallo-roman **Gu(t)taretum* « la colline de la source », du latin *gutta* « colline, source », suivi de suffixes collectifs (*-ar-* + *-ētum*). Il faut envisager une évolution **gutarētum* > *godarido*, adapté en germanique comme **Gouderit*, correspondant à la mention de 1120, qui explique la métaphonie **Gouderit* > *Geuder(e)t*.

Vers 1905

GIESSEN (R) [gi:sən], als. *Giesse* ["Giəsə]. Rivière du Bas-Rhin dans le val de Villé, affluent de l'Ill. Correspond à l'all. *Gießbach* « torrent », du verbe *gießen* « arroser, verser ». ⏩ Explication supplémentaire : dans le Ried, de nombreux cours d'eau sont appelés *Giessen* (*Langgiessen* ; *Rheingiessen*, ancien cours d'eau strasbourgeois ; *Schwefelgiessen*, ancien nom du Schwarzwasser au Neuhof). Il s'agit de « Brunnenwasser » (VOIR ALSACE, HERBSHEIM) régulièrement grossis d'apports d'eau de l'Ill au printemps et/ou du Rhin en été, dus à la fonte des neiges. Le terme *Giessen* prend ici, non sans raison, le sens de « déversoir ».

1903

GILDWILLER (HR) [gildvilɛr] mieux que [ʒild-], als. *Gìldwiller* ["GIlD'vil°R], doublet roman *Haute-Église* ; *Gyldulfoviller* 728, *Giltewilre* 823. ▸ « le domaine de Gildulf ». Du suffixe *-villare*, précédé du nom d'homme germanique *Gildulf*, au sens obscur, composé de *gild* « tribut » (cp. all. *Geld* « argent ») et *wulf* « loup ». ⏩ Autre explication : d'un radical **kilt-*, issu de la racine paléo-européenne KL-T, avec le sens de « fermer, abri » (cp. gaulois *cleto* > fr. *claie*). ⏩ La toponymie du village proprement dit est à dissocier de celle du mont sur lequel se situe l'église, appelé naguère *Sternenberg* « la montagne aux étoiles » (all. *Sterne* « étoile », *Berg* « montagne »). Comme le laisse penser une dévotion particulière aux Rois Mages, il abritait sans doute un culte païen aux étoiles avant de devenir un pèlerinage marial. L'église du mont servait d'église paroissiale pour les cinq villages de Gildwiller, Falkwiller, Hecken, Diefmatten et Sternenberg (VOIR CE NOM).

1930

GIMBRETT (BR) [gimbrɛt], als. *Jìmbratt* ["jIm'Brat] ; *Ginsbreton* 1120. ▸ « la combe ». Proposition : d'un étymon gallo-roman **Cumbaretum*, du gaulois latinisé *cumba* « combe, vallon sec, creux dans un mont », suivi d'un suffixe *-arium* à valeur collective (cf. Combiers [Charente]) et d'un deuxième suffixe *-ētum*, fréquent en toponymie de basse latinité. L'évolution phonétique est la suivante : *cumbarētum* > IVe siècle **combarīdu*, adapté en germanique au VIe siècle comme **Gumbarit*, puis avec métaphonie VIIIe siècle **Gümberit* > **Gimbrit* > *Gimbret* ; la finale a subi l'attraction paronymique de l'all. *Brett* « planche », als. *Bratt*, ou du latin *pratum* « pré », VOIR BRETTEN. Le toponyme lui-même a été pris pour un nom de personne (VOIR CI-DESSOUS). On notera la palatalisation [G > j] à l'initiale, phénomène peu courant, mais qui se retrouve par exemple dans als. *Jìps* pour all. *Gips* « plâtre, gypse ». ⏩ Autre explication : d'un nom d'homme germanique *Ginnberht* ou *Ginsberht* « brillant comme un genêt » (?), de *ginn* « genêt », variante *gins(t)*, et *berht* « brillant ». Mais un anthroponyme non suivi d'un suffixe quelconque serait une rareté en Alsace (VOIR GUÉMAR).

1909

GIRSBERG (CH) [girsbɛrk] mieux que [-bɛrg]. ▸ « la montagne du vautour ». De l'alsacien *Gir* « vautour » (all. *Geier*), suivi du suffixe *-berg* « montagne ». Un des trois châteaux de Ribeauvillé ; il tirerait son nom, depuis 1303, de l'ancien château de *Girsperg*, au-dessus de Wihr-au-Val. ⏩ Les châteaux forts recevaient souvent le nom d'un oiseau de proie : *Greifenstein* « rocher du griffon (animal mythologique au corps de lion, à la tête et aux ailes d'aigle) », *Falkenstein* « rocher du faucon ».

Vers 1910

GINGSHEIM (BR) [giŋsajm], als. *Gìense* ["GI:nsə] ; *Gindanesheim*, *Ginandesheim*. ▸ « l'habitat de l'abri ». Du suffixe *-heim*, précédé d'un radical **kint-*, issu de la racine paléo-européenne KN-T, avec le sens de « fermer, abri ». ⏩ Autre explication : d'un nom d'homme germanique **Ginnand*, non attesté et de sens obscur, de *ginn* « genêt » et *nanthjan* « oser ».

Vers 1910

GLOECKELSBERG (M) [glœkəlsbɛrk], als. *Gleckelsbari* ["GleG°l'sBari]. ▸ « la montagne de l'abri ». Situé entre Innenheim et Blaesheim. De la racine paléo-européenne KL-IK « abri », avec attraction paronymique de l'als. *Gleckel* « clochette » (all. *Glocke* « cloche »). Une légende rapporte qu'une chèvre poursuivie par un loup avait trouvé abri dans la chapelle située au sommet du Gloeckelsberg, appelée depuis indifféremment « chapelle de la chèvre » (Geißkapelle) ou « chapelle du loup » (Wolfskapelle). Il existe un *Gloeckelberg* au-dessus de Saint-Hippolyte et Roderen [*Kleckelberge* 1370] : il était réputé comme lieu de réunion de sorcières !

1910, pèlerinage du lundi de Pentecôte.

GOEFTBERG

VOIR HOHENGOEFT.

1900

GOERLINGEN (BR) [gœrliŋən], als. *Gärling* ["Gɛ:rlIŋ] ; *Villa Gairoldo* 661, *Geroldingen* VIIIe siècle. ▸ « là où il y a un abri ». Du suffixe *-ingen* précédé de la racine paléo-européenne KAR « abri » : **kar-al-ink-*. ⏩ Autre explication : d'un nom d'homme germanique *Gerwald* (fr. *Géraud*), issu de *Gariwald* « qui gouverne avec sa lance », de *gari* « lance » et *waldan* « gouverner ».

1908

GOERSDORF (BR) [gœrsdɔrf], als. *Gerschdorf* ["Gɛ:R'ʃDoRf] ; *villa Gerleihes* 695, *Gerlaigovilla*

713, *Gerlageswillare* VIIIᵉ siècle. ▸ « le village de l'abri ». D'un étymon gallo-roman **Karliacum*, formé sur la base paléo-européenne KAR « abri de pierre », suivi du suffixe *-villa*, remplacé par *-dorf* à l'époque carolingienne. /CHARLY (AISNE, CHER, MOSELLE, RHÔNE).

1949

GOLDBACH (HR) [gɔldbax], als. *Golbàch* ["Gol'Båx] ; ad *cellam Goltbacensem* 1135, *Golpach*. ▸ apparemment « le ruisseau d'or ». De l'all. *Gold* « or » suivi du suffixe *-bach* « ruisseau ». La date de 1135 correspond à la fondation d'un couvent d'Augustins qui est à l'origine de la localité. Le nom est sans doute initialement celui du ruisseau (penser au latin *gula* « goulet, passage étroit » ou *colare* « couler »), ou l'indice d'anciennes mines, mais aucun document ne subsiste.

1904

GOMMERSDORF (HR) [gɔmərsdɔrf], als. *Gummerschdorf* ["GUm°R'ʃDoRf], en roman *Gomacourt*; *Gummersdorf* 1317. ▸ « le village de Gumbrecht ». Du nom d'homme germanique *Gumbrecht* ou *Gumberht* (> fr. *Gombert*) « héros brillant » (de *guma* « homme, héros » et *berht* « brillant ») suivi du suffixe *-dorf* (VOIR CHAPITRE III). ▸▸ Autre explication : d'un radical **kum-*, apparenté peut-être au latin *humus*, et désignant une terre particulièrement favorable à l'agriculture. Base paléo-européenne KP « recueillir ».

1905

GOTTENHOUSE (BR) [gɔtənuz], als. *Gottehüse* ['GoDə"hy:sə] ; *Godenhusa* IXᵉ siècle, 1120. ▸

« la maison de Dieu », c'est-à-dire « l'église, le couvent ». Du moyen haut allemand *got* « dieu, Dieu » suivi du suffixe *-hausen/-house*. Possession de l'abbaye de Marmoutier.

1912

GOTTESHEIM (BR) [gɔtəsajm], als. *Gottsne* ["GoDsnə] ; *Gotamaresheim* VIIIe siècle ▸ « la demeure de Gottmar ». Du suffixe *-heim*, précédé du nom de personne germanique *Gottmar* ou *Gotomar* « célèbre comme un dieu [ou comme Dieu] » (de *got* « dieu, Dieu » et *mar* « célèbre »). ⏩ Autre explication : du latin *gutta* dans le sens de « colline ».

1899

GOUGENHEIM (BR) [gugənajm], als. *Göine* ["Gøjnə] ; *Guogenheim* IXe siècle. ▸ « l'habitat sur la hauteur ». Du suffixe *-heim* précédé de la racine paléo-européenne KUK, avec l'idée de « hauteur », particulièrement « faible, étroite, instable » (VOIR KOCHERSBERG). Evolution phonétique : **Kukone* > **Gogon-heim*, puis *Guogenheim*, *Güejenheim* et enfin *Göine*. ⏩ Autre explication : d'un anthroponyme germanique *Gogo*, non attesté. cp. als. *Goggel* « coq ».

1900

GOXWILLER (BR) [gɔksvilɛr], als. *Gogschwiller* ['GoG"ʃvil°R] ; *Gockeswilre* 884, *Gottenesvillare* 920, *Getenesvilare* 1161, *Gockeswilre* 1185, *Kocheswilr* 1339, *Goxwilr* 1664. ▸ « le domaine sur la hauteur ». Il existe une incertitude sur le radical originel : *gok-* ou *got-* ? La forme alsacienne *Gogsch-* ne peut venir que d'un moyen allemand **Gochs-* [Goxs], avec *ach-laut* (correspondant à la mention de 1339), issu d'un plus ancien **Goges-*. Par conséquent, il y a lieu de privilégier une racine paléo-européenne KUK, avec l'idée de « hauteur », notamment « faible, étroite, instable », suivie du suffixe *-villare*. La mention de 920, singulièrement, propose une remotivation de KUK à travers le latin *gutta* dans le sens de « colline », synonymique. ⏩ Autre explication : d'un anthroponyme germanique *Gogo*, non attesté. cp. als. *Goggel* « coq ».

1904

GRAFFENSTADEN (BR) [gra(:)fənʃta(:)dən], als. *Groffestàd* ['Grofə"ʃDå:t]. ‣ « la grève ». Du pré-celtique *grava* « grève », c'est-à-dire « rive de gravier ou de sable », suivi du vieux haut allemand *stado* « rive » (mod. *Gestade*), employé comme suffixe. Il s'agit donc d'une quasi-tautologie (deux fois « rive »). Attraction paronymique de l'allemand *Graf* « comte ».

GRANDFONTAINE (BR) [grɑ̃fɔ̃tɛn], toponyme de zone romanophone, doublet germanique *Michelsbrunn* ; *Grandis Fontana* 1152. ‣ « la grande fontaine ». Du latin populaire *grandis fontana*. Quant à *Michelsbrunn*, il provient de même du vieux haut allemand *michel* « grand » (mot disparu, cp. grec *megal-os*, lat.

1898

mag-nus, VOIR MICHELBACH) et all. *Brunnen* « fontaine ». ⏩ Autre explication : le doublet de Grandfontaine devrait être **Michelbrunn* et non *Michelsbrunn* qui, avec son <s> du génitif, se traduit logiquement par « fontaine de Michel ». Or on sait que saint Michel fut un substitut chrétien du dieu gallo-romain Apollon Grannus, dont un sanctuaire important a été mis au jour à Grand, dans le département des Vosges. Grand|fontaine pourrait donc signifier la « fontaine de Grannus », avec un double phénomène de traduction et de christianisation dans la forme germanique *Michelsbrunn*.

Vers 1910

GRASSENDORF (BR) [grasəndɔrf], als. *Gràssedorf* ["Gråsə'DoRf] ; *Grosinhaim* 736. ▸ « le village dans le creux ». Du gaulois *croso* « creux », ressortissant à la racine paléo-européenne KR « abri, fermer ». Attraction paronymique de l'allemand *Gras* « herbe ». Noter le changement de suffixe *-heim* > *-dorf* (VOIR CHAPITRE III).

GRAUFTHAL (BR) [grawfta:l], als. *Graufel* ["Grawf°l] ; *Crauchtal* 1126, *Crouhdal* 1141. ▸ « la vallée de l'élévation de pierre ». Du gaulois *crauca* « élévation de pierre », lui-même issu de la base paléo-européenne KAR/GAR « abri de pierre », suivi du suffixe germanique *-thal* « vallée ». Le village est célèbre pour ses falaises abritant un (ancien) habitat troglodytique.

Vers 1930

GREIFENSTEIN (CH) [grajfənʃtajn]
VOIR GIRSBERG.

GRENDEL (R) [grɛndəl]. ▸ « le ruisseau caillouteux ». Issu d'un radical **gr-end* (cp. angl. *grind* « moudre, réduire en fragments »), composé de la base paléo-européenne KR signifiant la « pierre » et du suffixe *-ent/-ant(-ia)*, désignant souvent des noms de rivières. Evolution en alsacien : *Grendel* > *Grandel* > *Granel*.

1917

GRENDELBRUCH (BR) [grɛndəlbrux] mieux que [grɛ̃dɛlbryʃ], als. *Granelbrüech*

["Gra:n°l'Bryəx] ; *Grindebroch* 1192. ▸ « le marécage de la Grendel ». De l'allemand *Bruch*, als. *Brüech* « marécage » précédée du nom de la *Grendel* (VOIR LE PRÉCÉDENT).

1919

GRENTZINGEN (HR) [grɛntsiŋən], als. *Grantzege* ["GranDsəGə] ; *Grenzingen* 1286. ▸ « le lieu de la rivière pierreuse ». Il faut postuler un étymon gallo-roman **Carantiacum*, formé du suffixe *-iacum* précédé d'un nom d'homme gallo-roman *Carantius*, ou plus vraisemblablement d'un radical *kar-ant-*, c'est-à-dire la racine paléo-européenne KAR « pierre, abri de pierre », suivie d'un suffixe *–ant*, désignant souvent des rivières. C'est l'équivalent du type germanique *Steinbach*. **Carantiacum* évolue en [karantsjago] IVe siècle, adopté en [*Grentzig(e)*] au VIe siècle en germanique, avec chute du premier [a], et métaphonie [a > e] devant [j]. Il faut envisager aussi le changement du suffixe *-ig* (qui paraît se maintenir partiellement dans la forme dialectale) en *-ingen*. Le rapport avec l'allemand *Grenze*, als. *Grantz* « frontière », est fortuit. /CRANSAC (AVEYRON), CARENCY (PAS-DE-CALAIS), CHARANCY (JURA), ETC.

1900

GRESSWILLER (BR) [grɛsvilɛr], als. *Grasswiller* ["Gras'vil°R]. ▸ « le domaine où il y a des pierres ». Du suffixe gallo-roman *-villare* précédé d'un radical **gr-as* ou **kr-as* « grosse pierre » (cp. celtique *gr-av-a* « galet », latin *gr-oss-us*, *cr-ass-us* « gros »), fondé sur la base paléo-européenne KR « abri, pierre ». Paronymie de l'als. *Gress* « cresson ».

1914

GRIES (BR) [gri:s], als. *Gries* ["GrI:s] ; *Grioz* 921. ▸ « le lieu caillouteux ». De l'allemand *Grieß* « gravier », issu du vieux haut allemand *grioz* « sable grossier » (d'où provient aussi le français *grès*), « houille menue » et « semoule », sens principal du mot en alsacien

1919

GRIESBACH (BR) [gri:sbax], als. *Griesbàch* ["GrI:s'Båx]. ▸ « le ruisseau caillouteux ou sablonneux ». De l'allemand *Grieß* « gravier », issu du vieux haut allemand *grioz* « sable grossier », suivi de l'allemand *-bach* « ruisseau ». La proximité de la Forêt de Haguenau permet d'accréditer le sens de « sable » pour ce village de défrichement.

GRIESBACH-AU-VAL (HR) [gri:sbax], als. *Grischbe* ["GriʃBə] ; *Gruzinsbach* XIIe siècle, *Grussichspach*, *Grüssenspach*, etc. ▸ « le creux ». D'un étymon gallo-roman **Crosiniacum*, formé sur l'adjectif gaulois *croso* « creux », suivi de deux suffixes *-in-iac(um)*, qui ont entraîné la métaphonie [o > u > i]. ▸▸ Voir aussi all. *Grus* « poussière de pierre ».

1910

1916

GRIESBACH-LE-BASTBERG (BR) [gri:sbax], als. *Griesbàch* ["GrI:s'Bâx]. ▸ « le ruisseau caillouteux ou sablonneux ». Même explication que pour Griesbach. ▸ On trouve sur les flancs du Bastberg des mines de lignite, roche d'origine organique résultant de la décomposition incomplète de débris végétaux, de moindre valeur que la houille. Ce serait ici le sens de « houille menue » du germ. *Grieß* qui conviendrait.

1939

GRIESHEIM-PRÈS-MOLSHEIM (BR) [gri:sajm], als. *Griese* ["Griəsə]. ▸ « l'habitat sablonneux ». De l'allemand *Grieß* « gravier, sable grossier », issu du vieux haut allemand *grioz*, suivi du suffixe *-heim*.

1907

GRIESHEIM-SUR-SOUFFEL (BR) [gri:sajm], als. *Griese* ["GrI:sə]. ▸ « l'habitat sablonneux ». Même explication que pour Griesheim-près-Molsheim.

1927

GROSSMANN (LE) (M) [gro:sman], sommet de 986 m au nord-est du Donon. ▸ littéralement « le grand homme », de l'all. *groß* « grand » et *Mann* « homme ». Ce toponyme placé non loin de la frontière linguistique pourrait s'expliquer plus logiquement par un étymon roman *Grand Mont*, avec traduction du roman *grand* en germanique *groß* de même sens, et adaptation (interférence au plan phonologique + attraction paronymique) du roman *mont* (prononcé [mõn]) en germanique *Mann* « homme » (als. *Mànn* [mån]). Ce phénomène, qui d'après le stade phonétique des éléments devrait dater du XIe siècle environ, a été observé dans Belmont (BR), germanisé en *Bellmann*, et **Gouttemont* refait en **Gutmann* (VOIR LE BONHOMME).

1938

GRUSSENHEIM (HR) [gru:sənajm], als. *Grüsse* ["Grysə] ; *Grosinhaim* 726. ‣ « l'habitat de l'abri de pierre ». D'un radical **kr-us*, formé sur la racine paléo-européenne KR « fermer, abri, pierre ». Attraction paronymique de l'all. *Gruß*, als. *Grüess* « salut, salutation ». Voir aussi allemand *Grus* « poussière de pierre ».

Vers 1925

GUEBERSCHWIHR (HR) [gebərʃvir], als. *Gawerschwihr* ['Gav°R"ʃvi:R] ; *Waranangus qui dicitur villare Eberhardo* 728, *Gabulwire* 1191, *Gebliswiler* XIIe siècle, *Gebelicheswiler* 1200, puis *Gebelswihr*, *Geberswihr* (forme avec <r> seulement à partir du XVIe siècle). ‣ « le domaine situé sur un amoncellement ». Du suffixe *-villare*, précédé d'un étymon gallo-roman **Gabaliacum* (suffixe *-iacum* précédé du gaulois *gabalos* « tas, élévation, gibet », formé sur la base paléo-européenne KP « prendre », signifiant à la fois « enlever en creusant » et « laisser un tas sur le bord »). ⏩ Autres explications : la tradition propose comme origine un anthroponyme *Geberhardt*, au sens et à la composition mal définis, et ne correspondant qu'à la forme contemporaine avec [r] remplaçant un plus ancien [l]. On a dit aussi que Geberhardt pouvait être une modification d'Eberhardt, mentionné en 728, et dont le sens est, lui, attesté: « sanglier fort » (> fr. *Evrard*). Mais le passage [eb > geb] est phonétiquement impossible. Pour sa part, *Waranangus* est un nom antique (cp. *Doroangus* = Saint-Amarin) qui, d'après la citation, a cédé la place à un éponyme médiéval. Il est possible qu'il s'agisse d'un autre lieu que Gueberschwihr.

Vers 1925

GUEBWILLER (HR) [gɛbvilɛr], als. *Gawiller* ["Ga:'vil°R]; *Gebunwillare* 774. ▸ « le domaine qui recueille (les eaux, alluvions, etc.) ». Du suffixe *-villare*, précédé d'un radical *gab-(on-)*, issu de la base paléo-européenne KP, signifiant à la fois « mettre au-dessus » et « prendre en dedans ». ⏩ Autre explication : traditionnellement rapporté à un nom de personne germanique *Gebo*, non attesté, ou peut-être plutôt *Gibwin* (> fr. *Giboin*) « l'ami qui donne » (de *giban* « donner » et *win* « ami »). Il y a eu paronymie du radical *ga-* avec le verbe alsacien *ga* « donner » (strasbourgeois *gänn*, all. *geben*) ; en effet l'expression « er ìsch nìt vu Gawiller », « il n'est pas de Guebwiller », désigne plaisamment quelqu'un qui ne donne pas facilement.

1914

GUÉMAR (HR) [gemar], als. *Gemer* ["ge:m°R]; *Herbarium*, période romaine (?), *Ghosmari* 768, *Germeri* 770, *marca Gasmaringa* 776, *Guirmari* 777, *Gemare* 953. ▸ « (chez) Gozzomar » ou « (chez) Germar ». Du nom d'homme germanique *Gozzomar*, variante de *Gottmar*, « célèbre comme (un) dieu » (de *got*, *gozzo* « dieu » et *mar* « célèbre »). Ou d'un anthroponyme concurrent *Germar*, variante de *Garimar*, « célèbre par sa lance » (de *gari*, *ger* « lance » et *mar* « célèbre »). ⏩ Autre explication : les toponymes formés d'un nom de personne sans association avec un suffixe actuel ou ancien indiquant un lieu sont pratiquement inexistants (VOIR GIMBRETT, SICKERT). Même si les sources n'en sont pas sûres, la forme *herbarium* pourrait faire un étymon correct (*Herbarium* > *Germari*), à condition d'admettre deux évolutions phonétiques peu courantes : 1) [h] initial – l'aspiration impliquant déjà une influence germanique – s'est renforcé en occlusive [G] : comparer [h>K^h] dans l'alsacien *Kànsdi* « la Saint-Jean » < *(Jo)hànsdi*, all. *Johannistag* ; 2) [rb] devient [rm] : cf. *Irpstette* > *Irmstett* (VOIR CE NOM). Quant au sens de cette forme *Herbarium*, le latin *herbarium* « herbier, ouvrage de botanique » s'avère très improbable, tout au plus a-t-il joué un rôle d'attracteur paronymique. L'origine est à chercher dans une racine paléo-européenne AR-P « mouvement de l'eau en ce qu'il forme une arborescence » > « point de repère du réseau hydrographique (source d'un col, confluent) ». Guémar se trouve sur la Fecht à 3 km en amont de son confluent avec l'Ill. (VOIR HERSBSHEIM).

Vers 1915

GUEVENATTEN (HR) [gevənatən], als. *Gafenàtt* ["Ga:fə'nåt] ; *Keuonet* 1421, *Geffenat* 1460, *Geffnat* 1576. ‣ « le lieu situé sur un amoncellement ». D'un étymon gallo-roman vraisemblablement *Cebennetum*, formé du suffixe locatif *-ētum* précédé de *cebenna*, thème oronymique (à l'origine du nom des Cévennes) représentant la base paléo-européenne KP, dont le sens est à la fois « mettre au-dessus » et « prendre en dedans ». Le village est perché sur une crête. Ce toponyme proche de la frontière linguistique porte des traces de traitements bilingues : le radical *cebenn-* > *gefen-* présente un traitement germanique, alors que le suffixe *-ētum*, devenu *-idu* en gallo-roman, est confondu avec un diminutif de type *-itta* > *-ette* > *-atte* (et finalement [åt] en alsacien), évolution qui se retrouve dans les toponymes du côté franc-comtois : cp. Chavanatte (TdB), et Ferrette.

1902

GUEWENHEIM (HR) [gevənajm], als. *Gaiwene* ["Gajvənə], doublet roman *Jonay* ; *Göwenheim* XIIe siècle, *Guowinheim* XIIIe siècle, *Gewenheim* 1347, *Geüwenheim* 1546, *Jonez* 1668. ‣ « l'habitat qui recueille (les eaux, alluvions, etc.) ». Peut-être d'un étymon gallo-roman **Gaubinacum* (qui explique à la fois la présence d'une diphtongue au radical et la forme respective des doublets germanique et roman), issu de la base paléo-européenne KP, dont le sens est à la fois « mettre au-dessus » et « prendre en dedans ». Rapprocher le vieil allemand *gaupa* « creux » > ancien français *gove* « grotte, cave, antre ». Le nom aurait pu être donné en raison du relief excavé de la rive gauche de la Doller. Suffixe *–heim* ajouté tardivement.

GUIRBADEN (M) [girba:dən], als. *Girbàde* ["GiR'Bå:Də] ; *Burgberg* 966, *Burckberg* 1049, *Girebaden* 1192. ‣ « l'aire du vautour ». Explication donnée sous toute réserve : il pourrait s'agir d'une cacographie pour **Girboden*, de l'alsacien *Gir* « vautour » (all. *Geier*) et *Boden* « sol, aire », alors que le sens de *Baden* est « bain », qui concorde difficilement avec un château fort érigé au sommet d'une montagne. Un lieu-dit *Girboden* (im *Gierboden* 1560) existe au-dessus de Niedermorschwihr. Les dénominations de châteaux sont souvent forgées à partir de noms d'oiseaux rapaces (VOIR GIRSBERG, GREIFENSTEIN, FALKENSTEIN). *Burgberg* « montagne du château » est le nom que portait le lieu avant l'édification du château fort, en souvenir vraisemblablement d'un *castellum* (ou *burgus*) gallo-romain.

Vers 1900

1920

GUMBRECHTSHOFFEN (BR) [gumbrɛʃtso(:)fən], als. *Gumbertshoffe* ["GUmB°R'Dsofə]; *Gompreshhoven* 1232 . ‣ « la propriété de Gombert ». Du suffixe *-hoffen* « propriété » (VOIR CHAPITRE III) précédé du nom d'homme germanique *Gumbrecht* (> français *Gombert*), issu d'un plus ancien *Gundberht* « illustre au combat » (de *gund* « combat » et *berht* « illustre »). ⏩ Autre explication : du gaulois *comboros* « confluent » (> *germ.* **gumber-*) ou tout aussi bien du pré-celtique *condate* « confluent » qui, adapté sous la forme *gund-* en germanique, se retrouve souvent à la jonction de deux cours ou pièces d'eau. Le village est situé à 2 km en amont du confluent de la Zinsel du nord et du Falkensteinbach, sur la Zinsel. (VOIR LE TOPONYME VOISIN, GUNDERSHOFFEN.)

1908

GUNDERSHOFFEN (BR) [gundərso(:)fən], als. *Gunderschoffe* ["GUnD°R'ʃofə]. ‣ « la propriété de Gontier ». Du suffixe *-hoffen* « propriété » (VOIR CHAPITRE III) précédé du nom d'homme germanique *Gunther* (> français *Gontier*), issu d'un plus ancien *Gundhari* « armée au combat » (de *gund* « combat » et *hari* « armée »). ⏩ Autre explication : du pré-celtique *condate* « confluent » qui, adapté sous la forme *gund-* en germanique, se retrouve souvent à la jonction de deux cours ou pièces d'eau. Le village est situé à 1 km en amont du confluent de la Zinsel du nord et du Falkensteinbach, sur ce dernier. (VOIR LE TOPONYME VOISIN, GUMBRECHTSHOFFEN.)

1902

GUNDOLSHEIM (HR) [gundɔlsajm], als. *Gungelse* ["Guŋ°lsə]; *Cundolteshaim* 728, *Gundolvesheim* 817, *Gundolsheim* 903. ▸ « la demeure de *Gundolf* ou de *Gundold* ». Du suffixe *-heim*, précédé d'un nom d'homme germanique *Gundolf*, d'un plus ancien *Gundwulf* « loup au combat » (de *gund* « combat » et *wulf* « loup »), ou *Gundold*, d'un plus ancien *Gundwald* « qui commande le combat » (de *gund* « combat » et *waldan* « commander »). ▸▸ Autre explication : d'un radical *gund-* indiquant la « jonction de cours d'eau », par suite « abondance d'eau », et possiblement tiré du gaulois *condate* « confluent ».

1918

GUNGWILLER (BR) [guŋvilɛr], als. *Gungwiller* ["Guŋ'vil°R]. ▸ « le domaine de l'abri ». D'un radical **kunk-* désignant un « endroit fermé, abrité » (cp. français *conque*), issu de la base paléo-européenne KR/KL/KN, suivi du suffixe *-villa*. Explication avancée en l'absence de forme ancienne disponible.

1914-1918, soldat allemand blessé sur un brancard.

GUNSBACH (HR) [gynsbax], als. *Gìnschbe* ["GInʃBə]; *Gunnisbach* XIIIe siècle, *Güninspach* 1278-1493, *Gunnespach* 1339. ▸ « le lieu du confluent ». Situé en aval du confluent des deux Fecht. Du pré-celtique *condate* « confluent », devenu **condētium* en gallo-roman > **gün(d)iz* en germanique, auquel a été rajouté le suffixe *-bach* « ruisseau » : **Gün(de)zbach* > *Günsbach*. (Voir Munster, dénommé *Confluentes* à l'époque gallo-romaine, situé en amont du confluent des deux Fecht.)

GUNSTETT (BR) [gunʃtɛt], als. *Gunstett* ["Gun'ʃDɛt]. ▸ « la clairière de la colline ». D'un étymon celtique **Cunoialos*, de *cuno-* « élevé, colline » et *ialos* « clairière ». Adaptation phonétique *cuno-* > [*Gun-*], et traduction du gaulois *-ialos* en germanique *-stett* (all. *Stätte*) (VOIR CHAPITRE III). Explication avancée en l'absence de forme ancienne disponible.

Vers 1930

1964

GUSTIBERG (HR) [gystibɛrk] mieux que [-bɛrg], als. *Güschtibarg* ["GyʃDi'BaRk] ; *Consteberg*. Nom de deux lieux-dits des Vosges alsaciennes, l'un au-dessus de Lautenbach-Zell, l'autre de Fellering. ▸ « la montagne des génisses ». Du suffixe *-berg* « montagne », précédé de l'alsacien *Guscht* « jeune vache qui n'a pas encore vêlé ». C'est là que l'on réunissait des génisses et des veaux en été, le nom est donc sans rapport avec le prénom Auguste (als. *Güscht*), mais dérive du verbe latin *constare* « être arrêté », qui s'est spécialisé dans le sens de « ne pas avoir [encore] de lait ». (POUR D'AUTRES DÉTAILS, CF. COSSWILLER.)

1910

HABSHEIM (HR) [apsajm], als. *Hàbse* ["håBsə] ; *Habuhinasheim* 758, *Habuhinisheim* 1040, *Hapsichheim* 1103, *Habchensheim* de 1148 au XVe siècle, *Habsheim* à partir du XVIe siècle. ▸ « l'habitat sur une élévation de terrain ». D'un étymon gallo-roman **Ap(p)ian(i)acum*, formé vraisemblablement sur la racine paléo-européenne AP, marquant une éminence ou un creux, suivi plus tard du suffixe germanique *-heim*. Il semble que le radical [ap(p)j-] ait subi l'évolution romane [pj > pʃ] mais non l'évolution germanique [pp > pf], contrairement à Epfig (VOIR CE NOM) : en effet, le Sundgau est resté bilingue plus longtemps que bien d'autres régions d'Alsace. C'est en tout cas ce que reflètent les formes anciennes : *Habuhin(as-heim)*, où le digramme <uh> représente [ʃ], *Hapsich(heim)* est l'équivalent *d'Apsiacum = Epfig*), enfin *Habchensheim*. Puis, dans la prononciation locale,

Habchensheim > **Hàbchese(m)* > **Hàbch'se* > *Hàbse*, avec une simplification importante. Par rapport aux formes du haut Moyen Age, remotivation paronymique à travers le vieux haut allemand *habuh* « autour » (all. mod. *Habicht*), qui figure sur les armes de la commune. ⏩ Autre explication : du nom de personne gallo-romain *Appianus*, peu probable, les évolutions phonétiques restant identiques.

Vers 1935

HACHIMETTE (HR) [aʃimɛt], toponyme de zone romanophone, pron. [ætʃimɛt] en dialecte vosgien ; *Escermure* 1241, *Eschelmere* 1441, *Aschimet* 1698, *Hechimet*. ▸ « le pré inondé ». Du gaulois *esca* « eau » suivi du latin *mare* « pièce d'eau », formation pléonastique. Puis le suffixe est remplacé, peut-être par l'allemand *-matt* « pré », indiquant un certain assèchement. Le toponyme est devenu romanophone à partir du XVIe siècle.

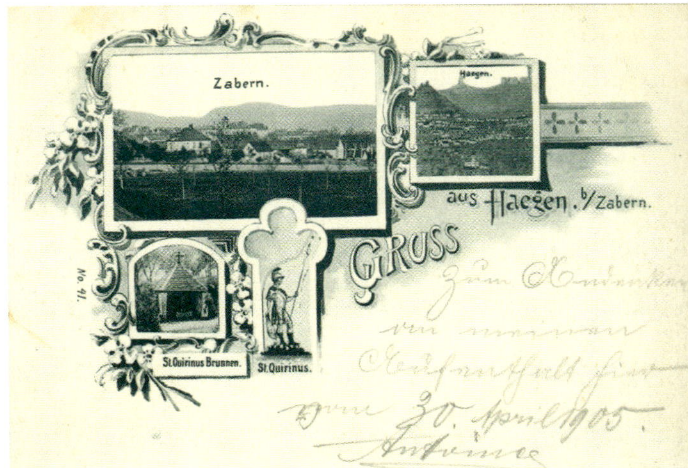

1905

HAEGEN (BR) [ɛgən] ou [hɛ:gən], als. *Haje* ["ha:jə] ; *Heconheim* 742, *Hegenheim* IXe siècle. ▸ « les défends ». De l'allemand *Hege* « défends », c'est-à-dire « bois où il est interdit de pratiquer des coupes ou de faire paître des animaux ». ⏩ Explication complémentaire : plusieurs toponymes comportent les radicaux *eck-*, *eg-*, *heck-*, *heg-*, *hag-*, certains renvoyant, par paronymie, à un signifiant de la langue allemande : *Eck(e)* « coin, angle », *Hecke* et *Hag* « haie », *Hege* « défends », *Hang* « versant » ou sa variante *Heng-* < all. *Hänge*, *Ach* « eau » ; d'autres non : *Eg-*. Ils apparaissent souvent liés les uns aux autres, le long des lisières : Haguenau / Hegeney, Hengwiller / Haegen / Eckartswiller, Hagenbach / Eglingen, Hegenheim / Hagenthal ; peut-être le triangle Achenheim / Eckbolsheim / Holtzheim (VOIR CES NOMS). Malgré la diversité actuelle de leurs formes, ils se laissent interpréter comme des représentants d'une même racine paléo-européenne AK. Les haies et buissons, surtout d'épineux, ont toujours servi de clôtures pour séparer les espaces (au IXe siècle encore, le village de Krautergersheim était entouré de haies défensives de ronces) (VOIR ZINSWILLER), en particulier pour délimiter les endroits sacrés : de l'allemand *Hagen* provient *Hain* « buisson, bois sacré », de la même famille que *Hexe* « sorcière » (alsacien *Hex*, *Hax*). On ne s'étonnera donc pas que plusieurs de ces toponymes soient situés non loin d'un antique lieu sacré (Haguenau : Forêt sainte ; Hengwiller et Haegen : Marmoutier ; Eckartswiller : Mont Saint Michel ; Hecken : Gildwiller, etc.)

1914

HAGENBACH (HR) [agənbax], als. *Hàgebàch* ["hå:Gə'Båx] ; *Agenbach* 1313, *Hagambac* 1468. ‣ « le lieu impénétrable ». D'un étymon gallo-roman *Agonacum*, formé sur la racine paléo-européenne AK « pointe, lieu hostile, impénétrable », suivi du suffixe *-acum*, germanisé en *-ach* puis *-bach* (VOIR CHAPITRE III). L'<h> initial n'est pas originel, attraction de l'all. *Hag* « haie ». (VOIR SON VOISIN EGLINGEN.) ‣‣ Explication complémentaire : VOIR HAEGEN. /AGONAC (DORDOGNE).

HAGENTHAL-LE-BAS (HR) [agənta:l], als. *Hàgedàl* ["hå:Gə'Då:l] ; *Agona valle* 1105, *Hagendal* 1195. ‣ « la vallée impénétrable ». La forme de 1105 est un latinisme tardif ; toutefois le terme *Agona* fait penser à *Agonac*, nom d'un village de Dordogne, dont l'étymon *Agonacum* a donné *Hagenbach* (VOIR CI-DESSUS). L'origine est la racine paléo-européenne AK « pointe, lieu hostile, impénétrable », suivi du suffixe germanique *-thal* « vallée ». L'<h> initial n'est pas originel, attraction de l'all. *Hag* « haie ». (VOIR SON VOISIN HÉGENHEIM.) ‣‣ Explication complémentaire : VOIR HAEGEN.

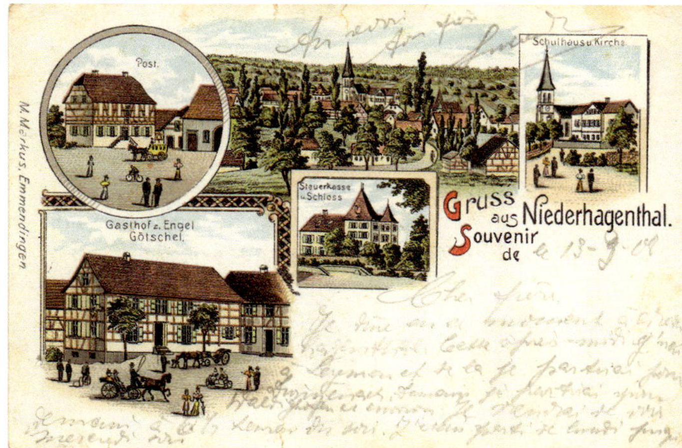

1908

Vers 1915

HAGENTHAL-LE-HAUT (HR)
COMME HAGENTHAL-LE-BAS.

HAGUENAU (BR) [agno] ou [agəno], all. *Hagenau*, als. *Hawenau* ["ha:və'naw] ; *Hagenowe* 1153. ‣ « l'île impénétrable ». De la racine paléo-européenne AK « pointe, lieu hostile, impénétrable », avec attraction de l'allemand *Hag* « haie » (VOIR EXPLICATIONS SOUS HAEGEN), suivie en tant que suffixe du terme germanique *Au* « prairie détrempée, île ». ‣‣ Explication complémentaire : la fondation de la ville, au XIIe siècle, autour du château construit par Frédéric le Borgne, duc de

Souabe et père de Frédéric Barberousse, a suscité une légende qui révèle, pour qui sait la comprendre, le véritable sens du toponyme Haguenau : « Un jour, un seigneur et sa suite partirent en chasse dans la Forêt sacrée (c'est-à-dire Forêt sainte, qui est l'ancien nom de la Forêt de Haguenau). Les chiens trouvent la trace et poursuivent les bêtes, et poussent de grands aboiements singuliers qui étonnent seigneur et serviteurs ; car il n'y avait pas de gibier pris à l'intérieur de la clôture dont on avait entouré une partie de la forêt. Les hommes trouvent la meute arrêtée au bord de la Moder, elle ne peut passer, tandis que de l'autre côté de l'eau, le gibier en très grande abondance s'est réfugié dans un vaste buisson [Hag] sur un terrain qui forme une île [Au]. Alors, le seigneur, oubliant sa chasse, se dit qu'en ce lieu un château serait du plus bel effet car, tout à l'entour, la Moder coulerait aussi gaiement qu'elle coule autour de ce buisson que le gibier a choisi pour se mettre à l'abri. Ainsi fut fait et, au cours du temps, une petite ville se bâtit autour du château, nommée Hagenowe, en souvenir du buisson où le gibier avait trouvé refuge. » Le buisson en tant que tel n'est présent dans l'histoire que pour justifier du nom de la ville (all. *Hag* = « haie, buisson ») ; en réalité, la fonction du lieu est la protection, le refuge, d'ailleurs une partie de la forêt, appelée sacrée, est elle-même, d'après le texte, entourée d'une clôture. Ces redondances, typiques des récits mythiques, tendent à confirmer l'hypothèse que la Forêt de Haguenau devait constituer un espace « tabou » à l'époque celtique et pré-celtique (chêne « druidique » de saint Arbogast, présence de nombreux tumulus des âges du bronze et du fer), sacralisation qui s'est étendue à l'exploitation même de la forêt, devenue un « défends » (VOIR HEGENEY) et une « forêt relevant de la cour de justice du roi, où il est interdit de déboiser et de chasser » (VOIR FORSTFELD).

1910

1915

HAÏCOT (LE) (HR) [ajko], nom d'une marcairie sur le Brézouars (= *Berseberg*, VOIR LAC DES PERCHES) : forme ancienne en allemand *Hagegott*, à décrypter comme ▸ « la colline ou la source de la haie », du roman *goutte* « colline » ou « source » (> all. *Gott*, CF. GOTTESHEIM, LE BONHOMME) précédé de l'allemand *Hag* « buisson, haie », ou plutôt, primitivement, de la racine paléo-européenne AK, qui sert à nommer des lieux « hostiles, impénétrables » et aussi « sacrés » (VOIR HAEGEN).

1914

HANDSCHUHEIM (BR) [antʃuajm], als. *Hänsche* ["hɛnʃə] ; *Hantschobasheim* 788. ▸ « la demeure d'Andscoh ». Du suffixe *-heim* précédé du nom de personne germanique *Andscoh* « (celui) qui n'a pas de soulier », du germanique *anda*, sens privatif, et *skoh* « soulier, chaussure ». Attraction de l'all. *Handschuh* « gant » (dans le terme même, il y a eu évolution de *and*[*scoh*] en *hand*[*scoh*]). ⏩ Autre explication : d'un étymon reconstitué **Andiscavum*, composé de la racine paléo-européenne AN-T indiquant le « mouvement de l'eau en direction verticale », ici peut-être un terrain sec (« au-dessus de l'eau »), ou au contraire « puits » (« eau en-dessous ») suivie du double suffixe *-isk-* + *-aw-*.

Vers 1920

HANGENBIETEN (BR) [aŋənbi:tən], als. *Hàngebiete* ["håŋə'BI:Də] ; *Hangendebuotenheim* 1256, *Bütennheim* 1301. ▸ « le versant de la butte ». L'élément *Hangen-* (de l'all. *Hang* « versant, pente ») fonctionne comme préfixe afin de distinguer Hangenbieten de Bergbieten, à une quinzaine de kilomètres (VOIR CE NOM). Les deux villages tirent leur nom de leur situation au pied d'une butte. De la racine paléo-européenne BUT- ou BOT- « objet présentant des accidents verticaux (butte) », suivie anciennement du suffixe *-heim*. ⏩ Autre explication : du nom d'homme germanique *Buto*, sans signification connue.

1905

HARDT, HARTH (LA) (HR) [art], als. *Hàrd(t), Hàrt(h)* ["håRt]. Tout d'abord, la Hardt est le nom de la grande forêt située à l'est de Mulhouse, ainsi que de la plaine aride qui la jouxte immédiatement au nord. Citée comme *viam supra silvam dictam Hart* 1279; dans d'autres formes anciennes, Hardt est traduit par le latin *saltus* « passage étroit, défilé forestier ». Son homophone la Harth s'étend à l'ouest de Colmar et constitue aujourd'hui un vaste domaine viticole. On trouve de nombreuses Hardt ou Harth aussi dans le Pays de Bade. Au sens géographique, ce terme identifie des cônes de déjection caillouteux ou sableux perméables, primitivement forestiers, aux terres peu propices à l'agriculture; ainsi la Forêt de Haguenau, au terrain sablonneux, est une forêt « de Hardt ». La définition commune est simplement « forêt en hauteur, chemin de forêt en hauteur », ce qui est le cas de la Hardt haut-rhinoise, qui constitue une surélévation par rapport au fossé rhénan et aux rieds (VOIR RIED). Le sens dérivé de « terrain vague » est plus récent. ⏩ Explication: le mot allemand *hart* « dur, solide » pourrait faire un étymon convenable, mais il ne comporte pas la notion d'« aridité ». D'autre part, la même réalité est signifiée dans des toponymes qui n'ont pas tout à fait la même forme, ce qui ne permettrait pas de retenir *hart* comme étymon; limitons-nous à en citer deux: Artzenheim (HR), situé entre deux bois dits de la Hardt, et Hoerdt (BR) réputé pour ses terres sablonneuses productrices d'asperges. D'autre part, le même terme désigne encore des hauteurs, notamment le massif de la Hardt, au nord des Vosges (VOIR AUSSI ST-PIERRE-SUR-L'HÂTE). Il faudrait donc postuler une racine pré-germanique AR-T, qui se retrouve peut-être dans le latin *aridus* « sec, asséché », d'où « ferme (en parlant de la terre) », sûrement dans le latin *arduus* « élevé, escarpé, ardu » et le gaulois *ardu* « haut » (cf. *Arduenna* « Ardennes », nom d'un massif montagneux; cp. aussi lat. *alt[us]*, etc.). La signification générale de « mouvement de l'eau en direction verticale », qui rend compte à la fois de l'idée de « sécheresse » et du site de nos toponymes alsaciens, semble devoir être retenue pour cette racine AR-T.

1915

HARSKIRCHEN (BR) [arskirʃən], als. *Haschkiëch* ["ha:ʃ'kʰiəç]. ▸ « l'église au bord de l'eau courante ». Explication donnée en l'absence de forme ancienne. Du suffixe germ. *-kirch* « église » (VOIR CHAPITRE III), précédé d'une racine paléo-européenne AR « mouvement de l'eau ». (VOIR ILLKIRCH.)

Vers 1910

HARTHOUSE (BR) [artuz], als. *Hàrthüse* ['håR"tʰy:sə]. ▸ « la maison située en zone de Hardt ». Du terme *Hardt* (VOIR CI-DESSUS) suivi du suffixe *germanique* -hausen/-house.

1915

HARTMANNSWILLER (HR) [artmansvilɛr], als. *Hàrbschwiller* ["håRB'ʃvil°R] ; *Hartmanswiler* 1200, *Harperszweyler* 1584. ▸ « le domaine d'Armand ». Du suffixe gallo-roman *-villa* précédé d'un nom d'homme germanique *Hartmann* « homme dur, solide » (> fr. *Armand*), composé de *hart* « dur, solide » et *man(n)* « homme ». Le Hartmannswillerkopf, sommet dominant le village, a reçu le nom de Vieil-Armand de la part des poilus de la Grande Guerre. ⏩ Autre explication : de même que le latin *clivus mons* « mont incliné » a donné Climont (VOIR CE NOM), un *arduus mons* « mont escarpé » aurait pu être adapté comme **hart mann*, avec attraction de *arduus* vers le germanique *hart*, et paronymie de *mons* vers *mann* comme dans Belmont/Bellmann, Grossmann, etc. (VOIR CES NOMS). A noter l'évolution locale, sans doute récente, du groupe [Dm] en [B], d'où *Hartmanns-* > **Harpens-* puis *Harpers-*, *Harpersch-* et finalement *Harbsch-*.

1915

HASEL (R) [a:-zəl], als. *Hosel* ["ho:s°l] ; *rivolus Hasla* 817, *Haselbach*. ▸ « la source ». D'une racine paléo-européenne AS, signifiant « dépassement » > « source, jaillissement ». ⏩ Explication complémentaire : *Hasel* en allemand signifie « noisetier », « coudrier ». On pourrait en rester à la « rivière des noisetiers », nom pittoresque. Le noisetier ou coudrier sont réputés fournir de solides baguettes, instruments de sourciers comme de... sorcières : réminiscence de la thyrse, baguette emmanchée d'une pomme de pin, qui fut employée dans les rites bachiques (VOIR AVOLSHEIM, BASTBERG, COLMAR, AINSI QUE OSTHEIM). En compagnie de beaucoup d'autres, le noisetier et son fruit la noisette fonctionnent comme des symboles de fécondité. De nombreux indices laissent à penser que la vallée de la Hasel et les deux villages de Niederhaslach et Oberhaslach (VOIR CES

NOMS), formés sur la base AS, ont été des lieux de culte dédiés au renouveau de la nature : jaillissement d'une source, jaillissement mystique du printemps (VOIR CHAPITRE II).

Vers 1920

HASLACH (HR) [aslax], als. *Hàsle* ["hå:slə], lieu-dit et hameau au nord de Munster. ▸ « le lieu de la source ». D'une racine paléo-européenne AS, signifiant « dépassement » > « source, jaillissement », et suffixe *-acum*. Etymon suggéré : **Aselacum*.

Vers 1910

HATTEN (BR) [atən], als. *Hàtte* ["håDə] ; *Hadana* 808. ▸ « le palier ». De la racine paléo-européenne AT désignant un « palier », en l'occurrence le rebord sud du plateau de l'Outre-Forêt. ▸▸ Autre explication : d'un nom d'homme germanique *Hatto*, intensif du germanique *had* « combat ».

Vers 1930

HATTISHEIM (BR) [atisajm], als. *Hàttse* ["håDsə], village disparu près de Geispolsheim, dont subsiste une chapelle. Pèlerinage à la Vierge de pitié. Nom formé sur la racine AT désignant une « divinité du ciel », la Grande Déesse néolithique (VOIR CHAPITRE II).

Vers 1925

HATTMATT (BR) [atmat], als. *Hàbmàtt* ["håB'måt] ; *Hattmatten*. ▸ « le pré sur le palier ». Du suffixe *-matt* « pré » (all. *Matte*, als.

Màtt) précédé de la racine paléo-européenne AT désignant un « palier » (entre le piémont des Vosges et le Bastberg). ⏩ Autre explication : du nom d'homme germanique *Hatto*, intensif du germanique *had* « combat ».

Vers 1910

HATTSTATT (HR) [atʃtat], als. *Hàttschert* ["håDʃ°Rt] ; *Aderstat* 1139, *Hadestatt* 1147. ▸ « la clairière du palier ». Sans doute d'un étymon celtique formé sur le suffixe *-ialos* « clairière », traduit en germanique par *-statt*, précédé de la racine paléo-européenne AT désignant un « palier ». Cette explication semble corroborrée par le nom du surplomb qui prolonge le village, à savoir *Hàttscherterbuckel*, cité dans les textes anciens sous les formes allemande *Ottensbühl* ou latine *colles Ottonis*, c'est-à-dire « colline d'Otton », qui manifestent une tentative de remotivation à travers un hypothétique éponyme germanique *Otton*, tout en confirmant une racine de type AT (VOIR OTTROTT).

HAUSGAUEN (HR) [hawsgawən], als. *Hüsgài* ["hy:s'Gåj] ; *Huschowe* 1251, *Huscowe* 1264, *Husgowe* XIIIe siècle *Husgaw* 1576. ▸ « la prairie de la source ». La signification actuelle, en allemand, « pays de la maison » (*Haus* « maison » et *Gau* « pays ») ne semble pas satisfaisante sur le plan de l'envisagement d'un lieu (l'inverse serait plus plausible), et provient d'une attraction paronymique. Comme pour Eschau (VOIR CE NOM), on reconstruit un étymon **Usiacum* à partir d'une racine paléo-européenne US « irruption de mouvement » > « source », suivie du suffixe locatif *-iacum*. Le suffixe germanique *-au* « prairie humide » (vieux haut allemand *auwia*) a été rajouté (**Usig-auwia*), l'<h> initial étant adventice. (VOIR OSENBACH.)

1910

HAUT-KOENIGSBOURG

VOIR KOENIGSBOURG (HAUT-).

1915

HECKEN (HR) [ɛkən], als. *Hecke* ["hɛGə] ; *Haegon* 1235. ▸ « les haies ». De l'all. *Hecke* « haie », ou peut-être *Hege* « défends » (VOIR

HAEGEN). Quoi qu'il en soit, il s'agit des représentants, en allemand, d'une racine paléo-européenne AK, qui sert à nommer des lieux « hostiles, impénétrables » et aussi « sacrés » (pour le paganisme, d'où leur christianisation) ; ici, présence du sanctuaire de Gildwiller.

Vers 1910

HÉGENEY (BR) [egənɛ] ou [eʒnɛ], als. *Hajenei* ['ha:jə"nej] ; *Aginoni villa* 786, *Heckenheim* 1158. ▸ « le lieu impénétrable ». Village situé à la lisière de la Forêt de Haguenau (VOIR HAGUENAU). La forme de 786, bien que latinisme, semble écarter une origine germanique : étymon vraisemblable *Agonacum*, identique à celui de Hagenbach et Hagenthal (VOIR CES NOMS), de la racine paléo-européenne AK, qui sert à nommer des lieux « hostiles, impénétrables » et aussi « sacrés ». (EXPLICATIONS COMPLÉMENTAIRES, VOIR HAEGEN.)

HÉGENHEIM (HR) [egənajm], als. *Hagene* ["ha:Gənə] ; *Hegenheim* 1230. ▸ « l'habitat près du défends ». De l'allemand *Hege* « défends », c'est-à-dire « bois où il est interdit de pratiquer des coupes ou de faire paître des animaux », suivi du suffixe *-heim*. Situé sur la même lisière que Hagenthal (VOIR CE NOM). (EXPLICATIONS COMPLÉMENTAIRES, VOIR HAEGEN.)

Vers 1910

Vers 1910

HEIDOLSHEIM (BR) [ajdɔlsajm], als. *Haidsle* ["hajDslə] ; *Hodulfesheim, Haidulfesheim* 831. ▸ « la demeure de Haidulf ». Du suffixe *-heim* précédé du nom de personne germanique *Haidulf* « le loup de la lande » (germ. *haid-* « lande » et *wulf* « loup »). ▸▸ Autre explication : de la racine AT, qui désigne le « père » en grec, latin (*atta* « grand-père »), germanique (vieux haut allemand *atto* « père », souabe *Ätte* et suisse *Ätti* « père », jiddisch *Ette* « père, grand-père ») et notamment en alsacien (à Liebsdorf : *Ätte, Grossätti* « grand-père »), ainsi que dans les anciennes langues du Proche Orient, et, avant l'arrivée des Indo-Européens, la Grande Déesse néolithique, Déesse du ciel (ancien indien *atta* « mère »). D'après la légende, Attila en personne (nom qui se traduit par « petit père ») ou, selon une autre version, le dieu Abolo (= Apollon ?) serait enterré entre Heidolsheim et Ohnenheim, sous l'un des nombreux et importants tumulus d'origine néolithique et/ou celtique. Il aurait pu y avoir à cet endroit un lieu de culte pré-chrétien au dieu-père, comme à Ettendorf et à Ehl. Rappelons qu'en allemand *die Heide*, c'est la « lande », mais *der Heide*, c'est le « païen ».

Vers 1915

HEIDWILLER (HR) [ajdvilɛr], als. *Haidwiller* ["hajD'vil°R] ; *Heidewilare* 977, *Hetwiler* de 837 à 1385, *Etwilre*. ‣ « le domaine du palier ». Le site du village, adossé au plateau du Horst, ne justifie en rien le rapport avec une « lande » (all. *Heide*), mais bien plus avec celui de « palier », de la racine paléo-européenne AT. D'ailleurs, pendant tout le Moyen Age, à l'exception près de 977, le village s'est appelé *Hetwiler* ([at] > [et] devant l'[i] du suffixe gallo-roman *-villare* ; l'[h] initial est adventice) : par conséquent, l'introduction du terme *Heide* relève sans doute d'une paronymie.

HEILIGENBERG (BR) [ajligənbɛrk] mieux que [-bɛrg], als. *Heljebari* ['heljə"Bari]. ‣ « la montagne sainte, sacrée ». De l'allemand *heilig* « saint, sacré » et *Berg* « montagne ». Le prototype existait déjà en celtique : *Nemetoduro*, formé de *nemeton* « sanctuaire » et *duro* « fort, citadelle », d'où « montagne » ; *nemeton* lui-même semble un dérivé de *nemo* « ciel ». Si donc Heiligenberg était une traduction de *Nemetoduro*, il se serait agi d'un antique sanctuaire à une divinité céleste. /NANTERRE (HAUTS-DE-SEINE).

Vers 1930

1917

HEILIGENSTEIN (BR) [ajligənʃtajn], als. *Heljestän* ['heljə"ʃDɛ:n]. ‣ « la pierre sacrée ». De l'allemand *heilig* « sacré » et *Stein* « pierre ». Peut-être d'un étymon celtique **Nemetobenno*. C'est de là que partait la Hochstrasse pour rejoindre le Donon en passant par le Champ du Feu. Rapport vraisemblable avec un culte néolithique des pierres (VOIR CHAPITRE II).

1915

HEIMERSDORF (HR) [ajmərsdɔrf], als. *Haimerschdorf* ["hajm°R'ʃDoRf], doublet roman *Héméricourt*; *Heimersdorf* 708. Noter la précocité du suffixe *-dorf/-court* (VOIR CHAPITRE III). ‣ « le village d'Henri ». Du suffixe *-dorf* précédé du nom d'homme germanique *Haimrik* (> all. *Heinrich*, fr. *Henri*) « puissant au foyer » (de *haim* « foyer, maison » et *rik* « puissant »). ‣‣ Autre explication : d'une racine paléo-européenne AM « bosse ou creux ».

32 Kronprinz in Heimsbrunn am 2. März 1915.

1915

HEIMSBRUNN (HR) [ajmsbrun], als. *Hemschbrung* ou *Hemsprung* ["hɛm'ʃBrUŋ] ; *Emespur* 1148, *Enspure* 1179, *Heimsburnen* 1250, *Emsburn* 1272, *Hembsbrunnen*. ‣ « le sanctuaire sur l'éminence ». D'un radical *Em-*, représentant sans doute une racine paléo-européenne AM, variante de AP « creux ou bosse », suivi de *-pur* équivalent du suffixe *-bur*, signalant un « sanctuaire » (VOIR CHAPITRE II). A moins que *Em-* ne soit une subsistance du nom de saint Amarin, encore patron de l'église actuelle, pour lequel les moines de Murbach, qui possédaient une grande partie du village, avaient une vénération particulière. Attraction de ce radical *Em-* par *Heim* « foyer, demeure », mais la forme populaire conserve une forme mitigée *Hem-*. Quant au suffixe *-bur*, il a évolué soit vers *-brunn* « fontaine » (forme officielle), soit vers *-sprung* « saut, bond » (forme populaire, qui pourrait toutefois désigner une « source », cp. anglais *spring*). ‣‣ Au-dessus de Metzeral existe l'église de l'Emm, également sur un tertre, que la tradition rapporte à Emma, fiancée de Roland de Roncevaux, selon la légende locale.

HEITEREN (HR) [ajtərən], als. *Haitre* ["hajDRə] ; *Heiderheim marca* 768, *Heiterheim*. ‣ « l'habitat sur le palier ». Du suffixe *-heim* (abrégé en *-en* à partir du XVIe siècle), précédé de la racine paléo-européenne AT désignant un « palier » (visible sur le terrain).

1938

1906

HEIWILLER (HR) [ajvilɛr], als. *Haiwiller* ["haj'vil°R]; *Heimonewillare, Heimonewiler* 728, *Hemniewilre* 1144, *Heinwilre* 1170. ‣ « le domaine d'Aimon ». Du suffixe gallo-roman *-villa* précédé du nom d'homme germanique *Haimo* (*Haimon* au cas régime ; > fr. *Aimon, Aymon*), formé sur *haim* « foyer, demeure ». ⏩ Autre explication : d'une racine paléo-européenne AM « éminence ».

1906

HELFRANTZKIRCH (HR) [ɛlfrantskirʃ], als. *Halferschchilech* ["half°R'ʃxIl°x] ; *Helfratheschirche* 1090, *Helfrachilcha* 1101, *Helfratzkirche, Helferskürch* 1724 (*Helfrantzkirch* avec <n> à partir du XIVe siècle seulement, peut-être sous l'influence du village disparu de Rantzkirch, sur le ban de Helfrantzkirch). ‣ « l'église de Hilfrat ». D'un nom d'homme germanique *Hilfrat* (composé de *hilf-* « aide » et *rat* « conseil ») suivi du suffixe *-kirch* « église ». ⏩ Autre explication : l'élément *Hilfrat-* n'est peut-être pas un nom de personne, mais un qualificatif pour l'église elle-même : « l'église où l'on demande un conseil d'aide [à saint Barthélémy, auquel elle est dédiée] ». Les noms en *-kirch* se rapportent souvent à des abris sur lesquels on a ensuite construit une église.

1903

HENFLINGEN (HR) [ɛnfliŋən], als. *Haiflìnge* ["hajflIŋə]; *Henflingen* 1421, *Hempfling* 1576. ▸ « la chenevière ». De l'allemand *Hanf* « chanvre » suivi du suffixe dérivatif *-ling*, qui entraîne la métaphonie (*Umlaut*), confondu avec l'ancien suffixe *-ingen* (« lieu planté de chanvre »). ▸▸ Explication complémentaire : le chanvre constituait une forme primitive de culture textile, en association avec le lin. En allemand, *Hänfling* désigne la « linotte », petit oiseau charmant et étourdi, qui se nourrit de graines de lin et de chanvre. /CHENEVIÈRES, CANEBIÈRE.

Vers 1910

HENGWILLER (BR) [ɛŋvilɛr] (ou [hɛŋ-] quand on veut le distinguer expressément d'Engwiller), als. *Hangwiller* ["haŋ'vil°R]; *Hengwiler* 1584. ▸ « le domaine du défends ». Probablement d'un plus ancien **Hegenwiller*, du suffixe *-villa* précédé de l'allemand *Hege* « défends », c'est-à-dire « bois où il est interdit de pratiquer des coupes ou de faire paître des animaux ». Le village est situé sur la même lisière que Haegen (VOIR CE NOM POUR EXPLICATIONS COMPLÉMENTAIRES). ▸▸ Explication supplémentaire : le toponyme Hengwiller est traditionnellement rapporté à Hemmingesbura (*Hemmingesbura* IXe siècle, *Heingebüre* 1300, *Hengebur*), village près de Marmoutier disparu après la Guerre de Trente Ans, qui aurait été reconstruit sous le nom de Hengwiller. A.Humm (op. cit.) fait remarquer que Hengwiller est déjà cité en 1584.

HERBITZHEIM (BR) [ɛrbitsajm], als. *Herzum* ["hɛRDsUm]; *villa Charibode* 717, *Heribodesheim* 870. ▸ « l'habitat au confluent ». Du suffixe *-villa* remplacé par *-heim*, précédé d'une racine paléo-européenne AR-P « mouvement de l'eau en ce qu'il forme une arborescence » > « point de repère du réseau hydrographique (source d'un col, confluent) ». Le radical primitif **arb-* (étymon peut-être **Arbētium*, formé de *arb-* + suffixe *-ētium*, qui rend compte de la forme *Herbitz-*) a été adapté en germanique sous la forme **harb-*, **herb-* (cp. Orbey et Horben, Urbeis et Hurbache, VOIR AUSSI CHARBES.) Le village est situé sur la Sarre à peu de distance en amont de son confluent avec l'Eichel. (VOIR OERMINGEN.) ▸▸ Autre explication : d'un nom d'homme germanique *Haribot* « messager de l'armée » (*hari* « armée » et *boto* « messager »).

Vers 1910

1915

HERBSHEIM (BR) [ɛrbsajm], als. *Harbse* ["haRBsə] ; *Herbolzheim* 1136, 1347. ▸ « la demeure de Haribald ». Du suffixe *-heim* précédé du nom d'homme germanique *Haribald*, d'où *Herbold*, « audacieux à l'armée » (de *hari* « armée » et *bald* « hardi, audacieux »). Le rapport avec all. *herb* « âcre, âpre » est fortuit. ▸▸ Autre explication : d'une racine paléo-européenne AR-P « mouvement de l'eau en ce qu'il forme une arborescence » > « point de repère du réseau hydrographique ». Herbsheim est situé à l'intersection de deux zones de rieds, celui de l'Ill à l'ouest avec la Blind et le Bornen comme « Brunnwasser » et celui du Rhin à l'est avec l'Ischert, séparées par une large levée limoneuse (VOIR RIED).

1928

HERMERSWILLER (BR) [ɛrmərsvilɛr], als. *Harmerschwiller* ["harm°R'ʃvil°R]. ▸ « le domaine de Harimar ». Du suffixe *-villa* précédé du nom d'homme germanique *Harimar* « armée célèbre » (de *hari* « armée » et *mar* « célèbre »), qui évolue en *Hermer*.

HERMOLSHEIM (BR) [ɛrmɔlsajm], als. *Harmelse* ["harm°lsə] ; *Hermuotisheim* 1172. ▸ « l'habitat près du confluent ». Du suffixe *-heim* précédé de la racine paléo-européenne AR-M « mouvement de l'eau en ce qu'il forme une arborescence » > « point de repère du réseau hydrographique (source d'un col, confluent) ». La localité, annexe de Mutzig, est située sur la Bruche, à peu de distance en amont de son confluent avec la Mossig. (VOIR IRMSTETT). ▸▸ Autre explication : d'un nom d'homme germanique peut-être *Hermold*, sans signification identifiable.

1900

HERRLISHEIM (BR) [ɛrlisajm], als. *Harelse* ["ha:r°lsə] ; *Hariolfeswilla* 743. ▸ « l'habitat là où l'eau est en mouvement ». Du suffixe *-heim* (qui a remplacé *-villa*) précédé d'une racine paléo-européenne AR(-L) désignant le « mouvement de l'eau » (ici, la Zorn). L'<h> initial est adventice. ▸▸ Autre explication : d'un nom d'homme germanique *Hariwulf* « loup de l'armée », non attesté. (VOIR LE SUIVANT.)

HERRLISHEIM-PRÈS-COLMAR (HR) [ɛrlisajm], als. *Herrlese* ["hɛrləsə] ; *Herleichesheim* 705, *Herlichesheim* 823. ▸ « l'habitat là où l'eau est en mouvement ». D'un étymon galloroman **Arliacum*, formé sur la racine paléo-européenne AR(-L) désignant le « mouvement de l'eau » (ici, la Lauch), suivi à l'époque germanique

1909

du suffixe *-heim*. L’<h> initial est adventice. ⏩ Autres explications : d’un nom d’homme germanique *Herleih* « chant de l’armée » (*hari* > *her* « armée » et *leih* « chant » [all. mod. *Leich*, d’où fr. *lai*]) ou, avec moins de vraisemblance, de l’adj. *herrlich* « magnifique ». /ARLAY (JURA), ARLY (NOM D’UN AFFLUENT DE L’ISÈRE).

1922

HERSBACH (BR) [ɛrsbax], toponyme en zone actuellement romanophone. ▸ « la rivière ». De la racine paléo-européenne AR « mouvement de l’eau », suivi du suffixe germanique *-bach* « ruisseau, rivière ».

1939

HÉSINGUE (HR) [ezẽ:g], als. *Häsige* ["hɛ:siGə] ; *Hassinga* 835, *Haasiszera* Xe siècle, *Hesingin* 1234. ▸ « là où il y a un passage ». Du suffixe *-ingue* (francisation de *-ingen*), précédé de la racine paléo-européenne AS « dépassement » > « passage, issue ». Référence à la situation du village au pied d’une échancrure du plateau sundgauvien (vallée du Muehlbach). Hypothèse confirmée par la forme *Haasiszera*, où se trouve le mot latin d’origine paléo-européenne *serra* « colline longue et allongée », bien connu en toponymie (VOIR SIERENTZ).

1906

HESSENHEIM (BR) [ɛsənajm], als. *Hesse* ["hɛsə]. ▸ « la demeure des Hessois ». De l’allemand *Hesse* « Hessois » (de la Hesse, all. *Hessen*, une des régions historiques allemandes), suivi du suffixe *-heim*. ⏩ Autre explication : de la racine paléo-européenne AS « dépassement ». Référence à la situation du village sur la levée limoneuse séparant le ried de l’Ill et celui du Rhin, ou peut-être à une source.

1903

1918

HETTENSCHLAG (HR) [ɛtənʃla:k] (mieux que [-ʃlag]) ; als. *Hatterschlàg* ["haD°R'ʃlå:k] ; *villa Hetannerloch* 792, *Hettensloch* 1278, *Hettenschloch* 1404, *Hattenschlag* 1506. ▸ « l'endroit du palier ». Tout en tenant compte de la forme *Hetannerloch* qui peut et sans doute doit se lire **Hetannesloch*, on propose un étymon **Attiniacum*, formé sur la racine paléo-européenne AT désignant un « palier », suivie d'un infixe *-in-* et du suffixe *-(i)acum*. Un processus de remotivation a entraîné une analyse du mot comme une structure de type **Hettnach*, qui se précise dans les formes *Hetann-er|loch*, *Hetten-s|loch*, et dont la signification chercherait à être « le trou (all. *Loch*) ou la flaque (all. *Lache*) de *Hatto[n]*, ou *Hetto[n]* », ces deux termes représentant un nom de personne germanique. La forme moderne s'est orientée, à partir du XVIe siècle, vers une nouvelle césure : *Hettens|loch*, devenu oralement **Hettersch|loch*, a été interprété comme *Hetten|schlag* (als. oral *Hatter|schlàg*), où le groupe <sch> marquant le génitif est confondu avec l'initiale du mot all. *Schlag* « coupe dans une forêt », indice peut-être d'un défrichement opéré à cette époque.

HILSENFIRST (HR) doit son nom au hameau de Hilsen, au fond de la vallée de Linthal. On peut ici évoquer soit des houx (all. *Hülse*, als. *Hìls*) soit des sources (racine paléo-européenne AL-S, voir Alsace). Suffixe all. *-first* « faîte ».

Vers 1930

HILSENHEIM (BR) [ilsənajm], als. *Hìlse* ["hIlsə] ; *Hiltzheim* 672, *Hiltesheim* 1135. ▸ « l'habitat en contrehaut de l'eau ». Du suffixe *-heim* précédé de la racine paléo-européenne IL-T, variante de AL-T, AR-T, AN-T, indiquant le « mouvement de l'eau en direction verticale ». L'[h-] initial est adventice. Le village est en bordure du ried de l'Ill. La forme Hilsenheim est une métathèse d'un plus ancien **Hiltensheim*, provenant lui-même de *Hilt-(s-heim)*. Paronymie avec l'all. *Hülse* « cosse » et « houx » (als. *Hìls*). ⏩ Autre explication : d'un radical germanique *hild* « combat » (« l'habitat du combat »).

1912

HINDISHEIM (BR) [indisajm], als. *Hìndse* ["hInDsə] ; *Hundinesheim* 777. ▸ « l'habitat au bord de l'eau ». Du suffixe -heim précédé d'un étymon gallo-roman **Undiniacum*, formé sur lat. *unda* « eau, onde » et suffixes *-in-iacum*. Le village est situé sur l'Andlau et dans le Bruch (ried) de l'Andlau. Noter la métaphonie *hund-* > **hünd-* > *hind-* devant [i] subséquent (VOIR DALHUNDEN, HUNDSRUCK) ; l'[h-] initial est adventice.

Vers 1920

HINDLINGEN (HR) [indliŋən], als. *Hìndlìnge* ["hInD'lIŋə], doublet roman *Entreigne* ; *Chuntilingas* 728. ▸ « là où il y a de l'eau ». D'un étymon **Undilincum*, formé sans doute sur le latin *unda* « eau, onde » et suffixe *-il-ink-(um)*. Le village est situé sur la Largue (VOIR SAINT-ULRICH, ET AU CHAPITRE II LA LÉGENDE DU BUHLBERG). Noter la métaphonie *hund-* > **hünd-* > *hind-* devant [i] subséquent (VOIR DALHUNDEN, HUNDSRUCK) ; l'[h-] initial est adventice. ⏩ Autre explication : d'un nom d'homme germanique *Huntilo*, non attesté.

1906

HINSBOURG (BR) [insbur], als. *Hìnschburi* ["hInʃ'Buri] ; *Hinsgure* 1559, *Hinsberg*, *Hünsberg*. ▸ « la montagne renflée ». Du suffixe germanique *-berg* « montagne », remplacé comme souvent par *-burg* « château-fort » (sans présence d'un château à cet endroit), précédé de la racine paléo-européenne UN-, variante de WUN (VOIR WUENHEIM), désignant un « renflement, gonflement » ([h-] initial adventice et -s- génitif). Le site est une croupe élevée dominant la vallée de l'Eichel, et l'origine de l'agglomération une verrerie créée en 1540. Attraction paronymique de l'all. *Hüne* « géant ».

1909

1903

HINSINGEN (BR) [insiŋən], als. *Hìnsìnge* ["hIn'sIŋə]; *Heyngesingen* 1331. ▸ « là où l'eau s'infiltre ». Village situé sur la Rode, dans une dépression. De la racine paléo-européenne AN-S ou IN-S « mouvement [de l'eau] qui dépasse ses limites », suivi du suffixe *-ink-*. Peut-être homonyme de Enschingen (VOIR CE NOM).

HIPPOLTSKIRCH (HR) [ipɔltskirʃ], écrit aussi, selon, *Hippoltzkirch*; *Hupoldeschicon* 1145. ▸ « l'église sur une dénivellation ». Ancienne église-mère consacrée en 1054 à saint Martin par le pape Léon IX, et pèlerinage à la Vierge. D'après la légende, elle aurait été fondée par un seigneur de la Roche, délivré des mains des Turcs par l'intervention de la Vierge. Le nom n'a rien à voir avec saint Hippolyte. De la racine paléo-européenne UP, marquant un « obstacle du terrain, bosse ou creux », suivie à l'époque germanique du suffixe *-kirch* « église » (VOIR AU CHAPITRE III).

Vers 1910

HIPSHEIM (BR) [ipsajm], als. *Hipse* ["hiBsə] ; *Hyppenesheim* 728, *Hüpfinsheim* 1238. ▸ « l'habitat sur une dénivellation ». De la racine paléo-européenne UP, marquant un « obstacle du terrain, bosse ou creux » (VOIR APPENWIHR, EPFIG), suivie d'un double suffixe *-in-iak-(um)*. Attraction du vieux haut all. *huppo* « touffe » (> fr. *houppe*) et de l'als. *hüpse* « sauter » (cp. all. *hüpfen* « sautiller »). En alsacien, *Hippe* est un des noms de la marelle.

HIRSCHLAND (BR) [irʃlant] mieux que [-lãd], als. *Hirschlànd* ["hiR'ʃlånt] ; *Hirslanden* IXe siècle, *Hyrseland*. ▸ « la terre des cerfs ». De l'allemand *Hirsch* « cerf » suivi de *Land* « terre ». Pouvait désigner une zone giboyeuse. Mais la forme *Hirsch* ne date que du XVe siècle : le moyen haut allemand disait *hirz* (VOIR HIRTZBACH). ▸▸ D'où autre explication : village situé dans le vallon de l'Isch. De la racine paléo-européenne IR-S « mouvement [de l'eau] à travers un interstice », suivi d'un suffixe *-ant-* désignant une « rivière », remplacé par *-land* « terre », l'[h] s'étant rajouté à l'époque germanique.

1900

1910

HIRSINGUE (HR) [irzẽ:g], als. *Hìrsìnge* ["hIR'sIŋə] ; *Hirsunge* 708, *Hirsingen*. ▸ « la voie pavée de chant ». Du latin tardif *ericione(m)*, classique *ericius* « hérisson », dans le sens technique de « pavement fait de pierres posées de chant ». Hirsingue était dans l'Antiquité le carrefour de cinq voies romaines ou celtiques. L'évolution phonétique manifeste, outre la palatalisation [kj > s] (on attendrait [ts]), la métaphonie [e > i]. L'[h-] initial est adventice. Le suffixe *–ione* s'est confondu avec *germ. –ingen*. /HIRSON (AISNE), HIRSAU (BADE).

1908

HIRTZBACH (HR) [irtsbax], als. *Hìrtzbàch* ["hIR'DsBåx] ; *Hirzebach* 1287. ▸ « le ruisseau des cerfs ». Du moyen haut allemand *Hirz* « cerf », avant son évolution en *Hirsch* (VOIR HIRSCHLAND), suivi du suffixe *-bach* « ruisseau ». C'est aussi le nom du ruisseau qui traverse le village. ▸▸ Autre explication : d'une racine IR-T, variante de AR-T, dont la signification est « mouvement de l'eau en direction verticale » : Hirtzbach est caractérisé par la source Sainte-Afre, réputée miraculeuse pour les enfants atteints d'écrouelles, peut-être parce qu'un peu de pétrole jaillit en même temps que l'eau. Elle se situe sur le Doffrabarg, nom issu de *Sankt-Afraberg*, par un phénomène de fausse coupe : *(sank)t-Afraberg*, et chute de l'adjectif initial.

1915

HIRTZELBACH (BR) [irtsəlbax], als. *Hìrtzelbàch* ["hIRDs°l'Båx]. ▸ Au Moyen Age, le village portait le nom de *Hachenbach*, homonyme de Hagenbach (VOIR CE NOM). Une remotivation populaire a entraîné la substitution à *Hachen-* d'un nouveau radical *Hirtzel-*, peut-être variante diminutive de l'alsacien *hirze* « sauter, bondir » ou de *Hurzel* « dos », pour signaler la forme de la déclivité qui caractérise le site.

1904

HIRTZFELDEN (HR) [irtsfɛldən], als. *Hìrtzfalde* ["hIRDs'falDə] ; *Hirzfeld* 728. ▸ « le champ des cerfs ». Du moyen haut allemand *Hirz* « cerf », avant son évolution en *Hirsch* (VOIR HIRSCHLAND), suivi du suffixe *-feld(en)* « champ ». ▸▸ Autres explications : 1) *Hìrz*, *Hìrza* fut une variante dialectale de als. *Hìrt*, all. *Hirt* « berger », d'où l'explication possible « le champ des bergers » ; 2) en germanique primitif, le mot *Feld* désignait un terrain découvert, vaste et plat, un « champ », mais sans idée de culture. D'autre part, Hirtzfelden est situé dans la Hardt (VOIR CE NOM) plate et sèche, caractéristique à laquelle renvoie sans doute le radical *Hirt-*, avec influence de *Hirz*. Ainsi, le toponyme signifierait « terrain en zone de Hardt » (**Hàrdtfalde*).

1916

HOCHFELDEN (BR) [oxfɛldən], als. *Hohfalde* ["ho:'falDə]; *Hohfelden* 823, *Hochvelden* 1246. ‣ « le haut champ ». De l'allemand *hoch* ou *hoh* « haut » et *Feld* « champ ». ‣‣ Explication complémentaire : il pourrait s'agir d'une traduction du celtique *Uxellomagos*, même signification, qui par ailleurs pouvait avoir un sens militaire « camp important » (*uxello* « haut, important », et *magos* « champ » et « camp »).

Vers 1930, la chorale des petits chanteurs.

HOCHSTATT (HR) [oxʃtat] mieux que [oʃtat], [okstat] – toutes prononciations en vigueur –, als. *Hochscht* ["ho:kʃt] ; *Hochstatt* 1348. ‣ « la clairière importante ». Traduction probable du celtique *Uxelloialos*, même sens : *uxello* « haut, important » traduit en germ. *hoch*, et *ialos* « clairière » traduit par germ. *Statt* « endroit », primitivement « résidence ».

1901

HOCHSTETT (BR) [oxʃtɛt] ; als. *Hochstett* ["he:'ʃDɛt]. ‣ « la clairière importante ». Traduction probable du celtique *Uxelloialos*, même sens : *uxello* « haut, important » traduit en germ. *hoch*, *ialos* « clairière » traduit par germ. *Stätte* « endroit », dérivé de *Statt* (cf. le précédent).

1904

HOELSCHLOCH (BR) [œlʃlɔx] als. *Helschloch* ["helʃ'lox], annexe de Merkwiller-Pechelbronn ; *Hoelsloch* XVIIIe s. ▸ « le trou d'enfer ». De l'all. *Loch* « trou » précédé de *Hölle* « enfer », als. *Hell*, du vieux haut allemand *hell(i)a*, encore *helle* en moyen allemand. Le mot a pu être traité comme un masculin (*s* génitif à l'instar de l'anglais dans *hell's angel*), ou peut-être faut-il considérer l'adjectif *höllisch* (*höllisches Loch*). La motivation n'apparaît pas. ▸▸ Explications complémentaires : 1) pourquoi ne pas rapprocher *Hell* de *heili*, *heli* « saint » et *-loch* du latin *locus* « lieu » ? D'où la signification de « lieu saint », en quelque sorte pervertie en « trou de l'enfer » (VOIR LAMPERTSLOCH). 2) A Pechelbronn, lors d'un forage pour la recherche de pétrole, a été découverte en 1910 la source dite des Hélions. Le nom actuel se réfère au français *hélion* « noyau de l'atome d'hélium », sans rapport avec cette eau thermale, sodique et ferrugineuse, jaillie des profondeurs de la terre à une température de 65°. La forme *source des Hélions* ne serait-elle pas une francisation désappropriée de l'alsacien **Heljebrunn* « source sacrée » ? Du soleil *hêlios* à l'enfer *hell*, il est toujours question de feu nucléaire…

1908

HOENHEIM (BR) [ø:najm], als. *Heene* ["he:nə] ; *Hohanheim* 804. ▸ « l'habitat sur la hauteur ». Du vieux haut all. *hōhi* « hauteur » (all. mod. *Höhe*), suivi du suffixe *-heim*.

1914

HOERDT (BR) [œrt], als. *Härdt* ["hɛRt] ; *Herden* 1297. ▸ « le terrain en zone de Hardt ». De la racine paléo-européenne AR-T « mouvement de l'eau en direction verticale », indiquant ici une zone de Hardt (VOIR CE NOM) caractérisée par l'absence d'eau en surface et un terrain sablonneux (propice à la culture des fameuses asperges !). ▸▸ Autres explications : de l'allemand *Herd* [he:rt] « foyer, âtre, fourneau » ou *Herde* [he:rdə] « troupeau ». Mais comment expliquer alors la graphie <oe> (*Hoerdt*, all. *Hördt*) ?

1905

HOFFEN (BR) [ofən], als. *Hoffe* ["hofə]. ▸ « la cour, la ferme ». De l'all. *Hof* « cour, cour de ferme, ferme », als. *Hoff*, *Hoft id.* ▸▸ Explication complémentaire : peut être la traduction du roman *court* (LA COURT CAROLINGIENNE, VOIR CHAPITRE III).

Vers 1930

HOHATZENHEIM (BR) [oatsenajm], als. *Àtzne* ["'åDsnə] ; *Adzinheim* 786, *Azenheim* 1260, *Hohatzenheim* 1494. ▸ « la demeure d'Atzo ».

Du nom d'homme germanique *Atzo*, attesté, suivi du suffixe *-heim*. Les habitants sont appelés *d'Àtzle* « les pies » (bas alsacien *Àtzel* « pie », qui remonte au germanique *agazza*, et ne peut avoir été l'étymon du toponyme). Hohatzenheim s'oppose à Kleinatzenheim, village disparu près de Reitwiller (all. *hoh* « haut, important », *klein* « petit »). ⏩ Autres explications : 1) de l'allemand *atzen* « nourrir, appâter » : il pouvait s'agir d'un lieu où l'on déposait de la nourriture pour le gibier ; 2) de la racine paléo-européenne AT désignant un « palier », ce qui correspond au site du village ; 3) une autre racine AT désignait une « divinité du ciel » (cp. Ettendorf, Hattisheim, Heidolsheim, Mont Sainte-Odile, VOIR CES NOMS). Hohatzenheim est un très ancien lieu de pèlerinage à la Vierge douloureuse, qui a remplacé un lieu de culte au dieu-père (l'église est depuis toujours consacrée à saint Pierre) ou à la Grande Déesse néolithique (VOIR CHAFITRE II).

1916

HOHENBOURG

VOIR SAINTE-ODILE (MONT).

HOHENGOEFT (BR) [oəngœft], als. *Hohgäft* ["ho:'Gɛft] ; *Gehfida* 775, *Githfida* 778. ▸ « le lieu boisé ». D'un étymon gallo-roman **Cætavētum*, du gaulois *cæto-* « bois », suivi des suffixes collectifs *-av-* et *-ētum*. Evolution phonétique : **Cætavētum* > **Ca(i)davido* (VOIR KAIDENBOURG), adapté en germanique comme **Ga(i)dafida* puis *[Gɛðefiðe] avec métaphonie (à rapprocher des mentions du VIIIe siècle), enfin *[Gɛðft] et [Gɛft]. Situé sur le versant ouest du Goeftberg « le mont boisé ». Hohengoeft s'oppose à Kleingoeft (VOIR CE NOM), village situé à 6 km (all. *hoh* « haut, important », *klein* « petit »).

1911

1902

Vers 1910

HOHFRANKENHEIM (BR) [o(:)fraŋkənajm], als. *Hohfrànkne* ['ho:"fråŋGnə] ; *Franckenheim* 830. ▸ « la haute demeure des Francs ». Référence au peuple des Francs (allemand *Franken*, latin *Francones*). Hohfrankenheim s'oppose à Kleinfrankenheim (VOIR CE NOM), village situé à 8 km (all. *hoh* « haut, important », *klein* « petit »). ▸▸ Explication complémentaire : l'adjectif *frank* en allemand, comme *franc* en français, signifient « honnête, net, sans détour » ; mais le sens primitif est « libre », parce que « situé de l'autre côté de la limite » (cf. franchir, franchise, affranchir, etc.). Les Francs étaient donc appelés les « libres », parce qu'ils étaient situés en dehors des limites (de l'empire romain), en marge, sur les franges. Ne serait-ce pas là qu'il faudrait chercher le sens de ce toponyme, lieu « écarté, sur les bords (d'une pente, d'un territoire, etc.), voire non soumis à la règle commune », plutôt que « occupation de Francs » ? (VOIR FRANKEN.)

HOHNECK (M) [onɛk], sommet vosgien de 1 262 m. ▸ « le haut sommet ». Il faut lire Hohn|eck. D'une racine AK « pointe », d'origine vraisemblablement paléo-européenne, qui se retrouve dans l'all. *Ecke* « angle », le latin *acus* « aiguille », *acer* « escarpé », etc. tous mots qui ont servi à désigner des sommets en montagne ; ajout du préfixe germ. *hohe(n)* « haut », ici contracté en *Hohn-*.

1909

HOHROD (HR) [oro(:)t], als. *Hohrod* ['ho:"Ro:t] ; *Hohenroden* 1339. ▸ « la hauteur déboisée ». De l'all. *roden* « déboiser, essarter, défricher », précédé du préfixe *hoh-* « haut ». ▸▸ Autre explication : le radical *rod* peut aussi désigner une « route » (VOIR OTTROTT, RODEREN) ou le « soleil » (VOIR CHAPITRE II).

Vers 1935

HOHWALD (LE) (BR) [ovald] ou [ovalt], als. *Hohwàld* ["ho:'vålt]. ▸ « la fûtaie » ou « la forêt en altitude ». De l'allemand *Hochwald* « fûtaie », ou bien préfixe *hoh-* « haut » et *Wald* « forêt ».

HOHWARTH (BR) [ovart], als. *Hohwàrth* ['ho:"våRt] ; *Hohewarte*. ▸ « le poste de guet élevé » (ou « important »). De l'allemand *hoh* « élevé, important » et *Warte* « poste d'observation, de guet ». Le francique *wardôn*, d'où all. *warten* « attendre », a aussi donné en français *garder* ; donc peut-être le sens de « poste de garde ». Aucun indice ne permet de savoir à quel dispositif ce nom a un jour correspondu : peut-être une *specula* gallo-romaine, qui était un « observatoire sur une hauteur ». Si c'était le cas, (Hoh)Warth serait une traduction du latin *specula*.

1914

1908

HOHWILLER (BR) [ovilɛr], als. *Hohwiller* ["ho:'vil°R] ; *Hohenwilari* 775. ▸ « le domaine important » (ou « élevé »). Du gallo-roman *villare* « domaine rural », « ferme fortifiée » (VOIR CHAPITRE III), passé dans la toponymie germanique, précédé du préfixe *all. hoh-* « haut, important ». Peut-être traduction d'un étymon gallo-roman **Altum villare*. /HAUTVILLERS (MARNE).

1912

HOLTZHEIM (BR) [ɔltsajm], als. *Holtze* ["holDsə] ; *Hoholfesheim* 840. ▸ « la demeure de Hoholf ». D'un nom d'homme germanique non attesté *Hoholf* suivi du suffixe *-heim*. Attraction paronymique de l'all. *Holz*, als. *Holtz* « bois ». ▸▸ Autre explication : d'une racine paléo-européenne AK, qui sert à nommer des lieux « hostiles, impénétrables » et aussi « sacrés », notamment des lisières de forêts importantes. Pourrait avoir fonctionné avec Achenheim et Eckbolsheim (VOIR CES NOMS). Pour plus de détails, VOIR HAEGEN. Phonétiquement, la forme *Hoh-* de *Hoholfesheim* 840 peut représenter AK, selon l'évolution [ak- > ag- > (h)ag- > (h)og-, (h)ogh-, (h)oh-] avec h initial adventice, fermeture [a: > o:] régulière au XIIIe siècle et affaiblissement de [g] intervocalique roman en [h] germanique, comme p.ex. dans latin tardif *vicare* > gallo-roman *vigare* > germ. *Wiher* (VOIR WEYERSHEIM).

1925, la fanfare municipale.

HOLTZWIHR (HR) [ɔltsvir], als. *Holtzwihr* ["hol'Dsvi:R] ; *Lilenselida* 728, *Lielisine quae vocatur Heloldowilare* 760, *Lielinszne que vocatur Heloldowilare* 761, *Hollalswilre* 810, *Holleswilre* 810. ▸ « le domaine sur le rivage de l'Ill ». *Lilenselida* s'interprète comme *(l)ilense lida*, forme gallo-romane correspondant au latin *Illense litus* « rivage de l'Ill » (adjectif *illensis,-e* formé sur *Illa* « Ill » et *litus* « rivage ») ; il faut tenir compte de la prothèse d'un [l] à l'initiale par contamination des autres [l] du mot. Cette forme est restée figée dans la langue des scribes, tandis qu'elle évoluait dans la langue du peuple : *Heloldowilare* représente **Ilolid-o-villare* qui (outre l'[h] adventice) s'analyse en *Ilolido* (= *Illa* « Ill » + *lido* < *litus* « rivage »), suivi du suffixe gallo-roman *-villare*. Puis contraction du groupe [helold-] en [hol(ə)l-] et attraction paronymique de l'all. *Holz*, als. *Holtz* « bois ».

Vers 1915

HOMBOURG (HR) [õbur], als. *Hoburg* ["ho:'BURk] ; *Hamberg* 1227, *Haschberg* 1303, *Hanberg, Honburg* XVe siècle. ▸ « le château de Hano ». D'un nom d'homme germanique *Hano* (sens de « coq » ?), suivi du suffixe *germ. -berg* ici « motte castrale », remplacé tardivement par *-burg* « château-fort », francisé en *-bourg*. ▸▸ Autre explication : d'un radical *ām-*, désignant une « légère éminence » (VOIR HEIMSBRUNN).

HORBEN (HR) [ɔrbən], als. *Horwe* ["horvə]. Annexe d'Oberbruck. ▸ « le confluent près du col ». Du radical *orb-/urb-*, formé sur la racine paléo-européenne AR-P désignant en général le « mouvement de l'eau en ce qu'il forme une arborescence » > « point de repère du réseau hydrographique (source d'un col, confluent) ». La localité se trouve en amont du confluent du Seebach (VOIR ERMENSBACH). Pas de rapport avec le moyen allemand *Horb* « immondice ».

HORBOURG (HR) [ɔrbur], als. *Horwerig* ["horvərik] ; *Horburc* 1125. ▸ « la fortification là où la rivière fait un arc ». Ce toponyme, selon la grande tradition, serait issu du nom d'*Argentovaria*, un castellum romain de Valentinien Ier, cité dans l'Itinéraire d'Antonin (IIIe siècle) entre Stabulis [Staffelfelden ?] et Helvetum [Ehl]. Le radical *argento-* signifie « là où la rivière forme un arc » comme dans *Argentorate*, ancien nom de Strasbourg (VOIR CE NOM) : il s'analyse comme un composé paléo-européen *Arg-ent(-o-)*, formé de la racine AR-K « mouvement de l'eau en s'écartant » et suffixe *-ant* désignant habituellement des rivières. Il n'y a sans doute pas de rapport avec le latin *argentum* « argent ». L'[h-] initial est adventice. Quant au suffixe *-varia*, il n'est pas gallo-roman, il faut le rattacher au germanique *warja* « protection » (d'où vieux haut all. *wari* > *were* > all. *Wehr* « fortification, rempart »). Par la suite remplacé par le plus courant *-burg* « château fort », francisé en *-bourg*. Mais la forme alsacienne *-werig* conserve un souvenir de *-warja*, peut-être sous l'influence de l'all. *Werk*, als. *Werrik*, avec le sens d'« ouvrage, construction ». (VOIR STEINBOURG).

1911

1905

HOUBE (LA) (Mo) [la u:b], als. *D'Hub* ["tʰU:p]. ▸ « la métairie ». Variante méridionale (francique) de l'all. standard *Hufe* « ferme, métairie » (vieux haut allemand *huoba*).

1938

HOUSSEN (HR) [usən], als. *Hüse* ["hy:sə] ; *Husen* 1278. ▸ « la maison ». Du vieux haut allemand *hūs* « maison » (> all. *Haus*, als. *Hüs*). ▸▸ Explications complémentaires sur le rôle des toponymes de type *Hausen* : VOIR CHAPITRE III.

HUGSTEIN

VOIR OCHSENSTEIN.

HUHNERSCHERR (BR) [ynərʃɛr], als. *Hiehnerscherr* ["hI:n°R'ʃɛR]. Annexe de *Wingen-sur-Moder*. ▸ « Gratte-poule ». Toponyme curieux, qui littéralement devrait se traduire : « ciseaux de poules » (allemand *Hühner* « poules » et *Schere* « ciseaux »). Plus logiquement, l'élément *-scherr* (ou *-schärr*, *-schaerr*) serait une mauvaise graphie du radical de *scharren* « gratter (la terre) », soit « là où les poules grattent ». En toponymie française, nombreuses sont les formations, surtout de lieux-dits, mettant en scène des animaux qui manifestent gestes ou cris : *Bramevaque*, *Chanteloup*, *Chantemerle*, *Chantepoule*, *Gratteloup* etc., et ici Huhnerscherr équivalent de **Grattepoule*. ▸▸ Autre explication : la forme *Hühner-* pourrait

Vers 1905

être une transposition phonétique du latin *undarum* « des eaux », comme dans Hunawihr, Dalhunden, Hundsruck etc. (VOIR CES NOMS). En ce cas, avec l'idée du verbe *scheren* « couper », on aboutirait au sens de « coupure des eaux ». Or, Huhnerscherr est situé à proximité de la ligne de partage des eaux entre le bassin de la Moder et celui de la Sarre, également frontière entre l'Alsace et la Lorraine et, à l'époque celtique, entre la tribu des Triboques et celle des Médiomatriques dont la Pierre des Douze Apôtres (borne ou menhir) était la matérialisation. Dans ce cas, Huhnerscherr serait une traduction d'*Equoranda*, toponyme gallo-roman très répandu signifiant « limite (gaulois *randa*) d'eau (lat. *aqua*) ». /AIGURANDE (INDRE), EYGURANDE (CORRÈZE), INGRANNES (LOIRET), YVRANDES (ORNE), ETC.

1944

HUNAWIHR (HR) [ynavir], als. *Hunnewihr* ['hUnə"vi:R] ; *Hunniville* 1114, *Unegvilre* 1123, *Hunnenwilr* 1291. ▸ « le domaine de sainte Hune ». D'après la légende, le nom de la localité rappelle celui de sainte Hune ou Hunna, fille d'un noble seigneur de la famille de sainte Odile appelé Hunno, qui aurait vécu au VIIe siècle. « C'était une pieuse femme, qui s'occupait des pauvres et ne dédaignait pas de laver leurs vêtements : le peuple l'appelait la sainte lavandière. Une fontaine aux eaux abondantes lui est dédiée. » Cette tradition montre un couple de personnages mythiques, père et fille, qui portent un nom similaire pour bien marquer que tous deux représentent, selon un phénomène de parédrie répandu dans les religions pré-chrétiennes, une seule et même divinité. Celle-ci manifeste à l'évidence un caractère aquatique, incarné topographiquement par la fontaine. C'est pourquoi, pour expliquer les noms Hunno/Hunna et Hunawihr, en l'absence de toute référence aux Huns (all. *Hunne*), ainsi qu'au gigantisme, fréquent dans les légendes (all. *Hüne* « géant »), le mot latin *unda* « eau (agitée), onde, flot », présenterait une étymologie acceptable, comme dans Dalhunden, Hundsruck, Huhnerscherr (VOIR CES NOMS). ▸▸ Autre explication : d'un étymon **Uniacum*, formé sur la racine paléo-européenne (W)UN « renflement, vallonnement », correspondant à la situation du village sur le piémont des Vosges. Le <h> est adventice. /UNIENVILLE (AUBE), OIGNY (CÔTE-D'OR), UNAC (ARIÈGE)

HUNDSBACH (HR) [undsbax], als. *Hundsbàch* ["hUn'DsBåx] ; *Ursbach* 823, *Uncebach* 1148, *Hunzebach* 1195. ▸ « le confluent ». D'un étymon *Urbacum*, suggéré par la forme de 823, composé du suffixe *–acum* passé à *–ach* puis *–bach* (VOIR CHAPITRE III), précédé du radical *urb-*, formé sur la racine paléo-européenne AR-P désignant le « mouvement de l'eau en ce qu'il forme une arborescence » > « point de repère du réseau hydrographique (source d'un col, confluent) ». Le village est situé au confluent du Thalbach et du Hundsbach, qui a par la suite donné son nom au village. De son côté, la forme Hundsbach, nom du ruisseau, s'explique par le latin *unda* « eau », renforcé tautologiquement par le suffixe germanique *–bach*. Le nom a subi l'attraction de l'all. *Hund* « chien » (« le ruisseau du chien »), VOIR HUNDSRUCK.

1901

Vers 1980

HUNDSRUCK (M) [undsryk] ; *Hundruggen* 1550. ▸ « le revers des eaux ». Nom d'un col entre Masevaux et Thann : mieux qu'un « dos de chien » (all. *Hund* « chien », *Rücken* « dos », als. *Rìcke*), on y verra l'idée de « revers » (terme rendant compte de *Rücken* et désignant un plateau peu incliné formant la partie arrière d'un talus) où coulent les eaux de part et d'autre. Dans ce cas, le radical *Hund-* représenterait le latin *unda* « eau, onde » (VOIR DALHUNDEN, HUHNERSCHERR). On trouve une Forêt du Revers-aux-Chiens entre Servance et Plancher-les-Mines (Haute-Saône), qui pourrait bien traduire un plus ancien Hundsrück. Le <h> est adventice.

Vers 1910

HUNINGUE (HR) [ynẽ:g], all. *Hüningen*, als. *Hinige* ["hi:niGə] ; *Huninga villa* 828. ▸ « le territoire de Huno ». D'un nom d'homme germanique *Huno* dont la signification était peut-être « ours » (mot *vieux-norrois*). Noter la métaphonie [u: > y:], puis la délabialisation en alsacien [y: > i:]. ▸▸ Autre explication : « là où il y a un renflement (du terrain) ». De la racine paléo-européenne (W)UN « renflement, vallonnement », suivi du suffixe *-ink*. Le <h> serait adventice. Localité située sur la terrasse alluviale du Rhin, en contrehaut de Bâle (racine BAS-/PAS- « abaissement, passage », cf. Bassemberg. VOIR AUSSI DOMFESSEL).

1910

HUNSPACH (BR) [unspax], als. *Hunschpàch* ["hUn'ʃBåx] ; *Hunespach* 1324. ▸ « l'endroit du vallonnement ». De la racine paléo-européenne (W)UN « renflement, vallonnement », suivi du suffixe all. *-bach* « ruisseau », issu probablement d'un plus ancien *-ach* représentant le gallo-roman *-acum* (étymon **Un(i)acum*, VOIR WUENHEIM). Le <h> est adventice. ▸▸ Autre explication : d'après la légende, le village aurait été fondé par un géant du nom de *Huno* (« géant » se dit *Hüne* en all.) /UNAC (ARIÈGE)

HURBACHE (Vo) [yrbaʃ] ; *Urbaciacum* 1141, *Hurbach* 1181. ▸ « près du confluent ». Du suffixe *-(i)acum*, précédé du radical *orb-/urb-*, formé sur la racine paléo-européenne AR-P désignant en général le «mouvement de l'eau en ce qu'il forme une arborescence» > «point de repère du réseau hydrographique (source d'un col, confluent)». Confluent de la Meurthe et de la Hure. Le <h> est adventice. ▸▸ Autre explication : du nom du ruisseau le *Hur* qui, à l'époque du bilinguisme, s'appelait en allemand *Hurbach*, à analyser comme *Hur-* suivi du suffixe *-bach* « ruisseau ». Peu probable, *-bach* étant presque systématiquement traduit par *-goutte* ou *-rupt* dans les toponymes vosgiens anciennement bilingues.

1918

1902

HURST (BR) [yrst], als. *Hurscht* ["hURʃt]. ‣ « le buisson ». De l'all. *Hurst*, als. *Hurscht* « buisson ». Annexe de La Vancelle. ‣‣ Il existe une variante *Horst*, de même sens, qui sous l'appellation technique de Horst de Mulhouse, sert à désigner le plateau central du Sundgau, de la rive droite de l'Ill à la plaine de la Hardt et au fossé rhénan.

1939

HURTIGHEIM (BR) [yrtikajm], als. *Hìrrige* ["hIriGə] ; *Hirtunghaim* 778. ‣ « l'habitat en zone de Hardt ». Du suffixe *-heim*, précédé du radical *Hirtung-*, lui-même formé de la racine paléo-européenne IR-T, variante de AR-T « mouvement en hauteur par rapport à l'eau » (ici zone élevée et sèche entre les anciens marécages de la Musau et le cours de la Souffel) et du suffixe *-ung* variante de *-ink* (VOIR HIRTZFELDEN POUR LE RADICAL, HIRSINGUE POUR LE SUFFIXE). Une étymologie fondée sur l'alsacien *hurtig* « vif, rapide » est impossible phonétiquement.

HUSENBOURG

VOIR OCHSENSTEIN.

1916

HUSSEREN-LES-CHÂTEAUX (HR) [ysərən], all. *Häusern*, als. *Hisere* ["hi:sərə]. ‣ «aux maisons». De l'allemand *Haus*, als. *Hüs* «maison», à la forme du datif-locatif pluriel. Pour plus de détails sur les caractéristiques du type d'habitat dénommé Haus, VOIR CHAPITRE III.

HUSSEREN-WESSERLING (HR)
COMME HUSSEREN-LES-CHÂTEAUX.

Vers 1910

1902

HUTTENDORF (BR) [ytəndɔrf], als. *Hìttedorf* ["hIDə'DoRf]. ‣ « le village sur la butte ». Du suffixe germanique *-dorf*, précédé de la racine paléo-européenne (W)UT qui signifie entre autres « objet présentant un bord plat (butte, plateau, puits…) ». L'[h-] initial est adventice. ⏩ Autre explication : du vieux haut allemand *huttia*, all. *Hütte* « hutte, abri en montagne » (> français *hutte* et alsacien *Hitt*).

1905

HUTTENHEIM (BR) [ytənajm], als. *Hìttene* ["hIDənə] ; *Hudinhaim* 770. ‣ « l'habitat sur la levée plate ». Du suffixe -heim précédé d'une racine paléo-européenne (W)UT qui signifie « objet présentant un bord plat (butte, plateau, puits…) ». La localité est située au bord de l'Ill, en contrehaut du ried. L'[h-] initial est adventice. (VOIR UTTENHEIM). ⏩ Autre explication : du vieux haut allemand *huttia*, all. *Hütte* « hutte, abri en montagne » (> français *hutte* et alsacien *Hitt*).

HUTTINGUE (HR) [ytẽ:g], als. *Hìttìnge* ["hI'DIŋə]. ‣ « là où il y a une butte ». Du suffixe *-ingen* précédé d'une racine paléo-européenne (W)UT qui signifie « objet présentant un bord plat (butte, plateau, puits…) ». L'[h-] initial est adventice. ⏩ Autre explication : du vieux haut allemand *huttia*, all. *Hütte* « hutte, abri en montagne » (> français *hutte* et alsacien *Hitt*).

1900

ICHTRATZHEIM (BR) [iʃtratsajm], als. *Ìchtertze* ["'IʃD°RDsə] ; *Uchtratisheim* 1140. ‣ « l'habitat de l'arpent ». Du suffixe *-heim* précédé de l'ancien alsacien *uchtert*, qui est une des formes prises par le moyen allemand *juchert* « arpent » (mod. *Juchart*), lui-même issu du latin *iugerum*. Il s'agit d'une mesure agraire empruntée au latin par les Germains, équivalant à la surface que peuvent labourer en un jour deux bœufs sous leur joug (*iugum* en latin). En Alsace, la forme la plus courante aujourd'hui est *Juchert*, mais on trouvait aussi *Ichert*, *Uchtert*, *Jirte*, *Jurte*, *Iert* et *Jich*.

Vers 1925

ÎLE-NAPOLÉON (HR), toponyme de langue française ; als. *Napi-Ìnsel* ["naBi"Ins°l]. ▸ « l'Île-Napoléon ». D'après *Napi*, forme familière sous laquelle les Haut-Rhinois désignent amicalement l'empereur Napoléon Ier, et als. *Ìnsel* « île ». ▸▸ Explication : Bonaparte, encore Premier consul, avait signé en 1804 l'autorisation de percement du canal du Rhône au Rhin, qui fut pour cette raison appelé pendant un certain temps canal Napoléon. Or, la construction, de 1824 à 1838, d'un canal secondaire amenant l'eau du Rhin depuis Huningue laissa, au centre du bassin de jonction entre les deux bras d'eau, une petite île d'abord appelée Ile-Monsieur (de *Monsieur*, frère du roi) ou Rondelle (< all. *Rundell* « rond-point, rotonde »), puis, à partir du

1987, village de Huttenheim.

Second Empire, Ile-Napoléon. Elle fut détruite lors de travaux d'agrandissement vers 1960.

ILL (R) [il], als. *Ìll* ["'Il] ; *Illam* 770, *Illa* 777, *Ille* 814, *Illa* 845, *Alsa* Xe siècle, *Illam* XIIe siècle, *Alle* 1259, *Alsa* 1262-89, 1349. ▸ « l'eau qui coule ». Du paléo-européen IL, variant de AR, AL, AN « mouvement de l'eau ». (VOIR CHAPITRE IV).

1914-1918

ILLFURTH (HR) [ilfyrt], rarement [-furt], als. *Ìllfert* ["'Ilf°Rt] ; *Illefurt* 1254. ▸ « le gué sur l'Ill ». Du nom de la rivière *Ill* suivi de l'allemand *Furt* « gué ».

1913

ILLHAEUSERN (HR) [ilœjzərn], als. *Ìllhisere* ["'Il'hi:sərə] ; *Häusern*, *Illhäusern* XVIe siècle. ▸ « aux maisons sur l'Ill ». De l'allemand *Haus*, als. *Hüs* « maison », à la forme du datif-locatif pluriel *Häusern*, als. *Hisere*, précédé du nom de la rivière Ill. Pour plus de détails sur les caractéristiques du type d'habitat dénommé *Haus*, VOIR CHAPITRE III.

1911, un commerçant ambulant et un livreur de lait devant le restaurant A l'Agneau.

ILLKIRCH (BR) [ilkirʃ], als. *Ìllkìrich* ["'Il'kʰIriʃ] ; *Illa Betabure* 803, *Illekirche* 845. ▸ « l'église de l'Ill ». Du nom de la rivière *Ill* suivi de l'allemand *Kirche* « église ». Pour plus de détails sur les caractéristiques du type d'habitat dénommé *Kirch*, notamment l'idée d'« abri », VOIR CHAPITRE III. Sur les toponymes *Betbur*, VOIR CHAPITRE II.

1919

ILLZACH (HR) [ilzak], rarement [-zax], als. *Ìllzi* ["'IlDsi] ; *Hilciaco* 835, *Ilzicha* 1040. ▸ « là où passe l'Ill ». Etymon **Illiciacum*, formé du nom de *l'Ill* (VOIR ILL), suivi d'un double suffixe *-ic-* et *-iacum*.

1910

IMBSHEIM (BR) [imbsajm], als. *Ìmse* ["'Imsə] ; *Ummenesheim* 1178. ▸ « l'habitat sur une dénivellation ». Du suffixe germanique *-heim*, précédé probablement d'un étymon **Umbiniacum* (selon la forme, tardive, de 1178), formé du radical *umb-*, lui-même tiré de la racine paléo-européenne UP marquant un « obstacle du terrain, en bosse ou en creux » (VOIR HIPSHEIM) et suivi du double suffixe *-in-* et *-iacum*. Le village est à la fois situé sur une élévation (la montée vers le Bastberg, la « bosse ») et au bord d'une combe (le « creux »). Noter la métaphonie [u > y] devant [i] subséquent, ainsi que la délabialisation ultérieure [y > I], qui fait entrer le nom dans l'attraction paronymique de l'all. *Imbiss*, als. *Ìmmes* « collation, casse-croûte ».

INGENHEIM (BR) [iŋənajm], als. *Ìngne* ["'Iŋnə] ; *Inginhaim* 739. ▸ « la demeure de Ingo ». Du nom d'homme germanique *Ingo*, représentant un nom de peuple, les *Angles* (cp. *Angleterre*, *England*), suivi du suffixe *-heim*. ▸▸ Autre explication : « l'habitat dans l'angle ». Du latin *angulus* « angle », c'est-à-dire « bout, coin, lieu à l'écart ou resserré ».

1913

1913, vendeur de lait ambulant.

INGERSHEIM (HR) [iŋərsajm], als. *Ìngersche* ["'Iŋ°Rʃə] ; *Aunghishaim* 772, *Ongirnhaim* 794, *Ongersheim* 823, *Hungersheim* 1114, puis *Œngersheim* jusqu'au XVIe siècle. ▸ « l'habitat où il y a un passage étroit, un défilé ». Référence au défilé que forme la colline sur la rive gauche de la Fecht. Du suffixe *-heim*, précédé d'un étymon gallo-roman *Angustiacum*, formé sur le latin *angustia* « défilé », dérivé *d'angustus* « étroit, resserré », suivi du suffixe *-iacum*. Noter la métaphonie, d'abord sous l'influence de [u] puis de [i] : [ang- > aung- > ong- > Ung- > Yng- > Ing-], ainsi que le traitement du groupe gallo-roman [stj] > [js] > in fine [r]. Cp. le mot français *angoisse* < *angustia*. (VOIR AUSSI UNGERSHEIM).

Vers 1910

INGOLSHEIM (BR) [iŋgɔlsajm], als. *Ingelse* ["ʻiŋ°lsə] ; *Ingoldshahe* VIIe siècle, *Ingoldesaha* IXe siècle, *Ingelzahn, Ingoldsau.* ▸ « la demeure d'Ingold ». Du nom d'homme germanique *Ingold*, issu d'un plus ancien *Ingowald* « qui gouverne les Inges [nom de peuple] » (de *Ingo* « Inge, Angle » et *waldan* « gouverner »). Le suffixe *-heim* n'est pas originel (VOIR CHAPITRE III). ▸▸ Autre explication : le suffixe primitif *-aha* fait penser à une origine gallo-romane *-iacum*, en l'occurrence un étymon **Anguliacum* « là où il y a un angle », du latin *angulus* « angle », c'est-à-dire « bout, coin, lieu à l'écart ou resserré ».

INGWILLER (BR) [iŋvilɛr], als. *Ìngwiller* ["ʻIŋ'vil°R] ; *Ingoniwillare* 742, *Ingevilre* 1178. ▸

Vers 1910

« le domaine de Ingo ». Du nom d'homme germanique *Ingo*, représentant un nom de peuple, les *Angles* (cp. *Angleterre*, *England*), suivi du suffixe *villare*. ⏩ Autre explication : « le domaine dans l'angle ». Du latin *angulus* « angle », ici dans le coude de la Moder et du Mittelbach. L'idée est celle de « resserrement ».

Vers 1930

INNENHEIM (BR) [inənajm], als. *Ìnnle* ["'Inlə] ; *Unnenheim* 730. ▸ « l'habitat situé sur l'Ehn ». VOIR EHN.

Vers 1905

IRMSTETT (BR) [irmʃtɛt], als. *Ìrmstett* ["'Irm'ʃDɛt] ; *Irpstette* 1321. ▸ « la clairière du confluent ». Du radical *irp-/irm-*, variante de AR-P/AR-M, racine paléo-européenne ayant pour signification « mouvement de l'eau en ce qu'il forme une arborescence » > « point de repère du réseau hydrographique (source d'un col, confluent) ». Le village est situé sur la Mossig à peu de distance en amont de son confluent avec la Bruche, et constitue le pendant d'Hermolsheim (VOIR CE NOM). Le suffixe fermanique *-stett* traduit le gaulois *ialos* « clairière» (VOIR CHAPITRE III). ⏩ Autre explication : d'un nom d'homme germanique *Ermo* (ou de femme *Irma*).

1902

ISCH (R) [iʃ], als. *Ìsch* ["'Iʃ]. Affluent de droite de la Sarre. Du gaulois *isca* « eau », qui doit être analysé comme *is-(a)ca* (VOIR BRUCHE, LAUCH ETC.), formé d'une racine paléo-européenne IS « dépassement » > « source » et du suffixe *-ac-a*.

ISCHERT (R) [iʃɛrt], als. *Ìschert* ["'Iʃ°Rt]. Ruisseau bordier du Rhin. Du gallo-roman *iscarus*, dérivé du gaulois *isca* « eau, source ». C'est un « Brunnwasser » (VOIR ALSACE, HERBSHEIM).

1914

1903

ISSENHAUSEN (BR) [isənawzən], als. *Issehüse* [ˈ'isəˈhy:sə] ; *Isanhusan* IXe siècle. ▸ « la maison de la source ». Du suffixe *-hausen* précédé de la racine paléo-européenne IS « dépassement » > « source ». Homonymie de l'alsacien *Iss* « glace » et *Isse* « fer » (all. resp. *Eis, Eisen*).

ISSENHEIM (HR) [isənajm], als. *Isene* [ˈ'i:sənə] ; *Ysenheim* 1135. ▸ « l'habitat de la sortie [de l'eau] ». Du suffixe *-heim* précédé de la racine paléo-européenne IS « dépassement, issue ». ▸▸ Explication complémentaire : comme pour Ostheim (VOIR CE NOM), il semble qu'on ne puisse expliquer Issenheim qu'à travers une légende, ou plutôt deux : 1) « Un jour, une vache qui broutait sur les rives du Lac du Ballon glissa dans l'eau et tomba au fond du lac. Poursuivant un parcours souterrain, elle reparut miraculeusement au village d'Issenheim. » 2) « Une petite chapelle au-dessus de Schweighouse est dédiée à saint Gangolphe, officier bourguignon sous Pépin le Bref. Son histoire raconte que sa femme le trompait abominablement. Un jour, saint Gangolphe demanda à sa femme de prouver son innocence en plongeant sa main dans l'eau d'une fontaine. Horreur ! la main ressortit toute noire et boursouflée. Ce que voyant, saint Gangolphe cousit sa femme dans une peau de vache et la bascula dans la Lauch. Sa dépouille fut repêchée à Issenheim. » D'après les peintures figurant dans la chapelle du pèlerinage de Saint-Gangolf (commune de Lautenbach), c'est au contraire le saint lui-même qui fut assassiné par l'amant de sa femme, en 760. Ainsi Issenheim s'avère le lieu d'émersion de la vache. Les Anciens croyaient qu'après avoir été « tué » par la nuit à l'ouest, le soleil poursuivait son parcours sous terre, dans le séjour des morts (cp. le dieu égyptien Osiris), pendant que sur terre régnaient les ténèbres, et reparaissait (ressuscitait ?) le matin, après s'être « baigné » dans l'eau lustrale (VOIR MUHLBACH ET MURBACH). Chez les Egyptiens, la vache Hathor était l'image animale de la déesse Isis, soeur et femme d'Osiris, « soleil féminin » identifiée plus tard à la Lune : certains ont pensé, à tort (c'est sûr), qu'il fallait retrouver le nom d'Isis dans celui d'Issenheim. Certes les

1906

cultes orientaux sont parvenus en Alsace, apportés par les mercenaires de l'armée romaine, mais il ne s'agit ici que d'une coïncidence homonymique : peut-être sont-ce les noms mêmes d'Osiris et Isis qui sont fondés sur la racine IS- « dépassement (de l'astre au-dessus des flots) ». VOIR AUSSI CHAPITRE II.

1906

ITTENHEIM (BR) [itənajm], als. *Ittne* ["ʻiDnə] ; *Utilinhaim* 820. ▸ « l'habitat sur la butte plate ou plateau ». Du suffixe *-heim* précédé de la racine paléo-européenne (W)UT qui indique un « objet présentant un bord plat (butte, plateau, puits...) ». L'étymologie par un nom de personne *Itto* est erronée.

1902

ITTERSWILLER (BR) [itərsvilɛr], als. *Itterschwiller* ["ʻiD°R'ʃvil°R] ; *Utiswilre* 1179, *Uttriswilla* 1330, *Yetterswillre* 1464. ▸ « le domaine sur la butte ». Du suffixe *-villa* précédé de la racine paléo-européenne (W)UT qui indique un « objet présentant un bord plat (butte, plateau, puits...) ».

1903

ITTLENHEIM (BR) [itlənajm], als. *Ittle* ["ʻiDlə] ; *Utilenchaim* 742. ▸ « l'habitat sur la butte ». Du suffixe *-heim* précédé de la racine paléo-européenne (W)UT qui indique un « objet présentant un bord plat (butte, plateau, puits...) ».

JEBSHEIM (HR) [jepsajm], als. *Iebse* ["ʻiəBsə] ; *Jebinesheim* 896, *Ibenheim*, *Ibesheim* 1219, Ubishen 1373 ▸ « l'habitat sur une dénivellation ». Du suffixe germanique *-heim*, précédé probablement d'un étymon **Ibiniacum*, formé du radical *ib-*, lui-même tiré de la racine paléo-européenne IP marquant un « obstacle du terrain, en bosse ou en creux » (VOIR HIPSHEIM) et suivi du double suffixe *-in-* et *-iacum*. /IBIGNY (MOSELLE).

1909

JETTERSWILLER (BR) [jetərsvilɛr], als. *Jetterschwiller* ["jeD°R'ʃvil°R]; *Uderswyler* 1121. ‣ « le domaine de la butte ». Du suffixe *-villa* précédé de la racine paléo-européenne (W)UT qui indique un « objet présentant un bord plat (butte, plateau, puits…) ».

1901

1913

JETTINGEN (HR) [jetiŋən], als. *Jettìge* ["jeDIGə] ; *Uttingen* 1146, *Hütingen* 1152. ▸ « là où il y a une butte, un plateau ». Du suffixe *-ink-* précédé de la racine paléo-européenne (W)UT qui indique un « objet présentant un bord plat (butte, plateau, puits…) ».

JUNGHOLTZ (HR) [juŋɔlts], als. *Jungholtz* ["jU'ŋolDs] ; *Juncholz* 1249. ▸ « le taillis ». De l'all. *Jungholz* « taillis », littéralement « jeune bois » (resp. *jung* et *Holz*). L'église du Prieuré de Thierenbach, fondé en 1130 et disparu à la Révolution, fut donnée à la paroisse de Jungholtz, nouvellement créée, pour servir d'église paroissiale.

1915

1912

KAIDENBOURG (BR) [kajdənbur], als. *Kadeburich* ["kʰa:Də'BUriç]. ‣ « la forteresse du bois ». Hypothèse livrée en l'absence de forme ancienne : d'un étymon celtique **Caetobriga*, du suffixe *-briga* « forteresse », traduit en all. *-burg* id., francisé en *-bourg*, et du terme gaulois *caeton, ceton* « bois ».

1909

KAISERSTUHL (M) [kajzərʃtu:l], petit massif d'origine volcanique sur la rive droite du Rhin (Pays de Bade), en face de Colmar. Le nom signifie « siège de l'empereur » (all. *Kaiser* « empereur » et *Stuhl* « siège »). Il y a là une mythification de la figure de l'empereur (César, Charlemagne ou Frédéric Barberousse), qui remplace dans l'esprit du peuple d'anciennes divinités païennes, peut-être ici Mithra, dont les ruines d'un temple du IIe siècle sont visibles au pied du Michaelsberg de Riegel (VOIR MONT SAINT-MICHEL). Seuls l'empereur, le roi, la sorcière et le crapaud ont leur *Stuhl*. La fleur de lys, symbole de la royauté française, est la représentation stylisée d'un crapaud, qui figurait dans les armes de Clovis (Stöber).

1902

KALTENHOUSE (BR) [kaltənuz], als. *Kàltehüse* ['kʰålDə"hy:sə]. ‣ « la maison froide ». De l'allemand *kalt* « froid » et *Haus* « maison ». ‣‣ Autre explication : ‣ « la maison de l'abri ». D'un radical **kalt-*, issu de la racine pré-indo-européenne KL-T, avec le sens de « fermer, abri » (cp. gaulois *cleto-* > fr. *claie*).

1901

KAPPELEN (HR) [kapələn], als. *Chàppele* ["xåBələ] ; *Chapellon* 1144, *Chapilla* 1289, *Kappel* 1303. ▸ « la chapelle ». Du latin médiéval *cappella* « chapelle ». Le village tire son nom de la chapelle St-Wolfgang, située au sommet du Kappeliberg, colline entre Kappelen et Stetten. Mais *Kappeli* est aussi en alsacien un « capuchon », une « casquette », c'est-à-dire « quelque chose de posé par-dessus », un « sommet » (cp. *Kopf* « tête » > *Kopf* « sommet »).

KASTELBERG [kastɛlbɛrk] ou [-bɛrg], nom de plusieurs lieux dits. Les étymologies peuvent être différentes selon les cas : 1) au -dessus de Romanswiller : ancienne enceinte préhistorique. De la racine paléo-européenne KAS-T

Vers 1960

« lieu retranché ou difficile d'accès » ; 2) au-dessus d'Andlau, ancien château fort. Du roman *castel* « château », tiré du latin *castellum* ; 3) sommet des hautes Vosges, près du Hohneck. De la racine paléo-européenne KAS-T « lieu retranché ou difficile d'accès » ; 4) ancien castellum romain au-dessus de Koestlach (VOIR CE NOM). Du latin *castellum* « fortin, lieu fortifié » en lien avec le paléo-européen KAS-T.

1905

KATZENTHAL (HR) [katsənta:l], als. *Kàtzetàl* ["kʰåDsə'Då:l] ; *Chazinthalo* 1184. ▸ « le talus creusé ». Le site originel est constitué par la colline conique, probablement ancien tumulus, où s'élève la ruine du château de Wineck (VOIR CE NOM) ; il présente un peu la même configuration que celui de Kaysersberg. De la racine paléo-européenne KAS « issue, passage, dans un environnement fermé ou dur », d'où l'idée de « creuser », suivie du suffixe germ. *-thal* « vallée », ou peut-être plutôt gaulois *talos* « talus ». Attraction paronymique de l'all. *Katze* « chat ».

KAUFFENHEIM (BR) [kawfənajm], als. *Kàfem* ["kʰå:fəm] ; *Cohchinheim* 884, *Kauchenheim* encore au XVIIe siècle, *Kauffenheim* depuis la Révolution. ▸ « l'habitat sur l'éminence ». Du suffixe -heim précédé de la racine paléo-européenne KUK, avec l'idée de « hauteur », particulièrement « faible, étroite, instable », en l'occurrence émergeant du ried de l'Eberbach et de la Sauer. Un étymon gallo-roman de type **Cucone* aurait évolué en *Cogon-*, adapté en germanique comme *kogh-* (voir forme de 884), puis *kow-* sur lequel a joué l'attraction paronymique de *Kauf* « achat ».

1904

1911

KAYSERSBERG (HR) [kajzərsbɛrk] mieux que [-bɛrg], als. *Kayserschbarig* ["kʰajs°R'ʃBarik] ; *Kaisersperg* 1226, *Kesersperch* 1236, *Kassersbergh* 1248, *Kesyrsperch* 1260. ▸ « le mont de l'empereur ». De l'allemand *Berg* « montagne, mont », employé comme suffixe, précédé de *Kaiser* « empereur », terme tiré du latin *Caesar* « César » d'où « empereur ». La tradition rapporte que le château de Kaysersberg fut bâti sous le règne de Frédéric II, empereur de 1220 à 1250. D'après une légende plus précise, il y avait eu là un camp romain appelé *Caesaris castrum* « camp de César» et c'est ce nom, traduit en germanique, qui aurait donné Kaysersberg. ⏩ Autre explication : Kaysersberg n'est pas sur une montagne, mais à l'entrée de la vallée de la Weiss, dans un site plutôt encaissé. *-berg* pourrait venir du celtique *-briga* « place-forte », équivalent du latin *castrum*, et le radical pourrait être KAS, racine paléo-européenne désignant « un passage, creusement dans un environnement fermé ou dur ». ⏩ La Révolution française fit du « mont de l'empereur » un éphémère Montlibre.

1902

KEFFENDORF (BR) [kɛfəndɔrf], als. *Keffedorf* ["k^{h}ɛfə'DoRf]. ▸ « le village situé sur un amoncellement ». Du suffixe *-dorf* (VOIR CHAPITRE III) précédé d'un thème oronymique gallo-roman *cebenna* (à l'origine du nom des Cévennes) représentant la base paléo-européenne KP, dont le sens est à la fois « mettre au-dessus » et « prendre en dedans ». Le village est situé sur une éminence. (VOIR GUEVENATTEN.)

Vers 1935

KEFFENACH (BR) [kɛfənax], als. *Keffenàch* ["k^{h}efə'nåx]. ▸ « le lieu sur un amoncellement ». Proposition : d'un étymon gallo-roman *Cebennacum*, formé du suffixe locatif *-acum* précédé de *cebenna*, thème oronymique (à l'origine du nom des Cévennes) représentant la base paléo-européenne KP, dont le sens est à la fois « mettre au-dessus » et « prendre en dedans ». Le village est situé sur un coteau. (VOIR GUEVENATTEN.) /CHAVAGNY (SUISSE).

1910

KEHL (Allemagne) [ke:l], als. all. *Kehl* ["k^{h}e:l] ; *Keln*. ▸ « la colonie ». Il s'agit sans doute d'un homonyme de Köln, ville d'Allemagne, en français Cologne. L'origine est le latin *Colonia*

« colonie (terre, ferme d'un colon), d'origine gallo-romaine et non médiévale ». Adaptation en germanique **Kolni* > *Köln(e)* [métaphonie] > *Keln* [délabialisation alsacienne] > *Ke(h)l*.

Vers 1935, le Grand canal d'Alsace près de l'écluse de Kembs.

KEMBS (HR) [kɛmbs], als. *Chems* ["xɛms] ; *Cambete* IIIe siècle (Itinéraire d'Antonin), *Campiduna super fluvium Rhino sive Chambeti* 757, *Chembiz* 877, *Chembez* 1016, *Kemz* 1108. ▸ « le méandre ». L'étymon est **Cambetium*, du gaulois *cambo* « courbure (concave) », ici « méandre », suivi du suffixe *-ētium*, variante de *-ētum*. La forme *Campiduna* est une glose d'un scribe érudit (*campus* « plaine, champ, camp », *dunum* = celtique dunon « place-forte »). **Cambetium* est le seul étymon susceptible d'expliquer à la fois la métaphonie germanique [a > e] devant [i], et la palatalisation de [t] qui aboutit à l'affriquée correspondante [ts] : *Cambētium* > roman *Cambitsjo* > germanique *Kembits* > *Kembts* > *Kembs*. Sur l'autre rive du Rhin se trouve le village homonyme, à une lettre près, de Klein-Kems.

KERTZFELD (BR) [kɛrtsfɛlt] mieux que [-fɛld], als. *Kertzfald* ["kʰɛr'Dsfalt] ; *Kerzevelt* 991. ▸ « le champ (ou le camp) avancé, ou de tête ». D'un étymon gaulois **Gartomagos*, formé de *garta* « tête, avancée » suivi du suffixe *-magos* « champ » ou « camp », traduit par germ. *-feld* même sens. **Gart(e)sfeld* subit l'attraction paronymique du vieux haut allemand *charza*, devenu *kerza* « bougie » (all. *Kerze*), d'où le sens apparent de « champ de la bougie ». Kertzfeld, sur la route celtique Ettenheim-Andlau, fonctionnait comme place forte (gauloise ou gallo-romaine) avec Benfeld et Rossfeld (VOIR CES NOMS).

1911

KESKASTEL (BR) [kɛskastəl], als. *Kàschel* ["kʰåʃᵊl]. ‣ « le camp de César ». La tradition donne pour étymon un *Caesaris castellum*, du latin *castellum* « petit camp militaire » (à l'époque romaine) précédé du nom *Caesar* « César » ou « empereur » (VOIR KAYSERSBERG ET KASTELBERG). ‣‣ Autres explications : 1) d'un étymon supposé **Calcicastellum*, d'après celui de Cascastel (Aude), formé sur la racine paléo-européenne KAL-K « abri de pierre », précurseur du *castellum* ; 2) d'une racine paléo-européenne KAS « issue, passage, creusement dans un environnement fermé ou dur ». Référence à la progression difficile de la Sarre à travers les terrains sédimentaires ; 3) d'un nom d'homme germanique *Chazo*.

Vers 1930

Vers 1910

KESSELDORF (BR) [kɛsəldɔrf], als. *Kesseldorf* ["k^{h}ɛs°l'DoRf]. ▸ « le village du creusement ». Du suffixe *-dorf* (VOIR CHAPITRE III) précédé de la racine paléo-européenne KAS « issue, passage dans un environnement fermé ou dur ». Référence à la progression difficile et au creusement opéré par la Sauer : le village est perché sur une terrasse formée par les alluvions déposées sur le bord extérieur d'un méandre. Attraction paronymique de l'all. *Kessel* « chaudron ».

1910

KIENHEIM (BR) [ki(:)najm], als. *Kiene* ["khIənə] ; *Kuenheim* XVIIe siècle. ▸ « l'habitat sur la hauteur en pointe ». Du suffixe germanique *-heim*, qui s'est ajouté à un mot gaulois *cuno* « élevé » ou « colline », ou à un mot latin *cōnus* (grec *kônos*) « cône, pointe d'un casque », les deux relevant de la racine paléo-européenne KUN « occlusion en forme de pointe ». Attraction paronymique de l'allemand *Kien* « bois de pin, conifère ».

1917

KIENTZHEIM (HR) [ki(:)ntsajm], als. *Kientze* ["k^{h}iənDsə] ; *Coneshaim* 785, *Coensheim* 1260, *Künsheim* 1407. ▸ « l'habitat sur la hauteur en pointe ». Du suffixe germanique *-heim*, qui s'est ajouté à un mot gaulois *cuno* « élevé » ou « colline », ou à un mot latin *cōnus* « cône, pointe d'un casque », les deux relevant de la racine paléo-européenne KUN « occlusion en forme de pointe ».

Vers 1950

KIENTZVILLE (BR) [kintsvil], toponyme de langue française, annexe de Scherwiller. ▸ « la ville de M. Kientz ». La localité, à l'origine, est une cité ouvrière créée entre 1946 et 1948 par un patron de l'industrie textile, M. Kientz. La dénomination s'inspire peut-être du modèle de Decazeville, cité minière de l'Aveyron fondée sous le patronnage du chef du gouvernement, le duc Decazes, en 1827. Il ne faut donc pas confondre le suffixe *-ville*, de langue française, avec *-willer* germanique et sa francisation *-villé*. ▸▸ Explications complémentaires : comparer avec Bourtzwiller (VOIR CE NOM), qui date du XVIIIe siècle, et Sandozwiller, usine textile fondée par Henri de Sandoz au milieu du XIXe siècle à côté de Cernay.

Vers 1935

KIFFIS (HR) [kifis], als. *Chìfis* ["xI:'fIs] ; *Cvuis* 1207 [à lire *Cuvis*] ; *Kiifis* 1393. ▸ « la cuvette ». Peut-être du latin *cupa* « cuve » d'où « cuvette » (sens géographique), ce qui correspond au site du village (cluse), ou d'une racine paléo-européenne KUW même sens, avec adaptation en germanique sous la forme *Kuf-*. La finale *-is* provient vraisembablement du suffixe gallo-roman *-iacum* (comme dans Fislis, VOIR CE NOM) et explique la métaphonie [u > i] devant [i] subséquent : on pourrait reconstituer un étymon **kuwiacum* > **Küfig* > *Kif(f)is* (comparer *Appiacum* > *Epfig*). Les habitants portent le sobriquet, en forme de calembour, de *Chiefiess* ["xiə'fiəs] = « pieds de vaches ». Pas de rapport avec als. *Kiefitz* « vanneau ».

1922

KILSTETT (BR) [kilʃtεt], als. *Kilstett* ["k^{h}il'ʃDεt] ; *Gwillestet* 723, *Chillistat* 844. ▸ « la clairière de l'abri ». D'un radical *kil-* ou *gil-* (ou peut-être *kil-t-*, cf. Gildwiller), issu de la racine paléo-européenne KL, avec le sens de « fermer, abri » (cp. gaulois *cleto-* > fr. *claie*), et suivi du suffixe celtique *-ialos* « clairière », traduit en germanique par *-stett*. ▸▸ Pas de rapport apparent avec l'all. *Kiel* « tuyau de plume, quille de bateau ».

KINDWILLER (BR) [kindvilεr], als. *Kìndwiller* ["k^{h}Int'vil°R] ; *Kintwilre* 1317. ▸ « le domaine de l'abri ». En l'absence de forme ancienne éclairante, du suffixe *-villare* précédé d'un

1905

radical **kint-*, issu de la racine paléo-européenne KN-T, avec le sens de « fermer, abri ». Attraction paronymique de l'allemand *Kind* « enfant ». ⏩ Autre explication : d'un nom d'homme germanique *Chindo*, non attesté.

KINGERSHEIM (HR) [kiŋərsajm], als. *Kìngersche* ["kʰIŋ°Rʃə] ; *Kekingsem* 1195, *Cungerisheim* XIIIe siècle. ▸ « l'habitat de l'abri ». Il semble y avoir concurrence entre deux étymons, *Keking-* et *Cunger-*. Le premier des deux ne peut être phonétiquement à l'origine de la forme actuelle ; il s'agit sans doute d'une cacographie, avec métathèse : K-K-NG pour K-NG-K. *Cungerisheim* représente en effet un étymon **Cuncariacum*, formé d'un radical

Vers 1910

**kunk-* désignant un « endroit fermé, abrité » (cp. français *conque*), issu de la base paléo-européenne KN-K, suivi des suffixes *-ar-iacum* et, à l'époque germanique, *-heim*. Noter la métaphonie par [i]. /CONQUEYRAC (GARD).

Vers 1900

KINTZHEIM (BR) [kintsajm], als. *Kìntze* ["k^{h}InDsə] ; *Quningirhaim* 774, *Chuniggesheim* 881. ▸ « l'habitat sur la hauteur en pointe ». Du suffixe germanique *-heim*, qui s'est ajouté à un mot gaulois *cuno* « élevé » ou « colline », ou à un mot latin *cōnus* « cône, pointe d'un casque », les deux relevant de la racine paléo-européenne KUN « occlusion en forme de pointe » (étymon gallo-roman **Cuniacum*). ⏩ Autre explication : du vieux haut allemand *Kuning* « roi » (mod. *König*, als. *Keni*). VOIR AUSSI KOENIGSBOURG (HAUT-). /COGNAC (CHARENTE).

KINZIG (R) [kintsik] et non [kindzig], affluent droit du Rhin, en Pays de Bade. D'un radical *kint-/kunt-* marquant l'idée d'un « lit bien contenu entre ses rives» (racine paléo-européenne KN « fermer »), suivi du suffixe *-iacum*, qui affecte aussi les noms de rivières (cf. Birsig, Kirneck, Mossig).

1905

Vers 1910

KIRCHBERG (HR) [kirʃbɛrk] mieux que [-bɛrg], als. *Kìrechbarg* ["K^{h}Irəx'BaRk] ; *Kilchberg* 1482. ▸ « le mont de l'église ». De l'allemand *Kirche* « église » suivi de *Berg* « montagne ». Cette description correspond au site, puisque l'église du village (qui a succédé à un antique sanctuaire d'Apollon) est juchée sur une moraine. ⏩ Autre explication : du pré-celtique *gergo* « hauteur », repris comme tautologie par le germanique *Berg*. (VOIR AUSSI NIEDERBRUCK, WEGSCHEID.)

Vers 1930

KIRCHHEIM (BR) [kirʃajm], als. *Kìriche* ["kʰIriʃə]; *Chilcheim* 674, *Troning* 723, *Chirichheim* VIIIe siècle, *Tronia seu Kiliheim* 817, *Kiricheim* IXe siècle, *Tronia* XIIe siècle, *Kirchheim* XIVe siècle, *apud Troviam quasi Trojam novam, nunc Kirchheim dictam* XVe siècle (*Wimpheling*). ‣ « la demeure de l'église ». De l'all. *Kirche* « église » suivi du suffixe *-heim.* ⏩ Le village fut une résidence des rois mérovingiens au VIIe siècle. D'après la chronique, le roi Dagobert – Ier ou II ? L'histoire les confond souvent – aurait bâti là une forteresse appelée *Troja Nova*, la « nouvelle Troie », afin d'accréditer auprès de ses sujets gallo-romains que le peuple des Francs et lui-même descendaient des antiques et glorieux Troyens. Les Romains avaient dit de même en leur temps... Cela permet de comprendre le mélange des formes anciennes, les représentants du type 'Kirchheim' d'un côté, *Troning*, *Tronia* et *Troviam* de l'autre, la mention *Trojam novam* n'étant pas une forme ancienne, mais une glose. Le type 'Tronia' a une facture pré-germanique et se retrouve dans le nom du village de Traenheim (VOIR CE NOM), à 5 km de Kirchheim. Il relève de la racine paléo-européenne TR « changement de niveau ». Les rois francs se seraient servis de la ressemblance avec Troja pour construire leur légende. Quant à Kirchheim, il s'agirait, du coup, d'une dénomination mérovingienne.

Vers 1930

KIRNECK (R) [kirnɛk], rivière vosgienne qui prend sa source à la Rothlach et arrose Barr avant de se jeter dans l'Andlau ; *Quirnea* VIIIe siècle. ▸ sans doute « la rivière canalisée » ou « pierreuse ». D'un radical *kir-n-*, formé sur la racine paléo-européenne KR « fermer, pierre » et suivi du suffixe *-(i)acum*, qui s'ajoute aussi à des hydronymes (cf. Birsig, Kinzig, Mossig). Le rapprochement qui a été fait avec le vieux haut allemand *quirn* « moulin à bras » est psychologiquement invraisemblable : c'est au contraire l'introduction progressive, au cours du Moyen Age, du moulin à eau (Mühle) qui a logiquement donné naissance à de nombreux noms de ruisseaux (VOIR MUHLBACH). Un rapport avec le bas allemand *kirnen* « battre le beurre » n'est pas plausible.

1928

KIRRBERG (BR) [kirbɛrk] mieux que [-bɛrg], als. *Kirbrich* ["k^{h}iR'Briç] ; villa *Teurino* 712. ▸ « la place-forte de l'abri ». De la racine paléo-européenne KIR « fermer, abri (de pierre) », suivi peut-être du gaulois *briga* « place forte », plutôt que germ. *-berg* « montagne ». ▸▸ La mention de 712 *villa Teurino* est peut-être à lire *villa Taurina*, c'est-à-dire « domaine [où l'on élève] des taureaux ». S'agit-il du même lieu ?

1909

KIRRWILLER (BR) [kirvilɛr], als. *Kìrrwiller* ["kʰIr'vil°R]; *Kirchowilare* 742, *Chirihcovilare* 840, *Kirhvilari* 851. ▸ « le domaine de l'église ». Du germanique *kirika* (vieux haut all. *kirihha*, all. mod. *Kirche*) « église » (VOIR CHAPITRE III) suivi du suffixe *-villare*. ▸▸ Autres explications : 1) d'un nom d'homme germanique *Chirico* (?) ; 2) d'un étymon gallo-roman **Ciriacum* ou **Circiacum*, formé de la racine paléo-européenne KIR « abri, fermer » (radical *kir-*, *kir-k*) suivi du suffixe *-iacum* et, plus tard, de *-villare*. /CIRY (SAÔNE-ET-LOIRE, CIREY (CÔTE D'OR, VOSGES) ; CERCY-LA-TOUR (NIÈVRE).

KLEINFRANKENHEIM (BR) [klajnfraŋkənajm], als. *Frànkne* ["frånGnə]. ▸ « la petite demeure des Francs ». Référence au peuple des Francs (allemand *Franken*, latin *Francones*). Kleinfrankenheim s'oppose à Hohfrankenheim (VOIR CE NOM), village situé à 8 km (*hoh-* « haut, important », *klein* « petit »). ▸▸ Explication complémentaire : l'adjectif *frank* en allemand, comme *franc* en français, signifient « honnête, net, sans détour » ; mais le sens primitif est « libre », parce que « situé de l'autre côté de la limite » (cf. franchir, franchise [douane], affranchir, etc.). Les Francs étaient donc appelés les « libres », parce qu'ils étaient situés en dehors des limites, en marge, sur les franges. Ne serait-ce pas là qu'il faudrait chercher le sens de ce toponyme, lieu « écarté, sur les bords (d'une pente, d'un territoire, etc.), non soumis à la règle commune », plutôt que « occupation de Francs » ? (VOIR FRANKEN.)

1911

1902

KLEINGOEFT (BR) [klajngœft], als. *Klängäft* ["Glɛ:n'Gɛft] ; *Göffelenheim* 1320. ▸ « le lieu boisé ». D'un étymon gallo-roman **Caetavētum*, du gaulois *caeto-* « bois », suivi des suffixes collectifs *-av-* et *-ētum*. Evolution phonétique : **Caetavētum* > **Ca(i)davido* (VOIR KAIDENBOURG), adapté en germanique comme **Ga(i)dafida* puis *[Gɛðefiðe] avec métaphonie (à rapprocher des mentions du VIIIe siècle, VOIR SOUS HOHENGOEFT), enfin *[Gɛðft] et [Gɛft]. Kleingoeft s'oppose à Hohengoeft, village situé à 6 km (*hoh-* « haut, important », *klein* « petit »).

1899

KLINGENTHAL (BR) [kliŋənta:l], als. *Klìngetàl* ["Glìŋə'Då:l]. ▸ « la gorge ». De l'all. du sud *Klinge* « ravin, gorge », suivi du suffixe *-thal* « vallée ». ▸▸ Explication complémentaire : Klingenthal est connu pour son ancienne fabrique d'armes blanches, fondée en 1730, dont il tirerait son nom de « vallée des lames » : all. *Klinge* « lame », homonyme de l'autre *Klinge*. En réalité, il est pensable que Jean Henri d'Anthès ait choisi le site de Klingenthal pour y édifier sa manufacture parce qu'il avait été attiré par le nom existant, qui lui semblait prédestiné.

Vers 1925, fête pour l'installation du nouveau curé.

KNOERINGUE (HR) [knørẽ:g], als. *Knärige* ["Gnɛ:riGə] ; *Cnoringen* 1090, *Chonneringen* 1146. ▸ « là où il y a un abri ». D'un radical **kn-ar-* issu de la racine paléo-européenne KN « fermer, abri », et suivi du suffixe *-ink-*. Noter un mot parallèle all. *Knorren*, als. *Knorre* « nœud de bois ». ▸▸ Autre explication : d'un nom d'homme germanique *Chunihari* « armée hardie » (de *kuni* « hardi » et hari « armée »).

KNOERSHEIM (BR) [knœrsajm], als. *Knärsche* ["Gnɛ:Rʃə] ; Chnoresheim 1120. ▸ « l'habitat de l'abri ». D'un radical **kn-ar-* issu de la racine paléo-européenne KN « fermer, abri », suivi du suffixe *-heim*. Noter un mot parallèle, all. *Knorren*, als. *Knorre* « nœud de bois ». ▸▸ Autre explication : d'un nom d'homme germanique *Chunihari* « armée hardie » (de *kuni* « hardi » et *hari* « armée »).

Vers 1910

Vers 1900

KOCHERSBERG (M) [kɔxərsbɛrk] mieux que [-bɛrg], als. *Kocherschbari* ["kʰox°R'ʃBari]. ▸ « la montagne de faible hauteur ». Du germanique *-berg* « montagne », comme suffixe, précédé du radical **kuk-ar*, formé sur la racine paléo-européenne KUK, qui marque l'idée de « hauteur », notamment « faible, étroite, instable ». Attraction paronymique de l'all. *Kocher* « réchaud », dérivé de *kochen* « cuire », du latin *coquere* id. /CUCQ (PAS-DE-CALAIS), COCUMONT (LOT-ET-GARONNE), CUCURON (VAUCLUSE), CUCUGNAN (AUDE).

1908, carte dessinée par Léo Schnug.

KOENIGSBOURG (HAUT-) (CH) [okøniksbur], ou [-gz-], als. *Kenigsburig* ["kʰe:niGs'BUrik] ; *Stephansberg* 774, castrum *Estufin* 1147, *Kungesberg* 1192, *Cunisberg* 1200. ▸ « la montagne en forme de pointe ». Pour bien comprendre ce nom, il faut prendre l'ordre chronologique inverse : dans l'état actuel, il est composé de l'all. *König*, als. *Keni(g)* « roi » et *-burg* « château fort », et signifie « le château du roi ». Il s'agit d'une attraction paronymique, car la forme de 1200 s'analyse comme suffixe *-berg* « montagne » (remplacement de *-berg* par *-burg*, fréquent) précédé d'un radical d'origine gallo-romane *cuno*, tout comme dans Kintzheim (VOIR CI-DESSUS), village situé en contrebas, avec le nom duquel il semble que celui du Koenigsbourg ait été primitivement confondu. Par ailleurs, *castrum Estufin* de 1147 doit se comprendre comme une latinisation de l'allemand *Staufenburg*, composé de *-burg* et de *Staufen* (vieux haut all. *stouf*, *stouph*), qui désigne une « éminence cônique », ce qui est le cas de la montagne au sommet de laquelle se dresse le Haut-Koenigsbourg. En 774, *Stephansberg* pourrait être une transcription déformée de **Staufenberg* (VOIR STEPHANSFELD). **Staufenberg* enfin pourrait avoir été une traduction d'un étymon gallo-roman **Cunobriga*, composé de *-briga*, qui signifiait à la fois « forteresse » et « montagne » (VOIR CHAPITRE III), précédé du gaulois *cuno* « élevé » ou « colline », ou du latin *cōnus* (grec *kônos*) « cône, pointe d'un casque », les deux relevant de la racine paléo-européenne KUN « occlusion en forme de pointe ».

Vers 1920

KOENIGSHOFFEN (BR) [kønikso(:)fən], als. *Kénishoffe* ["kʰeni'sofə], faubourg de Strasbourg ; *vicus canabarum* (période gallo-romaine). ▸ « la propriété sur la hauteur en forme de pointe ». Du suffixe *-hoffen* « propriété » (VOIR CHAPITRE III) précédé du gaulois *cuno* « élevé » ou « colline » ou du latin *cōnus* « cône, sommet d'un casque » (étymon gallo-roman **Cuniacum*). L'agglomération est sur la pointe de l'avancée de la terrasse qui constitue la région du Kochersberg. Attraction paronymique de l'allemand *König* « roi ». ▸▸ Autre explication : pourrait remonter à un étymon **Canabiacum,* du latin *canaba* « baraque, entrepôt ». Sur le territoire de l'actuel Koenigshoffen s'étendaient en effet les canabae de la VIIIe légion romaine, stationnée à Argentorate.

1907

KOESTLACH (HR) [kœstlax], als. *Chäschli* ["xɛʃli] ; *Chesilaca* 1144. ▸ « là où il y a (eu) un poste d'observation antique ». D'un étymon gallo-roman *Castelliacum*, formé sur le latin *castellum* « petit camp militaire, poste d'observation [romain ou pré-romain] » (qui était situé sur le Burgerwald, un autre semble-t-il sur le Kastelberg), suivi du suffixe *-iacum*, qui a entraîné la métaphonie [a > e] (notée <œ> dans la forme officielle).

1901

KOETZINGUE (HR) [kœtsẽ:g], als. *Kätzige* ["kʰɛDsiGə] ; *Kötzingen* 1273. ▸ « là où il y a un creusement ». D'un suffixe *–ink-* précédé d'une racine paléo-européenne KAS « issue, passage, dans un environnement fermé ou dur», d'où l'idée de «creuser». Noter le traitement germanique [s > ts] (VOIR CHAPITRE IV). ⏩ Autre explication : d'un nom d'homme germanique *Kozzo* suivi du suffixe *-ingen*.

Vers 1910

KOGENHEIM (BR) [kogənajm], als. *Koine* ["kʰojnə]; *Gaganheim* 788. ▸ «l'habitat sur l'éminence». Du suffixe -heim précédé de la racine paléo-européenne KAK, qui marque l'idée de «hauteur», particulièrement «faible, étroite, instable», en l'occurrence émergeant du ried de l'Ill.

1909

KOLBSHEIM (BR) [kɔlbsajm], als. *Kolbse* ["kʰolBsə]; *Colobocishaim* 736. ▸ «l'habitat de l'abri». D'un radical **kul-p* issu de la racine paléo-européenne KL «fermer, abri», suivi du suffixe *-heim*. Attraction paronymique de l'allemand *Kolbe* «épi, massue, gros bout». ⏩ Autre explication : d'un nom d'homme germanique *Coloboz*, non attesté.

1911, carte gaufrée, certains motifs sont en relief.

KRAFFT (BR) [kraft], als. *Kràft* ["Gråft]. ▸ «la grève». D'un étymon **Gravetum*, formé du celtique *grava* «grève», c'est-à-dire «rive de gravier ou de sable», suivi du suffixe collectif *-ētum*. Attraction paronymique de l'allemand *Kraft* «force».

1911

KRAUTERGERSHEIM (BR) [krawtɛrgərsajm], als. *Krüttarjersche* ['Gry"Darj°Rʃə]; *Ercafetilsheim*

737, *Ergelsheim* 978. ▸ « l'habitat là où la rivière forme un arc ». Situé à la diffluence de l'Ehn et de l'Ergers. D'un radical dérivé de la racine paléo-européenne AR-K « mouvement d'écartement de l'eau », suivie du suffixe germanique *-heim*. (VOIR ERGERS). Le préfixe *Kraut-* « chou » a été ajouté au XVIIIe siècle pour témoigner que la commune était la plus importante productrice de chou à choucroute d'Alsace.

1905

KRAUTWILLER (BR) [krawtvilɛr], als. *Krüttwiller* ["GryD'vil°R]. ▸ « le hameau de l'essart ». Village de défrichement, sans doute postérieur au Xe siècle. Du moyen haut allemand *geriute* (mod. *Gereut*, alsacien *Gritt*) « essart, défrichement », influencé par *Kraut* (als. *Krütt*, pl. *Kritter*) « plante herbacée », « herbe(s) », suivi du suffixe *-willer* « hameau » (VOIR CHAPITRE III).

KRIEGSHEIM (BR) [kri:ksajm], als. *Kriejse* ["GrI:jsə] ; *Creachesheim* 823. ▸ « l'habitat de l'abri ». Du suffixe *-heim* précédé d'un radical **kr-ik*, issue de la base paléo-européenne KR « fermer, abri, pierre ». Attraction paronymique de l'all. *Krieg* « guerre ». /CRÉCY (AISNE).

Vers 1905

1904

KRONTHAL (BR) [kro(:)nta:l], als. *Grundel* ["GrUnD°l], défilé de la Mossig entre Wasselonne et Marlenheim. ▸ « la vallée de la couronne ». Tire probablement son nom de celui du château, aujourd'hui disparu, de *Kronenburg* (VOIR CRONENBOURG). ▸▸ Autres explications : 1) Une tradition rapporte que « de beaux serpents sont étendus sur les rives de la Mossig et chantent en langues inconnues. On voit luire leur petite couronne d'or posée dans l'herbe à côté d'eux. » Il s'agit là du thème, fort répandu dans la mythologie française, de la vouivre, animal fantastique, femelle du dragon, dont l'escarboucle ou diamant posé sur le front représente le troisième œil, celui de la connaissance occulte, le plus souvent symbolisée par le thème de la langue inconnue (VOIR À CE SUJET COLMAR AU CHAPITRE II). Les petites couronnes des vouivres du Kronthal auraient-elles suffi pour baptiser le lieu « vallée des couronnes » ? 2) Le Kronthal est célèbre par ses carrières de grès d'où furent extraites les pierres qui ont servi à la construction de la cathédrale de Strasbourg. L'endroit est assez mal famé : la légende parle d'un Loup fantôme et d'un Revenant noir qui provoquent des éboulements et dévorent les passants. Dans ce cas, d'un radical *kr-un*, formé sur la base paléo-européenne KR « fermer, abri, pierre ». 3) En examinant la forme populaire, on peut mentionner que *Grundel* signifie en allemand « goujon », et que *Grund* désigne non seulement le « sol » en général, mais aussi une « dépression », un « creusement », ce qui correspond au site.

KRUTENAU (BR) [kryt(ə)no], als. *Krüttenau* ["GryDə'naw] ou *Krüttenäü*, *Krüttenài*, etc. Quartiers de Strasbourg, Haguenau, Colmar, etc., anciens faubourgs. ▸ « le pré du maraîchage ». Du moyen haut allemand *Krut* = all. *Kraut*, als. *Krütt*, « plante herbacée », « herbe(s) », suivi du suffixe *-au* « prairie humide ». Désignait des lieux de cultures maraîchères aux abords des agglomérations.

1907

Vers 1910

KRUTH (HR) [kryt], als. *Kritt* ["Grit] ; *Gereuth* 1342, *Gerute* 1357, *Gerit* 1573. ▸ « l'essart ». Du moyen haut allemand *geriute* (mod. *Gereut*, alsacien *Gritt*) « essart, défrichement », influencé par *Krut* = als. *Krütt*, pl. *Kritter* « plante herbacée », « herbe(s) ». (VOIR NEUBOIS.)

KUHLENDORF (BR) [ky(:)ləndɔrf], als. *Kìhledorf* ["kʰI:lə'DoRf] ; *Kielenheimeromarcu* 808. ▸ « le village de l'abri ». D'un radical *kil-*, issu de la racine paléo-européenne KL, avec le sens de « fermer, abri, pierre », suivi du suffixe *-heim* remplacé par *-dorf* (VOIR CHAPITRE III). *-marcu* désigne une « limite, frontière » (all. mod. *Mark*). Attraction paronymique de l'all. *kühl*, als. *kìhl* « froid ».

Vers 1930

KUNHEIM (HR) [ky(:)najm], als. *Küene* ["kʰyənə] ; *Cuonenhaim* 785, *Cunenheim* 987, *Chuonenheim* 1023. ▸ « l'habitat sur l'avancée en forme de pointe ». Du suffixe germanique *-heim*, qui s'est ajouté à un mot gaulois *cuno* « élevé », ou à un mot latin *cōnus* « cône », les deux relevant de la racine paléo-européenne KUN « occlusion en forme de pointe, pierre, abri ». ▸▸ Primitivement situé sur la basse terrasse, le village n'était pourtant pas à l'abri des inondations du Rhin : en 1766, les habitants obtinrent l'autorisation de reconstruire leur village en un lieu plus sûr. ▸▸ Autre explication : d'un nom d'homme germanique *Kuno* « hardi » (all. *kühn* idem).

Vers 1910

1901

KURTZENHOUSE (BR) [kurtsənuz], als. *Kurtzehüse* ['k^{h}URDsə"hy:sə] ; *Curten Husen* 994. ‣ « la maison de la court ». Du germanique *-hausen* « maison », précédé du gallo-roman *corte* « ferme, domaine, propriété », d'où *court*. Ce terme, attribué à l'époque carolingienne, a normalement été germanisé : doublet *-dorf* ou traduction en *-hoffen* (VOIR CHAPITRE III). Le maintien ici, avec une simple adaptation phonétique ([t > ts] selon la seconde mutation consonantique), est un indice de persistance de la langue romane jusqu'à une date tardive dans le secteur de Bischwiller. (VOIR MITTELKURTZ). Le village est à 13 km de Mittelhausen, lui-même à 13 km de Westhouse-Marmoutier (VOIR CES NOMS). ‣‣ Explication complémentaire : situation sur la voie romaine Saverne-Marmoutier-Brumath-Bischwiller. /COURMÉNIL (ORNE).

KUTTOLSHEIM (BR) [kytɔlsajm], als. *Kìttelse* ["k^{h}ID°lsə] ; *Cuttelsheim* 758, *Cuzilesheim* IXe siècle, *Kittelsheim*. ‣ « l'habitat de la petite source ». D'un étymon gallo-roman **Guttelliacum*, formé sur *guttella*, diminutif de *gutta* « source », suivi du suffixe *-iacum*, qui a provoqué la métaphonie [u > i]. On notera le durcissement [g > k] à l'initiale (phénomène d'interférence dû au bilinguisme ou paronymie avec l'alsacien *Kuttel* « boyau, entrailles »). Le suffixe *-heim* a été ajouté à l'époque germanique. Les Romains avaient capté la source de la Souffel dont l'eau était acheminée jusqu'à *Argentorate*/Strasbourg grâce à un aqueduc (VOIR DOSSENHEIM, QUATZENHEIM, STUTZHEIM, SOUFFEL). D'autre part, sous l'autel de l'actuelle chapelle Sainte-Barbe, jaillit une source minérale sulfureuse, dont les eaux forment un « lac » (See), où venaient se baigner les personnes atteintes de maladies de peau.

1901

1914

KUTZENHAUSEN (BR) [kutsənawzən], als. *Kutzehüse* ['k^{h}UDsə"hy:sə] ; *Chuzincusi* 742, *Cozzinheim* 783, *Kutzenhusen* 1312. ‣ « là où il y a un creusement ». D'un suffixe *–ink-* précédé d'une racine paléo-européenne KUS « issue, passage, dans un environnement fermé ou dur », d'où l'idée de « creuser ». Noter le traitement germanique [s > ts] (VOIR CHAPITRE IV).

1909

1910

LABAROCHE (HR) [labarɔʃ], toponyme roman (*lè Barotche*), en all. *Zell* [tsɛl] ; *Celle* 1313, *Zell* 1441, *la Baroche* 1640, *Bas-Roche* XVIIe siècle. ▸ « la paroisse ». Il faut analyser non *Laba|roche* (avec le mot *roche*), mais *La|baroche*. Du lorrain *baroche* « paroisse », remontant au latin ecclésiastique *parochia* « paroisse » (du grec *paroikia* « ensemble d'habitations »). ▸▸ L'origine du village est une ferme monastique dépendant de l'Abbaye de Saint-Dié, appelée *Zell*, du latin *cella* « cellule (de moine) ». Le nom français est dû à l'immigration de Lorrains romanophones, qui a entraîné un accroissement de la population et, peut-être, l'évolution du référent lui-même : la dépendance monastique devient paroisse. Labaroche fut en effet le centre religieux du canton, alors que Lapoutroie jouait le rôle de chef-lieu économique et judiciaire.

LAC BLANC Ce lac des hautes Vosges doit son nom à la couleur de ses eaux limpides, scintillant sur les granites leucocrates. Voir aussi une légende célèbre (VOIR CHAPITRE III), et le nom de la Weiss qui est son effluent. (VOIR WEISS.)

LAC DES PERCHES

VOIR PERCHES (LAC DES).

LAC DU FORLET

VOIR FORLET (LAC DU).

Vers 1925

LAC NOIR Ce lac des hautes Vosges doit son nom à la couleur de ses eaux teintées par l'apport organique des fonds tourbeux. En opposition de couleur avec le Lac Blanc.

LAC VERT Pour ce lac des hautes Vosges, la dénomination par une couleur est récente et d'origine française. En allemand il se nomme *Darensee*. Une légende prétend qu'il n'a pas de fond et qu'un dragon habite ses eaux. De la base paléo-européenne TAR « changement de niveau ». On rapprochera également les radicaux *dar-* de *Darensee* et *drak-* de *dragon* (< lat. *draco*, all. *Drache*). (VOIR CHAPITRE II.)

1950

LA BROQUE

VOIR BROQUE (LA).

LA CHAUSSÉE

VOIR CHAUSSÉE (LA).

LA CLAQUETTE

VOIR CLAQUETTE (LA).

LALAYE (BR) [lalɛ], all. *Lach* [lax] ; *Lachen* 1200, *La Ley* XVIIIe siècle. ▸ « le creux d'eau ». Du lorrain *lai*, correspondant au vieux français *lai* « lac », issu du latin *lacus* « toute espèce de réservoir d'eau » (> fr. mod. *lac*). Ce terme traduit une dénomination allemande primitive *Lache* « flaque, mare », en en prenant le genre féminin. Ne pas confondre avec *laye* (cf. Saint-Germain-en-Laye), qui vient du francique **laida* et signifie « sentier rectiligne dans une forêt », « chemin servant à diviser une forêt en parcelles ». (VOIR FOUCHY.)

LAMPERTHEIM (BR) [lampərtajm], als. *Lemperte* ["lemB°RDə] ; *Lamperthem* 1143. ▸ « la demeure des Lombards » ou « de Lambert ». 1) Du suffixe *-heim*, précédé de l'allemand *Langobarde*, qui a a évolué au moderne *Lombarde*, référence au peuple des Lombards, qui occupa l'Italie du nord du VIe au IXe siècle. Leur nom signifierait « longue barbe » (*lang* « long », *Bart* « barbe »). 2) D'un nom d'homme germanique *Lambrecht* (> fr. *Lambert*), d'un plus ancien *Landberht* « pays brillant » (*Land*, *berht*). ▸▸ Autres explications : 3) d'un étymon **longa barda* signifiant « longue barde, longue bordure », allusion au site du village en

Vers 1930

1905

bordure de la terrasse du Kochersberg. (Pour l'élément *Bard-*, VOIR BARTENHEIM.) 4) d'une racine paléo-européenne LA(M)B indiquant un «sol instable, glissant» (étymon **Lambarētum*).

Vers 1910

LAMPERTSLOCH (BR) [lampərtslɔx], als. *Làmpeschloch* ["låmBə'ʃlox]; *vallis sancti Lamperti* 1734. ▸ « le creux des Lombards » ou « de Lambert ». Avec le terme all. *Loch* « trou, creux », même étymologie que Lampertheim. ▸▸ Autres explications : 1) malgré sa date très récente, la forme de 1734 laisse envisager le nom d'origine chrétienne d'un lieu dédié à saint Lambert. Dans ce cas, le suffixe *-loch* pourrait ne pas avoir de rapport avec *Loch* « trou », mais ressortir au latin *locus* « lieu » et en particulier «lieu sacré» (VOIR LOCHWILLER) ; 2) d'une racine paléo-européenne LA(M)B indiquant un «sol instable, glissant». L'étymon dans ce cas pourrait être **Lambaracum*. Le radical se retrouve à *Lambesc* (Bouches-du-Rhône) qui vient de *Lamb-iscum*. (VOIR AUSSI LOBSANN.)

LANDERSHEIM (BR) [landərsajm], als. *Làndersche* ["lånD°Rʃə]; *Lanteresheim* XIe siècle. ▸ « la demeure de Landrik ». Du suffixe *-heim* précédé du nom d'homme germanique *Landrīk* (> fr. *Landry*), d'après *land* « pays » et *rīk* « puissant, royaume ». ▸▸ Autre explication : « la lande » ou « l'enclos ». D'un étymon gallo-roman *Landariacum*, composé du mot celtique *landa* « lande » et « enclos », et de deux suffixes *-ar-* et *-iacum*. Attesté en toponymie française (Landeyrat, Cantal). A noter qu'en vieil alsacien, le mot *Lànder* désignait une « clôture en lattes » (mod. *G[e]lander* « parapet, garde-fou ») et *Làndere* une « vigne grimpante ».

1910

Vers 1925

LANDSER (HR) [landsɛr], als. *Làndser* ["lånDs°R]; *Landisera* 1246, *Landesere* 1269. ▸ « l'honneur du pays ». Evolution de **Landes|ehre*, de l'all. *Land* « pays » et *Ehre* (vieux haut allemand *ēra*) « faveur, don, honneur ». Nom du château (disparu) avant de devenir celui de l'agglomération. Au Moyen Age, les bâtisseurs de châteaux forts avaient l'habitude de les baptiser de noms emblématiques (cp. *Landskron* « couronne du pays », cf. aussi les noms d'oiseaux de proie, VOIR GIRSBERG). ⏩ Explications complémentaires. Deux autres mots allemands sont candidats au statut d'étymon de Landser, avec moins de vraisemblance : *Landesherr* « souverain », de *Land* « pays » et *Herr* « seigneur » ; et *Landser*, mot familier désignant un « camarade de pays » (surtout en jargon militaire).

LANGENSOULTZBACH (BR) [laŋənsultsbax], als. *Sultzbàch* ["sUl'DsBåx]. ▸ « le long [village] sur le Soultzbach ». Du nom de la rivière Soultzbach, sur laquelle il est situé, précédé de l'all. *lang* « long ». VOIR SOULTZBACH.

LA PETITE-PIERRE

VOIR PETITE-PIERRE (LA).

Vers 1900

1914-1918, soldats allemands défilant à l'avant d'un cortège religieux.

LAPOUTROIE (HR), toponyme de langue romane, en dialecte vosgien *Lè Peutraille*, als. *Buderei* ['BUDə"rej], all. *Schnierlach* ; *Sconerloch* XIIe siècle, *lai Poitraie* 1288, *Schoenerlach* 1320, *La Putraye* 1340, *Schanerlach* 1441, *ze Buderey* 1441, *Snerlach* 1488, *La Poutroye* 1698. ‣ « le lieu boueux, qui se désagrège ». De la racine paléo-européenne PUTR signifiant « pourrir, se désagréger » (latin *putrire* « pourrir », cp. vosgien *potr* « amas de liquide sale, boueux », alpin *potra* « boue »), suivie du suffixe *-ētum*. De l'aveu des premiers exploitants miniers (*Prechter* 1602), la montagne est « pourrie, faillée et gorgée d'eau ». PUTR alterne avec MUTR (VOIR MODER, MUTTERSHOLTZ). ‣‣ Explications complémentaires : 1) Les deux formes de 1441 semblent prouver qu'à l'origine *Schanerlach* et *Buderey* ne désignaient pas exactement le même lieu. En allemand, *Schönerlach* signifie la « belle aulnaie » et *Schnürloch* « œillet », il s'agit de paronymies. 2) Les habitants du XVIIe siècle ignoraient visiblement le sens du nom de Lapoutroie, puisque les armoiries de la commune représentent une poutre sur laquelle se tient une oie (la *poutre-oie*). D'autres explications ont été avancées à partir du vocabulaire local, entre autres « le mauvais ravin » (*Lè peute raye*, de *peute* = fr. *pute*, et *raye* « pente très abrupte, ravin » < latin *riga*), ou « l'élevage de pouliches » (roman *poutre* « pouliche » suivi du suffixe locatif *-aie*).

1915

LARGITZEN (HR) [largitsən], als. *Làrgitze* ['låR"GIDsə], doublet roman *Lairdgie*; *Larguice* 1248, *Largitz* 1303. ▸ « le site de Larga ». D'un étymon *Largetium*, formé du radical *Larga* et du suffixe *-ētium*. Entre Friesen et Largitzen existait la station romaine de Larga, dont le nom reprenait celui de la rivière la Largue.

LARGUE (R), en all. *Larg* [lark], als. *Làrg* ["låRk]; affluent de l'Ill à Illfurth. ▸ « la large (en parlant de la rivière ou de la vallée) ». Du latin *Larga* (*vallis*) ou *Largus* (*rivus*). ▸▸ Autres explications : 1) pourrait provenir de *l'arc*, avec coalescence de l'article *l'* et d'un radical *ark-*, connu comme nom de rivière (*l'Arc*, dans les Alpes). Même phénomène que dans Doller < *d'Oller* (VOIR CE NOM). Le sens serait celui de la racine paléo-européenne AR-K « mouvement d'écart du chemin de l'eau » : comparer les cours respectifs de l'Ill et de la Largue, qui prennent leur source à peu de distance, le premier rectiligne, le second effectuant un large détour ; 2) en tenant compte du même phénomène phonétique, du latin *arcus* « coffrage [d'un cours d'eau] » ou, moins vraisemblablement, *arca* « arche [d'un pont] ».

1909

1914

LAUBACH (BR) [lawbax], als. *Laubàch* ["law'Båx]; *Louenbuah* 745, *Loubach* 1145. ▸ « l'endroit où le terrain est glissant ». D'un étymon *Lavacum*, formé sur la racine paléo-européenne

LAW « contenant un mouvement en soi » > « terrain instable, glissant », suivie du suffixe *-acum* transformé en germ. *-bach* (VOIR CHAPITRE III). ⏩ Laubach n'est pas situé sur un ruisseau : la solution « ruisseau tiède » (all. *lau* « tiède », *Bach* « ruisseau ») ne convient pas.

Vers 1930

LAUBENHEIM (BR) [lawbənajm], als. *Läüwene* [ˈlœjvənə]. ▸ « l'habitation sous la frondaison ». Du suffixe *-heim* précédé de l'all. *Laub* « feuillage, frondaison » ou *Laube* « cabane de feuillage, tonnelle ». ⏩ Autre explication : COMME LAUBACH.

LAUCH (R) [lawx] ou [lɔʃ], als. *Làich* ["låjx] ; *Loffichia* 728, *Loufaha* 817, *Louchach* 1259, *Locha*, *Loucha*. ▸ « [la rivière] qui provoque des glissements, des éboulements ». D'un étymon *Lavaca*, formé sur la racine paléo-européenne LAW « contenant un mouvement en soi » > « terrain instable, glissant », suivie du suffixe *-aca* (fém. de *-acum*). Cp. fr. *lave*, all. *Lawine* « avalanche ». Attraction paronymique tout d'abord de l'all. *laufen* « courir » (*Louf|aha* = « eau qui court ») puis, après la contraction syllabique et de manière complètement fortuite, de l'all. *Lauch*, als. *Làich* « poireau ». ⏩ Explications complémentaires : VOIR ISSENHEIM.

1899

Vers 1900

LAUTENBACH (HR) [lawtənbax], als. *Lütebàch* ["lyDə'Båx] ; *Lutenbach* 1090. ▸ « la rivière boueuse ». Du celtique *luta* « boue » suivi du suffixe germ. *-bach*. Attraction paronymique de l'all. *laut*, als. *lütt* « bruyant, sonore ». ▸ Dans nos mentalités modernes, la boue est une matière répulsive. Les lieux marécageux et boueux étaient au contraire prisés de nos ancêtres, à cause de leur richesse en sangsues (pour les saignées), gibier à plumes, légumes de maraîchage…

LAUTENBACH-ZELL (HR) [lawtənbax tsɛl] Comme Lautenbach. Zell vient du latin *cella* « cellule [de moine] » (all. *Zelle*, als. *Zell, Zall*).

1913

1915

LAUTER (R) [lotɛr], als. *Lauter* ["lawDə] ; *Lutera*. ▸ « le bassin ». Du gaulois *lautron* « bassin, bain ». ▸▸ Autre explication : de l'all. *lauter* (< vieux haut all. *hlūtar*) « limpide ».

1909

LAUTERBOURG (BR) [lotɛrbur], als. *Lauterburich* ["lawDə'Buriç]; *villa Lutera* 1130, *Lutterburg* XIIe siècle. ▸ « la forteresse sur la Lauter ». Du nom de la Lauter, voir ci-dessus, suivi du suffixe *-burg*, d'origine gallo-romaine.

LAUW (HR) [lo] [lo:v] [lawv], all. *Aue* ou *Auf*, als. *D'Ài* ["D'åj]; *Owen* 1445, *üss der Auw* 1482, *Lauw* 1775. ▸ « la prairie (humide) ». De l'all. *Au(e)* « prairie humide », précédé de l'article français *l'* qui remplace, avec coalescence, l'article alsacien *d'*, dans cette région proche de la frontière linguistique. Le <w> maintient une graphie archaïque (vieux haut all. *auwia*, *ouwe*).

1919

LA WALCK
VOIR WALCK (LA).

LA WANTZENAU
VOIR WANTZENAU (LA).

Vers 1915

LEIMBACH (HR) [lajmbax], als. *Laimbi* ["lajmBi] ; *Leymbach* 1223. ▸ « le ruisseau limoneux ». De l'ancien all. *Leim* « limon, argile » (all. mod. *Lehm*, depuis le début du XIXe siècle). Situé sur le ruisseau du même nom.

Vers 1930

LEITERSWILLER (BR) [lajtərsvilɛr], als. *Laiterschwiller* ["lajD°R'ʃvil°R] ; *Lutichewilre* 1189. ▸ « le domaine où il y a de la boue ». Du suffixe *-villare* précédé d'un étymon gallo-roman *Lutetium*, formé sur le gaulois *luta* « boue », suivi du suffixe *-ētium* (cp. *Lutetia* « Lutèce », ancien nom de Paris). Métaphonie devant [i] : [u > y > i] ; attraction paronymique de l'all. *Leiter* « guide ».

Vers 1935

LEMBACH (BR) [lɛmbax], als. *Lembàch* ["lɛm'Båx] ; *Lonunbuach* 786. ▸ « l'endroit où le terrain est instable ». D'un étymon **Launiacum*, formé sur le radical **law-on-* fondé sur la racine paléo-européenne LAW « contenant un mouvement en soi » > « terrain instable, glissant, glissements de terrain, ravinements, éboulements », suivie du suffixe *-iacum* transformé en germ. *-bach* (VOIR CHAPITRE III). Métaphonie devant [i] : *Loun-i[a]c* > *Löün-bach*, puis délabialisation *Lei-* et monophtongaison en [ɛ].

1904

LEUTENHEIM (BR) [lœjtənajm], als. *Littenem* ["liDənəm]. ‣ « l'habitat où il y a de la boue ». Il subsiste entre autres un marécage au pied du Heidenberg (camp retranché protohistorique). Du gaulois *luta* « boue », auquel a été adjoint plus tard le suffixe germ. *-heim*. Métaphonie [u > y > i] et attraction paronymique de l'all. *Leute*, als. *Litt* « gens ». Homonyme de Littenheim.

1905

LEVONCOURT (HR), toponyme de langue romane, en dialecte franc-comtois *Lvonco* [lvõ:ko:], all. *Lüffendorf*; *Lewuncort* 1148, *Lavuncort* 1179, *Lubendorf* 1304, *Lowoncourt* 1322. ‣ « le domaine où le terrain est instable ». D'une racine paléo-européenne LUW « contenant un mouvement en soi » > « terrain instable, glissant, glissements de terrain, ravinements, éboulements », suivi du suffixe d'époque carolingienne *-court*/*-dorf* (doublet roman et germanique, VOIR CHAPITRE III).

Vers 1900

LEYMEN (HR) [lajmən], als. *Laime* ["lajmə] ; *Leimone* 728. ‣ « le lieu limoneux, argileux ». De l'ancien all. *Leim* « limon, argile » (all. mod. *Lehm*, depuis le début du XIXe siècle). *Leymenthal* est traduit en latin *vallis lutosa* « vallée boueuse ». *Leim* (< germ. *laima*) ressortit à la racine LIM « contenant un mouvement en soi » > « terrain instable, glissant » (cp. latin *limus* « limon, vase »).

LICHTENBERG (BR) [liʃtənbɛrk] mieux que [-bɛrg], als. *Liechteburi* ["lI:ʃDə'BUri] ; *Lichtemberc* 1206. ‣ « la montagne de la lumière ». De l'all. *Licht* « lumière » suivi du suffixe *-berg* « montagne ». Nom du château (qui explique le suffixe *-buri* en alsacien) avant de devenir nom du village. ⏩ Explication complémentaire : présenté ainsi, la motivation n'est pas claire. Il s'agit sans doute d'une traduction du type celtique bien connu *Lugudunon* « montagne de la lumière » (*lugu* « lumière » et *dunon* « montagne », puis « place forte »), qui est à l'origine de Lyon, Laon, Leyde, etc. (VOIR DABO). La lumière fut divinisée sous le nom de *Lug*, le plus grand des dieux gaulois, que César appelle Mercure. Comme Dabo et Lyon, Lichtenberg dut être un lieu de culte solaire. / LIECHTENSTEIN.

1913, carte peinte à la main, inédite.

Vers 1925

LICHTENECK [liʃtənɛk], source et rochers au-dessus de Niederbronn. ▸ « le lieu de la lumière » (lieu consacré au dieu *Lug*, le Mercure gaulois ?) Ce nom pourrait être la traduction d'un **Lucellacum* gallo-romain (VOIR LÜTZELBACH, NOM ALLEMAND DE LA RIVIÈRE LA LUCELLE).

1923

LIEBENSWILLER (HR) [li(:)bənsvilɛr], als. *Liebetzwiller* ["liəbə'Dsvil°R] ; *Theotbertowilare* 829, *Dieprechswiler* 1252, *Diepertzwilr* et *Lieperszwilr* 1422, *Diepretzwilr das ettlich nennent Liepretzwilr* 1489, *Libentzweiler* 1567. ▸ « le domaine du terrain glissant, argileux ». De la racine paléo-européenne LIB ou LUB « contenant un mouvement en soi » > « terrain instable, glissant », suivi du suffixe gallo-roman *-villare*. Les habitants de Liebenswiller sont surnommés les « glaiseux » (*Liebetzlette*) ou les « tourneurs d'argile » (*Lettedräjer*) [all. *Letten* « terre glaise, argile », cp. gaulois *luta* et latin *lutum* « boue »]. ▸▸ Explications complémentaires : d'un nom de personne germanique *Thiudberht* (> forme évoluée *Dieprecht*, français *Thibert*) dont la signification est « peuple brillant » (*thiuda* « peuple », *berht* « brillant »). Comment concilier les deux pistes ? Le sens de la racine LUB/LIB correspond à un aspect pertinent du site. L'interprétation, par les scribes du Moyen Age, d'un nom de lieu plus ancien au moyen d'un nom de personne germanique est monnaie courante, ainsi que les déformations phonétiques qui en découlent ; il est plus inhabituel que celles-ci portent sur la consonne initiale (ici à travers une opposition de type [t/l]). La racine LUB a pu être rapportée à un anthroponyme *Liutberht* (> *Lieprecht*, fr. *Liébert*) dont la forme correspond aux mentions de 1422 et suivantes, et dont la signification « peuple brillant » (*liuti* « peuple », *berht* « brillant ») constitue un synonyme de *Thiudberht*, qui a eu la faveur des scribes. Le [l] initial ayant cependant perduré dans la forme populaire orale, est rétabli au XVe siècle dans la forme écrite.

1908

LIEBSDORF (HR) [li:bsdɔrf], als. *Liebsderf* ["liəB'sDəRf], doublet roman *Lebeucourt* ; *Lopestorff* 1179, *Lepenstorf*, *Liebesdorf*, *Lieboncourt* 1740. Le village est au pied de l'ancien château fort du Liebenstein ; *Libeten* 1150. ▸ « le village où le terrain est instable ». D'un étymon *Lupiacum*, formé sur la racine paléo-européenne LUP « contenant un mouvement en soi » > « terrain instable, glissant, glissements de terrain, ravinements, éboulements », suivie du suffixe *-iacum*. Suffixe *-dorf* ajouté à l'époque germanique. Métaphonie devant [i] : *Lup-i[a]c* > **Lüpig*, *Lüpi-s-dorf*, puis délabialisation et attraction paronymique de l'all. *lieb* « cher ». ▸▸ Même explication pour *Liebenstein*, avec suffixe *-stein* « pierre, rocher ». /LOUPIAC (AVEYRON, GIRONDE ETC.)

1914-1918, bœufs amenés de Roumanie par les Allemands pour les besoins de la guerre.

LIÈPVRE (HR) [ljɛvr], toponyme de zone romanophone, en roman *Co Lieuf* [*co* = court, VOIR COURTAVON], doublet allemand *Leberau*, als. *Lawerot* ["lavə'ro:t] ; *Fulradocella* 763, *Lebrahhense monasterium* 774, *super fluvium Laima, quae dicitur Fulrada cella* 777, *ecclesia Lebrahae* 781, *monasterium Lebraha* 803, 853, 923, *Leberow* 1552. ▸ « là où le terrain est instable, glissant ». D'un étymon gallo-roman *Lepracum* ou *Lebracum*, formé sur la racine paléo-européenne LAP/LAB « contenant un mouvement en soi » > « terrain instable, glissant, glissements de terrain, ravinements, éboulements », suivie du suffixe *-acum*, devenu *-ach* en germanique, lui même remplacé par *-au* « prairie humide » à partir du XVIe siècle seulement (cp. Andlau). De son côté, la rivière de la Liépvrette continue à porter en allemand le nom de *Leberach* (à cause de la confusion entre le suffixe *-ach* issu de *-acum*, et germ. *-aha* « eau »). Le doublet roman [ljɛvr] (avec évolution ultérieure [ljɛ:v > ljø:v > ljø:f]) s'est développé à partir de la forme *Lebra(h)*, avec accentuation germanique sur la première syllabe, entraînant la diphtongaison romane [e > jɛ], et évolution à l'intervocalique [b > v], que partage l'alsacien. Ce dernier, quant à lui, utilise pour la localité une forme porteuse du même suffixe que le nom roman de la rivière : *Lie[p]vratte* = *Lawerot* (VOIR LIÉPVRETTE). ▸▸ Explication complémentaire : le bourg est né d'un prieuré bénédictin fondé vers 760 par saint Fulrad, abbé de Saint-Denis, chancelier de Pépin le Bref et de Charlemagne, originaire de la région (VOIR FORTSCHWIHR ET SAINT-HIPPOLYTE). Ceci explique les mentions *Fulradocella* « la celle (couvent) de Fulrad», de type eccléciastique. ⏩ Autres explications : 1) d'un étymon **Leporacum*, en rapport avec le latin *lepor(em)* « lièvre », mais dans ce cas le rapprochement, pourtant évident, avec le nom de la *Liépvrette*, n'est plus possible. 2) la celle de saint Fulrad aurait pu être une léproserie (lat. *lepra* « lèpre ») ; mais aucun document historique n'en fait état.

LIÉPVRETTE (R), all. *Leberach*. Nom de la rivière qui traverse Sainte-Marie-aux-Mines et Lièpvre ; *Laimaha* 774 et 854, *Laima* 777, puis *Lebra* 950 et 1105, forme reprise sur le nom de Lièpvre (VOIR LE PRÉCÉDENT), d'où plus tard la distinction au moyen d'un diminutif : *Liépvr-ette* (roman *Liepvratte*). ▸ « là où le terrain est instable, glissant ». D'un étymon gallo-roman *Lamacum*, formé sur la racine paléo-européenne LAM « contenant un mouvement en soi » > « terrain instable, glissant, glissements de terrain, ravinements, éboulements », avec influence de l'ancien all. *Leim* « limon, argile » (all. mod. *Lehm*, depuis le début du XIXe siècle). ⏩ Explications complémentaires : 1) A Sainte-Marie-aux-Mines, la rivière est désignée sous le nom de *Landbach* « le ruisseau du pays », peut-être remotivation d'un ancien **Lambach* < **Lamach* < *Lamacum*. 2) La vallée entière se

1911

nomme en allemand *Leberthal*. Au XIIIe siècle, on trouve le terme *Lebrath*, qui correspond à la forme alsacienne *Lawerot* pour Lièpvre (VOIR CE NOM) et à la forme romane dialectale du nom de la rivière *Liépvratte*. 3) Le sens avancé de « sol mouvant » est ici soutenu par une vieille légende, assez impressionnante : « Aux temps anciens où les géants peuplaient la terre, l'un d'entre eux, nommé Schletto, creusa de ses propres mains la vallée du Leberthal ; il lançait dans la plaine les arbres et les rocs, arrachés à la montagne, dont il se servit pour bâtir un énorme château, à la place où s'élève aujourd'hui la ville de Sélestat. » (Sélestat, all. *Schlettstadt* « ville de Schletto ». VOIR CE NOM.)

Vers 1930

LIGSDORF (HR) [ligsdɔrf], als. *Lìgschderf* ["lIG'ʃDəRf], all. *Lüxdorf*, doublet roman *Ergincourt* ; *Luchesdorf* 1146, *Luicstorff* 1188, *Lechincourt* 1610. ▸ « le village dans un lieu rocheux ». De la racine paléo-européenne LUK « sans mouvement » d'où « roc, sec » ; l'étymon devait comporter un [i] ayant entraîné la métaphonie de la voyelle accentuée [u > ü > i]. Ajout du suffixe *-dorf*/*-court* (VOIR CHAPITRE III). ▸▸ Le radical de la forme romane du XVIIe siècle semble calqué sur la forme germanique. La forme romane moderne a subi la syncope de la voyelle initiale : *Lechincourt* > *L'chincourt*, puis la prothèse d'une nouvelle voyelle de soutien : > **Elchincourt*, le remplacement de [l] par [r] : > **Erchincourt*, enfin la sonorisation compensatoire de la chuintante : > *Ergincourt*.

1899

LIMERSHEIM (BR) [limərsajm], als. *Limmersche* ["lim°Rʃə] ; *Linemeresheim* 847, *Lumarisheim* XIe siècle. ▸ « l'habitat sur terrain glissant, boueux ». D'un étymon gallo-roman *Lumariacum*, formé sur la racine paléo-européenne LUM « contenant un mouvement en soi » > « terrain instable, glissant », suivi des deux suffixes *-ar-* et *-iacum*, ce dernier ayant entraîné la métaphonie [u > y > i] devant [i]. Suffixe *-heim* ajouté à l'époque germanique. Le site est en bordure du Ried. Cp. le mot français *limon*. ▸▸ Autre explication : d'un nom de personne germanique *Lindmar* (sur *lind* « doux, mou » et *mar* « célèbre »), suggéré par la forme de 847, et suivi du suffixe *-heim*.

LINGE (LE) (M), nom d'une crête des Hautes-Vosges, en zone romanophone. Du latin *linea* « ligne (de crête) ». Même évolution phonétique que linge « vêtements », qui désignait au départ la ligne sur laquelle on faisait sécher les vêtements après la lessive (corde à linge).

Vers 1920

LINGOLSHEIM (BR) [liŋɔlsajm] ou [liŋgɔlsajm], als. *Lìngelse* ["lIŋ°lsə] ; *Lingolwesheim* XIIᵉ siècle, 1224. ▸ « la demeure de Lingolf ». Du suffixe *-heim* précédé du nom d'homme germanique *Lingolf*, ou *Lingulf*, composé de *Ling-*, élément obscur, et *wulf* « loup ». ▸▸ Autre explication : 1) du gaulois *lingon* « saut », c'est-à-dire « défilé forestier », tout comme le latin *saltus*. Durant l'antiquité romaine, Lingolsheim a constitué le point de jonction de deux routes, l'une venant du Donon, l'autre de la plaine d'Alsace, en direction d'*Argentorate* /Strasbourg. 2) l'explication traditionnelle par le latin *ligno* « bois », n'est pas concevable car *lignum* désigne le bois comme matière (la maison en bois), non comme terrain (la maison dans le bois).

Vers 1910, en bas à gauche, un attelage de chiens.

1904

Vers 1900

LINSDORF (HR) [linsdɔrf], als. *Lìsderf* ["lI:'sDəRf] ; *Lüllistorff* 1299, *Linchstorf* 1316-1341, *Lünstorff* 1567 ; annexe de St-Blaise : *Lunarischilche* 1139, *Lulleskilch* 1298, *Lülliskirch*. ▸ « le village de la lune ». Du latin *luna* « la lune », suivi du suffixe *-dorf* ajouté à l'époque carolingienne. Sans doute survivance toponymique d'un antique culte à la lune, au hameau de Saint-Blaise, à cinq cents mètres de Linsdorf. Les formes anciennes sont identiques. Saint Blaise est le patron de l'église, qui fut église-mère de Linsdorf, Bettlach et Fislis. Paronymie entre le nom *Blaise* (lat. *Blasius*, als. *Bläsi*), l'all. *bläß* « pâle, pâleur » et le nom de la déesse gauloise de la lune, *Belisama* (qui a fourni en français l'adjectif *blême* et des toponymes tels que Balesmes, Bellême, Blesme(s), Blisme). (VOIR SAINT-BLAISE ET SAINT-BLAISE-LA-ROCHE.) Bien que les graphies, toujours archaïsantes, continuent à utiliser <ü> jusqu'au XVIe siècle, la délabialisation [lyn- > lin-] est intervenue au XIIe siècle sur un [y] d'origine romane : [luna > lynə] au VIIIe siècle en gallo-roman. /LUNERAY SEINE-MARITIME), LUNÉVILLE (MEURTHE-ET-MOSELLE), LUNAC (AVEYRON), LÜNEBURG (ALLEMAGNE).

LINTHAL (HR) [linta:l], als. *Lìndel* ["lInD°l] ; *Linthal* XIIe siècle. ▸ « la vallée du tilleul ». De l'all. *Linde* « tilleul » suivi du suffixe *-thal* « vallée ». Le tilleul était considéré par les Germains comme un arbre protecteur de la famille ou du village. Sans oublier les infusions…

1918

LIPSHEIM (BR) [lipsajm], als. *Lipse* ["liBsə] ; *Liutpolesheim* 823, *Lupotesheim* 845, *Lüpffesheim*. ▸ « l'habitat sur terrain glissant, boueux ». D'un étymon gallo-roman *Luppetium*, formé sur la racine paléo-européenne LUP(P) « contenant un mouvement en soi » > « terrain instable, glissant » (site en bordure du ried de l'Andlau), et du suffixe gallo-roman *-ētium*, ayant entraîné la métaphonie [u > y > i] devant [i]. *-heim* ajouté à l'époque germanique. ▸▸ Autre explication : d'un nom d'homme germanique *Liutbald* d'où *Liutpold* (> français *Léopold*), dont la signification est « peuple hardi » (*liut* « peuple », *bald* « hardi »).

1910

LITTENHEIM (BR) [litənajm], als. *Littene* ["liDənə] ; *Hlōdamo marca* VIIIe siècle, *Hlōdimo*, *Hlīdamo*. ▸ « l'habitat où il y a de la boue ». Du gaulois *luta* « boue », auquel a été adjoint le suffixe germ. *-heim*. Métaphonie [u > y > i] et attraction paronymique de l'all. *Leute*, als. *Litt* « gens ». Homonyme de Leutenheim. ▸▸ Autre explication : l'[h] initial n'est pas étymologique, mais provient d'un rapprochement avec un nom d'homme germanique *Hlodham*, de *hlod* « gloire » et *ham* « demeure ».

Vers 1900

LIXHAUSEN (BR) [liksawzən], als. *Lìxhüse* ["lI'Gsy:sə] ; *Liutolteshusa* 855. ▸ « la maison de Liutwald ». Du suffixe *-hausen* précédé d'un nom d'homme germanique *Liutwald* « qui gouverne le peuple » (> fr. *Liotaud*) de *liuti* « peuple » et *waldan* « gouverner ». ▸▸ Autre explication : du gaulois *luta* « boue ». Métaphonie [u > ü > i].

Vers 1910

LOBSANN (BR) [lɔbsan], als. *Lüsànn* ["ly:'sån] ; *Lubesaha* IXe siècle, *Lausen*, *Luzan* XVIIe et XVIIIe siècles. ▸ « le terrain glissant, instable ». De la racine paléo-européenne LUP/LUB « contenant un mouvement en soi » > « terrain instable, glissant ». Etymon de type **Lupacum*, avec suffixe *-acum* confondu avec germ. *-ach* et développement d'un *-s* génitif. Le suffixe actuel s'explique peut-être par une contraction d'un développement de *-ach* en *-achen*, soit [-åx'n > -ån]. Influence de l'all. *Lob* « louange » peu vraisemblable.

1905

LOCHWILLER (BR) [lɔxvilɛr], als. *Lowiller* [ˈlo"vil°R] ; *Leobardi villa* IXe siècle. ▸ « le domaine du lieu sacré ». Du latin *locus* « lieu » ayant pris par influence chrétienne le sens de « lieu sacré » (ou « consacré »), qui s'observe souvent en toponymie, suivi du suffixe *-villare*. La forme du IXe siècle se réfère à saint Léobard (all. *Liebhard*, de *Liebe* « amour » et *hart* « fort »), fondateur de l'abbaye de Marmoutier (VOIR CE NOM), dont Lochwiller fut longtemps propriété. Phonétiquement, *Lochwiller* ne peut résulter de *Leobardi villa*. Attraction de l'all. *Loch* « trou ». /LOC-DIEU (AVEYRON), ET TOUS LES TOPONYMES BRETONS EN LO-, LOC-.

LOGELBACH (HR) [logəlbax], als. *Loijelbàch* ["loj°l'Båx] ; *Dürrenlogelnheim*. ▸ « le lieu sec, caillouteux ». Lieu-dit entre Ingersheim et Colmar, qui s'élève à l'endroit du village disparu de Dürrenlogelnheim. Le radical est le même et remonte à la racine paléo-européenne LUK « sans mouvement » d'où « roc, sec ». Sens confirmé par le préfixe *Dürren-* = all. *dürr* « sec ». Le Logelbach est un bras dérivé de la Fecht, aménagé à partir du XVIe siècle et d'où le nouveau quartier tire son nom. Paronymie de l'als. *Logel* « tonnelet de vin » (nous sommes dans le vignoble).

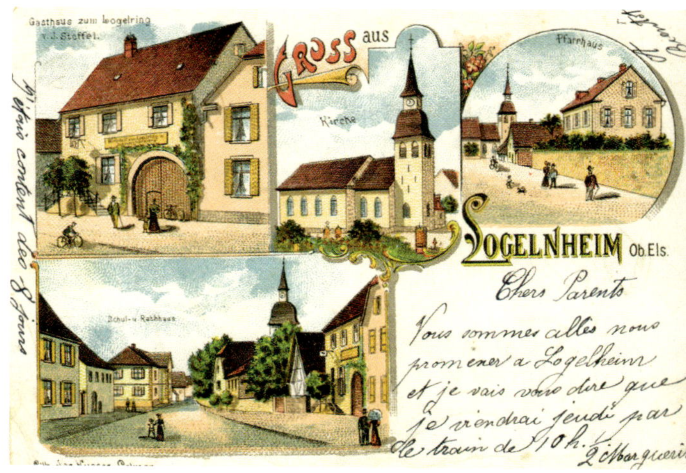

1904

LOGELHEIM (HR) [logəlajm], als. *Logele* ["lo:gələ] ; *Lagelenheim* 770, *Lagenheim* 823. ▸ « l'habitat sec, dur ». Situé dans la Hardt. Du suffixe *-heim*, précédé de la racine paléo-européenne LAK « sans mouvement », d'où « terrain dur, sec ». Homonymie avec l'als. *Logel* « tonnelet de vin » depuis l'évolution [a: > o:] au XIIIe siècle. Paronymie avec l'all. *Lage* dans le sens de « surface horizontale », qui correspond aussi au site.

LOHR (BR) [lo:r], als. *Lohr* ["lo:R] ; *Laras* 847, *Lara* 1178, *Lare* 1335. ▸ « l'aire, la clairière ». Du gaulois *laro* « sol, aire, clairière ». Evolution [a: > o:] au XIIIe siècle.

1915

1901

1904

LORENTZEN (BR) [lorɛntsən], als. *Lorentze* ["lo:'rɛnDsə] ; *Sanbet Laurenzien* 1361, *S. Laurentio*. ▸ « Saint-Laurent ». Le village doit son nom au saint patron de l'église paroissiale, saint Laurent (all. *Lorentz*), du latin *Laurentius*, dérivé de *laurus* « laurier », plante dédiée dans l'Antiquité romaine aux vainqueurs des batailles et des jeux. Il a perdu son épithète au cours de l'histoire, ce qui est assez fréquent en Alsace (VOIR MERTZEN, OSTWALD, WALBOURG).

LOUTRE (R)
VOIR LUTTER.

1900, carte dessinée par Bernard Hartmann.

LUCELLE (HR) [lysɛl], doublet roman de l'all. *Lützel*, als. *Lìtzel* ["lIDs°l] ; *S. Mariae monasterium qui Lucicella vocatur* 1125, *Lucella* 1136, *Luzelache* 1137, *Lucilla* 1151, *Luciscella* 1189. ▸ « l'abbaye de la lumière ». Ancienne abbaye cistercienne fondée en 1123. Du latin *lucella*, diminutif dérivé de *lux*, *lucis* « lumière ». Les formes *Lucicella* et *Luciscella*, faisant intervenir le latin d'église *cella* « cellule (de moine), couvent » sont artificielles. A l'ouest de Lucelle, du côté suisse, se dresse le Mont Lucelle, dont le doublet en allemand est *Lützelberg* (VOIR CI-DESSOUS LUTZELBOURG). Il y a de fortes chances que le lieu ait été déjà sacré avant le XIIe siècle, vestige probablement d'un culte pré-chrétien à la lumière. Le doublet allemand *Lützel* est ici de toute évidence non le représentant de l'adjectif moyen haut all. *lützel* « petit » (disparu aujourd'hui, cp. anglais *little*), mais une germanisation du roman *Lucelle*, ce qui est normal dans cette région sundgauvienne éloignée du foyer germanique et qui a connu une longue période de bilinguisme. D'ailleurs la localité de Klein-Lützel (*Lucella Minor*), en Suisse, plus en aval sur la Lucelle, ne pourrait guère signifier deux fois « petit ».

LUCELLE (R), nom du ruisseau qui traverse Lucelle et Klein-Lützel (Suisse), affluent de la Birse à Laufon ; en all. *Lützelbach* ; *Luzelahe*. ▸

« le ruisseau de Lucelle » Une origine germanique *Lützel-ach* « petite eau » est impossible dans cette région de vieille romanité (VOIR LUTZELBACH ET LICHTENECK).

Vers 1910

LUEMSCHWILLER (HR) [lyəmʃvilɛr], als. *Luemschwiller* ["lyəm'ʃvil°R] ; *Luomswilr* 1261, *Lomiswiler* 1278. ▸ « le domaine sur terrain glissant, instable ». D'un étymon gallo-roman *Lumacum*, formé sur la racine paléo-européenne LUM « contenant un mouvement en soi » > « terrain instable, glissant », suivi du suffixe gallo-roman *-acum*, auquel s'est ajouté *-villare*.

1909

LUPPACH (HR) [lypak]. ▸ « le terrain glissant, instable ». De la racine paléo-européenne LUP/LUB « contenant un mouvement en soi » > « terrain instable, glissant ». Etymon peut-être **Lupacum*, avec suffixe *-acum* confondu avec germ. *-ach*. Egalement nom du ruisseau.

1932

LUPSTEIN (BR) [lupʃtajn], als. *Lupschte* ["lUBʃDə] ; *Lupfinstagni* 739, *Lüpffstein* 1505, *Lupfstein* XVIIIe siècle. ▸ « la voie pavée sur terrain glissant, instable ». D'un étymon peut-être *Lupiacum*, traité phonétiquement comme Epfig (VOIR CE NOM ET LIEBSDORF), formé sur la racine paléo-européenne LUP « contenant un mouvement en soi » > « terrain instable, glissant », suivie du suffixe *–iacum* (à noter : pas de métaphonie en alsacien devant le groupe [pf]). Le suffixe *-stein* « pierre » fait allusion à une ancienne voie romaine pavée, sur laquelle s'élève le village (VOIR ERSTEIN). Pas de rapport avec une « pièce d'eau » (latin *stagnum*) que suggère la forme *-stagni* de 739 : il s'agit là d'une transcription latine approximative de l'all. *-stein*. /LOUPIAC (GIRONDE) ▸▸ Autre explication : d'un étymon gallo-roman *Levata petra* « pierre levée » qui aurait pu désigner une borne ou un menhir. Voir à proximité le tumulus du Wendelingswald, à l'intérieur duquel, selon la légende chrétienne, reposerait saint Wendelin, originaire de Hochfelden, protecteur du bétail. Selon d'autres sources,

Wendelin serait né vers 555 en Ecosse ou en Irlande, ermite, abbé de Tholey près de Fribourg en Suisse, où il mourut en 617. Son nom signifie en vieux haut allemand « de la tribu des Vandales ». Le latin *levare* est adopté et adapté en alsacien sous la forme *lìpfe* (moyen all. *lüpfen*) : *lev*[are] > **leff*[en] > *lipf*[en], et *Stein* traduit *petra*.

1903

LUTRAN (HR) [lytrã], doublet all. *Lüttern* ; *Ludra* 1249, *Lutram* XVe siècle. Village situé sur la Lutter, dont il porte le nom (*Lütteren* comme *Dolleren*, sur la Doller). (VOIR LUTTER.)

1915

LUTTENBACH (HR) [lytənbax], als. *Lüttebàch* ou *Lüttebà* ["lyDə'Bå(x)] ; *Lutenbach* 1120. ▸ « la rivière boueuse ». Du celtique *luta* « boue » suivi du suffixe germ. *-bach*. Attraction paronymique de l'all. *laut, als. lütt* « bruyant, sonore ». ▸ Dans nos mentalités modernes, la boue est une matière répulsive. Les lieux marécageux et boueux étaient au contraire prisés de nos ancêtres, à cause de leur richesse en sangsues (pour les saignées), gibier à plumes, légumes de maraîchage…

1915

LUTTER (R) [lytɛr], rivière formant la frontière entre l'Alsace et le Territoire de Belfort, all. *Lauter*, als. *Lütter*, doublet français la *Loutre*. ▸ « le bassin ». Du gaulois *lautron* « bassin, bain ». Ni l'als. *lütter* « limpide » (all. *lauter* < vieux haut all. *hlūtar*), ni le français *loutre* « type de rongeur aquatique » ne peuvent s'expliquer l'un par l'autre. L'étymon celtique s'impose ici et, du fait même, aux autres toponymes de type 'Lutter, Lauter'. ▸▸ Un *Lutter* homonyme est une rivière du Ried qui se jette dans l'Ill à Benfeld.

LUTTER (HR) [lytɛr], als. *Lütter* ["lyD°R] ; *Lutro* 1207, *Luotre* 1230, *Lutre* 1235. ▸ « le bassin ». Du gaulois *lautron* « bassin, bain ». Situé sur le *Lutterbächlein*.

1912

LUTTERBACH (HR) [lytɛrbak] ou [-bax], als. *Lütterbàch* ["lyD°R'Båx] ; *Luterbach* 728. ▸ « le bassin ». Du gaulois *lautron* « bassin, bain », suivi du suffixe *-bach*. Situé sur la Doller.

LUTZELBACH (R), un ruisseau qui arrose Ribeauvillé. ▸ « le petit ruisseau ». Du moyen haut allemand *lützel* « petit » et de *Bach* « ruisseau ». S'oppose au type 'Michelbach' (VOIR À CE NOM).

LUTZELBOURG (Mo) [lytsəlbur], als. *Lìtzelburi* ["lIDs°l'BUri] ; *Luzelburg* 1126. ▸ « le petit château fort ». Du moyen allemand *lützel* « petit » (germ. *liutils*, cp. angl. little) et Burg « château fort ». ▸▸ Autre explication : pourrait représenter le type

1964

celtique bien connu *Lugudunon*, par traduction : celt. *Lug* « lumière » > latin *luce(m)* « lumière », ou dérivé **lucella*, puis adaptation en germ. *lützel*, et *-dunon* > *-burg*. Dans ce cas, désignerait un antique lieu de culte pré-chrétien à la lumière. (VOIR LUCELLE, AINSI QUE DABO, LICHTENBERG, LA PETITE-PIERRE ET ST-JEAN-SAVERNE.) /LUXEMBOURG (EN DIALECTE LËTZEBUERG).

1907

LUTZELHARDT (C), nom d'un ancien château fort près d'Obersteinbach (BR). ▸ « la petite montagne boisée ». Du moyen all. *lützel* « petit » et *Hart* « montagne boisée ». ▸▸ Autre explication : « la forteresse de la lumière ». Du celtique **Luguduros*, de *Lug* « lumière » (traduit en latin *luce(m)*, **lucella*, puis adapté en germ. sous la forme de *lützel*) ; et *duros* « forteresse », primitivement adjectif *duros* « dur, fort » (> fr. *dur*) traduit littéralement en germ. par *hart* « dur ». Aurait pu désigner un antique lieu de culte pré-chrétien à la lumière.

1904

LUTZELHOUSE (BR) [lytsəluz], toponyme actuellement en zone romanophone, als. *Lìtzelhüse* ['lIDs°l"hy:sə] ; *Lüzelnhusen* 1290. ▸ « la petite maison ». Du moyen all. *lützel* « petit » et *Hausen* « maison ». ▸▸ Autre explication (plus probable) : du latin *lucella* « lumière » (adapté en germ. sous la forme de *lützel*), notant un antique lieu de culte pré-chrétien à la lumière, suivi du suffixe *-hausen/-house*. (VOIR, AU CHAPITRE II, LES LÉGENDES SOLAIRES DU JARDIN DES FÉES).

Vers 1930

MACKENHEIM (BR) [makənajm], als. *Màckene* ["måGənə] ; *Maclenen* 1064, *Mochenheim* 1224. ▸ « l'habitat sur le terrain bossué ». De la racine paléo-européenne MAK exprimant l'idée générale de « disharmonie (séparation, division, vacuité, bosse, forme biscornue) », suivie du suffixe *-heim*. ⏩ A rapprocher de l'als. *Màcke* « défaut, faiblesse, séquelle » qui vient de l'idée de « porter un coup » (cp. lat. *macellare* « abattre un animal », moyen all. *Metzler* = *Metzger*, et fr. *boucher* < BUK(K) « coup, bosse »).

1906

MACKWILLER (BR) [makvilɛr], als. *Màckwiller* ["måG'vil°R] ; *Macunewilare* 711, *villare Macchone* 712, *Mackenvilare* 807. ▸ « le domaine sur le terrain bossué ». Du suffixe *-villare* précédé de la racine paléo-européenne MAK exprimant l'idée générale de « disharmonie (séparation, division, vacuité, bosse, forme biscornue) », sens auquel font penser les croupes bossuées, les collines aux formes biscornues qui caractérisent cette partie de l'Alsace Bossue. ⏩ A rapprocher de l'als. *Màcke* « défaut, faiblesse, séquelle » qui vient de l'idée de « porter un coup ».

MAENNELSTEIN (M) [mɛnəlʃtajn], rocher non loin du Mont Sainte-Odile, célèbre pour ses anneaux mystérieux (CF. AUSSI TAENNCHEL). ▸ « la pierre du petit homme ». De l'als. *Männel*, diminutif de *Mànn* « homme » et *-stein* « pierre ». ⏩ Autre explication : *Maenn-* peut renvoyer au gaulois *magina* « pierre » (breton *mên*, par exemple dans *menhir* « longue pierre »). Dans ce cas, on aurait une tautologie : deux fois « pierre » (CP. DREIPETERSTEIN, CHAPITRE II). A Oberlarg, le *Mannlefelsen* « rocher du petit homme » ou « rocher/pierre » (autre tautologie) est un abri sous roche qui a livré des vestiges d'une occupation humaine de l'époque mésolithique (outils, habitat, entre -8000 et -3000) : coïncidence ?

Vers 1910

MAENNOLSHEIM (BR) [mɛnɔlsajm], als. *Manelse* ["man°lsə] ; *Meinoldsheim* 1050, *Megenoldesheim* 1100. ▸ « la demeure de Maginold ». Du suffixe *-heim* précédé du nom d'homme germanique *Maginold*, issu d'un plus ancien *Maginwald* « qui gouverne par la force », composé de *magin-* « force » et *waldan* « gouverner ». ⏩ Autre explication : de la racine paléo-européenne MAG désignant un « terrain bossué ».

Vers 1900

MAGEL (R) [ma(:)gəl], als. *Mœjel* ["mœ:j°l]. Rivière qui prend sa source au pied du Champ du Feu, affluent de la Bruche à hauteur de Heiligenberg. ▸ « la poche, le creux rempli d'eau, le bassin ». Plusieurs explications seraient possibles ; la plus simple consiste à invoquer une racine MAK, variante de la base paléo-européenne PAK/BAK qui exprime la disharmonie (séparation, division, vacuité, bosse, forme biscornue) : c'est l'idée d'un vide, d'un creux ou d'une poche, par la suite rempli d'eau, qui prévaut ici. On comparera avec les noms de la Fecht/*Fachina* et de la Béchine. Les noms de rivières sont en tout cas, dans l'ensemble, les plus archaïques parmi les toponymes.

1906

1914

MAGNY (HR), toponyme de zone romanophone, doublet all. *Menglat*, als. *Manglot* ["maŋ'lo:t] ; *Magne* 1105, *Mendelach* 1351, *Maigny* 1439. ▸ « la pierre, la limite, le péage ». Plusieurs explications sont possibles : 1) d'un mot celtique *magina* « pierre », qui aboutit normalement à *Magne* ; 2) du terme pré-celtique *manda* « hauteur, limite » ; 3) d'un étymon **Mantal(i)acum*, composé du gaulois *mantalo* « balance, péage », et expliquant les deux formes *Mendelach* et *Menglat* (dont le suffixe s'inspire aussi de celui de Chavannes/*Schaffnat*, VOIR CE NOM). Il y a eu par ailleurs influence mutuelle de Magny et Romagny, à 2 km, ainsi que des nombreux *-magny* du Territoire de Belfort (VOIR CHAPITRE III).

1908

MAGSTATT-LE-BAS (HR) [magʃtat], als. *Màschgetz* ["måʃGəDs], all. *Niedermagstatt* ; *Magestet* 788. ▸ « la clairière du camp » ou « du marché ». Du gaulois *Magoialos*, composé de *magos* « champ, camp, marché », dont la forme s'est maintenue, et *-ialos* « clairière », traduit par le germ. *-stett/statt*.

1912

MAGSTATT-LE-HAUT (HR) [magʃtat], als. *Obermàschgetz* ["'o:B°r'måʃGəDs], all. *Obermagstatt* ; *Mahstatt* 1090. Comme Magstatt-le-Bas.

1911

MAISONSGOUTTE (BR) [mɛzõgut], als. *Mäisegott* ["mɛjsə'Got], doublet all. *Meisengott* ;

Dyezelbach 1303, *Thieselbach*, *Meisengott* 1343. ▸ « le (petit) conduit (d'eau) ». La forme *Dyezelbach* s'analyse comme le suffixe *-bach* « ruisseau » précédé d'un radical *Disel-*, en rapport avec la famille de l'alsacien *dissle*, *düssle*, (*sich*) *düsse*, verbes dont la signification générale, influencée aujourd'hui par *düs* « silencieux, discret, docile » dérivé du français *doux*, est « se glisser furtivement, se faire petit », mais qui se rattachent vraisemblablement à une racine romane *dus-*, *duis-*, *dois-* issue du latin *ducere* « conduire », *duce(m)* « ce qui conduit » et notamment « conduit d'eau » : cf. vieux français *doix* « conduit d'eau » et son dérivé *doisil* (< lat. *ducile*), forme à laquelle correspond *Disel-* (VOIR AUSSI DOSSENHEIM, DUSENBACH). Par la suite, le sens de ce toponyme n'étant plus compris par les locuteurs germaniques, il a été interprété et remotivé comme *d'Hisel[e]-bach* c'est-à-dire « le ruisseau des (petites) maisons » (als. *Hisel*, pl. *Hisle*), signifié qui a servi de base à la traduction romane *Maisonsgoutte* (*d'Hisel-* > Maisons-, *-bach* > -goutte) intervenue au plus tard au XIIe siècle, date de l'avancée maximale du parler roman dans la vallée. Vers le XIVe siècle, l'alsacien étant à nouveau parlé, *Maisonsgoutte* est réadapté en germanique sous la forme *Meisengott*, et l'ancien *Diselbach*, *Thieselbach*, tombe en désuétude. ▸▸ Explications complémentaires : Maisonsgoutte est une localité dialectophone pourvue d'un nom de langue romane. Ce cas constitue une exception : alors qu'en général pour les doublets, le nom germanique et le nom roman se sont développés parallèlement à partir d'un même étymon, chacun dans son aire (dialectale ou sociolectale), on peut être sûr que la forme germanique de Maisonsgoutte dérive de la forme romane. En effet, celle-ci fait référence à des « maisons » et à une « goutte » (c'est-à-dire un « ruisseau », parfois aussi une « colline », en dialecte roman), alors que les correspondants allemand et alsacien *Meisengott*, *Mäisegott* se traduisent littéralement par « dieu des mésanges » (*Meise* « mésange », *Gott* « Dieu »), signifié d'acceptabilité douteuse. En clair, *-gott* ne peut être qu'une adaptation germanique de *-goutte*, qui apparaît fréquemment comme la traduction du suffixe germ. *-bach* « ruisseau » (Rougegoutte près de Giromagny = **Rothenbach*, Danigoutte au-dessus de Lièpvre = **Thannenbach*, Ribeaugoutte au-dessus de Lapoutroie = **Rappoltsbach*). Par ailleurs, cela signifie que dans la vallée nord du Giessen, les parlers germaniques, qui avaient atteint le col de Steige (vu le nom du village de Steige), ont ensuite cédé du terrain au dialecte roman, importé par des arrivants venus de l'autre côté du col. Aux environs du XIIe siècle, le dialecte alsacien ne devait être parlé majoritairement que jusqu'à Saint-Martin ainsi que dans la vallée secondaire de Breitenbach. C'est au XIVe siècle qu'il atteignit à nouveau Maisonsgoutte, alors que Steige est resté romanophone jusqu'à nos jours.

Vers 1915

MALMERSPACH (HR) [malmərspax], als. *Màlmerschpàch* ["målm°R'ʃBåx] ; *Malberspach* 1506. ▸ « le ruisseau de Malbrecht ». Du suffixe *-bach* « ruisseau » précédé du nom d'homme germanique *Malbrecht* (> fr. *Maubert*), d'un plus ancien *Almarberht* (de *al* « tout », *mar* « célèbre », *berht* « brillant ») ▸▸ Autres explications : 1) d'un étymon **Malmaracum*, formé de la racine paléo-européenne MAL-M « renflement » et des suffixes *-ar -acum*, avec transformation *-ach* > *-bach* (VOIR CHAPITRE III). La localité est sur les pentes de rive droite de la Thur. 2) l'explication à partir du mot allemand *Malve* « mauve », plante appelée en alsacien *Käselkrütt*, n'est pas valide.

1914

MANSPACH (HR) [mãspak] ou [manʃpax], als. *Mànschpàch* ["mån'ʃBåx], doublet roman *Mampe*; *Manspach* 1152. ▸ « le vallonnement ». De la racine paléo-européenne MAN « renflement, vallonnement ». C'est aussi le nom du ruisseau (*Mansbach*).

MARCKOLSHEIM (BR) [markɔlsajm], als. *Màrckelse* ["mårG°lsə]; *Marcolvesheim* 770, *Marckelsheim* 803. ▸ « la demeure de Markolf ». D'un nom d'homme germanique *Markolf*, composé de *marka* « frontière » et *wulf* « loup ». ▸▸ Autre explication : le vieil allemand *marka* « marche, frontière » a été très employé à l'époque carolingienne pour désigner des zones de protection militaire à proximité d'une frontière (> fr.

Vers 1910

marche). En l'occurrence il s'agit de la frontière entre haute et basse Alsace, qui est un héritage de l'ancienne limite entre, au sud, Séquanes et Rauraques et, au nord, Médiomatriques et Triboques, matérialisée par le Landgraben de Guémar. On peut aussi penser à une acception géographique (*marche* signifie aussi « élévation », ici passage du Ried à la Hardt, VOIR CES NOMS).

1909

MARIENTHAL (BR) [marjənta:l] ou [marjãtal], als. *Märjetàl* ["mɛrjə'Då:l]. ‣ « la vallée de (sainte) Marie ». Lieu d'un pèlerinage dédié à la Vierge. L'origine remonte à un ermitage créé vers 1225 en un lieu alors appelé *Rothbach* (situation sur l'antique voie celtique Brumath-Seltz, VOIR ROTHBACH). La maison-mère était à Graefinthal (Sarre), ce qui explique peut-être le choix du suffixe *-thal*, car le site, plan, ne correspond pas à ce que l'on entend habituellement par « vallée ».

MARKSTEIN (HR) [markʃtajn], als. *Màrkstai* ["mårG'ʃDaj]. Nom d'un sommet vosgien (puis d'une station de ski sur la route des Crêtes). ‣ « le rocher à la frontière » ou « formant frontière ». De l'all. *Mark* « frontière » et *Stein* « rocher ». Ce lieu marquait la frontière entre les trois tribus gauloises des Leuques au nord-ouest (capitale Toul), des Lingons au sud-ouest (capitale Langres) et des Rauraques à l'est (Haute-Alsace, capitale Augst [Suisse]), reprise, avant la Révolution, dans la délimitation des diocèses respectivement de Toul, Besançon et Bâle. En allemand, *Markstein* signifie simplement « borne ».

Vers 1905, carte du club sportif Vosges Trotters de Mulhouse.

1908

MARLENHEIM (BR) [marlənajm], als. *Màrle* ["må:rlə] ; *Marilegium* VIe siècle. ‣ « l'habitat près du renflement ». D'un étymon gallo-roman *Marliacum*, formé sur la racine paléo-européenne MAR-L « renflement, gonflement », désignant la barre montagneuse du Marleberg et du Wangenberg, suivie du suffixe *-iacum* ; le suffixe *-heim* a été rajouté à l'époque germanique. Sans doute ancienne villa des rois francs. /MARLY (AISNE, NORD, YVELINES, ETC.), MARLIAC (HAUTE-GARONNE), MARLENS (HAUTE-SAVOIE).

Vers 1920, portique en bois construit pour une fête religieuse.

MARMOUTIER (BR), francisation de l'all. *Mauersmünster*, als. *Mürmìnschter* ['my:r"mInʃD°R]; *Monasterium* 724, *Moresmunister* 754, *Maurimonasterium* 861. ▸ « le monastère de saint Maur ». Du nom d'homme latin *Maurus* et de l'all. *Münster* (< latin *monasterium*) « monastère ». ▸▸ Explication complémentaire : l'abbaye de Marmoutier aurait été fondée vers 550 par saint Léobard (VOIR LOCHWILLER), disciple de saint Colomban, et dotée par les Mérovingiens d'un vaste territoire appelé la Marche d'Aquilée, en latin *Aquileia* (en hommage à la ville de l'Istrie ?) ou *Marca Aquilensis*. Restaurée par l'abbé *Maurus*, ou saint *Maur*, après un incendie en 724, elle adopta la règle bénédictine et prit le nom de *Maurimonasterium*. La date de la francisation n'est pas connue : elle emploie le terme de vieux français *moutier* « monastère » (< latin *monasterium*), et a peut-être été influencée par le nom de l'abbaye de Marmoutier près de Tours, fondée au IVe siècle par saint Martin, l'abbatiale de Marmoutier étant, elle aussi, consacrée à ce saint. On trouve *Maurmoutier* au XVIIe siècle. Une étymologie par le latin *mūrus* « mur » (> als. *Mür*, all. *Mauer*) serait concevable, sur le plan phonétique uniquement. (VOIR AUSSI CHAPITRE II, CULTE DU SOLEIL, RACINE BUR/BUL/MUR/MUL.)

Vers 1910

MASEVAUX (HR) [masvo], doublet roman de l'all. *Masmünster*, als. *Màsmìnschter* ['mås"mInʃD°R]; *cœnobium Masanwilare* 780, *vallis Masonis* 828, *Masonis monasterium* 870, *Masonmostier, Masunual, Masenmunster* 1250, *Maisonvaulx*. ▸ « la vallée ou le monastère de Mason ». Du nom du comte *Mason*, neveu de sainte Odile, qui fonda en 720 un monastère dans la vallée de la Doller (VOIR CHAPITRE II). ▸▸ Autre explication : d'une racine paléo-européenne MAS désignant un « affaissement » d'où l'idée de « matière pilée, glissante, lieu envasé ». MAS, MOS sont fréquents en toponymie, pour désigner des cours d'eau ou des lieux humides (Moos, Mossig, Moselle, Meuse, etc.) Ce pourrait être là le soubassement concret de la légende du comte Maso. ▸▸ Les habitants de Masevaux portent, curieusement, le nom savant de *Masopolitains* : confusion étymologique entre **Masovallis* et **Masopolis* ?

MATTSTALL (BR) [matʃtal], als. *Màttstàll* ["måDʃ'Dål] ; cité pour la première fois en 1129. ▸ « l'étable du pré ». De l'allemand *Matte* « pré » et *Stall* « étable ».

1902

Vers 1950

MATZENHEIM (BR) [matsənajm], als. *Màtzne* ["måDsnə] ; *Mattinheim* 734, *Mathinheim* 735, *Mazoniwillare* 744, *Mattunheim* 896. ▸ « l'habitat sur la levée plate ». Du suffixe *-heim* précédé d'une racine paléo-européenne MAT qui signifie « objet présentant un bord plat (butte, plateau, puits...) ». La localité est située en contrehaut du Ried de l'Ill (VOIR HUTTENHEIM). La forme Matzenheim/Màtzne provient d'une métathèse **Mattensheim* > **Matteshheim* > **Mat(t)se*, d'où <Matzenheim>. Influence paronymique de l'all. *Matzen*, alsacien *Màtze* « pain azyme » (idée d'aplatissement).

(27 mai) 1909

MEISTRATZHEIM (BR) [majstratsajm], als. *Mäischtertze* ["mɛjʃD°RDsə] ; *Maistreshaime* VIIIe siècle, *Mustridisheim* 823, *Meisteresheim* 1097. ▸ « l'habitat sur un site humide, moisi ». D'un étymon gallo-roman *Mustidaretum*, formé sur le latin pop. *mustidus* « humide, moite, moisi » (> vieux français *moiste*, fr. *moite*), suivi du double suffixe locatif et collectif *ar-ētum*. Evolution *Mustidarētum* > *Moist(e)ridu* VIe siècle, adapté en germanique comme *Maistred-* (*es-heim*), avec ajout de l'*s* génitif et du suffixe *-heim*. Influence paronymique de l'all. *Meister* « maître ».

1910

MELSHEIM (BR) [mɛlsajm], als. *Malse* ["malsə]. ▸ « l'habitat sur la colline ». Du suffixe *-heim* précédé du gaulois *mello* « colline ».

Vers 1920

MEMMELSHOFFEN (BR) [mɛməlso(:)fən], als. *Mämmelshoffe* ["mɛm°l'sofə] ; *Meimelshoffen* 1347. ▸ « le domaine (la court) sur le mamelon ». Peut avoir le sens géographique de « mamelon » (< latin *mamma*, dérivé *mammilla* « mamelle ») ou de la racine paléo-européenne MAM signifiant « eau souterraine, liquide affleurant ». cp. als. *memmle* « boire goutte à goutte ». Suffixe *-hoffen* traduisant *-court* (VOIR CHAPITRE III).

MENCHHOFFEN (BR) [mɛnʃo(:)fən], als. *Manichhoffe* ["mani'ʃofə]. ▸ « la collonge d'abbaye ». De l'allemand *Mönchhof* même sens, composé de *Mönch* « moine » (< vieux haut all. *munih*, du latin médiéval *monicus*, pour class. *monachus* < grec *monachos* « qui vit seul ») et *Hof* « ferme ». Menchhoffen relevait de l'abbaye de Neuwiller.

Vers 1920

1903

MERKWILLER (BR) [mɛrkvilɛr], als. *Marikwiller* ["mariG'vil°R], *Marcaberga* 742, *Margbergvillare* 769. ▸ « le domaine de la marche ». Du vieil allemand *marka* « frontière, marche » (VOIR MARCKOLSHEIM) et *-willer* emprunté au gallo-roman *-villare* « domaine », qui s'est lui-même ajouté à *-berg* « montagne » (ou du gaulois *briga* « place-forte ») ou bien l'a remplacé. Attraction de l'als. *Merik* « marché », all. *Markt* (< latin *mercatus*). ▸▸ Sous les Carolingiens, les marches constituaient des zones de protection militaire à proximité d'une frontière ou d'un territoire mal pacifié.

1911

MERTZEN (HR) [mɛrtsən], als. *Mertze* ["mɛRDsə], doublet roman *Meurentsche*; *Morentze* 1100, *Moerentze* 1341, *Mörentz* 1491, *Mauritz* 1509, *Möritzen* 1525, *Moritzheim* 1571, *Meritz* 1576. ▸ « Saint-Maurice ». De l'all. *Moritz* (anc. *Mauritz*) « Maurice ». L'église du village est dédiée à saint Maurice. Les formes anciennes font peut-être une confusion avec saint Morand, l'apôtre du Sundgau. Métaphonie [o > œ > e] devant [i] subséquent.

MERTZWILLER (BR) [mɛrtsvilɛr], als. *Mertzwiller* ["mɛR'Dsvil°R] ; *Morizunwillare* 968. ▸ « le domaine de (saint) Maurice ». La forme de 968 présente un radical *Morizun*

1909

équivalent de *Moritz(en)*, de l'all. *Moritz* « Maurice » (< lat. *Mauricius*). Noter la métaphonie [o > œ > e] devant [i] subséquent. ⏩ Explication complémentaire : à moins qu'il ne s'agisse d'un nom d'homme fortuit, on peut penser à saint Maurice, d'autant que Mertzwiller est un village de défrichement fondé par les moines de Neubourg sur l'emplacement d'une voie romaine. Saint Maurice était un légionnaire converti, mort martyr en 304. Moins célèbre que saint Martin, autre soldat romain et apôtre des Gaules, il lui est souvent associé (VOIR SAINT-MAURICE). Dans les premiers temps du christianisme, ces deux saints ont servi de substitut au dieu de la guerre *Mars* (gén. *Martis*), avant que leur culte ne soit supplanté au VIIIe siècle par celui de saint Michel. On suppose l'existence à Mertzwiller d'un temple dédié à Mars (all. *März*, [le mois de] mars).

1901

MERXHEIM (HR) [mɛrksajm], als. *Marxe* ["maRGsə] ; *Marchunisheim* 780, *Merchensheim* 1186. ▸ « l'habitat sur le renflement ». Du suffixe *-heim* précédé d'une racine paléo-européenne MAR-K « renflement, vallonnement ». Le village est situé au pied de la levée de terrain correspondant à la Hardt.

1904

METZERAL (HR) [mɛtsəra:l] mieux que [mɛdzəral] als. *Matzeràl* ["maDsə'rå:l] ; *Mezerol* 817, *Meterol* 824, *Mecerol*, *Mazerol*, *Mezzerâl* aux XIIe et XIIIe siècles. ▸ « la petite ruine ». Du latin *Maceriola*, diminutif de *maceria* « mur de clôture en pierres sèches » à l'époque classique, puis « ruine ». Ce terme a servi en particulier pour désigner les villages gallo-romains en ruines qui furent réoccupés après la période des Invasions. /MÉZIÈRES, MAZÈRE TRÈS NOMBREUX ; MAZEROLLE (AUDE, CHARENTE, ETC.), HOMONYME DE METZERAL.

Vers 1930

MEYENHEIM (HR) [majənajm], als. *Maiene* ["majənə] ; *Maginheim* 780, *Meieneim* 1187,

Megenheim 1232. ▸ « la demeure de Magino ». Du nom d'homme germanique *Magino* (sur *mag-in-* « force ») suivi du suffixe *-heim*. ▸▸ Autre explication : du nom de Maia, déesse gréco-romaine qui symbolise la Terre-Mère, et particulièrement la saison du Printemps (> lat. *Maius* le mois de « mai ») ; chez les Gaulois, parèdre de Mercure ou Lug, dieu de la lumière. *Magenhemswiller*, *Meienheimswiller* est l'ancien nom de Saint-Jean-Saverne (VOIR CE NOM). Vestiges gallo-romains importants sur le site de Meyenheim.

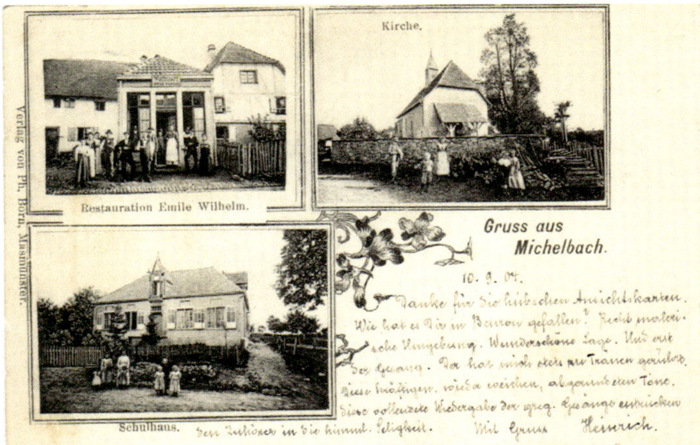

1904

MICHELBACH (HR) [miʃəlbax], als. *Michelbàch* ["mIx°l'Båx]. ▸ « le grand ruisseau ». Du moyen haut-allemand *michel* « grand » suivi de *-bach* « ruisseau ». ▸▸ Autre explication : ▸ « le ruisseau furtif ». Du moyen haut-allemand *miuchel* « discret, caché, furtif » suivi de *-bach* « ruisseau ».

MICHELBACH-LE-BAS (HR) [miʃəlbax], als. *Niedermìchelbàch* ["niəD°R'mIx°lBåx]. ▸ « le grand ruisseau ». Du moyen haut-allemand *michel* « grand » suivi de *-bach* « ruisseau ». ▸▸ Autre explication : ▸ « le ruisseau furtif ». Du moyen haut-allemand *miuchel* « discret, caché, furtif » suivi de *-bach* « ruisseau ».

1904

1934

MICHELBACH-LE-HAUT (HR) [miʃəlbax], als. *Obermìchelbàch* ["'o:B°R'mIx°lBåx]. ▸ « le grand ruisseau ». Comme Michelbach-le-Bas. ▸▸ La topographie bossuée du site en appelle cependant à la racine paléo-européenne MK (*mak*, *mik*) exprimant l'idée générale de « disharmonie (séparation, division, vacuité, bosse, forme biscornue) ».

MIETESHEIM (BR) [mi:təsajm], als. *Mietsem* ["mI:Ds°m] ; *Moduinowilare* 742, *Modenesheim* 742, *Muttensheim* 1229. ▸ « l'habitation de la butte ». Du suffixe germanique *-heim*, qui a remplacé un plus ancien *-villare* gallo-roman, précédé d'une racine paléo-européenne MUT qui signifie « objet présentant un bord plat (butte, plateau, puits…) ». La localité est située sur une motte (VOIR BITSCHHOFFEN ET UTTENHOFFEN). Noter la métaphonie [uo > yœ] au VIIIe siècle, avant le remplacement de *-willer* par *-heim*.

Vers 1900

1909

MINVERSHEIM (BR) [minvərsajm], als. *Mìnversche* ["mInf°Rʃə] ; *Munifredouilla* 711, *Munifridesheim* 744, *Münfersheim* 1259. ▸ « la demeure de Mundfrid ». D'un nom d'homme germanique *Mundfrid* « qui protège la paix » (de *mund* « protection » et *fridu* « paix »). ▸▸ Autre explication : Une tradition locale rapporte que la tour de l'église du village reposerait sur les fondations d'une ancienne tour de garde romaine. On pourrait interpréter, de la sorte, *Mundfrid* non comme un nom de personne, mais comme un synonyme de *Bergfried* « beffroi » (*Mund* « protection » est synonyme de *bergen* « [se] protéger »), le beffroi étant précisément une tour de garde. Le mot *Bergfied* d'ailleurs, devenu terme usuel en allemand (d'où français *beffroi*), n'est pas du tout d'origine germanique et n'a rien à voir, hors un phénomène de paronymie, ni avec *bergen* ni avec *Fried* : il provient, par le latin, d'un emprunt au grec *pyrgophorêtos* « tour mobile », à l'origine spécialisée dans le siège des villes et mue par des éléphants. Variante : d'un étymon germanique (quoique renvoyant toujours à une réalité romaine antérieure) *Mundwarja* « rempart de protection » (pour *-warja*, VOIR NIFFER, HORBOURG ET ECKWERSHEIM). Noter le changement de suffixe : *-villa* remplacé par *-heim* (VOIR CHAPITRE III).

Vers 1910

MITSCHDORF (BR) [mitʃdɔrf], als. *Mìtschdorf* ["mIDʃ'DoRf] ; *Mediovilla* 757. ▸ « le village sur la butte ». Du suffixe -dorf précédé d'une racine paléo-européenne MIT (ou MUT avant métaphonie) qui signifie entre autres « limites verticales d'une surface, d'où en particulier butte, puits ». ▸▸ Autre explication : ▸ « le domaine du milieu ». Du latin *medius* « qui est au milieu, central » (ou du gaulois *medio* même sens) suivi du gallo-roman *-villare*. Il s'agirait de la « villa du milieu » (entre Goersdorf et Preuschdorf). Les trois toponymes ont changé de suffixe (*-villare* > *-dorf*, VOIR CHAPITRE III), contrairement aux autres toponymes en *-willer* des alentours (protection du site celtique du Langenberg ?). Le radical *Medio-* n'a pas été traduit (cp. son homonyme Mittelwihr), l'évolution phonétique *medio-* > *mitsch-* étant conforme aux règles phonétiques (VOIR MITZACH).

Vers 1910

MITTELBERGHEIM (BR) [mitəlbɛrkajm] mieux que [-bɛrgajm], als. *Barige* ["BariGə] ; *Bercheim* 1267. ‣ « l'habitation de la place forte ». Du celtique *briga* « place-forte », suivi du suffixe germanique *-heim*, auquel est venu s'ajouter plus tardivement le préfixe *Mittel-* « au milieu ». Mittelbergheim est l'élément médian d'une triade composée de Scharrachbergheim, Mittelbergheim et Bergheim, trois villages en ligne droite, le long de l'antique route du piémont des Vosges, et séparés chacun d'une distance de 22 km, soit exactement 10 lieues gauloises. Vingt lieues constituaient la distance d'une étape journalière.

1914-1918, traversée du village par les colonnes de ravitaillement de l'armée allemande.

MITTELHAUSBERGEN (BR) [mitəlawsbɛrgən], als. *Mìttelhüsbarje* ['mID°l'hys"Barjə] ; *Hugispergo* 763, *Hugesbergen* 913, *Druhugesbergen* 1370 (= *drei Hugesbergen*). ‣ « la montagne de Hugo ». Du suffixe all. *Mittel-* « moyen, au milieu » suivi du nom de personne germanique *Hugo* ou *Hugon* (> fr. *Hugues*) dont le sens est « intelligence » (nom d'un des deux corbeaux d'Odin dans la mythologie scandinave), suivi à son tour du suffixe germ. *-berg* « montagne ». L'évolution phonétique a entraîné une paronymie avec l'als. *Hüss*, all. *Haus* « maison ». On ne peut séparer l'étude des trois Hausbergen (comme le suggère la forme de 1370) : Niederhausbergen, Mittelhausbergen et Oberhausbergen s'égrènent du nord-est au sud-ouest en contrebas des collines de Hausbergen, premiers contreforts du Kochersberg. ‣‣ Autre explication : Le site de Hausbergen fut le théâtre de la bataille de l'empereur Julien contre les Alamans en 357. Pour la forme comme sur le fond, le toponyme pourrait représenter un étymon celtique *Ux(ell)obriga* ou *Ux(ello)dunon* « place forte en hauteur, ou importante », composé de *uxello-* « haut, important », adapté sous la forme *(h)uges-*, et *briga* ou *dunon*, dont le sens à la fois de « hauteur » et de « place forte » a été traduit en germ. *-berg*. /ISSOUDUN (CHER), EXOUDUN (DEUX-SÈVRES) < UXELLODUNON.

1904

MITTELHAUSEN (BR) [mitəlawzən], als. *Mìttelhüse* ['mID°l"hy:sə]. ▸ « la maison du milieu ». Formé de l'élément *hausen/house* « maison », d'origine semble-t-il alémanique (VOIR CHAPITRE III) et du préfixe *Mittel-* « au milieu ». Le village est situé à égale distance (13 km) de Kurtzenhouse et de Westhouse-Marmoutier. ▸▸ Sur la voie romaine Saverne-Marmoutier-Brumath-Bischwiller.

Vers 1900

MITTELKURTZ (BR) [mitəlkurts], als. *Mìttelkurtz* ["mID°l'kʰUrDs]. ▸ « la court du milieu ». Du préfixe germanique *mittel-* « milieu », suivi du gallo-roman *corte* « ferme, domaine, propriété », d'où *court*. Ce terme, attribué à l'époque carolingienne, a normalement été germanisé : doublet *-dorf* ou traduction en *-hoffen* (VOIR CHAPITRE III). Le maintien ici, avec une simple adaptation phonétique ([t > ts] selon la seconde mutation consonantique), est un indice de persistance de la langue romane jusqu'à une date tardive dans le secteur du Goeftberg. Pas de rapport avec l'adjectif allemand *kurz* « court ». (VOIR KURTZENHOUSE). ▸▸ Mittelkurtz est à l'intersection de trois voies romaines : vers Marmoutier-Saverne, vers Mittelhausen-Brumath-Bischwiller, vers Kuttolsheim-Strasbourg. /MOYENCOURT (SOMME).

1917

MITTELSCHAEFFOLSHEIM (BR) [mitəlʃɛ(:)fɔl-sajm], als. *Schafelse* ["ʃa:f°lsə]. ▸ « la demeure de Skaftold ». Du suffixe *-heim* précédé du nom d'homme germanique *Skaftold*, d'un plus ancien *Skaftwald* « qui gouverne avec un sceptre » (*skaft* « bâton, sceptre, fût de lance » et *waldan* « commander, gouverner »). Explication induite à partir de la forme ancienne d'Oberschaeffolsheim (VOIR CE NOM). A noter que Mittelschaeffolsheim est appelé Oberschaeffolsheim dans les mentions du XIVe au XVIIe siècle. Paronymie de l'alsacien *Schäfel*, *Schafel* « agneau ». ⏩ Autre explication : du bas latin *capanna* « cabane », ayant pris le sens d'« étable », « bergerie » sous l'influence de mots germaniques (cf. angl. *shippen*). Dans ce cas, il faut considérer une évolution romane [kap- > tʃav-] antérieure au VIIe siècle, ce qui est concevable. (VOIR CHAVANNES-SUR-L'ETANG, SCHAFFHOUSE, SCHOPPERTEN).

1900

MITTELWIHR (HR) [mitəlvir], als. *Mìttelwihr* ["mID°l'vi:R] ; *Mitenwilre* 974. ▸ « le domaine du milieu ». De l'all. *mittel* « au milieu » et suffixe *-wihr* < lat. *-villare*. (Entre Beblenheim et Bennwihr, tous deux remontant à la racine PAP ; VOIR CES NOMS). ⏩ Autre explication : du latin *mēta* « hauteur de forme conique » (qui a par ailleurs fourni l'all. *Miete* « meule de foin ») > adj. *mētālis* « en forme de cône, de meule » (d'où étymon supposable **Metalo-villare*). Cf. la colline du Mandelberg.

Vers 1905

MITTLACH (HR) [mitlax], als. *Mìttlà* ["mIDlå] ; *Medla* 1741. ▸ « l'eau du milieu ». De l'all. *mittel* « au milieu » et suffixe *-ach* « eau ». Le village, fondé au début du XVIIIe siècle probablement par des immigrants suisses, est situé sur le ruisseau du *Mittlach*, aujourd'hui *Mittlachbach* : le nom du village, tout d'abord repris de celui du ruisseau, s'est ensuite réimposé à celui-ci avec ajout du suffixe *-bach*. Le *Mittlach* ou *Mittlachbach* porterait ce nom parce que situé entre la Grande Fecht et la Wormsa. ⏩ Autre explication : du latin *mēta* « hauteur de forme conique » > « borne, fin, extrémité ». Les vallées des Hautes-Vosges, avant l'ère de l'automobile et la construction de routes par-delà les cols, étaient ressenties comme barrées, bornées par la montagne : *do ìsch d'Walt mìt Bratte züegnàgelt* « là le monde est cloué avec des planches », dit la tradition. (VOIR SONDERNACH.)

MITZACH (HR) [mitsax], als. *Mìtzàch* ["mIDsåx] ; *Mitzach* 1477. ▸ « le lieu de la butte ». D'un étymon gallo-roman *Muttiacum*, composé de la racine paléo-européenne MUT, variante de BUT « limite verticale d'une surface : butte, puits » (VOIR MUTZIG). Métaphonie [u > y > I] devant [i].

Vers 1920

1914

MODENHEIM (HR) [modənajm], als. *Modene* ["mo:Dənə], quartier de Mulhouse; *Mathinhaim* 735. ▸ « l'habitation sur la butte (ou la motte) ». Du suffixe germanique *-heim*, précédé de la racine paléo-européenne MAT signifiant entre autres « limite verticale d'une surface : butte, puits, lisière ».

MODER (R) [modɛr], als. *Moder* ["mo:D°R]; *Matra* 702, 996. ▸ « la source (considérée comme mère, donc divinisée) ». Du celtique *Matra* « déesse mère d'une source ». Le [a:] long de *mātra* a régulièrement évolué en [o:] au XIIIe siècle d'où [mo:D-]. ▸▸ Autre explication : d'une racine paléo-européenne MUT-R, variante de PUT-R « pourrir, se désagréger » (VOIR LAPOUTROIE), représentée en allemand par le terme homonyme *Moder* « pourriture » (< germ. *muðra-*). Désigne, dans ce cas, une « eau fétide » (VOIR AUSSI MUTTERSHOLTZ).

1905

MODERN (BR) [modərn], als. *Modere* ["mo:Dərə]. Formé en 1973 par la fusion d'Obermodern et Zutzendorf. VOIR CES NOMS.

1952, pompes à essence.

MOERNACH (HR) [mœrnak] ou [-nax], als. *Märnà* ['mɛrnå]; *Muornache* 1230. ▸ « le vallonnement ». D'un étymon *Muriniacum* ou

Mauriniacum, formé sur la racine paléo-européenne MUR « renflement, vallonnement ». ⏩ Autres explications : 1) d'un nom d'homme latin *Maurinus*. 2) VOIR AUSSI CHAPITRE II, CULTE DU SOLEIL, racine BUR/BUL/MUR/MUL. /MORNAC (CHARENTE), MORNAY (AIN, CÔTE-D'OR).

1936

MOLKENRAIN (HR) [mɔlkənrajn], nom d'un massif sur la première ligne de crêtes vosgiennes ; *Melkorn* 1297. ▸ « la marcairie ». Il faut interpréter *Melkorn* comme *Melkern*, de *Melker* « le trayeur », c'est-à-dire le fermier des hautes pâtures vosgiennes, en als. *Malker*, terme qui a été adopté et adapté en roman sous la forme *marcaire*. Toute la famille vient de l'all. *melken* « traire », participe *gemolken*, als. *molke*, sur lequel la forme actuelle a été refaite, avec ajout du terme *Rain* « élévation de terrain délimitant un champ, pente formant lisière ». Pour la forme *marcaire*, VOIR AUSSI MARKSTEIN.

MOLLAU (HR) [mɔlo] ou [mɔlaw], als. *Mollo* ["molo] ; *Mulenowe* 1216, *Mullowe* 1391, *Mollaw* 1150. ▸ « la prairie du moulin ». De l'all. *Mühle* « moulin » et *-au*, représentant l'allemand *Au* ou *Aue* « prairie humide » (vieux haut allemand *auwja*). ⏩ Autre explication : de la racine paléo-européenne MUL « renflement, vallonnement ». Allusion au site général du village ou, en particulier, à la colline du Heidenbuckel.

Vers 1930

1915

MOLLKIRCH (BR) [mɔlkirʃ], als. *Mollkìrich* ["mol'kʰIriʃ] ; *Mahlkirch* 1220. ▸ « l'église sur un renflement ». De la racine paléo-européenne

MAL « renflement, vallonnement » : le village est sur le versant du Mollberg (527 m). Evolution [a: > o] au XIIIe siècle. Le suffixe *-kirch* « église » désigne à l'origine un « abri », le plus souvent « sacré » : rapport possible avec les nombreux tumulus découverts à proximité. On rapprochera de l'als. *Moll* « salamandre » et *Mollikopf* « têtard », ainsi nommés à cause de leur tête enflée.

MOLSHEIM (BR) [mɔlsajm], als. *Molse* ["molsə] ; *Mollesheim* 820. ▸ « l'habitation du renflement ». De la racine paléo-européenne MUL « renflement, vallonnement » : la ville est au pied du Molsheimerberg, sans doute un **Mollberg* primitif qui a donné son nom à la cité avant de le lui réemprunter. ▸▸ Autre explication : il semble que les anciens aient interprété le radical *Mol-* comme apparenté au latin *mola* « meule » et *molinum* « moulin », puisque sur les armoiries de Molsheim figure une roue de moulin. Rappelons que la racine MUL- est susceptible de désigner des lieux de culte pré-chrétiens au soleil, dont la roue est précisément un des symboles (VOIR CHAPITRE II).

Vers 1910

1911, employés des Chemins de fer posant devant la gare.

MOMMENHEIM (BR) [mɔmənajm], als. *Mummle* ["mUmlə]; *Mummelenheim* 921. ▸ « l'habitation sur le mamelon ». Peut avoir le sens géographique de « mamelon » (radical *mumm-*, variante de *mamm-*, cf. latin *mamma* et son dérivé *mammilla* « mamelle ») ou de la racine paléo-européenne MUM signifiant « eau souterraine, liquide affleurant ». Cf als. *müemle* « baver ». Le taureau (*Mummel*) est réputé baver.

MONSWILLER (BR) [mɔnsvilɛr], als. *Monswiller* ["mon'svil°R]; *Montiwillare* 713, *Monolswiller* 1126. ▸ « le domaine du mont ». Du suffixe gallo-roman *-villare* précédé du latin *mons, monte(m)* « mont, montagne » (la hauteur est relative au contexte environnant). ▸▸ Autre explication : du nom d'homme germanique *Mundwald*, de *mund* « protection » et *waldan* « gouverner ».

1911

1914

MONTREUX-JEUNE (HR), toponyme de zone romanophone, doublet allemand *Jungmünsterol*, als. *Mìnschtrol* [ʻmIn"ʃDro:l] ; *Montsureulx* 1265, *Musturuil* XIIIe siècle. ▸ « le monastère ». Du diminutif *monasteriolum* formé sur le latin *monasterium* « monastère ». L'ancienne abbaye de Valdieu (VOIR CE NOM) aurait inspiré les noms de Montreux-Jeune, Montreux-Vieux (VOIR CI-DESSOUS) et Montreux-Château (Territoire de Belfort).

1905

MONTREUX-VIEUX (HR), toponyme de zone romanophone, doublet allemand *Altmünsterol*, als. *Mìnschtrol* [ʻmIn"ʃDro:l] ; *Monstral* XIIe siècle, *Mosteroulx* 1251. ▸ « le monastère ». Du diminutif *monasteriolum* formé sur le latin *monasterium* « monastère » (VOIR LE PRÉCÉDENT).

Vers 1930

MOOSCH (HR) [mo:ʃ], als. *Moosch* ["mo:ʃ] ; *Mose* 1477, *Mosch* 1550. ▸ « le marécage ». De l'all. *Moos* « mousse (végétale) », qui avait encore en moyen all. le sens de « marécage ». ▸▸ Réunion en 1794 sous le nom de Moosch de quatre hameaux dont le plus important s'appelait Moos ou Mosbach.

1930

MOOSLARGUE (HR) [mo(:)slarg] ; *Mosa* 1139 ; *Larga*. La commune est née en 1975 de la fusion de Moos et de Niederlarg. Pour Moos, même étymologie que Moosch. Pour Niederlarg, VOIR OBERLARG.

1904

MORIMONT (C) [mɔrimõ], en all. *Mörsberg*. ▸ « la montagne près de la mare, du marais ». Du suffixe *–berg* ou *–mont*, de même sens selon la langue, précédé du latin *mare* « mer » dans le sens de « mare, étang », moins vraisemblablement du germanique *mār* (> all. *Moor* « marais, marécage »). Château près de Levoncourt.

1908

MORSBRONN-LES-BAINS (BR) [mɔrsbrɔn], als. *Morschbrunn* ["moR'ʃBrUn] ; *Mornsbrunnen* 1219, *Morsburne* 1316. ▸ « la source qui bouillonne ». Du suffixe *-bronn*, qui représente l'all. *Brunnen* « fontaine, source » ou le gaulois *borna* même sens (VOIR CHAPITRE III), précédé de la racine paléo-européenne MUR (ou MUR-N, peut-être MUR-M), variante de BR, BR-UN ou BUR-N, BUR-M, toutes racines qui signifient « bouillir, bouillonner » (cf. all. *brennen* « brûler » < « bouillir », *brauen* « brasser », gaulois *borva* « bourbe, boue » > divinité *Borvo* ou *Bormo* «dieu des sources chaudes» ou «boueuses»). ▸▸ Célèbre depuis l'Antiquité pour ses sources d'eau chaude, Morsbronn est devenu centre de cure thermale en 1905. Le qualifiant *-les-Bains* date de 1929.

1932

MORSCHWILLER (BR) [mɔrʃvilɛr], als. *Morschwiller* ["moR'ʃvil°R] ; *Moraswillari* 771. ▸ « le domaine du vallonnement ». Du suffixe *-villa* précédé de la racine paléo-européenne MUR « renflement, gonflement, vallonnement ». Evolution [rs > rʃ]. Village accroché à flanc de colline. Homonymie de l'all. *morsch* « pourri, vermoulu ». ▸▸ Autres explications : 1) du nom d'homme latin *Maurus* « le noir » ou germanique *Moro*. 2) VOIR AUSSI MARMOUTIER = *Maurimonasterium*, ET CHAPITRE II : culte du soleil, racine MUR.

1905

MORSCHWILLER-LE-BAS (HR) [mɔrʃvilɛr], als. *Morschwiller* ["moR'ʃvil°R] ; *Maurowiler* 728, *Morswilr* 1260. ▸ « le domaine du vallonnement ». Du suffixe *-villa* précédé de la racine paléo-européenne MUR « renflement, gonflement, vallonnement ». Evolution [rs > rʃ]. Homonymie de l'all. *morsch* « pourri, vermoulu ». Le qualifiant *-le-Bas* traduit le préfixe all. *Nieder-* (VOIR OBERMORSCHWILLER). ▸▸ Autres explications : 1) du nom d'homme latin *Maurus* « le noir » ou germanique *Moro*. 2) VOIR AUSSI MARMOUTIER = *Maurimonasterium*, ET CHAPITRE II : culte du soleil, racine MUR.

1914

MORTZWILLER (HR) [mɔrtsvilɛr], als. *Mortzwiller* ["mo:R'Dsvil°R] ; *Mormaingny* 1453, *Moritzweiler* 1568, *Marswil* 1576, *Mortzweiler*. ▸ « le domaine de la mare (ou des étangs) ». Du latin *mare* « mer » dans le sens de « mare, étang », moins vraisemblablement germanique *mār* (> all. *Moor* « marais, marécage »). Influence d'un anthroponyme germanique *Moritz* « Maurice ». Pour l'équivalence germ. *-willer* et roman *-magny*, VOIR CHAPITRE III.

Vers 1930

MOSSIG (R) [mo:sik] mieux que [mɔsig], als. *Mosig* ["mo:sik]. Correspond à l'all. *moosig*

« moussu », c'est-à-dire : ‣ la « rivière où pousse de la mousse ». ‣‣ Plus vraisemblablement d'un étymon **Mus(i)acum*, formé de la racine paléo-européenne MUS « abaissement » d'où l'idée d'« humidité », « vase », avec influence de l'all. *Moos* « mousse (végétale) », qui avait encore en moyen all. le sens de « marécage ». (VOIR MUSSIG.)

1911

MOTHERN (BR) [motɛrn], als. *Mothere* ["mo:Dərə] ; *Matra* 960. ‣ « le marécage ». De la racine paléo-européenne MUTR, variante de PUTR, signifiant « pourrir, se désagréger » (d'où indo-européen : germ. *muðra* « pourriture » > all. *Moder*, indien *mutra* « urine », lat. *putrire* « pourrir » etc.), d'où « terrain fangeux ». ‣‣ Autre explication (selon Charles R. Krieger) : Mothern pourrait relever du nom de la Moder et se révéler synonyme de Modern (VOIR CE NOM) ; en effet, selon cet auteur, des éléments géomorphologiques plaideraient en faveur d'un prolongement ancien (jusqu'au XVIe siècle) du lit de la Moder qui, au lieu de se jeter dans le Rhin comme aujourd'hui à hauteur de Neuhaeusel, confluait en aval de Mothern. Les transformations qu'a subies le paysage au cours des siècles ont plusieurs fois remodelé le réseau hydrographique.

Vers 1930

MUESPACH (HR) [myspak], als. *Müeschbe* ["myəʃBə] ; *Muospach* 1251. ‣ « le lieu humide ». C'est aussi le nom du ruisseau, le *Muespach*, qui prend sa source à Muespach-le-Haut. De la racine paléo-européenne MUS « abaissement » d'où idée d'« humidité », « vase », avec paronymie de l'all. *Mus*, als. *Mües* « marmelade, bouillie », dont la signification rejoint celle de « matière pâteuse, collante » (cf. vase, bouse, mouise) qui est le sens général de la base PS/MS/WS. ‣‣ Muespach résulte de la fusion de Muespach-le-Bas (Niedermuespach) et de Moyen-Muespach (Mittelmuespach).

1930

MUESPACH-LE-HAUT (HR)
COMME MUESPACH.

1915

MUHLBACH-SUR-BRUCHE (BR) [mylbax], als. *Mìhlbàch* ["mI:l'Båx]. ▸ « le ruisseau du moulin ». De l'all. *-bach* « ruisseau » précédé de *Mühle* « moulin », als. *Mìhl*, du vieux haut all. *mulin* « moulin », emprunté au latin *molina* (variante *molinum > fr. moulin*) dans le sens de « moulin à eau ». Cette invention romaine a supplanté au cours du moyen âge le moulin à bras, qui se disait en vieux haut all. *quirn*, *chürn* (VOIR KIRNECK). ▸▸ Explication complémentaire : Muhlbach-sur-Bruche est situé en face de Lutzelhouse ; il n'est pas impossible qu'il y ait là une référence à un ancien culte à la lumière, comme le suggère la racine MUR/MUL/BUR/BUL (VOIR CHAPITRE II, AINSI QUE LUTZELHOUSE, HASEL).

1913

MUHLBACH-SUR-MUNSTER (HR) [mylbax], als. *Mìlbe* ["mIlBə] ; *Melin* 896, *Mulebac* 1057, *Milbach* 1407. ▸ « le ruisseau du moulin ». De l'all. *-bach* « ruisseau » précédé de *Mühle* « moulin », als. *Mìhl*, du vieux haut all. *mulin* « moulin », emprunté au latin *molina* (variante *molinum* > fr. *moulin*) dans le sens de « moulin à eau ». ▸▸ Explication complémentaire : Muhlbach-sur-Munster fut le siège d'un petit couvent (*die zelle ze Mülbach* 1339) ; il n'est pas impossible qu'il y ait là l'indice d'un culte préchrétien à la lumière, comme le suggère la racine MUR/MUL/BUR/BUL (VOIR CHAPITRE II).

1913

MULHAUSEN (BR) [my(:)lawzən], als. *Mìhlhüse* ["mI:l'hy:sə] ; *Munilhuson* 884, *Mulenhusen* 1005. ▸ « la maison du moulin ». De l'all. *-hausen* « maison » précédé de *Mühle* « moulin », als. *Mìhl*, du vieux haut all. *mulin* « moulin », emprunté au latin *molina* (variante *molinum* > fr. *moulin*) dans le sens de « moulin à eau ». ▸▸ Explication complémentaire : l'environnement de Lichtenberg, Rothbach, Bischholtz, Uhrwiller (VOIR CES NOMS) laisse envisager dans Mulhausen la possibilité d'une explication par un culte pré-chrétien à la lumière, comme le suggère la racine MUR/MUL/BUR/BUL (VOIR CHAPITRE II).

MULHOUSE (HR) [myluz], als. *Milhüse* ['mil"hy:sə] ; *Mulenhusen* 717, *Müllenhusen* 823.

Vers 1925

▸ « la maison du moulin ». De l'all. *-hausen* « maison » (francisé en *-house*) précédé de *Mühle* « moulin », als. *Mìhl*, du vieux haut all. *mulin* « moulin », emprunté au latin *molina* (variante *molinum* > fr. *moulin*) dans le sens de « moulin à eau ». Cette invention romaine a supplanté au cours du Moyen Age le moulin à bras, qui se disait en vieux haut all. *quirn*, *chürn* (VOIR KIRNECK). Voir les armes de la ville, frappées de la roue, *s'Radla*, laissant envisager à l'origine de Mulhouse, la possibilité d'un culte pré-chrétien au soleil (VOIR MULHAUSEN).

Vers 1935

MUNCHHAUSEN (BR) [mynʃawzən], als. *Minichhause* ["miniç'hawsə] ; *Munihhusa* VIIIe siècle, *Munchhusen* 831. ▸ « la dépendance d'abbaye ». De l'allemand *-hausen* « maison », précédé du radical *Münch-,* variante de *Mönch* « moine » (< vieux haut all. *munih*, du latin médiéval *monicus*, pour le classique *monachus* < grec *monachos* « qui vit seul »). Munchhausen relevait de l'abbaye de Seltz. ▸▸ Autre explication : d'un étymon gallo-roman *Muniacum*, formé sur la racine paléo-européenne MUN « renflement », suivie du suffixe *-iacum*, et plus tard du gemanique *-hausen*. Munchhausen est situé sur un promontoire dominant le confluent de la Sauer avec le Rhin. /MONACO

Vers 1930

MUNCHHOUSE (HR) [mynʃuz], als. *Mìnckhüse* [‘mIn"k^{h}y:sə] ; *Muonchusen* 1250, *Munchhusen* 1259. ▸ « la dépendance d'abbaye ». Ancienne possession de l'abbaye de Murbach. Comme Munchhausen, avec francisation *-hausen* > *-house*. ▸▸ Autre explication : d'un étymon gallo-roman *Muniacum*, formé sur la racine paléo-européenne MUN « renflement », suivie du suffixe *-iacum*, et plus tard du gemanique *-hausen*. Munchhouse est situé sur la levée naturelle qui sépare le cours de l'Ill de celui du Rhin.

1908

MUNDOLSHEIM (BR) [mundɔlsajm], als. *Mundelse* ["mUnD°lsə], *Munholtesheim* 1120, *Munoltzheim* 1381. ▸ « la demeure de Munold ».

Du suffixe *-heim* précédé du nom d'homme germanique *Munold* ou *Mundwald*, de *mund* « protection » et *waldan* « gouverner ». ⏩ Autres explications : 1) de la racine paléo-européenne MUN ou MUN-T « renflement » (cp. fr. *mont* : le village est au pied des collines de Hausbergen) ; 2) le toponyme a reçu récemment une explication très jolie : on a voulu y voir la trace du nom de *Munin*, l'un des deux corbeaux du dieu Odin dans la mythologie germanique. L'autre corbeau, *Hugin*, aurait transmis son nom aux villages voisins, les trois Hausbergen, anciennement *Hugesbergen* (VOIR MITTELHAUSBERGEN). Il faut toutefois observer que la mythologie germanique n'est connue que par l'Edda, ensemble de poèmes écrits en islandais autour du XIe siècle et donc très loin de la culture alsacienne ; la religion païenne des Alamans n'a jamais dû faire souche en Alsace, dont la partie gallo-romaine de la population était adepte des cultes gréco-latins et orientaux (cf. le Mithraeum sous l'actuelle église protestante de Koenigshoffen) ou bien commençait à se convertir au christianisme. Dès le baptême de Clovis (496), c'est la religion chrétienne qu'ont propagée les vainqueurs Francs, non celle des vieux Germains.

MUNSTER (HR) [mœ̃nstɛr], als. *Mìnschter* ["mInʃD°R] ou *Meinschter* ["mẽjʃD°R], all. *Münster* ["mynstər] ou *Gregorienmünster* ; *monasteriolo Conflentis* 673, *monasterio S. Gregorii*, *Monasteriolo* 769, *Munster* 1339. ▸ « le monastère ». Du latin *monasterium*, emprunté au grec *monastêrion* « résidence solitaire », « de moine » (< *monos* « seul »), à son tour emprunté par le germanique sous la forme *munestiri* > *munistri* > *Münster*. Référence à l'abbaye fondée en 660 par des moines irlandais disciples du pape saint Grégoire le grand. ⏩ Auparavant, le lieu s'appelait *Confluentes* « confluent » (des deux bras de la Fecht) ; CP. LES TOPONYMES CONFLANS (LOIRET, MARNE, SARTHE, YVELINES, ETC.). Au XIVe siècle, le mot *Münster* prit le sens de « cathédrale », qu'il conserve aujourd'hui (*das Straßburger Münster*). Comme il n'y a pas de cathédrale à Munster et que l'abbaye a été détruite à la Révolution, le toponyme Munster ne se trouve plus approprié à son référent.

1906

MUNTZENHEIM (HR) [muntsənajm], als. *Muntze* ["mUnDsə] ; *Monesensishaim* 673, *Moniensishaim* 675, *Munzenheim* 1098. ▸ « l'habitat sur l'élévation de terrain ». Du suffixe *-heim* précédé de la racine paléo-européenne MUN « renflement » (VOIR URSCHENHEIM). Les deux plus anciennes formes sont influencées par le nom de la localité d'Ensisheim.

1913

1914

MUNWILLER (HR) [munvilɛr], als. *Munwiller* ["mUn'vil°R]; *Munwilre* 1250, *Munewihr* 1350. ▸ « le domaine du renflement, du vallonnement ». Du suffixe gallo-roman *-villa* précédé de la racine paléo-européenne MUN « renflement ».

MURBACH (HR) [myrbax] ou [-bak], als. *Müerbàch* ["myər'Båx]; *in loco qui vocatur Vivarius Peregrinorum, qui antea appellatus est Muorbach* 727, *Maurobaccus* 728, *Môrbach* 760, *Morbach* 861. ▸ « là où il y a un vallonnement ». D'un probable étymon **Muracum*, devenu **Morago* au VIe siècle, adapté en germanique sous la forme **Morach*, puis *Morbach*, par substitution de *-bach* « ruisseau » au suffixe *-ach*, confondu avec germ. *Ache* « eau ». Le toponyme fut peut-être, au début comme encore aujourd'hui, le nom du ruisseau avant de désigner aussi le site sur lequel en 727 saint Pirmin fonda une abbaye bénédictine qui devint lieu de pèlerinage (VOIR LÉGENDE DU CERF AU CHAPITRE II). De la racine paléo-européenne MUR « renflement, vallonnement », qui subit l'attraction paronymique du latin *maurus* « noir » (forme latinisante de 728), dans le cadre sans doute de la gestion par l'Eglise des invasions mauresques (VOIR MARMOUTIER ET CHAPITRE II, CULTE DU SOLEIL, RACINE

1915

BUR/BUL/MUR/MUL). ⏩ Autres explications : 1) du vieux haut all. *muor* « marécage » (all. mod. *Moor*, forme bas-allemande). Improbable vu le site. 2) la forme de la voyelle ne permet pas une étymologie par le latin *mūrus* « mur ».

Vers 1900

MUSAU [myzo], rivières du sud du Kochersberg (Ittenheim) et quartier sud-est de Strasbourg, bordier de Neudorf. Même étymologie que Mussig.

1905

MUSSIG (BR) [mysik] mieux que [-sig], als. *Müssig* ["mysik] ; *Musig* 1361, *Mosiche* 1370, *Mussich* 1453. ▸ « l'endroit humide ». De la racine paléo-européenne MUS « abaissement » d'où idée d'« humidité », « vase », suivie du suffixe *-iacum*. Village du Grand Ried, étymon comparable à celui de Mossig.

1913

MUTTERSHOLTZ (BR) [mytərsɔlts], als. *Mìeterschuls* ["mIəD°R'ʃUls] ; *Muoteresholz* 817, *Mietersholz* XVIIIe siècle. ▸ « le bois humide, moisi ». D'un étymon de type **Mut(a)retum*, formé sur une racine paléo-européenne MUTR- « pourri, moisi », à laquelle appartiennent entre autres l'all. *Moder* « pourriture, moisissure » (< germ. *muðra-*) et l'anglais *mother* « lie », homonyme de *mother* « mère », comme dans notre toponyme (cp. français *mère* et *mère de vinaigre*). MUTR alterne avec PUTR (VOIR LAPOUTROIE). Le site, dans le ried, pourrait expliquer cette dénomination. Le suffixe collectif gallo-roman *-ētum* a entraîné la métaphonie de la voyelle radicale : [mutarētum] > IVe siècle [modari:du] > adaptation en germanique [mo:Darit] > [muoDerit] > [myœDer(e)t]. Le terme germanique suffixé *-holtz* « bois » est une traduction du suffixe *-ētum* (cp. Châtenois/*Kestenholtz*). Paronymie de l'all. *Mütter*, pluriel de *Mutter* « mère » (als. *Müeter*, pl. *Mìeter*).

1910

MUTZENHOUSE (BR) [mutsənuz], als. *Mutzehüse* ['mUDsə"hy:sə]. ▸ « la maison sur la hauteur ». Du suffixe germ. *-hausen/-house* « maison » (VOIR CHAPITRE III) précédé du bas latin *motta* « hauteur, tertre, butte » (d'où fr. *motte*), d'origine paléo-européenne (racine MUT alternant avec BUT/PUT/WUT dans le sens de « objet présentant un bord plat : butte, plateau, puits... »). Paronymie de l'als. *mutz* « à ras, tronqué » et *mutze* « endimancher » : à noter que le sémantisme de « bien s'habiller » est lié à celui de « couper ce qui dépasse, écourter, tronquer... ». Le français a le verbe *émousser* (du lat. **ex-muttiare*, sur *muttius* « tronqué, tondu, sans corne, etc. » qui remonte aussi à la racine MUT). Par ailleurs, l'all. *Mütze* « casquette » (= « [chapeau] à ras [du sommet de la tête] ») est inconnu en alsacien.

Vers 1925

MUTZIG (BR) [mytsik], als. *Mützig* ["myDsik] ; *Muzzeca* 913, *Muziaca* XIe siècle. ▸ « la hauteur, la butte ». D'un étymon gallo-roman *Mottiacum*, formé du suffixe *-iacum* précédé du bas latin *motta* « hauteur, tertre, butte » (d'où fr. *motte*), d'origine paléo-européenne : racine MUT alternant avec BUT/PUT/WUT dans le sens de « objet présentant un bord plat (butte, plateau, puits...) ».

NAEGELEBERG (M) [nɛ:gələbɛrk] mieux que [-bɛrg], als. *Nagelebarg* ["na:Gələ'Ba:Rk]. ▸ « la montagne des œillets ». Du moyen haut all. du sud *nägellein* « œillet », d'où alsacien *Nagele* idem. Le mot allemand *Nelke* est une contraction de *nägelken*, variante du nord correspondant à *Nägelchen* « petit clou » à cause de la ressemblance de forme. De même qu'à Mulhouse le Rebberg - « mont de la vigne » -, le Naegeleberg est considéré comme une première pointe sur la ligne des collines formant le plateau ondulé du Sundgau. ▸▸ Explication complémentaire : y avait-il des œillets sur le Naegeleberg, comme des noix à Neugartheim et des poires à Ferrette (VOIR CES NOMS) ? Eternelle interrogation en ce qui concerne les noms de plantes, d'animaux, et même de personnes. Leur motivation est faible. On aurait attendu des toponymes qu'ils reposent sur des données plus permanentes. Et pourquoi pas l'idée de « pointe » contenue dans l'all. *Nagel* « ongle », puis « clou », d'une racine NAK « absence de mouvement », d'où le sens de « terrain dur », « rocher » (à comparer les variantes RK/LK/NK, VOIR ROGGENBERG ET LIGSDORF). En latin u-NK a donné *unguis, ungula* « ongle ». /ONGLES (ALPES DE HAUTE PROVENCE)

Vers 1925

NAMBSHEIM (HR) [nambsajm], als. *Nàmse* ["nåmsə] ; *Namenesheim* Xe siècle. ▸ « l'habitation sur un sol instable ». D'une racine paléo-européenne NAM « contenant un mouvement en soi » > « terrain instable, glissant, glissements de terrain, ravinements ». Les inondations du Rhin causaient des dégâts considérables.

1907

NATZWILLER (BR) [natsvilɛr], als. *Naswil* ["na:'svil] ; *Nasswiller* 1667. ▸ « le domaine humide ». De l'all. *Nässe* « humidité » (moyen haut all. *nezze*, formé sur *naz* « humide » > all. *naß*, als. *nàss*). Le sens est celui de fines particules d'eau, rosée, prés suintants. La racine germanique est NAT, avec mutation [t > s]. ▸▸ Autre explication : d'une racine paléo-européenne NAS « échappement d'un mouvement à travers un élément intermédiaire » > notamment « s'échapper, passer (en parlant d'eau ou d'air) » (variante RUS, ROS).

Vers 1925

NEEWILLER (BR) [ne(:)vilɛr], als. *Näwiller* ["nɛ:'vil°R]. ▸ « le nouveau village (ou hameau) ». Créé au XVIIᵉ siècle sur l'emplacement du village de Dürrenseebach, détruit en 1632 lors de la Guerre de Trente Ans. Le nom est l'équivalent de Neuwiller, de l'all. *neu* « nouveau » et *-willer*, qui n'est pas d'origine gallo-romane, mais utilisé comme terme toponymique (cp. Bourtzwiller). La forme officielle s'inspire de la prononciation locale.

1940-1945

NEHWILLER (BR) [ne(:)vilɛr], als. *Nahwiller* ["na:'vil°R] ; *Nachwiller* XVIIIᵉ siècle. ▸ « le domaine sur un sol rocheux ». D'une racine paléo-européenne NAK « sans mouvement », désignant un « terrain dur, rocheux, rocailleux ». En 1972, fusion avec Reichshoffen (VOIR CE NOM).

NETZENBACH (BR) [nɛtsənbax], annexe de Wisches, en zone romanophone. ▸ « le ruisseau qui irrigue ». De l'all. *netzen* « humecter, baigner, irriguer », avec l'idée de réseau (all. *Netz*) de petis filets d'eau. (VOIR NATZWILLER.)

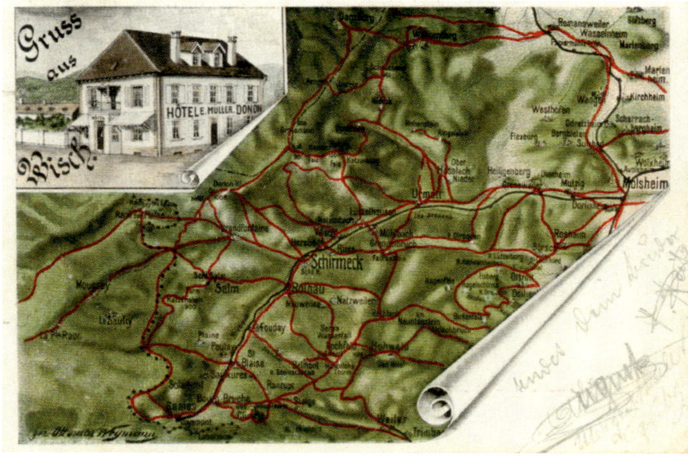

1906, carte dessinée par Ottomar Weymann. Netzenbach est un lieu-dit situé entre Lutzelhouse et Wisches.

1902

NEUBOIS (BR) [nøbwa], toponyme de zone romanophone, als. *Kritt* ["Grit] ou *Gerittkrüt* [Gə"riD'Gryt], all. *Gereuth* ; *Gerüta* XIIᵉ siècle. ▸ « le nouveau bois ». Du français *neuf* « nouveau », réduit à *neu-* comme dans Neuchâtel, et *bois* « petite forêt ». Village détruit pendant la Guerre de Trente Ans, qui fut repeuplé lentement au cours des siècles suivants par des romanophones. Ceci explique qu'un « nouveau bois » avait pu repousser sur l'ancien « défrichement » (*Kritt* = moyen haut allemand *geriute*, *Gereut* « essart, défrichement », avec influence de als. *Krütt*, pl. *Kritter* « plante herbacée », « herbe(s) »).

1912

NEUBOURG (BR) [nøbur] ou [nœjbur], als. *Neiburi* ["nej'BUri] ; *Novum Castrum* 1133. ▸ « la nouvelle citadelle ». Ancienne abbaye cistercienne, filiale de Lucelle, fondée en 1130 sous la protection du comte Reinhold de Lutzelbourg et du duc Frédéric II le Borgne, en bordure de la Forêt de Haguenau, et détruite à la Révolution. Le nom dérive de celui de son premier abbé, Ulrich de *Neuenburg* (= Neuchâtel en Suisse ?). *Novum Castrum* est un latinisme.

NEUDORF (BR) [nødɔrf] ou [nœjdɔrf], als. *Neidorf* ["nej'DoRf]. ▸ « le nouveau village ». De l'all. *neu* « nouveau » et *Dorf* « village ». Faubourg de Strasbourg qui s'est créé à partir du

1908

début du XIXe siècle sur l'emplacement du village disparu de Ratzendorf ou Ratzendörfel, lequel n'a sans doute rien à voir avec des « rats », malgré les fréquentes inondations, mais peut-être altération de **Ritzendorf*, formé sur *Ritz*, c'est-à-dire *Rieth* ou *Ried* (VOIR CE MOT) ; cp. *Heyritz* < *Haagrieth* (all. *Hag* « haie », et *Ried*).

1910, le détachement d'aérostiers de la place forte de Neuf-Brisach pose devant l'un de ses aérostats (ballon dirigeable).

NEUF-BRISACH (HR) [nøbrizak] ou –[zax], als. *Brisàch* ["Bri:sàx]. ▸ « le nouveau Brisach ». Ancienne forteresse de Vauban, fondée en 1697 sur le territoire de Volgelsheim. Le nom est tiré de la ville de Breisach (Altbreisach, en français Vieux-Brisach, aujourd'hui Breisach-am-Rhein, Pays de Bade), ancienne possession française sur la rive droite du Rhin, à 5 km de Neuf-Brisach, et déjà cité dans l'Itinéraire d'Antonin (IIIe siècle) sous la forme *Monte Brisiaco*. L'étymon est le celtique *Brisiacum*, formé du suffixe *-iacum* précédé de la racine BR-IS « renflement », que justifie le site de Breisach, sur un rocher de 80 mètres de haut qui domine le Rhin.

Vers 1935

NEUGARTHEIM (BR) [nœjgartajm], als. *Neierte* ["nej°RDə]; *Nougerte* 1166, *Nugaretum* 1166 (?), *Nugerte* 1223, *Nugurthe* 1386. ▸ « l'habitation sur un sol rocheux ». Ce toponyme a posé des problèmes d'interprétation : si explicite en allemand (*neu-gart-heim* = « demeure du nouveau jardin »), il est donné par plusieurs toponymistes (dont TGF, op. cit.) comme un *Nucaretum* roman « lieu planté de noyers » (latin *nucarium* « noyer », sur *nux*, *nucis* « noix », suivi du suffixe collectif -*ētum*). Cela dépend de la façon dont on « voit » le mot, au propre comme au figuré : *Nu|gerte* est allemand, *Nug|erte* est roman. Quelle structure préférer ? Quelle motivation invoquer ? Qui dira jamais s'il y eut là des noyers ou un jardin ? L'étymon *Nucaretum* est plausible, mais plutôt que des noix, il faudrait y voir un radical *nuk-ar-*, qui représente la racine paléo-européenne NUK «absence de mouvement», d'où le sens de «terrain dur, rocheux, rocailleux», conforté par le site du village, dominant le pays du Kochersberg et en contrebas de l'éminence du même nom (300 m d'altitude). /NOGARET (HAUTE-GARONNE).

NEUHAEUSEL (BR) [nœjœjzəl], als. *Neihisel* ["nej'hi:s°l]; ancienne filiale de Beinheim. ▸ « la nouvelle maisonnette ». De l'all. *neu* « nouveau » et *Häuslein*, als. *Hisel*, diminutif de *Haus*, als. *Hüss* « maison ». La graphie reprend la forme alsacienne du diminutif (-*el* et non -*lein*, ou -*lin* comme dans certains patronymes) et la forme allemande de la voyelle, mais francisée, <ä> étant remplacé par <ae>, d'où <aeu> et non <äu> (alors que l'alsacien a simplement <i>).

Vers 1930

Vers 1930

NEUNHOFFEN (BR) [nœjno(:)fən], als. *Ninhoffe* ["ni:n'hofə]. ▸ « la nouvelle ferme » ou « la nouvelle court », selon l'époque respectivement récente ou plus ancienne de la dénomination du lieu et la signification que l'on attribue au suffixe -*hoffen* (VOIR CHAPITRE III). /LA COURNEUVE (SEINE-SAINT-DENIS).

1915

NEUVE-EGLISE (BR) [nœvegliz], als. *Neikìrich* ["nej'kʰIriʃ]; *Nuwenkirch* 1359. ▸ « la nouvelle église ». Francisation de l'allemand *Neukirch*, de *neu* « nouveau » et *Kirche*, als. *Kìrich* « église ».

NEUVILLER-LA-ROCHE (BR) [nøvilɛr], anc. *Neuwiller*; toponyme de zone actuellement romanophone. ▸ « le nouveau village ». De l'all. *neu* « nouveau » et *-willer*, emprunté au voisin *Natzwiller*. En 1961, Neuwiller prend le nom de Neuviller-la-Roche.

1911

1906

NEUWILLER (HR) [nøvilɛr], als. *Näiwil* ["nɛj'vil] ; *Nunwilr* du XIIe au XVe siècle. ▸ « le nouveau village ». De l'all. *neu* « nouveau » et *-willer*, emprunté au voisin Oberwil, en Suisse, dont Neuwiller fut l'ancienne filiale.

1903

NEUWILLER-LES-SAVERNE (BR) [nøvilɛr] ou [nœjvilɛr], als. *Neiwiller* ["nej'vil°R] ; *Novum villare* 1070. ▸ « le nouveau domaine ». Formé sur lat. *novum* ou all. *neu* « nouveau », et lat. *villare* « domaine ». Ancienne abbaye bénédictine reconstruite à l'instigation de l'évêque de Metz par saint Pirmin, après un incendie en 720. Il s'agit donc d'une fondation chrétienne, faite par des gens de langue germanique, et nommée en latin d'Eglise. Il est évident que le suffixe *-willer* n'est pas dans ce cas d'origine gallo-romaine, il a été repris dans un souci de latinité, puis vulgarisé.

1904, carte illustrant la légende des géants du Nideck.

NIDECK (BR) [nidɛk], nom d'un cirque naturel d'origine volcanique, de deux châteaux forts et probablement d'un village disparu (Nideckwilre). ▸ « le château jaloux (ou furieux) ». Proposition : du vieux haut all. *nīd* « envie, jalousie, hostilité, fureur, etc. », all. *Neid*, suivi du suffixe *-eck*, qui a servi à désigner les socles élevés sur lesquels furent bâtis les châteaux forts (superposition du latin *acus* « aiguille, pointe » et de l'allemand *Ecke* « coin, angle »). Au Moyen Age, les bâtisseurs de châteaux forts avaient l'habitude de les baptiser de noms emblématiques, exaltant des sentiments nobles ou guerriers. /CASTELJALOUX (LOT-ET-GARONNE).

1932, dessin de Lucien Bivel.

NIEDERBRONN-LES-BAINS (BR) [nidɛrbrɔn], als. *Niederbrunn* ["nI:D°R'BrUn] ; *villa Brunnon* IXe siècle, *Burne* 1331, *Niderburne* 1332. ▸ « la source du bas ». Du préfixe *nieder* « en bas, en dessous » suivi du gaulois *borna* ou de l'all. *Brunnen* (vieux haut all. *brunno*) « source ». La localité doit nom à des sources thermales connues dès l'époque gallo-romaine. Pour cette raison, l'origine celtique semble préférable. S'oppose à Oberbronn.

Vers 1900

NIEDERBRUCK (HR) [nidərbruk] ou [-bryk], als. *Niederbrucke* ["niəD°R'BrUGə] ; *Niederbrucklen* 1482. ▸ « le pont du bas ». Semble désigner un pont sur la Doller. De l'all. *nieder-* « en bas, en dessous » suivi de l'all. *Brücke*, als. *Bruck* « pont ». S'oppose à Oberbruck (VOIR CE NOM). ▸▸ Autre explication : pourrait représenter le gaulois *broco* « limite » (VOIR BRUMATH, LA BROQUE) : Oberbruck en amont et Niederbruck en aval, ainsi que Wegscheid (VOIR CE NOM), auraient formé la limite autour du domaine sacré du temple d'Apollon de Kirchberg (VOIR CE NOM).

Vers 1935

NIEDERENTZEN (HR) [ni(:)dərɛntsən], als. *Niederantze* ["niəDə'RanDsə] ; *Eishein*,

Eyseshein 1250, *Eisheim, Eischeim, Eygishein, Eshein, Eissen, Enszen* 1576, *Niederensisheim* 1626. ▸ « l'habitat où l'eau s'infiltre ». Niederentzen et Oberentzen formaient autrefois une seule commune ; c'est au XIIIe siècle que le ban fut dissocié. Le nom peut provenir d'un étymon **Ansion(e)*, composé du radical ANS- (de la racine paléo-européenne AN-S « mouvement [de l'eau] à travers un interstice », suivi du suffixe *-i-ōn-(e)*. La localité est située au bord de l'Ill. Les formes anciennes présentent un radical *Eis-* qui témoigne de la nasalisation de la voyelle devant le groupe [ns] : [ans > ãjs] ; à partir du XVe siècle, rétablissement de la forme primitive sous l'influence de l'allemand commun.

1910

NIEDERHAUSBERGEN (BR) [ni(:)dərawsbɛrgən], als. *Niederhüsbarje* ['nI:D°r'hys"barjə]. All. *Nieder-* = « le bas ». A part cela, même origine et étymologie que Mittelhausbergen (VOIR CE NOM).

1903

NIEDERHASLACH (BR) [ni(:)dəraslax], als. *Ìngerhosle* ["'Iŋ°R'ho:slə] ; *Haselana* 1096, *Haselac* 1221. ▸ « le lieu sur la Hasel ». De l'all. *nieder-* « en bas, en dessous » suivi du nom de la rivière Hasel (VOIR CE MOT). Le préfixe *Ìnger-* de la forme alsacienne se rapporte non à *nieder*, mais à une forme **ünter*, variante de *unter*, préposition, « sous, en dessous de ». Le suffixe *-ach* (< *-acum*) fait penser à un toponyme d'origine gallo-romane. L'abbaye de Haslach a été fondée au VIe siècle par saint Florent (VOIR CHAPITRE II).

1907

NIEDERHERGHEIM (HR) [ni(:)dərɛrkajm] mieux que [-gajm], als. *Niederherge* ['niəD°R"hɛrGə] ; *Heruncheim* 768, *Herinchem* 1126, *Herenchen*, *(Nyder)hercken* XVe siècle. ▸ « l'habitation sur l'eau en mouvement ». Village situé au bord de l'Ill. L'étymon pourrait être *AR-INK-(um), formé sur la racine paléo-européenne AR « mouvement de l'eau », auquel s'est ajouté le suffixe *-heim* à l'époque germanique ; le suffixe *-ink-* (= -ingen), après avoir entraîné la métaphonie [a > e] n'a laissé subsister que le son [G] devant *-heim*, lui-même réduit à [ə] final dans la forme alsacienne. Préfixe all. *Nieder-* « le bas ». L'[h] est adventice.

Vers 1935

NIEDERLARG (HR)

VOIR MOOSLARGUE.

1909

NIEDERLAUTERBACH (BR) [ni(:)dərlawtərbax], als. *Nidelautebàch* ['niDə"lawDə'Båx] ; *Lutembach* 633. ▸ « la rivière boueuse ». Du celtique *luta* « boue » suivi du suffixe germ. *-bach*. Situé sur le Landbach, mais attraction du nom de la Lauter (à 6 km). Préfixe all. *Nieder-* « le bas ».

1917, fanfare militaire.

NIEDERMODERN (BR) [ni(:)dərmodərn], als. *Niedermodere* ['nI:D°r"mo:Dərə] ; *Matra villa* 784. ▸ « le lieu situé sur la Moder ». Préfixe all. *Nieder-* « le bas ». Radical, VOIR MODER.

1929

NIEDERMORSCHWIHR (HR) [nidərmɔrʃvir], als. *Niedermorschwihr* ['niəD°r'morʃ"vi:R] ; *Morswilre* 1148. ▸ « le domaine du vallonnement ». Du suffixe *-villa* précédé de la racine paléo-européenne MUR « renflement, gonflement, vallonnement ». Evolution [rs > rʃ]. Homonymie de l'all. *morsch* « pourri, vermoulu ». Préfixe all. *Nieder-* « le bas ». ⏩ Autre explication : le nom de Niedermorschwihr est lié à la fondation des Trois-Epis (VOIR CE NOM) ; la symbolique solaire n'en est pas absente, donc voir aussi Marmoutier = *Maurimonasterium*, et CHAPITRE II : culte du soleil, racine MUR.

1912

NIEDERNAI (BR) [nidɛrnɛ], als. *Niedernäh* ['nI:D°r"nɛ:], en all. *Niederehnheim* ; *Ehenheim* 1050, *Nidderenehenheim* 1163. ▸ « l'habitation sur l'Ehn ». VOIR EHN. Il est possible que le préfixe soit ici primitivement *Nieder(e)n-* « le bas », ce qui expliquerait la forme alsacienne : **Nieder(e)n-ehn-heim* > **Niedern-ehn-e* > **Niedern-ehn* > **Niedern-eh/Niedernäh*.

NIEDERROEDERN (BR) [nidərrødərn], als. *Räddere* ["rɛDərə] ; *Rotheren* 1084, *Rudern* 1312, *Rüdern* 1371, *Niederrüdere* 1442, *Rödern* 1700. ▸ « le défrichement ». Probablement du moyen haut all. *roten*, mod. *roden* « défricher » ; les différentes formes anciennes ont subi l'influence de moyen haut all. *riuten* > **rüten* > all. mod. *reuten*. Préfixe all. *Nieder-* « le bas ». ⏩ Autre explication : la racine RUT, d'origine paléo-européenne, a été employée pour signifier un « tracé de route », qui est aussi ou nécessite aussi un essartage (VOIR CHAPITRE IV).

1908

1907

NIEDERSCHAEFFOLSHEIM (BR) [nidərʃɛ(:)fɔl-sajm], als. *Schafelse* ["ʃa:f°lsə]. Comme Mittelschaeffolsheim (VOIR CE NOM).

NIEDERSOULTZBACH (BR) [ni(:)dərsultsbax], als. *Niedersultzbàch* ['nI:D°R"sUlDs'Båx]. ▸ « le lieu sur le Soultzbach ». Du nom de la rivière Soultzbach, sur laquelle il est situé, précédé de l'all. *Nieder-* « le bas ». VOIR OBERSOULTZBACH ET SOULTZBACH.

Vers 1930

1905

NIEDERSTEINBACH (BR) [ni(:)dərʃtajnbax], als. *Niederstaanbàch* ['nI:D°R"ʃDa:n'Båx]. ▸ « le lieu sur le Steinbach ». Du nom de la rivière Steinbach, sur laquelle il est situé, précédé de l'all. *Nieder-* « le bas ». En all. *Steinbach* désigne un « torrent », littéralement un « ruisseau pierreux » (*Bach* « ruisseau », *Stein* « pierre »).

NIEFFERN (BR) [nifərn], als. *Nifer* ["ni:f°R] ; *Niuzwern* (= *nius wer-n*) 748, *Nivrida* 884, *Nüfere* XIVe siècle. ▸ « la nouvelle protection ». Du vieux haut all. **Niuwiwari*, composé de *niuwi* « nouveau » et *wari* « protection » (d'où moyen haut all. *were* > all. *Wehr* « fortification, rempart »). L'évolution phonétique aurait été *niuwiwari* > *niuwewere*, contracté en *niuwer/nüwer*, puis *nüfer* (avec [w > f] devant [r] final, comme dans vieux haut all. *sūber* [all. mod. *sauber*] > als. *süwer* > *süfer* « propre ») et enfin *nifer*. Il existe également deux lieux-dits portant ce nom dans le Bas-Rhin : près d'Uhrwiller (Nieffern) et près de Berstett (Niefferen). ⏩ Ces lieux fortifiés, d'après leur origine étymologique supposée, remontent aux premiers temps de l'occupation germanique (VOIR HORBOURG).

NIFFER (HR) [nifɛr], als. *Niffer* ["nif°R] ; *Niufera* 788, *Nuwenuar* 1135, *Nuvara* 1260, *Nufar* 1340. Comme Nieffern (VOIR CI-DESSUS).

1919

1914-1918

NONNENBRUCH (HR) [nɔnənbryʃ]. ▸ « le marécage où l'eau coule en abondance ». De l'all. *Bruch* « marécage » (als. *Bruech*), précédé de la racine paléo-européenne NāN « abondance de mouvement, notamment en parlant de l'eau ». Attraction paronymique de l'all. *Nonne* « nonne, religieuse ». L'idée de « châtrer » qui en découle est encore postérieure.

1916

NORDHEIM (BR) [nɔrtajm] mieux que [-dajm], als. *Nàrde* ["nåRDə] ; *Northeim* IXe siècle. ▸ « l'habitation du nord ». Du suffixe *-heim* précédé de l'all. *nord* « nord ». ▸▸ A pu fonctionner en tant que poste avancé nord de l'oppidum celtique puis gallo-romain du Mont Scharrach avec Westhoffen, Osthoffen et peut-être Altorf (VOIR CES NOMS). On sait que les rois francs possédaient un château à Kirchheim, entre Nordheim et le Scharrachberg, ce qui semble confirmer la nécessité d'un réseau de protection.

NORDHOUSE (BR) [nɔrtuz] mieux que [-duz], als. *Nàrtz* ["nåRDs] ; *Northusen* 770. ▸ « la maison du nord ». Du suffixe *-hausen/-house* précédé de l'all. *nord* « nord ». Pour le type de lieu désigné par 'Hausen', VOIR CHAPITRE III. ▸▸ A pu fonctionner au nord en tant que poste de défense du sanctuaire d'Ehl et de la zone appelée plaine d'Erstein (davantage d'habitants car à l'abri des marécages des Rieds du Rhin ou de l'Ill, du Bruch de l'Andlau...). Fonctionne avec Westhouse, Osthouse et peut-être Sundhouse (VOIR CES NOMS).

1899

Vers 1910

NOTHALTEN (BR) [no:taltən], als. *Notelt* ["no:D°lt] ; *Nothehalt* 1195, *Nothalden* 1262. ▸ « le versant du nœud rocheux ». Proposition : du latin *nodus* « nœud », dans le sens, attesté dès l'Antiquité, de « saillie rocheuse présentant une partie dure ». Voir le site du village. Le vocabulaire de la géologie moderne, plus précis, utilise le diminutif *nodule* pour signifier une petite concrétion rocheuse située dans une pierre de nature différente. Paronymie de l'all. *Not* « misère, besoin, aide ». Le suffixe primitif *-halde* « versant d'une montagne ou d'une colline, glacis » est devenu *-halten*, mais il n'y a pas de rapport avec l'all. *halten* « tenir, (s')arrêter ».

1907

OBENHEIM (BR) [o(:)bənajm], als. *Owene* ["ʻo:vənə]. ‣ « le domaine sur un obstacle du terrain ». La traduction littérale est « le village d'en haut », de l'all. *oben* « en haut ». En l'absence de forme ancienne, on peut supposer un suffixe *-heim* précédé d'une racine AB ou UB marquant une éminence ou un creux (VOIR APPENWIHR, OFFENDORF, EBERBACH).

Vers 1910

OBERBRONN (BR) [obərbrɔn], als. *Owwerbrunn* ["ʻov°R'BrUn] ; *Burne Superior*, *Oberborn* 1541. ‣ « la source du haut ». Même explication que Niederbronn (VOIR CE NOM).

1913

OBERBRUCK (HR) [obərbruk] ou [-bryk], als. *Owwerbrucke* ["ʻov°R'BrUGə] ; *Oberbruggen* 1482. Comme Niederbruck (VOIR CE NOM).

1910

OBERDORF (BR) [obərdɔrf], als. *Owwerdorf* ["'ov°R'DoRf]. ▸ « le haut du village ». De l'all. *ober* « en haut, au-dessus » et *-dorf* « village ». Oberdorf est un ancien hameau de Spachbach.

OBERDORF (HR) [obərdɔrf], als. *Oberdorf* ["'o:B°R'DoRf] ; *Oberdorf* 1346. ▸ « la court supérieure ». De l'all. *ober* « en haut, au-dessus » et *-dorf*, d'origine carolingienne « court » (VOIR CHAPITRE III ET WALDIGHOFFEN). Il semblerait qu'un ancien Niederdorf ait existé entre Grentzingen et Oberdorf, réuni à ce dernier à la fin du Moyen Age.

Vers 1925

Vers 1910

OBERENTZEN (HR) [obərɛntsən], als. *Owwerantze* ["ʻov°R'anDsə]; *Obern Egesshen* 1461. Comme Niederentzen (VOIR CE NOM).

1911

OBERHAUSBERGEN (BR) [obərawsbɛrgən], als. *Owwerhüssbarje* [''ov°R'hys"Barjə]. Comme Mittelhausbergen (VOIR CE NOM).

1914

OBERHASLACH (BR) [obəraslax], als. *Ìwwerhosle* ["ʻIv°R'ho:slə]. Comme Niederhaslach (VOIR CE NOM). Le préfixe en dialecte alsacien, *Ìwwer-*, se rapporte non à l'all. *ober* « haut, au-dessus », mais *über* « au-dessus de, en haut » (adverbe).

Vers 1910, carte gaufrée.

OBERHERGHEIM (HR) [obərɛrkajm] mieux que [-gajm], als. *Owerherge* [''o:v°R"hɛRGə]; *Heruncheim* 768, in superiore *Heringenheim* 1114. Comme Niederhergheim (VOIR CE NOM).

1910

OBERHOFFEN-LES-WISSEMBOURG (BR) [obəro(:)fən], als. *Owehoffe* ["ʻovə'hofə]; *Obernhoven* 1307. ▸ « la ferme du haut ». De l'all. *Hof* « ferme, cour [de ferme] » précédé du préfixe *ober* « haut, au-dessus » (par rapport à Steinseltz, dont il dépendait).

OBERHOFFEN-SUR-MODER (BR) [obəro(:)fən], als. *Owerhoffe* ["ʻov°R'hofə]; *Obirnhobin* 1260. ▸ « la ferme du haut ». De l'all. *Hof* « ferme, cour [de ferme] » précédé du préfixe *ober* « haut, au-dessus » (par rapport peut-être à Bischwiller). ▸▸ Autre explication : ce village, situé dans une zone où le roman s'est maintenu plus longtemps (voir les suffixes *-willer* de Bischwiller et Rohrwiller, *-hoffen* de Schirrhoffen), peut provenir d'une ancienne court carolingienne, le suffixe *-court* étant traduit en *-hoffen* à partir du Xe siècle (VOIR CHAPITRE III). Dans ce cas, la signification est « la court supérieure ».

1911

1903

OBERLARG (HR) [obərlarg] ou [-lark], als. *Oberlàrg* ["ʻo:B°R'låRk]; *Larga* 1145. ▸ « le lieu situé sur le cours supérieur de la Largue ». Du préfixe *ober* « haut, au-dessus » suivi du nom de la rivière la Largue (VOIR LARGUE, MOOSLARGUE).

1910

OBERLAUTERBACH (BR) [obərlawtərbax], als. *Owelautebàch* ["‘ovə’lawDə’Båx]. Comme Niederlauterbach (VOIR CE NOM).

1917

OBERMODERN (BR) [obərmodərn] ; *Matram* 1179 ; en 1973, fusion avec Zutzendorf sous la nouvelle dénomination de Modern (VOIR CE NOM). ▸ « le lieu situé sur la Moder ». Préfixe all. *Ober-* « le haut », suivi du nom de la rivière Moder. En ce qui concerne le radical, VOIR MODER ET NIEDERMODERN.

1907

OBERMORSCHWIHR (HR) [obərmɔrʃvir], als. *Owermorschwihr* ["‘ov°r’mor"ʃvi:R] ; *Morsvilare* Xe siècle. ▸ « le domaine du vallonnement ». Préfixe all. *Ober-* « le haut », radical comme Niedermorschwihr (VOIR CE NOM).

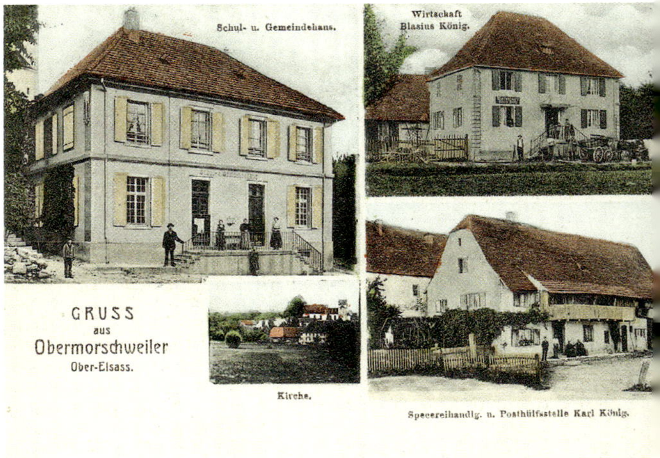

1907

OBERMORSCHWILLER (HR) [obərmɔrʃvilɛr], als. *Morschwiller* ["‘ov°r’moR’ʃvil°R] ; *Morschviller* 823. Préfixe all. *Ober-* « le haut », radical comme Morschwiller-le-Bas (VOIR CE NOM).

Vers 1930

OBERNAI (BR) [obɛrnɛ], als. *Owernäh* [ˈovˀrˈnɛː], en all. *Oberehnheim* ; *Ehenheim* 1050. ‣ « l'habitation sur l'Ehn ». Préfixe all. *Ober-* « le haut » ou *Ober(e)n-*, suivi du nom de la rivière l'Ehn. En ce qui concerne le radical, VOIR EHN ET NIEDERNAI.

OBERROEDERN (BR) [obərrødərn], als. *Räddere* [ˈrɛDərə]. ‣ « le défrichement ». Comme Niederroedern (VOIR CE NOM).

Vers 1910

Vers 1945

OBERSAASHEIM (HR) [obərsa:sajm], als. *Owersàse* [''ov°R"så:sə] ; *Saxones* 768, *Sachsen* 1344, *Sachszhen* XVe siècle, suffixe *-heim* à partir du XVIIIe siècle seulement. ▸ « les Saxons ». Du germanique *Sahso* « Saxon », nom d'un ancien peuple germanique (repris par le latin tardif *Saxo*). L'évolution phonétique [ks/hs > s] est normale en alsacien ancien. Le préfixe *Ober-* « le haut » sert à faire la distinction avec Saasenheim (VOIR CE NOM), également situé près du Rhin, plus en aval. ▸▸ Explications complémentaires : le radical est sans conteste du type *sak-s-*. D'après la tradition, le nom des Saxons dériverait du germ. *sahs* (all. *Sachs*), terme désignant un « couteau court » (ou une courte épée), qui aurait été l'arme caractéristique des guerriers de cette tribu. (cp. alsacien *Saxle* « serpe »). Il faut tout de même noter l'éventualité d'une étymologie par le latin *saxum* « pierre », « rocher », puis « mur de pierre », « enceinte de pierre », qui a fourni de nombreux noms de lieux en France et en Suisse : Saix (Hautes-Alpes, Tarn), Seix (Ariège), Seysses (Haute-Garonne), Saissac (Aude), Saussois [le Grand Saussois, complexe rocheux près d'Auxerre (Yonne)], etc. L'idée de départ a pu être celle de « pierre tranchante » (cp. lat. *sec-are* « couper », all. *säg-en* « scier ») puis, par extension de sens, « couteau court » en germanique et « aspérité rocheuse » en latin (le dérivé *saxetum* « sol pierreux » est attesté).

Vers 1930

OBERSCHAEFFOLSHEIM (BR) [obərʃɛ(:)fɔlsajm], als. *Schafelse* ["ʃa:f°lsə] ; *Skaftolfesheim* 788. Comme Mittelschaeffolsheim (VOIR CE NOM).

1904

OBERSOULTZBACH (BR) [obərsultsbax], als. *Owersultzbàch* [''ov°R"sUlDs'Båx]. ▸ « le lieu sur le Soultzbach ». Du nom de la rivière Soultzbach, sur laquelle il est situé, précédé de l'all. *Ober-* « le haut ». VOIR NIEDERSOULTZBACH ET SOULTZBACH.

OBERSTEIGEN (BR) [obərʃtajgən], als. *Steie* [ʃDejə]. ▸ « en haut de la côte ». De l'all. *ober* « en haut » et *Steige* « côte, forte montée » (VOIR STEIGE).

1901

1905

OBERSTEINBACH (BR) [obərʃtajnbax], als. *Owwerstaanbàch* [ʺovºRʺʃDa:nʹBåx]. ▸ « le lieu sur le Steinbach ». Du nom de la rivière Steinbach, sur laquelle il est situé, précédé de l'all. *Ober-* « le haut ». VOIR NIEDERSTEINBACH.

OCHSENFELD (LD) [ɔksənfɛlt] mieux que [-fɛld], als. *Ochsefald* [ʺʻoGsəʹfalt]. ▸ « le champ des bœufs ». De l'all. *Ochs* « bœuf » et *Feld* « champ ». Vaste lande au sud de Cernay sur laquelle se tenait ou se serait tenu un marché aux bestiaux. ▸▸ Autre explication : ▸ « le camp important » ou le « champ de bataille important ». D'un étymon celtique *Uxellomagos*, de *uxello* « haut, important » et *magos* « camp, champ, champ de bataille ». Situé sur la voie romaine de Mandeure (*Epomanduoduron*) à Brisach (*Brisiacum*), l'Ochsenfeld serait, selon la majorité des historiens, le lieu où se serait déroulée la bataille victorieuse de César contre Arioviste (59 av. J.-C.) ; là également que, selon une tradition peut-être plus légendaire qu'historique, Louis le Débonnaire, fils de Charlemagne, aurait été fait prisonnier en juin 833 par ses propres généraux, qui avaient trahi sa cause pour épouser celle de ses trois fils ; enfin plusieurs légendes locales parlent d'armées entières gisant, endormies, dans d'immenses galeries souterraines sous l'Ochsenfeld (VOIR CHAPITRE II, SUFFIXE -FELD, AINSI QUE BIBELSTEIN, STAFFELFELDEN ET UFFHOLTZ).

Vers 1920

1932

OCHSENSTEIN (CH) [ɔksənʃtajn], als. *Ochsestän* [ʺʻoGsəʹʃDɛ:n]. Château fort en ruines dans la commune de Reinhardsmunster (BR). ▸ la signification de « pierre des bœufs » (all. *Ochs* « bœuf » et *Stein* « pierre ») pourrait avantageusement être remplacée, comme pour Ochsenfeld, par celle de « pierre élevée » ou « (enceinte de) pierres importante », provenant d'un étymon celtique **Uxellobenno*, avec adaptation de la forme *uxello-* en germ. *Ochsen-*. ▸▸ On rapprochera d'autres noms de châteaux, tels Hohenstein près de Nideck (BR) et Hohenfels près de Dambach (BR) (avec *-fels* « rocher », variante de *-stein*), où l'adjectif *uxello* « haut », au lieu d'être adapté, a pu être traduit en germ. *hoh(en)* « haut », comme dans Hohenbourg issu de *Uxellodunon* (VOIR MONT SAINTE-ODILE). Cp. Hautepierre, quartier de Strasbourg, traduction française de *Hohenstein*. On doit sans doute voir aussi des vestiges d'*uxello-* dans le nom des ruines de Hugstein (< **Uxellobenno*) près de Guebwiller, et de Husenbourg (< **Uxellodunon*) près de Lautenbach (HR). VOIR AUSSI MITTELHAUSBERGEN.

Vers 1910

ODEREN (HR) [o(:)dərən], als. *Odere* ["ʻo:Dərə] ; doublet roman *Air*, dans « Val d'Air » = *Oderthal* ; *Ader* 1253, *Adern* 1357, *Odern* 1394. ▸ « le palier ». D'une racine paléo-européenne AT-R désignant un palier, un espace plat entre deux déclivités. ▸▸ Autres explications : 1) de l'all. *Ader* « artère », als. *Oder* « veine » (en vieux haut-all. *ādara* « entrailles, boyau »), dans le sens de « artère d'eau » ; le toponyme désignerait alors primitivement la rivière la Thur, comme semble l'attester l'appellation Oderthal qui peut vouloir dire aussi bien « vallée de la Thur » que « vallée d'Oderen » (comparer avec Leberthal : « val de Lièpvre » et « vallée de la Liépvrette »). 2) On peut proposer enfin l'hydronyme pré-celtique *Atur*, qui a fourni le nom de l'Oder, ainsi que de l'Adour et celui de la localité d'Aire-sur-Adour (Landes), qui correspond à la forme romane d'Oderen, *Air*, issu de *[at'r]. Dans ce cas, pourquoi ne pas voir dans le nom de la Thur un ancien *Atur*, avec aphérèse de la voyelle initiale, par confusion peut-être avec l'article roman (en gros *l'Atur* > *la T(h)ur*) ? (VOIR THUR.)

1912

ODRATZHEIM (BR) [odratsajm], als. *Odertze* ["ʻo:D°RDsə] ; *Odradesheim* 884. ▸ « l'habitat sur un palier ». D'une racine paléo-européenne AT-R désignant un palier, un espace plat entre deux déclivités, suivie du suffixe *-heim*. ▸▸ Autre explication : d'un nom d'homme germanique *Odrat* (*odo* « richesse », *rat* « conseil »), qui a dû de toute façon influencer la forme du toponyme.

1902

OERMINGEN (BR) [œrmiŋən], als. *Ermìnge* ["‘ɛrmIŋə]; *Ormingen* 1150. ‣ « l'habitat au confluent ». Du suffixe *-ingen* précédé d'une racine paléo-européenne UR-M « mouvement de l'eau en ce qu'il forme une arborescence » > « point de repère du réseau hydrographique (source d'un col, confluent) ». Le radical primitif **urm-* (étymon peut-être **Urmincum*) a été adapté en germanique, ce qui a entraîné l'évolution de la voyelle tonique et notamment sa métaphonie [o > œ > e]. Le village est situé sur l'Eichel à peu de distance en amont de son confluent avec la Sarre. Pendant de Herbitzheim (VOIR CE NOM).

OFFENDORF (BR) [ɔfəndɔrf], als. *Offedorf* ["‘ofə'DoRf]; *Offonthorof* 884. ‣ « le village d'Offo ». Du suffixe *-dorf*, précédé du nom d'homme germanique *Offo*, attesté (il s'agirait d'un hypocoristique d'*Odofrid*, all. mod. *Ottfried*, de *odo* « richesse » et *frid* « paix »). Le moine irlandais Offo fut le fondateur en 603 de l'abbaye d'*Offoniscella* à Schuttern (Pays de Bade) ‣‣ Autre explication : d'une racine paléo-européenne UW marquant une éminence ou un creux (VOIR OBENHEIM). L'idée de « dépression de terrain » ou « trou » rejoint d'ailleurs les significations d'« ouvert » (all. *offen*) et « fourneau » (all. *Ofen*). Toutefois des impossibilités phonétiques ne permettent pas de considérer que le toponyme soit fondé sur l'un de ces deux mots.

1918

1911, cachet postal ambulant de la ligne Strasbourg-Truchtersheim.

OFFENHEIM (BR) [ɔfənajm], als. *Offne* ["‘ofnə]; *Offenheim* 1225. ‣ « l'habitation dans un creux ». Suffixe *-heim* précédé d'une racine paléo-européenne UW marquant une éminence ou un creux (cours de la Souffel). ‣‣ Autres explications : 1) du nom d'homme germanique *Offo* (VOIR OFFENDORF) ; 2) du gaulois *abona* « rivière », en l'occurrence la Souffel (COMME AVENHEIM, VOIR CE NOM).

1908

OFFWILLER (BR) [ɔfvilɛr], als. *Offwiller* ["‘of’vil°R] ; *Offenwilre* 1201. ▸ « le domaine sur l’éminence ». D’une racine paléo-européenne UW désignant un « obstacle du terrain, creux ou bosse », suivie du suffixe *-villare*. Le village est situé sur une colline au pied des Vosges du nord.

OHLUNGEN (BR) [o(:)luŋən], als. *Ohlunge* ["‘o:’lUŋə] ; *Marca Alunga* 816, *Ohlingen* XVIIIe siècle. ▸ « la (marche) longue ». C’est une proposition : du latin médiéval *Marca Longa*, formé de l’adjectif *longa* « longue », précédé du terme *marca* (> fr. marche), repris du vieil allemand *marka* « frontière ». Les marches ont constitué à l’époque carolingienne des zones

Vers 1910

de protection militaire dans des régions de contact entre populations hétérogènes ou antagonistes, comme ce fut le cas au sud de la Forêt de Haguenau où, dans le prolongement du Pays de Hanau (zone de *-dorf*), les Gallo-romains sous protectorat franc se trouvaient confrontés aux colonisateurs alamans. La forme de 816 manifeste, toujours selon la proposition, l'agglutination au second terme de la voyelle finale du premier : *Marca Longa* > **Marc'alonga* ; après disparition de la désignation générique, **Alonga* fut considéré comme le véritable nom du lieu, et progressivement germanisé pour aboutir à Ohlungen. ⏩ Autre explication : la même que pour son voisin Uhlwiller (VOIR CE NOM).

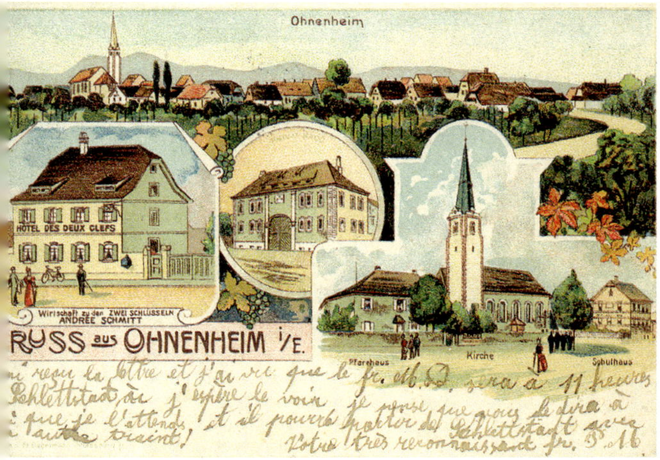

Vers 1900

OHNENHEIM (BR) [onənajm], als. *Ohne* ["'o:nə]. ▶ « l'habitation sur l'eau en mouvement ». D'une racine paléo-européenne AN « eau en mouvement », suivie du suffixe *-heim*. Village situé sur un ancien chenal du Rhin (VOIR ELSENHEIM). ⏩ Autre explication : du gaulois *ana* « marécage, boue ».

1917

OHNHEIM (BR) [o:najm], als. *Ohne* ["'o:nə]. ▶ « l'habitation sur l'eau en mouvement ». D'une racine paléo-européenne AN « eau en mouvement », suivie du suffixe *-heim*. Village situé sur l'Ill.

Vers 1910

OLTINGUE (HR) [ɔltẽ:g], als. *Oltige* ["'olDIGə] ; *Altingen* 1154. ▶ « là où il y a une hauteur ». Du latin *altus* « haut » (ou du thème paléo-européen AL-T « au-dessus de l'eau »), suivi du suffixe *-ink-*. Le site primitif du village n'était pas au bord de l'Ill, comme aujourd'hui, mais sur les premières pentes de la montagne autour de la chapelle Saint-Martin.

OLWISHEIM (BR) [ɔlvisajm], als. *Olse* ["ʻolsə]; *Onolvesheim* 1155, *Onolwivesheim.* ▸ « la demeure d'Onulf ». Du suffixe *-heim* précédé d'un nom d'homme germanique *Onulf* (*unnan* « donner » et *wulf* « loup »).

1905

ORBEY (HR) [ɔrbɛ], village romanophone, doublets all. *Urbeis* et als. *Urwes* ["ʻUrvəs]; *Orbeiz* 1049, *Orbetz* 1080, *Urbeis* 1241. ▸ « la limite du bassin de l'eau ». De la racine paléo-européenne UR-B, variante de AR-P/AR-B, désignant en général le « mouvement de l'eau en ce qu'il forme une arborescence » > « point de repère du réseau hydrographique (source d'un col, confluent) ». Le site est en fond de vallée, entouré de sources de montagne, juste

1902

1916

en amont du confluent de la Weiss et de la Béchine. Malgré le rapprochement fait avec saint *Urbain* (*Urbanus*), patron de l'église paroissiale (du latin *urbanus* « de la ville, urbain »), les règles de phonétique historique suggèrent fortement un étymon **Urbetium*, avec suffixe *-ētium*. On rapprochera des mots latins *orbis* « cercle, orbe » ainsi que *urbs* « ville », et « la Ville » en parlant de Rome. ⏩ Il n'est pas inutile de rappeler à ce propos qu'à l'origine de la fondation de Rome, selon la légende, le héros Romulus avait, au moyen d'un soc de charrue, creusé un sillon circulaire qui symbolisait les limites de la future capitale du monde antique. C'est ainsi que *urbs* se rapproche de *orbis*, la ville est une orbe, vide au départ et qui se peuple peu à peu, comme les portions de cours d'eau aux époques immémoriales dans lesquelles nous plonge l'étude de la toponymie.

ORSCHWIHR (HR) [ɔrʃvir], als. *Orschwihr* [ʺoRʺʃvi:R] ; *Otaleswiler* 728, *Alswilre* 1245, *Alswilr oder Orswilr* 1380. ▸ « le domaine sur un palier ». D'un radical **at-al* formé sur une racine paléo-européenne AT désignant un « palier, un espace plat entre deux déclivités », suivie du suffixe *-villare*. ⏩ Autre explication : d'un nom d'homme germanique *Odal* (sur *odo* « richesse »). Non attesté.

Vers 1930

ORSCHWILLER (BR) [ɔrʃvilɛr], als. *Orschwiller* [''oR"ʃvil°R] ; *Audaldovillare* 768, *Olswilre* 1324. ▸ « le domaine sur un palier ». D'un radical **at-al* formé sur une racine paléo-européenne AT désignant un palier, un espace plat entre deux déclivités, suivie du suffixe *-villare*. ▸▸ Autre explication : d'un nom d'homme germanique *Audald* (sur *odo* « richesse » et *waldan* « gouverner »), non attesté, semble-t-il.

1917

OSENBACH (HR) [ozənbax], als. *Osebàch* ["'o:sə'Båx] ; *Ohsenbach* 1255, *Ochsenbach* 1302, *Ossenbach* 1489, *Oschenbach* 1561. ▸ « la source ». De la racine paléo-européenne AS « dépassement » > « source », suivie du suffixe locatif *-acum*, et évolution de celui-ci de *-ach* en *-bach*. Plusieurs fontaines jaillissent dans le village. C'est aussi le nom du ruisseau qui le traverse. Les divergences entre des formes anciennes bien postérieures à l'an 1000 ne sont pas significatives. ▸▸ L'actuelle Maison Forestière Osenbuhr, à quelque cinq kilomètres d'Osenbach, a sans doute un rapport avec le nom de ce dernier. Le suffixe *-buhr* évoque *-bur* comme indice de lieu de culte au soleil (VOIR CHAPITRE II). L'alliance *Osen-* « fontaine » et *-buhr* « soleil » rappelle un vieux conte celtique, adapté par Chrétien de Troyes dans son roman *Ivain ou le Chevalier au Lion*.

1934

OSTHEIM (HR) [ostajm], als. *Ooschte* ["'o:ʃDə] ; *Osthaim* 785. ▸ « l'habitation du soleil levant ». Du suffixe *-heim* précédé du thème germanique *ost-*, qui peut se rapporter à l'est (*Ost*) et/ou à Pâques (*Ostern*, en vieux haut all. *ostār* « le levant »). VOIR CHAPITRE II, la légende du forgeron d'Ostheim. L'ensemble remonte à la racine paléo-européenne AS « dépassement » > « lever [du soleil, de l'oreille…] » (cp., en latin, *auris* (< *aus-*) « oreille », *aurora* (< *aus-*) « aurore », *asinus* « âne »).

Vers 1925

OSTHOFFEN (BR) [ɔsto(:)fən], als. *Oschthoffe* ["'oʃ'Dofə] ; *Ostofa* 1140. ▸ « la court de l'est ». Du suffixe *-hoffen*, traduction germanique de *court* (VOIR CHAPITRE III) précédé de l'all. *ost* « est ». ▸▸ A pu fonctionner en tant que poste avancé oriental de l'oppidum celtique puis gallo-romain du Mont Scharrach avec Nordheim, Westhoffen, et peut-être Altorf (VOIR CES NOMS). On sait que les rois francs possédaient un château à Kirchheim, entre Nordheim et le Scharrachberg, ce qui semble confirmer la nécessité d'un réseau de protection.

OSTHOUSE (BR) [ɔstuz], als. *Ooscht* ["'o:ʃt] ; *Hosthuos* 1224. ▸ « la maison de l'est ». Du suffixe *-hausen/-house* précédé de l'all. *ost* « est ». Pour le type de lieu désigné par 'Hausen', VOIR CHAPITRE III.

1909

⏩ A pu fonctionner à l'est en tant que poste de défense du sanctuaire d'Ehl et de la zone appelée plaine d'Erstein (davantage d'habitants car à l'abri des marécages des Rieds du Rhin ou de l'Ill, du Bruch de l'Andlau...). Fonctionne avec Nordhouse, Westhouse et peut-être Sundhouse (VOIR CES NOMS).

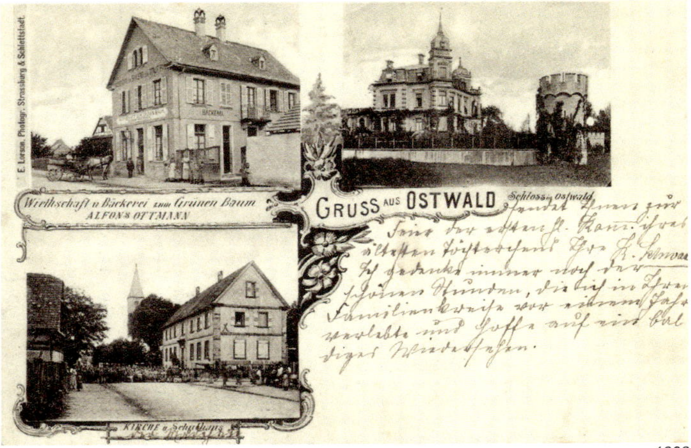

1908

OSTWALD (BR) [ɔstvalt] mieux que [-vald], als. *Oschwàld* ["'oʃ'vålt]; *Wickersheim* 974, *Illwickersheim* 1416, *saint Oswald* 1789. ▸ «la forêt de l'est». De l'all. *ost* «est» et *Wald* «forêt». Toutefois cette forme ne représente rien plus qu'une remotivation arbitraire. ⏩ Primitivement appelé Wickersheim, ce village fortifié du sud de Strasbourg se vit ajouter en préfixe le nom de l'Ill, rivière sur laquelle il est situé. Il fonctionnait avec Breuschwickersheim, du côté de la Bruche à l'ouest, et Souffelweyersheim, sur la Souffel au nord (VOIR CES NOMS); trois *vici* gallo-romains primitivement destinés à protéger des invasions le camp d'Argentorate. En 1416, le château d'Illwickersheim fut brûlé par les Strasbourgeois. Le village prit alors peu à peu le nom de la très ancienne fontaine et lieu de pélerinage dédiés à saint Oswald (peut-être de la racine AS «dépassement» > «source». VOIR OSENBACH). A la Révolution, les habitants voulurent s'affranchir de la domination strasbourgeoise et utilisèrent à leur profit les symboles révolutionnaires: c'est ainsi que *Saint-Oswald* fut déchristianisé et transformé en *Ostwald*.

1911

OTTERSTHAL (BR) [ɔtərsta:l], als. *Otterschtàl* ["'oD°R'ʃDå:l]; *Otteri vallis*. ▸ «le talus du palier». Cette dénomination, plutôt tautologique, s'explique par la situation du village sur une colline, ce qui semble exclure une origine germanique *-thal* = «vallée». Il faut y voir un gaulois *talos* «talus, front, pente». La forme ancienne *Otteri vallis* est un latinisme. Le radical *at-ar* est formé sur la racine paléo-européenne AT désignant un «palier, un espace plat entre deux déclivités». Attraction de l'all. *Otter* «loutre» (mot masculin), ou «vipère» (mot féminin). L'<s> génitif de *Otter-s-* renvoie de fait à la première de ces possibilités.

1911

OTTERSWILLER (BR) [ɔtərsvilɛr], als. *Ottewiller* [ʹʻoDəʺvil°R] ; *Oterawilre* 998. ▸ « le domaine sur un palier ». Du suffixe *-villa* précédé d'un radical *at-ar* formé sur la racine paléo-européenne AT désignant un « palier, un espace plat entre deux déclivités ». Site du village sur un coteau. Attraction de l'all. *Otter* « loutre » (mot masculin), ou « vipère » (mot féminin). L'<s> génitif de *Otter-s-* renvoie de fait à la première de ces possibilités.

Vers 1950

OTTMARSHEIM (HR) [ɔtmarsajm], als. *Otmersche* [ʺʻo:Dm°Rʃə] ; *Othmaresheim* 801. ▸ « la demeure d'Odomar ». Du suffixe *-heim* précédé du nom de personne germanique *Odomar* (> fr. *Omer*) dont la signification serait « célèbre par sa richesse » (*odo* « richesse », *mar* « célèbre »). Ce nom est attesté par l'existence de saint *Audomarus*, évêque de Thérouanne (Pas-de-Calais, à 11 km de Saint-Omer) au VIIe siècle. La forme du nom est un latinisme. ▸▸ Autre explication : d'une racine paléo-européenne AT désignant « un palier, un espace plat entre deux déclivités ». Site du village entre la terrasse de la Hardt et la plaine rhénane. Remotivation par l'intermédiaire de l'anthroponyme *Odomar*.

OTTROTT (BR) [ɔtrɔt], als. *Àttrott* [ʹʻåʺDrot] ; *Ottenrode* 1059. ▸ « le défrichement d'Otton ». De l'all. *roden* « défricher » précédé du nom de personne germanique *Audo, Odo, Otto* (sur *aud, odo* « richesse »). Pour le radical *Ott-, Od-*, VOIR AUSSI SAINTE-ODILE (MONT). ▸▸ Autre explication : d'une racine paléo-européenne AT désignant « un palier, un espace plat entre deux déclivités », suivie de l'élément *-rott* dans le sens de « route » : la « route sur le palier », en parlant d'une part de la route préhistorique du piémont vosgien, ainsi que de plusieurs autres voies gallo-romaines menant d'Obernai au Mont Sainte-Odile (VOIR ROEDEL, ROTT), d'autre part du palier que constitue l'extrémité haute du village.

1908

1918

OTTWILLER (BR) [ɔtvilɛr], als. *Ottwiller* [ʺʻoD'vil°R] ; *Audonevillare* 696. ▸ « le domaine d'Odon ». Du suffixe *-villa* précédé du nom de personne germanique *Audo, Odo, Otto* (sur *aud, odo* « richesse »). ▸▸ Autre explication : d'une racine paléo-européenne AT désignant « un palier, un espace plat entre deux déclivités ».

PECHELBRONN (BR) [peʃəlbrɔn], als. *Pachelbrunn* ["Bax°l'BrUn] ; *Bechelbronn* 1498, *Baechelbronn* 1734. ▸ « la source de bitume ». De l'allemand *Pech* « poix, bitume » et *Brunn(en)* « source ». Le rapport avec als. *Bächel*, diminutif de *Bàch* « ruisseau », ne serait pas pertinent. ▸▸ C'était le nom que donnaient les habitants de Lampertsloch à une source d'eau entraînant un filet de pétrole brut. Un puits fut exploité à partir de 1740, puis une raffinerie ouverte à Merkwiller de 1889 à 1970.

PERCHES (LAC DES) (HR), lac du haut bassin de la Doller, en allemand *Sternsee*, dominé à l'ouest et au sud par les massifs de la Bers. ▸ « le lac des étoiles ». ▸▸ Il ne semble pas que le lac des Perches doive son nom au poisson brillant *perca fluviatilis* (als. *Barschi, Berschi*), mais provienne d'une remotivation paronymique de Bers, nom de la montagne environnante. Par ailleurs, la dénomination allemande Sternsee (de *Sterne* « étoile » et *See* « lac ») serait due, selon la légende, à l'épisode d'un petit garçon qui se serait noyé dans le lac pour avoir voulu y admirer trop près le reflet des étoiles. On raconte également que, certaines nuits, on peut voir un carrosse de verre, goupillé de sept clous d'argent, plonger dans les eaux du lac.

1910

1933

Ces sept clous d'argent pourraient représenter l'une des deux constellations de la Grande ou de la Petite Ourse, ce qui laisserait à penser que ce lieu fut autrefois dédié au culte des étoiles, notamment celles du nord. Dans la mythologie, l'ours a été associé à l'étoile polaire (VOIR ANDLAU), et comme il se dit *Bär* en allemand, voilà deux bonnes raisons de mettre en corrélation la forme *bers* avec la signification d'« étoile ». La racine est BER-S qui, en alternance avec BR-ES, se retrouve sans doute dans le mot *braise*, tiré du germanique *brasa* ; le sens est celui de « percer, faire un trou », les étoiles étant considérées par les Anciens comme des trous dans la voûte céleste provoqués par le feu d'en haut. (VOIR AUSSI BOERSCH ET STERNENBERG.)

PETERNIT (HR) [petərnit], nom d'un col au-dessus de Rimbach-Zell ; *Sant Peter* 1314. ▸ « la pente de (saint) Pierre ». De l'all. *Peter* « Pierre » (nom propre) et *geneigt* = vieil alsacien *(ge)nit* « pentu », « incliné » d'où, aussi, « favorable ». ▸▸ Explication complémentaire : sur le sommet du Peternit, appelé *Geiskopf*, c'est-à-dire « Tête de la Chèvre », on croise parfois, dit la légende, deux énormes boucs dont la présence, même par temps clair, annonce un orage imminent. Ces deux boucs ont été mis en relation avec les deux boucs accompagnant Donar, le dieu germanique de l'orage. Pourtant, la religion des anciens Germains n'a jamais fait souche en Alsace (VOIR MUNDOLSHEIM). Il faut expliquer qu'en alsacien le terme *Gais* (VOIR AUSSI GEISHOUSE) a peu à

Vers 1910

peu éliminé l'allemand *Ziege*. H. Walter (in *1000 échantillons du vocabulaire alsacien*) rapproche *Ziege* « chèvre » de *Zecke* « tique », parce qu'il s'agit de deux animaux sauteurs. On peut faire la même remarque en ce qui concerne le *bouc* (all. *Bock*) et un autre nom de la tique, all. *Holzbock*, la base commune étant ici la racine P-K « piquer ». Ainsi les deux boucs du Peternit pourraient bien représenter des « insectes qui piquent » (taons, mous|tiques), spécialement quand le temps vire à l'orage (VOIR AUSSI BOUXWILLER ET BASTBERG). Quant au radical *Peter-*, s'il se rapporte bien à saint Pierre suivant la forme de 1314, il désigne alors le successeur chrétien du Dragon des plus anciennes légendes (VOIR CHAPITRE II), humanisé par la suite en Taranis gaulois, Jupiter latin, lanceur de foudre, ou encore Donar germanique dont le nom rappelle celui du tonnerre (all. *Donner*) – et, à leur instar, responsable du temps qu'il fait.

PETERSBACH (BR) [petərsbax], als. *Peterschbàch* ["pʰe:D°R'ʃBåx] ; *Wickespach*, *Bitrespach* XVe siècle (seulement), *Bedersbach* 1591. ▸ « le lieu où il y a une ou des pierres ». La traduction littérale devrait être le « ruisseau de Pierre », *Pierre* comme nom propre et non l'équivalent de *Steinbach* « ruisseau pierreux ». Malgré la date tardive des citations, il est intéressant de faire le parallèle avec Saint-Pierre et Pfetterhouse (VOIR CES NOMS) et de considérer l'élément *Peter-* comme un représentant du latin *petra* « pierre » et non de *Petrus* « Pierre ». L'absence de traduction en germanique pourrait être la preuve qu'il s'agissait d'une pierre précise, liée à la civilisation romaine : comme les deux toponymes cités plus haut, Petersbach était traversé par une voie romaine (pavée) et une colonne de pierre d'origine gallo-romaine est visible à proximité. Dans ce cas, considérer le suffixe *-bach* comme une évolution de *-ach* issu du gallo-rom. *-acum*. ⏩ Autre explication : il existe de nombreuses carrières de grès à Petersbach et le travail de la pierre est une tradition du village. Toutefois, si le toponyme était en rapport avec cette activité, on attendrait *Stein-* et non *Peter-*. Concernant la forme *Wickespach*, VOIR WISCHES.

Vers 1935

Vers 1930

PETIT-LANDAU (HR) [pətilãdo], en all. *Klein-Landau*, als. *Làndài* ["lån'Dåj]; *Landouwa* 1303. ▸ « la prairie de lande ». Du celtique *landa* « lande » suivi du suffixe germanique *-au* « prairie humide ». Une lande est un type de végétation basse (ajoncs, genêts, bruyères, etc.). Landau en tant qu'agglomération est donc vraisemblablement d'origine plus récente (XIIe siècle) que le nom du lieu. Ce n'est qu'après 1515 que fut adjoint le préfixe *Petit-*, pour distinguer le village de son homonyme Landau, dans le Palatinat, qui remplaça dans la Décapole alsacienne la ville de Mulhouse, nouvelle adhérente de la Confédération helvétique.

1912

PETITE-PIERRE (LA) (BR), traduction française du nom all. *Lützelstein*, als. *Lìtzelstän* ["lIDs°l'ʃDɛ:n]; *Parva petra* (latinisme), *castrum Luzelenstein* 1223, *Lücelstein* 1513. ▸ « le petit rocher ». Du moyen allemand *lützel* « petit » (germ. *liutils*, cp. angl. *little*) et *Stein* « rocher ». ▸▸ Autre explication : pourrait représenter un type celtique **Lugubenno*, par traduction : celt. *Lug* « lumière » > latin *luce(m)* « lumière », ou dérivé **lucella*, puis adaptation en germ. *lützel*, et *-benno* « pierre » > *-stein* (VOIR LUCELLE, LUTZELBOURG). Dans ce cas, désignerait un antique lieu de culte pré-chrétien à la lumière, ce qui ne serait pas surprenant sur un tel site constitué d'un socle gréseux.

1915

PFAFFENHEIM (HR) [pfafənajm], als. *Pfàffene* ["Bfåfənə]; *Papanhaime* 739 [peut-être en réalité Pfaffenhoffen ou le village disparu de Bappenheim, près de Lupstein (BR)], peut-être *Paphisisnaïda* 773 [= Pfaffensis (ge)neigt(heit) : « la pente de Pfaffenheim »], *Fafenheim* IXe siècle et 1183, *Pfaphfinheim* 1186, *Phaphinetum* 1253 (latinisme). ▸ « la demeure du ou des curé(s) ». Du suffixe *-heim* précédé de l'all. *Pfaffe* (< westique *papo*) « clerc, prêtre », als. « chanoine », ou

« curé » avec valeur péjorative. Ce mot de vocabulaire religieux provient du grec *pappas* « père, papa » et « patriarche » (d'où aussi *pape, pope*), diffusé à l'ensemble des peuples germaniques par l'intermédiaire des Goths ariens (cp. *Kirche*, CHAPITRE III). ►► Autre explication : les toponymes construits avec le radical *Pfaff-* sont assez nombreux et ne désignent pas toujours des agglomérations, mais divers lieux de la nature : Pfaffenbronn, Pfaffenberg, Pfaffenholtz, Pfaffenschlick, Pfaffenlapp... Il semblerait que le point commun soit la présence d'eau ou de boue : *-bronn* « fontaine », *-schlick* « vase, boue », présence d'un étang près du village disparu de Pfaffenholtz, confluent de la Moder et du Rothbach à Pfaffenhoffen, Gaentzbrunnen colline de Pfaffenheim. Ainsi le radical *Pfaff-* pourrait n'avoir rien à voir avec le westique *papo*, comme concourent à le prouver d'une part le doublet Phaffans/*Pfeffingen* (TdB), de forme semblable mais sans identitification avec le terme *Pfaffe*, d'autre part le nom de l'abbaye suisse de Pfäfers citée au Xe siècle sous la forme *Fabarias*. Il y aurait lieu de postuler un radical primitif *faf-* (qui subit l'attraction de *pfaff-* tiré de *papo*), mais issu d'une racine *wab(-ar)* « eau souterraine, liquide affleurant », d'où diverses formes dès le gallo-roman de type *fab-ar* (*Fabarias*), *fav-ar* (Faverois (TdB) < *vaberetum*), *wap-ar* ou *bab-ar* (Babersenbach, VOIR CE NOM), *vav-ar* (voir les nombreuses Wavre, Vaivre, Woëvre, Vabre, Vaur de la toponymie française, désignant ruisseaux plus ou moins cachés, bois humides, bas-fonds marécageux, gorges). Le rapprochement s'impose avec les mots gaulois *vabero* ou *vobero* « ruisseau souterrain » (VOIR WIWERSHEIM), *bava* « boue, bave » (VOIR BOOFZHEIM).

1910

PFAFFENHOFFEN (BR) [pfafəno(:)fən], als. *Pfàffhoffe* ["Bfå'fofə] ; *Papanhaime* 739 [peut-être en réalité Pfaffenheim ou le village disparu de Bappenheim, près de Lupstein (BR)], *Paphisisnaïda* 773 [= Pfaffensis (ge)neigt(heit), aussi attribué à Pfaffenheim, VOIR LE PRÉCÉDENT], *Pfaffenhoven* 991. ► « la court du ou des curé(s) ». Du suffixe *-hoffen*, traduction de *-court* (VOIR CHAPITRE III), précédé de l'all. *Pfaffe* (< westique *papo*) « clerc, prêtre, curé (péj.) ». ►► Autre explication : Pfaffenhoffen est situé dans un creux au confluent de la Moder et du Rothbach, en terrain calcaire. Le sens pourrait être « boue » ou « ruisseau souterrain » (VOIR PFAFFENHEIM).

PFAFFENLAPPENFELS [pfafənlapənfɛls], en fr. *rocher du Pfaffenlapp*, groupe de rochers entre le Nideck et Oberhaslach (BR), dont la traduction littérale donnerait quelque chose comme le « lambeau, ou chiffon du curé ». D'après la tradition, tire son nom de la famille patricienne strasbourgeoise des *Pfaffenlapp*. ⏩ Autre explication : de *Pfaff-* = racine WAB « eau souterraine, boue » et germ. *lappe* = racine LAP désignant quelque chose de « flottant, flasque » (idée de « sol mouvant, glissement, éboulement » ; VOIR LIÈPVRE).

1938

PFAFFENSCHLICK (BR) [pfafənʃlik], nom d'un col entre Drachenbronn et Lembach. ▸ « la vase du curé ». En contrebas, du côté de Lembach, se trouve le lieu-dit Pfaffenbronn : ▸ « la source ou fontaine du curé ». Le premier toponyme pourrait être une tautologie (deux fois « boue » : *Pfaff-* = racine WAB « eau souterraine, boue » et germ. *Schlick* « vase, boue »). Le second correspond au nom d'une source (*Pfaff-* = racine WAB « eau souterraine, boue » et germ. *Brunn(en)* « source »).

PFALZWEYER (BR) [pfaltsvajər], als. *Phàlzweyer* ["p^{h}ål'Dsvɛj°R] ; cité depuis 1589. ▸ « le Weyer (du comte) palatin ». Le nom est formé tout d'abord sur *Pfalz* « palatin » (du latin *palatium* « palais »), terme qui désignait au Moyen Age le comte chargé de représenter l'Empereur germanique auprès des ducs. Par la suite, le titre de comte palatin devint dynastique. Au XVIe siècle, le comte de la Petite-Pierre était issu de la maison palatine. C'est en son honneur que le village créé entre 1559 et 1589 sur ses terres, à l'emplacement d'une verrerie, fut baptisé Pfalzweyer, en référence au village plus ancien de Weyer, distant de 8 km (VOIR WEYER). ⏩ La région allemande du Palatinat (all. *Pfalz*) est également nommée du fait de son appartenance aux comtes palatins.

1899

1914

PFASTATT (HR) [pfastat] ou [pfaʃtat], als. *Pfàscht* ["Bfåʃt] ; *locus Finstatinse* 790, *Phasstat* 1301, *Pfaffstatt* 1468. ▸ « la clairière blanche ». Origine celtique du suffixe *-statt* (VOIR CHAPITRE II), représentant le gaulois *-ialos* « clairière », lequel est précédé du radical *vindo-* « blanc » devenu *Fin(d)-* en germanique dans la forme de 790 (étymon *vindoialos*). L'évolution du gallo-roman [v] en germanique [f], puis [pf] est attestée aussi ailleurs (VOIR PFAFFENHEIM). La forme de 1468 est une tentative de remotivation à partir de *Pfaff* « curé ». /VENDEUIL (AISNE).

1912

PFETTERHOUSE (HR) [pfɛtruz] ou [-təruz], als. *Pfatterhüse* ['BfaD°R"hy:sə], doublet roman *Pérouse*; *Petrosa* 731, *Perosa* 1139 et 1178, *Pheterhusen* 1296. ▸ « la (voie) empierrée ». D'un étymon *Petrosa (via)*, formé de l'adjectif latin *petrosa* « pierreuse », sur *petra* « pierre ». Situation sur une ancienne voie romaine. Le radical germanique *Pfetter-* remonte à une étape dans l'évolution phonétique du mot en roman, où le [t] primitif du latin n'avait pas encore complètement disparu : *petrosa* > VIe siècle *pedrosa* > adapté en germ. VIIIe siècle **pfedrus(a)* (alors que le roman connaît une évolution vers *per(r)osa* > *Pérouse*). Noter la mutation consonantique [p > pf]. Le suffixe *-hausen/-house* est d'origine germanique (VOIR CHAPITRE III). VOIR PETERSBACH, SAINT- PIERRE.

PFETTISHEIM (BR) [pfɛtisajm], als. *Pfatse* ["BfaDsə]; *Petenesheim* 1100. ▸ « l'habitation sur la butte ». Du suffixe *-heim* précédé de la racine paléo-européenne PAT « relief présentant une limite plate », notoirement une « butte » : le village est situé au haut d'une côte du bas-plateau ondulé du Kochersberg. La mutation [p > pf] est tardive; influence paronymique de l'als. *pfatze* « pincer » ?

1911

Vers 1900

PFLIXBOURG (HR) [pfliksbur], als. *Pflìtschburig* ["BflI'DʃBUrik], ruine entre Wintzenheim et Zimmerbach. ▸ « le château fort du plessis ». Du suffixe all. *-burg* « château fort », francisé en *-bourg*, précédé du latin *plexus* « entrelacé » ; le dérivé *plexaticium* « clôture faite de branches entrelacées » est devenu le français *plessis*, mot qui, en toponymie française, a servi à nommer de nombreux châteaux forts. Peut-être influence de l'all. *blicken* « regarder » (les châteaux forts étant des postes d'observation). ▸▸ Construit en 1219. Rien n'interdit de penser qu'un plessis datant du haut Moyen Age, ou un poste d'observation gallo-romain, existaient déjà à cet endroit.

1905

PFULGRIESHEIM (BR) [pfylgri(:)sajm], als. *Fuelgriese* ['fYl"GrI:sə] ; *Fulkriegesheim* XIVe siècle. ▸ « la demeure de Folkrik ». Proposition d'après la forme ancienne : du suffixe *-heim* précédé du nom d'homme germanique *Folkrik* (« peuple puissant », de *folk* « peuple » et *rîk* « puissant, roi »). On note l'évolution [f > pf], non conforme à la mutation consonantique germanique (VOIR PFAFFENHEIM). ⏩ Autres explications : 1) la forme actuelle Pfulgriesheim se traduit par « Griesheim à la mare », du toponyme *Griesheim* et de l'allemand *Pfuhl*, alsacien *Pfuehl* « mare, bourbier ». Il se serait agi de le distinguer de son voisin Griesheim (-sur-Souffel) (VOIR CE NOM). Y avait-il réellement une mare au centre de ce village situé dans un creux ? 2) d'un étymon **Vulcariacum*, formé sur une racine paléo-européenne WUL-K « renflement, vallonnement » suivie des deux suffixes *-ar-* et *–iac(-um)*. Sens approprié au site.

PHALSBOURG (Mo) [falsbur], dial. *Phàlzbuëch* ["pʰål'DsBUəç] ; *Pfalzburg* 1576. ▸ « la forteresse palatine ». De l'all. *Burg* « château fort, forteresse » et *Pfalz* « palatin » (VOIR PFALZWEYER). La transcription *Phals(bourg)* est une francisation de la forme officielle allemande *Pfalz(burg)* s'appuyant sur la prononciation dialectale lorraine [pʰålDs] (la mutation consonantique [ph > pf] n'a pas gagné cette région) ; la prononciation française [falsbur] est issue de la lecture traditionnelle du graphème <ph> comme [f], et correspond d'autre part à la tendance des francophones à rendre les affriquées sous forme de simples constrictives (exemple : *Kugelhopf* prononcé [kuglɔf]). ⏩ Phalsbourg fut fondée en 1570 sur l'emplacement du château fort d'Einartzhausen par Georges Jean dit *Jerrihàns*, comte palatin de la Petite-Pierre, possesseur de plusieurs terres sur le plateau lorrain.

1913

1917

PLAINE (BR) [plɛ:n], village de la vallée de la Bruche romanophone, en all. *Plen* ["ple:n]. ▸ « le plateau ». Situation sur un plateau, en contrehaut de la Bruche et au pied du massif de la Chatte-Pendue. (Ne pas confondre avec la rivière la Plaine [la vallée de la Plaine], qui descend du Donon, affluent de la Meurthe à Raon-l'Etape.) Du latin *plana* (s.e. *terra*) qui a donné le français *plaine*, mais qui signifiait au départ « endroit plan » c'est-à-dire « plat ». ▸▸ Sous la forme substantivée *planum*, ce mot est devenu en alsacien *Plàn* ["Blå:n] dans le Bas-Rhin et *Plon* ["Blo:n] dans le Haut-Rhin « place, endroit plat, endroit dégagé », qui se trouve par exemple dans Firstplan, *Fìrschtplon*, « plan du faîte », toponyme de montagne comme Plaine, et dans bon nombre de places de bourgs et de villes d'Alsace, tels que *dr Plon* à Rouffach et Gueberschwihr et, à Strasbourg, *Steffesplàn* ["ʃDɛfəs'Blå:n] (« place Saint-Etienne ») et *Dumesplàn* ["Duməs'Blå:n] (« place Saint-Thomas »), où *Plàn* indique une ancienne esplanade militaire.

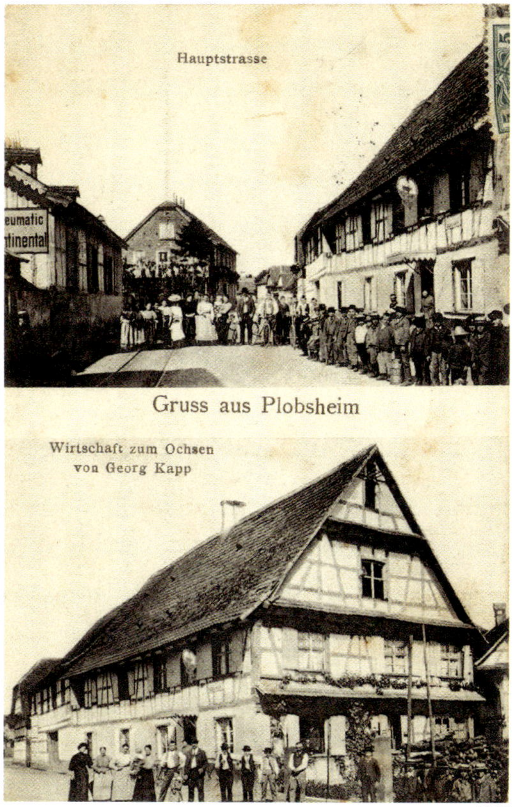

1916

PLOBSHEIM (BR) [plɔbsajm], als. *Plobse* ["BloBsə] ; *Blabodsaime* 778, *Plattpotesheim* 823, *Bloppoltzheim* 1351. ▸ « l'habitation du renflement, du bouillonnement ». Village situé au bord du Rhin, en zone autrefois inondable lors des crues. De la racine paléo-européenne BL-āB ([ā > o] en dialecte alsacien) « renflement, bouillonnement », suivie du suffixe *-heim*. La forme de 823 est un essai d'interprétation du scribe : le lieu serait une « butte (*-pot-*, cf. base PT) aplatie (*platt-*) ». ▸▸ Autre explication : du nom d'homme germanique *Blabold* ou *Blabwald*, non attesté.

1900

PONT D'ASPACH (HR) [põdaspax], lieu-dit, nœud routier et dépendance de Burnhaupt, als. *Exbruck* ["ɛGs'BrUk] ; *Agaishaim* 784. ▸ « l'habitation dans un lieu impénétrable ». Du suffixe *-heim* précédé de la racine paléo-européenne AK « pointe, lieu hostile, impénétrable » (VOIR HAEGEN). Il doit s'agir d'un village disparu, dont seul le pont sur la Doller a fini par subsister comme repère dans le paysage, d'où l'emploi actuel du suffixe *-bruck* « pont » (all. *Brücke*, als. *Bruck*). La forme française fait référence au village voisin d'Aspach-le-Bas.

Vers 1910

PREUSCHDORF (BR) [prœjʃdɔrf], als. *Prischdorf* ["Bri'ʃDoRf] ; *Bruningovillare* 719, *Bruningestorf* 772, *Prinisdorf, Brischdorf.* ▸ « le village du vallonnement ». Du suffixe gallo-roman *-villa* remplacé par *-dorf* (VOIR CHAPITRE III), précédé de l'étymon gallo-roman **Brūnincum*, composé de la racine paléo-européenne BR-UN « renflement, vallonnement », suivi du suffixe paléo-européen *-ink-*. Situé dans le relief vallonné du piémont des basses Vosges. Evolution : **Brūning(estorf)* > **Brün'n(g)sdorf* > **Brinschdorf* > **Bri:schdorf*. La graphie <eu> de la forme officielle est le résultat d'une ancienne nasalisation : **Brinschdorf* > [*Brẽjʃ DoRf], cette dernière forme étant orthographiée avec <eu> « à l'allemande » ; cp. Munster = *Meinschter* et, pour le problème de graphie, *Gäderte* < [GejD°RDə] retranscrit Geudertheim (VOIR CES NOMS). Le rapprochement, erroné, avec l'allemand *Preuße* « prussien » est fondé sur la forme officielle écrite, conforté par le souvenir de la guerre de 1870, particulièrement vif dans cette contrée de l'Alsace. ⏩ Autre explication : d'un nom d'homme germanique *Bruno* « brun et brillant » (comme une arme polie à la manière des Germains) + suffixe *-ingen*, antérieur au IIIe siècle, date de l'adjonction du suffixe *-villa*.

1906

PRINTZHEIM (BR) [printsajm], als. *Prìntze* ["BrInDsə]; *Bruningishaim* 719, *Brunisheim* 1308. ▸ « l'habitation du vallonnement ». Du suffixe alémanique *-heim* précédé de l'étymon gallo-roman **Brūnincum*, composé de la racine paléo-européenne BR-UN « renflement, vallonnement », suivi du suffixe paléo-européen *-ink-*. Situé sur le bas plateau ondulé du Pays de Hanau. Evolution : **Brūningesheim* > **Brün'n(g)sheim* > **Brinsheim*. Attraction paronymique de l'all. *Prinz* « prince ». ▸▸ Autre explication : d'un nom d'homme germanique *Bruno* « brun brillant » (comme une arme polie à la manière des Germains) + suffixe *-ingen*.

Vers 1900

PUBERG (BR) [pubɛrk] mieux que [-bɛrg], als. *Bubert* ["Bu:B°Rt]; *Butberg* XIe siècle, *Boukbert* 1084, *Buchberg* 1382, *Rupberg* XVIIe siècle. ▸ « le mont de la butte ». Les formes anciennes sont disparates. Nous optons pour la plus ancienne : du suffixe all. *-berg* « montagne » précédé de la racine paléo-européenne PUT, PAT, qui signifie entre autres « objet présentant une limite plate (butte, plateau, puits...) ». ▸▸ Autre explication : « le mont du hêtre » (all. *Buche*). Correspond mal avec la forme actuelle.

1908

PULVERSHEIM (HR) [pulvərsajm], als. *Bulversche* ["BUlf°Rʃə]; *Volfrigeshaim* 768, *Welfrichesheim* 1004, *Wulfersheim* jusqu'au XVIIe siècle. ▸ « la demeure de Wolfrich ». D'un nom d'homme germanique *Wolfrich*, d'un plus ancien *Wulfrîk* « loup puissant » (*wulf* « loup » et *rîk* « puissant »). La forme étymologique **Wulwersche* a dû subir une dissimilation /v-l-v/ > /B-l-v/, avec attraction paronymique de l'all. *Pulver* « poudre » (als. *Bulver* [BUlf°R] qui par ailleurs désigne aussi les « sous », la « galette »). ▸▸ Autre explication : d'un étymon gallo-roman **Vulvariacum*, formé sur une racine paléo-européenne WUL-W, exprimant sans doute l'idée de « bourbier », suivie d'un suffixe *-iacum*. (VOIR VALFF).

Vers 1930

QUATZENHEIM (BR) [kwatsənajm], all. ["kvatsən'hajm], als. *Zwàtzne* ["DsvåDsnə]. ‣ « l'habitation du bourbier ». En l'absence de forme ancienne connue, seules sont permises des conjectures. La plus probable pourrait être : du suffixe *-heim* précédé du vieux haut allemand *quāt* « boue, bourbe » (all. mod. *Kot*, en als. seulement *Kotes* « décharge », comparer peut-être français *gadoue*). ‣‣ Explication complémentaire : en remontant plus haut dans l'histoire du mot, on voit qu'il a un rapport avec l'idée de « presser, serrer, comprimer » (cf. all. *quetschen*) et d'« entrailles » (vieux haut all. *quiti* « utérus », d'où all. *Kutteln*, als. *Kuttel* « entrailles, boyau »). Possible référence à l'installation par les Romains d'une canalisation en tuyaux amenant l'eau de la source de Kuttolsheim (VOIR CE NOM) vers le camp d'*Argentorate* (Strasbourg), et qui passait par Quatzenheim, puis entre Stutzheim et Hurtigheim, Hausbergen, Cronenbourg. (VOIR AUSSI DOSSENHEIM ET STUTZHEIM).

1914

QUELLES (LES) (BR) [lekwɛl], village romanophone de la vallée de la Bruche ; *Quevelles* 1571, *Yquell, Gefäll.* ▸ « les pentes ». De l'all. *Gefälle* « pentes », en als. *Gfäll* [Gfɛl], qui a été réinterprété au XVIe siècle comme une forme de l'all. *Quelle* [kvɛlə] « source », au moment de l'entrée de ce terme dans le vocabulaire courant à travers la Bible de Luther, sans doute, à l'époque, par les protestants de langue romane.

RABENBUHL (HR) [rabənby:l], en fr. *Rocher du Corbeau,* colline au-dessus du Bonhomme. ▸ « la colline instable ». Du suffixe *-buhl* « colline » (VOIR CHAPITRE II ET BUHL) précédé d'une racine paléo-européenne RAP « contenant un mouvement en soi » > « terrain instable, glissant, glissements de terrain, ravinements ». L'attraction paronymique de l'all. *Rabe* « corbeau » (en alsacien on dit *Kràbb*) n'est pas certaine malgré la traduction française, il peut s'agir d'une homonymie fortuite.

RAEDERSDORF (HR) [rɛ(:)dərsdɔrf], als. *Raderschderf* ["ra:D°R'ʃDəRf], doublet roman *Rascourt*; *Raiscort* 1148, *Rascort* 1179, *Redirstorf* 1234. ▸ « le village du défrichement ». Du suffixe *-dorf/-court* (VOIR CHAPITRE III) précédé de la racine paléo-européenne RAT « coupure plate », qui est à l'origine de plusieurs sens dont celui de « défrichement » : allemand *roden, reuten* « essarter, défricher », latin *rodere* « ronger, user », français *éroder, raser, rat.* (VOIR RAEDERSHEIM). A son pendant en Suisse, à 7 km, Rodersdorf. ⏩ Autre explication : du nom d'homme germanique *Radhari* (de *rad* « conseil » et *hari* « armée »).

1914

RAEDERSHEIM (HR) [rɛ(:)dərsajm], als. *Radersche* ["ra:D°Rʃə] ; *Ratherishaim* 774. ▸ « l'habitat de la route ». Du suffixe *-heim* précédé de la racine paléo-européenne RAT « coupure plate », qui a servi à désigner l'action de « frayer un chemin en supprimant la végétation » (cf. fr. *route,* angl. *road* même sens, d'où aussi *roue* < latin *rota,* all. *Rad,* et tout ce qui se rapporte à la notion de *réseau, rayon* < latin *radius*). En rapport avec le sens de « défrichement » (VOIR RAEDERSDORF). Le nom se réfère à la route préhistorique du pied des Vosges. Attraction paronymique de l'all. *Rad,* pl. *Räder* « roue ». ⏩ Autre explication : du nom d'homme germanique *Radhari* (de *rad* « conseil » et *hari* « armée »).

RAMMELFELSEN [raməlfɛlsən], rocher du Taennchel (VOIR CE NOM). ▸ « le rocher instable ». Du suffixe *-fels(en)* « rocher » précédé d'une racine paléo-européenne RAM « contenant un mouvement en soi » > « terrain instable, glissant, glissements de terrain, ravinements ». Attraction paronymique de l'all. *rammeln* « s'accoupler (en parlant des animaux) ».

1912

RAMMELSTEIN [ramǝlʃtajn], rocher du Taennchel (VOIR CE NOM). ‣ « la pierre instable ». Du suffixe *-stein* « pierre » précédé d'une racine paléo-européenne RAM « contenant un mouvement en soi » > « terrain instable, glissant, glissements de terrain, ravinements ». Attraction paronymique de l'all. *rammeln* « s'accoupler (en parlant des animaux) ».

RAMMERSMATT (HR) [ramǝrsmat], als. *Ràmmertzmàtte* ['råm°R"DsmåDǝ] ; *Ramprechtesmatten* 1323, *Rammersmat* 1361. ‣ « le pré de Ramprecht ». Du suffixe all. *-matt (e)* « pré, pâturage » précédé du nom d'homme germanique *Ramprecht*, issu d'un plus ancien *Raginberht* « brillant conseil » (*ragin-* « conseil »,

Vers 1900

berht « brillant »). ⏩ Autre explication : la racine RAM est omniprésente pour désigner des terrains instables, glissants, mouvants. Rammersmatt est situé dans la pente des collines sous-vosgiennes, voisin de Leimbach (VOIR CE NOM).

1912

RANGEN (BR) [raŋən], als. *Rànge* ["råŋə] ; *Randoe* 1120. ▸ « la lisière ». De l'all. *Rand* « bord, bordure, lisière ». Mais le mot existait par ailleurs en celtique : *randa* « limite, partie, séparation » (VOIR HUHNERSCHERR ET WEGSCHEID). L'évolution [nd > ŋ] était courante en ancien alsacien (*Hang* = *Händ*, *Kìng* = *Kìnd*, etc.). ⏩ Le Rangen de Thann : l'all. *Rang* « rang, catégorie » est improbable. Als. *Rànge* « contrefort », d'une racine paléo-européenne RANK, variante de RAK, ROK « rocher » (cf. ancien provençal *ranc* « rocher », anc. fr. *ranche* « barre ». (VOIR AUSSI NOMS EN RING-.)

RANRUPT (BR) [rãry], village de la partie romanophone de la vallée de la Bruche ; *Rognesbach* 1120 ; en all. *Roggensbach* ou *Roschbach*. ▸ « l'endroit ou le ruisseau rocheux ». Une racine paléo-européenne ROK « roc, rocher », d'après les formes allemandes, est possible pour le sens, mais dans cette région il faut se méfier des germanisations artificielles (voir Bellefosse > all. *Bellfuß*). Le suffixe *-rupt* représente le français *ru* « ruisseau » (< latin *rivus*), qui traduit l'all. *-bach* « ruisseau », lequel remonte peut-être à un suffixe gallo-roman *-acum* (étymon **Ruk-iacum*, qui a donné Roucy [Aisne]). ⏩ Explication complémentaire : la graphie *rupt* est une fausse référence au latin *rupta (via)* littéralement « chemin rompu », c'est-à-dire « frayé », qui a donné le français *route*. Survivance peut-être de l'époque antique et préhistorique où, dans le monde européen couvert de forêts, le seul moyen de se déplacer sans errer était de suivre les cours d'eau, lesquels à bon droit pouvaient être nommés « routes ».

1914-1918

Vers 1930

RANSPACH (HR) [rãspak] ou [ranspax], als. *Ránschpàch* ["rån'ʃBåx] ; *Ramispach* 1183, *Ranspach* 1394. ▸ « là où le terrain est instable ». D'un étymon gallo-roman

Ramiacum, formé sur la racine paléo-européenne RAM « contenant un mouvement en soi » > « terrain instable, glissant, glissements de terrain, ravinements », suivie du suffixe *-acum* avec évolution en germ. *-bach* (VOIR CHAPITRE III). Le rapprochement avec l'als. *Ràmm*, une des dénominations du corbeau, ne s'impose pas.

Vers 1900

RANSPACH-LE-BAS (HR) [rãspak] plus courant que [ranspax], als. *Niederräuschbi* ['niəDə"rœjʃBi] ; *Ramengas* Xᵉ siècle, *Ramispach* 1133, *Ramspach* 1303. ▸ « là où le terrain est instable ». D'un étymon gallo-roman **Ramincum*, formé sur la racine paléo-européenne RAM « contenant un mouvement en soi » > « terrain instable, glissant, glissements de terrain, ravinements », suivie du suffixe *-ink-* remplacé par germ. *-bach* « ruisseau ». Le rapprochement avec l'als. *Ràmm*, une des dénominations du corbeau, ne s'impose pas.

RANSPACH-LE-HAUT (HR)
COMME RANSPACH-LE-BAS.

1906

1911

RANTZWILLER (HR) [rantsvilɛr], als. *Ràntzwiller* ["rån'Dsvil°R] ; *Rantheswilre* 1090, *Randoltzwilr* 1341. ▸ « le domaine de la séparation ». D'un étymon gallo-roman **Randovillare*, composé du suffixe *-villa* précédé du celtique *randa* « limite, partie, séparation » (VOIR RANGEN). Le village était situé à un carrefour de voies antiques, ce qui explique peut-être la dénomination (VOIR WEGSCHEID). Attraction paronymique de l'als. *Rànze* « bedon » ou de l'all. *Ranz(en)* « sac », ou *ranzen* « s'accoupler (en parlant des bêtes féroces) ».

1929

RAPPENFELS [rapənfɛls], nom de plusieurs sites rocheux, l'un près de La Petite-Pierre, l'autre au-dessus de Saverne, le troisième non loin du Hohnack, sur la crête entre Munster et Labaroche. ▸ « le rocher instable ». Du suffixe *-fels* « rocher » précédé d'une racine paléo-européenne RAP « contenant un mouvement en soi » > « terrain instable, glissant, glissements de terrain, ravinements ». Attraction paronymique de l'all. *Rappe* « cheval noir ».

Vers 1910

RATHSAMHAUSEN (BR) [ratsamawzən], als. *Ràtzemhüse* ["råDsə'my:sə] ; *Ratzenhusen* XIIIe siècle. ▸ « la maison de la forteresse ». Du suffixe germanique *-hausen*/*-house* (VOIR CHAPITRE III) précédé du celtique *rate* « rempart, levée de terre par rapport à l'eau, enclos fortifié, forteresse » (**Rateshusen*). On a découvert les vestiges d'un château du haut Moyen Age sur pilotis. Attraction de l'all. *ratsam* « prudent, averti ».

1901

RATZWILLER (BR) [ratsvilɛr], als. *Rotschwiller* ["ro'Dʃvil°R] ; *Râtrammeswilare* 861, *Ratramnum villare* IXe siècle, *Ratramini villare* 1140. ▸ « le domaine de Rathramn ». Du suffixe gallo-roman *-villa* précédé du nom d'homme germanique *Rathramn*, formé de *rat* « conseil » et *hramn* « corbeau » (allusion à la mythologie germanique). Attraction paronymique de l'all. *Ratz* « rat » et « ras » (emprunté au français). ⏩ Autre explication : d'une racine paléo-européenne RAT « coupure plate », qui est à l'origine de plusieurs sens dont celui de « défrichement » (VOIR RAEDERSDORF).

1899

RAUWILLER (BR) [rawvilɛr], als. *Ruewiller* ["rY:'vil°R] ; *Rapertum villare* 1000, *Rugwilre* 1298, *Ruwilre* 1344, *Rouville* 1559. ▸ « le domaine pierreux ». Du suffixe gallo-roman *-villa* précédé d'une racine paléo-européenne RUK « roc, roche ». La forme de 1298 est prise en considération de manière privilégiée, car elle décrit le site (présence de tas de pierres), alors que celle de 1000 fait allusion à un anthroponyme *Raprecht* (*Ratberht*), de manière manifestement artificielle.

RÉGUISHEIM (HR) [regisajm], als. *Rexe* ["rɛGsə] ; *Regenesheim* 817. ▸ « l'habitation sur un sol dur ». Du suffixe *-heim* précédé d'une racine paléo-européenne RIK désignant un « terrain sec, dur, caillouteux ».

1927

1909

REICHSFELD (BR) [rajʃsfɛlt], mieux que -[fɛld], als. *Rissfald* ["ris'falt] ; *Richtenzevelt* 1323. ▸ « le camp sur un terrain rocheux ». La traduction littérale du toponyme est « champ du royaume (ou de l'empire) », peu explicite. Toutefois, il pourrait s'agir d'un calque du celtique *Rigomagos* « camp du roi » (*rix, rigo-* « roi », *magos* « camp, champ, marché »), qui a donné en toponymie française Riom (Puy-de-Dôme, Cantal), Ruoms (Ardèche), Rians (Cher). Cependant, le radical *rigo-* pourrait remonter au-delà de la couche celtique et refléter une racine paléo-européenne RIK désignant un « terrain sec, dur, rocheux ».

1909

REICHSHOFFEN (BR) [rajʃso(:)fən], als. *Risshoffe* ["ri'sofə] ; *Richeneshoven* 995. ▸ « la court rocheuse ». La traduction littérale « cour du royaume (ou de l'empire) » n'a pas de justification historique. Comme pour Reichsfeld, la racine doit être RIK, avec le sens de « terrain dur, sec, rocheux » (VOIR NEHWILLER). Suffixe *-hoffen*, (VOIR CHAPITRE III).

1918

REICHSTETT (BR) [rajʃtɛt], als. *Ristett* ["ri'ʃDet]. ▸ « le lieu sur un sol dur, sec ». La traduction littérale du toponyme est « lieu du royaume (ou de l'empire) », peu explicite. Toutefois, il pourrait s'agir d'un calque du celtique *Rigoialos* « clairière du roi » (*rix, rigo-* « roi » et *ialos* « clairière », traduit par germ. *-stett*, *-statt*, VOIR CHAPITRE III). Cependant, le radical *rigo-* pourrait remonter au-delà de la couche celtique et refléter une racine paléo-européenne RIK désignant un « terrain sec, dur, rocheux ».

1930

REIMERSWILLER (BR) [rajmərsvilɛr], als. *Räimerschwiller* ["rɛjm°R'ʃvil°R] ; *Rennbrehtzwilr* 1362, *Reimbrechtswiller* XVIIIe siècle. ▸ « le domaine de Reimbrecht ». Du suffixe gallo-roman *-villa* précédé du nom d'homme germanique *Reimbrecht*, issu d'un plus ancien *Raginberht* « brillant conseil » (*ragin-* « conseil », *berht* « brillant »). ▸▸ Autre explication : la racine RAM est omniprésente pour désigner des terrains instables, glissants, argileux.

1911

REINACKER (BR) [rajnakər], als. *Rainàcker* ["raj'nåG°R]. ‣ « le champ de la source ». Du celtique *R(e)inomagos* « champ ou camp de la source » (*rino, reino* « source, cours d'eau » et *magos* « champ », traduit par germ. *-acker* même sens). Ce n'est pas le seul pèlerinage marial à tirer son origine d'un culte antique à une source divinisée (VOIR REININGUE).

Vers 1910

REINHARDSMUNSTER (BR) [rajnarts-mynstər], als. *Neiderfel* ["nej'DeRf°l]; *Dillerescella* 1120, *Dillersmunster* 1300. ‣ « le monastère de Reinhard ». De l'all. *Münster* « monastère » précédé du nom d'homme germanique *Reinhard* (> fr. *Renard*), d'un plus ancien *Raginhard* (*ragin* « conseil », *hard* « dur, fort »). ‣‣ Explications complémentaires : village fondé en 1616 par le comte éponyme Jean Reinhard de Hanau à la place du village de *Dillersmünster*, disparu au début du XVIe siècle (de la racine DIL/TIL « changement de niveau » et en particulier « haut talus » de pierre ou de terre). Il s'agissait d'un ancien monastère, dont il ne restait plus de trace déjà au XVIIe siècle. Les nouveaux habitants ont appelé leur village tout simplement Neudörfel (als. *Neiderfel*) « le nouveau village » (forme diminutive), sur *neu* « nouveau » et *dorf* « village ».

REININGUE (HR) [rajnɛ̃:g] ou [rɛnɛ̃:g], als. *Rainige* ["rajniGə]; *Reiningen* 837. ‣ « le lieu sur la source ». Du suffixe *-ink-* précédé du gaulois *rino* ou *reino* « source, cours d'eau », qui se retrouve en allemand à la fois dans *rennen* « courir » et *rinnen* « couler », ainsi que dans *Runs* « ruisselet ». Une source placée à l'endroit de l'actuelle église aurait jailli pour la première fois au passage des reliques de saint Romain que le pape Léon IX, lors de son voyage en Alsace en 1049, avait fait transférer au couvent de l'Oelenberg. Vu la langue d'appartenance du toponyme, cette source était connue depuis l'époque celtique.

Vers 1900

1925

REIPERTSWILLER (BR) [rajpərtsvilɛr], als. *Rippertswiller* ["riB°R'Dsvil°R]; *Rapertiwilare* 1120, *Rypertzwiller* 1341. ‣ « le domaine de

Rikberht ». Du suffixe *-villa* précédé du nom d'homme germanique *Rikberht* (> fr. *Rigobert*), formé sur *rîk* « puissant » et *berht* « brillant ». Mais la forme de 1120 renverrait plutôt à *Ratberht*. ➧ Autre explication : de la racine paléo-européenne RIP, qui sert à désigner des terrains instables, glissants, ou du latin *riparia* « sur la rive » (d'où fr. *rivière*). Le village est situé sur le Rothbach.

1908

1926

REITWILLER (BR) [rajtvilɛr], als. *Räitwiller* ["rɛj'Dvil°R] ; *Rutebur, Roitebo, Roudtebe* 1178, *Rötebur* 1351. ▸ « le domaine défriché ». Les formes anciennes, malgré des variantes phonétiques, semblent se rapporter au vieux haut all. *riuten* « défricher » (> all. *reuten*). Toutefois le suffixe *-bur*, encore présent au XIVe siècle avant d'être remplacé par *-willer* (qui n'est donc pas, ici, d'origine gallo-romane), laisse supposer un ancien lieu de culte solaire (racine RAT, ROT). VOIR CHAPITRE III. (VOIR AUSSI REUTENBOURG).

RETSCHWILLER (BR) [rɛtʃvilɛr], als. *Retschwiller* ["rɛ'Dʃvil°R] ; *Retersweiler* 1391. ▸ « le domaine défriché ». Du suffixe *-villa* précédé de la racine paléo-européenne RAT « coupure plate », qui est à l'origine de plusieurs sens dont celui de « défrichement » (VOIR RAEDERSDORF, NIEDERROEDERN). Paronymie de l'alsacien *rätsche* « jacasser » (cp. *Ratsch* « crécelle »).

1914

RETZWILLER (HR) [rɛtsvilɛr], als. *Ratzwiller* ["ra'Dsvil°R], doublet roman *Rieveler* ; *Roewilre* 1184, *Ratierviller* 1251, *Reczwilr* 1394. ▸ « le domaine défriché ». Du suffixe *-villa* précédé de la racine paléo-européenne RAT, ROT « coupure plate », qui est à l'origine de plusieurs sens dont celui de « défrichement » (VOIR RAEDERSDORF). ⏩ Autre explication : du celtique *rate* « rempart, levée de terre par rapport à l'eau, enclos fortifié, forteresse » (*Ratovillare*).

1932

REUTENBOURG (BR) [rœjtənbur], als. *Ritteburi* ["riDə'BUri] ; *Ritanbure* Xe siècle. ▸ « le château du défrichement ». Du suffixe *-burg* « château fort, forteresse » précédé d'une racine paléo-européenne RUT, confondue avec all. *riuten*, mod. *reuten* « défricher ». ⏩ Explications complémentaires : 1) quoique des châteaux forts aient autrefois existé à Reutenbourg, le suffixe *-bourg* n'est peut-être pas originel : la forme du Xe siècle suggère *-bur* « maison de prière » (VOIR CHAPITRE II). Nous serions en présence d'un homonyme de Reitwiller/*Rutebur* (VOIR CE NOM), ce qui laisse penser à un antique lieu de culte solaire. Il est vrai que Reutenbourg est à proximité de Reinacker, Marmoutier, Lochwiller, Singrist (VOIR CES NOMS), qui sont ou que l'on peut à juste titre supposer être d'origine cultuelle. 2) situé, tout comme Reitwiller, sur une des voies antiques d'Argentorate à Tabernae (Strasbourg-Saverne), il est possible d'invoquer la racine paléo-européenne RUT « coupure plate » dans le sens de « frayer un chemin en supprimant la végétation », d'où « route » (VOIR RAEDERSHEIM).

1918

REXINGEN (BR) [rεksiŋən], als. *Rexìnge* ["rε'GsIŋə] ; *Reckesinchen* XIIIe siècle. ▸ « le lieu rocheux » ou « au sol rocheux ». De la racine paléo-européenne RIK désignant un « terrain sec, dur, rocheux » suivie du suffixe *-ink*.

Vers 1935

RHIN (R) [rẽ], all. *Rhein* [rajn], als. *Rhin* ["rin] ou *Rhi* ["ri:], fleuve ; *Rhenus* Ier siècle, *Hrin* 765. ▸ « le cours d'eau ». Du gaulois *Rino* ou *Reino* « source, cours d'eau », qui se retrouve en allemand à la fois dans *rennen* « courir » et *rinnen* « couler », ainsi que dans *Runs* « ruisselet ». *Rhēnus* est le nom latin cité par César. La forme gallo-romane adoptée en germanique était *Rhīnus* (étymon). ▸▸ Le *Rhin Tortu* (= « tortueux », mieux que « tordu »), traduction de l'alsacien *Krimmeri* (pour **Krummer Rhin*) ; bras du Rhin à hauteur de Strasbourg.

1917

RHINAU (BR) [rino], als. *Rhinài* ["ri:'nåj] ; *Rino* 845, *Rinowe* 1148. ▸ « la prairie humide au bord du Rhin ». Du nom du Rhin, suivi de suffixe germ. *-au* « prairie humide ».

1901

RIBEAUPIERRE (C) [ribopjɛr], all. *Rappolstein*; *Rupispoleta, Rapoldestein* 1045. ▸ « le rocher instable ». Nom d'un des trois châteaux de Ribeauvillé : *Haut-Ribeaupierre* est le doublet français de *Hohrappolstein*. De la racine paléo-européenne RAP « contenant un mouvement en soi » > « terrain instable, glissant, glissements de terrain, ravinements », suivie de l'all. *-stein* « rocher » [sur lequel a été érigé le château], traduit en français *-pierre*. La forme *Rupispoleta* est à lire *rupes polita*, expression latine signifiant « pierre polie » (comme l'âge préhistorique du même nom) ou « aplanie » ; cette forme inauthentique est sans doute l'œuvre d'un érudit, mais elle opère un rapprochement juste avec le latin *rupes* «(paroi de) rocher, précipice ». Autre remarque amusante : le Haut-Ribeaupierre est parfois nommé dans les textes anciens *Altenkasten*, qu'il ne faut surtout pas traduire par « vieille caisse » (all. *alt* « vieux », *Kasten* « caisse »), mais par « haut château » (latin *altum castellum*) ! ▸▸ Explications complémentaires : VOIR RIBEAUVILLÉ.

1905

RIBEAUVILLÉ (HR) [ribovile], all. *Rappoltsweiler*, als. *Ràppschwihr* ['råB"ʃvi:R], doublet roman *Rabaviler*; *Ratboldovillare* 759, *Ratbaldovillare* 768, *Ratpoldesuuilare* 896, *Rapolswilr* 1162, *Raprehtsvilare* 1219, puis formes romanes : *Rabaviler* 1287, *Rebaulvilleirs* 1351, *Ribauvillers*, et germaniques : *Rappolsweiller, Rappschwihr.* ▸ « le domaine de Ratbald ». Du suffixe *-villa* précédé d'un nom d'homme germanique *Ratbald* (> fr. *Rabaud*), dont le nom signifie « conseil (*rat*) hardi (*bald*) ». Noter la divergence sur l'éponyme en 1219, où le scribe prétend qu'il s'agit de *Raprecht*, parce que la forme parlée était sans conteste déjà du type *Rappschwihr/Rabaviler*. La forme française actuelle *Ribeau-* semble une déformation purement phonétique de

*Rebeau < *Rebel- < *Rabal-*. Rien à voir donc avec des *ribauds* ou *ribaux* « paillards, débauchés ». Quant au suffixe, il a adopté dans sa graphie la prononciation en usage en roman : *-vil(l)ler* proncé [vile] d'où graphie <villé> (VOIR VILLÉ). ⏩ Autre explication : d'une racine paléo-européenne RAP, radical *rap-al-*, signifiant « terrain instable, glissant, glissements de terrain, ravinements » (VOIR RIBEAUPIERRE).

1918

RICHTOLSHEIM (BR) [riʃtɔlsajm], als. *Riegelse* ["rI:G°lsə] ; *Ruochesheim* 1040. ▸ « la demeure sur un sol dur, sec ». Du suffixe *-heim* précédé de la racine paléo-européenne RUK désignant un « terrain rocheux, sec, dur ». Etymon peut-être **Rukiacum* pouvant expliquer la métaphonie par [i] de la voyelle radicale : [u] > [y] > [I]. ⏩ Attraction du nom d'homme germanique *Richtold*, d'un plus ancien *Rihtwald* « qui gouverne selon la justice » (*reht, riht* « droit, justice », *waldan* « gouverner »).

RICHWILLER (HR) [riʃvilɛr], als. *Richwiller* ["rix'vil°R] ; *Reichwiller* 1576. ▸ « le domaine sur un sol dur, sec ». Du suffixe gallo-roman *-villa* précédé de la racine paléo-européenne RIK désignant un « terrain sec, dur, rocheux ». ⏩ Le rapport avec le germanique *rîk* « puissant, riche » ou « empire, royaume », ou le gaulois *rix, rigo-* « roi » n'est pas exclu, mais la répartition de l'ensemble des toponymes à séquence *rich-/reich-* plaide davantage en faveur d'un sens lié au site.

1914-1918, puits d'une mine de potasse.

RIED [ri:d], als. *Ried* ["rI:t] ou ["riət] ; écrit parfois Rieth. ▸ « le paysage de roseaux ». Du vieux haut allemand *hriot* « roseau, jonc », all. *Ried* idem, et par extension « terrain marécageux ». ⏩ Ce que l'on appelle actuellement Ried en Alsace est une notion géographique, désignant d'anciennes zones inondables par le Rhin, avant l'endiguement de celui-ci, ou certains de ses affluents. On distingue : 1) le Grand Ried, qui comprend la zone de Marckolsheim à Rhinau côté Rhin, et celle de Riedwihr à Ebersmunster côté Ill, séparées par une large levée limoneuse entre Widensohlen et Herbsheim ; elles se rejoignent en aval pour descendre jusqu'à Strasbourg (Heyritz < **Haagrieth*, VOIR HAEGEN) ; 2) le Ried du Nord de Reichstett à Seltz (région dite Uffried ou Riedgau) ; 3) le Ried de la Zorn au sud de Bischwiller ; 4) le Ried de la Bruche dans le quadrilatère formé par les villages d'Ergersheim, Hangenbieten, Achenheim et Duppigheim ; 5) le Bruch de l'Andlau de Kertzfeld à Blaesheim (all. *Bruch*, als. *Bruech* « marécage ») ; 6) le Ried de la Doller, de la Thur et de la Lauch, de Reiningue à Herrlisheim. Certes aujourd'hui la majorité de ces marécages sont asséchés, et seules les régions les plus proches du Rhin conservent une flore et une faune typiques de Ried. ⏩ Curieusement, on retrouve des Ried aussi en montagne et même en haute montagne (*Ried*,

Vers 1955, le Ried inondé par l'Ill.

Schnepfenried, *Riedmatten*, Lac du *Schiessrothried*, etc.) Il s'agit là de désigner des marécages ou des tourbières, actuels ou asséchés, hérités des anciens glaciers du début de l'ère quaternaire. A noter que le terme *Ried* ne se confond pas, normalement, avec *Rod-*, *Rot-*, mots qui désignent, souvent mais pas toujours, des essarts ou défrichements.

RIEDHEIM (BR) [ri(:)dajm], als. *Riede* ["rI:Də] ; *Creodheim* 784. ‣ « l'habitation près du marécage ». Du vieux haut allemand *hriot* « roseau, jonc » suivi du suffixe *-heim*. Le village était bordé d'un petit marais roselier (VOIR RIED).

1912

1914

RIEDISHEIM (HR) [ri(:)disajm], als. *Riedse* ["riəDsə]; *Ruodenesheim* Xe siècle, *Rodinishaim* 1004, *Ruodishaim* 1278, *Ruedisheim* 1441. ▸ « l'habitation du défrichement ». D'un étymon peut-être **Rotiniacum* auquel s'est ajouté *-s-* génitif du germanique et le suffixe *-heim*. Noter la métaphonie devant [i] subséquent de [uo >yœ > ie]. De la racine paléo-européenne ROT « coupure plate », qui a servi à désigner l'action de « supprimer la végétation » (cp. allemand *roden*, *reuten* « essarter, défricher », latin *rodere* « ronger, user », français *éroder*). /ROGNAC (BOUCHES-DU-RHÔNE), ROSNY (SEINE-SAINT-DENIS).

RIEDSELTZ (BR) [ri(:)dsɛlts], als. *Riedseltz* ["ri:D'sɛlDs]. ▸ « le lieu où il y a de l'eau saumâtre ou salée, du côté de la plaine ». Le préfixe *Ried-* s'oppose à *Stein-* (VOIR STEINSELTZ), dans le sens appauvri « plaine/hauteur », non dans celui, primitif, de « marécage/rocher ». Le radical *-seltz* est le même que celui de la ville de

Vers 1910

Seltz (VOIR CE NOM) : d'une base paléo-européenne SAL dont le sens général est « mouvement de dépassement », qui en toponymie désigne à la fois des dépassements dans l'espace (saillie, surgissement, source, etc.) et dans le temps (eau « passée », c'est-à-dire qui a un goût saumâtre, d'où les idées d'eaux stagnantes, sales, et d'eaux salées [sources minérales] ; ou au contraire, « dépasser le temps » dans le sens de « conserver », « sauver », « préserver », etc. d'où notion d'« isoler »). Le sens d'« eau qui contient des sels » est conforté par le nom du ruisseau qui arrose successivement Steinseltz et Riedseltz : le Hausauerbach, qu'il faut analyser non comme *Haus|auer|bach* (avec référence, non signifiante, à *Haus* « maison » et *Au* « prairie ») mais comme *Hau|sauer|bach*, c'est-à-dire le Sauerbach formant un « sillon » (all. *Hau*), et c'est le cas, ainsi distingué de l'autre Sauerbach, bien plus important et connu, en français la Sauer. Sauerbach signifie « le ruisseau qui a du goût » (de l'all. *sauer* « aigre », du vieux haut all. *sūr*, cp. lituanien *suris* « salé » et peut-être notre hareng *saur*).

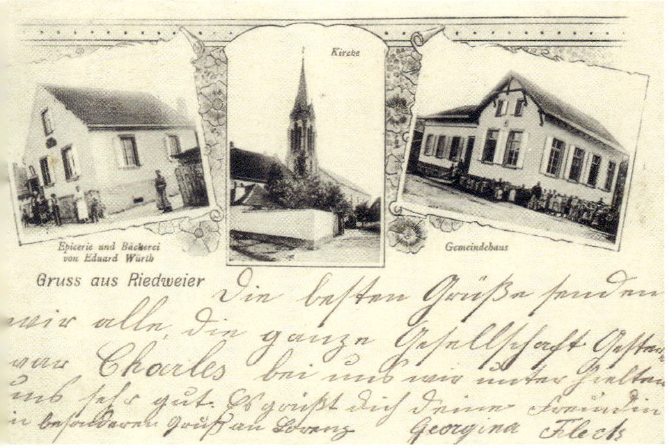

1905

RIEDWIHR (HR) [ri(:)dvir], als. *Riedwihr* ["riə'Dvi:R] ; *Rietwilr* 1279, *Rietwilre* 1303. ▸ « le domaine dans le Ried ». Village à la limite sud du Grand Ried. Du suffixe *-villa* précédé du nom du *Ried* (VOIR RIED).

RIESPACH (HR) [ri(:)spax] ou [-pak], als. *Rieschbi* ["riə'ʃBi] ; *Rodensbach* 1270, *Rudenspach* 1271, *Ruedispach* 1289, *Riespach* 1298. ▸ « le lieu défriché ». D'un étymon peut-être **Rotiniacum* auquel s'est ajouté *-s-* génitif du germanique à la suite de la transformation en *-bach* du suffixe *-ach* issu du gallo-roman *-iacum* (VOIR CHAPITRE III). Noter la métaphonie devant [i] subséquent de [uo >yœ > ie]. De la racine paléo-européenne ROT « coupure plate », qui a servi à désigner l'action de « supprimer la végétation » (cp. allemand *roden, reuten* « essarter, défricher », latin *rodere* « ronger, user », français *éroder*). /ROGNAC (BOUCHES-DU-RHÔNE), ROSNY (SEINE-SAINT-DENIS).

1904

1901

RIMBACH-PRÈS-GUEBWILLER (HR) [rimbax], als. *Rìmbàch* ["rIm'Båx] ; *Rimbach* 1222,

Rintpach 1314, *Rinspach* 1341. ▸ « le cours d'eau ». Du gaulois *rino* « source, cours d'eau », suivi du suffixe germ. *-bach* « ruisseau ». Même origine que le Rhin (VOIR CE NOM). ▸▸ Son voisin Rimbach-Zell (als. *Rìmbàchzall*) appelé *Cella Sancti Petri* au XIIe siècle, semble un ancien établissement monastique (latin *cella* « cellule de moine »). Toutefois, la situation du village sur un ressaut dominant la vallée du Rimbach, très encaissée à cet endroit, plaiderait pour une racine SAL désignant une « saillie », d'origine latine (*salire*) ou remontant au paléo-européen SAL « mouvement lié à un interstice », d'où « saillir » (VOIR RIEDSELTZ).

1906

1907

RIMBACH-PRÈS-MASEVAUX (HR)
COMME RIMBACH-PRÈS-GUEBWILLER.

RIMSDORF (BR) [rimsdɔrf], als. *Rìmschdroff* ["rIm'ʃDrof] ; *Remunevilare* 713, *Vilare Rimane* 718, *Rimovilare* 741. ▸ « le village sur un terrain instable ». De la racine paléo-européenne RAM ou RIM « contenant un mouvement en soi » > « terrain instable, glissant, glissements de terrain, ravinements ». Suffixe *-villa* passé à *-troff*, variante lorraine de *-dorf*, à l'époque carolingienne (VOIR CHAPITRE III).

1922

RINGELDORF (BR) [riŋəldɔrf], als. *Rìngeldorf* ["rIŋ°l'DoRf] ; *Rinkilendorf* 800. ▸ « le village de la petite enceinte ». De l'all. *Ringel* « petit anneau », diminutif de *Ring* (VOIR RINGENDORF), dans le sens d'« enceinte », qu'elle soit naturelle (cp. anc. fr. *ranche* « barre » < *ranc-*) ou construction de l'homme (enceinte préhistorique, VOIR ETTENDORF LIEU DE CULTE).

1913

RINGELSBERG, RINGELSTEIN, noms de châteaux forts : s'expliquent soit d'après un radical *Ringel* « enceinte », comme Ringeldorf, soit par une forme nasalisée de RIK « rocher » (VOIR RANGEN).

RINGENDORF (BR) [riŋəndɔrf], als. *Rìngedorf* ["rIŋə'DoRf] ; *Ringinheim* 855, *Rinkindorof* 884 (changement de suffixe : VOIR CHAPITRE III). ▸ « le village de l'enceinte ». De l'all. *Ring* « anneau, cercle » dans le sens d'« enceinte », qu'elle soit naturelle (cp. anc. fr. *ranche* « barre » < *ranc-*) ou construction de l'homme (enceinte préhistorique, VOIR ETTENDORF LIEU DE CULTE). La racine *ring* remonte au germanique *hring*, formé sur la base KR- « fermer ».

1910

Vers 1900

RIQUEWIHR (HR) [rikvir], als. *Richewihr* ['rixə"vi:R], all. *Reichenweier*; *Richovilla* IXe siècle, *Richenwilre* XIIe siècle. ▸ « le domaine sur un terrain rocheux ». Du suffixe gallo-roman *-villa* précédé de la racine paléo-européenne RIK désignant un « terrain sec, dur, rocheux ». Noter la francisation du <ch> (ach-laut) en <qu>. Le village est dominé par le château de *Reichenstein*. ▸▸ Le rapport avec le germanique *rîk* « puissant, riche » ou « empire, royaume », ou le gaulois *rix, rigo-* « roi » n'est pas exclu, mais la répartition de l'ensemble des toponymes à séquence *rich-/reich-* plaide davantage en faveur d'un sens lié au site. Il existe en toponymie française de nombreux radicaux *rich-* associés à des hauteurs, sans doute rocheuses : Richemont (Charente, Moselle, Seine-Maritime), Montrichard (Indre-et-Loire), etc.

1921

RITTERSHOFFEN (BR) [ritɛrso(:)fən], als. *Ritterschoffe* ["riD°R'ʃofə] ; *Rottershoven* 1227. ▸ « la court défrichée ». Village de défrichement du nord de la Forêt de Haguenau. Du suffixe *-hoffen/-court* (VOIR CHAPITRE III) précédé de la racine paléo-européenne RUT « coupure plate », qui est à l'origine de plusieurs sens dont celui de « défrichement » : allemand *roden, reuten* « essarter, défricher », latin *rodere* « ronger, user », français *éroder, raser, rat*. Attraction paronymique de l'alsacien *Rìtter* « chevalier » (all. *Ritter*).

1915

RIXHEIM (HR) [riksajm], als. *Rìxe* ["rIGsə] ; *Richenesheim* 823. ▸ « l'habitat sur un terrain rocheux ». Du suffixe *-heim* précédé de la racine paléo-européenne RIK désignant un « terrain dur, rocheux ». ▸▸ Autre explication : d'un nom d'homme germanique *Riko*.

RODEREN (HR) [rodərən], als. *Rodere* ["ro:Dərə] ; *Hohenroderen* XIIe siècle. ▸ « le défrichement ». De la racine paléo-européenne RAT « coupure plate », qui est à l'origine de plusieurs sens dont celui de « défrichement » : allemand *roden, reuten* « essarter, défricher », latin *rodere* « ronger, user », français *éroder, raser, rat*. (VOIR RAEDERSHEIM).

1904

1901

RODERN (HR) [rodərn], als. *Rodere* ["ro:Dərə] ; *Ruodenesheim* 814, *Rodere* 1198. ▸ « l'habitat sur la route ». Du suffixe *-heim* (disparu ensuite) précédé de la racine paléo-européenne RAT ou RUT « coupure plate », qui a servi à désigner l'action de « frayer un chemin en supprimant la végétation » (cf. fr. *route*, angl. *road* même sens, d'où aussi *roue* < latin *rota*, all. *Rad*, et tout ce qui se rapporte à la notion de *réseau*, *rayon* < latin *radius*). En rapport avec le sens de « défrichement » (VOIR RODEREN). Le nom se réfère à la route préhistorique du pied des Vosges.

Vers 1905

ROEDEL (BR) [rødəl], als. *Redel* ["re:D°l]. ▸ « la petite route ». Diminutif de *Rott* dans le sens de « route ». Annexe d'Obernai jouxtant Ottrott (VOIR CE NOM).

1913

ROESCHWOOG (BR) [rœʃwo:g], als. *Reschwoch* ["re'ʃvUx] ; *Rosusaco* 736. ▸ « l'étang roselier ». Il faut peut-être lire la forme de 736 comme **Rosuuaco*, c'est-à-dire *Ros-* « roseau » (variante archaïque de *Rohr*, forme conservée sans rhotacisme, du germ. *rauza*) suivi du moyen haut allemand *wāc* « eau en mouvement, vague », devenu *Wog* dès le XIIIe siècle, avec le sens d'« étang, lac ». Il correspond à la racine d'origine paléo-européenne WAK, qui exprime la disharmonie (séparation, division, vacuité, bosse, forme biscornue) : c'est l'idée d'un vide, d'un trou, par la suite rempli d'eau, qui prévaut ici.

ROGGENHOUSE (HR) [rɔgənuz], als. *Roggehüse* ['roGə"hy:sə] ; *Ruhunleuua* 1004, *Roggenhusen* 1303. Il est possible que la forme de 1004 soit une cacolexie pour **Ruhunhusa*. ▸ « la maison située sur un terrain pierreux ». Du suffixe *-hausen*/ *-house* précédé de la racine paléo-européenne RUK, ROK désignant un « terrain sec, dur, rocheux ». Attraction paronymique de l'all. *Roggen* « seigle ». Comparer avec le Roggenberg « mont rocheux », colline qui domine Altkirch.

1912

1902

ROHR (BR) [ro:r], als. *Rohr* ["ro:R] ; *Roraha marca* 808. ▸ « le lieu situé sur le Rohrbach ». Le village est situé sur les rives du Rohrbach, le « ruisseau des roseaux ». De l'all. *Rohr* (vieux haut all. *rōr* « roseau » < germ. *rauza*), suivi de *-bach* « ruisseau ».

1916

ROHRWILLER (BR) [rorvilɛr], als. *Rohwiller* ["ro:'vil°R]. ▸ « le hameau des roseaux ». Du suffixe gallo-roman *-villa*, précédé du germanique *rauza* « roseau », terme déjà adopté en latin tardif (> fr. *roseau*) et qui a donné en allemand *Rohr* par rhotacisme.

ROMAGNY (HR) [rɔmanji]; village romanophone à proximité de la frontière linguistique germano-romane, en all. *Willern*; *Masnili* 1265, *Wilarn* 1316, *Romengney* 1390, *Ruemengni* 1458, *Weilen*... ▸ « le hameau où l'on parle une langue romane ». Du gallo-roman *mansionile* « maison de paysan, habitation avec portion de terre », traduit en germanique par *willer* « hameau », lui-même tiré du latin *villare*. L'apparition d'un préfixe *Ro-* au XIVe siècle s'explique par la nécessité à la fois de distinguer ce toponyme de son voisin Magny (VOIR CE NOM) et d'affirmer son appartenance à l'aire romanophone. Ainsi *Ro-* serait une prothèse destinée à créer une sorte de calembour : Ro|magny = Romagn|y, où il est possible de reconnaître l'identifiant culturel de romanité. (VOIR AUSSI CHAPITRE III).

1909

ROMANSWILLER (BR) [rɔmɑ̃svilɛr], als. *Rummezwiller* ['rUmə"Dsvil°R] ; *Rumoldeswiller* 823, *Rumolswiller* XVIIIe siècle. ▸ « le domaine de Rumold ». Du suffixe gallo-roman *-villa* précédé d'un nom de personne germanique *Rumold*, formé sur *Rum* « gloire » et *waldan* « commander ». La prononciation dialectale théorique **Rummelswiller*, qui rappelait l'all. *rummeln* « faire du vacarme, faire la foire » als. *rummle* « rouler comme le tonnerre, barder », a été « assagie » par une référence (factice) à un autre nom de personne *Roman*. ▸▸ Autre explication : le site au creux du vallon de la Mossig, des collines de part et d'autre (dont une, le Rammelsberg, possède la même racine R-M), renvoient à une base paléo-européenne RUM qui signifie « contenant un mouvement en soi » > « terrain instable, glissant, glissements de terrain, ravinements ».

1917, le "Baehnel". Ce petit train circula de début 1917 à mai 1918 entre Romanswiller et le Sandplatz après le Windsbourg.

ROMBACH-LE-FRANC (HR) [rõba], toponyme de zone romanophone, als. *Rumbàch* ["rUm'Båx] ; *Rumbach* 774, *Rumbeche* 1222, *l'Allemand-Rombach* 1594, *Deutsch-Rumbach* 1871, *Rombach-le-Franc* 1920. ▸ « le lieu instable ». D'une base paléo-européenne RUM qui signifie « contenant un mouvement en soi » > « terrain instable, glissant, glissements de terrain, ravinements ». Situé dans la vallée encaissée du Rombach, affluent de la Liépvrette (VOIR LIÈPVRE). ▸▸ Explication complémentaire : lors du repeuplement du val de Lièpvre par des Lorrains à partir du XVIe siècle, le village alors germanophone de *Rumbach* fut nommé *L'Allemand-Rombach*, appellation qui lui resta jusqu'à l'annexion de 1871 (traduction en *Deutsch-Rumbach*). Après la libération

Vers 1910

de 1918, le nom prit sa forme actuelle ; il faut souligner que -*le-Franc* n'est pas exactement « le français » (voir le rapport au peuple germanique des Francs, unificateurs de la Galloromania et de la Germanie, et à l'adjectif *franc* c'est-à-dire « libre »).

1911

ROPPENHEIM (BR) [ropənajm], als. *Roppenem* ["roBənəm]. ‣ « l'habitat sur un terrain instable ». De la racine paléo-européenne RAP qui signifie « contenant un mouvement en soi » > « terrain instable, glissant, glissements de terrain, ravinements ». Situé sur les méandres (bourbeux ?) du *Landgraben*.

1902

ROPPENTZWILLER (HR) [ropəntsvilɛr], als. *Roppetzwiller* ['roBə"Dsvil°R] ; *Ropertzwilr* 1290, *Raprechtswilr* 1394, *Roppenschwiler* 1479. ‣ « le domaine sur un sol instable ». De la racine paléo-européenne RAP ou RUP qui signifie « contenant un mouvement en soi » > « terrain instable, glissant, glissements de terrain, ravinements ». ‣‣ Autre explication : d'un nom de personne germanique *Ruprecht*, de *Hrodberht* (> fr. *Robert*), formé de *hrod* « gloire » et *berht* « brillant, illustre », ou *Raprecht* (< *Ratberht* avec *rat* « conseil »).

Vers 1910

RORSCHWIHR (HR) [rorʃvir], als. *Rorschwihr* ['roR"ʃvi:R], doublet roman historiquement connu : *Raviller* ; *Chrodoldeswillare* 742, *Rodulphivilla* VIIIe siècle, *Rulswilre* 987, *Radaldivillare* 1114, *Radavillare* 1140, *Roleswilre* 1183, *Rorswilre* 1282. ‣ « le domaine sur la route ». Du suffixe gallo-roman -*villa* précédé de la racine paléo-européenne RAT ou RUT « coupure plate », qui a servi à désigner l'action de « frayer un chemin en supprimant la végétation » (cf. fr. *route*, angl. *road* même sens, d'où aussi *roue* < latin *rota*, all. *Rad*, et tout ce qui se rapporte à la notion de *réseau, rayon* < latin *radius*). En rapport avec le sens de « défrichement » (VOIR RODERN ET RODEREN). Le nom se réfère à la route préhistorique du pied des Vosges. ‣‣ Explication complémentaire : la forme de 742 propose un éponyme *Chrodold* (= *Hrodwald*, de *hrod* « gloire » et *waldan* « gouverner »), et au même siècle un autre éponyme *Rodulf* (= *Radulf*, sur *rat* « conseil » et *wulf* « loup »).

1912

ROSENAU (HR) [rozəno], [rozno], als. *Rosenäü* ['ro:sə"nœj]. ▸ « la roselière ». Littéralement « prairie (all. *Au[e]*) de roses », en réalité de « roseaux » (du radical *Ros-* « roseau », variante archaïque de *Rohr*, forme conservée sans rhotacisme, du germ. *rauza*). ▸▸ Village fondé en 1727 dans la zone inondable du Rhin par trois familles badoises originaires d'Istein.

ROSENWILLER (BR) [rozənvilɛr], als. *Rosewiller* ['rosə"vil°R] ; *Wilre prope Rodesheim* 1364, *Wilr apud Rosheim* 1371, *Wilre by Rossheim* 1396, *Rozheimwyler* 1463, *Rosenwiller* 1484. ▸ « le hameau près de Rosheim ». Equivalent de **Rosheimwiller*. Du nom de la ville de Rosheim (VOIR CE NOM) suivi du suffixe allemand, emprunté au latin, *-willer* « hameau ». ▸▸ Rosheim et Rosenwiller sont tous deux baignés par le Rosenmeer, canal de dérivation de la Magel (VOIR CE NOM), dont le nom s'explique vraisemblablement par **Rosheimmeer*, le « ruisseau de Rosheim ». L'all. *Meer*, dont le sens habituel est « mer » (parfois « mare »), est ici exceptionnellement employé pour désigner un cours d'eau. (VOIR AUSSI RUSS).

1911

1917

ROSENWILLER (BR) [rozənvilɛr], als. *Rosewiller* ['rosə"vil°R]. ▸ « le hameau de Rosen ». Annexe de Dettwiller fondée en 1664 par le général-comte Reinhold de Rosen, seigneur de Dettwiller.

1910, tramway hippomobile qui assurait la liaison entre la gare et le centre de la ville.

ROSHEIM (BR) [rosajm], als. *Rose* [ro:sə] ; *Rōdashaim* 778, *Rodesheim* 1364, *Roszheim* XIVe siècle. ▸ « l'habitat de la route ». Du suffixe *-heim* précédé de la racine paléo-européenne RAT « coupure plate », qui a servi à désigner l'action de « frayer un chemin en supprimant la végétation » (cf. fr. *route*, angl. *road* même sens, d'où aussi *roue* < latin *rota*, all. *Rad*, et tout ce qui se rapporte à la notion de *réseau*, *rayon* < latin *radius*). En rapport avec le sens de « défrichement » (VOIR RAEDERSDORF). Le nom se réfère à la route préhistorique du pied des Vosges. Après la contraction de *Rodesheim* en *Rosheim*, attraction paronymique de l'all. *Rose* « rose ». ▸▸ Explication complémentaire : la racine RAT/ROT et une légende suggèrent un possible lieu de culte pré-chrétien au soleil (VOIR CHAPITRE II).

ROSSFELD (BR) [rɔsfɛlt] mieux que [-fɛld], als. *Rossfald* ["ros'falt] ; *Rosevelt* 1358. ▸ « le camp (ou champ) de la roue ». D'un étymon celtique *Rotomagos*, du gaulois *magos* « champ » ou « camp », traduit par germ. *-feld* même sens, précédé de *roto* « roue » ou « course ». L'évolution du mot passe par un **Rodesfeld*, avec *-s* génitif germanique, qui, tout comme pour Rosheim, devient *Ros(e)feld*, avec attraction paronymique de l'all. *Rose* « rose » (« champ de roses »), puis *Rossfeld*, avec attraction cette fois de *Ross* « cheval » en alsacien (all. *Roß*). Rossfeld, comme place forte gauloise ou gallo-romaine, fonctionnait avec Benfeld et Kertzfeld (VOIR CES NOMS). ▸▸ Explications complémentaires : 1) le gaulois *roto* a le sens de « roue » qui, par métonymie, peut désigner un « chemin carrossable » : Rossfeld est à 1 km à l'est de l'ancienne voie romaine dite *Heidenstraessel* et à 1 km au sud de l'ancienne voie celtique d'Ettenheim à Andlau. L'inverse est aussi possible, le sens de « route » étant premier par rapport à celui de « roue ». Dans ce cas, *roto* ressortirait à la racine paléo-européenne RAT « coupure plate », qui a servi à désigner l'action de « frayer un chemin en supprimant la végétation » (cf. fr. *route*, angl. *road* même sens, d'où aussi *roue* < latin *rota*, all. *Rad*, et tout ce qui se rapporte à la notion de *réseau, rayon* < latin *radius*). 2) la racine RAT/ROT suggère un possible lieu de culte pré-chrétien au soleil (VOIR CHAPITRE II). La roue était un signe astral chez les Gaulois, en particulier la roue solaire (VOIR ROSHEIM). Sans oublier le cheval solaire, qui apparaît dans plusieurs lieux-dits (Rosskopf, col du Hengst) et de nombreuses légendes (VOIR NIEDERHASLACH, ROSHEIM, OSTHEIM). Ainsi Rossfeld en tant que « champ du cheval » reste proche de ses origines symboliques. /ROUEN (SEINE-MARITIME), RUAN (INDRE-ET-LOIRE, LOIR-ET-CHER, LOIRET), ROM (DEUX-SÈVRES).

1919. Avec le retour de la langue française en 1918, l'expéditeur de la carte a traduit les légendes.

ROSTEIG (BR) [rostajk] ou [-tajg], als. *Roschtai* ["ro'ʃDaj] ; *Rostey* 1519. ▸ « la montée du cheval » ou « de cheval (= forte) ». Sans doute contraction de **Ross-steig*, de l'als. *Ross* « cheval » (all. *Roß*) et *Steige* « montée ». ⏩ Le village est récent, mais le nom peut être plus ancien : cheval solaire, comme dans Rosskopf, etc. ? En alsacien, le préfixe *Ross-* désigne la force (à cause de la nature du cheval) : *Ross-steig* pourrait ainsi signifier « la forte montée ».

1906

Vers 1920

ROTHAINE (R) [rotɛ:n], ruisseau qui prend sa source à la Rothlach et arrose Rothau (VOIR CES NOMS), en all. *Rottenbach* ; *Rotaha* 1059. ▸ « l'eau rouge ». Du vieux haut all. *rot* « rouge » et *aha* « eau », passé ensuite à *-bach* « ruisseau ». ⏩ Comparer toutefois avec *Rotten*, nom allemand du *Rhône* < latin *Rhodanus*, forme d'origine pré-latine (VOIR ROTHAU ET ROTHLACH).

Vers 1910

ROTHAU (BR) [roto], bourg romanophone de la vallée de la Bruche, sur la Rothaine ; *Rotahe* 1371. ▸ « le lieu sur la Rothaine ». Le site a pris le nom de la rivière, avec changement de suffixe *-ach* (du vieux haut all. *aha* « eau ») > *-au* (du vieux haut all. *auwja* « prairie humide »). ▸▸ Autre explication : d'un étymon gallo-roman de type **Rutacum*, formé du suffixe *-acum* adapté en germ. *-ach*, précédé d'une racine paléo-européenne RUT/ROT/RAT « coupure plate », qui a servi à désigner l'action de « frayer un chemin en supprimant la végétation » (cf. fr. *route*, angl. *road* même sens, d'où aussi *roue* < latin *rota*, all. *Rad*, et tout ce qui se rapporte à la notion de *réseau, rayon* < latin *radius*). L'antique chemin qui menait de la plaine d'Alsace au Donon passait

1906

par Ottrott, la Rothlach, puis descendait le cours de la Rothaine pour arriver à Rothau. En contre-haut, on trouve encore un Rosskopf. Rothau signifie donc « le lieu sur la route ». Attraction paronymique de l'all. *rot* « rouge » (« le pré rouge »).

ROTHBACH (BR) [ro(:)tbax], als. *Rohbàch* ["ro:'Båx] ; *Rotbach* IXe siècle, *Robach* XIIe siècle. ▸ « le ruisseau rouge ». Le village est situé sur le ruisseau du même nom (all. *rot* « rouge » et *Bach* « ruisseau »). ▸▸ Autre explication : d'un étymon gallo-roman de type **Rutacum*, formé du suffixe *-acum* adapté en germ. *-ach* passé ensuite à *-bach*, précédé d'une racine paléo-européenne RUT/ROT/RAT « coupure plate », qui a servi à désigner l'action de « frayer un chemin en supprimant la végétation » (cf. fr. *route*, angl. *road* même sens, d'où aussi *roue* < latin *rota*, all. *Rad*, et tout ce qui se rapporte à la notion de *réseau*, *rayon* < latin *radius*). Le village est situé sur la route préhistorique du pied des Vosges (VOIR ROTT, OTTROTT, ROSHEIM, RORSCHWIHR, ETC.). L'aspect religieux de la racine ROT- n'est pas absent : sans doute ancien lieu de culte au soleil, perpétué par la tradition du *Schiweschlawe*, lancement de disques enflammés sur le Scheibenberg la nuit de la Saint-Jean ; proximité de Lichtenberg, Bischholtz, Mulhausen (VOIR CES NOMS).

ROTHLACH (M) [ro(:)tlax], als. *Rothlàch* ["ro:D'låx]. Avancée nord-est du massif du Champ du Feu. ▸ « la mare du défrichement ». De l'all. *Lache* « flaque, mare », précédé du radical *rot-* représentant all. *roden* « défricher », lui-même issu de la racine paléo-européenne RAT « coupure plate ». La Rothlach se présente en effet comme une vaste clairière où se trouvait un petit étang aujourd'hui desséché. Attraction de l'all. *rot*, d'où littéralement « flaque rouge ». ▸▸ La Rothlach est située à la croisée de nombreuses routes, et notamment sur le chemin de la plaine au Donon, en passant par Ottrott, la Rothlach, le cours de la Rothaine et Rothau. Rappelons que la racine paléo-européenne RAT/ROT a servi aussi à désigner l'action de « frayer un chemin en supprimant la végétation » (cf. fr. *route*, angl. *road* même sens, d'où aussi *roue* < latin *rota*, all. *Rad*, et tout ce qui se rapporte à la notion de *réseau, rayon* < latin *radius*). Dans ce cas *-lach* ne représenterait pas l'all. *Lache*, mais proviendrait d'un double suffixe gallo-roman de type *-ell-acum* (**Rotellacum*) ou *-ull-acum* (**Rotullacum* ; VOIR BETTLACH).

1920

Vers 1910

ROTT (BR) [rɔt], als. *Rott* ["rot] ; *Chrodo* 745, *Rode* 1277. ▸ « la route ». Plusieurs solutions sont possibles : 1) du latin *rupta (via)* « route frayée », qui a fourni l'all. *Rotte* « troupe, bande » (du sens « qui parcourt les routes » ; c'est aussi l'origine de *Rotwelsch* « argot », c'est-à-dire « langage étranger des bandes [de mendiants, truands, etc.] »). 2) directement de la racine paléo-européenne RAT/ROT « coupure plate » qui a servi à désigner l'action de « frayer un chemin en supprimant la végétation » (cf. fr. *route*, angl. *road* même sens, d'où aussi *roue* < latin *rota*, all. *Rad*, et tout ce qui se rapporte à la notion de *réseau, rayon* < latin *radius*). Référence à la route préhistorique du piémont des Vosges (VOIR ROTT, OTTROTT, ROSHEIM, RORSCHWIHR, ETC.). ⏩ Autre explication : ▸ « le défrichement ». De l'all. *roden* « défricher », lui-même représentant l'autre sens, conjoint, de la racine paléo-européenne RAT/ROT « coupure plate ». La forme *Chrodo* de 745 a subi l'influence du mot germanique *hrod* « gloire », ce qui tendrait à prouver que l'étymon de ce toponyme n'appartenait pas à la langue germanique.

1919

ROTTELSHEIM (BR) [rotəlsajm], als. *Rottelse* ["roD°lsə] ; *Radulfovilla* 774, *Radolfeshamomarca* 780, *Rodolwisheim* 811, *Rodelsheim*. ▸ « la demeure de Radulf ». Du suffixe *-villa*, remplacé par *-heim* (VOIR CHAPITRE II) précédé du nom de personne germanique *Rudolf* « loup glorieux » (> fr. *Rodolphe*), formé de *hrod* « gloire » et *wulf* « loup », ou plus vraisemblablement *Radulf* « conseil du loup » (?) (> *Raoul*), formé de *rat* « conseil » et *wulf* « loup ». ⏩ En réalité, il s'agit d'un village de défrichement. De la racine paléo-européenne RAT « coupure plate », qui est à l'origine de plusieurs sens dont celui de « défrichement » : allemand *roden, reuten* « essarter, défricher », latin *rodere* « ronger, user », français *éroder, raser, rat*. Le sens de « route » (partant de *Brocomagos*/Brumath) n'est pas à écarter.

1914

ROUFFACH (HR) [rufak] ou [rufax], orthographe francisée pour l'allemand *Ruffach* ["ru'fax], en alsacien *Ruffàch* ["rU'fåx]) ; *Rubiaco* 662, *Rubac* 912, *Rubiaca* 1098, *Roviaca* 1180, *Rubiacum* XIIe siècle, *Rufiacum* 1215, *Rufach* 1403. ▸ « le lieu sur un sol instable ». Du radical *ruf-*, dérivé de la racine paléo-européenne RUW qui signifie « contenant un mouvement en soi » > « terrain instable, glissant, glissements de terrain, ravinements ». (VOIR DÉVELOPPEMENT AU CHAPITRE I). Peut-être attraction paronymique de l'als. *Ruff* « escarre, croûte bosselée, écorce d'arbre, éruption cutanée… ».

ROUNTZENHEIM (BR) [runtsənajm], als. *Runtznem* ["rUnDsnəm] ; *Ruadmundesheim* 884. ▸ « la demeure de Rodmund ». Du suffixe *-heim* précédé du nom d'homme germanique *Rodmund* (*hrod* « gloire » et *mund* « bouche ») ou *Radmund* (*rat* « conseil » et *mund* « bouche »). Attraction paronymique de l'alsacien *Runz* ou *Runs* « ruisselet ». ⏩ Autre explication : de la racine paléo-européenne RAT/ROT « coupure plate » qui a servi à désigner l'action de « frayer un chemin en supprimant la végétation » (cf. fr. *route*, angl. *road* même sens, d'où aussi *roue* < latin *rota*, all. *Rad*, et tout ce qui se rapporte à la notion de *réseau, rayon* < latin *radius*). Référence à la voie antique qui longeait le Rhin de Reichstett à Lauterbourg.

Vers 1910

1909

RUEDERBACH (HR) [ryɛdərbak], als. *Rüederbi* ["ryəD°R'Bi]; *Ruoderbach* 1303. ▸ «le lieu défriché». D'un étymon gallo-roman peut-être **Rutaracum*, formé du suffixe *-acum* devenu en germanique *-ach* puis *-bach* (VOIR CHAPITRE III), précédé de l'infixe *-ar-* et de la racine paléo-européenne RUT «coupure plate», qui est à l'origine de plusieurs sens dont celui de «défrichement»: allemand *roden, reuten* «essarter, défricher», latin *rodere* «ronger, user», français *éroder, raser, rat.* Attraction paronymique de l'als. *Rüeder* «gouvernail». ▸▸ Autre explication: d'un nom d'homme germanique *Hrodhari* «armée glorieuse» (de *hrod* «gloire» et *hari* «armée»), suivi de *-bach* «ruisseau».

Vers 1910

RUELISHEIM (HR) [rylisajm], als. *Rüelse* ["ryəlsə]; *Ruoleichesheim* 837. ▸ «le lieu où l'eau coule en abondance». D'un étymon gallo-roman *Ruliacum*, suivi du germ. *-es-heim*, formé sur la base paléo-européenne RUL «mouvement de l'eau» (variantes: RUN, RIN, NIL, NER, NON, etc.) /ROUILLAC (CHARENTE, CÔTES-D'ARMOR), ROUILLY (SEINE-ET-MARNE), REUILLY (EURE, INDRE).

1906

RUMERSHEIM (BR) [rymərsajm], als. *Ruemersche* ["rY:m°Rʃə]; *Rotmarshaim* 736. ▸

« la demeure de Rotmar ». D'un nom de personne germanique *Rotmar*, formé sur *hrod* « gloire » et *mar* « célèbre ». ⏩ Autre explication : vraisemblablement en rapport avec vieux haut all. *rūm* « dégagé » en parlant d'un bois, d'une clairière (all. mod. *raum* « ouvert, lumineux »). En alsacien, [ū] > [y].

1901

RUMERSHEIM-LE-HAUT (HR) [rymərsajm], als. *Rümersche* ["ry:m°Rʃə] ; *Rumersheim* 1303. ▸ « l'habitat dans un endroit dégagé ». Vraisemblablement en rapport avec vieux haut all. *rūm* « dégagé » en parlant d'un bois, d'une clairière (all. mod. *raum* « ouvert, lumineux »). En alsacien, [ū] > [y].

1903

RUSS (BR) [rys], village romanophone ; *Ruose* 1306. ▸ « le ru ». Equivalent de l'allemand *Rause* « petit ruisseau, ru ».

1917

RUSTENHART (HR) [rystənart], als. *Reschehàrt* ['reʃə"hå:Rt] ; *Ruocheshelm* 1040, *Ruesen*, *Rueschen*, *Ruechheim*, puis *Rueschenhardt*. ▸ « l'habitat sur un terrain dur ». Du suffixe *-heim* précédé de la racine paléo-européenne RUK, ROK désignant un « terrain dur, sec, pierreux ». Les formes suggèrent un étymon **Rokkiacum*. Détruit au XVe siècle, le village fut rebâti en 1692 sous le nom de *Rueschenhardt*, qui reprend l'ancien radical et lui adjoint le suffixe *-har(d)t*, car le village est situé dans la Hardt, qui est un terrain sec et dur. Attraction paronymique de l'als. *rösch* « sec » et de l'all. *Rüste* « repos », dans la forme officielle seulement.

SAALES (BR) [sa:l], village romanophone de la haute vallée de la Bruche, en all. *Saal*; *Salis* 1040. ▸ « la saillie montagneuse » ou « le passage du col » ou « la source ». La racine paléo-européenne SAL d'où est tiré le toponyme signifie « mouvement de dépassement », d'où l'idée de « passer par-dessus ou de l'autre côté, saillir, surgir ». ⏩ Autres explications : 1) du vieux haut all. *sala* « maison, construction » > all. mod. *Saal* « salle, hall », mais rien ne le justifie, pas même les galeries de mines de fer, exploitées seulement au XIXe siècle. 2) du latin *sal* « sel », en relation avec la très ancienne

Vers 1900

Via Salinaria ou *Salinatorum* (« route des sauniers »). Sans mettre en cause cette explication, on remarque que plusieurs toponymes du fond de la vallée comportent un radical de type *sal-* (Salingoutte, Saulxures, Solbach, Solamont), ce qui ne correspond pas à l'idée d'une route.

SAASENHEIM (BR) [sa(:)sənajm], als. *Sàse* ["så:sə] ; *Saxinhaime* 739, *Saxones* 759, *Sassen* 1630. ‣ « l'habitation des Saxons ». Du germanique *Sahso* « Saxon », nom d'un ancien peuple germanique (repris par le latin tardif *Saxo*). L'évolution phonétique [ks/hs > s] est normale en alsacien ancien. ⏩ Autre explication : pourrait représenter le latin *saxum* « rocher », dans le sens de « sol pierreux, pointu » ou d'« enceinte de pierre ». (VOIR OBERSAASHEIM).

1912

1918

SAESSOLSHEIM (BR) [sɛsɔlsajm], als. *Saselse* ["sa:s°lsə] ; *Sahsinesheim* IXᵉ siècle, *Sahselsheim* 1051. ‣ « l'habitat sur un sol pierreux » ou « entouré d'une enceinte de pierre ». D'un étymon **Saxinacum*, dérivé du latin *saxum* « rocher » ou « enceinte de pierre », suivi du suffixe *-heim*. Le changement d'infixe (*-in-* > *-ol-*) est peut-être lié à une tentative d'éponymie. (VOIR OBERSAASHEIM). ‣‣ Autres explications : 1) du moyen haut all. **sahsel* « serpe », qui subsiste en alsacien sous les formes *Sàxel* et *Sàsel*. Désignerait un endroit défriché à la serpe (?) (VOIR FALKWILLER). 2) d'une racine paléo-européenne SAK-S « suintement » ou « sécheresse ».

Vers 1915

SAINT-AMARIN (HR) [sẽtamarẽ] als. *Sàntàmàri* [ˈsånDåmå"ri:] ; *Doroangus* VIIᵉ siècle, *sanctus Marinus, de sancto Amarino* 1135. ‣ « saint Amarin ». Amarin était un ermite, assassiné à Volvic en 676, qui fonda un petit couvent au bord de la Thur, dans un lieu nommé *Doroangus*, où furent déposés ses ossements. Le lieu prit le nom de Saint-Amarin à partir de 1101. ‣‣ Le terme *Doroangus* est composé sans doute du radical *doro-* désignant peut-être la Thur, suivi d'un suffixe *-ank-(o)* variante de *-ink-*. (Comparer le nom de la Thuringe/ *Thüringen*, région d'Allemagne.) Peut-être s'agit-il d'une latinisation d'une forme germanique **Dorwang(a)* « la courbure ou pente (*wanga*), de la Thur (*Doro*) » (VOIR WANGEN ET THUR).

1993

SAINT-BERNARD (HR) [sẽbɛrnar] ‣ Nom pris en 1972 par la fusion des communes d'Enschingen et de Brinighoffen (VOIR CES NOMS). Il s'agit du saint patron de leur église paroissiale commune.

SAINT-BLAISE-LA-ROCHE (BR) [sẽblɛz], village romanophone, en all. *Hellmansgereuth* ; *Hiltewigesgerüte* XIIᵉ siècle, *Hiltwinsgerute* et *Blasius ad rupem* XIIIᵉ siècle. ‣ Le nom officiel en français reprend le vocable de la paroisse, saint *Blaise*, martyr en Arménie en 316. Les formes allemandes se réfèrent à un défrichement (*gerüte*, *Gereuth*) précédé d'un anthroponyme *Hildwig* (*hild* « combat », *wig* « combat ») ou *Hildwin* (*hild* « combat », *win* « ami »). L'hésitation laisse à penser qu'il s'agit là d'une tentative artificielle d'éponymie. ⏩ Explication complémentaire : le doublet allemand *Hellmansgereuth* (« le défrichement de l'homme clair ») est possiblement dans la continuité phonétique de *Hiltwinsgerute*. Sur le plan du sens, il y a un rapprochement intéressant à faire entre le nom *Blaise* (lat. *Blasius*, als. *Bläsi*), l'all. *Bläße* « pâle, pâleur » et le nom de la déesse gauloise de la lune, *Belisama*, laquelle est à l'origine des toponymes français Balesmes, Bellême, Blesmes, Blismes. En allemand, la lune se dit *der* Mond (< vieux haut allemand *māno*), ce qui expliquerait le masculin de Hellmansgereuth (< *hel-mān-* = « lune claire »). (VOIR LE SUIVANT.)

1915, visite de l'empereur Guillaume II.

SAINT-BLAISE (HR) [sẽblɛz], lieu-dit près de Bettlach, Linsdorf et Oltingue ; als. *Sàm-Blasi* ['såm"Bla:si] ; *Lunarischilche* 1139, *Lülliskirch*. ▸ Eglise mère (all. *Kirche* « église ») des villages de Linsdorf, Fislis et Bettlach, avec pour patron saint *Blaise*. Sans doute ancien lieu de culte à la lune (VOIR LE PRÉCÉDENT ET LINSDORF).

1907

1906

SAINT-COSME (HR) [sẽko:m], village romanophone, en allemand *Sankt Kosman*, als. *Sàm-Koschma* ['såm"kʰoʃmə] ; *Engelsmarswiller* XIVe siècle, *Gumpfharczwilr* XVe siècle, *S. Cosme* 1441. ▸ « Saint Côme ». Le nom reprend le vocable de la paroisse, dédiée aux saints *Côme* et Damien. Les noms plus anciens sont sujets à caution : *Engelsmarswiller* serait une allusion au village voisin d'Angeot (TdB), en all. *Engelsod*. Quant au sens de *Gumpfharczwilr*, VOIR PEUT-ÊTRE GUEVENATTEN OU GOMMERSDORF.

Vers 1900

SAINT-GALL (BR) [sẽgal], als. *Sàm-Gàlles* [ʻsåm"Gåləs] ; *Waldeneshofa* 1120, *Waldonis curia* 1148, *Waldhoffen* jusqu'au XVIIIe siècle. ▸ « Saint Gall ». Le nom provient d'une chapelle consacrée en 1143 à saint Gall, invoqué pour la protection des animaux domestiques (cp. latin *gallus* « coq »), et qui devint lieu de pèlerinage. Toutefois, un abri de pierre où aurait logé l'ermite irlandais, compagnon de Saint Colomban, à quelques pas de la chapelle, est connu sous le nom de *Gallusfelsen* : on peut y lire un « rocher gaulois » (lat. *gallus* « gaulois ») ou un « abri de pierre » (racine paléo-européenne KAL « fermer, abri, pierre »), qui pourrait être l'envisagement originel du lieu. La dénomination *Waldhoffen* n'a rien à voir avec l'all. *Wald* « forêt », mais plutôt avec un éponyme *Waldo* (vieux haut allemand *waldan* « gouverner »). VOIR WALDIGHOFFEN.

SAINT-HIPPOLYTE (HR) [sẽtipɔlit], als. *Sàm-Pìlt* [ʻsåm"BIlt], all. *Sankt Pült* ; *Fulradovilare* 774, *Audaldovillare ubi Sanctus Ipolitus requiescit* 777, *St Ypolytum* 854, S. *Ypolito* XIIe siècle. ▸ « Saint Hippolyte ». Le nom se réfère au vocable de la paroisse. ▸▸ Entre 768 et 774, saint Fulrad, descendant de nobles alsaciens, abbé de Saint-Denis près de Paris et chapelain de l'empereur Charlemagne, fonda sur le site d'*Audaldovillare* un monastère contenant des ossements de saint Hippolyte, docteur et martyr en 235, qu'il avait rapportés à l'occasion de l'un de ses nombreux voyages à Rome. Ce couvent, appelé d'une manière savante *Fulradovillare*, dépendait de celui de Lièpvre (VOIR CE NOM), connu également sous le nom de *Fulradocella* « couvent de Fulrad ». En 835, les reliques furent transférées à Saint-Denis, mais dès 854 un village se forma autour du couvent et prit le nom de Saint-Hippolyte. ▸▸ Explications complémentaires. Noter l'aphérèse de la première syllabe : *Hippolytus* > *Pült* (avec métaphonie [o > u > y] devant [i] subséquent, et délabialisation [y > I] en alsacien (*Pìlt*). Concernant le nom antique d'*Audaldovillare*, VOIR LE TOPONYME VOISIN ORSCHWILLER.

1908

1918

SAINT-JEAN-SAVERNE (BR) [sẽʒãsavɛrn], all. *Sankt Johann*; *Meyenheimswiller* ou *Magenheimswiller* XIIᵉ siècle, *Saint-Jean-des-Choux* 1784. ▸ « Saint Jean ». Le lieu doit son nom à l'ancien couvent de Bénédictines, dédié à « saint Jean aux herbes », fondé en 1126 par le comte Pierre de Lutzelbourg sur le ban du village de Meyenheimswiller, et placée sous la direction de l'abbaye de St-Georgen en Forêt Noire. ▸▸ Explications complémentaires : d'après la légende, Pierre de Lutzelbourg aurait fondé cette abbaye pour assurer le salut de l'âme de sa femme, dame Itta, connue pour être une terrible sorcière. Le nom primitif du couvent était Saint-Jean-des-Choux, qui est une traduction commune de l'allemand *Sankt-Johannis-Kräuter* : si le terme *Kraut* signifie en effet « chou », il désigne toute plante herbacée, et spécialement des plantes médicinales ou des remèdes à base de plantes, que le peuple autrefois rapportait à des pratiques superstitieuses. *Johanniskräuter*, ce sont les « herbes de la Saint-Jean » (armoise, bardane, camomille, chiendent, joubarbe, lierre terrestre, lycopode, millepertuis, orchis, samole, sauge, verveine, etc.), réputées pour leurs vertus médicinales et magiques. Saint Jean le Baptiste n'est concerné qu'à travers le solstice d'été où sa fête a été placée, qui correspond à la période où ces herbes étaient récoltées. Si la croyance populaire a fait de dame Itta une sorcière, alors qu'on a la preuve qu'elle figure parmi les signataires de l'acte constitutif de l'abbaye de Saint-Jean, c'est peut-être parce qu'elle s'intéressait à la médecine naturelle, mais surtout en vue d'exorciser un lieu d'ancien culte païen : *Meyenheimswiller* rappelle la déesse *Maia*, parèdre de *Lug*, le Mercure gaulois, dieu de la lumière (VOIR MEYENHEIM, LUTZELBOURG) et le village lui-même est situé au pied du plateau gréseux appelé Mont Saint-Michel (VOIR CE NOM ET CHAPITRE II), qui a la détestable réputation d'être un des principaux lieux de rendez-vous des sorcières de Basse-Alsace.

1912

SAINT-LOUIS (HR) [sẽlwi], als. *Sä-Lui* ["sɛ:'lUi]. ▸ « Saint-Louis ». Comme le village de Huningue (VOIR CE NOM) avait été fortifié, certains habitants préférèrent s'établir sur la chaussée de Bâle à Strasbourg, plus favorable aux échanges commerciaux (VOIR LA CHAUSSÉE). Le 28 novembre 1684, le roy Louis XIV leur octroya de baptiser l'agglomération naissante du nom illustre de Saint-Louis. La Révolution y substitua pour un temps l'appellation *Bourg-Libre*, aujourd'hui redonnée à un des quartiers de la ville.

Vers 1910

SAINT-MARTIN (BR) [sẽmartẽ], als. *Salmàrter* ['sal"måRD°R]. Situé à l'ouest de Villé, cité depuis l'an 1000. ▸ « Saint Martin ». Le village a été dénommé du vocable de l'église paroissiale. ▸▸ Saint Martin, légionnaire romain né en Hongrie, devenu évêque de Tours, est considéré comme l'évangélisateur des Gaules (IVe siècle) : pas moins de 238 noms de communes en France (le record !), et davantage encore de paroisses, lui sont dévolus. (VOIR ST-MAURICE.)

1930

SAINT-MAURICE (BR) [sẽmoris], als. *Sàm-Ritz* ['såm"rits]. Situé à l'est de Villé. ▸ « Saint Maurice ». Le village a été dénommé du vocable de l'église paroissiale. ▸▸ Saint Maurice, latin *Mauricius*, martyr de la Légion thébaine en 286, fut vénéré d'abord, semble-t-il, dans le Valais suisse. Il faut noter que saint Maurice et saint Martin sont souvent associés, notamment en Touraine (Tours, Candes-Saint-Martin). Il pourrait s'agir là de la survivance des divinités romaines Mercure et Mars (gén. *Martis*, dérivé *Martinus*), dont les racines MER-K et MAR-T évoquent respectivement deux aspects du soleil : le lever pour Mercure (cp. latin *e-merg-ere* « émerger », all. *Morgen* « matin »), et pour Mars le coucher (« mort » du soleil : lat. *mors, mortis* « mort »).

SAINT-MICHEL (MONT) (BR), mont au-dessus de Saint-Jean-Saverne, caractérisé à la fois par une chapelle dédiée à saint Michel, qui fut lieu de pèlerinage, et dans le prolongement un promontoire gréseux creusé d'un large et profond bassin circulaire, où beaucoup n'hésitent pas à voir un ancien sanctuaire druidique. Ancien Hertenstein, du celtique **Arduobenno* « pierre escarpée » (VOIR HARDT, ET HARDBIBBER AU CHAPITRE II). ▸▸ Le culte de saint Michel s'est répandu en Europe à partir du VIe siècle en provenance du sud de l'Italie, et ce nouvel arrivant chrétien a remplacé en de nombreux lieux leurs tenants antiques, les dieux du soleil Belenos, Apollon, Gargan… La première apparition de l'archange, dit la chronique, eut lieu sur le Monte Gargano, dans les Pouilles. Son ultime étape, au Mont Saint-Michel de Normandie, recouvre un ancien Mont de Belenos, encore perceptible dans le nom de l'îlot voisin : Tombelaine « Tombe de Belen » (VOIR BOENLESGRAB). Notre Mont Saint-Michel alsacien ne fait sans doute pas exception à la règle, ce qui ne peut que conforter la thèse d'un ancien lieu de culte solaire. (VOIR CHAPITRE II : AUTOUR DE SAINTE-ODILE.)

Vers 1925

SAINT-NABOR (BR) [sẽnabɔr], als. *Sàm-Nàwer* ['såm"nå:v°R] ; *ad S. Naborem* 1050. ▸ « Saint Nabor ». Le village a été dénommé du vocable de l'église paroissiale. ▸▸ Les reliques de saint Nabor, soldat romain martyr au IVe siècle, furent déposées dans un monastère au pied du Mont Sainte-Odile par l'évêque de Metz, saint Chrodegang, en 763. (VOIR CHAPITRE II : AUTOUR DE SAINTE-ODILE.)

Vers 1910

1912

SAINT-PIERRE (BR) [sẽpjɛr], als. *Sàm-Peter* [‘såm"p^{h}e:D°R]. ‣ « (la voie) de pierre ». Le nom du village ne s'explique pas par le vocable de l'église paroissiale, qui est depuis toujours saint Arbogast, premier évêque de Strasbourg de langue germanique. Le village étant situé sur l'ancienne voie celtique d'Ettenheim à Andlau, et non loin de la route du piémont des Vosges, il est permis de se demander si n'a pas joué une paronymie entre les termes latins *Petrus* « Pierre » et *petra* « la pierre ». De sorte que, christianisé, le toponyme continuerait à signaler la présence d'une antique voie pavée. (VOIR STRASBOURG).

1900

SAINT-PIERRE-BOIS (BR) [sẽpjɛrbwa], als. *Sàm-Peterscholtz* ['såm"p^{h}e:D°R'ʃolDs] ; *villa sante Petersholtz* 1269, *sancti Petri in silva* 1371. ▸ « Saint Pierre au bois » (la forme officielle française est un calque de l'allemande). S'oppose au simple Saint-Pierre par son appendice qui précise le site de ce village vosgien probablement récent, puisqu'il fut longtemps filiale de la paroisse voisine de Hohwarth. Aucune motivation n'est manifeste.

1924

SAINT-PIERRE-SUR-L'HÂTE (HR) [sẽpjɛrsyrla:t], village romanophone, en all. *Zillhart*; *Zulnhart* 1397. ▸ « Saint Pierre sur la hauteur ». Probablement site primitif de la communauté bénédictine d'Echery, fondée au IXe siècle (VOIR ÉCHERY). L'extension -sur-l'Hâte paraît être une adaptation de la forme allemande Zillhart (*Zulnhart* 1397), qui est peut-être le nom primitif du lieu : du suffixe *-hart* « élevé » (< gaulois *ardu* « hauteur », VOIR HARDT) précédé d'une racine paléo-européenne SUL « mouvement d'échappement », d'où l'idée de « jaillissement (d'une montagne ou d'une source) ». *Hâte* est la prononciation lorraine pour l'all. *hart* : on trouve une forme parallèle dans Gazon-l'Hôte (= **Wasenhart* « le pâturage d'altitude »), qui a subi l'attraction paronymique du français *hôte* (VOIR CHATTE PENDUE).

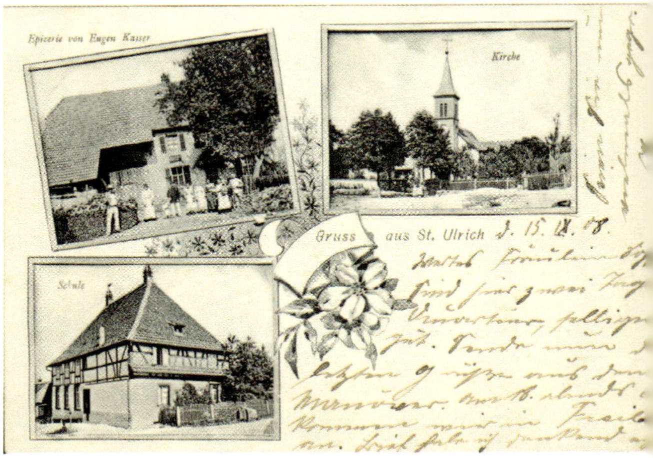

1908

SAINT-ULRICH (HR) [sẽtylriʃ], als. *Sànt-Üelri* ['sånD"ÿəlri], en français *Saint-Oury* ; *Sanctus Oldarius* 1105, *de sancto Odalrico*. ▸ « Saint Ulrich ». Le village a été dénommé du vocable de l'église paroissiale. Le choix est motivé puisque saint Ulrich est reconnu comme protecteur de la pêche et des poissons, et que le village est riche en sources et fontaines (VOIR AUSSI LA LÉGENDE DU BUHLBERG AU CHAPITRE II). La racine *Old-* de *Oldarius* rappelle la base ALT- présente dans le toponyme voisin Altenach (VOIR CE NOM). Rapprochement avec le nom d'homme germanique *Odalrik* (*Odal* « patrie », *rik* « puissant »).

1912

SAINTE-CROIX-AUX-MINES (HR) [sẽtkrwao-min], village romanophone, en all. *Sankt-Kreuz-im-Lebertal*, als. *Sàng-Gritz* ['såŋ"GriDs] ; *sante Crutze* 1358, primitivement *Steinbach*. ‣ « la Sainte Croix ». Fondation ecclésiastique (*chapelle de la Croix*) due aux moines d'Echery (VOIR ÉCHERY) sur le ban d'un plus ancien Steinbach. La bourgade connut un fort développement grâce à l'exploitation des mines d'argent, surtout aux XVIe et XVIIe siècles. L'apposition *-aux-Mines* permet la distinction avec Sainte-Croix-en-Plaine.

SAINTE-CROIX-EN-PLAINE (HR) [sẽtkrwaãplɛ:n], als. *Hailigritz* ['hajli"GriDs], all. *Heiligkreuz* ; *monasterium S. Crucis* 1074. ‣ « la Sainte Croix ». Le village doit son nom au couvent de la Sainte-Croix, abbaye bénédictine fondée au XIe siècle par Hugues IV d'Eguisheim et dotée par son fils le pape alsacien Léon IX d'une relique de la sainte croix (all. *heilig* « saint »). L'ancien nom du village était Woffenheim, encore mentionné en 1092 (d'une racine paléo-européenne WAW « eau souteraine, forêt humide »). L'apposition *-en-Plaine* permet la distinction avec Sainte-Croix-aux-Mines.

1915

Vers 1915

SAINTE-MARIE-AUX-MINES (HR) [sẽtmario-min], als. *Màrkìrich* ["må:R'kʰIriʃ], en all. *Markirch* ; S. *Maria* 1078, *villa zu sancte Marienkirche* 1317. ‣ « Sainte Marie ».

Fondation ecclésiastique (église dédiée à sainte Marie-Madeleine) liée à l'exploitation des mines d'argent, surtout aux XVIe et XVIIe siècles.

1902

SAINTE-ODILE (MONT) [mõsẽtɔdil], als. *Odiljebari* ['o"Diljə'Bari], all. *Sankt-Ottilienberg.* ▸ « Sainte Odile ». Le site doit son nom à la grande sainte devenue patronne de l'Alsace, sainte *Odile* (als. *Uedili* ['Y:Dili].) Le lieu où elle fonda son couvent vers 680, le château de Hohenbourg, était occupé depuis l'époque préhistorique comme en témoignent les vestiges toujours existants du Mur Païen (als. *d'Haidemür*); puis, couronné d'un castellum romain, il était devenu la résidence du duc d'Alsace Attich, père de la sainte. La vie d'Odile, personnage historique, a été parée de légendes. Après sa canonisation en 1049, le Mont Sainte-Odile est devenu le coeur spirituel de l'Alsace, d'où son culte s'est répandu rapidement à travers toute l'Europe. ▸▸ Explications complémentaires : 1) le nom du château de Hohenbourg s'explique facilement par l'allemand « haute forteresse » (all. *hoh, hoch* « haut » et *Burg* « forteresse »). Il n'est pourtant que l'aboutissement d'une évolution linguistique jalonnée par des formes anciennes telles que *Hohe Tonne* IXe siècle, et plus fréquemment *Altitona*, qui répercutent un étymon gallo-roman **Altodunum* « haute montagne » ou « haute forteresse » (latin *altus* « haut » traduit par germanique *hoh*, et gaulois *dunon* « montagne, forteresse » traduit par germanique *Burg*). Rien n'empêche de penser que la forme primitive n'eût été purement celtique : *Uxellodunon* (avec *uxello* « haut »), type répandu dans la toponymie française : Issoudun (Indre, Creuse), Exoudun (Deux-Sèvres), Issolu (Lot). Ce qui prouverait que des noms apparemment germaniques peuvent cacher des origines gallo-romaines. 2) pour plus de détails sur le nom de sainte Odile et les implications religieuses et culturelles, VOIR CHAPITRE II.

1911

SALENTHAL (BR) [salənta:l], als. *Sàletàl* ["så:lə'Då:l] ; *Salahendal* 1120. ▸ « le val de la saillie ». Du suffixe germanique *-thal* « vallée, val », précédé de la racine paléo-européenne SAL « mouvement de dépassement », d'où l'idée de « passer par-dessus ou de l'autre côté, saillir, surgir » (cp. latin *salire*). Le village est sur une croupe. Un étymon gallo-roman **Salacum* est suggéré par la forme ancienne.

1904

SALM (BR) [salm], village romanophone. ▸ Du nom de la famille de Salm, originaire du Luxembourg belge, dont le premier représentant, Herrmann II de Salm, fut à la fin du XIe siècle le voué de l'évêque de Metz chargé de la protection de l'abbaye de Senones (Vosges). Au fil des siècles, l'autorité de la famille grandit jusqu'à constituer une principauté, finalement rattachée à la France en 1793. Littéralement, *Salm* signifie « saumon ».

1910

SALMBACH (BR) [salmbax], als. *Sàlebàch* ["sålə'Båx] ; *Saluhnbach* 1049, *Salenzach* XVIIIe siècle. ▸ « le lieu des eaux saumâtres ». Peut-être d'un étymon *Salinacum*, du latin *salinus* « salé, saumâtre », suivi du suffixe *-acum* devenu *-ach* puis *-bach*. Référence aux marécages du Bruchwald. Attraction paronymique de l'all. *Salm* « saumon » (lat. *salmo*). /SAULNY (MOSELLE), ETC.

1902

SAND (BR) [sand] ou mieux [sant], als. *Sànd* ["sånt] ; *Sandis* 987. ▸ « le sable ». De l'all. *Sand* « sable » (germ. *sanda*). Référence au type de terrain.

Vers 1910

SARRE (R) [sar], all. *Saar*, als. *Sor* ["so:R] ; *Saravus* IVe siècle, *Sara* Ve siècle, *Saruba* VIIe siècle,

Sarowe 964. ▸ « la source ». D'un suffixe d'abord latin *-avus*, masculin, puis germanique *-aua*, féminin, disparu ensuite, précédé de la base paléo-européenne SAR dans le sens de « source » ou de « passage étroit » (encaissement de la Sarre blanche et de la Sarre rouge, qui se rejoignent pour former la Sarre). ▸▸ Le nom de la Sarre est un homonyme de celui de la Zorn : les quatre bassins primitifs sont contigus (VOIR ZORN).

SARRE-UNION (BR) [sarynjõ] ; *Saarunion* jusqu'en 1918. ▸ « l'union [des deux cités] sur la Sarre ». La première fusion de communes eut lieu en Alsace le 16 juin 1794 : un décret institue la réunion, sous le nom de Saarunion, de *Bouquenom*, ancienne capitale du Comté de

1918

1924

Nassau, et de *Neusaarwerden* (appelé aussi la *Ville Neuve*), créé en 1707 par les comtes dépossédés, sur la rive gauche de la Sarre. (VOIR BOUQUENOM.)

SARREWERDEN (BR) [sarvɛrdən], als. *Sàrwerde* ["så:r'vɛrDə] ; *Sarwerda* 1166. ▸ « l'île de la Sarre ». Du nom de la *Sarre* suivi de l'all. *Werde* (archaïque, mod. *Werder*) « île d'un fleuve ».

SATHBACH (R), affluent de la Mossig à Wasselonne. De la base paléo-européenne SAT signifiant « plein » en parlant d'eau. (VOIR COSSWILLER.) ▸▸ Autre explication : cf. all. *Sod* « bouillon » (?).

1907

SAUER (R) [sawɛr] ou [soɛr], als. *Sür* ["sy:R] ; *Sura* 713. ▸ « la sapide ». D'un étymon **Sūra*, issu d'un plus ancien **suw-ar-[a]* (cp. Bruche < **Bruw-isk-[a]*), formé d'un suffixe *-ar-* caractérisant des noms de rivières (cp. la Sèvre < *Sabara*), précédé du radical *suw-*, représentant la base paléo-européenne SAP qui désigne la « sapidité » de certaines eaux. Pour comparaison, la rivière qui traverse Belfort se nomme la Savoureuse.

SAULXURES (BR) [sosyr], village romanophone, en all. *Salzern* ; mentionné à partir de 1513. ▸ « la saillie montagneuse » ou « la source ». Le latin *salsura* signifie « salaison », sens qui peut difficilement être appliqué à de l'eau, même salée ; la forme allemande est artificielle. Rappelons tout de même que la haute vallée de la Bruche a été mise en relation avec une très ancienne « voie des sauniers », qui transportaient vers la plaine le sel extrait des mines de Lorraine (VOIR SAALES). En revanche, la racine paléo-européenne SAL « mouvement de dépassement », d'où l'idée de « passer par-dessus ou de l'autre côté, saillir, surgir » (VOIR SR, CHAPITRE IV), fournit les sens de « saillie montagneuse » et de « source » (pas forcément minérale). ▸▸ Autre explication : du latin *salicetum* « saulaie » (en ancien français *saussaie*), de *salix* « saule », avec changement de suffixe (*sauss-aie* > *sauss-ure*). Peu probable.

1899

1915

SAUSHEIM (HR) [sosajm], plus rarement [sawsajm] ; als. *Sàise* ["såjsə] ; *Soweneshеim* 801, *Sowinasheim*. ▸ « l'habitation sur un sol détrempé ». De la racine paléo-européenne SAW ou SUW désignant des sols détrempés, imbibés, collants (VOIR BALDERSHEIM). Attractions paronymiques de l'all. *Sau*, als. *Sài* « truie, cochon », et de l'all. *Saus* « vacarme, sifflement ». /SAVENAY (LOIRE ATLANTIQUE)

SAVERNE (BR) [savɛrn], als. *Zàwwere* ["Dsåvərə], all. *Zabern*; *Tres Tabernae* IIe siècle, *Tabernis* IVe siècle, *Ziaberna* VIIe siècle. ▸ « les trois tavernes ». Du latin *taberna* « boutique, taverne ». Importante station gallo-romaine au carrefour de la voie préhistorique du piémont des Vosges et de la route du col vers le plateau lorrain. Le nom a peut-être été inspiré par celui d'un autre *Tres Tabernae*, lieu dit sur la via Appia, au sud de Rome, cité dans le Nouveau Testament (Actes des Apôtres, XXVIII, 15) comme l'une des étapes de l'apôtre Paul.

SCHAEFFERSHEIM (BR) [ʃɛfərsajm], als. *Schafersche* ["ʃa:f°Rʃə]; *Schaferisheim* 777. ▸ « la demeure du berger ». De l'all. *Schäfer* « berger », formé sur all. *Schaf*, als. *Schof* « mouton », suivi du suffixe *-heim*. ▸▸ Autre explication : du bas latin *capanna* « cabane », sorte de toit sans murs (racine KAP « tête », « chapeau », cf. alsacien *Tschàpper* « casquette, chapeau ») ayant pris le

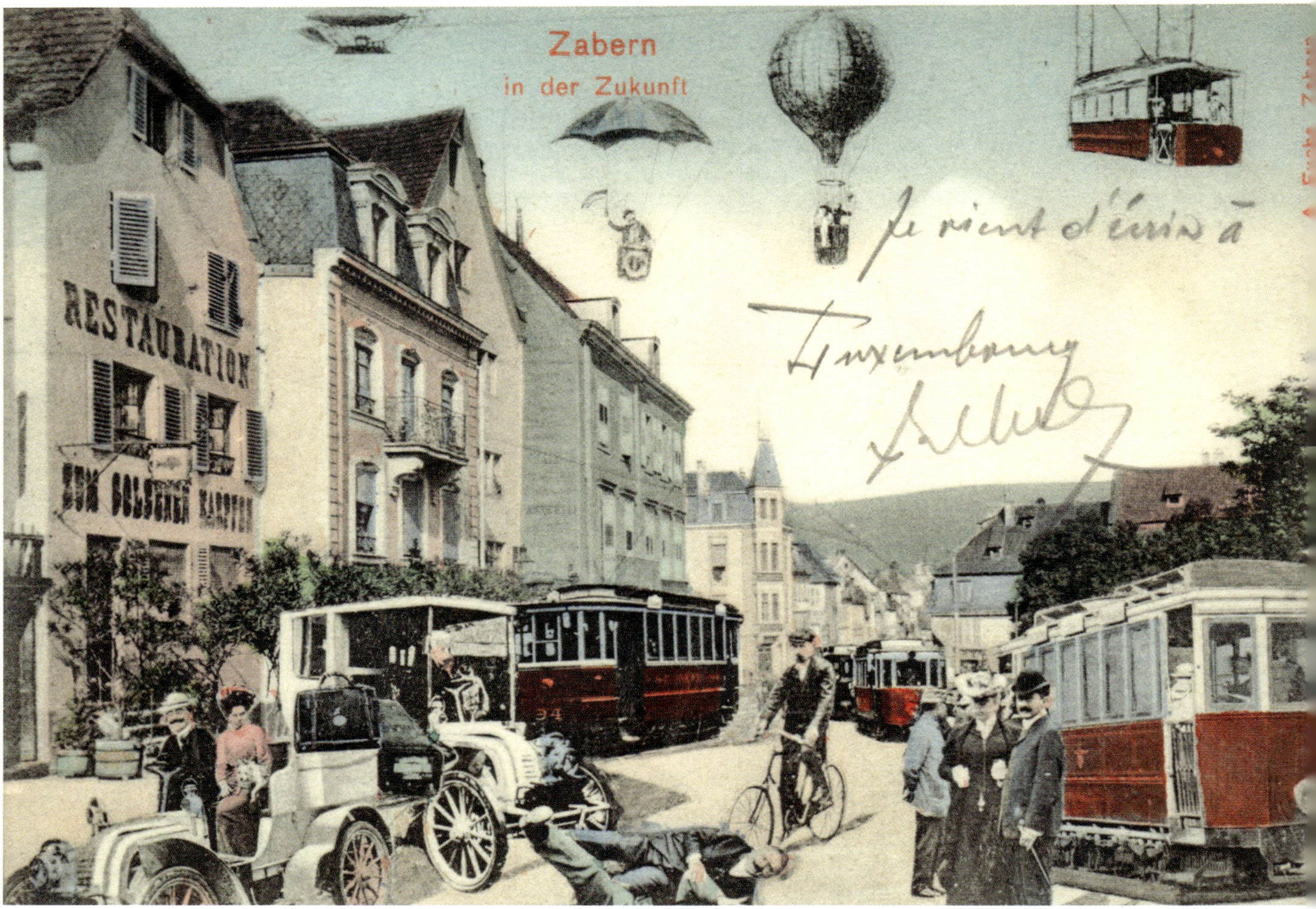

1905, Saverne dans le futur.

sens d'« étable », « bergerie » sous l'influence de mots germaniques (angl. *shippen*, à rapprocher de *sheep* « mouton »). Dans ce cas, il faut considérer une évolution romane [kap- > tʃav-] antérieure au VIIe siècle, ce qui est concevable (puis [tʃav- > [ʃaf] en germanique). (VOIR CHAVANNES-SUR-L'ETANG, MITTELSCHAEFFOLSHEIM, SCHOPPERTEN.)

Vers 1930

1907

SCHAFFHOUSE-PRES-SELTZ (BR) [ʃafuz], als. *Schoffhof* ["ʃo'fo:f] ; *Scaphusa* 782. ‣ « la bergerie ». De l'allemand *Schaf* « mouton », suivi du suffixe *-hausen* « maison ». La forme dialectale, quant à elle, fait plutôt penser à un suffixe *-hoffen*. ‣‣ Autre explication : du bas latin *capanna* « cabane », sorte de toit sans murs (racine KAP « tête », « chapeau », cf. alsacien *Tschàpper* « casquette, chapeau ») ayant pris le sens d'« étable », « bergerie » sous l'influence de mots germaniques (angl. *shippen*, à rapprocher de *sheep* « mouton »). Dans ce cas, il faut considérer une évolution romane [kap- > tʃav-] antérieure au VIIe siècle, ce qui est concevable (puis [tʃav- > [ʃaf] en germanique). (VOIR CHAVANNES-SUR-L'ETANG, MITTELSCHAEFFOLSHEIM, SCHOPPERTEN.)

1915

SCHAFFHOUSE-SUR-ZORN (BR) [ʃafuz], als. *Schàffhüse* ["ʃå'fy:se]. ‣ « la bergerie ». De l'allemand

Schaf « mouton », suivi du suffixe *-hausen* « maison ». ⏩ Autre explication : du bas latin *capanna* « cabane », sorte de toit sans murs (racine KAP « tête », « chapeau », cf. alsacien *Tschàpper* « casquette, chapeau ») ayant pris le sens d'« étable », « bergerie » sous l'influence de mots germaniques (angl. *shippen*, à rapprocher de *sheep* « mouton »). Dans ce cas, il faut considérer une évolution romane [kap- > tʃav-] antérieure au VIIe siècle, ce qui est concevable (puis [tʃav- > ʃaf] en germanique). (VOIR CHAVANNES-SUR-L'ETANG, MITTELSCHAEFFOLSHEIM, SCHOPPERTEN.)

1918

SCHALKENDORF (BR) [ʃalkəndɔrf], als. *Schàlikedorf* ["ʃåliGə'DoRf] ; *villa Scalchinbiunda* 774, *Scalkenthorp* 786, *Scalchenheim* 788. ▸ « le village de l'abri (de pierre) ». D'un radical *skalk-*, qui n'est sans doute pas l'ancien allemand *Schalk* « valet » (sens actuel « fripon »), mais composé comme *s-kal-k*, tiré de la racine paléo-européenne KAL « fermer, abri, pierre ». Le suffixe, comme dans beaucoup de toponymes du Pays de Hanau, a suivi l'évolution *-villa* > *-heim* > *-dorf* (VOIR CHAPITRE III), même s'il y a ici un léger décalage dans les formes écrites. *-biunda* (all. *Bund* ?) désignerait une « exploitation (agricole) enclose », ce qui renvoie encore au sens de KAL.

Vers 1910

SCHARRACH (MONT) (M) [ʃarax], ou *Scharrachberg*, als. *Schàrràchbari* ["ʃåråx'Bari]. ▸ « le mont de l'abri (de pierre) ». D'un étymon s-kar-acum, formé sur la racine paléo-européenne KAR « fermer, abri, pierre », suivie du suffixe gallo-roman *-acum*. Il s'agit d'un ancien camp fortifié qui fut occupé sans interruption du néolithique à l'époque médiévale (VOIR NORDHEIM, OSTHOFFEN, WESTHOFFEN). ⏩ Autre explication : de l'all. *Schar* « troupe (militaire), bande, rassemblement », issu du vieux haut allemand *skara* ; mais dans ce cas le suffixe *-ach* devrait remonter au germanique *-aha* « eau », ce qui est inconcevable.

SCHARRACHBERGHEIM (BR) [ʃaraxbɛrkajm], als. *Schàrràchbarje* ["ʃåråx'Barjə]. ▸ « l'habitation près de la place forte du Scharrach ». Il faut lire non *Scharrachberg|heim* « l'habitation près du Mont Scharrach », mais *Scharrach|bergheim* « l'habitation de la place forte appelée Scharrach ». Scharrachbergheim est en effet le plus septentrional d'une triade composée de Scharrachbergheim, Mittelbergheim et Bergheim, trois villages en ligne droite, le long de l'antique route du piémont des Vosges, et séparés chacun d'une distance de 22 km, soit exactement 10 lieues gauloises. Vingt lieues constituaient la distance d'une étape journalière. Ils remontent tous trois au celtique *briga* « place forte », relayé par le germanique *-berg*, tant au sens de « sécurité » que de celui de « montagne », affectés par la suite du suffixe *-heim*.

1907

1900

SCHAUENBERG (M) [ʃawənbɛrk] mieux que [-bɛrg], als. *Schoiebarg* ["ʃojə'Ba:Rk]; *Schonenberg* 1334. ▸ « la montagne aux pierres ». Situé entre Gueberschwihr et Pfaffenheim et attesté comme lieu de culte depuis 1441, il s'agissait primitivement d'une chapelle dédiée à saint Ulrich, évêque d'Augsbourg, puis d'un pèlerinage à la Vierge, suite à un ou plusieurs miracles. Histoire et légendes ne sont d'ailleurs pas très cohérents. On retrouve plusieurs fois l'anecdote d'une grande lumière ou d'un incendie mystérieux sur la montagne, qui aurait entraîné la phrase « Schau den Berg ! » (« Regarde la montagne ! »), d'où serait issu le toponyme Schauenberg. On aurait plutôt pensé à une « montagne d'où l'on a une vue [étendue] », ce qui correspond à la réalité. Toutefois, la forme de 1334 fait état de *Schoneberg*, sans doute pas « belle montagne » mais « montagne aux rochers », du suffixe *–berg* « montagne » précédé d'un radical *s-kun-*, formé sur la racine paléo-européenne KUN « occlusion, pierre ». ⏩ Explication complémentaire : le site du Schauenberg s'inscrit dans la continuité d'un lieu de culte pré-chrétien, comme en témoigne un mégalithe dit « autel des druides » dans la forêt voisine. Sur les rochers impressionnants qui caractérisent le site se trouvent des anneaux comparables à ceux du Taennchel (VOIR CE NOM).

SCHEER (R) [ʃe:r], als. *Schär* [ʃɛ:R] ; *Schera* 1135. ▸ « la séparation ». De l'all. *Schere* « ciseaux »,

Vers 1950, la Scheer traverse Kertzfeld.

1917

avec le sens du verbe *scheren* « couper » (vieux haut all. *skëran*). La Scheer est un diffluent du Giessen en amont de Scherwiller (VOIR CE NOM) ; débaptisée en Aubach, elle ne retrouve son nom qu'après une nouvelle diffluence en amont de Kientzville. ⏩ Autre explication : d'un étymon *Skara*, ou *Skaria*, formé sur la racine paléo-européenne KAR « fermer », dans le sens de « canaliser ». (VOIR SCHERNETZ ET HUEHNERSCHERR.)

SCHEIBENHARD (BR) [ʃajbənart], als. *Schaiwert* ["ʃajv°Rt] ; cité depuis 1206. ▸ « la forteresse en rondins ». Traduit de l'allemand en français, Scheibenhard signifie « le [lieu] dur (ou sec) en [forme de] disque(s) », de l'all. *Scheibe* « disque » et *hart* « dur », ou *Hardt* « type de terrain sec », « forestier ». Le sens est manifestement inadapté et, de plus, correspond mal avec le site (le village est près d'une forêt mais, traversé par la Lauter, il n'est pas sec). Il est possible que le toponyme soit lui-même une traduction. Proposition en l'absence de forme ancienne : d'un étymon celtique **Bilioduros* « forteresse faite de billes de bois », du gaulois *bilia* « bille de bois, rondin », traduit par vieux haut allemand *scība* « rondelle découpée dans une grume », et *duros* « forteresse », primitivement adjectif *duros* « dur, fort » (> fr. *dur*) traduit littéralement en allemand par *hart* « dur ». Il se serait agi d'un fortin sur la Lauter là où la terrasse de l'Outre-Forêt la joint, en avant-poste de Lauterbourg.

1918

SCHERLENHEIM (BR) [ʃɛrlənajm], als. *Scharle* ["ʃa:rlə]. ▸ « l'habitat de l'abri ». Du suffixe *-heim* précédé d'un radical *s-kar-al-*, formé sur la base paléo-européenne KAR « fermer, abri, pierre ».

SCHERNETZ (R), rivière prenant sa source du côté de Reichsfeld et Bernardvillé, affluent de la Scheer. Proposition : d'un étymon gallo-roman **Scarentia*, du radical paléo-européen SKAR- « canalisé » (VOIR SCHEER) suivi du suffixe *-ent-ia* ou *-ant-ia* caractérisant des cours d'eau. Ce suffixe, devenu logiquement *-entz* (**Scherentz*, comme *Argenza* = Ergers [VOIR CE NOM]) subit une métathèse *-entz* > *-netz*, peut-être sous l'influence de l'all. *netzen* « humecter, baigner, irriguer » (VOIR NETZENBACH).

Vers 1915

SCHERWILLER (BR) [ʃɛrvilɛr] ou [ʃɛrvile], als. *Scherwiller* ["ʃɛr'vil°R] ; *Scerawilare* 817. ▸ « le domaine sur la Scheer ». Du suffixe gallo-roman *-villa* précédé du nom de la rivière Scheer, sur un tronçon aujourd'hui débaptisé en Aubach (VOIR SCHEER).

1901

SCHILLERSDORF (BR) [ʃilərsdɔrf], als. *Schìllerschdorf* ["ʃIl°R'ʃDoRf] ; *Schiltersdorf* 1207. ▸ « le village de l'abri ». Du suffixe *-dorf* précédé d'un radical **s-kilt-*, issu de la racine paléo-européenne KL-T, avec le sens de « fermer, abri » (cp. gaulois *cleto-* > fr. *claie*, all. *Schild* « bouclier ». En alsacien *Schìlderhüss* est une « guérite »). Après l'assimilation [lD > l], attraction paronymique de l'all. *Schiller* « chatoiement ». ▸▸ Autre explication : d'un nom d'homme germanique *Schilto*.

SCHILTIGHEIM (BR) [ʃiltikajm] bien mieux que [gajm], als. *Schìllige* ["ʃIliGə], snob [ʃilik] ; *Skitingsbouhel* 845, *Scildincheim* 884. ▸ « l'habitation de l'abri ». D'un radical **s-kilt-*, issu de la racine paléo-européenne KL-T, avec le sens de « fermer, abri » (cp. gaulois *cleto-* > fr. *claie*), suivi du suffixe pré-germanique *-ink-*, auquel se sont surajoutés les suffixes germaniques d'abord *-bouhel* (= Bühl « colline », VOIR AUSSI CHAPITRE II), puis *-heim*. Attraction paronymique de l'all. *Schild* « bouclier ». ▸▸ Autre explication : d'un nom d'homme germanique *Schilto*.

Vers 1910

SCHIRMECK (BR) [ʃirmɛk], romanophone, als. ["ʃir'mek]. ▸ « le château de la protection ». Nom d'un ancien château fort du XIIIe siècle, qui a fini par supplanter le nom de la localité appelée La Neuveville-en-Barembach. De l'all. *Schirm* « protection » suivi du suffixe *-eck*, qui a servi à désigner les rochers élevés sur lesquels furent bâtis les châteaux forts (superposition du latin *acus* « aiguille, pointe » et de l'allemand *Ecke* « coin, angle »). ⏩ Facétieusement traduit « le coin du parapluie » (*Schirm-Eck*) parce que Schirmeck est réputé pluvieux. En réalité, all. *Schirm* ne signifie « parapluie » que par aphérèse du premier élément *Regen-* : *Regenschirm* « parapluie » littéralement « protection contre la pluie ».

1909, le 11e régiment de uhlans de Sarrebourg en manœuvre à Schirmeck.

Vers 1910

SCHIRRHEIN (BR) [ʃirajn], als. *Schirhaan* ['ʃi"ra:n] ; *Schirrieth* XVIIIe siècle. ▸ « le bois de Schirrhoffen ». La localité date au plus tôt de la fin du Moyen Age. Le radical a été repris sur celui de Schirrhoffen (VOIR CE NOM). Le suffixe *-hein* représente l'all. *Hain* « bosquet, bois » ; ce bois dut être défriché comme l'indique le suffixe *-rieth* de la forme du XVIIIe siècle (de *reuten* « défricher »), à moins qu'il ne s'agisse de la désignation du Ried, en contrehaut duquel se situe le village. Une erreur de lecture à ne pas commettre serait de considérer non *Schirr|hein* mais *Schir|rhein*, avec une allusion au Rhin : si c'était le cas, la forme en dialecte serait **Schirrhin*.

Vers 1925

SCHIRRHOFFEN (BR) [ʃiro(:)fən], als. *Schirhoffe* ["ʃi:'rofə] ; *Schuerhof* 1347. ▸ « la cour de la grange ». Du vieux haut all. *sciura* « grange » (> all. *Scheuer*, als. *Schir*), tiré du latin *scura* ou *scuria* « auvent » (> aussi français *écurie*), suivi du suffixe *-hoffen* « cour, ferme », peut-être comme traduction du suffixe *-court* (VOIR CHAPITRE III). L'agglomération s'est formée sur un défrichement opéré à la lisière de la Forêt de Haguenau.

Vers 1910

SCHLEITHAL (BR) [ʃlajta:l], als. *Schlatel* ["ʃla:D°l] ; *Schlegeldal* XIIIe siècle, *Sleyestal* 1311. ▸ « le talus solide, sec ». Le sens littéral pourrait être « vallée de la tanche » (all. *Schlei[e]* « tanche »). Mais il s'agit d'une attraction paronymique récente puisque les formes médiévales font référence à l'all. *Schlegel* « maillet », cet instrument figurant d'ailleurs sur les armoiries de la commune. Toutefois, la motivation est loin d'être évidente. ▸▸ Autre proposition : du terme gaulois *talos* « talus », employé comme suffixe, correspondant au site du village, en contrebas de la terrasse de l'Outre-Forêt, précédé d'une racine paléo-européenne S-LAK- désignant un terrain « sec, rocheux ».

1915

SCHLIERBACH (HR) [ʃlirbak] ou [bax], als. *Schlierbi* ["ʃli:əR'Bi] ; *Slierbach* 877. ▸ « le ruisseau boueux ». Situé sur le ruisseau du même nom. Du suffixe *-bach* « ruisseau », précédé de l'all. *Schlier* « boue ».

1908

SCHLUCHT (HR) [ʃluxt], col des Hautes-Vosges au-dessus de la vallée de Munster (Petite Fecht). ▸ « la gorge ». De l'all. *Schlucht* « ravin, gorge ». ▸▸ Le nom du Chitelet, lieu-dit en face du Hohneck du côté lorrain, est une adaptation romane de l'alsacien *Schlüchtle, Schlichtle*, diminutif de *Schlucht*.

1906

SCHNERSHEIM (BR) [ʃnɛrsajm], als. *Schnarsche* ["ʃna:Rʃə] ; *Snerinesheim* 1120. ▸ « l'habitat de l'eau curative ». Du suffixe *-heim*, précédé d'un radical *s-ner-(in-)*, formé sur une racine paléo-européenne NER ou NAR, bien connue en topoymie française pour désigner des terroirs riches en fontaines ou des sources : Nérac (Lot-et-Garonne), Nayrac (Aveyron), Néré (Charente-Maritime), Néry (Oise), Les Neyrolles [eau de source] (Ain), et spécialement des sources thermales et médicinales : Néris-les-Bains (Allier), Neyrac-les-Bains (Ardèche). Ne se serait-il pas agi, dans le cas de Schnersheim, de nommer la source sulfureuse Saint-Ulrich (réputée bénéfique contre l'anémie et l'amaigrissement), qui jaillit dans le village voisin d'Avenheim ? (VOIR DE MÊME SOULTZ-LES-BAINS.) *Nerios* était le nom d'un dieu gaulois des sources, comme *Nérée* grec (*Nêreus*) une divinité maritime. En grec moderne, le terme *nero* « eau » a fini par supplanter le vieux mot indo-européen *hudôr*. (VOIR AUSSI SAINT-ULRICH.)

1910

SCHOENAU (BR) [ʃøno], als. *Scheenài* ["ʃe:'nåj] ; *Schonowe* 1229, *Sconenouwe* 1244. ▸ « la belle prairie ». Du vieux haut allemand *skōni* « beau » (> all. *schön*, als. *scheen*) et *auwja* > *Au(e)* « prairie humide ». ▸▸ Autre explication : du suffixe *-au* « prairie humide », précédé d'un radical *s-kun-*, formé sur la racine paléo-européenne KUN « occlusion, pierre ». Le village est sur une levée caillouteuse du Rhin.

Vers 1915

SCHOENBOURG (BR) [ʃønbur], als. *Scheenburi* ["ʃe:n'BUri] ; *Schönebühel* 1335, *Schönberg*. ▸ « le beau château ». Du suffixe germanique *-burg* « château fort » (primitivement *-bühl* « colline » ou *-berg* « montagne »), précédé du vieux haut allemand *skōni* « beau » (> all. *schön*, als. *scheen*). ▸▸ Autre explication : d'un radical *s-kun-*, formé sur la racine paléo-européenne KUN « occlusion, colline en forme de pointe » (cp. gaulois *cuno* « élevé », latin *cōnus* « cône » ; VOIR AUSSI KOENIGSBOURG). Le site est un promontoire dominant de 140 m la vallée du Rehbach et de la Zinsel du sud.

Vers 1910

SCHOENECK (C) [ʃønɛk], château en ruine au-dessus de Dambach (BR). ▸ « l'aiguille de pierre ». La traduction littérale « joli coin » (*schön* + *Eck*) correspond à la réalité, mais le site fait penser à une origine *s-kun*, formé sur la racine paléo-européenne KUN « occlusion, pierre » suivie du latin *acus* « aiguille, pointe ». Le château est sur une crête rocheuse.

SCHOENENBOURG (BR) [ʃønənbur], als. *Scheeneburich* ["ʃe:nə'BUriç] ; *Sconenburc* 1277, *Schönenberg*. ▸ « le beau château ». Du suffixe germanique *-burg* « château fort » (ou *-berg* « montagne »), précédé du vieux haut allemand *skōni* « beau » (> all. *schön*, als. *scheen*). ▸▸ Autre explication : d'un radical *s-kun*, formé sur la racine paléo-européenne KUN « occlusion, colline en forme de pointe » (cp. gaulois *cuno* « élevé », « colline », latin *cōnus* « cône » ; VOIR AUSSI KOENIGSBOURG). Village établi sur une colline en forme de promontoire.

Vers 1910, sur la gauche, une voiture à chien.

Vers 1925

SCHOPPERTEN (BR) [ʃopərtən], als. *Schopperte* ["ʃoB°RDə] ; *Schopparttenn.* ▸ « l'avant-toit, le hangar ». En Alsace Bossue, les maisons sont souvent alignées le long de la chaussée avec de temps en temps une avancée de toit, appelée *Schopf.* Le toit du Schopf, de pente plus douce que celui de la maison d'habitation à laquelle il est accolé, sert à abriter le bois et le matériel agricole pour les protéger du mauvais temps. Le mot alsacien *Schopf* ou *Schopp* (forme locale de l'Alsace Bossue) signifie « hangar » et remonte au moyen haut allemand *scho(p)f* « étable », à rapprocher de *Schuppen* « hangar » et de l'anglais *shippen* « étable ». Concernant le suffixe *-erten* (ou *–arten* selon la forme ancienne), on rapprochera du mot *cabaret* (= cab/ar/et) signifiant en moyen français « réduit à l'entrée d'une maison », et encore « avant-toit » dans l'Orne, avant de désigner un « service à liqueurs » puis, de nos jours, un établissement de boissons et spectacles. ▸▸ Explication complémentaire : d'une racine KAP « tête », « chapeau », cf. alsacien *Tschàpper* « casquette, chapeau », ayant fourni aussi le mot bas latin *capanna* « cabane » puis « étable », « bergerie » sous l'influence de mots germaniques (angl. *shippen*, à rapprocher de *sheep* « mouton »). (VOIR CHAVANNES-SUR-L'ETANG, MITTELSCHAEFFOLSHEIM, SCHAEFFERSHEIM.)

1914-1918

SCHRATZAENNELE (M) [ʃratsmɛnələ]. Nom d'un sommet de 1040 m proche du Linge. ▸ « le Schrat ». Ce nom de lieu fait référence à un être mythologique, le *Schrat*, dont la forme *Schratzmännele* (littéral. « le petit homme Schrat ») est un diminutif. Des légendes courent sur ces lutins qui, la nuit, entrent dans les maisons des gens endormis et s'assoient sur leur poitrine, provoquant sensations d'oppression et cauchemars (dans ce sens, on dit aussi *Alp* ou *Letzel*). Le terme Schrat ou Schratz n'est pas spécifiquement alsacien : partout en Allemagne il désigne un « esprit des bois (*Waldteufel*) », « esprit frappeur (*Poltergeist*) », « gnome (*Kobold*) ». Il semblerait que l'origine soit à rechercher dans le sens de « créature ratatinée, rabougrie, desséchée » (racine indo-européenne **skr-at*). ▸▸ Explication complémentaire : il existe toutefois une représentation d'un Schrat géant, dans une légende assez terrifiante de Sélestat. On y apprend que « tous les cadavres affreusement mutilés qu'on trouve sur les routes, c'est le Schrat qui les a tués. Son esclave et complice, le vent, saisit un homme et celui-là est perdu. Précipité de droite et de gauche sur les rocs et les troncs d'arbres, soulevé de terre et précipité plusieurs fois comme une balle, le malheureux ne tarde pas à succomber, et longtemps après qu'il est mort le Schrat s'acharne sur lui et ordonne au vent de le rouler, encore et toujours, jusqu'à ce qu'on ne puisse même plus reconnaître son visage. » Ce Schrat possède une forme effrayante qui se dresse jusqu'au ciel, ses ossements sont si gros qu'on dirait des troncs d'arbre desséchés. Il est évident que le Schrat est dans ce cas une personnification de la tempête, ou mieux de la tornade, qui laisse derrière elle des cadavres humains mutilés, mais surtout beaucoup d'arbres déracinés et brisés. Il s'agit-là peut-être d'un avatar du Dragon de l'orage (VOIR CHAPITRE II). Le voisin Schletto (VOIR LIÈPVRE), mythique fondateur de Sélestat, était peut-être bien un Schrat (comparer les racines [ʃrat/ʃlɛt]). D'autre part, la chapelle de Sainte-Marguerite, annexe d'Epfig, possède un insolite et très intéressant ossuaire, qui a peut-être pu inspirer aussi la conception de la légende.

1918

SCHWABWILLER (BR) [ʃvabvilɛr], als. *Schwowiller* ["ʃvo:'vil°R] ; *Suabwilre* XIIIe siècle, *Swewilre* 1286, *Swawilr* 1449, *Swowilre* 1473. ▸ « le domaine du ruisseau souterrain, de la forêt humide ». Du suffixe gallo-roman *-villa*, précédé d'un radical *s-wab-*, issu d'une racine paléo-européenne WAB, qui a par ailleurs donné le celtique *vabero* ou *vobero* « ruisseau souterrain, forêt humide » (VOIR PFAFFENHEIM). Attraction de l'all. *Schwab* « Souabe » (nom de peuple germanique).

1903

SCHWEBWILLER (BR) [ʃvebvilɛr], als. *Schwawiller* ["ʃva:'vil°R] ; *Suabowilare* IXe siècle. ▸ « le domaine du ruisseau souterrain, de la forêt humide ». Du suffixe gallo-roman *-villa*, précédé d'un radical *s-wab-*, issu d'une racine paléo-européenne WAB, qui a par ailleurs donné le celtique *vabero* ou *vobero* « ruisseau souterrain, forêt humide » (VOIR PFAFFENHEIM). Attraction de l'all. *Schwab* « Souabe » (nom de peuple germanique).

SCHWEIGHOUSE (HR) [ʃvajkuz] mieux que [-guz], als. *Schwaighüse* ['ʃvaj"Kʰy:sə] ; *Suuecose* 1251, *Scweichusen* 1271. ▸ « la maison de l'allaitement ». Du suffixe germ. *-house*/*-hausen* « maison », précédé d'un déverbal de *schweigen* « se taire, faire silence » qui, en allemand du sud, a pris par métonymie la signification concrète d'« allaiter » (= « faire taire le nourrisson en lui donnant la tétée » : on comparera all. *still* « calme » et verbe *stillen* « calmer, apaiser, assouvir » et « allaiter ». VOIR STILL). Or, *Schwaig* désigne en Autriche un « vacher » (homonyme de *Senn*, VOIR CERNAY). Si l'on admet qu'il ait pu en être de même en Alsace autrefois, l'origine des Schweighouse pourrait avoir été des « étables à vaches », plus précisément spécialisées dans l'élevage de veaux de lait (?).

1899

1914

SCHWEIGHOUSE-PRÈS-THANN (HR) [ʃvajkuz] mieux que [-guz], als. *Schwaighüse* ['ʃvaj"Kʰy:sə] ; *Swecose* 1251, *Schweichusen* 1333. ▸ Comme le précédent.

1918

SCHWEIGHOUSE-SUR-MODER (BR) [ʃvajkuz] mieux que [-guz], als. *Schwaighüse* ["ʃvaj'Kʰy:sə]; *Suuetchusa* 896, *Suechusen* 968. ▸ Comme le précédent.

SCHWENHEIM (BR) [ʃve(:)najm], als. *Schwäne* ["ʃvɛ:nə]; *Suenheim* 724. A porté le nom de *Schweinheim* (« demeure du porc ») jusqu'au 15 juillet 1953, date à laquelle la municipalité a voté la suppression d'un <i>, mettant par ailleurs le nom officiel en accord avec la prononciation dialectale du toponyme. ▸ « l'habitation du vallonnement ». D'après la forme de 714, d'un radical *s-wen*, issu de la racine paléo-européenne WAN « renflement, vallonnement », avec *s-* prosthétique. ▸▸ Explication complémentaire : la tradition selon laquelle le lieu aurait été une pâture pour les porcs de l'abbaye de Marmoutier n'est

Vers 1910

pas à même d'expliquer la forme du toponyme: en effet «porc» en alsacien, à côté de *Söi*, peut se dire *Schwin* (all. *Schwein*), on aurait donc dû avoir *Schweinheim* = als. **Schwine*, et non pas *Schwäne*.

1899

SCHWINDRATZHEIM (BR) [ʃvindratsajm], als. *Schwìngelse* ["ʃvIŋ°lsə]; *Suinderaldowilla* 737, *Swindratisheim* 758, *Swinderatesheim* 884. ▸ «l'habitation du vallonnement». D'un radical *s-wind-* (+ *-ar-al-* ou *-ar-at-*), issu de la racine paléo-européenne WIN-T «renflement, vallonnement», avec *s-* prosthétique. A noter: 1) le passage du suffixe gallo-roman *-villa* au suffixe alémanique *-heim* (VOIR CHAPITRE III); 2) le traitement, datant du vieil alsacien, du groupe [nD] qui se résout en [ŋ]: *Schwind-* > *Schwing-*; 3) la divergence entre l'infixe de la forme dialectale *-el(se)* et celui de la forme officielle *-rat(zheim)*: il y a eu hésitation, comme le prouvent les formes anciennes, entre des formes en *(e)r-ald-* et en *(e)r-at-*. ⏩ Explication complémentaire: les formes anciennes *Suinderaldowilla* et *Swinderatesheim* suggèrent respectivement des éponymes **Swinderald* et **Swinderat*, qui rappellent des mots allemands variés *(ge)schwind* «rapide», *Schwinde* «dartre», *Schwinde* «vertige, tromperie», *schwinden* «diminuer» ou als. *schwindlig* «pris de vertige, étourdi».

SCHWOBEN (HR) [ʃvobən], als. *Schwobe* ["ʃvo:Bə]; *Suaben* XIIIe siècle, *Swoben* 1349, *Swaben* 1460. ▸ «les Souabes». Du nom du peuple germanique les *Souabes*, all. *Schwabe(n)*, als. *Schwob(e)*, déjà en latin *Suevi* («les Suèves»). En alsacien, le terme *Schwob* désigne un Allemand en général, avec une connotation péjorative. Schwoben, le village des Souabes, est situé à 5 km en aval de Franken, le village des Francs, dans la même vallée du Thalbach. ⏩ Autre explication: d'un radical *s-wab-*, issu d'une racine paléo-européenne WAB, qui a par ailleurs donné le celtique *vabero* ou *vobero* «ruisseau souterrain, forêt humide» (VOIR PFAFFENHEIM).

1903

1908

SCHWOBSHEIM (BR) [ʃvobsajm], als. *Schwobse* ["ʃvoBsə]; *Suabesheim* 829, *Swabesheim* 953. ▸ «la demeure du Souabe».

Du nom du peuple germanique les *Souabes*, all. *Schwabe(n)*, als. *Schwob*, *Schwowe*, déjà en latin *Suevi* («les Suèves»). ⏩ Autre explication: d'un radical *s-wab-*, issu d'une racine paléo-européenne WAB, qui a par ailleurs donné le celtique *vabero* ou *vobero* «ruisseau souterrain, forêt humide» (VOIR PFAFFENHEIM).

1918, les deux villages Oberseebach et Niederseebach, distants de 3 kilomètres, ont formé Seebach.

SEEBACH (BR) [se:bax], als. *Seebàch* ["se:'Båx]. Commune formée par la réunion de Niederseebach et d'Oberseebach, le 29 octobre 1974. ▸ sur le nom du ruisseau le *Seebach* (VOIR SUIVANT).

Vers 1900

SEEBACH (R) [se:bax], als. ["se:'Båx]. Nom de plusieurs ruisseaux, notamment celui qui arrose le village de Seebach. ▸ «le ruisseau du marécage». De l'all. *See* «lac», dont le sens plus ancien pouvait aussi signifier «marécage» (*Sumpfland*), suivi du suffixe *-bach* «ruisseau». Le mot *See* relève de la racine paléo-européenne SAP «sol détrempé». ⏩ Explication complémentaire: *Seeb* est aussi une forme dialectale (issue de *See*, avec renforcement en <b> du <w> moyen allemand, VOIR SEWEN) qui, en Alsace Bossue, désigne un abri artificiel, creusé dans le sol par des hommes vraisemblablement de l'époque néolithique, dont la forme est celle d'un cratère de bombe. Les Seeb pouvaient contenir plusieurs dizaines de personnes et devaient être recouverts d'un toit. C'est parce que plusieurs d'entre eux se sont remplis d'eau au cours des âges que le nom de *Seeb* leur a été donné.

SÉLESTAT (BR) [selɛsta], all. *Schlettstadt*, als. *Schlettstàdt* ["ʃle'DʃDåt], forme officielle *Sélestat* à partir de 1920; *Sclastat* 727, *Selatstatt* 728, *Scalistati villa* 775, *Scladistat*, *Sclatistati* 778, *Scletistata* 836. ▸ «la clairière isolée». D'un étymon celtique **Selatoialos*, composé du suffixe celtique *ialos* «clairière», traduit en germ. *statt* «endroit», puis *Stadt* «ville» (VOIR CHAPITRE III), précédé d'un terme pré-celtique **Selate*, lui-même composé d'un suffixe *-ate*, sans doute précurseur de *-ētum* (VOIR *ARELATE* >

ARLES [BOUCHES-DU-RHÔNE]) et d'un radical *sel-*, qui représente la base paléo-européenne SAL « mouvement de dépassement » (sens de « dépasser le temps » d'où « préserver », qui aboutit à la notion d'« isoler »). /SOLOGNE. ⏩ Explications complémentaires : 1) le sens d'« isolé » a été retenu parce que le site de Sélestat, en bordure du Ried et sur la frontière du Landgraben, était en effet coupé des principales voies de communication antiques. Toutefois, d'autres sens de la base SAL pourraient aussi plus ou moins bien s'appliquer à cet endroit : « eau stagnante, saumâtre », s'appliquant aux marécages du Ried ; « source » allusion peut-être au jaillissement d'un Brunnwasser (VOIR ALSACE). 2) le choix de retenir un radical *sel-*(+ *at-*) plutôt qu'un radical *s-cl-at,* qui apparaît pourtant plus souvent dans les formes anciennes, est personnel, tout en rejoignant celui des Sélestadiens eux-mêmes, qui ont réintroduit un <é> en face de l'allemand *Schlettstadt*. Le radical *sklat-* aurait eu le sens d'« enclos, abri ». L'évolution phonétique logique est [sel-at-> slat- > ʃlat-], puis [ʃlet-] à partir du IXe siècle seulement. 3) En ce qui concerne l'étymologie traditionnelle qui rapproche le nom de *Schlettstadt* de celui du géant *Schletto*, elle n'est pas réaliste (VOIR LÉGENDE SOUS LIÉPVRETTE). Celle qui fait remonter *Schlettstadt* à *Lad-statt* « lieu de chargement » (all. *laden*), en référence au quartier du *Ladhof*, méconnaît les formes anciennes.

1904

1932

SELTZ (BR) [sɛlts], als. *Seltz* ["sɛlDs] ; *Saletione* IIIe siècle, *Saletio* IVe siècle, *Saliso* 356, *Saloissa* 610, *Sels* 768, *Saltz* 826, *Salz* 878. ▸ « le lieu où il y a de l'eau saumâtre ou salée ». Terme formé de la base paléo-européenne SAL dont le sens général de « mouvement de dépassement » a pu désigner entre autres des dépassements dans le temps, particulièrement de l'eau « passée », ayant un goût saumâtre, d'où les idées d'eaux stagnantes, sales, et d'eaux salées [sources minérales]. Le suffixe *-ēt-io(ne)*, développement du classique *-ēt(i)um*, est d'origine galloromane. En réalité, le sens d'« eau qui contient des sels » est lié au nom de la rivière qui l'arrose, le Seltzbach (VOIR LE SUIVANT).

Vers 1910, la rivière Seltzbach traverse le village de Preuschdorf.

SELTZBACH [sɛltsbax], ruisseau du Bas-Rhin, qui arrose en particulier la ville de Seltz (VOIR LE PRÉCÉDENT). Sans doute d'un étymon gallo-roman **Saletiacum*, qui a dû donner **Selzach* en germanique, d'où *Seltzbach* par remplacement du suffixe *-ach* par *-bach* (VOIR CHAPITRE III). ⏩ L'appellation « Seltzbach » trouve probablement son origine dans les caractéristiques géochimiques des terrains bitumineux du champ pétrolifère de Pechelbronn (VOIR CE NOM), qu'il traverse, qui sont également saumâtres.

Vers 1910

SENTHEIM (HR) [sɛntajm], als. *Sante* ["sanDə] ; *Senten* 1302, *Sente* 1345. ▸ « l'habitation des pâturages ». D'une variante *Sennte* pour all. *Senne* « pâturage, vacher » (VOIR CERNAY). Le suffixe *-heim* a été ajouté au XVIe siècle dans la forme officielle.

SEPPOIS-LE-BAS (HR) [sɛpwa], all. *Niedersept* ["ni:dər'zɛpt], als. *Sept* ["sɛBt] ; *Sepite* 1236, *Sape* 1256, *Sapoi* 1257. ▸ « le lieu planté de sapins ». D'un étymon gallo-roman *Sappetum*, formé du pré-latin *sapp-* « sapin » (latin classique *sappinus*, formé de *sapp-* et *pinus* « pin »), suivi du suffixe collectif *-ētum*. L'évolution romane aboutit à *Sapoi*, et l'évolution germanique donne *Sappitu* > *Sepit(e)* > *Sept*. C'est l'étymologie traditionnelle. ⏩ Autre explication : de la racine paléo-européenne SAP désignant des sols « détrempés, imbibés, collants », ce qui est caractéristique de Seppois, au sol imperméable où l'écoulement des eaux en superficie est particulièrement difficile. Le sapin (*sapp-*) est ainsi nommé parce que son tronc est imbibé, collant (cp. aussi latin *sapa* > fr. *sève*).

1915

1902

SEPPOIS-LE-HAUT (HR) [sɛpwa], all. *Obersept* ["'o:bər'zɛpt], als. *Sept* ["sɛBt]. Comme le précédent.

1908

SERMERSHEIM (BR) [sɛrmərsajm], als. *Sarmersche* ["sa:rm°Rʃə]; *Sarmeresheim* 770, *villa Sarmenza* 817, *Sarameresheim* 968. ▸ « la demeure de Saromar ». Du suffixe *-heim* précédé du nom d'homme germanique *Saromar* (de *saro* « armure » et *mar* « célèbre »). ▸▸ Autres explications: 1) la forme de 817, peut-être falsifiée, évoque un étymon gallo-roman *Sarmantia* (d'où *Sermenz* > *Sermers*, comme *Argenza* > *Ergers* [VOIR ERGERS]), composé du suffixe *-antia* désignant un nom de rivière et d'un radical *sarm-*, issu de la racine paléo-européenne SAR-M, avec le sens d'« isolé », de « passage étroit » ou éventuellement de « saillie ». Le village est situé au bord de l'Ill sur un lambeau de terrasse entre ried de la Scheer et ried de l'Ill. 2) On a aussi évoqué, sans grande vraisemblance, un établissement de *Sarmates*, un des peuples germaniques antiques, en réalité d'origine perse.

SESSENHEIM (BR) [se(:)sənajm], als. *Säsem* ["sɛ:s°m]; *Sesinheim* 775, *Sahsenheim* 1050. ▸ « l'habitat sur un sol pierreux ou entouré d'une enceinte de pierre ». D'un étymon **Saxinacum*, dérivé du latin *saxum* « rocher », suivi du suffixe *-heim*. (VOIR OBERSAASHEIM ET SAESSOLSHEIM).

1913, l'église protestante.

SEWEN (HR) [se(:)vən], als. *Siewe* ["sIəvə], doublet roman *Ésaive*; *Seben*, *Sewen* XIVe siècle. ▸ « au lac ». Forme au datif-locatif du moyen haut allemand *sē*, gén. *sēwes* « lac » (mod. *See*). D'après le lac dit *de Sewen*. La forme romane (connue à cause du très ancien pèlerinage à la Vierge, ainsi que des mines métallifères, qui attiraient aussi des Lorrains, des Bourguignons) s'analyse *ès Saive* « à Sewen ».

Vers 1900, contrebande entre l'Alsace annexée et la France.

Vers 1930

SICKERT (HR) [sikɛrt], als. *Sìckert* ["sIG°Rt]; *Sickher* 1482, *Siker* 1871. ▸ « (chez) Sigihart ». Nom d'homme germanique *Sigihart*, composé de *sigi* « victoire » et *hart* « dur, fort ». ▸▸ Autre explication : les toponymes formés d'un nom de personne sans association avec un suffixe actuel ou ancien indiquant un lieu sont pratiquement inexistants (VOIR GIMBRETT, GUÉMAR). Voir all. *sickern* « s'écouler goutte à goutte, suinter », qualifiant peut-être le ruisseau du *Sickertbach* qui arrose le village, et/ou racine paléo-européenne SIK « suintement ».

Vers 1915

SIEGEN (BR) [si:gən], als. *Sije* ["si:jə]. ▸ « le suintement ». Village de défrichement de l'Outre-Forêt, sans doute relativement récent. En l'absence de forme ancienne, on ne peut que conjecturer un rapprochement avec all. *sickern* « suinter » et als. *Sig* « passoire », avec l'idée de « couler goutte à goutte » en parlant du ruisseau. Confusion avec all. *Sieg* « victoire », à rapprocher du gaulois *segos* « force », trop ancien et sans rapport de sens avec le toponyme. Voir aussi racine paléo-européenne SIK « suintement ».

1910

SIERENTZ (HR) [sirɛnts], als. *Sieretz* ["si:ərəDs] ; *Serencia* 835, *Sieronzo* 877. ▸ « la rivière de la *serra* ». D'un étymon gallo-roman **Serrentia*, formé sur le latin d'origine paléo-européenne *serra* « colline longue et allongée », bien connu en toponymie (terme géographique *sierra*, tiré de l'espagnol), suivi du suffixe *-ent-(i-a)*, désignant des noms de rivières. Il se réfère au passage de la rivière Saurunz à travers la bordure orientale du plateau sundgauvien (VOIR HÉSINGUE).

1966

SIEWILLER (BR) [sivilɛr], als. *Siewiller* ["sI:'vil°R] ; *Sonechone villare* 700, *Sunicone villare* Xe siècle, *Sulichenwillare* 1120, *Sinnwihe* 1344. ▸ « le domaine de la source ». Du suffixe gallo-roman *-villa*, précédé d'un étymon gallo-roman **Suniacum* – élargi sans doute en **Suniacon(e)* – ou **Suliacum*, formé sur la base paléo-européenne SUN ou SUL « mouvement de dépassement », avec le sens de « source ». Référence à la source et ancien pèlerinage dédiés à sainte Dorothée. /SEUILLY (INDRE-ET-LOIRE), SOUILLAC (LOT), SULLY.

SIGOLSHEIM (HR) [sigɔlsajm], als. *Seijelse* ["sej°lsə], doublet roman *Savamont ; villa Sigoltesein* 680, *Sigolt marca* 768, *Sigoltesheim* 770, *montem Sigwaldi* 833, *mons Sigoldus* 884, *Sigoltisheim* 1211. ▸ « la demeure de Sigwald ». Du suffixe *-heim* précédé du nom d'homme germanique *Sigwald* (forme tardive *Sigold*, français *Sigaud*, *Sicaud*), composé de *sigi* « victoire » et *waldan* « gouverner ». ▸▸ Explication complémentaire : il y a eu confusion entre le nom de la localité et celui du mont qui la domine, ce qui explique la forme romane Savamont, du français *mont* traduction de *berg* (**Sigwaldsberg*), et *Sava-* radical issu du germanique *Sigwald.* ⏩ Autre explication : le nom d'homme germanique peut avoir masqué une racine paléo-européenne antérieure SIK « sécheresse », répandue en Provence avec le sens de « montagne sèche », ou « pierre » (comparer *sak-s-*, VOIR OBERSAASHEIM). Référence peut-être au conglomérat oligocène présent au sommet du mont.

Vers 1910

1913

SILTZHEIM (BR) [siltsajm], als. *Sìltze* ["sIlDsə] ; *Silzen, Sulzen* XVIIe - XVIIIe siècle. ▸ « la saline ». Les formes anciennes, quoique très tardives, montrent que le suffixe *-heim* n'est pas originel, ce qui est normal pour ce village du plateau lorrain. Le radical évoque l'all. *Sülze* « eau salée ». S'agit-il d'une ancienne saline ? Voir le lieu dit Saltzbronn et ses salines encore en activité, à une dizaine de kilomètres en amont de Siltzheim. (VOIR SOULTZ.)

Vers 1900, carte dessinée par Charles Rouge.

SINDELSBERG (BR) [sindəlsbɛrk] mieux que [-bɛrg], als. *Sìndelsbari* ["sInD°ls'Bari] ; *Mons Sindenus* 1146. Annexe de Marmoutier. ▸ « le poste de surveillance ». Proposition : d'un étymon bas-latin **sentīnus*, dérivé de *sentire* « écouter, regarder, percevoir » (cp. italien *sentinella* > fr. *sentinelle*), et du latin *mons* « mont » dans le sens du gaulois *briga* « place-forte », traduit par germ. *-berg* (VOIR CHAPITRE III).

SINGRIST (BR) [siŋgrist] ou [sẽgrist], als. *Sìnggrìscht* ["sIŋ'GrIʃt] ; *Signum Christi* 1120, *Sinecrist* 1292, *Sinckrist* 1371, *Saint-Christ* XVIIIe siècle. ▸ « le signe du Christ ». L'un des villages qui s'est développé à partir du IXe siècle autour de l'abbaye de Marmoutier. La forme *Saint-Christ* est une francisation. Celle de 1120, *Signum Christi* « signe du Christ », pourrait constituer l'étymon, dans la mesure où elle aboutit phonétiquement à *Singrist*. Toutefois, le degré d'abstraction de cette étymologie est inhabituel et semble incompatible avec la mentalité des habitants, qui étaient des paysans, même s'ils venaient s'installer à l'ombre d'une abbaye. ▸▸ Essai d'explication : le signe du Christ, c'est le signe de croix que l'on fait pour se protéger du Mauvais, c'est la Croix elle-même, érigée en calvaire au bord des routes et surtout aux carrefours. Singrist est traversé par l'actuelle nationale qui relie Strasbourg à Saverne, et quatre autres routes y aboutissent. Au Moyen Age, les carrefours étaient particulièrement redoutés, on craignait d'y rencontrer la Mort en personne. Pour conjurer cette perspective néfaste, née de la diabolisation des *Quadriviae*, déesses romaines des carrefours, fallait-il rien moins que la protection de la Croix, qui est aussi un croisement ?

Vers 1910

SOLBACH (BR) [sɔlbax], village romanophone de la vallée de la Bruche. ▸ « la saillie montagneuse ». D'un étymon gallo-roman **Sulacum*, formé sur la racine paléo-européenne SUL « mouvement de dépassement » > « saillir, surgir », suivie du suffixe *-acum*, devenu *-bach* en germanique (VOIR CHAPITRE III). Village perché sur un contrefort du massif du Champ du Feu. ▸▸ Autre explication : ▸ « le ruisseau salé », de l'all. *Sole* « saline » et *Bach* « ruisseau ».

Vers 1925

SOMMERAU (R) [sɔm(ə)ro] ou [-raw], rivière du Bas-Rhin, affluent de la Mossig. ‣ « la sapide ». D'un étymon **Sumaravum*, formé d'un double suffixe *-ar-aw-* précédé du radical *sum-*, représentant la base paléo-européenne SUP qui désigne la « sapidité » de certaines eaux. Paronymie de l'all. *Sommer* « été ».

1912

SONDERNACH (HR) [sɔndərnax], als. *Sudernàh* ["sU:D°R'nå:] ; *Sundernahen* XIIIe siècle. ‣ « l'eau du sud ». D'un étymon *sunde(r)n Ach*, tiré du vieux et moyen haut all. *sunden* « sud » et *ach* « eau ». Le village est situé sur le bras le plus méridional de la Grande Fecht (VOIR MITTLACH). Influence de l'all. *sondern* « séparer, isoler ». ⏩ Autre explication : la présence d'un suffixe *-ach* au fond d'une vallée vosgienne ne plaide pas pour une origine germanique, mais pour un suffixe *-acum* gallo-roman (VOIR CHAPITRE III). Solution proposée : « le lieu près du sommet » ou « près de la source ». D'un étymon gallo-roman **Suntaracum*, contraction d'un primitif **Summētaracum*, formé sur le latin *summum* « point le plus élevé » d'où « sommet » ou « source » (VOIR ZIMMERSHEIM), suivi des suffixes *-ēt -ar-* et *-acum*.

1932

SONDERSDORF (HR) [sɔndərsdɔrf], als. *Sungerschderf* ["sUŋ°R'ʃDəRf] ; *Sundroltestorff* 1146. ‣ « le village près du sommet ou de la source ». Du suffixe *-dorf* « village » ou « court » (VOIR CHAPITRE III), précédé d'un étymon gallo-roman tardif **Suntaracum*, contraction d'un primitif **Summētaracum*, formé sur le latin *summum* « point le plus élevé » d'où « sommet » ou « source » (VOIR ZIMMERSHEIM), suivi des suffixes *-ēt -ar-* et *-acum*. ⏩ Autre explication : d'un nom d'homme germanique *Sundrolt*, issu d'un plus ancien *Sônahariwald* dont la signification pourrait être « qui commande (*waldan*) l'armée (*hari*) par son jugement (*sôna*) ».

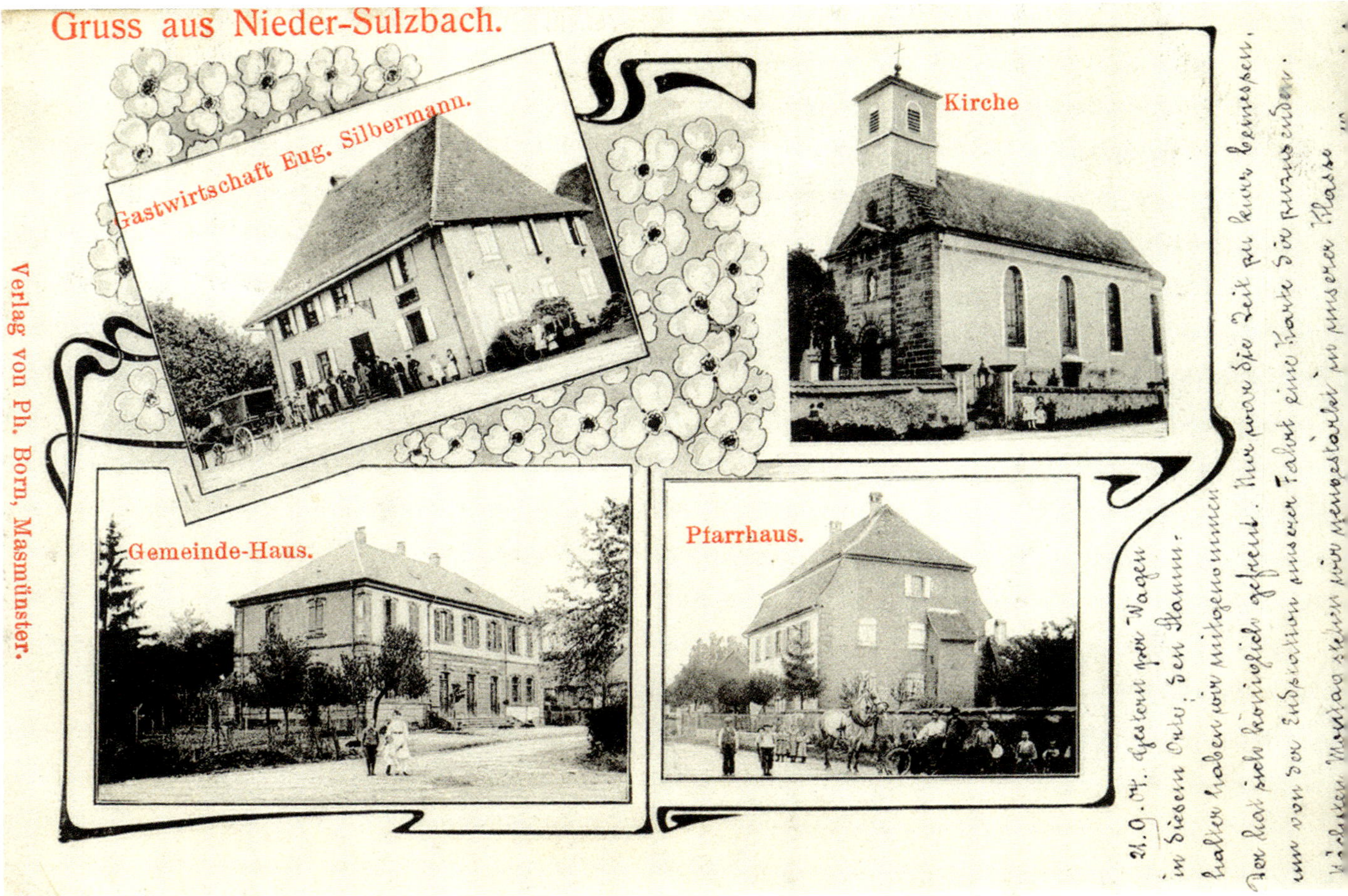

1904

SOPPE-LE-BAS (HR) [sɔp], als. *Soppe* ["soBə], all. *Niedersulzbach*; *Suspa* 1105, *Sulcebach* 1485. ▸ « le lieu sur le Soultzbach ». Du nom de la rivière Soultzbach, sur laquelle il est situé, précédé de l'all. *Nieder-* traduit par « le bas ». La forme Soppe est en fait le doublet roman, adopté comme forme officielle, dans un village où le bilinguisme roman-germanique n'a pas dû s'éteindre avant le XVIe siècle, avant de faire place dès le siècle suivant au bilinguisme français-alsacien. L'évolution semble avoir été *Sulzbach* > *Suspa* > *Soppa*. (VOIR SOULTZBACH.)

SOPPE-LE-HAUT (HR) [sɔp], als. *Soppe* ["soBə], all. *Obersulzbach*; *Sultzbach* 1441. Comme Soppe-le-Bas.

1905

1930

SOUFFEL (R) [sufəl], als. *Süffel* ["syf°l] ; *Suvela*. ▸ « la sapide ». D'un étymon **suw-al-[a]* (cp. Sauer < **suw-ar-[a]*), formé d'un suffixe *-al-a* précédé du radical *suw-*, représentant la base paléo-européenne SAP qui désigne la « sapidité » de certaines eaux. Celles de la Souffel sont légèrement sulfureuses : l'all. *Schwefel* « soufre" (als. *Schwäwwel*) provient d'une racine indo-européenne SWEW-L, tout comme le latin *sulfur* (> fr. *soufre*) vient de SWLW-R, qui toutes deux rejoignent le paléo-européen *suw-al-/suw-ar-*. ▸▸ Source sulfureuse à Kuttolsheim (VOIR CE NOM).

SOUFFELWEYERSHEIM (BR) [sufəlvajərsajm], als. *Süffelwirsche* ['syf°l"vi:Rʃə] ; *Wichersheim* 1165, *Wiheresheim* 1280, *Suvelwihersheim*

1907

1285. ▸ « le village (fortifié) du côté de la Souffel ». Du bas latin **vicare*, dérivé de *vicus* « village », suivi du suffixe germanique *-heim*, et précédé du nom de rivière la Souffel. Situé au nord de Strasbourg, il fonctionnait avec Illwickersheim (ancien nom d'Ostwald), sur l'Ill au sud, et Breuschwickersheim, du côté de la Bruche à l'ouest (VOIR CES NOMS); trois vici fortifiés destinés à protéger des invasions le camp gallo-romain d'*Argentorate/Stratoburgus*.

SOUFFLENHEIM (BR) [suflənajm], als. *Süfflum* ["syflUm] ; *Suvelnheim* 1147, *Suovilheim* 1212. ▸ « l'habitation sur un sol argileux ». Du suffixe *-heim* pécédé d'un radical **sub-al-*, à rapprocher du latin *sabulum* (> fr. *sable*), dont l'origine est une racine paléo-européenne SUP (VOIR CHAPITRE IV). Rapport avec les argiles à céramique présentes dans le sol de la Forêt de Haguenau.

SOULTZ (HR) [sults], als. *Sultz* ["sUlDs], all. *Obersulz*; *Sulza* 667, *Sulze* 708. ▸ « la source salée ». Le terme *Sulz* (forme de l'allemand du sud correspondant à l'allemand standard *Sülze* < vieux haut all. *sultja*) « eau salée », a servi à former plusieurs toponymes. La source de Soultz, située en face de l'actuelle église protestante, est citée dès 667. ▸▸ Explication complémentaire : le germanique originel *sultja* remonte au paléo-européen SAL à la fois dans son sens de « jaillissement, source » et dans celui de « sel ».

Vers 1910

1917, les cloches attendent sur le quai de la gare d'être emmenées pour être fondues et transformées en obus.

1914, à droite, la voiture à chien du laitier.

SOULTZ-LES-BAINS (BR) [sultslebẽ], all. *Sulzbad* (littéralement « bain de Soultz »), als. *Sultz* ["sUlDs] ; *Sulzha* 770, *Sulze* VIIIe siècle, Sulcen XIIe siècle. ‣ « la source salée ». De l'all. *Sulz* (vieux haut all. *sultja*). Il existe à Soultz-les-Bains une source salée, appelée *Donnerloch* « trou ouvert par la foudre » (VOIR ALSACE) et une activité de balnéothérapie s'est développée de 1484 à 1913. ‣‣ Explication complémentaire : la source qui a donné son nom à Soultz se situe en réalité sur le finage de Wolxheim (VOIR DE MÊME SCHNERSHEIM).

Vers 1910

SOULTZ-SOUS-FORÊTS (BR) [sults], als. *Sultz* ["sUlDs] ou *Sultz unter'm Wàld*; *villa Sulcia* 737. ‣ « la source salée ». De l'all. *Sulz* (vieux haut all. *sultja*). Il existe à Soultz-sous-Forêts une source salée connue dès l'époque gallo-romaine qui fut exploitée comme saline jusqu'en 1835.

Vers 1930

SOULTZBACH [sultsbax]. Nom de plusieurs ruisseaux, aux eaux probablement salées : 1) affluent de la Sauer, qui baigne Langensoultzbach ; 2) affluent de la Moder, qui arrose Niedersoultzbach et Obersoultzbach ; 3) affluent de la Largue, qui traverse Soppe-le-Haut et Soppe-le-Bas (VOIR CES DIVERS NOMS).

1905

SOULTZBACH-LES-BAINS (HR) [sultsbax], als. *Sultzbe* ["sUlDsBə], all. *Bad Sulzbach*; *Sulzpach* 1211. ▸ « le ruisseau de la source salée ». Du suffixe *-bach* « ruisseau » précédé de l'all. *Sulz* (vieux haut all. *sultja*). Le village a pris le nom du ruisseau qui le traverse, mais à Soultzbach même se situe une source d'eau minérale (*Sauerbrunnen*), alcaline et ferrugineuse.

SOULTZEREN (HR) [sultsərən], als. *Sultzere* ["sUlDsərə], doublet roman *Susney*; *Sulzrein* XIIIe siècle, *Sulcerhein* XIIIe siècle. ▸ « la source salée ». D'un étymon vraisemblablement **Sulzerîn*, composé de l'all. *Sulz* (vieux haut all. *sultja*) « source salée » et du gaulois *rino* ou *reino* « source, cours d'eau », qui se retrouve en allemand à la fois dans *rennen* « courir », *rinnen* « couler », *Runs* « ruisselet », ainsi que dans le nom du *Rhin*. Il s'agirait dans ce cas d'une tautologie : deux fois « source » (*Sulz* germanique venant déterminer *reino* celtique). ▸▸ Autre explication : le suffixe *-rein*, *-ren* peut aussi représenter l'all. *Rain* « talus, lisière ».

1938

Vers 1910

SOULTZMATT (HR) [sultsmat], als. *Sultzmàtt* ["sUlDs'måt] ; *Sultzmata* 1044, *Sulzemata* 1144. ▸ « le pré de l'eau salée ». De l'all. *-matte* « pré » précédé de *Sulz* (vieux haut all. *sultja*). Sources minérales encore exploitées aujourd'hui.

SPACHBACH (BR) [ʃpaxbax], als. *Spàchbàch* ["ʃBåx'Båx]. ‣ « le ruisseau du bassin, du fossé ». Du suffixe *-bach* « ruisseau », qui représente peut-être un ancien *-acum* gallo-roman (VOIR CHAPITRE III), précédé d'un radical *spak-*, formé sur la base paléo-européenne PAK, qui exprime la notion d'impact, de creusement, de récipient pour un liquide (comparer français *bac, baquet, bassin < baccinum*; all. *Bock, Bach*; ital. *bicchiere*, etc.) : c'est l'idée d'un vide, d'un trou, par la suite rempli d'eau, qui prévaut ici. (VOIR LE VOISIN DIEFFENBACH.)

1920, l'instituteur et ses élèves.

SPARSBACH (BR) [ʃparsbax], als. *Spàrschbàch* ["ʃBå:R'ʃBåx] ; *Sparresbach* 1178. ‣ « la traverse, le barrage ». D'un étymon gallo-roman sans doute *Sparracum* (ou peut-être *Barracum* avec influence de l'all. *Sparren*), formé du suffixe *-acum* devenu *-bach* (VOIR CHAPITRE III) et du radical *s-parr-*, issu du paléo-européen PAR/BAR « renflement » d'où aussi « barre, barrage, traverse » : voir le site du village. (VOIR BARR.) Influence de l'all. *Sparren* « chevron, barre » ; cp. ancien français *esparre* « traverse en bois qui réunit les deux côtés d'une charrette, barre de fer… ».

SPECHBACH-LE-BAS (HR) [ʃpɛʃbax], localement [spɛxbak] ; als. *Spachbi* ["ʃBax'Bi] ; *Spechbach* 823. ‣ « le ruisseau du bassin, du fossé ». Du suffixe *-bach* « ruisseau », qui représente peut-être un ancien *-acum* gallo-roman (VOIR CHAPITRE III), précédé d'un radical *spak-*, formé sur la base paléo-européenne PAK, qui exprime la notion d'impact, de creusement, de récipient pour un liquide (comparer français *bac, baquet, bassin < baccinum*; all. *Bock, Bach*; ital. *bicchiere*, etc.) : c'est l'idée d'un vide, d'un trou, par la suite rempli d'eau, qui prévaut ici.

Vers 1910

1910

SPECHBACH-LE-HAUT (HR)
COMME SPECHBACH-LE-BAS.

Vers 1910

STAFFELFELDEN (HR) [ʃtafəlfɛldən], als. *Stàffelfalde* ["ʃDåf°l'falDə]; *Stabula* 1245, *Stafeluelden* 1303, *Stavale* (in Thanner Chronik). ▸ « le champ de l'étable ». Du latin *stabulum* « étable, écurie » suivi du suffixe *-feld* « champ », ajouté à l'époque germanique. Le français *étable* vient du latin tardif *stabula*, dérivé de *stabulum*. Ce nom est lié au champ de l'Ochsenfeld, qui fut un marché aux bestiaux (VOIR CE NOM). Il n'est pas exclu que Staffelfelden corresponde à *Stabulis*, cité dans l'Itinéraire d'Antonin (IIIe siècle) entre *Cambete* (Kembs) et *Argentovaria* (Horbourg). L'homonymie avec l'all. *Staffel* « marche, degré, échelon » est fortuite. ▸▸ Autre explication : tout comme Ochsenfeld, le toponyme Staffelfelden est susceptible de recevoir aussi une explication militaire. En effet, dans les camps de la légion romaine, le *stabulum* était « l'endroit où l'on tenait les chevaux », puis à la période du Bas Empire, il a fini par désigner le « quartier général », situé le plus souvent à proximité de la porte donnant sur l'ennemi (VOIR STEPHANSFELD). Le suffixe *-feld*, dans ce cas, a la signification de « camp » (VOIR CHAPITRE III).

STATTMATTEN (BR) [ʃtatmatən], als. *Stàttmàtte* ['ʃDåD"måDə]; *Stackmatten*, *Stattmatt* XVIIIe siècle. ▸ « le pré de la rive ». Village du Ried du Nord, au bord de la Moder. Probablement équivalent de *Stadematten*, formé sur le vieux haut allemand *stado* « rive » (mod. *Gestade*), suivi de *Matte* « pré ». ▸▸ Autres explications : 1) la forme *Stackmatten* est peut-être un hybride entre *Stattmatten* et *Stockmatten*, lequel signifie « le pré où l'eau stagne » (de l'allemand *stocken* « stagner », entre autres sens). Ainsi Stattmatten serait l'homonyme de Stockfeld, quartier du Neuhof à Strasbourg, non loin du Rhin. 2) d'un étymon celtique **Ialomagos*, formé de *ialos* « clairière », traduit par germ. *Statt-* (VOIR CHAPITRE III) et *magos* « champ », traduit par germ. *-matt* « pré ».

1908

STEIGE (BR) [stɛ:ʒ], village romanophone de la haute vallée du Giessen ; *Steige* 1303. ▸ « la côte ». De l'all. *Steige* [ʃtajgə] « côte, forte montée ». ▸▸ Explication complémentaire : dans la vallée nord du Giessen, les parlers germaniques, qui avaient primitivement atteint Steige, ont ensuite cédé du terrain au dialecte roman, importé par des arrivants venus de l'autre côté du col. Aux environs du XIIe siècle, le dialecte alsacien ne devait être parlé majoritairement que jusqu'à Saint-Martin et dans la vallée secondaire de Breitenbach. C'est au XIVe siècle qu'il atteignit à nouveau Maisonsgoutte, alors que Steige est resté romanophone jusqu'à nos jours.

1910

1906

STEINBACH (HR) [ʃtajnbax], als. *Staibàch* ["ʃDaj'Båx]. ▸ « le ruisseau pierreux ». De l'all. *Stein* « pierre » et *Bach* « ruisseau ». En all., le composé *Steinbach* signifie « torrent ».

STEINBOURG (BR) [ʃtajnbur], als. *Staiwri* ["ʃDajvri] ; *Steinwirke* 1120, *Steingewire* 1145, *Steinberg* 1525. ▸ « la fortification en pierre ». De l'all. *Stein* « pierre », suivi d'un suffixe initial qui aurait bien pu être le germanique *warja* « garde, protection » (d'où vieux haut all. *wari* > *were* > all. *Wehr* « fortification, rempart »), par la suite remplacé par le plus courant *-burg* « château-fort », francisé en *-bourg*. Mais la finale alsacienne *-wri* conserve un souvenir de *-warja*, sans doute sous l'influence de l'all. *Werk*, als. *Werrik*, avec le sens d'« ouvrage, construction », comme en témoigne la forme *Steinwirke* de 1120. *Steingewire* 1145 fait plutôt allusion à un « enchevêtrement, chaos de pierres » (cp. all. *Gewirr*). ▸▸ Explication complémentaire : peut-être la traduction du celtique *Bennobriga* «place forte en pierre» ou «sur la voie pavée». Le village est situé sur l'ancienne route romaine de Wasselonne à Neuwiller. (VOIR HORBOURG).

Vers 1910

1904

STEINBRUNN-LE-BAS (HR) [ʃtajnbrun], als. *Niederstaibrunn* ["niəD°R'ʃDaj'Brun] ; *Steinenbrun* 823. ▸ « la source de la pierre ». De l'all. *Stein* « pierre » et *Brunnen* « source, fontaine ». ▸▸ Explication complémentaire : la commune doit sans doute son nom à la proximité de la source appelée Taufsteinbrunn « la source des fonts baptismaux ». Une chapelle est dédiée aux saintes Apolline et Odile, ce qui laisse supposer qu'avant la christianisation existait en ce lieu un culte au dieu Apollon (VOIR BALBRONN).

1913

STEINBRUNN-LE-HAUT (HR) [ʃtajnbrun], als. *Oberstaibrunn* ["'o:B°R'ʃDaj'Brun]. Comme Steinbrunn-le-Bas.

1912

STEINSELTZ (BR) [ʃtajnsɛlts], als. *Staanseltz* ["ʃDa:n'sɛlDs]. ▸ « le lieu où il y a de l'eau saumâtre ou salée, du côté de la hauteur ». Le préfixe *Stein-* s'oppose à *Ried-* (VOIR RIEDSELTZ ET HAUSAUERBACH), dans le sens appauvri « hauteur/plaine », non dans celui, primitif, de « rocher/marécage ». Le radical *-seltz* est le même que celui de la ville de Seltz (VOIR CE NOM). En allemand, *Steinseltz* signifie « sel gemme ».

Vers 1900

STEINSOULTZ (HR) [ʃtajnsults], als. *Staiseltz* ["ʃDajsəls]. ▸ « la source salée de la pierre ». De l'all. *Stein* « pierre » et *Sulz* « eau, source salée ». ▸▸ La pierre dont il s'agit ici était vraisemblablement un mégalithe (menhir).

STEPHANSFELD (BR) [ʃtefansfɛld], als. *Staffalde* ["ʃDa'falDə] (contraction de **Staffefalde*), annexe de Brumath. ▸ « le champ d'Etienne ». De l'all. *Stefan* « Etienne », als. (selon les régions) *Steffe, Steffes, Staffe, Staffi*, etc. (< grec *Stephanos*), suivi du suffixe *-feld* « champ ». En effet, une légende attribue à un comte nommé Stephan, qui aurait été le père du Pape Léon IX, la fondation au XIIe siècle d'un couvent pour servir d'hospice des enfants trouvés. En réalité, Léon IX était du XIe siècle et la création de l'hospice date du XIIIe siècle. Il a subsisté jusqu'en 1821, date à laquelle on en fit un établissement d'aliénés.

⏩ Autre explication : la proximité de l'antique capitale des Triboques, *Brocomagos*/Brumath (VOIR CE NOM), incite à voir dans Stephansfeld un ancien *stabulum*, tout comme Staffelfelden (VOIR CE NOM) et l'église Saint-Etienne à Strasbourg (VOIR SOUS STRASBOURG). Dans ce cas, le suffixe *-feld* a valeur militaire : « camp ».

Vers 1920

STERNENBERG (HR) [ʃtɛrnənbɛrk] (mieux que [-bɛrg]) ou [stɛr-], als. *Starnebarg* ["ʃDarnə'BaRk] ; *Sternenberg* 1394. ▸ « la montagne aux étoiles » (all. *Sterne* « étoile », *Berg* « montagne »). Le village doit son nom au *Sternenberg*, mont sur lequel s'élève l'église de Gildwiller, qui servait d'église paroissiale pour les cinq villages de Gildwiller, Falkwiller, Hecken, Diefmatten et Sternenberg. (VOIR GILDWILLER.)

Vers 1900

1918

STETTEN (HR) [ʃtɛtən] ou [stɛ-], als. *Stätte* ["ʃDɛDə] ; *Stetten* 973. ▸ « la clairière ». Du gaulois *ialos* « clairière » traduit par germ. *stat* « endroit » (VOIR CHAPITRE III).

Vers 1910, institution des aveugles.

STILL (BR) [ʃtil], als. *Stìll* ["ʃDIl] ; *Stilla* 773. ▸ « là où l'on allaite ». De l'allemand *stillen* dans le sens d'« allaiter ». On comparera l'évolution sémantique de *stillen* « calmer, apaiser, assouvir » > « allaiter » avec celle de *schweigen* « se taire » > « faire taire » > « allaiter ». Or Schweighouse (VOIR CE NOM) semble désigner des « étables à vaches ». Il pourrait en aller de même pour Still. ▸▸ La *Stille* ou *ruisseau de Still* tire son nom du village.

STORCKENSOHN (HR) [ʃtɔrkənso:n], als. *Storcksoh* ["ʃDor'Gso:] ; *Storkisowe* 1216, *Starkisoge*. ▸ « la prairie inondée ». Il faut analyser *Storckens|ohn*. Proposition : d'un étymon gallo-roman **Aestuariacum*, formé du latin

Vers 1910

æstuarium dans le sens attesté d'« endroit inondé, marécage » (le fr. *estuaire* vient du sens « endroit recouvert par la mer à la marée montante ») et du suffixe *-acum*, auquel s'est ajouté à l'époque germanique le suffixe *-au*, représentant *Au* ou *Aue* « prairie humide », dont le sens confirme celui du radical. **Aestuariacum* évolue en roman comme **esturiagu*, puis en germanique, avec aphérèse normale de l'[e] initial, **sturik-*, **storik-* ; évolution locale du suffixe *-auen* en *-ōn*. Le rapport avec all. *Storch* « cigogne » (als. *Storik*) n'est pas fondé phonétiquement, même si effectivement les cigognes sont des oiseaux qui trouvent leur nourriture dans les marécages. La lecture *Storcken|sohn* « fils de cigognes » est fausse d'un point de vue toponymique, mais répercute le mythe ethnique suivant lequel en Alsace ce sont les cigognes qui apportent les bébés.

Vers 1910

STOSSWIHR (HR) [ʃto(:)svir], als. *Stoswihr* ["ʃDo:'svi:R] ; *Stozzesuuillare* 783, *Stozzesuuilla* 787, *Scottenwilre* 817, *Scotenwilre* 1131, *Stoswilre* XIIIe siècle, *Stotzenwiller* 1339. ▸ « le domaine de la station ». D'un étymon gallo-roman **Stationovillare*, composé du latin *statio, -onem* « station, lieu de séjour, résidence », suivi du suffixe *-villa*. Evolution romane *sta'tiono-(vil'lare)* > IVe siècle *esta'dzion[e]-(vil'lare)* adapté en germanique comme *'stotsin-('willer)* > *'stos-('wihr)*. Paronymie de l'all. *Stoß* « coup ». ▸▸ Autre explication : les formes anciennes du IXe au XIIe siècle semblent faire référence au nom allemand des Ecossais, *Schotten*, allusion vraisemblable aux moines d'origine irlandaise qui ont fondé Munster (VOIR CE NOM). Il s'agit sans doute d'une interprétation de scribes.

1914

STOTZHEIM (BR) [ʃtɔtsajm], als. *Stotze* ["ʃDoDsə] ; *Stozzeswillare* 783, *Stozzesheim* 824, *Stotesheim* 1171. ▸ « l'habitat de la station ». D'un étymon gallo-roman **Stationovillare*, composé du latin *statio, -onem* « station, lieu de séjour, résidence », suivi du suffixe *-villa*, passé à *-heim* à partir du IXe siècle (VOIR CHAPITRE III). A noter que la forme de 783 est commune à Stotzheim et à Stosswihr : confusion de philologues ou homonymie ? Le village de Stotzheim est situé sur l'ancienne voie celtique d'Ettenheim à Andlau ; selon certaines traditions, Jules César y aurait établi son camp avant son combat contre Arioviste.

STRASBOURG (BR) [strazbur], als. *Strosburi* ["ʃDro:s'BUri], all. *Straßburg*; *Strateburgo* VIe siècle, *Stratburgo* 728, *Strasburga* 762, *Strazburc* 1061, *Straborc* 1262, *Estrabourch* 1289. ▸ « la place forte sur la voie pavée ». D'un étymon gallo-roman **Stratoburgus*, composé du westique *strāta* (all. mod. *Straße*) « route », lui-même emprunté au latin *strata* « voie pavée » (abréviation de *via strata lapide* « voie recouverte de pierre ») et *burg* « place forte ». ▸▸ Explications complémentaires : le village de pêcheurs gaulois, puis le camp fortifié romain que désignait la vieille appellation d'*Argentorate* (VOIR CE NOM) s'étaient transformés en quatre siècles : un camp permanent, en dur, mais aussi des échoppes, des bains, des temples, des lupanars, bref tout ce qui est estimé nécessaire pour une ville de moyenne importance et siège de garnison. Elle était d'autre part un nœud de communications routières non négligeable puisque, entre autres, elle ouvrait sur la zone fragile des Champs Décumates. Elle fut entourée de remparts de pierre garnis de tours sous l'empereur Valentinien III (425-455), à une époque où les Alamans avaient déjà largement pris pied sur le sol alsacien. Ce qui est en jeu, dans le nom de Strasbourg, n'est ni sa signification ni sa motivation, mais sa langue d'origine : latine ou germanique ? L'adjectif substantivé *strata* « (voie) pavée », qui s'est maintenu longtemps en roman même s'il a aujourd'hui disparu du

1909

1919, le tramway dans la rue de Haguenau.

français (cf. le doublet Ueberstrass / *Sur-Estrée*), avait été adopté très tôt dans la langue germanique (> all. *Straße*, als. *Stros*, angl. *street*). Quant à *Burg* « forteresse », terme réputé germanique, il était employé couramment en latin impérial, et en grec sous la forme *purgos*. Ainsi, depuis l'Antiquité, Strasbourg a eu vocation de trait d'union entre le monde latin et le monde germanique. C'est un toponyme bilingue qui possède une indubitable valeur de symbole.

Le souvenir des voies empierrées a subsisté dans les noms de rues de la capitale alsacienne, lesquelles portent toutes le suffixe *-gàss* (als. *Gàss*, all. *Gasse* « ruelle »), excepté deux d'entre elles qui possèdent *-stros*: *d'Làngstros* (Grand-Rue, littéralement « longue rue », qui se prolonge hors les murs par le *Wäläng* « long chemin »), héritère de la *Via Decumana*, et *d'Stainstros* (rue du Faubourg-de-Pierre, littéralement « rue de pierre ») au nord de la ville, héritière de la *Via Principalis*, relayée au sud par la rue de la Pierre-Large (*àm braite Stain*), que jouxte l'église Saint-Etienne (VOIR CI-DESSOUS). De plus, il faut noter qu'à la porte ouest, au débouché de la *Làngstros*, s'élève l'église Saint-Pierre-le-Vieux (*Àlt-Sàm-Peter*), et à la porte nord, en avant de la *Stainstros*, Saint-Pierre-le-Jeune [protestant] (*Jung-Sàm-Peter*). Il ne peut s'agir d'un hasard.

L'ancien couvent Saint-Etienne – actuellement Collège épiscopal – est situé, d'après les découvertes archéologiques (R. Forrer) à l'endroit même du stabulum de l'antique camp romain (VOIR STAFFELFELDEN, STEPHANSFELD). *Etienne* (du grec *Stephanos* « couronne ») a donné en allemand *Stefan*, la Place Saint-Etienne se dit *Steffesplàn*, du latin *planum* « esplanade », encore un terme militaire. Dans ce cas, l'adaptation de *stabulum* en germanique a pu pousser plus loin que pour Staffelfelden, ne pas se contenter d'une forme *Staffel-* démotivée, mais opérer un rapprochement paronymique avec le nom de saint *Stephanos*, dont le nom a souvent été attribué à la plus ancienne des églises d'une ville, parce qu'il fut le premier martyr chrétien.

Fin provisoire avec le nom de la Place Broglie [plas brɔgli] ou [plas brɔj] ou [brœj], als. *Bröilplàtz* ["Brøjl'BlåDs] : les documents sur la ville médiévale révèlent qu'il y avait là un cloaque, qui ne fut définitivement comblé qu'au début du XIXe siècle, mais supposait déjà canalisation. Auparavant c'était un marécage. Le nom remonte au gaulois *brogilo* « petit bois marécageux », qui subsiste ailleurs en domaine dialectophone sous les formes *Brühl* ou *Brühly*, et *Bruegel* à Barr, équivalent du français *breuil*, qui a pris le sens de « taillis servant de retraite au gibier ». La paronymie avec le nom du maréchal *de Broglie* (prononcé [brɔlj], de l'italien *Broglia*), gouverneur militaire de Strasbourg au XVIIIe siècle, n'a été que l'occasion de remotiver ce vieux toponyme dont l'origine antique était depuis longtemps oubliée.

Vers 1910

1914

1908, cantonniers et leur attelage de bœufs.

STRUETH (HR) [ʃtryət], als. *Strüeth* ["ʃDryət] ; *Struet* 1144, *Strut* 1394, *Strütt* 1568. ‣ « la jumenterie ». De l'alsacien *Strüet* « jument » (en allemand *Stute*, avec influence de *strotzen* « être rempli, gonflé »). Désigne un élevage de chevaux, de poulinières.

1914

STRUTH (BR) [ʃtrut], als. *Struth* ["ʃDrU:t] ; *Strude* XVIIIe siècle. Comme Strueth.

STRUTHOF (BR) [ʃtrutof], als. *Struthof* ["ʃDrU(:)'Dof] (prononciation « à l'allemande », liée sans doute à la présence du camp de concentration). Comme Strueth.

Vers 1920

STUNDWILLER (BR) [ʃtundvilɛr], als. *Stundwiller* ["ʃDUnD'vil°R] ; *Stundwiller* 1397, *Stimtweiller* XVIIIe siècle. ‣ « le domaine élagué ». Du moyen haut allemand *stunz* « raccourci, élagué, émoussé, tondu ». Le sens est celui d'un défrichement, comme ses voisins Aschbach et Oberroedern. Dans ce cas, le suffixe *-willer* est d'origine germanique et non gallo-romaine. Influence de l'all. *Stunde* « heure » (VOIR ASCHBACH).

STUTZHEIM (BR) [ʃtytsajm], als. *Stìtze* ["ʃDIDsə] ; *Stucesheim* 1120, *Stitteresheim* 1128. ‣ « l'habitat du support, de l'appui ». Du suffixe *-heim* précédé de l'all. *Stütz* ou *Stütze* « appui, support, soutien ».

La motivation n'est pas claire. ⏩ Autre explication : d'un étymon gallo-roman **Studiacum*, formé sur *studium* qui, en latin classique, avait le sens de « soin », mais a pris par la suite celui d'« étui, gaine, fourreau » (fr. *étui* < *studium*). Allusion peut-être au passage d'une canalisation gallo-romaine (VOIR DOSSENHEIM).

1915

Vers 1900

SUNDGAU (région) (HR) [sundgo] ou [syndgo], als. *Sundgài* ["sUnD'Gåj] ou *Sundgäü* ["sUnD'Gœj]. ▸ « la région sud ». De *sund* « sud », ancienne forme du haut allemand, supplanté en all. moderne par celle du bas-allemand *süd* (d'où le mot français), et all. *Gau* « région ». ⏩ Le terme Sundgau est né en 750, lors du partage du duché d'Alsace en deux comtés, Nordgau et Sundgau. Le Nordgau n'a pas survécu en tant qu'entité politique, alors que le Sundgau a fini par désigner historiquement toute la région de l'Alsace méridionale à partir du cours de la Thur. En effet, même à l'époque féodale, ce territoire garda une certaine unité, grâce aux comtes de Ferrette puis, à partir du XIVe siècle et jusqu'en 1643, aux Habsbourg, qui firent d'Ensisheim leur capitale. En réalité, la notion géographique de Sundgau est actuellement empreinte de paradoxe : dans l'esprit de ses habitants, il ne commence plus à hauteur de la Thur mais, au nord et à l'est, aux premiers contreforts du Horst de Mulhouse (ni Mulhouse même, ni Saint-Louis n'en font partie) ; à l'ouest, c'est la portion d'autoroute entre Eteimbes et Morschwiller-le-Bas qui constitue la meilleure matérialisation de cette frontière « culturelle ». Altkirch est aujourd'hui considérée comme la capitale du Sundgau, ce qui permet de distinguer trois sous-régions : le Sundgau occidental (région de Dannemarie jusqu'à Burnhaupt, Heimsbrunn, Hochstatt, et vallée de la Largue jusqu'aux confins du Territoire de Belfort et de la Suisse romanophone), le Sundgau septentrional (au nord de la route d'Altkirch à Bâle, dite *Hochi Stros*, jusqu'au Rebberg de Mulhouse) et enfin le Sundgau méridional, qui comprend tout le sud de cette route ainsi que la haute vallée de l'Ill, jusqu'au Jura. Curieusement, seul ce dernier Sundgau est considéré par les autochtones comme le « vrai » Sundgau. En fait, plus on va vers le sud, plus on est dans le Sundgau : tel résident du Naegeleberg de Riedisheim qui se dit habiter déjà « sur la première colline du Sundgau », va manger des carpes frites « dans le Sundgau », à Carspach ; tel habitant de Landser va se promener le dimanche « dans le Sundgau », sur les contreforts qui dominent Ferrette. Tel citoyen d'Altkirch va rendre visite à sa vieille mère, qui habite Wolschwiller « dans le Sundgau ». Ainsi, ce qui est spécifique du Sundgau semble aller en s'intensifiant jusqu'à atteindre son paroxysme au lieu même où il disparaît, quelque part du côté des sources de l'Ill et de la Largue, cédant la place à l'Ajoie (VOIR CE NOM) ou, si l'on veut, à ce qu'il est convenu d'appeler aujourd'hui le « Jura alsacien ».

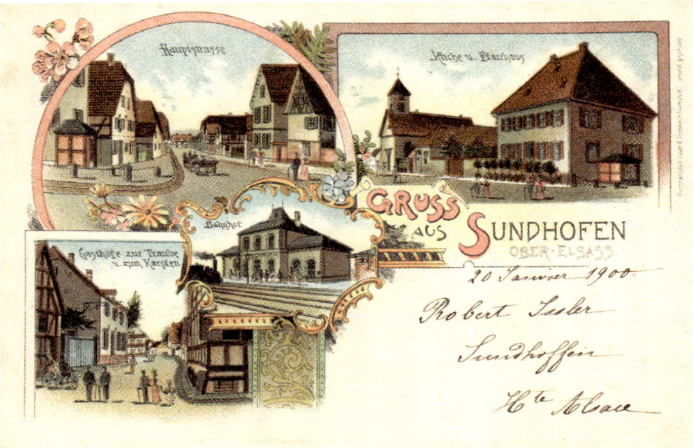

1900

SUNDHOFFEN (HR) [suntofən] mieux que [sundofən], als. *Sundhoffe* ["sUn'tʰofə] ; *Suntor* 768, *Sundoua* 896, *Sunthoven.* ▸ « la court du sud ». Du vieil allemand *sund* « sud » suivi du suffixe *-hoffen* traduisant le roman carolingien *-court* (VOIR CHAPITRE III). La forme de 768 est probablement une mauvaise transcription de **Suntcor*, plutôt qu'une relation à l'all. *Tor* « porte, portail ». ▸▸ A pu fonctionner en tant que poste avancé méridional du castellum gallo-romain d'*Argentovaria*/Horbourg. Les correspondants des autres points cardinaux n'auraient pas subsisté.

SUNDHOUSE (BR) [suntuz] mieux que [sunduz] ou [synduz], als. *Sundhüse* ["sUn'tʰy:sə] ; *Sunthusis* 723. ▸ « la maison du sud ». Du suffixe

Vers 1960

-hausen/*-house* précédé du vieil all. *sund* « sud ». Pour le type de lieu désigné par *Hausen*, VOIR CHAPITRE III. ⏩ A pu fonctionner au sud en tant que poste de défense du sanctuaire d'Ehl et de la zone appelée plaine d'Erstein (davantage d'habitants car à l'abri des marécages des Rieds du Rhin ou de l'Ill, du Bruch de l'Andlau...). Fonctionne avec Nordhouse, Westhouse et Osthouse (VOIR CES NOMS).

Vers 1930

SURBOURG (BR) [syrbur], als. *Sürburi* ["sy:R'BUri] ; *Suraburgum* 749, all. *Sauerburg*. ▸ « la place forte sur la Sauer ». Du suffixe *-burg* « place forte » précédé du nom alémanique de la *Sauer*, *d'Sür*, sur laquelle il est situé (VOIR SAUER). ⏩ Il s'agissait sans doute d'une station gallo-romaine sur la voie antique menant de Seltz à la Lorraine, relayée au VIᵉ siècle par une abbaye (la plus ancienne d'Alsace) fondée par saint Arbogast, futur évêque de Strasbourg.

TAENNCHEL (M) [tɛnʃəl] ; *Denichen* 1435, *Taennichel*. ▸ « l'endroit de niveau élevé ». Massif rocheux entre la vallée de la Liépvrette et celle du Strengbach (Ribeauvillé), culminant à 992 m. D'un étymon gallo-roman **Tanniacum*, composé d'un suffixe *-i-acum*, et de la racine paléo-européenne TAN désignant un « changement de niveau ». Métaphonie [a > e] devant [i] subséquent. La finale a été modifiée semble-t-il récemment. Concernant les relations entre la racine TAN et les termes germanique *Tanne* « sapin » et gaulois *tanna* « chêne », VOIR THANN. On trouve un étymon similaire dans le lieu dit Tannach < **Tannacum*, près d'Orbey. ⏩ Explications complémentaires : à l'instar du Mont Sainte-Odile (VOIR CE NOM), le Taennchel a la réputation d'une montagne mystérieuse, à l'atmosphère étrange et grandiose qui a sans doute inspiré les noms donnés à date récente aux différents groupes rocheux (*Wachtfelsen* « rocher de la garde », *Schutzfelsen* « rocher de l'abri », *rocher des Titans, rocher des Corbeaux, rocher des Géants, rocher de la Petite Fée, rocher des Reptiles, rochers des Anneaux* ou *Trois Tables, Rammelstein, Langfelsen*). On a cru, ici aussi, retrouver des vestiges d'un Mur païen, ce qui laisse penser à une occupation humaine préhistorique. Mais il y a plus : en Alsace est répandu le mythe selon lequel, à une époque qui se perd dans la nuit des temps, toute la plaine du Rhin était recouverte d'eau et formait un immense lac. Seuls dépassaient les plus hauts sommets. Du côté des Vosges, de forts anneaux de fer fixés aux rochers du Maennelstein, du Taennchel, ou encore de la chaîne rocheuse qui s'étend au-dessus de Gueberschwihr et de Pfaffenheim, de part et d'autre du pèlerinage du Schauenberg, auraient servi à attacher les amarres des navires. De nombreux témoins peuvent affirmer qu'en effet ces anneaux existent (sur l'un de ceux du Taennchel,

1917

un visiteur sans doute a gravé ces mots: *IN DILVVIO AVXILIVM* « secours dans le déluge »), mais il serait aventureux d'en tirer quelque conclusion que ce soit. Pas plus que la figure du dragon de la mythologie ne peut trouver son origine dans la reconstruction scientifique de l'aspect d'un dinosaure, la croyance en un lac recouvrant la plaine du Rhin ne peut correspondre à la réalité géologique de la mer qui s'était infiltrée à l'ère tertiaire dans le fossé d'effondrement rhénan jusqu'à il y a 4 millions d'années environ. Certes, les coïncidences ne laissent pas d'intriguer les esprits aux aguets. Le plus ancien souvenir collectif de l'humanité (Homo sapiens sapiens) en matière de submersion ne peut venir que de la fonte des glaciers quaternaires, vers 10000 avant J.-C., qui a provoqué ce que l'on appelle le Déluge. De nombreuses légendes y font allusion. La motivation du sens de « niveau » du toponyme Taennchel pourrait donc se rapporter à la « hauteur de l'eau », en admettant le mythe du lac rhénan, ou à la « hauteur de pierre », si l'on considère la taille impressionnante des rochers qui entourent le sommet. (VOIR THANN, TANET, BIEDERTHAL).

1914

TAGOLSHEIM (HR) [tagɔlsajm], als. *Dàgelse* ["Då:G°lsə]; *Dagolfesheim* 977. ▸ « l'habitation à la section du plateau ». Du suffixe *-heim* précédé de la racine paléo-européenne TAK « palier affecté par une pointe, une occlusion » dont le sens général est « toucher », qui désigne en toponymie alsacienne la « section d'un plateau ». Tagolsheim est situé au pied du plateau (Horst de Mulhouse) qui domine la vallée de l'Ill (VOIR DAUENDORF, TAGSDORF). ⏩ Autre explication: de l'allemand *Tag* « jour » (sens? VOIR DABO/DAGSBURG) ou du nom d'homme germanique *Dagolf* « loup diurne » (*dago* « jour », *wulf* « loup »).

1909

TAGSDORF (HR) [tagsdɔrf], als. *Dàgschdorf* ["Då:G'ʃDoRf]; *Tagstorff* XIVe siècle. ▸ « le village à la section du plateau ». Du suffixe *-dorf* précédé de la racine paléo-européenne TAK « palier affecté par une pointe, une occlusion » dont le sens général est « toucher », qui désigne en toponymie alsacienne la « section d'un plateau ». Tagsdorf est situé au pied du plateau (Horst de Mulhouse, cf. la fameuse *Hochi Stros*) qui domine la vallée du Thalbach (VOIR DAUENDORF, TAGOLSHEIM). ⏩ Autres explications: 1) de l'all. *Tag* « jour » (sens? VOIR DABO/DAGSBURG) 2) la presque homophonie avec all. *Dachs* « blaireau » est fortuite. A ce compte, voir aussi latin *taxus* « if ».

TANET (M) [tanɛ], en all. *Tanneck* ou *Tanneckfelsen*. ▸ « l'endroit de niveau élevé ». Un des points culminants (1292 m) de la ligne de crêtes au nord de la Schlucht. D'un étymon gallo-roman *Tannacum*, formé du suffixe *-acum* (d'où la finale *-eck* en allemand) précédé de la racine paléo-européenne TAN désignant un « changement de niveau ». La forme allemande *Tanneck* renvoie apparemment à l'all. *Tanne* « sapin », ce qui serait possible, mais le Tanet est surtout caractérisé par les blocs rocheux qui le constituent. Le sens est ici « hauteur de pierre », comme pour Taennchel. Le radical *tan-* se retrouve aussi dans des régions où Celtes et Germains n'ont jamais fait souche : citons, par exemple, le nom du massif du Tanneron, en Provence.

Vers 1930

TAUBENKLANGFELSEN

VOIR GAZON DE FAING.

Vers 1910

THAL-DRULINGEN (BR) [ta:l], als. *Dàl* ["Då:l] ; *Tal vom Berge* 1387, *Dale* 1487. ▸ « le talus ». Probablement du celtique *talos* « talus ». D'abord partie intégrante de Berg, village situé sur la côte du Kirchberg (pour ce nom, cp. son homonyme Kirchberg, dans la vallée de Masevaux). Au cours du XIIIe siècle, une partie des habitants migra un peu plus au nord, au pied du talus, et formèrent le village de Thal. Le site n'est pas celui d'une vallée, contrairement à celle du Muhlgraben où le village de Berg, à son tour, fut reconstruit au XVIe siècle. C'est ainsi que Thal, en allemand « la vallée », est aujourd'hui situé plus haut que son voisin Berg « la montagne ». (VOIR BERG.)

1904

THAL-MARMOUTIER (BR) [ta:l], als. *Dàl* ["Då:l] ; *Domni Petri* 828, *Dommum Petri* 1146, *Dompeter in Thal*, *Thaal* 1693. ▸ « la vallée ». Ancien *Dompeter* « Saint-Pierre », fondé par les moines de l'abbaye de Marmoutier. Le nom du village devient Thal (all. *Tal* « vallée ») à partir de la fin du XVIIe siècle.

THANN (HR) [tan], als. *Dànn* ["Dån]; *Danne* 991, *Tanne* XIIIe siècle. ‣ « le sapin ». De l'all. *Tanne* « sapin », sens apparent. D'après la légende, « saint Thiébaut, évêque de Gubbio, en Ombrie, au XIIe siècle, légua au moment de mourir son anneau épiscopal à son serviteur, qui était lorrain. Lorsque ce dernier voulut le retirer de la main du défunt, une partie du pouce droit y resta accrochée et se détacha. Le serviteur enchâssa l'anneau et le doigt dans le pommeau de son bâton de voyageur comme une relique, et se mit en route pour rentrer dans son pays. Après avoir traversé les Alpes, il s'arrêta pour dormir dans une forêt de sapins. Le lendemain, lorsqu'il voulut repartir, il ne parvint pas à reprendre sa canne qui restait fixée avec une force miraculeuse au tronc du sapin contre lequel il l'avait posée. La même nuit, le comte Engelhardt de Ferrette, du haut de son château d'Engelsbourg, aperçut dans la direction du sapin trois lumières merveilleuses. Le lendemain, il se rendit sur le lieu et décida d'y construire une chapelle en l'honneur de saint Thiébaut pour commémorer le miracle et y déposer la relique. A ce moment, le bâton se détacha comme par enchantement. C'était le premier juillet 1161. En attendant la construction du sanctuaire, la relique fut déposée à l'église du village voisin, appelé Vieux-Thann. Plus tard, la chapelle devint lieu de pèlerinage, une cité fut bâtie qui prit le nom de Neuf-Thann, aujourd'hui simplement Thann, en

Vers 1930

souvenir du sapin miraculeux. » Comme dans toute légende, il y a des erreurs et des contradictions : Thann ne peut pas avoir été fondée au XIIe siècle alors que le toponyme est déjà cité en 991 ; peut-être s'agissait-il de Vieux-Thann qui, d'après la légende, existait déjà. Dans ce cas, Neuf-Thann n'avait pas besoin du miracle du sapin pour reprendre un nom qui était en vigueur auparavant. ►► Il est vrai que dans l'aire linguistique germanique, le radical [tan] fait immanquablement penser à *Tanne* « sapin », alors que dans l'aire française, en l'absence de terme capable de répondre immédiatement à la demande de sens, il est renvoyé au celtique *tanna* « chêne » (Tannay [Ardennes], Tannerre [Yonne], etc.). Cela pose un problème de crédibilité de l'une comme de l'autre signification, d'autant que ce radical se retrouve aussi dans des régions où Celtes et Germains n'ont jamais fait souche (Tanneron [Var]). Pourquoi ne pas y voir la racine paléo-européenne TAN (base TR) désignant un « changement de niveau », et en particulier « élévation de pierre et de terre ». En l'occurrence, cette racine pourrait avoir servi à désigner l'actuel Rangen, qui surplombe surtout Vieux-Thann et une partie seulement de Thann, vis-à-vis de l'Engelsbourg. Ce dernier nom fait référence à l'ange saint Michel, successeur chrétien du dieu celtique du Soleil, Belenos, et renvoie à un mythe solaire sans rapport, au départ, avec la dénomination du site de Thann-Rangen.

THANNENKIRCH (HR) [tanənkirʃ], als. *Dànnekìrich* ["Dånə'k^{h}Iriʃ] ; *Tannekilche* 1308, *Annakirch* XVIIe siècle. ► « l'église des sapins ». De l'all. *Tanne* « sapin » et suffixe *-kirch*, all. *Kirche*, als. *Kìrich* « église ». D'après la légende, « une fille du seigneur de Ribeaupierre s'était aventurée seule dans les bois. Un cavalier inconnu la poursuivait. Terrifiée, elle se mit en prière. Et voici que le tronc d'un sapin se fendit par le milieu, lui permettant de se cacher et d'échapper à son adversaire. Son père, bouleversé, fit ériger au coeur de la forêt une chapelle qu'il dédia à sainte Catherine. Un petit village se bâtit autour, prenant le nom de Thannenkirch en souvenir du sapin miraculeux. » On fera le rapprochement avec le rocher qui s'ouvre pour permettre à sainte Odile d'échapper à ses poursuivants (VOIR CHAPITRE II) et du sapin contre lequel reste fixé le bâton contenant les reliques de saint Thiébaut (VOIR THANN). Le sapin, comme l'if, le pin, le cèdre, le cyprès, le buis, etc. et tout bois à feuillage persistant était considéré comme symbole d'éternité, d'immortalité. Le sens primitif de *-kirch* est celui d'« abri » (VOIR CHAPITRE III). ►► Autres explications : 1) l'explication la plus répandue fait dériver le toponyme du vocable de l'église paroissiale, *sainte Anne* : de **Sankt-Annenkirch* « église Sainte-Anne », dériverait *T(h)annenkirch* par un phénomène connu de « fausse coupe » (> *Sanktannenkirch*), suivi de l'abandon pur et simple de l'adjectif initial (cp. Doffrebarg, VOIR HIRTZBACH). 2) il faut mettre en rapport le nom de Thannenkirch avec celui du Taennchel, massif rocheux surplombant le village. De la racine paléo-européenne TAN désignant un « changement de niveau », notamment « niveau de pierre ». Dans ce cas Thannenkirch pourrait signifier « abri/église près de l'élévation de pierre ».

Vers 1910

Vers 1910

THANVILLÉ (BR) [tãvile], all. *Thannweiler*, als. *Dàwiller* [‘Då"vil°R] ; *Dannwiller* 994. ▸ « le domaine du sapin ». De l’all. *Tanne* « sapin » suivi du suffixe *-villa*. Mais si ce dernier est gallo-roman, alors le radical devrait être pré-germanique. Le gaulois *tanna* « chêne », comme en toponymie française d’origine celto-latine, n’est pas plus motivé, ni motivant. ▸▸ Autre explication : de la racine paléo-européenne TAN désignant un « changement de niveau », notamment « niveau de pierre ». Le site n’est pas parlant (enceinte de pierre aujourd’hui disparue ?).

Vers 1910

THIERENBACH (HR) [tirənbak] ou [-bax], als. *Dierebàch* ["Diərə’Båx] ; *Dirembach* 1138. ▸ « là où il y a une élévation de terrain ». De l’étymon gallo-roman *Turniacum* formé du mot pré-latin *turn(o)* « hauteur, éminence », qui relève de la racine paléo-européenne TUR « changement de niveau, talus » (VOIR DORNACH), suivi du suffixe gallo-roman *-i-acum*, passé à *-bach* (VOIR CHAPITRE III), dont l’[i] a entraîné la métaphonie [u > y > i]. Annexe de Jungholtz. Pèlerinage à la Vierge depuis le VIIIe et surtout le XIIe siècle. Attraction paronymique de l’all. *Tier* « animal ».

1912

THUMENAU (BR) [tyməno], als. *Dueme* ["DY:mə], annexe de Plobsheim ; *Duomenheim* 1296, *Dumpheim*, *Dunstheim* (all. *Dunst*

« brume, brouillard ») ; un bras du Rhin porte le nom de *Dumrhein* ou *Thumenrhein.* ▸ « l'habitat du marais ». Du suffixe *-au* « prairie humide », ayant remplacé *-heim*, précédé de la racine paléo-européenne TUM, variante de TUP, « terrain retenant l'eau, marécage ». Ancien village lacustre.

THUR (R) [tyr], als. *Dür* ["Dy:R] ; *Tur* 1250, *Thuor, Thür.* ▸ « [la rivière] qui change de niveau ». De la racine paléo-européenne TUR/DUR « changement de niveau », indiquant sans doute un régime particulièrement marqué de crues et d'étiages. Il s'agit là d'un représentant alsacien d'un type hydronymique répandu en France (la Dore, la Doire, la Dourne, la Dordogne, la Durance, le Doron, le Dourdon) et en Europe (le Douro, la Turia, la Torre, la Thur suisse, etc.). ▸▸ Autre explication : pourrait provenir par aphérèse d'un autre type d'hydronyme pré-celtique, *Atur*, qui a fourni les noms de l'Adour et de l'Oder (en raccourci : *l'Atur* > la Thur, phénomène inverse de *d'Oller* > Doller). Le sens pourrait être celui d'« artère » ou de « palier » (VOIR ODEREN ET SAINT-AMARIN).

1914

Vers 1930, carte dessinée par Henri Bacher.

TIEFFENBACH (BR) [tifənbax], als. *Dieffebàch* ["DIəfə'Båx] ; *Actulfovillari* 718, *Dietbach* 1299, *Dieffenbach* 1540. ▸ « le ruisseau profond ». De l'all. *tief* « profond » et *Bach* « ruisseau ». Il vaudrait mieux traduire « le ruisseau dans un fond » : site du village au fond de la vallée de l'Eichel. ▸▸ Explication complémentaire : la forme de 718 manifeste un éponyme germanique *Actulf*, qui pourrait bien être une déformation d'*Aquila* (**Aquilovillare*), dénomination latine de l'Eichel (VOIR CE NOM). Dans le même texte, il est mentionné le nom du ruisseau *Theotpacis*, qui serait l'actuel *Kupersbach* ; c'est de cette forme que sort *Dietbach*, qui fut le nom du village jusqu'au XVIe siècle. Du germanique *theudo* « peuple, nation » (cp. gaulois *teuto*, *touto* « peuple », osque *touto* « peuple, ville », ombrien *tota* « cité »). Toutefois le sens de « ruisseau du peuple » étant faiblement motivé, une autre explication peut être invoquée : d'un étymon **Tutacum*, formé du suffixe *-acum* devenu *-bach* (VOIR CHAPITRE III) précédé de la racine paléo-européenne TUT exprimant, entre autres, une idée d'« alternance », c'est-à-dire en toponymie un lieu « alternativement plus élevé et plus bas ». (VOIR LES AUTRES TOPONYMES EN DIET-.)

Vers 1910

TRAENHEIM (BR) [trɛ:najm], als. *Drane*, *Trane* ["Dra:nə] ; *Dorenheim* 758 ?, *Tronia* 1170 ?, *Trennenheim* 1177. ▸ « l'habitation sur l'élévation de terrain ». Du suffixe *-heim* précédé d'une racine paléo-européenne TOR-N/TR-ON indiquant un « changement de niveau, un talus » (pré-celtique *turn-* « hauteur, éminence »). Métaphonie devant [i] : *Tron-* > **Trön-* > *Tren-*. Attraction paronymique de l'all. *Träne*, als. *Dran*, *Tran* « larme, goutte ». ▸▸ Autre explication : VOIR KIRCHHEIM.

Vers 1905

TRAUBACH-LE-BAS (HR) [trobak] ou [trawbax], als. *Niedertràibàch* ['niəD°R"Dråj'Båx] ; *Truobach* 1266, *Troubach* 1421. Tire son nom de Traubach-le-Haut : VOIR CE NOM.

1903

TRAUBACH-LE-HAUT (HR) [trobak] ou [trawbax], als. *Ìwertràibàch* [''Iv°R"Dråj'Båx] ; *Trobe* 1226, *Trogebach* 1236, *Trobach* 1421. ‣ « là où il y a une élévation de terrain ». D'un étymon gallo-roman **Trubacum/Truwacum*, formé du suffixe *-acum* devenu *-bach* (VOIR CHAPITRE III) et précédé d'un radical *tr-ub-*, *tr-uw-*, issu de la racine paléo-européenne TR indiquant un « changement de niveau, un talus ». La forme *Trogebach* est hypercorrecte et ne peut correspondre à l'étymon car [g] intervocalique se serait conservé en sundgauvien. ⏩ Autre explication : d'un germanique *truob[i]-ach* « eau trouble ». Le sens est intéressant, par rapport au ruisseau du Traubach. Mais les voyelles auraient dû subir la métaphonie (all. mod. *trübe*, VOIR TRIEMBACH). Par conséquent, il semble que ce soit le ruisseau qui tire son nom du village et non l'inverse.

Vers 1910

TRIEMBACH-AU-VAL (BR) [tri(:)mbax], als. *Driembàch*, *Triembàch* ["DrIəm'Båx] ; *Trübenbach* 1303, *Truobenbach*, *Truebenbach*, *Druegenbach* XVe siècle, *Trienbach* XVIIIe siècle. ‣ « là où il y a une élévation de terrain ». Même explication que pour Traubach, les deux toponymes sont identiques. ⏩ Explication complémentaire : la tradition fait le rapprochement avec all. *trübe* non dans le sens de « trouble, opaque », mais dans celui, mélioratif, d'« ombragé » (armoiries présentant une onde surmontée d'un feuillage).

1906

TRIMBACH (BR) [trimbax], als. *Drimbàch*, *Trimbàch* ["Drim'Båx]. ▸ « là où il y a une élévation de terrain ». En l'absence de forme ancienne, même explication que pour Traubach et Triembach.

TROIS-ÉPIS (LES) (HR) [trwazepi], all. *Drei Ähre*; *ad tres spicas* XVe siècle, *zu den dreyen Aehren*. ▸ « les trois épis ». En 1491, la Vierge Marie apparut au forgeron Thierry Schoere qui se recueillait devant la croix d'un accidenté. Le lieu devint un pèlerinage et une église fut construite à partir de 1493. Cet événement historique n'explique cependant pas le toponyme. Seule en est capable la légende, ce qui fait des Trois-Epis l'unique nom de lieu d'Alsace à tirer sa motivation non d'une réalité avérée mais d'un simple récit : « Un voleur s'était emparé de l'ostensoir en or de l'église de Niedermorschwihr et s'était sauvé dans la montagne avec son larcin. Dans sa course, une hostie tomba dans un champ de blé. Elle resta suspendue entre trois épis. Et voilà qu'aussitôt vint à passer un essaim d'abeilles sauvages, qui entourèrent les épis, formant une couronne comme pour protéger l'hostie et rendre hommage au corps du Seigneur. Les passants s'émerveillèrent de ce miracle, et l'on construisit une église nommée Les Trois-Epis. » Une autre version fait état d'une apparition de la Vierge tenant dans l'une de ses mains un glaçon, dans l'autre trois épis de blé. L'hostie, l'or, le blé, les abeilles sont tous des symboles solaires (à cause de leur forme ou de leur couleur) que l'on retrouve dans de nombreuses légendes. Grâce à l'astre solaire, le blé pousse, c'est le message évident de l'opposition entre glaçon et épis. Les Trois-Epis ont dû être un lieu de culte au soleil nourricier, avant la christianisation (VOIR CHAPITRE II).

1904

1916

TRUCHTERSHEIM (BR) [tryʃtərsajm], all. ["truxtərs'hajm], als. *Trütersche* ["Dry:D°Rʃə]; *Dructegiso marca* 713, *Truthersheim* 1178, *Truhtersheim* 1194. ▸ « la demeure de Drudhari ». Du suffixe *-heim* précédé du nom d'homme germanique *Drudhari* « fidèle à l'armée » (de *drudo* « fidèle » et *hari* « armée »). Il semble que le <ch> de la forme officielle soit un hypercorrectisme pour manifester la longueur de la voyelle [y] (ü). ▸▸ Autre explication : la forme de 713 pourrait refléter **Traucticensomarca* / **Truchtigers(-heim)*, d'un terme gallo-roman-germanique *Traucum/Trucht* désignant une « institution de la frontière » [lire Marcel Thomann, in *Onomastique et langues en contact*, Actes du colloque de Strasbourg de l'A.B.D.O., 1991]. De là proviennent les mots fr. *troc, drogue, truchement, truc, truand*, all. *durch* et angl. *through* « à travers », etc. Truchtersheim était au croisement de deux routes celtiques. Le motif est-il suffisant ?

TRUITES (LAC DES)

VOIR FORLET (LAC DU).

1914-1918

TURCKHEIM (HR) [tyrkajm], als. *Tìrcke, Dìrcke* ["DIRGə] ; *Thorencohaime* 742, *Turincheim* 896, *Marca Duringheim* 898. ▸ « l'habitation là où il y a un changement de niveau, un talus ». De la racine paléo-européenne TUR « changement de niveau, talus », suivi primitivement d'un premier suffixe *-ink-(o)* pré-germanique, puis d'un deuxième suffixe *-heim*. Référence sans doute à la colline du Brand : « niveau de pierre, de terre », et aussi « niveau d'eau » si l'on en croit la légende du Dragon rapportée au chapitre II (VOIR AUSSI TAENNCHEL). ▸▸ Autres explications : 1) de l'allemand *Thüringen* « Thuringe », qui indiquerait une immigration venue de Thuringe. Aucun rapport en revanche avec des Turcs (*Türken*) ; 2) de l'allemand *Tür-Ring -(heim)* « l'habitation (*Heim*) dont un anneau (*Ring*) munit la porte (*Tür*) ». Etymologie populaire reprise sur les armoiries de la ville.

1911

UBERACH (BR) [ybərax], als. *Éweràch* ["'evə'Råx] ; *Überac, Iberach, Eberach*. ▸ « sur l'eau » ou « au-delà de l'eau ». De l'all. *über*, als. *ìwer* « sur, au-delà de » et vieux haut all. *aha* « eau » (> *Ach*), en parlant de la Moder. [En all. *ach* est aussi une interjection marquant le dépit : une légende raconte que des huguenots qui avaient fui la France après la révocation de l'Edit de Nantes, en 1685, s'étaient établis sur les bords de la Moder. Affligés de leur triste sort, ils ne cessaient de s'exclamer : « *Ach ! Über ach !* », d'où vient le nom du village.] ▸▸ Autre explication : d'un étymon gallo-roman *Eburiacum*, bien connu en toponymie, qui a fourni Evry, Ivry, Ivory, Yèvres, etc. et York en Angleterre. D'après les toponymistes, *Eburiacum* serait construit sur le terme celtique *eburos* « if » : en effet l'if, comme les conifères en général, était un végétal sacré du fait de son feuillage persistant, et parce que son bois se prête le mieux à la fabrication des arcs. Uberach est situé sur les alluvions sableuses laissées par la Moder. Il serait tentant d'opérer un rapprochement avec le latin *ebrius* « ivre », dont le sens premier aurait pu être « plein », selon un sémantisme récurrent, ainsi qu'avec le breton *aber* « estuaire d'un cours d'eau envahi par la mer » ou encore le basque *ibar* « vallon, vallée », aucun de ces trois mots n'étant à l'origine d'Uberach, mais construits sur la même racine paléo-européenne AB, IB, désignant des « creux (remplis d'eau) ». (VOIR EBERBACH.)

Vers 1915

UEBERKUMEN (HR) [ybərkymən], als. *Ìwerkìme* ["'Iv°R'k^hImə] ; *Übriken, Übergin* 1421, *Überküm* 1509. ▸ « là où il y a un creux qui se remplit d'eau ». D'un étymon gallo-roman *Eburiacum* (VOIR UBERACH, EBERBACH). L'évolution arrive à *[evrik]-*en*, que manifeste la forme ancienne *Übriken*. Puis il y a un rapprochement paronymique d'une part avec l'all. *über* « sur, au-delà », comme dans Uberach, de l'autre peut-être avec all. *Kieme* (anc. *Kimme*), dans le sens ancien d'« entaille ». Ueberkumen est situé dans une zone inondable (et fréquemment inondée) de la Largue. Il serait tentant d'opérer un rapprochement avec le latin *ebrius* « ivre », dont le sens premier aurait pu être « plein », selon un sémantisme récurrent, ainsi qu'avec le breton *aber* « estuaire d'un cours d'eau envahi par la mer » ou encore le basque *ibar* « vallon, vallée », aucun de ces trois mots n'étant à l'origine d'Ueberkumen, mais construits sur la même racine paléo-européenne AB, IB, désignant des « creux (remplis d'eau) ».

UEBERSTRASS (HR) [ybərʃtra(:)s], als. *Ìwerstros* ["'Iv°R'ʃDro:s], doublet roman *Sur-Estrée*; *Uberstrasse* 1284. ▸ « sur la voie pavée ». Cette traduction se réfère à l'ancienne voie romaine de Mandeure (*Epomanduodurum*) à Bâle (*Basilea*), sur laquelle est située la localité. L'étymon est *Super stratam (viam)*. Très tôt le germanique avait emprunté le mot latin *strata* (d'où all. *Straße*, als. *Stross*, angl. *street*, ancien français *estrée*). *Super* a été traduit par germ. *über*, de sens similaire. Sans cette référence antique, le terme Ueberstrass aurait pu se traduire par « de l'autre côté de la route ».

1928

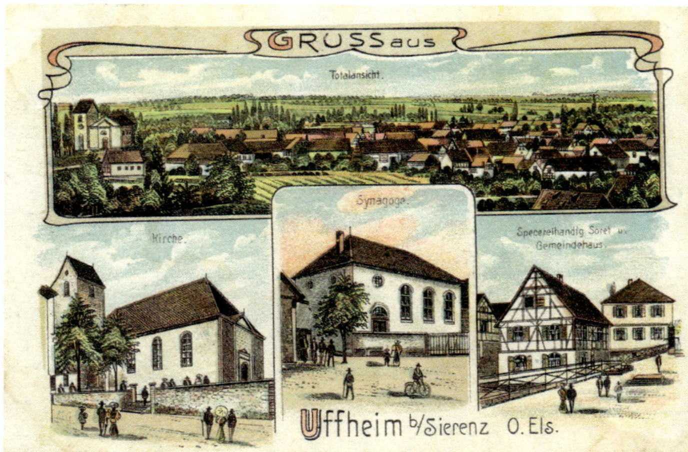

1908

UFFHEIM (HR) [yfajm], als. *Üffe* ["'yfə] ; *Ufeheim* 1103. ▸ « l'habitation du ruisseau souterrain ». Du suffixe *-heim* précédé de la racine paléo-européenne (W)UW « eau souterraine » (cp. celtique *vobero*). Situé sur la bordure orientale du Sundgau, le village est traversé par de courts ruisseaux qui se perdent dans le sol sablonneux de la Hardt.

1916

UFFHOLTZ (HR) [yfɔlts], als. *Üffholtz* ["ʻy'folDs] ; *Aufoldus* 769, *Uffholtz* 823. ▸ « le bois du ruisseau souterrain ». Du suffixe *-holtz* « bois » précédé de la racine paléo-européenne (W)UW « eau souterraine » (cp. celtique *vobero*). Des cours d'eau qui descendent des Vosges se perdent dans le sol de l'Ochsenfeld (VOIR CE NOM), contribuant à sa réputation (VOIR BIBELSTEIN). ▸▸ *Aufoldus* est un latinisme (un éponyme germanique *Aufwald*, de sens obscur, est improbable).

Vers 1910

UHLWILLER (BR) [y(:)lvilɛr], als. *Ühlwiller* ["ʻy:l'vil°R]. ▸ « le domaine sur un palier ». En l'absence de forme ancienne, et en se fondant sur les patronymes *Ullmann, Ulmer, Ulrich*, issus respectivement de *odal-man, odal-mar, odal-rik*, on peut induire une origine **Odalwiller* (VOIR ORSCHWIHR). D'un radical **āt-al* formé sur une racine paléo-européenne AT désignant « un palier, un espace plat entre deux déclivités », suivie du suffixe *-villare*. ▸▸ Autre explication : d'un nom d'homme germanique *Odal* (sur *odo* « richesse »), non attesté.

1915

UHRWILLER (BR) [y(:)rvilɛr], moins fréquent [u(:)rvilɛr], als. *Uehrwiller* ["ʻY:r'vil°R] ;

Uruniuuilla 742, *Urunuuillare* 801. ▸ « le domaine du renflement, du vallonnement ». Du suffixe *-villa* précédé de la racine paléo-européenne UR, variante de WUR, suivie du suffixe *-ōn-*. Le village est situé sur le plateau ondulé du Pays de Hanau. Attraction paronymique de l'all. *Uhr* « heure, horloge ». ▸▸ Explication complémentaire : l'environnement de Lichtenberg, Rothbach, Bischholtz, Muhlhausen (VOIR CES NOMS) laisse envisager dans Uhrwiller la possibilité d'une explication par un culte pré-chrétien à la lumière (racine WUR, variante de MUR/MUL/BUR/BUL, VOIR CHAPITRE II).

1915

UNGERSHEIM (HR) [uŋərsajm], als. *Ungersche* ["'Uŋ°Rʃə] ; *Annegisvilla* 735, *Angehiseshaim* 768, *Angehise, Enghisehaim, Aungisheim, Ongersheim, Oengersheim, Ungersheim* 1183, *Angersheim* 1214. ▸ « l'habitat où il y a un passage étroit ». D'un suffixe gallo-roman *-villa*, remplacé par *-heim* au cours du VIIIe siècle, précédé d'un étymon *Angustiacum*, formé sur le latin *angustus* « étroit, resserré », suivi du suffixe *-iacum*. Le sens se réfère peut-être à la situation du village sur une étroite bande de terre sèche entre le ried de la Lauch au nord-ouest et celui de la Thur au sud-est. Noter la métaphonie sous l'influence de [u] : [ang- > aung- > ong- > ung-] qui, contrairement à Ingersheim (VOIR CE NOM), n'est pas influencée par [i] (cp. als. *fufzig* et all. *fünfzig*), ainsi que le traitement du groupe gallo-roman [stj] > [js] > in fine [r] (paronymie de l'all. *Anger* « pâturage » ?).

Vers 1905

URBACH [yrbax], ancien nom de Fouday (BR) et Fréland (HR) (VOIR CES NOMS). L'analyse Ur|bach « ruisseau primitif » (all. *ur, Bach*) est moins intéressant que Urb|ach, de la racine paléo-européenne UR-B, variante de AR-P/AR-B « mouvement de l'eau en ce qu'il forme une arborescence » > « point de repère du réseau hydrographique (source d'un col, confluent) ». Fouday est situé en amont du confluent de la Bruche avec la Rothaine , et Fréland en amont du confluent de l'Urbach avec la Weiss.

1914-1918, militaires allemands.

URBEIS (BR) [yrbɛjs], als. *Urwes* ["'Urvəs] ; *Orbeiz* 1232, *Urbeiz* 1303, *Urbis* 1304. ▸ « la limite du bassin de l'eau ». De la racine paléo-européenne UR-B, variante de AR-P/AR-B, désignant en général le « mouvement de l'eau en ce qu'il forme une arborescence » > « point de repère du réseau hydrographique (source d'un col, confluent) ». Le site est en fond de vallée, non loin de la source du Giessen et du col dit d'Urbeis. L'etymon est **Urbetium, avec suffixe* -*ētium*. Synonyme d'Orbey (VOIR CE NOM).

1914

URBÈS (HR) [yrbɛs], als. *Urwes* ["'Urvəs] ; *Urbeis* 1216. ▸ « la limite du bassin de l'eau ». Synonyme d'Orbey et d'Urbeis (VOIR CES NOMS). Situé au pied du col de Bussang, sur le ruisseau du Seebach affluent de la Thur.

1925

URMATT (BR) [yrmat], als. *Ürmàtt* ["'y:r'måt] ; *Hurmusa* 810 (= **Hurmhausen*). ▸ « le pré près de la limite du bassin de l'eau ». De la racine paléo-européenne UR-M, variante de AR-P/AR-B, désignant en général le « mouvement de l'eau en ce qu'il forme une arborescence » > « point de repère du réseau hydrographique (source d'un col, confluent) ». Le site est sur la Bruche en amont de son confluent avec la Hasel. Le suffixe *-matt* « pré » remplace un ancien suffixe *-hausen*. Attraction paronymique de l'all. *Ur* « aurochs » (figurant sur les armoiries) ou à la rigueur *ur* « très ancien, primitif ».

URSCHENHEIM (HR) [yrʃənajm], als. *Ürsche* ["'y:Rʃə] ; *Ueratesheim* 817, *Uresheim* 987, *Ursheim* du Xᵉ au XVᵉ siècle, *Urszenheim* à partir du XVIᵉ siècle. ▸ « l'habitat sur l'élévation de terrain ». Du suffixe *-heim* précédé de la racine paléo-européenne UR, variante de WUR « renflement », suivie peut-être anciennement d'un suffixe paléo-européen *-ate*. Situation du village sur une légère surélévation de la plaine d'Alsace (Hardt), qui a inspiré aussi le nom du village voisin Muntzenheim (VOIR CE NOM).

Vers 1900

1907

UTTENHEIM (BR) [utənajm], als. *Uëtne* ["'uədnə]; *Ottinhgaim* 788, *Udenheim* 913 et 933, *Uotenheim* 1270, *Uttenheim* à partir de 1422. ▸ « l'habitat sur la levée plate ». Du suffixe -*heim* précédé d'une racine paléo-européenne (W)UT qui signifie « objet présentant un bord plat (butte, plateau, puits…) ». La localité est située au bord de la Scheer et en contre-haut du ried de l'Andlau. (VOIR HUTTENHEIM).

UTTENHOFFEN (BR) [utəno(:)fən], als. *Uetehoffe* ["'Y:Dəhofə]; *Ottenhousen* XVIIIe siècle. ▸ « la propriété de la butte, du plateau ». D'une racine paléo-européenne (W)UT qui signifie « objet présentant un bord plat (butte, plateau, puits…) », suivie du suffixe -*hoffen* (allemand *Hof* « cour, ferme, propriété »). Noter un suffixe divergent à époque récente. La localité est situé dans un environnement de plateau (VOIR BITSCHHOFFEN, MIETESHEIM), au confluent de la Zinsel du nord du Falkensteinbach. ▸▸ Autre explication : du germ. *udan- « rivage boueux, lieu marécageux », postulé par l'ancien nom d'oiseau *Uttenschwalbe* « cigogne noire ».

Vers 1920

1909

UTTWILLER (BR) [utvilɛr], als. *Uetwiller* ["'Y:D'vil°R] ; *Uotewilre* 1233, *Utenwilr* XIIe siècle. ▸ « le domaine au pied de la butte, du plateau ». Du suffixe *-villa* précédé d'une racine paléo-européenne (W)UT qui signifie « objet présentant un bord plat (butte, plateau, puits…) ».

1919

VALDIEU (HR) [valdjø], en zone romanophone, doublet germanique *Gottesthal*, alsacien *Grien* ["Griən] ; *abb. Vallis Dei* 1320. ▸ « le val de Dieu ». Ancienne abbaye bénédictine, rénovée en 1265 sous l'influence de Montreux (VOIR CE NOM). Il n'en reste rien aujourd'hui. La forme ancienne et populaire est *Grün* (alsacien *Grien*), qui désigne un « pré gagné sur un bois ».

Vers 1910

VALFF (BR) [valf], als. *Vàlff* ["fål(ə)f] ; *Falaba* 743, *Valva* 817, *Walff*. ▸ « (le lieu) clair ». La structure simple de ce toponyme, en particulier l'absence de suffixe, montre qu'il devait s'agir d'un terme encore compréhensible durant le haut Moyen Age. La meilleure solution consiste à y voir un représentant du vieux haut allemand *falo, falw* « pâle, gris, clair » (> mod. *fahl* « terne, blême, livide, blafard, pâle »), latinisé en *falvus* « clair, jaunâtre » (> fr. *fauve*), repris par l'all. *falb* « fauve, jaune pâle », « aubère » s'agissant d'un cheval (*der Falbe*). S'agissait-il de désigner la couleur de la terre, ou plutôt celle de la lune, divinité celtique à laquelle un culte était vraisemblablement célébré en ce lieu comme en témoigne la présence d'une chapelle dédiée à saint *Blaise* ? (VOIR LINSDORF, SAINT-BLAISE). ⏩ Autres explications : 1) le vieux haut allemand connaissait *felawa* « saule », dérivé du sens plus général de « marais », équivalent du latin *palus, paludem*, dont *felawa* aurait pu être la traduction. La situation de Valff en bordure immédiate du Bruch de l'Andlau conforterait cette suggestion. 2) d'une racine paléo-européenne WAL-W « bourbe, bouillonnement », qui confirme l'hypothèse précédente.

1902

VANCELLE (LA) (BR) [lavãsɛl], als. *Wànzel* ["vånsºl] ; 794. ▸ « la vantelle ». Du terme roman *vantelle* « petite vanne sur un cours d'eau » (primitivement pour prendre le poisson), diminutif de *vanne* (**vennittella*). La forme a été germanisée dès le haut Moyen Age : *vantelle* > *Wanzel* (mutation consonantique [t] > [ts]), puis à nouveau francisée suite à l'avancée des parlers romans dans la vallée de la Liépvrette : *Wanzel* > *Vancelle.*

VENDENHEIM (BR) [vɛndənajm] (on devrait dire [fɛnd-]), als. *Vangene* ["faŋənə] ; *Fedinheim* 828, *Fendenheim.* ▸ « l'habitation sur la butte ». Du suffixe germ. *-heim* précédé de la racine paléo-européenne WAT qui signifie « objet présentant un bord plat (butte, plateau, puits...) », suivie d'un suffixe primitif comportant un [i] ayant entraîné la métaphonie [a > e]. Le radical s'est nasalisé : [wat > want]. Le village est situé au pied des premières collines du Kochersberg.

Vers 1910

1904

VIEUX-FERRETTE (HR), en all. *Altpfirt.* ▸▸ Lorsque les Romains eurent établi sur le premier pli jurassien deux postes d'observation, l'un sur la butte où se dresse aujourd'hui le château de Ferrette, l'autre au-dessus de Koestlach (VOIR CE NOM), une agglomération vit le jour entre les deux et prit le nom du lieu : **(Mons) feritus*. Au XIIe siècle, l'édification du château de Ferrette entraîna la naissance d'une nouvelle localité, et l'ancien Ferrette prit alors le nom de Vieux-Ferrette. (VOIR FERRETTE.)

1914

VIEUX-THANN (HR)
VOIR THANN.

1899

VILLAGE-NEUF (HR) [vilaʒnœf], all. *Neudorf*, als. *Neidorf* ['nej"DoRf]. ▸ « le nouveau village ». De la même diaspora des Huningois qui entraîna la fondation de Saint-Louis (VOIR CE NOM), naquirent aussi, le long du Rhin mieux canalisé qu'autrefois, Neuweg et Neudorf, dont les noms passèrent au français respectivement en tant que La Chaussée et Village-Neuf, ce qui en fait des toponymes d'origine germanique quoique indirectement liés à la politique française.

1904

VILLÉ (BR) [vile], als. *Willer* ['vil°R] ; *Wilre* 829. ▸ « le domaine (gallo-roman) ». Du gallo-roman *villare* (VOIR EXPLICATIONS AU CHAPITRE III). Francisation en Villé de l'alsacien *Willer*. ▸▸ L'appellation romane, d'après Baquol, aurait été *Valencinay* : d'un étymon *Valentianacum*, formé sur le nom d'homme gallo-roman *Valentianus* suivi du suffixe *-acum*. Le suffixe *-anus* indique qu'il s'agit d'un homme adopté de la famille des Valentii. De *valentia* « vigueur, bonne santé ».

VOEGTLINSHOFFEN (HR) [fœgtlinso(:)fən], als. *Vegelshoffe* ['fɛG°ls"hofə] ; *Vocelineshoven* 1188, *Walchilshove* 1212, *Vochelmisheim* 1222, *Wolchilnshoue* 1265, *Walchilshofe* 1265, *Vochilishofen* 1298, *Fockelinishofen* XIIIe siècle, *Voecklishoffen*, *Vöcklinszhoffen* 1433, *Feckelszhoffen* 1439. ▸ « la propriété sur la croupe bossue ». D'un étymon **Vacalinc(um)*, suivi à l'époque germanique du suffixe *-hoffen* « propriété, ferme, court » (VOIR CHAPITRE III), formé de la racine paléo-européenne WAK exprimant

Vers 1910

l'idée générale de « disharmonie (séparation, division, vacuité, bosse, forme biscornue) », elle-même suivie du suffixe *-ink-*. On note l'évolution [w > f], [a > o] puis la métaphonie [o > œ > e]. Les formes anciennes de type *Walch-* présentent une anticipation du [l], courante en phonétique, qui n'a pas de valeur étymologique. La forme officielle, seule, a été remotivée par attraction paronymique de l'all. *Vögtlein*, diminutif de *Vogt* « bailli ». A noter que *Vögelin* était l'un des noms du Diable au Moyen Age.

VOELLERDINGEN (BR) [fœlərdiŋən], als. *Véllerdìnge* ["fel°R'DIŋə]; *Vilderadingas* 1120, *Vilderdingen* 1344, *Velderdingen* 1551, *Fellerdingen* XVIIIe siècle. ▸ « chez Wilrat ». D'un nom d'homme

1906

germanique *Wilrat*, dont la signification est « bon conseil » (de *wil-* « bon » et *rat* « conseil »), suivi du suffixe *-ingen*: **Wilratingen* > **Wildratingen* par épenthèse de [d] (VOIR DRULINGEN), puis **Vildratingen* >**Vildr'tingen* > **Vilderdingen*, *Velderdingen* et enfin *Vellerdingen* (assimilation progressive de [d] par [l]). ⏩ Autre explication : ▸ « là où il y a un renflement ». De la racine paléo-européenne WAL-T « renflement » et notamment « élévation en surplomb », suivie d'un infixe *-ar-/-al-* et du suffixe locatif *-ink*. (VOIR FELLERING, FULLEREN.)

1916

VOGELGRUN (HR) [fogəlgry(:)n], als. *Vogelgrien* ["fo:G°l'Griən]. Village fondé au XVIIe siècle, mais le nom peut être antérieur. ▸ « le pré de l'étang ». Apparemment de l'all. *Vogel* « oiseau » et *Grün* « pré gagné sur un bois » (et non de l'adjectif *grün* « vert »). Le radical pourrait être une déformation du vieux haut all. *wāc* « eau en mouvement, vague », devenu *Wog* dès le XIIIe siècle, avec le sens d'« étang, lac ». Il correspond à la racine d'origine paléo-européenne WAK, qui exprime la disharmonie (séparation, division, vacuité, bosse, forme biscornue) : c'est l'idée d'un vide, d'un trou, par la suite rempli d'eau, qui prévaut ici. Le site est au bord du Rhin, dans la zone de ried.

1915

VOLGELSHEIM (HR) [fɔlgəlsajm], als. *Volgelse* ["folG°lsə] ; *Folcoaldeshaime* 739, *Folcofesheim* 742, *Volcholvisheim*, *Volcolsheim* 1187. ▸ « la demeure de Folkold ». Du nom d'homme germanique *Folkold* ou *Folkwald* (> français *Foucault*, Foucaud) « qui gouverne (*waldan*) le peuple (*folk*, all. *Volk*) », suivi du suffixe *-heim*. (VOIR FOLGENSBOURG.)

Vers 1900

VOLKSBERG (BR) [fɔlksbɛrk] mieux que [-bɛrg], als. *Volkschburi* ["fol'GʃBUri] ; *Follesperg* 1363, *Volschbourg* XVIIIe siècle, *Wolsburg*. ▸ « la montagne du renflement ». C'est une tautologie : du suffixe *-berg* « montagne » s'ajoutant à l'époque germanique à une racine paléo-européenne

WUL « renflement, vallonnement ». Noter l'évolution [w > v > f]. Attraction paronymique de l'all. *Volk* « peuple ». Alternance des suffixes *-berg* et *-bourg* (VOIR CHAPITRE III). (VOIR FOLGENSBOURG).

VOSGES (M) [vo:ʒ], als. *Vogese* ['fo"Ge:sə], all. *Vogesen*, montagne qui borde l'Alsace à l'ouest; *Vosego* Ier siècle av. J.-C., *Vosegi curvam rupem* Ier siècle, *Vosegus* IIIe siècle, *Vosagus* IVe siècle, *Vosacos* VIe siècle, *Uosago* 693, *Vosacus* VIIe siècle, *Vageso* 747, *Fosagi* 823, *Wassacus* 825, *Wassichin* IXe siècle, *Vogia* 1000, *Wasgau* Xe siècle, *antiqui Vosagum, moderni Vogiam* XIIIe siècle. ▸ « l'abaissement ». D'un étymon pré-celtique *Wosak-(o)*, formé de la racine paléo-européenne WOS, WAS « forme affaissée, abaissée » (ou « dégonflée ») suivie du suffixe *-ac-(o, um)*. Comme le suggère la mention du poète Lucain *Vosegi curvam rupem* « la roche incurvée des Vosges », ce seraient les contours arrondis, adoucis et peu élevés des surrections constituant le massif qui lui auraient donné son nom. Noter l'évolution en germanique [w > v > f].
⏩ Autres explications: 1) *Vosegus* fut vénéré à l'époque celtique et gallo- romaine comme une divinité de la forêt. Mais c'est la montagne qui a donné son nom au dieu, non l'inverse. 2) La majorité des toponymistes voit dans le terme *Vosegus* un composé celtique *Vo|segos*, formé du préfixe *uo* « sous » et de *segos* « force », c'est-à-dire « force du dessous », sens bien abstrait qui

1915, carte dessinée par Charles Greiner.

signalerait le phénomène d'orogénèse. Mais ceci cadre mal avec l'image du dieu forestier. C'est une question de lecture : Vo|segos ou Vos|eg(-os) ?

⏩ Explications complémentaires :

1) la forme **française** Vosges est au pluriel (changement récent) et au féminin, par opposition à l'antique *Vosegus*, masculin singulier. Il est vrai que le son [ʒ] n'a pu advenir que devant [a], ce qui suppose un étymon secondaire (peut-être sous influence germanique) **Vosega*, devenu **Vosga* par syncope de [e] avant le IVe siècle. Puis, palatalisation de [g] devant [a] au VIe siècle [ga > ʒa], et chute de l'[s] implosif au XIe siècle. La forme *Vogia* de l'an 1000 manifeste une graphie fidèle par rapport à ce que devait être la prononciation française à cette époque.

2) l'appellation **germanique** aurait apparemment suivi deux chemins différents :

a) le premier, illustré par le type *Wassichin*, répandu au Moyen Age, n'a pas eu d'aboutissement dans les formes modernes. On en retrouve cependant l'indice dans d'autres toponymes, comme le château de Wasigenstein (commune de Niedersteinbach). Des textes traditionnels présentent également des mentions intéressantes : dans le poème Walther et Hildegonde (*Waltharilied*), écrit au Xe siècle et qui fait partie du cycle des Nibelungen, il est question de *Wasgau* : « Cependant le hardi guerrier, avec sa chère aimée, s'enfonçait dans les terres ; alors, il trouva des lieux déserts appelés le Wasgau » (on trouve aussi la variante *Wasgenwald*). Cet endroit serait situé dans la vallée de la Bruche, alors qu'aujourd'hui c'est le nom de la partie du massif qui prolonge les Vosges du nord, entre Wissembourg et Dahn dans le Palatinat. C'est là que les héros se combattent au pied d'une porte de rochers appelée Wasgenstein (l'actuelle Porte de Pierre ou Türgestell, ou alors le Portail Rocheux près d'Obersteinbach, proche du Wasigenstein ?). Enfin, il faut noter que Walther est nommé « fils du roi des Goths du *Wasgenland* », dont la capitale est Langres, différent donc du Wasgau, mais il n'y a pas solution de continuité (cf. la Vôge, partie de massif entre Luxeuil et Rupt-sur-Moselle). Dans d'autres écrits, le Wasgau représente plutôt la vallée d'Andlau. Une fois de plus, faut-il analyser Wasg|au ou Was|gau ? Il est clair qu'il y a eu attraction du suffixe germanique *-gau*, mais seule la lecture Wasg|au respecte l'étymologie. Ainsi, Wassichin et Wasgau, le premier plus archaïque que le second, reflètent un étymon **Wasiga*, qui est le nom primitif des Vosges en langue germanique, en face du gallo-roman *Vosegus*. L'[a] du radical, qui manifeste la même opposition *a/o* que par exemple all. *acht* et lat. *octo* « huit », semble indiquer qu'il s'agit d'un mot parallèle à *Vosegus*, non d'une filiation.

b) le deuxième processus représente, lui, une véritable adaptation du nom gallo-roman. Il se manifeste dès 747 (*Vageso*) et se perpétue en allemand moderne. Il s'est produit une interversion (métathèse) des sons [s] et [g], phénomène assez rare dans l'interférence entre roman et germanique : en gros, *Vosego* devient *Vogeso*, d'où all. *Vogesen*. Ce qu'il faut souligner, c'est que si la forme du Ier siècle avait réellement été *Vosegos*, celles postérieures au IVe siècle n'auraient plus pu comporter le son [g], parce que celui-ci ne se maintient pas en position intervocalique dans les langues gallo-romanes. Certes, le graphème <g> aurait pu représenter un autre son, par exemple un yod (i consonne), mais c'est bien le son [g] qui reste dans le *Vogesen* allemand moderne, c'est [g] qui aboutit à la chuintante sonore [ʒ] de la forme française actuelle (VOIR CI-DESSUS). Or, aucun [g] celto-latin du Ier siècle en position intervocalique ne peut parvenir dans son état initial au-delà du IVe siècle. C'est là qu'il faut interroger les formes avec <c> du type *Vosacus*, qui apparaissent assez souvent pour qu'on en tienne compte. Si en effet l'on considère que l'étymon comportait [k] et non [g], ce [k] intervocalique a subi la sonorisation du IVe siècle : [k >g], et ce nouveau [g] a pu, lui, se maintenir en germanique et se palataliser devant [a] en français.

En résumé : un étymon *wos|ak-(o)* est interprété en celtique comme *uo|segos* (*Vosegus*) ; devenu *Vosego* au IVe siècle puis *Vosega* sous l'influence du germanique *Wasiga*, il donne *Vosga* puis *Vo(s)ge*, et enfin Vosges en français ; en allemand, *Vosega* est adapté, avec métathèse, en **Vogesa*, *Vogesia*, d'où Vogesen. Du primitif *wos|ak-(o)* est aussi dérivée en germanique la forme **Wasiga*, qui est à l'origine des dénominations *Wassichin, Wasgau, Wasgenstein, Wasgenwald, Wasgenland*.

Vers 1905

WACKENBACH et **WACQUENOUX** (BR) [vakənbax], [vakənu], en zone romanophone ; *Wockenu, Vacquenoux* 1576, *Wockenbach*. ▸ « le ruisseau pierreux ». Il s'agit de deux parties du même village, séparées par le ruisseau de Framont, dont les noms sont des doublets respectivement allemand pour Wackenbach, qui dépendait des seigneurs de Schirmeck, et roman pour Wacquenoux qui relevait de la seigneurie de Salm. De l'all. *Wacke* « caillou de rivière, pierraille », suivi du suffixe *-bach* « ruisseau ». Wacquenoux représente **Wackenau*, avec le suffixe *-au* « prairie humide ». (cp. Breitenbach et Breitenau, *Andelach* et Andlau, *Leberach* et *Leberau* [Lièpvre], etc.)

1913

WAHLBACH (HR) [va(:)lbak] ou [-bax], als. *Wàhlbi* ["vå:l'Bi] ; *Walpach* 1287. ▸ « là où il y a un vallonnement ». D'une racine paléo-européenne WAL « gonflement, vallonnement », suivie du suffixe *-acum* transformé en germ. *-ach* puis *-bach* (VOIR CHAPITRE II). Les mots latins *vallis* « val », *vallum* « levée de terre, palissade » et all. *wellen* « onduler, (être) vallonné » sont de même origine. Influence paronymique de l'all. *Wahl* « choix, vote ». ▸▸ Autre explication : le *Wahlbach* est aussi le nom du ruisseau qui traverse Wahlbach : ▸ « le ruisseau bouillonnant ». De l'all. *wallen* « bouillonner » et *-bach* « ruisseau ». Voir cependant la racine paléo-européenne WAL « gonflement, bouillonnement », le bouillonnement de l'eau étant comparable au vallonnement d'un terrain (VOIR BALBRONN, ET WALBACH).

1901

WAHLENHEIM (BR) [va(:)lənajm], als. *Wàhle* ["vå:lə] ; *Uualohom* 774, *Walachon* 953, *Walhen* 1347. ▸ « l'habitation du vallonnement ». Du suffixe *-heim* précédé d'une racine paléo-européenne WAL « gonflement, vallonnement ». Les mots latins *vallis* « val », *vallum* « levée de terre, palissade » et all. *wellen* « onduler, (être) vallonné » sont de même origine. Influence paronymique de l'all. *Wahl* « choix, vote ». ▸▸ La relation avec le vieux haut all. *wal(a)h*

« roman » ou « gaulois » (all. et als. *welsch, walsch*, du nom des *Volcae* « Volces », tribu celtique établie en Gaule méridionale à l'époque de la république romaine), ne s'impose pas.

1911

WALBACH (HR) [valbax], als. *Wàlbàch* ["vål'Båx] ; *Walpach* 1302, *Walabach* 1346, *Wallenbach* 1441. ▸ « là où il y a un vallonnement ». D'une racine paléo-européenne WAL « gonflement, vallonnement », suivie du suffixe *-acum* transformé en germ. *-ach* puis *-bach* (VOIR CHAPITRE III). Les mots latins *vallis* « val », *vallum* « levée de terre, palissade » et all. *wellen* « onduler, (être) vallonné » sont de même origine. ▸▸ Autre explication : le *Walbach* (ou *Waldbach*, forme remotivée avec *Wald* « forêt ») est aussi le nom du ruisseau qui traverse Walbach : ▸ « le ruisseau bouillonnant ». De l'all. *wallen* « bouillonner » et *-bach* « ruisseau ». Voir cependant la racine paléo-européenne WAL « gonflement, bouillonnement », le bouillonnement de l'eau étant comparable au vallonnement d'un terrain (VOIR BALBRONN, ET WAHLBACH).

WALBOURG (BR) [valbur], als. *Wàlburi* ["vål'BUri] ; *Saint-Walbourg* XVIIIe siècle. ▸ « sainte Walburge ». Abbaye bénédictine fondée en 1074 en l'honneur de sainte *Walburge* (*Walburga* ou *Walpurgis*), sainte franconienne d'origine anglo-saxonne, abbesse de Heidenheim, dont les reliques furent vénérées à Eichstadt. Sa fête, située le 1er mai, fut associée à certains cultes païens liés au retour du printemps (VOIR CHAPITRE II). Elle reste encore aujourd'hui la patronne de l'église paroissiale. C'est à la Révolution que le toponyme a perdu sa référence chrétienne, le suffixe du nom de personne se confondant alors avec celui d'un nom de lieu : [*sankt*] *Walburga* > *Walburg*.

Vers 1925

1915

WALCK (LA) (BR) [lavalk], als. *d'Wàlick* [Dvålik] ; *Walch, Valck*. ▸ « le foulage ». De l'all. die *Walke* « foulage », « moulin à foulon ». Référence au foulage des textiles ou au tannage des peaux.

1928

WALDERSBACH (BR) [valdərsbax], en zone romanophone. Nom porté avant 1974 par la commune du Ban-de-la-Roche, qui regroupe aussi depuis la même année Bellefosse, Belmont et Fouday (VOIR CES NOMS); *Valdersbach, Waltersbach.* ▸ « le ruisseau de Walter ». Du suffixe *-bach* « ruisseau » précédé du nom d'homme germanique *Walter* (> fr. *Gautier*), d'un plus ancien *Waldhari* « qui commande à l'armée » (vieux haut all. *waldan* « commander », *hari* « armée »). ▸▸ Autre explication : d'un étymon gallo-roman **Valdar(i)acum*, formé sur un radical *vald-*, suivi du double suffixe *-ar-* et *-(i)acum*. De la racine paléo-européenne WAL-T, variante de BAL-T, signifiant « gonflement, bouillonnement », pouvant désigner une eau qui sourd à gros bouillons ou un bourbier : comparer Wald|er-s|bach et Bald|er-s|heim (VOIR BALDERSHEIM). / VAUDREY (JURA).

WALDHAMBACH (BR) [valtambax] mieux que [valdãbak], als. *Hàmbàch* ["håm'Båx] ; *villa Haganbach* 713, *Disciacum* 713. ▸ « le lieu impénétrable ». D'un étymon gallo-roman *Agonacum*, formé sur la racine paléo-européenne AK « pointe, lieu hostile, impénétrable », suivi du suffixe *-acum*, germanisé en *-ach* puis *-bach* (VOIR CHAPITRE III). L'<h> initial n'est pas originel, attraction de l'all. *Hag* « haie ». Le préfixe *Wald-* « forêt » a été ajouté en 1891 à la demande de la municipalité, sans doute pour le différencier de son homonyme Hambach (Moselle). (VOIR HAGENBACH ET RACINE AK). ▸▸ Explication complémentaire : la forme gallo-romane *Disciacum* pourrait renvoyer au latin *discidium* « division, séparation », suivi du suffixe locatif *-acum* : **Discidiacum* > **Discijacum*, noté *Disciacum*. Il s'agirait d'une traduction romane de l'étymon originel, les forêts impénétrables ayant constitué pendant longtemps des séparations importantes entre les communautés humaines.

Vers 1910

1909

WALDIGHOFFEN (HR) [valdiko(:)fən] mieux que [-gɔfɛn], als. *Wàldighoffe* ["vålDi'k^{h}ofə] ; *Waltenchoven* 1188, *Waltikouen* 1315. ▸ « la ferme boisée ». De l'all. *waldig* « boisé » (sur

Wald « forêt, bois ») suivi du suffixe *-hoffen* « ferme » (sur l'all. *Hof*). ⏩ Autre explication : il pourrait s'agir d'un ancien village en *-ing-* (**Walting[en]*) auquel, à l'époque carolingienne, s'est ajouté le suffixe *-court* traduit plus tard en *-hoffen* (VOIR CHAPITRE III). Du suffixe *-ink-* précédé de la racine paléo-européenne WAL-T, variante de BAL-T, signifiant « gonflement, bouillonnement », pouvant désigner une eau qui sourd à gros bouillons ou un bourbier.

1904

WALDOLWISHEIM (BR) [valdɔlvisajm], als. *Wollolse* ['vo"lolsə] ; *Baldolfesheim* 851, *Walolsheim*. ▸ « la demeure de Baldulf ». Du suffixe *-heim* précédé du nom d'homme germanique *Baldulf*, de *bald-wulf* « loup hardi » (*bald* « hardi », *wulf* « loup »). Au lieu d'évoluer normalement en **Baldolsheim* (als. **Bàl[d]else* > **Bàlse*), ce toponyme semble avoir « réagi » à l'érosion phonétique par une différenciation du radical de l'anthroponyme, *Bald-*, entré en interférence paronymique avec l'all. *Wald* « forêt » considéré alors comme préfixe, d'avec la séquence des suffixes *–olwis-heim* envisagée du même fait comme le radical du toponyme, et de la sorte conservée dans la prononciation avec accent tonique (phénomène identique : VOIR PFULGRIESHEIM). Pas de rapport avec le village d'Olwisheim. ⏩ Autre explication : d'une racine paléo-européenne BAL-T (+ *-al-*) signifiant « gonflement, bouillonnement », pouvant désigner une eau qui sourd à gros bouillons ou un bourbier.

1909

WALHEIM (HR) [va(:)lajm], als. *Wàle* ["vå:lə] ; *Walhen* 1236, *Walon*, *Wahlenheim* 1548. ▸ « l'habitation du vallonnement ». D'une racine paléo-européenne WAL « gonflement, vallonnement », suivie du suffixe *-heim*. Les mots latins *vallis* « val », *vallum* « levée de terre, palissade» et all. *wellen* «onduler, (être) vallonné» sont de même origine. ⏩ La relation avec le vieux haut all. *wal(a)h* «roman» ou «gaulois» (all. et als. *welsch, walsch*, du nom des *Volcae* «Volces», tribu celtique établie en Gaule méridionale à l'époque de la république romaine), ne s'impose pas.

1908

WALTENHEIM (HR) [valtənajm], als. *Wàltene* ["vålDənə]; *Waltenheim* 1135. ▸ «la demeure de Waldo». Du suffixe *-heim* précédé du nom d'homme germanique *Waldo*, attesté, formé sur le verbe *waldan* «commander». ⏩ Autres explications: 1) du germ. *Wald* avec son sens primitif de «terrain impropre à la culture» (> all. mod. «forêt»). Référence à un terrain pierreux ou escarpé. 2) vu la situation du village sur la bordure orientale des collines du Sundgau, d'une racine paléo-européenne WAL-T «idée de surplomb», à comparer avec BAR-T «bord» (VOIR BARTENHEIM, BERSTETT).

WALTENHEIM-SUR-ZORN (BR) [valtənajm], als. *Wàltne* ["vålDnə]; *Waldenheim*; l'épithète *-sur-Zorn* a été votée par le Conseil municipal de la commune en 1926. ▸ «la demeure de Waldo». Du suffixe *-heim* précédé du nom d'homme germanique *Waldo*, attesté, formé sur le verbe *waldan* «commander». ⏩ Autres explications: 1) du germ. *Wald* avec son sens primitif de «terrain impropre à la culture» (> all. mod. «forêt»). Référence à un terrain pierreux ou escarpé. 2) vu la situation du village sur un éperon dominant le cours de la Zorn, d'une racine paléo-européenne WAL-T idée de «surplomb», à comparer avec BAR-T «bord» (VOIR BARTENHEIM, BERSTETT).

1906, écluse sur le canal de la Marne au Rhin.

1908

WANGEN (BR) [vaŋən], als. *Wànge* ["våŋə]; *Uuangon* 828, *Wanga* 884. ▸ «la pente». Du vieux haut all. *wanga* «courbure, pente de terrain» (spécialisé dans le sens de «joue» dans la langue courante).

Vers 1910

WANGENBOURG (BR) [vaŋənbur], als. *Wàngeburi* ["våŋə'BUri]. ▸ « le château fort sur la pente ». Du suffixe *-burg* « château fort » suivi du vieux haut all. *wanga* « courbure, pente de terrain » (spécialisé dans le sens de « joue » dans la langue courante). ▸▸ Explication complémentaire : le nom de Wangenbourg est traditionnellement rattaché à celui des seigneurs de Wangen, propriétaires du château fondé au XIIIe siècle par le chevalier Walter de Dicka. Mais le château pouvait déjà s'appeler *Wangenburg*, motif pour lequel les sires de Wangen s'en sont déclarés maîtres (pour le procédé, VOIR KLINGENTHAL).

1906

WANTZENAU (LA) (BR) [la vantsəno] ou [-naw] ou [vã:sno] ; als. *D'Wànzenäü* ["DvånDsə'nœj] ; *Wendelini augia, Wendlinsau, Wanzenowe* 1211. ▸ « la prairie de (saint) Wendelin ». Du suffixe *-au* « prairie humide » précédé du nom d'homme *Wanzo*, diminutif de *Wendelin* ou *Wendling*. L'origine est une chapelle dédiée à saint Wendelin, originaire de Hochfelden selon la tradition, protecteur du bétail, et actuel vocable de l'église paroissiale. Une confusion s'est produite avec l'all. *Wanze* « punaise » (d'où « prairie des punaises »), confortée sans doute parce qu'en alsacien « punaise » se dit *Wendel*, qui rappelle le signifiant *Wendelin*. L'idée est peut-être celle des insectes qui tournent (*wenden*) autour du bétail.

WASIGENSTEIN

VOIR VOSGES.

Vers 1900

Vers 1910

WASSELONNE (BR) [vaslɔn], als. *Wàssle* ["våslə], all. *Wasselnheim*; *Wazzelenheim* 754, *Wazelnheim* 1221. ▸ « l'habitation sur l'abaissement (de la montagne) ». Du suffixe *-heim* précédé de la racine paléo-européenne WAS « abaissement, affaissement, passage ». ▸▸ Autre explication : d'un nom d'homme germanique *Wezil*, non attesté.

Vers 1915

WASSERBOURG (HR) [vasərbur], als. *Wàsserburg* ["vås°R'BURk] ; *Wassenberg* 1334, *Wasserberg* 1594. ▸ « là où la montagne s'abaisse ». Suffixe germanique *-berg* « montagne », remplacé par *-burg* après le XVIe siècle, précédé de la racine paléo-européenne WAS « abaissement, passage ». Le radical pourrait aussi renvoyer à l'all. *Wasen* « pâturage, gazon, haute chaume », mot qui remonte lui-même à la racine WAS avec les sens de « mousse », herbe « rase » (« gazon » en all. se dit aussi *Rasen*) et d'« humidité ». Attraction de l'all. *Wasser* « eau » après le XIVe siècle. A ne pas confondre avec *Wasserburg*, appellation de nombreux châteaux de plaine entourés d'eau.

1914

WATTWILLER (HR) [vatvilɛr], als. *Wàttwiller* ["våD'vil°R] ; *Wattoneviler* 728, *Waddenwilre.* ▸ « le domaine sur la butte ». Du suffixe *-villare* précédé de la racine paléo-européenne WAT « objet présentant une limite plate (butte, plateau, puits...) ». Attraction de l'all. *Watt* « gué ». ▸▸ Autre explication : d'un nom d'homme germanique *Watto* ou *Wado* (« gage »).

WECKOLSHEIM (HR) [vɛkɔlsajm], als. *Wackelse* ["vaG°lsə] ; *Wekelthem*, *Wegolthein* 1302, 1365. ▸ « l'habitation de Wigbald ». Du suffixe *-heim* précédé du nom d'homme *Wigbald* dont la signification est « hardi au combat » (all. médiéval *wig* « combat », *bald* « audacieux »). Le radical a été altéré sous l'influence peut-être de l'allemand *Wacke* « pierraille». Weckolsheim est situé sur un sol caillouteux.

1900

1915

WEGSCHEID (HR) [ve(:)kʃajt], mieux que [-ʃajd], als. *Wagschaid* ["va:'Gʃajt] ; *Wegscheidt* 1567. ▸ « la bifurcation, la croisée des chemins ». De l'all. *Wegscheide* « bifurcation, croisée des chemins », composé de *Weg* « chemin » et *scheiden* « séparer ». ▸▸ Autre explication : il peut s'agir de la traduction en germanique du type gaulois bien connu *Camminoranda* « chemin formant frontière », qui a donné par exemple Chamarande (Haute-Marne). Cette possibilité semble confortée par la présence de Niederbruck en aval et d'Oberbruck en amont (VOIR CES NOMS), avec lesquels il aurait formé une limite autour du domaine sacré du temple d'Apollon de Kirchberg (VOIR CE NOM). Comparer gaulois *Equoranda* > Huhnerscherr (VOIR CE NOM).

1906

WEILER (BR) [vajlər], als. *Wailer* [vajlə]. Comme Willer.

WEINBOURG (BR) [vajnbur], als. *Wimburi* ["vim'BUri]; *Windeberg* 1371, *Windburg* 1411, *Weinburg* 1566, *Weinberg* 1606. ▸ « la forteresse du renflement ». Situé au pied du talus formé par le rebord des Vosges du Nord. De la racine paléo-europénne WIN-(T) « enflement, renflement, vallonnement » d'où « élévation, montagne », suivi du suffixe germ. *-berg* ou *-burg* (sur cette interchangeabilité, VOIR CHAPITRE III). Attraction paronymique de l'all. et als. *Wind* « vent », puis de l'all. *Wein*, als. *Win* « vin ».

1912

1912

WEISLINGEN (BR) [vajsliŋən], als. *Wislìnge* ["vi:'slIŋə]. ▸ «là où il y a des prés». L'all. *Weißling* «papillon blanc» résulte d'un hypercorrectisme (<ei> allemand pour [i] alsacien) pour un primitif **Wieslingen*, sur l'all. *Wiese* «prairie», d'après les modèles de Henflingen pour la syntaxe et de Geiswasser pour l'évolution phonétique (VOIR CES NOMS). ▸▸ Explication complémentaire: Village forestier fondé vers 1600 par Jean Auguste comte palatin de la Petite-Pierre, en vue de reprendre le village voisin de Bueswiller, créé vers 1547 (même étymologie que son homonyme Buswiller, VOIR CE NOM). ▸▸ Autre explication: suivant la tradition locale, le nom fait référence à de nombreux tilleuls, *Linden*, qui poussaient aux alentours, représentés sur les armes de la commune. Les fleurs étant blanches, *weisse Linden* aurait abouti à *Weislingen*. Improbable.

WEISS (R) [vajs], als. *Wiss* ["vis]; *Wissenbach* 1318, *Wissen Seisbach, Weisseisthal, Nitum seu Nicum torrens* 1521. ▸ «la blanche». De l'all. *weiss*, als. *wiss* «blanc». Semble devoir son appellation, traduite en allemand, au Lac Blanc (VOIR CE NOM) d'où sort l'un de ses principaux effluents, le *Blanc Rû* (= *Wissenbach*); un autre, le *Noir Rû*, provient du Lac Noir, le troisième prend sa source au Col du Linge. Les formes *Wissen Seisbach, Wisseisthal* doivent sans doute se lire **Wissen Sewesbach*, **Wiszsewesthal* «ruisseau, vallée du Lac Blanc». La forme *Nitum seu Nicum torrens* de 1521, loin d'offrir le nom antique de la Weiss, comme il a été soutenu, n'est qu'un latinisme (*niteo* «luire, être brillant», allusion possible aussi à *Nichus*, divinité des eaux [VOIR CHAPITRE II]). ▸▸ Autre explication: la plupart des noms de rivières, en Alsace comme ailleurs, est d'origine celtique ou pré-celtique. On ne peut s'empêcher de mettre en rapport le nom de la Weiss/*Wiss* avec celui de certains autres cours d'eau: la Vézère (< *Visara*) en Dordogne, la Vésubie (< *Visuvia*) dans les Alpes-Maritimes, la Weser, la Wiese en Allemagne, la Vistule en Pologne, etc. De la racine paléo-européenne WIS qui signifie «dégonflement», «poche qui s'épanche».

Vers 1930

1917

WEITBRUCH (BR) [vajtbrux], als. *Witbruech* ["viD'BrY:ʃ] ; *Uuiccorbrocho* ou *Uicchobrochus* 743. ▸ « la limite du vicus ». D'un étymon gallo-roman **Viccarobrocus* ou **Viccobrocus*, formé du gaulois *broco* « limite » (VOIR BRUMATH, LA BROQUE) précédé du latin *vicus*, *viccus* ou *viccare* « vicus, village ». Situation intermédiaire entre Brumath et Bischwiller. L'évolution du mot *broco* a permis sa confusion avec l'all. *Bruch*, als. *Bruech* « marécage », et **wik* a développé une paronymie avec als. *wit* « large », all. *weit* ; d'où le sens actuel de « large marécage », que le site, même ancien, ne justifie pas.

1906

WEITERSWILLER (BR) [vajtərsvilɛr], als. *Witterschwiller* ["viD°R'ʃvil°R] ; *Wideroldi villa* 1120. ▸ « le domaine de la butte ». Escarpement rocheux au milieu du village. De la racine paléo-européenne WIT « objet présentant un bord plat (butte, plateau, puits...) » suivie du double suffixe *-ar(i)-* et *-villa*. ▸▸ Autre explication : tentative de rapprochement d'un nom de personne germanique *Widerold*, nom d'un évêque de Strasbourg (991-999), ou peut-être *Withar*, issu de *Widohari* « armée (*hari*) de la forêt ». Attraction paronymique de l'all. *weiter*, als. *wittersch* « plus loin, en continuant ».

WENTZWILLER (HR) [vɛntsvilɛr], als. *Wantzwiller* ["van'Dsvil°R] ; *Wendswilre* 1219, *Wenswilre* 1233, *Wendeswiler* 1253. ▸ « le domaine du vallonnement ». D'une racine paléo-européenne WAN ou WAN-T « enflement, renflement, vallonnement » suivi du suffixe gallo-roman *-villa*. Métaphonie [a > e] sous l'influence de [i] du suffixe.

1915

Vers 1905

WERENTZHOUSE (HR) [verəntsuz], als. *Weretzhüse* ['verə"Dsy:sə] ; *Werentzhuszen* 1394. ▸ « la maison du vallonnement ». D'un étymon gallo-roman sans doute **Varantia*, composé du suffixe *-ant-ia*, suffixe de nom de rivière (le village est situé sur l'Ill), précédé de la racine paléo-européenne WAR « enflement, renflement, vallonnement ». Métaphonie [a > e] sous l'influence de [i] du suffixe. Ajout du suffixe *-hausen*/*-house* à l'époque germanique (VOIR CHAPITRE III).

1915

WESSERLING (HR) [vɛsərliŋ] ou [vɛsɛrlẽ], als. *Wasserling* ["vas°r'lIŋ] ; *Wesserlingen* 1550, *Cölln hodie Wesserling* 1724. ▸ « là où il y a de l'eau ». Le nom du lieu apparaît en 1550. Il est dû à d'anciennes étendues marécageuses (all. *Wasser* « eau », traité sous forme de diminutif : suffixe *-ling* et Umlaut de la voyelle). La mention de 1724 se réfère peut-être à une ancienne *colonia* ou collonge (VOIR KEHL).

Vers 1910

WESTHALTEN (HR) [vɛstaltən], als. *Waschthàlte* ["vaʃ'tʰålDə] ; *Westhalda* 1103. ▸ « la pente du côté ouest ». De l'all. *west* « ouest » et *Halde* « pente, versant ». Les vignobles de Westhalten appartenaient au bailliage de Rouffach, dont ils formaient la partie ouest. Attraction paronymique de l'all. *Halten* « maintien, arrêt ». ▸▸ Autre explication : d'une racine paléo-européenne WAS, WES désignant un « abaissement, adoucissement » de l'altitude, d'où la signification globale de « versant adouci ».

1912

WESTHOFFEN (BR) [vɛsto(:)fən], als. *Weschthoffe* ["vɛʃ'Dofə] ; *Oestiva* 774, *Westhofen* 1224. ▸ « la court de l'ouest ». Du suffixe *-hoffen*, traduction germanique de *court* (VOIR CHAPITRE III) précédé de l'all. *west* « ouest ». ▸▸ A pu fonctionner en tant que poste avancé occidental de l'oppidum celtique puis gallo-romain du Mont Scharrach avec Nordheim, Osthoffen, et peut-être Altorf (VOIR CES NOMS). On sait que les rois francs possédaient un château à Kirchheim, entre Nordheim et le Scharrachberg, ce qui semble confirmer la nécessité d'un réseau de protection.

WESTHOUSE (BR) [vɛstuz], als. *Wesch* ["vɛʃ] ; *Westhusen* 1204. ▸ « la maison de l'ouest ». Du suffixe *-hausen*/*-house* précédé de l'all. *west* « ouest ». Pour le type de lieu désigné par *Hausen*, VOIR CHAPITRE III. ▸▸ A pu fonctionner à l'est en tant que poste de défense du sanctuaire d'Ehl et de la zone appelée plaine d'Erstein (davantage d'habitants car à l'abri des marécages des Rieds du Rhin ou de l'Ill, du Bruch de l'Andlau...). Fonctionne avec Nordhouse, Osthouse et peut-être Sundhouse (VOIR CES NOMS)

1896

Vers 1910

WESTHOUSE-MARMOUTIER (BR) [vɛstuz], als. *Weschthüse* ["vɛʃ't^{h}y:sə] ; *Westuosan* IXe siècle. ▸ « la maison de l'ouest ». Formé de l'élément *hausen/house* « maison », d'origine semble-t-il alémanique (VOIR CHAPITRE III) et du préfixe *West-* « ouest ». Le village est à 13 km de Mittelhausen, lui-même à 13 km de Kurtzenhouse (VOIR CES NOMS). ⏩ Explication complémentaire : situation sur la voie romaine Saverne-Marmoutier-Brumath-Bischwiller.

Vers 1935

WETTOLSHEIM (HR) [vɛtɔlsajm], als. *Wettelse* ['vɛD°lsə] ; *Wetelsheim* 1222, *Wetthelsein* 1226. ▸ « l'habitation sur la butte ». Du suffixe *-heim* précédé de la racine paléo-européenne WAT « objet présentant une limite plate (butte, plateau, puits...) ». ⏩ Autre explication : d'un nom d'homme germanique *Wadilo*, formé sur *wado* « gage ».

1904

WEYER (BR) [vajər], als. *Weier* ["vɛj°R] ; *Wiheren* XIIIe siècle, *Wiger* 1337, *Wyger* 1542. ▸ « le village ». Du latin d'époque gallo-romaine *Vicare*, dérivé de *vicus* « village ». Ne pas confondre avec all. *Weiher*, als. *Weier* « étang » (du latin *vivarium*).

1909

WEYERSHEIM (BR) [vajərsajm], als. *Wihrsche* ["vi:Rʃə] ; *Uuierresheim* 774, *Wiheresheim* 775. ▸ « l'habitation du village ». Du latin d'époque gallo-romaine *Vicare*, dérivé de *vicus* « village », suivi du suffixe *-heim* ajouté à la période de colonisation alémanique. Evolution romane vers **vigare* IVe siècle, puis **vijare* VIe siècle (cp. lat. *pacare* > IVe siècle *pagare* > VIe siècle *pajare* « payer »). L'adaptation en germanique s'est faite au stade **vijare* > **wijer*, devenu en als. [vi:r], homonyme de *Wihr* issu de la contraction de *Willer*. Ne pas confondre avec all. *Weiher*, als. *Weier* « étang » (du latin *vivarium*).

WIBOLSHEIM (BR) [vibɔlsajm], als. *Wiwelse* ["viv°lsə]. ▸ « la demeure de Wigbald ». Du suffixe *-heim* précédé d'un nom d'homme germanique *Wigbald* « hardi au combat », d'où *Wibold* (> fr. *Guibaud*), de *wig* « combat » et *bald* « hardi ». ⏩ Autre explication : d'une racine paléo-européenne WIB/WIW désignant de l'« eau souterraine » (VOIR ESCHAU).

Vers 1915

1932

1909

WICKERSCHWIHR (HR) [vikərʃvir], als. *Wickerschwihr* ["viG°R'ʃvi:R] ; *Wichereswiler* 728, *Wichariovilla* 1128. ▸ « le domaine du village ». Du suffixe *-villa* précédé du latin d'époque gallo-romaine **viccare*, pour *vicare* d'après *villare*, sur *vicus* « village ». ▸▸ Autre explication : d'un nom d'homme germanique *Wighari* (*wig* « combat », *hari* « armée »).

WICKERSHEIM (BR) [vikərsajm], als. *Wickersche* ["viG°Rʃe] ; *Wigfridasheim* 788, *Wigeresheim* 874, *Wicchersheim* 1074.

‣ « l'habitation du village ». Du suffixe germanique *-heim* précédé du latin d'époque gallo-romaine **viccare*, pour *vicare* d'après *villare*, sur *vicus* « village ». ‣‣ Autre explication : d'un nom d'homme germanique *Wigfrid* (*wig* « combat », *frid* « paix », > fr. *Guiffray*).

Vers 1900

WIDENSOLEN (HR) [vidənso(:)lən], als. *Widsole* ["vi'Dso:lə] ; *Widosolica* 940, *Widensole* 987. ‣ « l'établissement de Wido ». D'un étymon **Widosala*, composé de *Wido*, nom d'homme germanique (> fr. *Guy*), et du vieux haut allemand *sala* « maison, construction, établissement humain ». D'après la tradition, le seigneur *Wido* aurait fait don du village à saint *Fulrad* en 768 (VOIR LIÈPVRE, SAINT-HIPPOLYTE). Attraction paronymique de l'all. *Sohle*, qui a repris tous les sens du latin *solum* « sol, fond », etc. En revanche, all. *Sole* « saline » est inadéquat. ‣‣ Autres explications : 1) le nom *Wido* veut dire « bois ». Le toponyme pourrait signifier simplement « la maison du bois », référence au Bois de Widensolen et au Kastenwald, qui bordent le village et ont livré des vestiges d'occupation romaine. 2) de la racine paléo-européenne WIT « butte » : Widensolen forme l'une des extrémités de la large levée limoneuse qui, jusqu'à Herbsheim, sépare les rieds de l'Ill et du Rhin (VOIR WITTERNHEIM, WITTISHEIM). Dans ce cas le radical *sol* pourrait désigner aussi une « saillie » (racine SAL « mouvement de dépassement », d'où l'idée de « passer par-dessus ou de l'autre côté, saillir, surgir ». VOIR SAALES.)

Vers 1950

WIHR-AU-VAL (HR) [viroval], als. *Wihr* ["vi:R], all. *Weier-im-Thal* ; *Bonifacii vilare* 896, *Wilre* 1120, *Willer* 1440. ‣ « le domaine, la ferme fortifiée ». Du gallo-roman *villare*, issu du classique *villa* « ferme, domaine agricole ». Pour plus de détails sur le sens, VOIR CHAPITRE III. En 896, *Bonifacii vilare*, peut-être référence du scribe au nom du pape Boniface régnant en cette année.

Vers 1915

WIHR-EN-PLAINE (HR) [virãplɛ:n], als. *Wihr* ["vi:R], all. *Weier-im-Ried* ; *Wilr* 1344, *Wir bi Horburg*, *Syfridwiller* 1433. ‣ « le domaine, la ferme fortifiée ». Du gallo-roman *villare*, issu du classique *villa* « ferme, domaine agricole ». Pour plus de détails sur le sens, VOIR CHAPITRE III. L'anthroponyme *Sigfrid* de 1433, visiblement non authentique, n'a pas survécu.

1909

WILDENSTEIN (HR) [vildənʃtajn], als. *Wìldstai* ["vIl'DʃDaj] ; *Wildenstein* 1312, *Villedestin* 1634. ▸ « le rocher sauvage ». De l'all. *wild* « sauvage » et *Stein* « pierre, rocher ». Nom d'un château fort, cité pour la première fois en 1312, puis d'un village créé en 1699. ⏩ De l'autre côté de la ligne de crête, en zone romanophone, le lieu est connu sous le nom de *Villedestin*, francisation qui entraîne accidentellement une nouvelle interprétation (français *ville|destin*) et une fausse coupe entre les deux composants du toponyme (au lieu de **villede|stin*). (Même phénomène, VOIR NEUGARTHEIM.)

WILDERSBACH (BR) [vildərsbax], en zone romanophone ; *Wilgensbach* XVᵉ siècle. ▸ « là où il y a un gonflement formant obstacle ». De la racine paléo-européenne WIL-K « gonflement formant obstacle, éminence », suivi probablement d'un suffixe *-acum* devenu *-bach* (VOIR CHAPITRE III). Influence de l'all. *wilder* « sauvage; braconnier » et *Wildbach* « torrent ». Village situé au pied du massif du Champ du Feu, dans une vallée encaissée.

1906

1904

WILLER (HR) [vilɛr], als. *Willer* ["vil°R] ; *Wilare* 1195. ▸ « le domaine, la ferme fortifiée ». Du gallo-roman *villare*, issu du classique *villa* « ferme, domaine agricole ». Pour plus de détails sur le sens, VOIR CHAPITRE III. Vestiges d'un camp romain.

1898

WILLER-SUR-THUR (HR) [vilɛr], als. *Willer* ["vil°R]; *Wilri* 1191, *Saint-Willer* XVIIIe siècle. ▸ « le domaine, la ferme fortifiée ». Du gallo-roman *villare*, issu du classique *villa* « ferme, domaine agricole ». Pour plus de détails sur le sens, VOIR CHAPITRE III. *Saint-Willer* au XVIIIe siècle, peut-être sous l'influence (gentiment ironique ?) de son patron saint *Désiré* : rapport entre *désirer* et all. *willen* « vouloir » (?).

1898

WILLGOTTHEIM (BR) [vilgɔtajm], als. *Wìlte* ["vIlDə]; *Willegoltenheim* 1100, *Willegoltheim* 1179. ▸ « l'habitation du renflement ». La forme officielle actuelle fait allusion à la « volonté » (*Wille*, *Willen*) de « Dieu » (*Gott*), mais il s'agit d'une remotivation chrétienne qui d'ailleurs n'a pas subsisté dans la forme populaire *Wìlte* (cp. als. *wìlde* « sauvages »). Le radical le plus ancien, *Willegolt-*, semble avoir été traité comme un anthroponyme germanique **Willigold* < **Willigwald*. Il remonte probablement, comme Wilshausen (VOIR CE NOM), à un étymon **Wilink-* formé d'une racine paléo-européenne WIL désignant un « renflement, gonflement, vallonnement », suivie du suffixe *-ink-*. Le suffixe *-heim* est d'origine alémanique. Le village est situé au pied d'une des collines les plus élevées du Kochersberg.

1902

WILSHAUSEN (BR) [vilsawzən], als. *Wìltzhüse* ['vIl"Dsy:sə]; *Willingishusen* 1077, *Wilgolshausen* XVIIIe siècle, *Willgotthausen*. ▸ « la maison du vallonnement ». Du suffixe *-hausen/-house* (VOIR CHAPITRE III), précédé d'une racine paléo-européenne WIL désignant un « renflement, gonflement, vallonnement », suivie du suffixe *-ink-*. Par la suite, la séquence a été remotivée sous forme chrétienne, qui ne s'est pas maintenue dans l'appellation populaire : en gros *Willingshausen* > **Wilgenshausen* > *Wilgolshausen* > *Willgott(s)hausen*. (VOIR WILLGOTTHEIM).

WILWISHEIM (BR) [vilvisajm], als. *Wìlse* ["vIlsə]; *Wulwenesheim* 1074, *Wilfisheim*. ▸ « l'habitation du bouillonnement, de la bourbe ». Du suffixe *-heim* précédé d'une racine paléo-européenne

1909

WUL-W «bourbe, bouillonnement», désignant probablement des endroits où l'on s'enlise. Village situé au pied des «collines de Brumath» et au bord de la Zorn. Etymon peut-être *Vulviniacum, avec métaphonie [u > y > i] du radical devant [j] du suffixe.

WIMMENAU (BR) [vimǝno], als. *Wimmenau* ["vimǝ'naw]; *Wimmenawe* 836, *villa Wiminova* 1205. ▸ «l'oseraie, la saulaie». Du suffixe *-au* «prairie humide» précédé du latin *vimen, vimina* «osier» et «tout bois susceptible d'être tressé (saule, peuplier…)». Appellation peut-être d'origine ecclésiastique. ▸▸ Autres explications: 1) d'un nom d'homme germanique *Wimo*; 2) cf. allemand *wimmeln* «grouiller, pulluler»: en parlant de la capillarisation de la Moder (?)

Vers 1900

Vers 1925

WINDSBOURG (BR) [vindsbur], als. *Wìndsburi* ["vIn'DsBUri]. ▸ «la montagne exposée au vent». Sans doute d'un plus ancien **Windsberg* «mont du vent» (de l'all. et als. *Wind* «vent», alternance du suffixe *-bourg/-berg*, VOIR CHAPITRE III). Le hameau est situé en contrebas du Schneeberg «mont de la neige».

Vers 1900

WINDSTEIN (BR) [vindʃtajn], als. *Wìndstan* ["vInD'ʃDa:n]. ▸ «le rocher qui s'élève en volute». La localité doit son nom aux deux châteaux forts de Vieux-Windstein et Nouveau-Windstein. Le plus ancien est édifié sur une impressionnante barre rocheuse surmontée de deux gigantesques monolithes. Plutôt qu'un «rocher du vent», avec all. *Wind* «vent» et *Stein* «pierre», le radical *Wind-* pourrait représenter ici les mots *winden* «(s')enrouler», *Windung* «volute», pour indiquer l'élévation en torsade des deux éperons rocheux. ▸▸ Autre explication: d'un étymon celtique **Vindobenno* «rocher blanc», avec adaptation *vindo* «blanc» > germ. *Wind-*, et traduction *benno* > *Stein*.

1917

WINGEN (BR) [viŋən], als. *Wìnge* ["vIŋə]. ▸ «le vallon formant talus». De la racine paléo-européenne WIN-K «gonflement formant obstacle». Le village est situé dans un vallon escarpé.

Vers 1900

WINGEN-SUR-MODER (BR) [viŋən], als. *Wìnge* ["vIŋə]; *Wingibergus* 718, *Wigone monte* 742. ▸

« le vallon formant talus ». De la racine paléo-européenne WIN-K « gonflement formant obstacle ». L'agglomération est coupée en deux par un remblai de vingt mètres de haut.

1930

WINGERSHEIM (BR) [viŋərsajm], als. *Wìngersche* ["vIŋ°Rʃə]; *Winegresheim* 1120. ▸ « l'habitation du gonflement formant obstacle ». Du suffixe *-heim* précédé d'un radical pré-germanique *Winkar-*, composé de la racine paléo-européenne WIN-K « gonflement formant obstacle » suivie du suffixe *-ar-*.

WINKEL (HR) [viŋkəl] ou [vẽkɛl], als. *Wìnkel* ["vIŋG°l], doublet roman *Venchelle*; *Winchelein* 1146, *Winchele* 1156, *Wenckeles* 1187. ▸ « le coin ». De l'all. *Winkel* « angle, coude, coin ». Forme une avancée du relief entre la vallée de l'Ill à l'est et celle de la Largue à l'ouest. ▸▸ Autre explication : de la racine paléo-européenne WIN-K « gonflement formant obstacle ».

1901

1915

WINTERSHOUSE (BR) [vintərsuz], als. *Wìnterschhüse* ['vInD°R"ʃy:sə] ; *Wittreshusi* 742, *Wintershusen* 1187. ▸ « la maison sur la butte ». Du suffixe *-hausen/-house* (VOIR CHAPITRE III) précédé de la racine paléo-européenne WIT « objet présentant une limite plate (butte, plateau, puits...) ». Attraction paronymique de l'all. *Winter* « hiver », qui s'explique aussi par la nécessité de marquer la différence avec le toponyme voisin et homonyme Wittersheim. ⏩ Autre explication : d'un nom d'homme germanique *Winidhari*, de *winid* « ami » et *hari* « armée », ou *Widhari* de *wid* « bois » et *hari* « armée ».

1915

WINTZENBACH (BR) [vintsənbax], als. *Wintzebàch* ["vinDsə'Båx] ; *Winzenbach* 1084. ▸ « le vallonnement ». D'un étymon galloroman **Viniacum*, composé d'une racine paléo-européenne WIN « vallonnement, renflement », suivi du suffixe *-iacum*, transformé en germanique *-ach*, puis *-bach* (VOIR CHAPITRE III). De **Winesbach* provient **Winzbach* puis *Winzenbach*. ⏩ Autre explication : d'un nom d'homme germanique *Winzo*.

WINTZENHEIM (HR) [vintsənajm], als. *Wìnzene* ["vInDsənə] ; *Wingishaim* 786, *Vuinzenheim* 880, *Vincinheim* 952. ▸ « l'habitation sur le renflement ». Du suffixe *-heim* précédé d'une racine paléo-européenne WIN « renflement, vallonnement ». Evolution **Winesheim* > **Winzheim* > *Winzenheim*. Le <g> de la forme de 786 peut représenter le résidu d'un suffixe *-(i)acum* : **Win(i)ag-isheim*. ⏩ Autre explication : d'un nom d'homme germanique *Winzo*.

1903

Vers 1910

WINTZENHEIM-KOCHERSBERG (BR) [vintsənajm], als. *Wìnzne* ["vI:nDsnə] ; *Winzenheim* 881. ▸ « l'habitation sur le renflement ». Du suffixe *-heim* précédé d'une racine paléo-européenne WIN « renflement, vallonnement ». Evolution **Wi-nesheim* > **Winzheim* > *Winzenheim*. Situé au pied du Goeftberg. ⏩ Autre explication : d'un nom d'homme germanique *Winzo*.

1907

WINTZFELDEN (HR) [vintsfɛldən], als. *Wìntzfalde* ["vInDs'falDə] ; *Wingoltzvelden* 1255. ▸ « le champ de Wingold ». Du suffixe *-feld(en)* « champ » précédé du nom d'homme germanique *Wingold*, de *win* « ami » et *gold* « or ». Wingold était un moine du monastère de Lautenbach qui défricha l'endroit. ▸▸ Autre explication : d'une racine paléo-européenne WIN « renflement, vallonnement ».

Vers 1925

WISCHES (BR) [viʃ], en zone romanophone, all. *Wich* ; *Wicha* 1282, *Weych*, *Wichahe* XIVe siècle. ▸ « le village ». Représente le latin *vicus* « village ». L'évolution *vicu* > *wich* n'est en rien redevable à la mutation consonantique (zweite Lautverschiebung) [-k- > -ç-] ; un tel nom de lieu, surtout sur les franges lorraines, n'a pu subir de germanisation à son stade latin, mais a d'abord suivi l'évolution romane, soit la sonorisation en position intervocalique du IVe siècle [-k- > -g-], puis la constriction du VIe siècle [g > g̱], avant d'être adopté à ce stade en germanique et adapté selon les règles de l'interférence phonologique, [g] devenant [ĵ] puis [ç].

1911, carte dessinée par Spinner.

WISSEMBOURG (BR) [visãbur], als. francique *Waisseburich* ["vajsə'Buiç], en alémanique *Wisseburi* ["visə'BUri] ; *Uuizunburg* 774, *Wizenburc* 780. ▸ « la forteresse blanche ». Monastère fondé en 630, mais le site avait peut-être déjà été occupé auparavant. De l'all. *weiß*, als. francique *waiss*, alémanique *wiss* « blanc », et *Burg* « château, forteresse ». Une origine germanique est possible, mais ce toponyme se rattache aisément au type celtique *Vindobriga* « forteresse blanche » (gaulois *vindos* « blanc », *briga* « montagne » puis « forteresse ») répandu en toponymie française, et qui est à l'origine des nombreux Vandœuvre, Vandeuvres, Vendeuvre (Meurthe-et-Moselle, Aube, Calvados, Indre, Vienne). En revanche, on ne sait pas ce que désignait la couleur blanche (VOIR WINDSTEIN).

Vers 1920

WITTELSHEIM (HR) [vitəlsajm], als. *Wittelse* ["viD°lsə] ; *Witolsheim* 1183. ▸ « l'habitation sur la butte ». Du suffixe *-heim* précédé d'un radical *Wit-al-*, issu de la racine paléo-européenne WIT « objet présentant une limite plate (butte, plateau, puits...) ». La localité est située sur un espace surélevé de la bordure ouest du bois marécageux du Nonnenbruch (VOIR WITTENHEIM). ▸▸ Autres explications : 1) du germanique *wido* « bois » (en parlant du Nonnenbruch). 2) d'un nom d'homme germanique **Witold*.

WITTENHEIM (HR) [vitənajm], als. *Wìttene* ["vIDənə] ; *Witanhaim* 829, *Vuittenckheim* 1094. ▸ « l'habitation sur la butte ». Du suffixe *-heim* précédé d'un radical *wit-an-*, issu de la

1910

racine paléo-européenne WIT « objet présentant une limite plate (butte, plateau, puits…) ». La localité est située sur une dune de la bordure orientale du bois marécageux du Nonnenbruch (VOIR WITTELSHEIM). ⏩ Autres explications : 1) du germanique *wido* « bois » (en parlant du Nonnenbruch). 2) d'un nom d'homme germanique *Wido* (> fr. *Guy*).

Vers 1910

WITTERNHEIM (BR) [vitərnajm], als. *Wìttere* ["vIDəRə] ; *Witerkheim* Xe siècle, *Wilderceldenheim* 1171. ▸ « l'habitation sur la butte ». Du suffixe *-heim* précédé d'un radical *wit-ar-*, issu de la racine paléo-européenne WIT « objet présentant une limite plate (butte, plateau, puits…) ». La localité est située sur la large levée limoneuse qui, jusqu'à Herbsheim, sépare les rieds de l'Ill et du Rhin (VOIR WIDENSOLEN, WITTISHEIM). ⏩ Autres explications : 1) du germanique *wido* « bois ». 2) d'un nom d'homme germanique *Withari* (*Wido* « bois », *hari* « armée »).

WITTERSDORF (HR) [vitərsdɔrf], als. *Wìtterschdorf* ["vID°R'ʃDoRf] ; *Witestorf* 1139, *Weiterstorf*. ▸ « le village de la butte ». Du suffixe *-dorf* (VOIR CHAPITRE III) précédé de la racine paléo-européenne WIT « objet présentant une limite plate (butte, plateau, puits…) ». ⏩ Autre explication : d'un nom d'homme germanique *Withari* (*Wido* « bois », *hari* « armée »).

1906

1903

WITTERSHEIM (BR) [vitərsajm], als. *Wìttersche* ["vID°Rʃə] ; *Uuitheresheim* 994, *Weitersheim* XVe siècle. ▸ « l'habitation sur la butte ». Du suffixe *-heim* précédé d'un radical *wit-ar-*, issu de la racine paléo-européenne WIT « objet présentant une limite plate (butte, plateau, puits…) ». (VOIR WINTERSHOUSE, HUTTENDORF, BATZENDORF.) ⏩ Autres explications : d'un nom d'homme germanique *Withari* (*Wido* « bois », *hari* « armée »).

Vers 1910

WITTISHEIM (BR) [vitisajm], als. *Witse* ["vi:Dsə] ; *Wittenesheim* 818, *Wittinheim* 823. ▸ « l'habitation sur la butte ». Du suffixe *-heim* précédé d'un radical *wit-an-*, issu de la racine paléo-européenne WIT « objet présentant une limite plate (butte, plateau, puits…) ». La localité est située sur la large levée limoneuse qui, jusqu'à Herbsheim, sépare les rieds de l'Ill et du Rhin (VOIR WIDENSOLEN, WITTERNHEIM). ▸▸ Autres explications : 1) du germanique *wido* « bois ». 2) d'un nom d'homme germanique *Wido* (> fr. *Guy*).

1909

WIWERSHEIM (BR) [vivərsajm], als. *Wiwersche* ["vi:v°Rʃə] ; *Wiufridesheim* 782, *Wigfridashaim* 788, *Wibersheim* XIIIe siècle. ▸ « la demeure de Wigfrid ». Du suffixe *-heim* précédé du nom d'homme germanique *Wigfrid* « qui combat pour la paix », nom courant à l'époque franque (*wig* « combat », *frid* « paix » ; > fr. *Guiffray*). Attraction paronymique de l'als. *Wiwer* « femmes » (pluriel de *Wib* ; all. *Weib*, *Weiber*). ▸▸ Autre explication : ▸ « l'habitation sur le ruisseau souterrain ». D'un étymon gallo-roman *Voberetum*, bien attesté en toponymie (VOIR PFAFFENHEIM), formé du celt. *vobero* « ruisseau souterrain », et suffixe *-ētum*. L'évolution phonétique pourrait expliquer la forme *Wiufrid-* : *Voberētum* > VIe siècle [wo'vri:do], avec maintien du [w] comme dans le nom de la Woëvre et autres ; puis adaptation en germanique ["wu:fri:d(u)] (+ *es-heim*) avec métaphonie [o > u] devant [i] subséquent ; au VIIIe siècle, poursuite de la métaphonie : [u > y], soit ["vy:frid](*es-heim*), correspondant à la mention *Wiufridesheim* de 782, <iu> notant [y] ; enfin délabialisation [y > i] : [vi:frid- > vi:f'rd- > vi:v'rd] (*-s-heim*) ; enfin *Wiwersheim* (on note une hésitation de l'alsacien entre [f] et [v] devant [r] : cp. *süfer* < **süwer* = all. *sauber*). Dans ce cas comme dans d'autres, le nom de personne germanique (forme de 788) est une remotivation artificielle. /VOUVRAY (INDRE-ET-LOIRE NOTAMMENT).

Vers 1910

WOELLENHEIM (BR) [vœlənajm], als. *Wellne* ["velnə] ; *Uuoldromodihaime* 739 (forme peu sûre), *Wenilinga* 884. ▸ « l'habitation du renflement ». Probablement d'un étymon **wilink*- formé d'une racine paléo-européenne WIL désignant un « renflement, gonflement, vallonnement », suivie du suffixe *-ink-*. Le suffixe *-heim* est d'origine alémanique. A rapprocher de l'all. *wellen* « onduler, vallonner » en parlant notamment d'un terrain. Rattaché à Willgottheim (VOIR CE NOM).

1911, devant le monument de l'empereur Frédéric.

WOERTH (BR) [vœrt], als. *Werth* ["vert] ; *Werda* 1132. ▸ « la presqu'île ». Du moyen haut all. *werd* « île d'un fleuve, presqu'île », vieux haut all. *warid*. Le noyau primitif de l'agglomération devait se situer sur la presqu'île formée par le confluent de la Sauer et du Soultzbach.

Vers 1920

WOLFERSDORF (HR) [vɔlfərsdɔrf], als. *Wolferschdorf* ["volf°R'ʃDoRf] ; *Wolvesdorf* 1299, *Wulferstorff* 1394. ▸ « le village de Wulfhari ». Du suffixe *-dorf*, renvoyant à une court carolingienne (VOIR CHAPITRE III), précédé du nom d'homme germanique *Wulfhari* (*wulf* « loup », *hari* « armée » ; > fr. *Golfier*). ▸▸ Autre explication : ▸ « l'habitation du bouillonnement, de la bourbe ». D'une racine paléo-européenne WUL-W « bourbe, bouillonnement », désignant probablement des endroits où l'on s'enlise. Village situé au bord de la Largue. Etymon potentiel **Vulvariacum*, avec métaphonie [u > y > i] du radical devant [j] du suffixe.

1914

WOLFGANTZEN (HR) [vɔlfgantsən], als. *Wolfgàntze* ["volf'GånDsə] ; *Wolfgangesheim* 1004. ▸ « (saint) Wolfgang ». Du saint patron de l'église paroissiale. L'anthroponyme signifie « qui a la démarche d'un loup » (all. *Wolf* « loup », *Gang* « démarche, allure »). ▸▸ Saint Wolfgang, évêque de Ratisbonne, est mort en 994. D'après la légende, il se serait arrêté dans le village lors d'un voyage qu'il aurait fait de Trèves à Einsiedeln, en 980. En souvenir de sa bonté et de sa piété les habitants auraient décidé de donner son nom à leur village (ou du moins à leur église).

WOLFISHEIM (BR) [vɔlfisajm], als. *Wolfze* ["volfDsə] ; *Wolfrigesheim* 768, *Wolvesheim* 959. ▸ « le village de Wulfrik ». Du suffixe *-heim* précédé du nom d'homme germanique *Wulfrik* « puissant comme un loup » (*wulf* « loup », *rîk* « puissant »). ▸▸ Autre explication : ▸ « l'habitation du bouillonnement, de la bourbe ». D'une racine paléo-européenne WUL-W « bourbe, bouillonnement », désignant probablement des endroits où l'on s'enlise. Agglomération située en bordure du ried de la Bruche. Etymon potentiel : **Vulviacum*, avec métaphonie [u > y > i] du radical devant [j] du suffixe. /VOUGY (LOIRE)

1909

1926

WOLFSKIRCHEN (BR) [vɔlfskirʃən], als. *Wolfskìriche* ["volfs'k^{h}Iriçə] ; *Wolveskirge* 1288, *Wolfeskircheim* 1361. ▸ « l'église de saint Wolfgang ». Saint *Wolfgang* (VOIR WOLFGANTZEN) est le patron de l'église paroissiale. ▸▸ Explications supplémentaires : 1) le sens actuel est celui d'« église du loup » : le loup était un animal particulièrement craint (VOIR ENTRE AUTRES KRONTHAL), et il est possible que des habitants se soient réfugiés dans des églises afin de bénéficier du secours divin (comparer la Chapelle du Loup, VOIR GLOECKELSBERG). L'une d'elles au moins ayant été ensuite consacrée à un saint dont le nom contient celui de l'animal maléfique. 2) ▸ « l'habitation du bouillonnement, de la bourbe ». D'une racine paléo-européenne WUL-W « bourbe, bouillonnement », désignant probablement des endroits où l'on s'enlise. Village situé sur les bords argilo-sableux de la Sarre.

WOLSCHHEIM (BR) [vɔlʃajm], als. *Wolsche* ["volʃə] ; *Walesheim* IXe siècle, *Walhisheim* 1304. ▸ « l'habitat du vallonnement ». Du suffixe *-heim* précédé d'une racine paléo-européenne WAL « gonflement, vallonnement ». Noter la fermeture de l'[å] labiovélaire bref alsacien en [o] (*Wàlsche > Wolsche). ▸▸ Le rapprochement avec le vieux haut all. *wal(a)h* « roman » ou « gaulois » (all. et als. *welsch*, *walsch*, du nom des *Volcae* « Volces », tribu celtique établie en Gaule méridionale à l'époque de la république romaine), ne s'impose pas.

1908

Vers 1915

WOLSCHWILLER (HR) [vɔlʃvilɛr], als. *Wolschwiller* ["vol'ʃvil°R] ; *Wolfeswile* 1231, *Wolfswilre* 1233. ▸ « le domaine du bouillonnement ». Du suffixe gallo-roman *-villa* précédé d'une racine paléo-européenne WUL-W « bouillonnement, bourbe ». C'est le lieu de nombreuses sources. ▸▸ Le rapport avec all. *Wolf* « loup » ne s'est pas maintenu et semble relever d'une attraction paronymique.

WOLXHEIM (BR) [vɔlksajm], als. *Wolixe* ["voliGsə] ; *Ulcishaim* 736, *Folcoaldesheim* 739, *Folcofesheim* 742, *Wolgangesheim* 1003, *Volkoldesheim* 1089, *Wolfgangesheim* 1271, *Wolxheim* 1453. ▸ « l'habitation sur un renflement, un vallonnement ». Du suffixe *-heim* précédé de la racine paléo-européenne WUL ou WUL-K « renflement, vallonnement ». L'étymon aurait pu être **Vŭliacum* ou **Vŭlciacum*. Attraction, au VIIIe siècle, du nom de personne germanique *Folkwald* ou (?) *Folkwulf*, puis à partir du XIe siècle de celui de *Wolfgang*, probablement à cause de la notoriété, à cette époque, de saint Wolfgang, mort en 994 (VOIR WOLFGANTZEN). La forme moderne, du XVe siècle à nos jours, est entrée en collision paronymique avec all. *Wolke*, als. *Wolik* « nuage ». (A ce propos, voir aussi la légende de l'hydre de Wolxheim, CHAPITRE II).

WUENHEIM (HR) [vynajm] ou [vø:najm], als. *Wüene* ["vyənə] ; *Wunach* ou *Hunach* 1210, *Vuona* 1271, *Woonach* 1272, *Wuonahc, Funach, Bunen* 1576, *Wonheim* 1577. ▸ « là où il y a un renflement, un vallonnement ». D'un étymon gallo-roman *Unacum* ou *Vunacum*, dont le

1908

radical représente la racine paléo-européenne (W)UN désignant un « renflement, gonflement ». Le suffixe *-heim* n'apparaît qu'au XVIe siècle et n'est donc pas lié à la germanisation médiévale. (VOIR HUNDSBACH, HUNSPACH, HINSBOURG, HUNAWIHR.) /UNAC (ARIÈGE).

1898

1911

ZAESSINGUE (HR) [tsɛsẽg], als. *Zäsige* ["Dsɛ:siGə] ; *Zaissingen* 1222, *Zezingen, Cezingen.* ▸ « l'endroit planté d'ifs ». Symbole d'immortalité, l'if, au bois imputrescible, était un arbre sacré chez les Gallo-romains et leurs devanciers, lié aux rites funéraires. D'un étymon *Taxincum*, formé de *taxus*, nom latin de l'if ayant remplacé le gaulois *ivos*, suivi du suffixe *-ink-(o)*. Avec la seconde mutation consonantique, [t] évolue en [ts], écrit <z> ; d'autre part le groupe [ks] = <x> se résout en [js], d'où **Zaisink-* ▸▸ Autre explication : ▸ « la cense, la ferme ». Proposition : d'un étymon gallo-roman **Cesincum*, formé du suffixe *-ink-* précédé du latin tardif *cēsus* « cens, fermage, redevance » (issu du classique *census* « recensement en vue de l'impôt »). (VOIR ZINSWILLER).

1917

ZEHNACKER (BR) [tsenakɛr], als. *Zehnàckre* ["Dsɛ'nåGrə] ; *Decciugaris* ou *Deceiugaris* 739, *Zehenacaren* IXe-Xe siècles. ▸ « les dix acres ». De l'all. *zehn* « dix » et *Acker* « acre ». ▸▸ Explications complémentaires : l'acre est une ancienne unité de mesure de surface agraire qui valait environ 50 ares (de l'anglo-normand *acre*, d'origine germanique, d'où all. *Acker*, homonyme de *Acker* « champ (cultivé) ». Les formes de 739 doivent être restituées comme le groupe latin **decem iugeris* « aux dix arpents » (*decem* « dix », *iugerum* « arpent »). L'arpent (du gaulois *arepennis*) était plus petit et valait autour de 40 ares : en latin *iugerum*, mesure équivalant à la surface que peuvent labourer en un jour deux bœufs sous leur joug (latin *iugum*) (VOIR ICHTRATZHEIM). Il paraît logique que dans ce cas il ne faille pas voir, comme certains, un étymon latin traduit ensuite en allemand, mais au contraire une manifestation d'étymologie savante (latinisme), car il est inimaginable qu'un village alsacien ait porté un nom latin en 739. ▸▸ Autre explication : la forme Zehnacker est peut-être une remotivation. Pour un si vieux village, pourquoi pas un étymon celtique *Segomagos* « camp de la force » (gaulois *sego* « force » adapté en *seg(-en), zeh(-en)*, et *magos* « camp, champ » traduit par *-acker* comme dans Reinacker) ?

ZEINHEIM (BR) [tsajnajm], als. *Zäne* ["Dsɛ:nə] ; *Zeinhaim* 828. ▸ « l'habitat des joncs ». Du suffixe *-heim* précédé du moyen haut all. *zein* « jonc » (sens actuel en alsacien : « panier, corbeille, vannerie ronde ou ovale à deux anses »). /JONCHERE, JONQUIERE, JONQUET, ETC. TRÈS NOMBREUX EN TOPONYMIE FRANÇAISE.

1912

1901

ZELLENBERG (HR) [tsɛlənbɛrk] mieux que [-bɛrg], als. *Zallebarig* ["Dsalə'Barik]; *Cellanberghe* IXᵉ siècle, *Celeberch* Xᵉ siècle. ▸ « la montagne de la cella ». Le latin ecclésiastique *cella* « cellule de moine, petit monastère », très productif en toponymie, a été adopté en allemand sous la forme *Zelle*, als. *Zell, Zall*. Les moines de Luxeuil possédaient à Zellenberg un ermitage avec chapelle. ▸▸ Autre explication : ▸ « la montagne formant saillie ». D'une racine paléo-européenne SAL « mouvement de dépassement », d'où l'idée de « passer par-dessus ou de l'autre côté, saillir, surgir ». Le site du village, sur un promontoire, est particulièrement suggestif.

ZELLWILLER (BR) [tsɛlvilɛr], als. *Zallwiller* ["Dsal'vil°R]; *Zellenwilre* XIIᵉ siècle. ▸ « le domaine de la cella ». Du suffixe *-villa*, sans doute d'origine ecclésiastique (VOIR NEUWILLER-LES-SAVERNE), précédé du latin *cella* « cellule de moine, petit monastère », très productif en toponymie, adopté en allemand sous la forme *Zelle*, als. *Zell, Zall*.

Vers 1900, le petit Moïse de Zellwiller, colporteur ambulant.

1912

ZELSHEIM (BR) [tsɛlsajm], als. *Zelse* ["Dsɛlsə], annexe de Friesenheim. En l'absence de forme ancienne, il est difficile de se prononcer, mais la présence de deux chapelles dans un lieu si restreint peut évoquer une ancienne *cella* « cellule de moine, petit monastère » dépendant de l'abbaye d'Ebersmunster (voir aussi à proximité Neunkirch, avec statue miraculeuse de la Vierge). ⏩ Autre explication : de la racine paléo-européenne SAL avec le sens de « source » (voir Sarre, Zorn).

ZEMBS (R) [tsɛmbs], als. *Zams* ["Dsams] ; *Cebus*. ▸ « la sapide ». D'un étymon celtique *Samisia* composé du suffixe *-īs-i-(a)* précédé d'un radical *sam-*, qui peut se rapporter soit au gaulois *samo* « tranquille » (▸ « la rivière tranquille »), soit plus vraisemblablement à une racine paléo-européenne SAM, variante de SAP qui désigne la « sapidité » de certaines eaux (voir Sauer, Souffel). Ce sens de « rivière ayant de la saveur » semble avoir été repris dans le latinisme *Cebus*, qui cherche à la fois à trouver la forme et le sens originels de l'hydronyme, et qu'il faut interpréter comme latin *cibus* « nourriture », en particulier « sève, suc des aliments » (voir aussi latin *sapa* > *sève*). L'évolution phonétique est claire : *Samisia* subit la métaphonie [a > e] devant [i] subséquent, et [s] initial évolue en [ts] : **Semis[e]* > *Zems*. / Sambre, Somme. ⏩ Autre solution : d'un étymon celtique *Tamisia* composé du suffixe *-īs-i-(a)* précédé d'un radical TAM-, qui peut se rapporter soit au gaulois *tamo* « tranquille » (▸ « la rivière tranquille »), soit plus vraisemblablement à *tamēsios* « tamis » (▸ « la rivière qui filtre »). Dans ce cas, il faut envisager l'évolution [t] initial > [ts], en vertu de la seconde mutation consonantique, phénomène rare en toponymie alsacienne mais non inexistant (voir Saverne). /Tamise (Angleterre).

ZILLISHEIM (HR) [tsilisajm], als. *Zìlse* ["DsIlsə] ; *Zullinesheim* 792, *Züllisheim* 1293, *Zillisheim* XVIe siècle. ▸ « l'habitat sur la saillie » ou « de la source ». Du suffixe *-heim* précédé de la racine paléo-européenne SUL « mouvement de dépassement », qui en toponymie désigne des reliefs formant saillie, des sources qui jaillissent, etc. On note la métaphonie [u > y > i] devant [i] (voir Siewiller) et le renforcement [s > ts] à l'initiale.

1909

1905

ZIMMERBACH (HR) [tsimərbax], als. *Zìmmerbàch* ["DsIm°R'Båx] ; *Zimberbach* 1234. ▸ « le ruisseau du bois (de charpente) ». Du suffixe *-bach* « ruisseau » précédé du vieux haut allemand *zimbar* « bois de charpente » (> all. mod. *Zimmer* « chambre »). Allusion peut-être au flottage des troncs sur la Fecht. Voir Zimmersheim.

ZIMMERSHEIM (HR) [tsimərsajm], als. *Zìmmersche* ["DsIm°Rʃə] ; *Ceumersen* 1000, *Zumersheim* 1236, *Zümersheim* XIVe siècle, *Zymmerssenn* 1544. ▸ « l'habitation de la source ». Du suffixe *-heim* précédé du latin *Summarium*, de *summum* « point le plus élevé » d'où « source » et du suffixe *-arium*. Cette acception est bien connue en toponymie, et Zimmersheim était caractérisé par une source, objet de pèlerinage jusqu'au XIXe siècle, qui jaillissait en contrebas de l'ancienne église. On note la métaphonie [u > y > i] devant [i] (VOIR SIEWILLER) et le renforcement [s > ts] à l'initiale. /SOMMIÈRES (GARD).

Vers 1900

1911

ZINSEL (R) [tsinsəl], als. *Zìnsel* ["DsIns°l] ; *Gunsinus rivus* 804, *Dintzila, Zinzila*. ▸ « l'affluent ». Proposition : d'un étymon gallo-roman **Condetiolum*, formé sur le pré-celtique *condate* « confluent », traité en gallo-roman **condētium* (VOIR GUNSBACH, GUNDERSHOFFEN) avec un suffixe diminutif *-olum*. Sur le plan du sens, une rivière qui conflue est un affluent. Il existe deux Zinsel : celle du nord, affluent de la Moder, et celle du sud, affluent de la Zorn. Sur le plan phonétique, *condetiolum* > VIe siècle **conditziolo*, adapté en germanique comme **gunzila*, puis, avec métaphonie devant [i], **günzila* > **ginzila*. Il s'est ensuite produit une assimilation, bien illustrée dans les mentions anciennes, **ginzila* > *dintzila* > *zinzila*, puis une dissimilation du deuxième <z> après [n], d'où enfin Zinsel.

Vers 1910

ZINSWILLER (BR) [tsinsvilɛr], als. *Zìnswiller* ["DsIns'vil°R] ; *Cincioneswillare* 742, *Zinzinwillare* 762. ▸ « le domaine entouré d'une enceinte ». D'un étymon gallo-roman **Cinctionovillare*, composé du suffixe *-villa* et du latin *cinctione(m)* « action d'entourer, enceinte ». Il serait tentant de rapprocher le nom de Zinswiller de celui de la Zinsel, sur laquelle il est situé, mais les formes anciennes ne correspondent pas. Attraction paronymique de l'all. *Zins* « intérêt (sens financier) » emprunté au latin *census* « cens ».

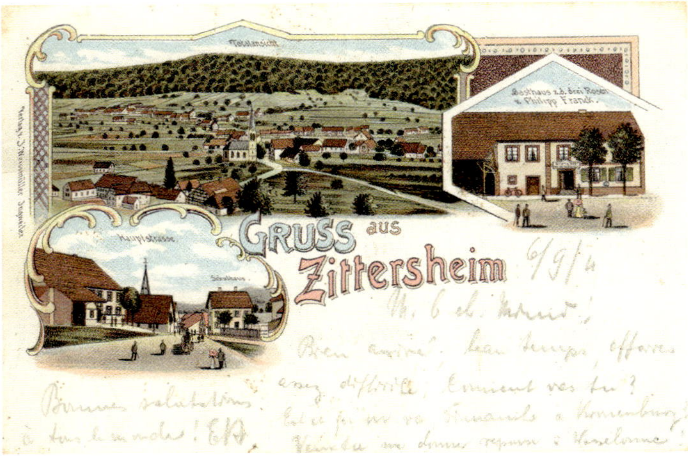

1911

ZITTERSHEIM (BR) [tsitərsajm], als. *Zittersche* ["DsiD°Rʃə]; *Zutzelsahe* de 1335 à 1450, *Zittersheim* 1490. ▸ « l'habitat sur un terrain irrégulier ». De la racine paléo-européenne TUT exprimant une idée d'« alternance », c'est-à-dire, en toponymie, un lieu « qui monte et descend de tout côté ». L'étymon gallo-roman a pu être *Tutel(l)iacum*, composé du suffixe *–i-acum* précédé du latin *tutela* sans rapport nécessaire avec les Tutelae, divinités protectrices (VOIR DUTTLENHEIM). *Zutzelahe* [tsytsəlax] manifeste la mutation consonantique [t > ts] et la métaphonie (Umlaut) [u > y] devant [i] subséquent, et confusion du suffixe gallo-romain *-acum* avec germanique *aha* « eau » (VOIR CHAPITRE III). Au XVe siècle, dissimilation des deux affriquées [tsytsəlax

Vers 1910

> tsytəlsax], aboutissement du processus de délabialisation [y > I] et remplacement du suffixe ancien par *–heim*. Attraction paronymique de l'all. *zittern* « trembler », qui évoque aussi le sens d'alternance (cp. vieux nordique *titra* « cligner des paupières »). /TULLE (CORRÈZE), TUDELLE (GERS)

ZOEBERSDORF (BR) [tsøbərsdɔrf], als. *Zawerschdorf* ["Dsa:v°R'ʃDoRf] ; *Zebersdorff, Zaebersdorff.* ▸ « le village de l'auberge, taverne ou boutique ». C'est un homonyme de Saverne (VOIR CE NOM). De l'étymon gallo-roman *Taberniacum* provient le germanique **Zewernach*, avec mutation consonantique [t > ts], métaphonie [a > e] devant [i] subséquent, et suffixe gallo-roman *-acum* > *-ach*. Puis la finale du mot se germanise par l'adoption d'un suffixe *-s-dorf* (VOIR CHAPITRE III). L'explication par *zu Ebersdorf* ne correspond pas aux formes anciennes. / TAVERNAY, TAVERNY.

ZOLLINGEN (BR) [tsɔliŋən], als. *Zollìnge* ["Dso'lIŋə] ; *Zollingen* 1344. ▸ « là où il y a un changement de niveau ». D'un suffixe *-ingen* issu de *-ink-* pré-celtique, précédé d'une racine paléo-européenne TUL, TOL « changement de niveau », désignant soit le talus sur lequel s'appuie la localité, soit les crues de la Sarre. Evolution tardive [t > ts] (la deuxième mutation consonantique a été plus tardive sur le plateau lorrain qu'en Alsace) et attraction paronymique de l'all. *Zoll* « douane ».

1918

Vers 1910

ZORN (R) [tsɔrn], als. *Zor* ["Dso:R] ; *Sorna* 713, *Sorn* 1480, *Sorrn* 1705. ▸ « la source ». D'une base paléo-européenne SAR dans le sens de « source » ou de « passage étroit » (encaissement de la Zorn jaune et de la Zorn blanche, qui se rejoignent pour former la Zorn). ▸▸ Le nom Zorn est issu de la coalescence de l'ancien terme alsacien *Sor* avec l'article *d'* : *d'Sor* > *Zor* (même phénomène que Doller, VOIR CE NOM). Il s'agit d'un homonyme de Sarre : les quatre bassins primitifs sont contigus (VOIR SARRE). Attraction paronymique de l'all. *Zorn* « colère ».

ZUTZENDORF (BR) [tsutsəndɔrf], als. *Zutzedorf* ["DsUDsə'DoRf] ; *Zuzenhaim* 784. ▸ « le village sur un terrain irrégulier ». De la racine paléo-européenne TUT exprimant une idée d'« alternance », c'est-à-dire, en toponymie, un lieu « qui monte et descend de tout côté ». Un étymon de type **Tutonacum* est envisageable, avec mutation consonantique [t > ts] (VOIR DUTTLENHEIM, ZITTERSHEIM). Substitution du suffixe *-heim*, d'où *Zuzenhaim*, plus tard *-dorf* (VOIR CHAPITRE III). Comparer peut-être le nom du Zotzenberg, coteau au-dessus de Mittelbergheim. / TOUTENCOURT (SOMME).

1916

Maintenant que s'achève ce travail qui, rétrospectivement, prend une dimension gigantesque, il devient possible de s'interroger sur la motivation qui a permis une persévérance de tant d'années pour atterrir au terme de l'entreprise :

la résurrection du sens à partir d'une matière morte.

Davantage que la signification même des noms de lieux, et leurs causes, le fait de découvrir du sens, *et parfois* le *sens, s'avère fondamental. De même que l'homme déploie son énergie créatrice vers l'avenir en donnant un corps matériel aux projets qui l'habitent, par l'intermédiaire d'une information de nature symbolique, de même le chercheur concentre la sienne vers un domaine du passé en tâchant d'exploiter son intelligence pour retrouver dans les structures de cette matière offerte les indices des symbolisations originelles.*

M. P. U.

SOURCES ET RÉFÉRENCES BIBLIOGRAPHIQUES

TOPONYMIE

1. Principales sources des formes anciennes

BAQUOL Jacques, *L'Alsace ancienne et moderne ou Dictionnaire géographique, historique et statistique du Haut et du Bas-Rhin*, Strasbourg, 1851.

CLAUSS Joseph M.-B., *Historisch-topographisches Woerterbuch des Elsass*, Saverne, 1895-1914.

STOFFEL Georges, *Dictionnaire topographique du département du Haut-Rhin*, Mulhouse, 1876, 2e éd.

VINCENT Auguste, *Toponymie de la France*, Bruxelles, 1937.

2. Eléments de toponymie

BACH Adolf, *Deutsche Namenkunde*, I et II, *Die deutschen Ortsnamen*, Heidelberg, 1953.

DAUZAT Albert et ROSTAING Charles, *Dictionnaire étymologique des noms de lieux en France*, Paris, 1978, 2e éd.

LASSUS François et TAVERDET Gérard, *Noms de lieux en Franche-Comté. Introduction à la toponymie*, Paris, C.Bonneton, 1995.

LEPELLEY René, *Dictionnaire étymologique des noms de communes de Normandie*, Caen, 1996.

NÈGRE Ernest, *Toponymie générale de la France*, tome I, Genève, Droz, 1990.

ROSTAING Charles, *Essai sur la toponymie de la Provence*, Paris, 1950.

3. Références alsaciennes

ABDO (Association Bourguignonne de Dialectologie et d'Onomastique), *Onomastique et langues en contact. Actes du colloque de Strasbourg 1991*, Fontaine-lès-Dijon, 1992.

BARTH Médard, *Elsässische Ortsnamen in den alten Weissenburger Urkunden*, in *Zeitschrift für die Geschichte des Oberrheins*, 1952.
— *Gallo-römische Dörfer (vici) am Oberrhein*, in *Zeitschrift für die Geschichte des Oberrheins*, 1952.
— *Rebbau im Elsass*, Strasbourg-Paris, éd. F.-X. Le Roux, 1958.
— *Handbuch der elsässischen Kirchen im Mittelalter*, in *Archives de l'Eglise d'Alsace*, Strasbourg, 1960-1963.

BEYER Ernest et MATZEN Raymond, *Atlas linguistique et ethnographique d'Alsace*, volume I, Paris, CNRS, 1969.

Collectif d'auteurs, *Encyclopédie d'Alsace*, 12 volumes, Publitotal, Strasbourg, 1982-86.

FORRER Robert, *L'Alsace romaine*, Paris, Leroux, 1935.

HIMLY François-J., *Introduction à la toponymie alsacienne*, in *Revue d'Alsace*, tome 94, Delle-Strasbourg-Colmar, 1955.

D'HOZIER Charles et DE BARTHELEMY Anatole, *Armorial de la Généralité d'Alsace*, Paris-Colmar-Strasbourg, éd. A.Aubry et E.Barth, 1861.

HUMM André, *Villages et hameaux disparus en Basse-Alsace*, Strasbourg, Istra, 1971.

LEVY Paul, *Histoire linguistique d'Alsace et de Lorraine*, Paris, Les Belles Lettres, 1929.

MUNCK André, GLOTZ Marc, CLAERR-STAMM Gabrielle, *Le Guide du Sundgau,* Strasbourg, Coprur, 1989.

WITTMANN Bernard, *Dictionnaire alphabétique des communes d'Alsace*, Strasbourg, Est-Impression, 2006.

ÉTYMOLOGIE

BLOCH Oscar et VON WARTBURG Walter, *Dictionnaire étymologique du français*, Paris, PUF, 1975, 6e éd.

DAUZAT Albert, *Dictionnaire étymologique des noms de famille et prénoms de France*, Paris, Larousse, 1951, 3e éd.

DOTTIN Georges, *La langue gauloise*, Paris, Klincksieck, 1920.

ERNOUT Alfred et MEILLET Antoine, *Dictionnaire étymologique de la langue latine*, Paris, Klincksieck, 1951, 3e éd.

GUIRAUD Pierre, *Dictionnaire des étymologies obscures*, Paris, Payot, 1982.

GUIZARD Claude et SPETH Jean, *Le dialectionnaire*, Strasbourg, Editions du Rhin, 2000, 2e éd.

KLUGE Friedrich et MITZKA Walther, *Etymologisches Wörterbuch der deutschen Sprache*, Berlin, 1960, 18e éd.

WALTER Hugues, *1000 échantillons du vocabulaire alsacien*, Mulhouse, *L'Alsace*, 1974.

MYTHOLOGIE

BARDOUT Michèle, *Le Bestiaire de l'Alsace*, Colmar, Alsatia, 1976.

DONTENVILLE Henri, *Histoire et géographie mythiques de la France*, Paris, G.P. Maisonneuve et Larose, 1973.

DONTENVILLE Henri, *Mythologie française*, Paris, Payot, 1973, 2e éd.

VARIOT Jean, *Légendes et traditions orales d'Alsace*, tomes II et III, Paris, 1919.

TABLE